Vosk.

DES PRINCIPES

DE L'ARCHITECTURE, DE LA SCULPTURE; DE LA PEINTURE,

ET DES AUTRES ARTS QUI EN DEPENDENT.

AVEC UN DICTIONNAIRE des Termes propres à chacun de ces Arts. par André Félibien.

SECONDE EDITION.

A PARIS,
Chez { La Veuve de JEAN BAPTISTE COIGNARD, Imprimeur ordinaire du Roy,
ET
JEAN BAPTISTE COIGNARD Fils, Imprimeur ordinaire du Roy, ruë S. Jacques, à la Bible d'or.

M. DC. XC.

AVEC PRIVILEGE DE SA MAJESTE.

A MESSIRE
JULE ARMAND
COLBERT

SEIGNEUR D'ORMOY,
RECEU EN SURVIVANCE
à la Charge de Sur-Intendant des Bastimens & Jardins de Sa Majesté, Arts & Manufactures de France.

ONSIEUR,

Je ne croy pas en Vous presentant ce Livre interrompre le cours de vos autres Estudes, ny

ã ij

EPISTRE.

Vous offrir quelque chose qui leur soit opposé, puisque les Arts n'ont rien qui soit contraire à la Philosophie. Dieu qui est la Sagesse mesme prend la qualité de souverain Architecte de l'Univers; & quand il a inspiré aux hommes la connoissance des Arts, il les a en mesme temps remplis de sagesse, d'intelligence, & de doctrine. Il est vray aussi qu'il n'y a rien qui soit plus utile pour l'accroissement des Estats, qui rendent les Royaumes plus florissans, ni qui serve davantage à éterniser la memoire des grands Personnages. C'est ce que n'ont pas ignoré Ceux qui ont travaillé à faire passer leur nom dans les siecles avenir, puisqu'ils ont cherché avec un si grand soin à laisser des monumens dont la durée & l'excellence les fissent connoistre de ceux qui viendroient aprés eux. Ce noble desir de gloire a de tout temps fait estimer les plus excellens Ouvriers, dont plusieurs ont rendu leur nom immortel, par l'ouvrage mesme qu'ils ont fait pour immortaliser les autres. Comme cette estime n'est point sujette au changement, nous voyons encore aujourd'huy que dans le plus puissant Royaume de la terre, le plus Grand de tous les Roys fait gloire de favoriser les Arts & les Sciences, & de les eslever au plus haut point où ils ayent jamais esté. Quoyque les nombreuses

Exod. ch. 31.

EPISTRE.

Armées de tant d'ennemis jaloux de sa Gloire & de l'eclat de sa Reputation, occupent ses soins & ses Armes, ce Prince Incomparable ne détourne point pour cela ses pensées du soin qu'il veut bien en prendre ; on les voit florir dans le milieu de l'Estat parmy la douceur du repos & sans aucun trouble ; Et pendant que ses Armes triomphantes remportent des Victoires, les plus sçavans Hommes, & les Ouvriers les plus habiles s'occupent à faire en differentes manieres l'Histoire de son Regne glorieux, & à eslever toutes sortes de monumens qui confirment par des caracteres éternels, ce que l'on dira un jour de ses grandes Actions.

Ces illustres travaux sont, MONSIEUR, l'objet des soins de Monseigneur Vostre Pere, qui au milieu des plus grands Employs du Royaume, fait son plaisir d'estre comme le Promoteur des Sciences & des Arts. Il ne se contente pas de satisfaire aux devoirs de tant de Charges qui l'occupent pour le bien present de l'Estat; Ses desirs vont plus loin ; il a des veuës plus étenduës, & dans l'ardeur du zele qui l'attache si puissamment à la Personne de ce grand Monarque, & au bien public, il veut porter ses Services jusques à la derniere posterité, pour y marquer la gloire du Roy, & estre encore utile à ceux qui vien-

EPISTRE.

dront aprés nous. C'est dans ce dessein qu'aussitost qu'il fut appellé dans le Ministere, & qu'il fut choisy par Sa Majesté pour faire la Charge de Sur-Intendant des Bastimens, il s'y appliqua de telle sorte qu'on vit toutes les Maisons Royalles, non seulement reprendre leur premier lustre, mais s'enrichir par la nouvelle forme qui leur fit prendre, & les embellissemens qu'il leur donna. On vit s'eslever des Palais, des Arcs de Triomphe, des Lieux où les personnes sçavantes peussent s'assembler & conferer ensemble. La gloire que Monseigneur Vostre Pere s'acquiert dans une Charge si importante, Vous doit faire considerer, MONSIEUR, combien il Vous est avantageux d'en estre revestu par la Survivance que Roy Vous en a accordée. Cette grace que Monseigneur vostre Pere vous a procurée à l'âge où vous estes, est sans doute une marque des nobles inclinations qu'il reconnoist en vous. Il voit que vous luy serez un digne Successeur; & que vous instruisant de bonne heure sous Luy, vous aurez le temps de profiter de ses Exemples, & d'apprendre par ses Lumieres, & ses Avis, tout ce qui regarde les devoirs de vostre Employ.

Si ce Livre que j'ose vous presenter contenoit des preceptes qui peussent estre fournis à l'esprit

EPISTRE.

par le seul bons sens, & par le seul genie, j'aurois creu peu necessaire de Vous l'offrir, estant certain que ces heureuses dispositions qui sont en Vous, cette penetration d'esprit si naturelle à ceux de vostre Maison, & dont vous donnez déja de si fortes marques, jointes à l'attention que vous devez avoir sur la conduite que tient Monseigneur vostre Pere dans ce qui regarde les Arts, & les Sciences, Vous les inspireront suffisamment. Mais comme ce Traité ne parle quasi que des termes des Arts; des noms de plusieurs machines, & des outils necessaires pour l'execution & pour la pratique, choses qui dependent entierement de l'institution des hommes, qui ne se peuvent deviner par quelque esprit que ce soit, & qui cependant sont les Elemens de toutes les connoissances, je n'ay pas hesité de Vous le presenter; Et j'avoüe mesme, MONSIEUR, que je n'ay peu m'empescher de m'aplaudir quand j'ay pensé que cet excellent Sur-Intendant, qui se forme en Vous tous les jours, & qui doit se faire admirer par toutes les qualitez que demandent la fonction de cette Charge, en aura pris dans mes Escrits, les premieres semences, & les premiers enseignemens. Je vous prie donc, MONSIEUR, de les honnorer de vostre Protection, & de les agréer comme une

EPISTRE.

nouvelle marque de la reconnoissance que je dois aux faveurs & aux graces particulieres que je reçois tous les jours de Monseigneur vostre Pere, & comme un témoignage du respect avec lequel je suis,

MONSIEUR,

Vostre tres-humble, & tres-obeïssant serviteur,
FELIBIEN.

PREFACE.

L'OBLIGATION où je me suis trouvé d'employer les termes propres des Arts, lorsque j'ay escrit des Bastimens du Roy, ou que j'ay fait quelques Relations de festes, & de rejoüissances, a donné lieu à ce present traité. Car m'estant aperceu que plusieurs personnes n'entendoient pas certains mots dont j'avois esté obligé de me servir, ne pouvant bien s'expliquer par d'autres; j'ay pensé que ce ne seroit pas une chose inutile de faire un recueil de ceux qui ne sont usitez que dans ces sortes de rencontres. Mais lorsque je me suis mis en estat d'executer ce dessein, j'ay veu que pour s'en bien acquitter, c'estoit un travail qui devoit s'estendre plus loin que je ne me l'estois imaginé; parceque si dans une occasion particuliere, on n'avoit besoin que de l'explication de peu de mots, il peut arriver d'autres rencontres, où ce peu de mots ne suffiroient pas. J'ay donc creu qu'il valoit mieux traiter la chose plus amplement, puisque mesme ayant à composer une Histoire generale des Maisons Royalles & de tout ce qui regarde les Bastimens, il y a une infinité de noms qui ne sont pas d'ordinaire en usage, dont je ne pourray pas me dispenser de me servir, & qu'il est bon que tout le monde sçache.

Pour cela j'ay esté conseillé de faire un Diction-

PREFACE.

naire, qui contienne tous ceux qui regardent l'Architecture, la Sculpture, la Peinture, & les autres Arts qui en dépendent, & qui sont comme subordonnez à ces trois premiers. On a mesme jugé que cet Ouvrage embrassant une grande partie des plus beaux Arts, il poura donner sujet de poursuivre un jour ce qui regarde ceux dont je n'ay point parlé, & dont il est mal-aisé de se bien instruire sans en apprendre d'abord les principes, & en sçavoir les termes propres.

En effet si les paroles sont comme autant de coups de pinceau, qui forment dans l'esprit les images des choses, & sans quoy il est impossible de les faire connoistre, il n'y a rien dans les Arts de si important pour en bien parler, & de si necessaire pour juger de toutes sortes d'ouvrages, comme de sçavoir ce que chaque mot signifie. Car ce qui fait que les Ouvriers n'executent pas toujours les choses comme on se les est imaginées, & qu'ils font le contraire de ce que l'on souhaite, c'est qu'ils parlent un langage que l'on n'entend pas bien, & que faute de leur exprimer dans ce mesme langage ce que l'on desire, ils ne conçoivent qu'imparfaitement l'intention de ceux qui les employent, qui de leur part ne peuvent souvent juger de ce qu'on doit faire que quand l'Ouvrage est achevé.

Outre ces raisons qui peuvent donner lieu à expliquer les termes des Arts, il y en a une autre qui a beaucoup contribué à faire entreprendre ce travail; ça esté de laisser aux siecles avenir, non seulement l'intelligence de ces termes, mais aussi de plusieurs

PREFACE.

choses qui concernent ces mesmes Arts, comme sont les machines, les instrumens, & les outils qui sont aujourd'huy en usage, & dont l'on peut dire qu'il y a une plus grande diversité en France qu'en aucun autre pays. L'ignorance dans laquelle nous sommes de ceux dont les Anciens se sont servis, au moins d'une grande partie; la difficulté de connoistre parfaitement la forme & la veritable construction de ceux dont il nous ont laissé quelque memoire; & la joye qu'on ressent, lorsqu'on en peut avoir quelque lumiere, nous font juger de la satisfaction & des avantages, que ceux qui viendront aprés nous, pourront recevoir de ce que nous leur laisserons. C'est par ce noble desir d'estre utile à la posterité que Monsieur Colbert, pour satisfaire aux intentions de Sa Majesté, qui veut rendre Son Regne éclattant dans toutes les Sciences, & dans tous les Arts, aussi bien que dans les Armes, s'est appliqué avec un si grand soin, depuis qu'il est Sur-Intendant des Bastimens, à faire travailler à tant de découvertes, & à faire part au publique de ce qu'on a trouvé de plus caché & de plus rare dans la nature, & de ce que l'on a fait de plus difficile, & de plus excellent dans les Arts.

Pour ce qui regarde cet Ouvrage, il m'a semblé que ce n'estoit pas assez de faire un simple Dictionnaire, mais qu'il estoit à propos de traiter d'abord des Principes de chaque Art en particulier, pour en donner une notion generale à ceux mesme, qui ne veulent pas s'y appliquer entierement. Car bien que ce Traité ne soit qu'un abregé de chaque art, il pourra suffire pour en avoir une legere connoissance, &

PREFACE.

aider beaucoup à l'intelligence des mots contenus dans le Dictionnaire qui fait la seconde partie de ce livre; parce que, comme il y a des noms qu'il est malaisé de bien definir, on les entendra mieux, quand ils seront enchaînez dans la suite d'un discours.

C'est par la mesme raison que l'on a gravé à la fin de chaque chapitre, qui traite d'un Art particulier, beaucoup de choses qui se comprennent encore plus facilement par des Figures, que par des paroles, comme sont plusieurs parties qui entrent dans la composition des Bastimens, & la pluspart des Outils & des Machines, dont on se sert ordinairement dans l'Architecture & dans les autres Arts, compris dans ce Traité. Il y a mesme plusieurs Outils, que l'on a representez diverses fois, quand ils ont rapport à differens Arts. On observera cependant qu'on n'a pas voulu apporter la derniere exactitude, pour en marquer les grandeurs proportionnellement les uns aux autres, parce que les Figures ne sont mises là, que pour en faire connoistre la forme, & non pas pour enseigner à en faire de semblables.

Comme le premier Traité qui parle des Principes des Arts, comprend aussi l'explication de plusieurs matieres & de plusieurs noms, j'ay cru pouvoir souvent me dispenser de les repeter dans le Dictionnaire, mais seulement y marquer les pages, où il en est déja parlé avec la Planche, où il y a quelque Figure. Ainsi le Lecteur trouvera dans la premiere partie, ce qui ne sera pas amplement expliqué dans le Dictionnaire ; & rencontrera aussi dans le Dictionnaire l'explication de plusieurs mots employez ou obmis dans

PREFACE

la premiere partie. Car comme ce Dictionnaire est fait pour instruire, on a cru qu'on ne seroit point fâché d'y aprendre ce qui ne se trouve pas dans la premiere partie.

Outre l'utilité que le public pourra recevoir de ce travail par l'usage que plusieurs personnes en pourront faire, il peut estre encore consideré par les difficultez qui s'y sont rencontrées, & qu'il a falu surmonter. La plus grande n'a pas esté de lire tous les livres, qui traitent de tous ces Arts. A l'égard de l'Architecture tant civile que militaire, j'en ay parlé le plus briévement que j'ay pû, parce qu'il y a une infinité d'Auteurs qui en ont amplement écrit. Je me suis contenté d'en citer quelques-uns, particulierement Vitruve, qui estant le plus ancien de tous, & de la plus grande autorité, ne peut estre trop estimé ny trop suivi. Les Notes que M. Perrault y a faires, en expliquent si bien tous les passages, & les endroits les plus obscurs, & sont si necessaires à ceux qui veulent avoir une parfaite intelligence de la doctrine & des maximes de cet Auteur, que je n'ay pas fait difficulté d'y renvoyer souvent le Lecteur. Il seroit à souhaiter que parmy les Auteurs anciens & modernes, il s'en trouvast qui eussent aussi sçavamment écrit des autres Arts; mais comme il n'y en a presque point qui ayent entrepris d'en traiter à fond, & mesme fort peu des modernes ; si ce n'est parmy les François, Philb. de Lorme, le P. Derrand, le sieur Desargues qui ont écrit de la coupe des pierres ; Jousse de la Fleche qui a fait trois traitez, l'un de la coupe des pierres, l'autre de la Charpenterie, & l'autre de la Ser-

e iij

PREFACE.

rurerie. Le sieur Bosse qui a aussi écrit de la Graveure, & quelques autres; je n'ay pas cru leur faire tort d'en prendre ce que j'ay jugé pouvoir servir à ce Traité qui n'estant plein que de faits & d'experiences, sera d'autant plus estimable qu'il sera conforme à ce qu'en ont écrit les meilleurs Maistres. Cependant avec toute la lecture des Auteurs, & ce que je puis connoistre de chacun de ces Arts, je confesse que quand il a fallu en écrire, & entrer dans le détail & dans l'explication de tous les termes, & des noms differens de plusieurs choses en particulier, j'ay esté obligé d'avoir encore recours aux Ouvriers : Il a fallu entrer dans leurs boutiques, visiter leurs ateliers, considerer leurs machines, & leurs outils, & les consulter sur leurs divers usages, & souvent s'éclaircir avec eux sur des noms differents qu'ils donnent à une mesme chose; & c'est ce qui a fait le plus de peine.

Car si dans les Arts, dont il est parlé icy, il y a plusieurs mots qui tirent leur origine du grec, du latin, ou de quelques autres langues estrangeres, il y en a bien davantage qui sont tout à fait françois, & qui mesme sont formez par les Ouvriers, & apportez de differens pays ; les uns tels qu'ils ont esté trouvez dans leur commencement, les autres corrompus. Ainsi il se rencontre que dans Paris un mesme mot se prononce en plusieurs manieres, & qu'un mesme outil a differens noms ; parce que ceux qui s'en servent sont nez dans differentes Provinces. C'est pourquoy bien que l'Architecture, soit de tous les Arts, celuy dont on a le plus escrit, & auquel les personnes les plus doctes se sont davantage ap-

PREFACE.

pliquées; nous voyons cependant que plusieurs Auteurs & les Architectes mesme, aussi bien que les Ouvriers, ont donné differens noms à un mesme membre d'Architecture, pour s'accommoder à l'usage de chaque pays, & mesme les confondent souvent, appellant improprement une partie d'un nom qui ne luy convient pas, comme par exemple lorsqu'ils se servent du mot de *Cavet* au lieu de *Scotie* qui sont deux choses differentes, en ce que le *Cavet* n'est qu'une demie *Scotie*, & ainsi de plusieurs autres.

Je me suis particulierement attaché à l'usage de ceux qui travaillent, jugeant qu'il doit prévaloir sur toutes sortes de regles, & sur la raison mesme. Lorsqu'ils donnent divers noms à une mesme chose, j'ay creu devoir les mettre tous, afin que ceux qui entendent parler de l'un de ces noms, quoyque non usité en tous lieux, & par tous les Artisans, puissent neanmoins le connoistre, & en sçavoir la signification. J'ay mesme creu qu'il estoit à propos d'escrire plusieurs mots comme il les prononcent, & d'en mettre quantité d'estrangers, & qui ne sont en usage que dans quelques Auteurs, ou parmy peu de gens, qui font valoir par là leur lecture & leur erudition; afin que l'on trouve dans ce livre autant qu'il se pourra, tous les differens noms, & les diverses appellations de ce qui regarde en general & en particulier les Arts dont il traite, sans entrer dans le rapport qu'ils peuvent avoir avec d'autres, & sans mesme examiner par les regles de la Grammaire, si les mots sont bons ou mauvais, à cause comme j'ay dit que le seul usage de ceux qui s'en servent, leur

PREFACE.

donne toute autorité. Il est mesme si necessaire pour se faire entendre des Ouvriers, de les nommer, & de les prononcer comme ils font, qu'il s'en est trouvé qui ne sçavoient ce qu'on leur demandoit, parce qu'on ne prononçoit pas les mots tout à fait comme ils les prononcent; & puis cet ouvrage n'est pas fait pour apprendre aux artisans à parler proprement, mais plustost pour les entendre, & pour parler comme eux, quand il est question de s'entretenir de leur mestier.

On trouvera encore plusieurs mots que l'on a employez, qui ne sont point dans l'usage ordinaire, comme par exemple le mot de *tendresse*, dont l'on ne se sert que moralement pour exprimer les sentimens du cœur: Cependant parmy les Peintres & les Sculpteurs, ce mot est opposé à secheresse, & l'on dit *qu'un tableau est peint avec beaucoup de tendresse*; & *qu'une statuë de marbre est travaillée avec beaucoup de tendresse*. On dit mesme *la dureté* du marbre ou d'une pierre, ou *sa tendresse*; parce qu'on ne peut point opposer en cet endroit le mot de *mol* à celuy de *dur*; & je ne crois pas mesme qu'on puisse blasmer cette maniere de parler, quoy qu'extraordinaire, puisqu'elle n'a rien de barbare, & qui ne signifie assez bien ce que l'on veut dire.

Mais ce qui dans ce travail auroit pû embarasser davantage des personnes qui n'auroient eu nulle connoissance de ces Arts, ny les facilitez que j'ay eües de pouvoir aisement consulter les plus habiles hommes qui sont aujourd'huy dans chaque profession, c'est la difficulté de trouver beaucoup de ces habilles

PREFACE.

habilles hommes dans tous les Arts dont l'on parle, avec lesquels on puisse aisément s'entretenir. Car bien souvent pensant en consulter quelques-uns pour connoistre leurs outils, ou apprendre quelque chose de leur Art, on trouve des gens ignorans ou bizarres, qui au lieu de respondre aux demandes qu'on leur fait, & parler sincérement du mestier dont ils se meslent, disent des choses toutes contraires à ce qu'on desire sçavoir, & souvent par malice deguisent la verité qu'on recherche. Dans quelques rencontres, j'ay trouvé de ces derniers, dont les uns pour faire un grand mystere de quelque maniere particuliere de travailler, faisoient des contes ridicules ; & d'autres qui cachoient des outils & des machines communes & ordinaires qu'ils ne vouloient pas laisser voir. Il est vray que ce ne sont pas les meilleurs Ouvriers qui se conduisent de la sorte, mais les plus ignorans, qui ne produisant rien de leur propre esprit, conservent cherement quelques instrumens, & quelques secrets dont ils tirent tout leur avantage.

Mais afin de rectifier encore plus toutes les choses qui sont contenuës dans ce Traité, je n'ay pas voulu les publier sans les avoir auparavant communiquées dans l'assemblée des Architectes du Roy, qui sont toutes Personnes sçavantes dans les Sciences & dans les Arts, que sa Majesté a choisies, & dont Monsieur Colbert forma une Académie d'Architecture à la fin de l'année 1671.

Cette Académie fut d'abord composée de six Architectes, qui sont Messieurs le Vau, Gitart, le Pautre,

PREFACE.

Bruand, Dorbay & Mignard; depuis peu Monsieur Mansart y a esté joint par un brevet semblable à ceux dont sa Majesté a honoré cette Compagnie dans son establissement. Là se trouvent aussi M. Blondel Maistre des Mathematiques de Monseigneur le Dauphin, & M. Perrault qui a traduit Vitruve, & donné les desseins du Louvre, de l'Arc de Triomphe, & de l'Observatoire, par lesquels on peut assez juger quelle est sa connoissance dans l'Architecture & dans les autres Arts, M. Blondel, comme Professeur Royal, y donne deux fois la semaine des leçons publiques. Comme j'ay cet avantage d'assister aussi dans cette Assemblée, & de tenir le Registre des deliberations qui s'y font, en qualité d'Historiographe des Bastimens du Roy ; j'ay leu avec utilité tout cet Ouvrage devant ces sçavans Hommes, qu'une profonde erudition, & une longue experience a rendus capables de juger parfaitement de toutes les choses qui en dépendent.

De sorte que n'ambitionnant point de me faire un honneur tout particulier de ce travail, je suis bien aise qu'on ne le considere pas seulement comme l'ouvrage d'un homme seul qui a mis par escrit ce qu'il a acquis de connoissance dans les Arts; mais encore comme l'ouvrage des Auteurs qui en ont escrit ; des meilleurs Ouvriers qui les pratiquent, & des hommes les plus capables d'en juger.

J'avois eu quelque pensée de joindre les mots latins dans le Dictionnaire, pour satisfaire à quelques personnes qui sembloient le desirer ; mais comme d'autres m'ont fait voir que ce travail estoit particulierement fait pour l'intelligence des mots françois ;

PREFACE.

& que la pluspart des termes qui sont employez dans cet Ouvrage ne se pourroient reduire en latin que par des periphrases, j'ay volontiers abandonné ce dessein. Je ne suis contenté de laisser quelques noms grecs & latins tirez des bons Auteurs ; encore ne l'ay-je fait que dans certains endroits où j'ay cru qu'ils pourroient servir à faire connoistre l'origine du nom, ou à faire quelque distinction d'une chose à une autre ; ce que peut-estre quelques-uns n'approuveront pas, mais il est mal-aisé de satisfaire tout le monde.

On ne s'excuse point sur les fautes qui ont pû se glisser dans l'impression, soit à l'égard de l'orthographe, soit mesme pour ce qui regarde la justesse de la langue : Ceux qui sçavent ce que c'est que d'escrire sur ces sortes de matieres, où l'esprit ne songe qu'aux choses principales de son sujet, n'ignorent pas qu'il est difficile qu'il n'en eschappe quelques-unes ; Et que comme durant l'impression mesme il arrive toujours quelques changemens, il est mal aisé d'y apporter une entiere exactitude. Les corrections qui sont à la fin feront voir que l'on s'en est bien aperceu. Il y a quelques figures dans les Planches marquées d'une * qui n'ont rapport qu'au Dictionnaire, & dont l'on n'avoit pas pensé de parler dans la premiere partie. Du reste le Lecteur suppléera aux autres defauts, & l'on sera content, pourveu qu'il soit satisfait.

Vitruve parle d'un certain Berger de Grece nommé Philoxene, qui ayant par hazard découvert du marbre, sur une montagne où l'on n'avoit jamais sceu qu'il y en eust, en porta des morceaux à Ephese

PREFACE.

qui donnerent occasion de foüiller la montagne & d'en tirer des pieces dont l'on fit plusieurs travaux: Ainsi peut-estre qu'aprés avoir comme deterré plusieurs mots & diverses manieres de parler inconnuës à quantité de personnes, cela pourra servir comme d'un eschantillon pour donner lieu à d'autres d'en faire quelques Ouvrages considerables.

Mi sat erit specimen clari monstrasse laboris.

TABLE DES CHAPITRES.

LIVRE PREMIER.
DE L'ARCHITECTURE

Chap. I.	De l'Architecture en general.	1.
II.	Des cinq Ordres d'Architecture.	9.
III.	De l'Ordre Toscan.	ibid.
IV.	De l'Ordre Dorique.	14.
V.	De l'Ordre Ionique.	18.
VI.	De l'Ordre Corinthien.	22.
VII.	De l'Ordre Composite.	26.
VIII.	Des Pilastres & des Colonnes torses.	30.
IX.	De l'Ordre des Caryatides, & de l'Ordre Persique.	33.
X.	Des Ornemens de l'Architecture.	37.
XI.	Des diverses sortes des Bastimens.	41.
XII.	Des choses necessaires à bastir.	44.
XIII.	De l'Architecture Militaire.	88.
XIV.	De la Charpenterie.	117.
XV.	Des Couvertures.	148.
XVI.	De la Plomberie.	158.
XVII.	Du Pavé & Carrelage.	170.
XVIII.	De la Menuiserie.	174.
XIX.	De la Menuiserie de Placage.	190.
XX.	De la Serrurerie.	192.
XXI.	De la Vitrerie.	248.
XXII.	De la maniere de dorer à colle & à huile.	282.

ï.iij

TABLE

DE LA SCULPTURE.
LIVRE SECOND.

Chap.		
I.	De la Sculpture en general.	302.
II.	De la maniere de modeler & de faire les Figures de Terre & de Cire.	307.
III.	De la Sculpture en bois.	310.
IV.	De la Sculpture en Marbre & autres Pierres.	312.
V.	De la maniere de jetter les Figures en Bronze.	320.
VI.	Des Figures de Plomb, de Plastre, & de Stuc.	342.
VII.	De la maniere de graver de Relief, & en Creux.	348.
VIII.	De la Graveure sur les Pierres precieuses, & sur les Cristaux.	362.
IX.	Du Tour, & des Ouvrages qu'on y fait.	376.
X.	De la Graveure en Bois, & en Cuivre.	388.

DE LA PEINTURE.
LIVRE TROISIEME

Chap.		
I.	De l'Origine & progrés de la Peinture.	396.
II.	De la Peinture en general.	398.
III.	De ce que l'on appelle Dessein.	402.
IV.	De la Peinture à Fraisque.	403.
V.	De la Peinture à Détrempe.	408.
VI.	De la Peinture à huile.	410.
VII.	Des differentes manieres de Colorier.	422.

DES CHAPITRES.

VIII.	De la Miniature.	
IX.	De la Peinture sur le Verre.	424.
X.	De la Peinture en Esmail.	425.
XI.	De la Mosaïque.	426.
XII.	Autre maniere de travailler de Pierres de Rapport.	437.
XIII.	Des Ouvrages de Rocailles.	442.
XIV.	De la Marqueterie.	448.
XV.	De la Damasquinure, & des Ouvrages de Rapport sur les Metaux.	450.
		360.

PRIVILEGE DU ROY.

LOUIS par la grace de Dieu Roy de France & de Navarre: A nos Amez & Feaux les Gens tenans nos Cours de Parlement, Maistres des Requestes Ordinaires de Nostre Hostel, Baillifs, Seneschaux, & autres Juges qu'il appartiendra. Salut: Nostre cher & bien Amé ANDRE' FELIBIEN sieur des Avaux & de Javercy, nostre Historiographe & de nos Bastimens, Arts & Manufactures de France, Nous a fait remonstrer que pour donner au public une plus grande intelligence, non seulement de tous les beaux Arts, mais mesme des descriptions de nos Maisons Royalles & autres Ouvrages ausquels il travaille par nos Ordres depuis long-temps, il auroit composé un Livre Des Principes de l'Architecture, de la Sculpture, de la Peinture, & des autres Arts qui en dépendent, avec un Dictionnaire des Termes propres à chacun de ces differens Arts, enrichy & accompagné de quantité de Figures, lequel Livre il desireroit de faire imprimer, s'il nous plaisoit de luy accorder nos Lettres sur ce necessaires. A CES CAUSES voulant favorablement traiter ledit FELIBIEN, & luy donner des marques de la satisfaction qui nous reste des Ouvrages qu'il a mis au jour, & en mesme temps le moyen à tous ceux qui sont portez d'une loüable inclination à s'instruire dans les plus beaux Arts, de profiter utilement de ses soins & de ses veilles, Nous luy avons permis & permettons par ces Presentes de faire imprimer, vendre & debiter ledit Livre en tous les lieux de nostre Obéïssance, par tel Imprimeur ou Libraire qu'il voudra choisir, en un ou plusieurs volumes, conjointement ou separément, avec Figures ou sans Figures, en telles marges & caracteres, & autant de fois que bon luy semblera, durant l'espace de VINGT ANNE'ES entieres & accomplies à compter du jour que chaque volume sera achevé d'imprimer pour la premiere fois: Et faisons tres-expresses deffenses à toutes personnes de quelque qualité & condition qu'elles soient d'imprimer ou faire imprimer vendre & debiter durant ledit temps, ledit Livre ou partie d'iceluy, ny en faire & extraire aucuns passages pour les inserer dans d'autres Dictionnaires, ou en faire de plus amples, ou plus abbregez où soient mis les Termes des Arts, & autres choses que l'Exposant a ramassées & estudiez avec soin & application, pour en composer lesdits Ouvrages : ny mesme graver & copier, ou faire graver & copier, ny vendre separement ou conjointement sous autres titres & deguisement lesdites Figures en aucun lieu de nostre Obëissance, sous pretexte d'augmentation, correction, changement de titres, fausse marque ou autrement, en quelque maniere que ce puisse estre, sans le consentement de l'Exposant, ou de ceux qui auront droit de luy, à peine de six mil livres d'amende payable par chacun des contrevenans, & applicable un tiers à Nous, un tiers à l'Hostel-Dieu de Paris, & l'autre tiers à l'Exposant ou au Libraire qui aura droit de luy : de confiscation des Exemplaires contrefaits, & de tous despens dommages & interests, à condition qu'il sera mis deux Exemplaires dudit Livre en nostre Bibliotheque publique, & un en celle de nostre tres-cher Feal Chevalier Chancelier de France le sieur D'ALIGRE, avant que de les exposer en vente, & qu'elles seront registrées dans le Livre de la Communauté des Libraires de nostre Ville de Paris, suivant les Arrests de nostre Cour de Parlement, à peine de nullité d'icelles : du contenu desquelles Nous voulons & vous mandons que vous fassiez joüir plainement & paisiblement l'Exposant ou ceux qui auront droit de luy, sans souffrir qu'il luy soit donné aucun trouble ny empeschement. Voulons aussi qu'en mettant au commencement ou à la fin de chacun lesdits Exemplaires, un Extrait des presentes, elles soient tenuës pour deuëment signifiées, & que Foy y soit ajoustée & aux copies collationnées par l'un de nos Amez & Feaux Conseillers Secretaires, comme à l'Original. Commandons au premier Huissier ou Sergent sur ce requis, de faire pour l'execution d'icelles tous Exploits necessaires, sans demander autre permission : CAR tel est nostre Plaisir, nonobstant clameur de Haro Charte Normande, & autres Lettres à ce contraires, oppositions ou appellations quelconques, & sans prejudice d'icelles, pour lesquelles nous n'entendons qu'il soit differé, & dont nous retenons la connoissance à Nous & à nostre Conseil, qui ne pourront nuire audit Exposant, en faveur duquel & desdits Ouvrages nous derogeons à ce que dessus pour ce regard seulement. DONNÉ à Paris le 15. jour de Novembre, l'an de grace 1674. & de nostre Regne le trente deuxiesme. Par le Roy en son Conseil LE MENESTREL.

Registré sur le Livre de la Communauté des Imprimeurs & Libraires de Paris le 28. Novembre 1674. suivant l'Arrest du Parlement du 8. Avril 1653. & celuy du Conseil Privé du Roy du 27. Fevrier 1665.

Et ledit sieur FELIBIEN a cedé & transporté à la veuve de J. BAPTISTE COIGNARD Imprimeur du Roy & à JEAN BAPTISTE COIGNARD son fils, aussi Imprimeur ordinaire du Roy à Paris, son droit au present privilege suivant l'accord fait entre eux.

Achevé de r'imprimer le 25. Novembre 1690.

DES

DES PRINCIPES
DE
L'ARCHITECTURE
DE LA SCULPTURE,
DE LA PEINTURE,
Et des autres Arts qui en dépendent.

LIVRE PREMIER.
DE L'ARCHITECTURE.
CHAPITRE PREMIER.
De l'Architecture en general.

BIEN que les Bastimens soient considerez entre les premiers ouvrages des hommes, l'Architecture neanmoins n'est pas un des Arts les plus anciens. Elle a eu comme tous les autres de foibles commencemens, & ne s'est perfectionnée

A

qu'aprés un long usage. D'abord on a fait des maisons pour la necessité; & comme les premiers hommes changeoient souvent de demeures, ils ne se mettoient pas en peine de la durée, ny de la beauté de leurs habitations. Mais parce que dans la suite chacun chercha a s'établir dans un païs particulier, on pensa à bastir aussi des logemens plus solides pour resister aux injures du temps. Enfin le luxe s'étant répandu parmy les Nations les plus puissantes & les plus riches, l'on voulut de la beauté & de la magnificence dans les edifices; & en observant ce qui peut contribuer le plus à la solidité, à la commodité & à la beauté, l'on fit des regles, & l'on forma un Art pour bien bastir, qu'on appelle *Architecture*, & *Architectes* ceux qui le possedent parfaitement.

Le nom d'Architecture se donne quelquefois à l'ouvrage mesme, aussi bien qu'à la science de bastir. Ainsi l'on dit qu'un homme a fait un beau morceau d'Architecture, de mesme que l'on dit qu'il est sçavant dans l'Art d'Architecture.

L'Architecte selon l'idée que Vitruve en donne, doit avoir une notion generale de toutes les choses necessaires à la perfection d'un edifice. C'est à dire qu'il doit posseder éminemment la Theorie de tous les autres Arts qui ont rapport avec l'Architecture, non seulement pour former les desseins des choses que l'on veut executer, mais pour juger encore de la bonté des materiaux, en faire le choix, & enfin presider sur tous les autres Ouvriers comme le maistre absolu de tout l'ouvrage, ce que signifie aussi le nom d'Architecte.

LIVRE PREMIER.

Les Anciens avoient comme nous deux sortes d'Architecture; l'une qu'on appelle Civile & l'autre Militaire. La premiere qu'ils ont pratiquée, est la mesme dont l'on suit encore à present les regles dans tous les edifices publics & particuliers ; & l'autre qui regarde la fortification des places de guerre, a changé, à cause de la maniere differente dont on les attaque, & dont on les défend aujourd'huy. Dans l'une & dans l'autre l'on y doit considerer les choses necessaires à la solidité de l'ouvrage: mais à l'égard des regles qui concernent la symmetrie, & la forme exterieure, elles sont differentes l'une de l'autre, comme le sont la paix & la guerre, ausquelles ces deux manieres de bastir ont rapport.

La premiere chose que l'on observe dans les bastimens, est la situation du lieu, c'est-à-dire, qu'il faut choisir un endroit dans une belle exposition, sain & commode pour les eaux, & pour tout ce qui est necessaire à la vie : Ce qu'Alexandre fit bien remarquer à Dinocrate, qui proposoit à ce Prince de faire de tout le mont Athos, la figure d'un homme, qui de la main gauche tiendroit une grande Ville, & de la droite une coupe qui recevoit l'eau de tous les fleuves qui découlent de cette montagne pour la verser dans la mer. Car Alexandre aprés avoir pris plaisir à la nouveauté de cette invention, luy demanda s'il y avoit des campagnes aux environs de cette Ville qui pussent fournir de quoy la faire subsister, & ayant sçeu qu'il auroit fallu faire venir les vivres par mer, loüa seulement la beauté du dessein, mais désaprouva le choix que l'Architecte avoit

A ij

fait du lieu où il pretendoit l'executer.

Enfuite l'on fait amas des materiaux qui se rencontrent dans le païs, ou que l'on peut avoir d'ailleurs; car il y a des lieux, où les pierres, le fable, & le bois font meilleurs & plus propres à baftir qu'en d'autres.

Il y a apparence que les premiers hommes ne faifant leurs maifons que pour la neceffité, elles n'eftoient proprement que des cabanes; mais enfin l'Art de Charpenterie, qui a efté pluftoft en ufage que celuy de tailler les pierres, commença à leur donner quelque forme. Car l'on voit que tous les membres d'Architecture ne font que la reprefentation des pieces de bois neceffaires à la ftructure d'un baftiment; Et ce que les plus fçavans Architectes ont fait pour eftablir une maniere certaine de bien baftir, a efté principalement de proportionner toutes les parties d'une maifon, de leur donner de la force & de la folidité, felon leur grandeur; de les difpofer dedans & dehors, avec une telle convenance & une telle fymmetrie, qu'il y euft un rapport & une jufte proportion des unes aux autres, tant pour la commodité des logemens particuliers, que pour la beauté & la grace exterieure de tout l'édifice. Que fi pour enrichir leurs ouvrages, ils employent les mefmes faillies, les mefmes moulures, & quantité d'autres membres, dont la plufpart font neceffaires dans les ouvrages de Charpenterie, neanmoins ils ne fervent bien fouvent que d'embelliffement à ceux que l'on fait de pierre.

Le befoin qu'on a eu de faire diverfes fortes de ba-

LIVRE PREMIER.

stimens a fait que les Ouvriers ont aussi establi differentes proportions, afin d'en avoir qui convinssent à toutes sortes d'edifices, selon leur grandeur, la force, la delicatesse & la beauté, qu'on vouloit y faire paroistre; Et de ces differentes proportions, ils ont composé differens Ordres.

Les Ordres que les anciens ont establis en divers temps & par differentes rencontres sont le Toscan, le Dorique, l'Ionique, le Corinthien & le Composite. Ce qui forme chacun de ces differens Ordres, est la Colonne avec sa base & son chapiteau, & l'entablement; c'est à dire l'Architrave, la Frise & la Corniche. Desorte que ce sont seulement ces parties qui constituent dans les bastimens ce qu'on nomme un Ordre; Et tous les Ordres ne sont differens les uns des autres que dans la proportion de ces parties, & dans la figure des chapiteaux des Colonnes.

Lorsqu'on se sert de plusieurs Ordres dans un edifice, ils doivent estre disposez de telle maniere que le plus delicat soit toujours posé sur le plus fort & le plus solide. Ainsi sur le Dorique l'on met l'Ionique; sur l'Ionique le Corinthien, & sur le Corinthien le Composite: On peut aussi mettre le Corinthien ou le Composite sur le Dorique; car l'importance est, de mettre toujours le moins pesant dessus. Dans les beaux bastimens anciens, on voit neanmoins que les Architectes ont observé de mettre l'Ionique entre le Dorique & le Corinthien, & le Corinthien sur l'Ionique.

Chaque Ordre a ses mesures particulieres. Vitruve est le plus ancien de tous les Architectes dont nous avons les écrits. Il vivoit du temps d'Auguste & a veu les superbes Edifices qui estoient alors en Grece & en Italie. Ceux qui ont travaillé dans les derniers siecles, c'est-à-dire, lorsque cet Art s'est restabli avec les autres Arts, aprés avoir esté comme abatu par les guerres & par les invasions de tant de peuples qui ont desolé la Grece & l'Italie, ceux-là, dis-je, ont suivi ses enseignemens, & les exemples qu'ils ont rencontrez dans les restes antiques. Mais parce qu'ils ont trouvé beaucoup de difference entre les mesures que cet ancien Autheur donne aux divers membres de tous les Ordres, & celles des bastimens qu'ils voyoient, parmy lesquels mesme il se rencontre de grandes differences ; ces Modernes ont esté aussi fort differens entr'eux, & n'ont point gardé une mesme mesure. Il y a apparence qu'ils ne se sont ainsi éloignez les uns des autres, que pour n'avoir peut-estre pas bien compris, que Vitruve establit dans chaque Ordre une seule mesure, qui doit engendrer cette unique Beauté, que chacun recherche, mais qui ne se donne aux ouvrages que quand les Ouvriers sçavent par la force de leur esprit, & la lumiere de leur jugement, conduire toutes les parties d'un edifice selon sa grandeur, sa situation & le lieu, ou la distance d'où on le peut voir. Car tous ceux qui ont écrit de l'Architecture ont fait des regles toutes particulieres que chacun a données selon son goust & sa connoissance, s'apuïant sur les exemples des bastimens antiques qu'ils ont vus, & dont cependant nous remarquons que bien souvent ils n'ont pas bien pris les mesures, & en ont écrit tres-differemment. C'est ce que M. de Chambray a remarqué en parlant de l'Ordre Composite que Phil. de Lorme & Serlio disent estre au Colisée, & dont ils ont rapporté les desseins : Cependant Scamozzi & tous ceux qui ont examiné les restes de ce grand ouvrage, ont reconnu que ce sont deux Ordres Corinthiens l'un sur l'autre. Palladio, qui tient le premier rang entre les Modernes, s'est si fort trompé dans ce qu'il nous a donné du Temple de Diane qui est en Languedoc, & non pas en Provence comme il dit, que s'il n'étoit pas plus fidelle dans les autres choses que nous avons de luy, il n'y auroit pas lieu d'ajouster beaucoup de foy à ce qu'il rapporte des Ouvrages antiques. Ce qui m'oblige à dire cela sont les mesures justes de ce Temple que M. Mignard Architecte du Roy a soigneusement prises depuis peu par l'ordre exprés de Monsieur Colbert Sur-Intendant des Bastimens, mais qu'il a desseignées avec une si grande exactitude, qu'on ne doit aucunement douter de sa fidelité, qui fait voir que Palladio n'y avoit pas apporté le mesme soin, & qu'il s'en estoit remis à quelqu'un qui ne s'en acquita pas bien, comme il arrive souvent en ces sortes de choses ; car dans ce qu'il a mesuré luy-mesme à Rome il n'en est peut-estre pas de mesme. C'est pourquoy je ne croy pas qu'on doive toujours se fier au rapport de ceux qui nous citent des choses antiques, principalement lorsque l'on sçait qu'ils n'ont pas employé assez de temps pour les bien mesurer, ny peu faire une depense aussi considerable qu'il est necessaire ; puisque l'on voit souvent dans leurs écrits des exemples contraires à la raison & aux principes les plus essentiels que Vitruve a si bien establis.

Il est vray que cet Autheur paroist obscur en plusieurs endroits de son livre, & qu'il semble mesme contraire en certaines choses, à beaucoup d'excellens restes de bastimens que nous voyons ; Mais peut-estre que quand on l'étudiera bien, & que l'on examinera soigneusement les plus beaux restes antiques & les raisons qu'on pû avoir ceux qui en ont esté les Autheurs, on n'y trouvera pas de si grandes differences ; Joint que les Architectes qui ont travaillé depuis ont beaucoup changé dans ce qui s'observoit avant eux ; Vitruve condamnant déja luy-mesme ce que faisoient plusieurs Ouvriers dans le temps qu'il a composé son livre.

La Traduction que M. Perrault en vient de donner est si exacte & si sçavante; les Notes en sont si recherchées & si pleines d'erudition, qu'il y a lieu d'esperer que le public en tirera un tres grand secours ; & qu'aprés un travail si considerable, l'on n'aura plus rien à desirer pour l'intelligence de cet Autheur que tant de sçavans hommes avoient tâché d'expliquer, mais que M. Perrault seul a rendu clair & facile dans tous les endroits où jusques à present l'on ne voyoit que des difficultez, & une obscurité impenetrable.

CHAPITRE

LIVRE PREMIER

CHAPITRE II.
Des cinq Ordres d'Architecture.

JE ne pretens pas faire icy un Traité d'Architecture, mais seulement rapporter succinctement quelque chose des divers Ordres, de leurs membres, & de leurs mesures ; Et mesme sans examiner celles qui sont les plus justes, dire en general de quelle sorte on les pratique aujourd'huy sur les exemples antiques, & sur ce que Vitruve & les autres Architectes en ont enseigné, & particulierement Palladio qui est un des plus celebres de tous les modernes.

CHAPITRE III.
De l'Ordre Toscan.

L'Ordre Toscan, selon l'opinion commune, a pris son origine dans la Toscane, l'une des plus considerables parties de l'Italie, dont il garde encore le nom. De tous les Ordres il est le plus simple & le plus dépourveu d'ornemens : Il est mesme si grossier qu'on le met rarement en usage, si ce n'est pour quelque Bastiment rustique où il n'est besoin que d'un seul Ordre, ou bien pour quelque grand Edifice, comme un Amphiteatre, ou autres ouvrages semblables.

M. de Chambray dans son excellent livre du Parallele de l'Architecture ancienne avec la moderne,

B

separe des autres Ordres le Toscan & le Composite, qu'il dit estre originaires d'Italie. Il estime que la Colonne Toscane sans aucune Architrave, est la seule piece qui merite d'estre mise en œuvre & qui peut rendre cet Ordre recommandable. C'est pour cela qu'il fait la description de la Colonne Trajane, dont il remarque l'excellence, & qu'il dit avoir servi de regle à la Colonne Antonine, & à une autre qui fut élevée dans Constantinople, à l'honneur de l'Empereur Theodose, aprés sa victoire contre les Scythes. Cependant il y a apparence que la Colonne Trajane n'a pas esté la premiere que l'on ait dressée à l'honneur des grands hommes; Il n'y a pas long-temps que l'on voyoit dans un endroit de Rome, une petite Colonne Toscane, contre laquelle estoit la figure d'un Corbeau, avec ce mot au dessus, CORVIN : qui marquoit vray-semblablement que cette Colonne fut élevée à Valerius Maximus, aprés l'action qu'il fit à la veuë de l'armée des Gaulois & de celle des Romains. Car estant Tribun militaire sous le Consulat de Furius & d'Apius, l'an 405. de la fondation de Rome, & lorsque les Gaulois entrerent en Italie, l'on vit avant que les deux armées se fussent jointes, sortir du Camp des Gaulois un homme d'une taille gigantesque, qui armé avantageusement, deffioit en combat singulier, le plus brave d'entre les Romains. Valerius accepta son deffi aprés en avoir demandé la permission aux Consuls. Et quoy que la force & la grandeur extraordinaire de cet homme, donnast de la crainte & de la terreur à tout le monde

LIVRE PREMIER.

il le combatit à la veuë des deux armées. Mais les Hiſtoriens remarquent comme une choſe miraculeuſe, qu'un corbeau vint inopinément fondre ſur le Geant; & tantoſt l'aveuglant de ſes ailes; tantoſt le bequetant, & luy égratignant le viſage & les mains; & tantoſt ſe repoſant ſur le Caſque de Valerius, aida à celuy-cy à remporter la victoire ſur ſon ennemy qu'il tua ſur la place : Et ce fut à cette occaſion qu'il priſt le ſurnom de Corvinus, & qu'il fut depuis ſi conſideré, qu'Auguſte luy fit dreſſer une Statuë dans le marché de Rome. Or ſoit que la Statuë fuſt poſée ſur la Colonne dont j'ay parlé, ſoit que la Colonne fuſt érigée dés le vivant de Valerius Corvinus, l'on voit par-là que celle de Trajan n'a pas eſté la premiere que les Romains ayent élevée pour marquer quelque belle action; & que ſi l'on s'eſt ſervi de l'Ordre Toſcan, c'eſt apparemment à cauſe de ſa ſolidité.

Aul. Gell.
l. 9 c. 11.

Les Colonnes Toſcanes avec leur Baſe & leur Chapiteau ont d'ordinaire de hauteur ſept diametres de leur groſſeur priſe par en bas; Le haut doit eſtre diminué d'un quart de ſon diametre; Le Piedeſtail eſt fort ſimple, & n'a qu'un module ou diametre de hauteur; La Baſe qui eſt d'un demy diametre de haut, ſe diviſe en deux parties égales, dont l'une ſe donne au Plinthe, l'autre ſe partage en quatre. Il y en a trois qui ſont pour le Tore ou Baguette, & la quatriéme pour le Liſtel ou Liſteau autrement nommé Ceinture, qui dans cet Ordre ſeulement fait partie de la Baſe ; car dans les autres Ordres, elle fait partie du Fuſt de la Colonne. Le Chapi-

B ij

teau est aussi d'un demy diametre de la grosseur de la Colonne prise par en bas, & se divise en trois parties, l'une pour l'Abaque autrement Tailloir, l'autre pour l'Ove, & la troisiéme se partage en sept, dont l'une fait le Listel & les six autres le Colarin. L'Astragale qui est au dessous, a de hauteur le double du Listel, qui est sous l'Ove.

Vitruve ne met point de difference entre le Chapiteau Toscan & le Dorique pour ce qui regarde les mesures, mais seulement pour ce qui concerne les ornemens. Plusieurs Architectes sont fort differens de luy sur ce Chapiteau. Il faut lire les Notes de M. Perrault sur Vitruve.

Liv. 4. ch. 9.

EXPLICATION DE LA PLANCHE I.

I. FIGURE.

A. *Piedestal, ou Zocle.*
B *Base de la Colonne.*
C *Fust, Tronc, ou Vif de la Colonne.*
D *Chapiteau de la Colonne.*
E *Architrave.*
F *Frise.*
G *Corniche.*

II. FIGURE.

A *Piedestal ou Zocle.*
B *Plinthe, Orle, ou Ourelet de la Base.*
C *Tore, Bâton, ou Baguette.*
D *Congé, Escape, Naissance, Ceinture avec le Reglet, Listel ou Listeau du bas de la Colonne.*
E *Fust, ou Vif de la Colonne dont le haut est diminué.*
F *Congé avec le Listel ou Filet.*
G *Astragale.*
H *Gorge, Gorgerin, Collier, Colarin, ou Frise du chapiteau.*
I *Echine ou Qart de rond, Ove, ou Oeuf avec son Filet.*
K *Abaque, Tailloir, Plinthe, Listeau ou Quarré.*
L *Architrave.*
M *Frise.*
N *Cavet ou Cymaise Dorique.*
O *Gueulle droite.*
P *Larmier ou Couronne.*
Q *Simaize, Doucine ou Gueulle droite.*

LIVRE PREMIER.

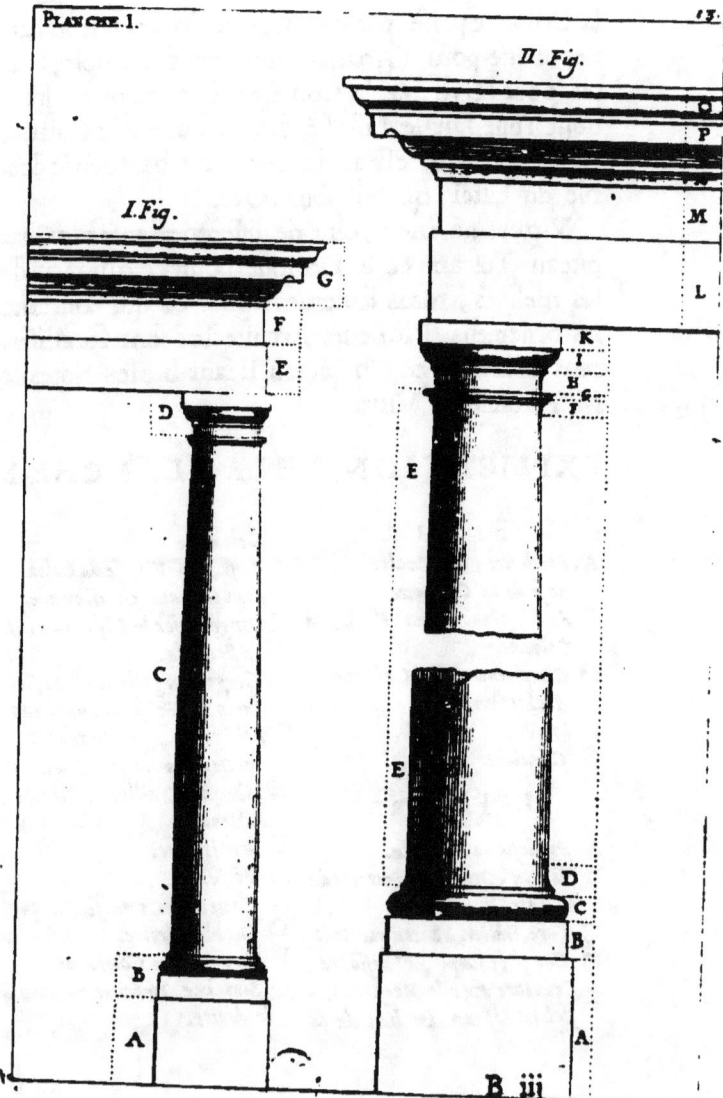

CHAPITRE IV.
De l'Ordre Dorique.

L'Ordre Dorique fut inventé par les Doriens, peuple de Grece. Quand les Colonnes sont Isolées & servent de portique, Palladio leur donne de haut sept Diametres de leur grosseur ; mais si elles sont engagées dans les murs, il leur donne jusques à huit Diametres, & quelquefois plus, y compris la Base & le Chapiteau.

Le Chapiteau Dorique a de hauteur un demy diametre de la Colonne. Ses parties sont l'Abaque, l'Ove, les Annelets, le Colarin. L'Astragale & la Ceinture qui sont au dessous du Chapiteau, font partie du Fust de la Colonne.

L'Entablement, c'est à dire l'Architrave, Frise & Corniche, est plus massif & a plus de hauteur que dans les autres Ordres ; car d'ordinaire il a une quatriéme partie de la hauteur de la Colonne de mesme que le Toscan ; & dans les autres il n'a bien souvent que la cinquiéme partie.

L'Architrave a de haut un demi diametre de la Colonne. Il est composé d'une seule Fasse ou Fascie & d'une Tenie ou Bande qui la couronne ; & a pour ornemens particuliers, certaines Goutes qui sont au dessous des Triglyphes. Il y a des Architectes modernes qui mettent deux Fasces à l'Architrave Dorique, à l'imitation de quelques restes de bastimens qui ne sont pas des plus anciens ny du meilleur goust.

LIVRE PREMIER.

La Frise avec son Listel, qui est la platte bande qui la separe d'avec la Corniche, a trois quarts du diametre, & a pour ornemens les Triglyphes & les Metopes; mais il y a beaucoup de sujetion à les bien disposer: Il faut lire Vitruve.

L. 4. c. 5.

La Corniche a la mesme hauteur que la Frise. Quand les Colonnes ont plus de sept diametres de haut, la Frise & l'Architrave ont toûjours leur mesure reglée, l'une d'un demy diametre, & l'autre de trois quarts d'un diametre: & le surplus qui fait la quatriéme partie de la Colonne, se rejette sur la Corniche.

Si les Colonnes sont cannelées elles sont pour l'ordinaire à vive-areste; c'est à dire qu'il n'y point de Listel ou espace plein entre chaque Cannelure comme à celles des autres Ordres, & les Cannelures sont aussi moins enfoncées. Il doit y en avoir vingt en nombre.

Pour le Piedestail, Palladio luy donne de hauteur deux diametres & un tiers de la Colonne prise par en bas; & se sert de la Base Attique. Il paroist par ce qui nous reste des anciens bastimens, qu'il n'y avoit point de Base dans l'Ordre Dorique.

DE L'ARCHITECTURE,

EXPLICATION DE LA PLANCHE II.

I. FIGURE.

A *Fust de la Colonne sans Base & sans Cannelures.*

II. FIGURE.

A *Colonne cannelée avec sa Base Attique sans Piedestal.*

III. FIGURE.

A *Zocle, Plinthe ou Base du Piedestal.*
B *Dé, Quarré ou Tympan du Piedestal.*
C *Corniche ou Cymaise du Piedestal.*
D *Plinthe ou Zocle de la Base Attique.*
E *Thore inferieur, Bâton ou Boscl.*
F *Scutie ou Nacelle avec les deux Listeaux.*
G *Thore ou Bâton superieur.*
H *Ceinture Reglet avec l'Escape.*
I *Cannelures, des Colonnes qui sont à vive-areste.*
L *Reglet, Ceinture avec l'Escape.*
M *Astragale.*

N *Gorge, Collier, &c. du Chapiteau.*
O *Annelets, Filets ou Listeaux.*
P *Echine ou Ove.*
Q *Abaque ou Tailloir.*
R *Symaise du Tailloir.*
S *Seconde Fasce ou Fascie de l'Architrave.*
T *Premiere Fasce de l'Architrave.*
V *Gouttes ou Clochettes qui sont sous le Triglyphe.*
X *Tenie, Bande ou Bandelette.*
Y *Triglyphe.*
Z *Metope qu'on remplit d'une teste de bœuf, ou de festons.*
a *Demy metope.*
b *Chapiteau du Triglyphe.*
c *Cavet.*
d *Ove ou Quart de rond.*
e *Couronne ou Larmier.*
f *Gouttes qui sont dans le plat-fond ou Soffit de la Corniche au droit des Triglyphes.*
g *Teste de Lyon qui sert de Gargoüille pour l'egout des eaux, & qui est posée dans la Corniche au droit des Colonnes.*
h *Gueulle renversée.*
i *Gueulle droite ou Doucine.*

CHAPITRE

LIVRE PREMIER.

CHAPITRE V.

De l'Ordre Ionique

L'Ordre Ionique tire son nom de l'Ionie Province d'Asie ; les Colonnes avec le Chapiteau & la Base ont neuf diametres de la Colonne prise en bas, Ce qui n'étoit pas ainsi lorsque cet Ordre fut inventé, car elles n'avoient que huit modules, ou diametres de haut. Mais les Anciens voulant rendre cet Ordre plus agreable que le Dorique, augmenterent la hauteur des Colonnes, en y adjoustant une Base, qui n'estoit point en usage dans l'Ordre Dorique.

L'Entablement a une cinquiéme partie de la hauteur de la Colonne dont la Base a un demy diametre, & le Chapiteau un peu plus du tiers. Le Chapiteau est principalement composé de Volutes qui le rendent different de tous les autres Ordres. Il y a plusieurs manieres de faire les Volutes, que l'on peut voir dans les Notes de M. Perrault sur Vitruve. Phil. de Lorme dit avoir découvert le premier celles qui se pratiquent aujourd'huy le plus communément, & semble se plaindre de ce que quelques-uns s'attribuoient l'honneur de sa découverte, à cause peut-estre que Palladio & Serlio en ont parlé avant luy. Michel Ange a aussi inventé une maniere particuliere de Volute. Les Colonnes Ioniques sont ordinairement cannelées de vingt-quatre canneleurs. Il y en a qui ne sont creuses & concaves

Liv. 3.
c. 27.

LIVRE PREMIER.

que jusques à la troisiéme partie du bas de la Colonne, & cette troisiéme partie a ses Cannelures remplies de Baguetes ou Bâtons ronds à la difference du surplus du haut, qui demeure strié & cannelé en creux & entierement vuide ; Celles qui sont ainsi s'appellent *rudentées* ou *redentées*. Il est vray que dans les anciens bastimens presque toutes les grandes Colonnes qui sont cannelées le sont du haut jusques en bas, ce que les Architectes avoient inventé pour marquer comme les plis des robbes des femmes dont ils prétendoient que cet Ordre avoit les proportions.

Son Piedestal a de haut deux diametres & deux tiers ou environ.

Il y a beaucoup de choses qu'il faut observer dans toutes les parties de cet Ordre, pour luy donner cette beauté & cette élegance qu'il demande ; ce que l'on pourra apprendre dans les meilleurs Auteurs & principalement dans Vitruve.

Il faut dire rudentées, qui veut dire remplis d'une corde.

DE L'ARCHITECTURE,
EXPLICATION DE LA PLANCHE III.

I. FIGURE.

A *Base de la Colonne.*
B *Fust de la Colonne striée & cannelée.*
C *Chapiteau de la Colonne.*
D *Entablement qui comprend l'Architrave, Frise & Corniche.*

II. FIGURE.

A *Zocle du Piedestal.*
B *Base du Piedestal.*
C *Dé, Abacque ou Tympan du Piedestal.*
D *Corniche ou Cymaise du Piedestal.*
E *Plinthe, Or le ou Ourelet de la Base de la Colonne, selon Vitruve.*
F *Seconde Scotie.*
G *Rondeaux, Annelets, Astragales, ou Tondins.*
H *Premiere Scotie.*
I *Thore ou Bâton.*
L *Ceinture ou Reglet.*
M *Vif de la Colonne.*
N *Cannelures de la Colonne.*
O *Striure ou Listel.*
P *Ove ou Echine avec l'Astragale, Tondin ou Fuserolle au dessous de l'Ove.*
Q *Canal ou creux de la Volute.*
R *Volute.*
S *Oeil de la Volute.*
T *Ligne appellée Cathete.*
V *Abaque ou Tailloir.*
X *Premiere, seconde, & troisiesme Fasce ou Bande de l'Architrave.*
Y *Cymaise de l'Architrave.*
Z *Frise.*
a *Scotie.*
b *Ove.*
c *Modillons.*
d *Cymaise des Modillons.*
e *Couronne, Larmier, ou Goutiere.*
f *Cymaise, ou Gueule renversée.*
g *Grande Cimaise, ou Gueule droite.*

LIVRE PREMIER.

Ciij

CHAPITRE VI.
De l'Ordre Corinthien.

CEt Ordre fut inventé à Corinthe. Il garde les mesmes mesures que l'Ionique; la plus grande difference qui se trouve entre eux est dans leurs Chapiteaux.

Les Colonnes Corinthiennes avec la Base & le Chapiteau ont ordinairement dix diametres; il est vray que Palladio & quelques autres ne leur en donnent que neuf & demi. Si elles sont cannelées elles doivent avoir du moins vingt-quatre Cannelures dont la profondeur sera de la moitié de leur largeur. Le Listel ou espace plein qui separe chaque Cannelure doit avoir de large un tiers de l'ouverture des Cannelures. On en peut donner jusques à vingt-huit, ou trente-deux selon la grosseur des Colonnes & le lieu où elles sont placées; parce que s'il est besoin de les faire paroistre plus grosses il ne faut que multiplier le nombre des Cannelures.

La pluspart des Auteurs modernes ne donnent à l'Entablement, c'est dire à l'Architrave, Frise & Corniches, qu'un cinquiéme de la hauteur des Colonnes entieres, compris la Base & le Chapiteau; Mais si l'on veut prendre pour exemple ce qui reste de plus beau dans Rome, particulierement le Portique de la Rotonde, l'Entablement aura plus de hauteur; il est vray qu'il faut avoir égard à la grandeur des edifices dont les parties d'en haut doivent estre plus puissantes.

Le Chapiteau aura de haut un diametre, & l'Abaque une sixiéme ou septiéme partie du diametre de la Colonne pris par en bas; le reste se divise en trois parties, l'une pour le premier rang des Feüilles, & l'autre pour le second. Quant à la troisiéme elle se partage encore en deux; de celle qui joint l'Abaque on forme les Volutes, & de l'autre les Caulicoles. Il faut que la Campane ou vif du Chapiteau qui est sous les Feüilles, tombe à plomb avec le fond des Cannelures de la Colonne. La Rose doit avoir de large un quart du diametre de la Colonne pris en bas.

Le Piedestal aura la quatrieme partie de la Colonne, & sera divisé en huit parties, dont l'une doit estre pour la Cymaise, deux pour la Base, & les autres pour le Dé.

EXPLICATION DE LA PLANCHE IV.

I FIGURE.

A Piedestal de Colonne Corinthienne.
B Base Atique.
C Fust de la Colonne.
D Chapiteau.
E Entablement.

II FIGURE.

A Zocle, Orle ou Ourelet de la Base du Piedestal.
B Base du Piedestal.
C Dé, Abaque, ou Tympan.
D Corniche du Piedestal.
E Plinthe, Orle ou Ourelet de la Base de la Colonne.
F Thore ou Bâton inferieur.
G Scotie ou Cavet avec deux Astragales ou Tondins au dessus.
H Tore ou Bâton superieur.
I Astragale avec la ceinture ou Regles au dessus.
L Vif ou Fust de la Colonne.
M Astragale.
N Feuilles.
O Caulicoles.
P Tympan, ou Vif du Chapiteau.
Q Abaque.
R Rose.
S Fasce de l'Architrave.
T Frise.
V Denticule.
X Casses des Roses entre chaque Modillon.
Y Modillons.

CHAPITRE

LIVRE PREMIER.

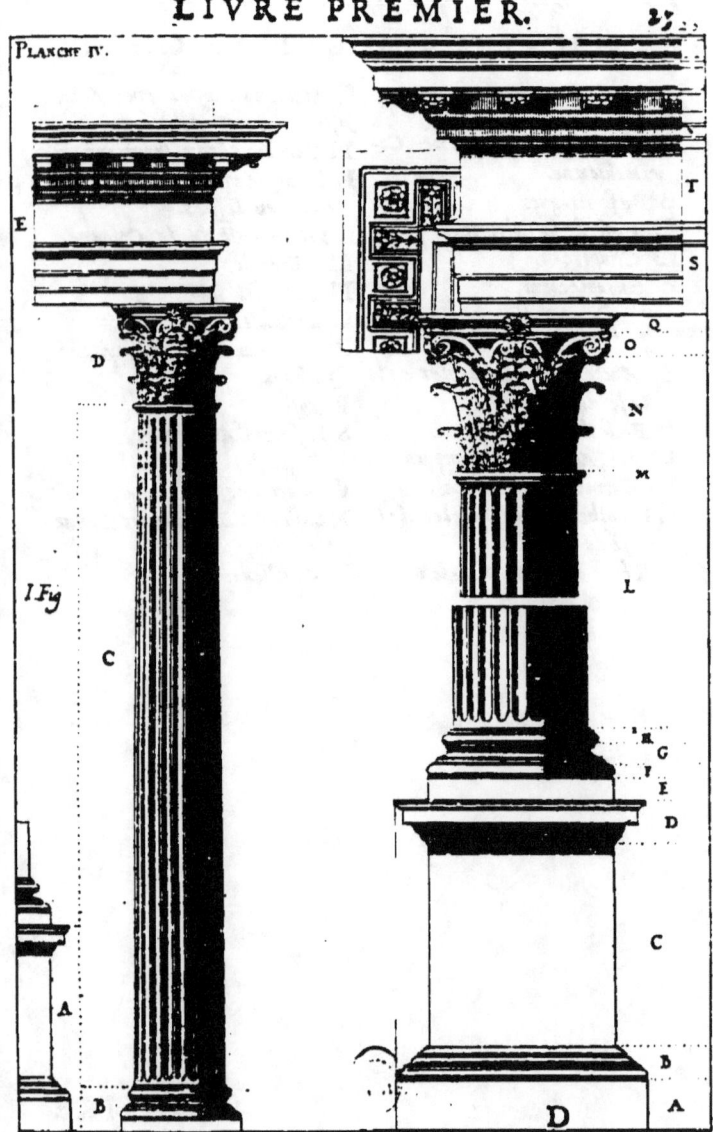

CHAPITRE VII.

De l'Ordre Composite.

L'Ordre Composite a esté adjousté aux autres ordres par les Romains, qui l'ont placé au dessus du Corinthien, pour faire voir, à ce que disent quelques Auteurs, qu'ils estoient les Maistres de tous les autres peuples ; & qu'il ne fut inventé qu'aprés qu'Auguste eut donné la paix à tout l'Univers.

Il participe de l'Ionique & du Corinthien, mais il est encore plus orné que le Corinthien, auquel on le fait semblable dans toutes les mesures & les membres, hormis que le Chapiteau n'a que quatre Volutes qui occupent tout l'espace qui est remply dans le Corinthien par les Volutes & les Caulicoles. Il a outre cela, l'Ove & le Fusarole qui sont des parties propres à l'Ordre Ionique. L'on voit encore dans les Edifices anciens & modernes plusieurs autres sortes de Chapiteaux qui ne conviennent qu'à cet Ordre.

Les Colonnes Composites ont d'ordinaire dix diametres de haut, comme le Corinthien. Phil. de Lorme qui a creu que celles qui sont le dernier Ordre du Colisée estoient Composites, écrit qu'elles sont aussi grosses auprés du Chapiteau qu'en bas, ce qui n'est pas neantmoins observé dans les anciens Edifices où l'Entablement est aussi de la quatriesme partie de la Colonne. Mais Palladio ne luy donne qu'une cinquiesme partie de mesme qu'à

Liv. 7. ch. 1.

l'Ordre Corinthien ; il donne aussi aux Colonnes une Base Attique ou bien composée de l'Attique & de l'Ionique comme aux Corinthiennes : Pour le Piedestal il doit avoir de haut la troisiéme partie de la Colonne.

Or toutes ces mesures ne sont pas tellement arrestées, qu'elles ne changent selon la grandeur des bastimens. Vitruve enseigne comment on doit faire les membres d'un Ordre selon sa hauteur : car plus on regarde en haut & plus on a de peine à reconnoistre la largeur & la hauteur des parties d'un Edifice. C'est pourquoy il dépend du jugement de l'Architecte d'augmenter ou de diminuer ses mesures, pour donner plus de beauté & de grace à ses Ouvrages. Ce qui est tellement vray que parmy les Antiquitez qui sont en Provence, il y a un Tombeau que M. Mignard l'Architecte a desseigné depuis peu avec un soin tout particulier, dont les Colonnes n'ont aucune mesure arrestée. Il y en a dix d'Ordre Composite assez élevées, qui portent un petit Dome ; & parce qu'elles sont toutes isolées, & que le jour passe à costé, elles sont si grosses qu'elles n'ont de hauteur qu'environ huit modules, & cependant font un effet admirable.

Il faut aussi avoir égard à la quantité des Colonnes, & mettre de la difference entre celles qui ne sont qu'au nombre de quatre, celles qui sont six ou huit de suite. Considerer celles qui sont appuyées contre quelque corps, & celles qui sont isolées, ou qui sont les extremitez, ou les angles d'un Bastiment, qui doivent toujours estre plus grosses à cau-

D ij

28 DE L'ARCHITECTURE,

se que l'air qui les environne, en diminuë une partie & les fait paroistre plus menuës.

Pour les Colonnes qui ne sont pas entieres, mais dont la deux ou troisiesme partie de leur grosseur est perduë dans l'épaisseur de la muraille, il faut y observer d'autres mesures qu'à celles qui ont toute leur rondeur. Celles-là non seulement ont esté inventées pour la decoration des murailles, mais pour les rendre encore plus fortes & pour servir d'Antes, & de Contre-pilliers pour la poussée, afin de mieux soustenir les Voutes des edifices ; & mesme pour rendre encore l'ouvrage plus excellent. Ces sortes de Colonnes, lors qu'elles sont faites de quartiers de pierres se posent par assises, de mesme hauteur que les pierres dont les pans des murs sont construits. On peut en certaines rencontres faire des ornemens aux Colonnes & aux Pilastres, pour en cacher les joints, comme Ph. de Lorme a fait au Palais des Tuilleries.

EXPLICATION DE LA PLANCHE V.

I. FIGURE.

A *Piedestal.*
B *Base de la Colonne.*
C *Fust.*
D *Chapiteau Composite.*
E *Entablement.*

II. FIGURE.

A *Piedestal.*
B *Base.*
C *Chapiteau orné de feuilles.*
D *Ove avec le Fusarolle au dessous.*
E *Volute.*
F *Tailloir ou Abaque.*
G *Architrave.*
H *Frise.*
I *Corniche.*

LIVRE PREMIER.

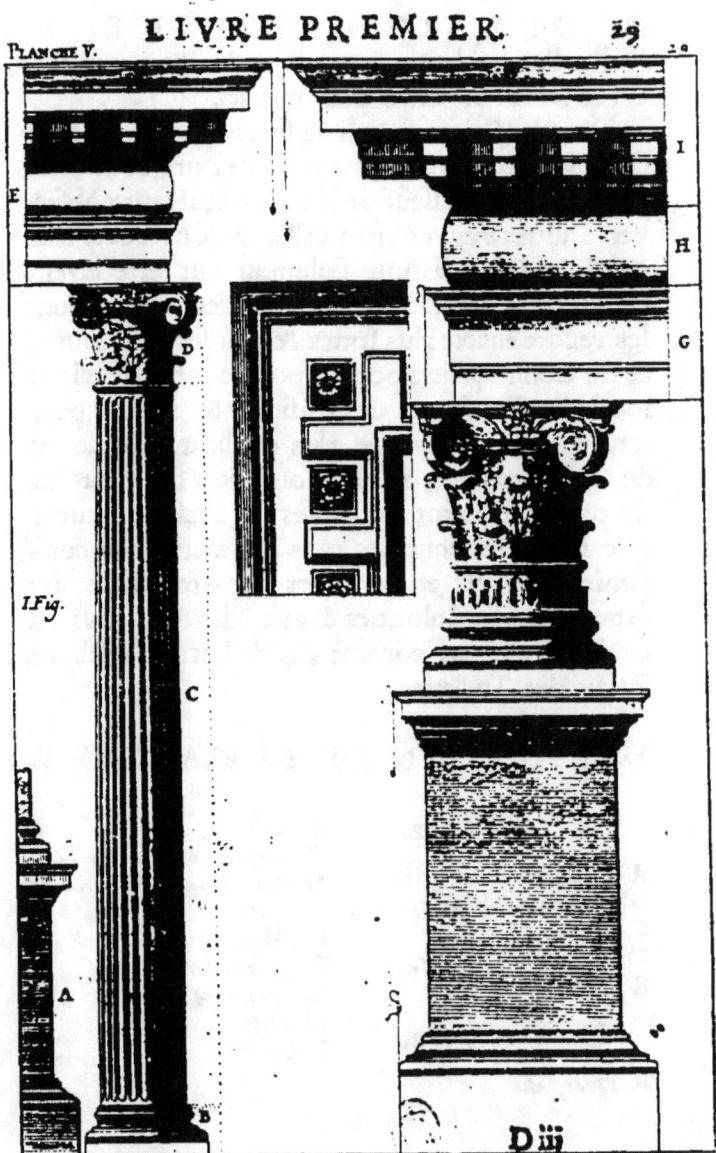

PLANCHE V.

I.Fig.

CHAPITRE VIII.
Des Pilastres & des Colonnes torses.

IL y a des Colonnes quarrées que nous appellons Pilastres, & que l'on croit estre ce que les anciens Auteurs nommoient Colonnes *Atticurges*, elles sont propres à tous les ordres & reçoivent les mesmes ornemens. On en voit aux encoigneures du Portique de l'Eglise des quatre Nations.

Les Colonnes Torses, telles qu'on les fait presentement sont d'une invention moderne; & les Anciens qui sur toute chose regardoient à la solidité de leurs Bastimens, n'en auroient jamais employé de semblables, quand mesme elles n'eussent servi que d'ornement; Parce qu'ils vouloient que la nature & la vray-semblance parussent dans tous leurs Ouvrages, ce qui ne se trouve pas dans ces sortes de Colonnes, qui n'ont ny la force, ny une figure propre à porter un grand fardeau. Aussi n'ont-elles esté beaucoup en usage que depuis qu'on a fait les grandes Colonnes de bronze, qui sont dans l'Eglise de saint Pierre de Rome. Car il ne faut aux Ouvriers qu'un seul exemple de nouveauté pour les autoriser, & leur faire prendre toute sorte de licence souvent mal à propos & contre la raison, comme plusieurs ont fait à l'égard des Cartouches, dont l'on peut dire qu'ils ont defiguré l'Architecture, depuis qu'ils virent que Michel Ange s'en estoit servi. Ce qui fait voir que ceux qui

LIVRE PREMIER. 31

n'eſtudient pas le fond de l'Art, & qui ne ſont à proprement parler que des copiſtes, & comme les ſinges des autres, ne les imitent preſque jamais que dans ce qu'ils ont fait de plus mal; Car ce n'eſt pas en cela que Michel Ange a paru un excellent Architecte; il avoit d'autres parties que l'on peut imiter; Mais pour ces ſortes d'ornemens peſans, & tout à fait ridicules, on ne les trouvera point dans les anciens Edifices, non plus que les Colonnes Torſes. Palladio dit ſeulement avoir obſervé un petit Temple prés de Trevi, dont les Colonnes d'Ordre Corinthien ont des cannelures qui tournent autour du Fuſt, mais la tige de la Colonne n'eſt pas torſe comme celles qu'on fait aujourd'huy, dont Vignole a décrit la veritable figure, & donné la maniere de les faire. Liv. 4. ch. 25.

EXPLICATION DE LA PLANCHE VI.

A *Pilaſtres.*
B *Colonne Torſe Antique.*
C *Colonne Torſe Moderne.*

DE L'ARCHITECTURE.

CHAPITRE

CHAPITRE IX.
De l'Ordre des Caryatides, & de l'Ordre Persique.

Outre les cinq Ordres que je viens de rapporter, il y en a qui en mettent encore deux, sçavoir l'Ordre des Caryatides & l'Ordre Persique. Le premier n'est autre que l'Ordre Ionique, & il n'y a nul changement, excepté qu'au lieu de Colonnes, on met des Figures ds femmes qui soustiennent l'entablement. Vitruve attribuë l'origine de cet Ordre à la ruine des habitans de Carye, Ville du Peloponese. Il dit que s'estant unis avec les Perses pour faire la guerre à leur propre Nation, les Grecs aprés avoir mis les Perses en deroute & remporté sur eux une entiere victoire, assiegerent ceux de Carye; & qu'ayant pris leur ville par la force des armes, il la reduisirent en cendre, & passerent tous les hommes au fil de l'épée. Quant aux femmes & aux filles ils les emmenerent captives; mais pour laisser des marques de leur vengeance à la posterité, ils representerent dans les Edifices publics qu'ils bastirent ensuite, l'Image de ces miserables Captives, où en les faisant servir de Colonnes, elles paroissoient chargées d'un pesant fardeau, qui estoit comme la punition qu'elles avoient meritée pour le crime de leurs maris.

L'Ordre Persique a eu son commencement par une rencontre semblable; car Pausanias ayant défait les Perses, ceux de Lacedemone pour marque de leur victoire, éleverent des Trophées des armes de leurs ennemis, qu'ils representerent ensuite sous la figure d'Esclaves portant les entablemens de leurs maisons. Et parce qu'on avoit choisi l'Ordre Ionique pour les Caryatides, comme le plus convenable aux Figures des femmes, les Architectes se servirent aussi de l'Ordre Dorique pour y representer les Perses.

C'est sur ces deux exemples qu'on a depuis employé diverses sortes de Figures dans l'Architecture, pour porter des Corniches & pour soustenir des Consoles & des Mutules. On voit dans les Edifices Gottiques de ces sortes de Figures avec autant d'excez qu'avec peu d'ordre & de raison. Il y a mesme apparence que les Grecs ont fait aussi de ces sortes de Figures en differentes manieres; puisqu'on voit encore de vieux vestiges auprés d'Athenes où il y a dés Figures de femmes qui portent des panniers sur leur teste & qui tiennent lieu de Caryatides.

Ils mettoient encore des Figures humaines sous les Mutules ou Corbeaux, & les appelloient *Atlas* selon Vitruve; les Romains les nommoient *Telamones*: il y avoit quelque raison aux Grecs de les appeller du nom d'Atlas que les Poëtes ont feint soustenir le Ciel sur ses espaules; mais on ne voit pas pourquoy les Latins leur donnoient le nom de *Telamon*, aussi Vitruve luy-mesme n'en rend point de raison. Baldus dans son Dictionaire sur Vitruve semble avoir assez bien rencontré, quand il dit qu'il y a apparence que celuy qui le premier s'est servi de ce mot pour exprimer des Figures qui portent quelque fardeau, n'a point écrit *Telamonas*, mais πι-μιοις, ce mot grec signifiant des miserables & des gens qui endurent le travail, ce qui convient parfaitement à ces sortes de Figures qui portent des Corniches ou des Consoles, & que nous voyons si ordinairement aux pilliers de nos anciennes Eglises, sous les Images de quelques Saints ou de quelques grands personnages.

EXPLICATION DE LA PLANCHE VII.

A *Ordre des Caryatides*.
B *Ordre Persique*.
1 *Imposte*.
2 *Bandeau*.
3 *Clef de l'arc*.

56 DE L'ARCHITECTURE,

PLANCHE VIII.

CHAPITRE X.

Des Ornemens de l'Architecture.

Quant aux Ornemens d'un edifice, on peut dire qu'ils ne servent que pour en embellir les parties par les differens ouvrages de Sculpture qu'on y met.

Vitruve donne le nom d'Ornemens aux entablemens de chaque Ordre, c'est-à-dire à l'Architrave, Frise & Corniche, à cause peut-estre que c'est la partie qui en reçoit davantage, ou qu'elle est à tout l'Ordre, ce que chaque petit Ornement est à l'égard d'une de ces autres parties-là. Les Metopes, les Triglyphes, les Gouttes & toutes les autres choses qu'on voit dans l'Architecture, ont esté trouvées successivement pour imiter les Poutres, les Solives, les Chevrons, les Cimens & les Mastics qu'on appliquoit au bout des pieces de bois pour les conserver davantage. Car les Anciens n'avoient pas comme nous l'usage de peindre avec de l'huille, qui conserve beaucoup le bois & le défend contre la pluye & les autres injures de l'air; Et comme le soleil venoit à fondre les matieres dont ils se servoient, il en distilloit des goutes ou larmes qu'on a representées ensuitte au dessous des Tripliphes; Si ce n'est qu'on aime mieux suivre le sentiment de M. Perrault sur Vitr. qui croit que c'estoit les gouttes de l'eau mesme qui couloient sur les mastics, qu'ils ont voulu figurer. Quoy qu'il en soit, les Architectes imitant non seulement

E iij

ce que la nature leur monſtroit, mais s'aydant auſſi de l'artifice & des inventions des autres Ouvriers, ont fait diverſes ſortes de ſculptures aux Corniches & aux Chapiteaux des Colonnes. On peut lire ſur cela Vitruve & de Lorme.

Les Ornemens qu'on taille d'ordinaire ſur les moulures & ſur tous les autres membres de l'Architecture, ſont des feuilles refenduës, feüilles d'eau, canaux, rais de cœur, rubans tortillez avec baguettes dedans, & ſans baguettes; oves, chapelets de pluſieurs ſortes; godrons, guillochis, poſtes, entre-las, treſſes, eſcailles, feſtons, rinſeaux, roſes, fleurons & pluſieurs autres choſes qu'on y meſle, ſuivant les lieux & les places que l'on veut orner. Il y a certaines parties qu'on peut enrichir de Bas reliefs, comme ſont les Friſes, les Piedeſtaux, & quelques autres endroits plats, ainſi qu'on peut voir dans des reſtes antiques.

Les Anciens avoient grand ſoin dans les petits Baſtimens d'achever tous les Ornemens dont ils les embelliſſoient; Mais dans les grands Edifices, comme Amphiteatres & autres grands Ouvrages ils ſe contentoient d'en travailler quelques morceaux, laiſſant le reſte ſeulement degroſſi pour gagner le temps, & menager la dépenſe.

Dans les membres d'Architecture, il y en a où la Sculpture eſt eſſentielle, comme on remarque ſur le 3. Chapitre du quatriéme Livre de Vitruve; tels que ſont les Chapiteaux Corinthiens & les Ioniques, les Modillons, les Triglyphes &c. Il y en a d'autres où elle n'eſt point abſolument neceſſaire,

LIVRE PREMIER

comme au Quart de rond des grandes Corniches, où l'on n'est point obligé de tailler des Oves ; au Denticule de la Corniche Corinthienne qu'on peut faire sans découpures ; aux Frises Corinthiennes & Ioniques qu'on peut faire sans ornemens, aux Metopes de l'Ordre Dorique qu'on peut laisser sans testes de Beuf ny Trophées.

EXPLICATION DE LA PLANCHE VIII.

A *Postes.*
B *Feüilles refenduës.*
C *Feüilles d'eau.*
D *Rais de cœur.*
E *Canaux.*
F *Ove.*
G *Fusarole.*
H *Rose.*
I *Rubans tortillez sans baguettes.*
L *Rubans tortillez avec baguettes.*
M *Chapelets de plusieurs sortes.*
N *Festons.*
O *Godrons.*
P *Rinceaux & Fleurons.*
Q *Feüilles de chesnes renoüétes.*
R *Escailles.*
S *Guillochis.*

DE L'ARCHITECTURE,

CHAPITRE

CHAPITRE XI.
Des diverses sortes de Bastimens.

L'On peut considerer dans l'Architecture trois sortes de Bastimens : 1. Les Edifices sacrez, comme les Temples des Anciens, & nos Eglises & Chapelles d'aujourd'huy : 2. Les Edifices publics, comme les Basiliques ou les lieux où l'on rendoit la Justice, les Tombeaux, les Theatres, les Amphiteatres & les autres bastimens qui servent pour des Jeux & autres Spectacles ; les Arcs de Triomphe, les Ports, les Ponts, les Aqueducs, les Portes de Villes, les Prisons : 3. Les Palais & les maisons particulieres.

Pour ce qui est des Temples, les Anciens en avoient de deux especes ; sçavoir à la maniere des Grecs, & à la maniere des Toscans, comme l'on peut voir dans Vitruve.

Ils vouloient que leurs Temples eussent une convenance particuliere à chacun de leurs Dieux, non seulement à l'égard de la situation ; mais encore dans la forme de leur structure. Ils donnoient une figure ronde à ceux qui estoient dediez au Soleil, à la Lune & à Vesta, comme est celuy qu'on voit encore à Tivoli que Numa fit bastir. Ceux dediez à Jupiter estoient ouverts par le milieu ; ceux de Minerve, de Mars, d'Hercule estoient d'Ordre Dorique ; ceux de Venus, de Flore, des Muses, & des Nymphes, d'Ordre Corinthien ; ceux de Junon, de Diane, de Bacchus & autres sem-

F

DE L'ARCHITECTURE,
blables Divinitez, d'Ordre Ionique; Et tous ces Temples estoient enrichis d'ornemens convenables à chaque Divinité.

Ils estoient pour la pluspart de pierre ou de marbre blanc: & lorsqu'ils estoient de brique ou d'autre matiere, ils estoient blanchis par dedans : parce qu'entre toutes les couleurs, la blancheur est ce qui convient le mieux à un Temple, à cause qu'elle represente la pureté qu'on doit avoir pour estre agreable à la Divinité qu'on y va adorer.

Pour ce qui est des Edifices publics, soit pour rendre la Justice, soit pour les jeux & les exercices, soit pour l'utilité & la decoration des Villes; il est certain que les Grecs & les Romains ont surpassé tous les autres peuples dans la grandeur & dans la magnificence de ces Ouvrages. Nous ne voyons que bien peu de choses de ce que les Grecs ont basti ; mais ce qui reste en plusieurs endroits d'Italie, fait encore assez connoistre quels estoient les Bastimens des anciens Romains.

Ils avoient de trois sortes de Prisons, l'une pour reprimer les insolens & les débauchez ; l'autre pour les banqueroutiers & debiteurs insolvables ; & la troisiéme pour les criminels qui estoient ou devoient estre condamnez à quelque supplice.

Entre les Edifices publics, les Ponts de pierre sont considerables à cause de la difficulté de bien maçonner dans l'eau. Il y a dans leur fabrique cinq choses à remarquer. 1. Les Buttes ou Culées des rives. 2. Les Piles qui ont leur fondement dans l'eau. 3. Les Arches ou Cintres. 4. L'Appuy. 5. Le Pavement.

LIVRE PREMIER.

Les Buttes doivent estre maçonnées solidement.

Les Piles de toute l'estenduë du Pont, doivent d'ordinaire estre en nombre pair. Leur grosseur ne doit pas avoir moins d'un sixiéme du vuide de l'Arche ny aussi ne doit-elle pas avoir plus d'une quatriéme partie. Leur front se fait ordinairement angulaire & quelquefois aussi on luy donne la forme d'un demy cercle; mais dans les anciens Ponts, les Angles de défense ou éperons opposez au courant de l'eau se trouvent quasi toujours droits, ces sortes d'Angles estant plus forts que ceux qui sont aigus, & ainsi moins sujets à se ruiner.

Les plus fortes Arches sont celles dont le Cintre est d'un demy-cercle entier.

Pour les Appuis, la hauteur & les ornemens s'en font à discretion.

Et quant au Pavement, il doit estre de bonne pierre pour la commodité des lieux, & selon que les Ponts sont plus passans.

Les Palais se font selon la grandeur & la magnificence du Prince & des grands Seigneurs; Et les Maisons des particuliers aussi selon leurs emplois & leurs moyens.

Il faut toujours en bastissant se proposer la Solidité, la Commodité & la Beauté; & pour ce qui regarde les Ornemens on s'en sert comme on le juge à propos, suivant la disposition des lieux & la depense qu'on veut faire.

CHAPITRE XII.

Des choses necessaires à bastir.

LEs principales matieres necessaires pour bastir, sont le Bois, le Sable, les Pierres & la Terre; Car de la terre ont fait les briques & les tuilles; & de la pierre on fait la chaux.

DE LA CHAUX.

Liv. 2. ch. 5.

La meilleure Chaux est faite de marbre ou de pierre la plus dure : plus la pierre est dure, & plus la Chaux est grasse & glutineuse. Vitruve dit que la Chaux faite avec les pierres les plus dures est la meilleure pour la maçonnerie, & que celle qui est faite de pierre spongieuse est plus propre pour les enduits.

Quant aux Ouvrages qui se font dans l'eau, il faut employer la Chaux toute chaude & sortant du fourneau, avec cailloux & sable de riviere ou ciment fait de tuilleau cassé qui est encore meilleur : Car avec le temps, ce mortier se conglutine de telle sorte que toute la maçonnerie ne fait qu'une masse. L'on connoist selon Phil. de Lorme, que la Chaux est bonne lors qu'elle est fort pesante, qu'elle sonne comme un pot de terre cuit quand on le frappe : qu'estant moüillée, sa vapeur & sa fumée est fort épaisse & s'eleve incontinent en haut; Et qu'en la detrempant, elle se lie au rabot.

L. l. ch. 17.

Selon cet Architecte, la meilleure maniere de la bien detremper pour faire d'excellent mortier, c'est d'en amasser, lors quelle sort du fourneau, telle

LIVRE PREMIER.

quantité qu'on veut dans une place fort unie, & la mettre de deux ou trois pieds de haut.

Ensuite il faut la couvrir egalement par tout de bon sable, environ un pied ou deux d'epaisseur, & jettant de l'eau par dessus, en verser par tout une assez grande quantité, pour faire que le sable en soit si bien abreuvé que la Chaux qui est dessous se puisse infuser & dissoudre sans se brusler. Si l'on apperçoit que le sable se fende en quelque endroit & fasse passage à la fumée, il faut aussi-tost recouvrir les crevaces avec d'autre sable, afin que la vapeur ne sorte pas. Car le sable estant moüillé de la sorte & la Chaux bien couverte, elle se convertira en une masse de graisse, laquelle lors qu'on l'entamera au bout de deux, trois ou dix ans ressemblera à un fromage de créme. Cette matiere sera si grasse & si glutineuse qu'on n'en pourra retirer le rabot qu'avec peine : & mangeant quantité de sable, fera un mortier d'un tres excellent usage pour les incrustations & enduits des murailles, pour les ouvrages de stuc, & pour les peintures à fraisque ; car les couleurs se conservent bien mieux sur un mortier fait de cette sorte, que sur celuy dont la chaux est fraischement esteinte, qui fait fendre & crevasser les enduits, changer & alterer la beauté des couleurs.

A l'égard du Sable il y en a de diverses natures & *Du Sable.* de differentes bontez; Les uns font plus de profit & se lient mieux avec la chaux que les autres. Il y en a qui sont si gras & si excellens qu'on en met cinq parties, & mesme jusques à sept, contre une partie de chaux.

F iij

Et d'autres si secs & si mauvais qu'il faut presque autant de chaux que de sable. Les uns sont propres pour les murailles hors de terre, les autres pour les fondemens, d'autres pour les enduits, & d'autres encore pour servir de ciment de tuille ou de *pouzzolane*, qui est un sable fort brun qu'on employe à Rome, & qui est d'un merveilleux usage. Il s'appelle pouzzolane à cause des puits dont il se tire. Il s'endurcit de telle sorte quand il est en œuvre, prend un corps si solide, & se soustient dans une liaison si admirable, qu'il est capable seul de former des voutes.

En beaucoup d'endroits de la France le meilleur Sable est le terrain, qu'on appelle *sable de cave*, c'est à dire celuy que l'on foüit & que l'on prend en terre, qui a de gros grains comme de petits cailloux, & qui fait du bruit quand on le manie. Celuy qui porte de la terre avec soy n'est pas d'un si bon usage. Il y a des Sables de diverses couleurs, les uns blancs, les autres jaunes, les autres rouges, & les autres noirs. On en connoist la bonté lors qu'en les mettant sur de l'étoffe ils ne la salissent point & n'y demeurent pas attachez comme fait la terre, ce que font ordinairement les mauvais sables. L'on peut sur cela lire Vitruve & de Lorme pour s'en instruire plus amplement.

Des Eaux. Il faut sçavoir aussi que toutes sortes d'eaux ne sont pas bonnes à détremper la Chaux & à faire du mortier, celuy qui est détrempé avec l'eau de la mer ne vaut rien. Estant en œuvre, il seiche tres-difficilement, ne s'aglutine & ne se lie qu'avec peine avec les pierres. Les eaux des palus & des marets

LIVRE PREMIER.

ne valent encore rien, estant trop grossieres & pleines d'immondices. Il faut se servir des eaux de rivieres, de fontaines, de puits, ou de celles qui tombent du Ciel.

Lors qu'on maçonne dans l'eau, l'on employe du ciment fait de brique ou tuilleau cassé, comme j'ay dit, avec de la Chaux sortant du fourneau & fraischement esteinte. L'on met d'abord des PILOTIS, qui sont des pieux de bon bois de chesne rond dont l'on oste l'écorce, ou d'aulne ou d'orme, qu'on enfonce le plus avant que l'on peut, autant plein que vuide, afin qu'ils ayent de la *nourriture*, c'est-à-dire que s'enflans par l'humidité, ils ayent assez d'espace. On remplit tout le vuide avec du charbon; & par dessus les pieux, d'espace en espace, on met des *Racineaux* qui sont des poutres de 8. à 9 pouces que l'on cloue sur la teste des pieux coupez d'egale hauteur; & sur les poutres on attache de grosses planches ou ais de 5. pouces d'épaisseur, dont l'on fait la *platte-forme* qui est comme un plancher. Il y a des païs où entre les pieux & par dessous les planches on met de la laine. Pline dit que les fondemens du Temple de Diane à Ephese, estoient ainsi faits de bons Pilotis avec du charbon & de la laine. C'est sur cette platte-forme que l'on maçonne avec de la pierre dure selon la qualité de l'ouvrage.

Pour les murs des bastimens ils se font en differentes manieres; les uns de grosses pierres de taille, les autres de mouëllon, les autres de cailloux, les autres de brique disposée en eschiquier, par angles & autres diverses manieres.

De Fondemens.

Des Pilotis.

Liv. 36. ch. 14.

48 DE L'ARCHITECTURE,

Les Anciens faisoient des murs de remplage qu'ils nommoient aussi à coffres, se servant de certains ais mis de *champ* & disposez suivant l'épaisseur qu'ils vouloient donner à leurs murailles, lesquels ils remplissoient de mortier & de toutes sortes de pierres. Cette maniere de construire est propre pour faire des digues, & pour travailler dans l'eau.

Des Pierres.

Savoir.

Les petites pierres trop dures & trop égales ne sont pas propres à bien prendre & aspirer le mortier. Quelques-uns tiennent que la plus mauvaise est le Grez, & qu'il est défendu aux maçons de s'en servir, c'est-à-dire en cailloutage & façon de mouëllon: car pour les gros carreaux & quartiers de Grez, nous voyons quantité de Bastimens faits de graisserie, qui sont fort beaux & bons. Mais il faut que le Grez soit piqué & rustiqué car autrement il glisse.

Dans les grands Edifices l'on doit se servir des plus grandes pierres & des plus dures pour les rendre plus beaux & plus solides. Les Grecs & les Romains qui travailloient autant pour la durée que pour la beauté & la magnificence, employoient dans leurs Ouvrages publics les pierres les plus dures & en grandes pieces, comme il se voit encore en Grece & en Italie des restes de bastimens qui estoient de Marbres ou d'autres pierres aussi solides & aussi precieuses.

Du Porphyre.

De toutes les pierres, le Porphyre que les Grecs appellent *Porphirites* est la plus dure. Elle est d'un rouge brun & pleine de petites taches blanches. On l'amenoit autrefois d'Egypte à Rome. L'on croit comme il y a bien de l'apparence qu'elle est plus tendre dans les Carrieres, & qu'elle s'endurcit à l'air, au Soleil & à la gelée; car lors qu'elle a esté exposée aux injures du temps, elle est beaucoup plus difficile à tailler.

L'on voit à Rome plusieurs morceaux de Porphyre qui ont esté travaillez les uns avec le cizeau, les autres avec la scie, d'autres avec des roües, & d'autres qui ont esté usez peu à peu avec l'emeril. Une des pieces les plus considerables est le Tombeau, qu'on dit estre de Constance Fille de l'Empereur Constantin, qui est dans l'Eglise de sainte Agnes hors les murs de Rome, & qui estoit autrefois le Temple de Bacchus: Aussi l'on nomme ordinairement ce Tombeau, le *Tombeau de Bacchus*, à cause peut-estre qu'il est orné de plusieurs petits Enfans meslez parmy des pampres & des grapes de raisin, le tout de basse-taille & travaillé avec beaucoup de peine sur une pierre si dure. L'on voit aussi dans l'Eglise de saint Denis en France, la Cuve que le Roy Dagobert fist apporter de Poitiers, & qu'on dit avoir servy au baptesme de saint Martin: Il y a dans le Palais des Tuilleries parmy les antiques du Roy, une Pallas & les Bustes des douze Empereurs Romains tous de Porphyre.

Il y a long-temps que l'on ne travaille plus le Porphyre avec la mesme perfection & facilité que faisoient les Anciens, parce que les Ouvriers ont perdu le secret de tremper leurs outils, & ne sçavent point quels estoient ceux dont on se servoit dans un travail si difficile. Lors que les Sculpteurs d'Italie veulent employer quelques vieux morceaux de Colonnes qu'on y trouve encore aujourd'huy, ils ont seulement une scie de cuivre qui n'a point de dents, & avec de l'emeril reduit en poudre & de l'eau qu'ils versent dessus, les usent & les coupent enfin avec une grande patience. Ce n'est pas que de temps à autre il n'y ait eu d'excellens hommes, qui ont taché de decouvrir la maniere dont se servoient les Anciens; mais ça esté presque inutilement. Leon Baptiste Albert a esté un de ceux qui a fait davantage d'épreuves, & qui a recherché plus soigneusement une bonne trempe pour les outils; Et quoy qu'il eust reconnu, à ce qu'il disoit, que le sang de Bouc eust quelque proprieté, & fust la meilleure chose de toutes celles qu'il avoit experimentées, cette trempe neanmoins n'estoit pas de longue durée: car bien qu'en travaillant, on enlevast quelque chose de cette pierre, sa dureté resistoit tellement au ciseau, qu'il en sortoit toûjours plustost des étincelles de feu que des éclats. Ce qui a fait que d'autres Ouvriers ont essayé differens moyens de travailler, les uns avec des rouës & l'émeril; d'autres avec de gros marteaux en pointe de diament, & forgez de bon acier trempé dans le sang de Bouc, avec lesquels frapant à petits coups sur le Porphyre, & le diminuant peu à peu, ils luy donnoient enfin, avec beaucoup de temps & de peine, une forme ronde ou plate, mais sans pouvoir parvenir à faire aucune Figure.

En l'an 1555. Le Duc Cosme de Medicis ayant trouvé parmi plusieurs morceaux de vieux marbres quelques pierres de Porphyre, voulut en faire faire un Bassin de fontaine; Et pour en faciliter le travail à

LIVRE PREMIER.

celuy qu'il avoit choisi pour cela, il distilla certaines herbes, & en tira une eau qui avoit tant de vertu, qu'en y trempant les outils tout rouges, elle leur donnoit une dureté extraordinaire. Par ce moyen un nommé *Francesco Tadda* fit un Bassin de fontaine de deux brasses & demie de diametre, & tailla aussi un pied à ce bassin. Et comme il vit que le secret que le Grand Duc luy avoit donné, estoit une chose rare, il l'éprouva sur d'autres ouvrages, & y reüssit si bien qu'il fit trois Ovalles, où dans l'une il representa en demy-relief une teste de Christ, & dans les deux autres le Duc Cosme de Medicis & la Duchesse sa femme. Il les travailla de sorte que les cheveux & la barbe, qui sont tres-difficiles à bien faire, sont neanmoins conduits de telle maniere qu'on ne voit rien de mieux dans les ouvrages des Anciens. Ce *Tadda* fit ensuite plusieurs autres pieces, mais je ne sçay pas si son secret a esté perdu, car nous ne voyons aujourd'huy guere de personnes qui travaillent sur le Porphyre. L'on a trouvé depuis peu en France le secret de le couper avec une scie de fer sans dents, & du grais moüillé, de mesme que pour scier le marbre, & avec la mesme scie former facilement des mouleures; Et mesme ceux qui ont trouvé cette invention, pretendent en arondissant, couper tout le tour d'une Colomne de Porphyre. Il est vray que maintenant on ne peut pas faire beaucoup d'essais sur cette sorte de pierre, dont les Carrieres estant perduës, il ne reste plus que des morceaux antiques qu'on trouve dans les ruines. Il est mesme bon de remarquer que celuy qui a souffert le feu,

G ij

se casse & s'éclatte aisément, lorsqu'on vient à le travailler ; & quoy qu'il n'ait pas perdu toute sa couleur naturelle, elle est neanmoins beaucoup diminuée, n'ayant point cette vivacité, ny un poly aussi luisant & aussi beau, que lorsqu'il n'a pas esté au feu. Ce n'est pas que le feu le rende plus tendre; car si l'on en met quelque morceau dans un fourneau, non seulement il ne se cuit pas, mais encore il a une telle proprieté qu'il s'endurcit davantage, & ne souffre pas que les aurtes pierres, qui sont au tour de luy reçoivent une parfaite cuisson.

Du Serpentin.

APRES le Porphyre suit le SERPENTIN, que les Italiens nomment *Serpentino*, & les Grecs *Ophis*. Sa couleur est d'un vert un peu obscur avec certains filets de couleur jaune, qui se croisent & vont tout le long de la pierre. Quoyqu'il ne soit guere moins dur que le Porphyre, il se casse plus aisément, & n'est pas si difficile à mettre en œuvre. Il vient d'Egypte & de Grece, mais il ne s'en trouve pas de grandes pieces, car l'on n'a point veu d'ouvrages qui eussent plus de trois brasses de longueur : Il s'est rencontré quelques colonnes de moyenne grandeur; des tables & des morceaux de pavé; quelques masques, mais nulle figure entiere; il se travaille de mesme que le Porphyre. Boot pretend que les Anciens donnoient le nom d'*Ophis* à tous les Marbres, & à l'Albastre mesme, de quelque couleur qu'ils fussent, lorsqu'ils avoient des taches & des lignes disposées & marquées comme la peau des Serpens. Que ce n'estoit point la couleur particuliere de la pierre qui luy faisoit donner le nom d'*Ophis*, mais bien cette disposi-

Liv. 2. ch. 117.

LIVRE PREMIER.

tion de lignes & de taches que l'on y remarque. Il dit que Dioscoride tient aussi bien que Pline, qu'il y a plusieurs sortes de Pierres *Ophites*. <small>Liv.36.ch. 7.</small>

Il y a une espece de Serpentin en Allemagne que Boot appelle *Zeblicius Ophites*, & dont il dit beaucoup de merveilles. On en fait des vases, mais cette pierre n'a pas plus de dureté que l'Albastre commun, qui n'estant de nul usage dans la structure des Bastimens, ne doit point avoir rang parmi les autres marbres dont je veux parler.

Il y a une autre sorte de pierre, dont la couleur approche de celle du Serpentin, mais qui est d'un vert plus vif, & un peu jaune avec des taches noires & quarrées de differentes grandeurs, & d'autres un peu blanches. Les Italiens nomment cette sorte de pierre *Cipollacio*, peut-estre à cause de sa couleur verte qui tire sur le vert de ciboule. Elle n'est pas si dure que le Serpentin, & se trouve en plusieurs lieux. Il s'en voit de grandes Colonnes & plusieurs sortes d'Ouvrages, mais nulles Statuës. Cette pierre se scie & se travaille comme le Porphyre & le Serpentin, & se polit de mesme. L'on voit à Rome dans le Jardin du Vatican, une Niche du dessein de Michel-Ange, ornée de cette sorte de pierre. Il y a apparence que c'estoit de ces pierres, qui ayant esté trouvées en Egypte du temps d'Auguste & de Tibere, furent à cause de cela, differemment appellées du nom de ces deux Empereurs. *Augustum & Tiberium marmor.* <small>Cipolacio.</small>

L'on trouve encore une autre pierre dure dans les montagnes de Verone, de Carrare, & en plusieurs

G iij

endroits de l'Eſtat du grand Duc. Les Italiens l'appellent *Miſchio*, à cauſe du mélange des diverſes pierres qui ſont comme congelées enſemble, & dont le temps & les eaux extrémement cruës & froides n'en ont fait qu'une ſeule. Cette pierre prend un beau luſtre, & il s'en trouve de grandes pieces. Sa couleur tire un peu ſur le pourpre avec des veines blanches & jaunaſtres, & meſme il s'en rencontre d'une infinité de couleurs; car il ſemble que la nature prenne plaiſir à varier cette eſpece de pierre en differentes manieres dans tous les lieux où l'on en trouve, & meſme dans une meſme carriere. Celles qui viennent d'Egypte, ſont encore plus dures, & de couleurs plus vives que celles qui ſe trouvent en Italie. Ce fut de ces ſortes de pierres, dont ceux de l'Iſle de Chio firent les murailles de leur ville, dont ils faiſoient admirer l'éclat & la beauté à tout le monde; ce qui fiſt dire à Ciceron qu'elles euſſent eſté bien plus dignes d'admiration, ſi elles euſſent eſté faites de pierre de Travertin, n'eſtant pas une grande merveille qu'ils baſtiſſent des pierres de leur païs.

MISCHIO.

IL y a une pierre tres-dure, rude & mal-polie, tachetée de noir & de blanc, & quelquefois de rouge comme celle que l'on nommoit *Syenites*, à cauſe de *Syenis* de Thebaïde, ou bien comme d'autres liſent dans Pline *Stignites*, à cauſe des petits points noirs dont elle eſt tachée. Les Italiens l'appellent *Granito*. Il s'en trouve en Egypte d'une grandeur prodigieuſe. C'eſt de cette pierre que ſont les Obeliſques, les Aiguilles & une infinité de colonnes &

Liv. 36. ch. 1.

DU GRANIT.

LIVRE PREMIER.

d'autres Ouvrages qu'on voit encore à Rome, dont la dureté a refisté au feu & aux injures du temps. Et c'est pour cela que les Egyptiens se servoient de ces sortes de pierres, pour éternifer la memoire des grands hommes; marquant leurs actions par des caracteres qu'ils gravoient sur les Aiguilles ou sur les Pyramides, dont ils ornoient leurs Tombeaux.

Plusieurs ont cru que ces grandes masses avoient esté faites par un artifice admirable de plusieurs éclats de marbre fondus & meslez ensemble; ne pouvant comprendre comment, n'ayant point esté taillées dans les montagnes d'Italie, où il ne s'en trouve pas de cette nature, on avoit pu les amener par mer des Provinces éloignées, mais il ne faut que voir ce que Pline en écrit.

Il venoit encore d'Egypte une autre forte de GRANIT grifastre tirant un peu sur le verr, & tacheté de petites marques noires & blanches & fort dur. De cette espece de Granit il s'en trouve aussi en plusieurs lieux d'Italie; mais les plus grandes pieces qui se voyent, ont esté prises dans l'Isle d'Elbe, où les Romains avoient continuellement un grand nombre de gens à travailler dans les Carrieres. C'est de là qu'on a tiré les Colonnes du Portique de la Rotonde, qui sont tres-belles & d'une grandeur extraordinaire. Quand on travaille cette pierre dans la Carriere, elle est beaucoup plus tendre & plus aisée à tailler que lorsqu'elle en est dehors, quoyqu'il soit presque toujours necessaire de se servir de la *Marteline*, dont la pointe soit de mesme que pour travailler le Porphyre, & de la *Gradine*, dont les dents soient bien taillantes.

Liv. 37. ch. 9.

AUTRE GRANIT.

C'est encore de l'Egypte & de la Grece qu'on apporte une sorte de pierre fort noire qu'on appelle aujourd'huy PARANGON. Les anciens la nommoient *Bassalles* selon Pline. Et encore *Basanus* à Βασανίζω, c'est à dire, *diligenter examino*, à cause que l'on éprouve l'or & l'argent avec cette pierre en les frottant dessus.

Du Parangon. Liv. 37. c. 7.

Il y en a d'autres especes dont le grain est different, & dont le noir est moins enfoncé. Ce sont peut-estre celles-là qu'on nommoit *lapis Lydius* & *lapis Obsidianus*. Les anciens en ont fait des Statuës, des Sphinx & d'autres animaux, comme il s'en voit quelques-uns à Rome. Ces sortes de pierres sont tres-dures à tailler, mais en œuvre, elles ont une grande beauté, & prennent un lustre merveilleux. Il s'en rencontre aussi à Carrare sur l'Estat du grand Duc, & du costé de Flandre.

Boot de Gem. & Lap. liv. 2. ch. 27.
Du Marbre blanc.

En Grece & presque par tout l'Orient on trouve une sorte de MARBRE blanc un peu jaunastre, & qui est beaucoup transparant; autrefois l'on s'en servoit au lieu de verre pour mettre aux fenestres des Bains, des Estuves & des autres lieux, où l'on ne vouloit pas que le vent & la pluye peussent entrer. Vasari écrit que de son temps, il y avoit une Eglise à Florence dont les fenestres en estoient remplies, au lieu de vitre, & qui rendoient beaucoup de clarté; c'estoit par ce moyen là que les Anciens se garantissoient du froid, & donnoient de la lumiere à leurs chambres. Il se trouve encore d'autre sortes de pierres transparantes, & de toutes les couleurs qu'on nomme *lapides speculares*, & *Selenites*.

Plin. l. 36. c. 22.
Boot l. 2. c. 215.

Dans les mesmes Carrieres, où se trouvent ces
Marbres

LIVRE PREMIER.

Marbres blancs, il y en a d'une autre espece qui n'a aucune veine, mais bien la mesme couleur, & dont le fil & le grain est tres-fin. C'est de celuy-là dont l'on faisoit autrefois les plus belles Statuës, & tous les Ornemens des Edifices. On en tiroit de grands morceaux parfaitement beaux, comme l'on peut voir dans les grandes Statuës & les Chevaux qui sont encore à *Montecavallo*, & dans plusieurs autres Figures que l'on connoist estre Grecques, tant par le grain du marbre, qu'à la maniere du travail.

Le plus beau Marbre blanc se nommoit *Parium marmor*, soit qu'il se trouvast dans l'Isle de Pâros, soit à cause du Sculpteur *Agoracritos*, qui estoit originaire de cette Isle, & qui le premier tailla de marbre blanc la Statuë de Venus. Les Anciens nommoient aussi les beaux marbres blancs, *Lichnitis*, à cause, selon Varon, qu'on les tailloit dans les Carrieres à la lumiere des lampes. Ces Marbres se taillent avec les outils ordinaires. *Boot l. 2. ch. 167. de Lap. & de Gems.*

Il se rencontre encore dans les montagnes de Carrare diverses sortes de Marbres, les uns noirs, les autres qui tirent sur le gris, d'autres meslez de rouge, d'autres qui ont des veines grises, & ainsi de diverses especes. Il y en a que les Italiens appellent *Cippollini*, *Saligni*, *Campanini*, & *Mischiati*; mais encore en plus grande quantité d'un marbre tres-blanc, & de couleur de lait qui est excellent pour faire des Figures. Il y a mesme un certain endroit que les Italiens nomment *la cava del Polvacio*, où le marbre a moins de taches, & de ce qu'on appelle *Emeril*; & encore de ces nœuds que les Ita- *Autre sort de Marbre.*

Les Italiens appellent Cava ou Pietraza, ce que nous nommons Carriere.

H

DE L'ARCHITECTURE,

liens nomment *noccioli*, qui se trouvent d'ordinaire dans les grandes pieces, & qui outre qu'ils donnent bien de la peine à ceux qui travaillent, causent beaucoup de difformité aux Statuës, lorsqu'elles sont finies. Mais celuy que l'on tire de *Pietra sancta*, où estoit le bois de la Deesse Feronie, selon Ptolomée, ou selon d'autres le Temple d'Hercule, a plus de fermeté, est plus pasteux sous le cizeau, ayant ce que les Italiens nomment *morbidezza*, reçoit encore mieux que tous les autres marbres un beau poliment. Il est vray qu'il y en a où l'on rencontre de ces grains d'Emeril, qui rompent quelquefois les outils.

<small>Lucus Feroniæ.</small>

<small>Cipollini.</small> Les Marbres que les Italiens nomment *Cipollini* ont une autre sorte de grain ; leur couleur tire sur le vert par grandes veines plus & moins fortes. Ils ne sont pas propres pour des Statuës ; mais ils servent pour faire des Pilastres, de grandes Tables & d'autres Ouvrages, comme il s'en voit dans la Sale des Antiques du Louvre. Il s'en trouve en d'autres lieux qu'à Carare.

<small>Saligni.</small> Ceux que les Ouvriers nomment *Saligni*, ressemblent à des congellations, car ils sont un peu transparans & ont un certain brillant, de mesme que celuy qui paroist dans le sel. Il est assez mal-aisé d'en faire des Figures, parce qu'ils ont le grain fort gros & rude ; & dans les temps humides, il en degoute de l'eau ; comme une espece de sueur.

<small>Campanini.</small> Quant à ceux qu'ils appellent *Campanini*, 'st à cause qu'ils resonnent en les travaillant, & qu'ils ont un son fort aigu ; Ils sont naturellement durs,

LIVRE PREMIER.

& s'éclattent plus facilement que les autres : ils se tirent à *Pietra sancta*.

Il y a encore un Marbre noir avec de grandes veines jaunes, qu'ils appellent *Portoro*, à cause que ses veines semblent d'or. Ainsi dans les Appenins l'on tire de plusieurs endroits differentes sortes de Marbre.

PORTORO.

L'on trouve aussi en Espagne un Marbre, dont le fond est jaune, on l'appelle icy BROCATELLE; Il est facile à travailler, & prend un beau poly.

BROCATELLI.

Depuis que Monsieur Colbert est Surintendant des Bastimens, l'on a par ses soins & sous ses ordres, découvert en France, principalement du costé des Pyrenées, des Marbres de differentes couleurs. Il y a apparence qu'autrefois les Romains en ont tiré de ces quartiers-là, parce qu'on voit dans les Carrieres, qu'il en est sorti beaucoup qui ne se trouvent point en France, ainsi ils doivent avoir esté transportez ailleurs. Il y a mesme un endroit proche saint Beat, sur les confins des Pyrenées, à une lieuë de Catalogne, d'où l'on a tiré une piece de marbre de quatre-vingt dix pieds; ce que l'on juge par la maniere dont la montagne est taillée. Cependant l'on ne s'estoit point encore avisé de chercher du Marbre en ces quartiers-là. Certains particuliers en avoient apporté quelques petits morceaux de differentes sortes; mais le sieur de Formont a esté le premier qui a fait venir les pieces les plus considerables. Ayant découvert les meilleures Carrieres dés l'année 1664. Il en a fait tirer par l'ordre de Monsieur Colbert des Colonnes de vingt

MARBRES DE FRANCE.

H ij

pieds de haut d'une dureté & d'une couleur admirable, outre une infinité d'autres morceaux, dont l'on a fait déja des Ouvrages au Louvre, aux Tuilleries, & à Versailles, lesquels sont d'autant plus à estimer que les couleurs en sont vives & extraordinaires.

Evesché de S. Bertrand. Les principaux endroits d'où l'on tire ces Marbres sont proche saint Beat. Il y a une carriere appellée saint Martin, où l'on prend les plus grandes pieces, qui sont de couleur de chair avec des veines rouges & des taches blanches. Ce Marbre est facile à travailler, & l'on peut en tirer aisément des morceaux de telle grandeur qu'on voudra. Les autres Carrieres qui sont au mesme lieu l'on en tire du Marbre blanc qui approche de celuy de Genes; Et n'estoit que son *delit* est trop fort, ce que les Ouvriers appellent *Pouf*, & qu'il est mal aisé d'en faire des Figures, celles qu'on en feroit seroient d'une plus grande beauté que du marbre qui vient de Genes.

Evesché de Tarbe. Dans la vallée & proche le bourg de Campan, est une autre Carriere d'où l'on tire de fort grandes pieces de Marbre vert, blanc, rouge & couleur de chair. C'est de ce Marbre dont l'on a fait une partie des Ouvrages que je viens de dire qui sont au Louvre & aux Tuilleries, & des Colonnes de 20. pieds qui sont au Magasin du Roy; Les Ouvriers l'appellent marbre de *Campan*. Il y a plusieurs autres Carrieres dans la mesme vallée, mais comme les Marbres n'y sont pas si beaux, que ceux dont je viens de parler, on ne prend pas la peine de les tirer.

Evesché de Dans la vallée d'Or proche Serancolin, il y a une

LIVRE PREMIER.

Carriere dont le Marbre est isabel & rouge, & couleur d'agathe, ce Marbre s'appelle *Serancolin*. L'on en tire des pieces de 9. à 10. pieds de long d'une beauté & d'un lustre extraordinaire, comme il est aisé de juger par celuy qui est aux cheminées des Tuilleries. On pourroit en avoir de plus grand morceaux, si l'accez de la montagne n'estoit pas si difficile, & qu'on pust y aborder pour tailler le marbre dans son centre. {S. Bertrand}

A une lieuë de cette Carriere proche le village d'Echet qui est plus avant dans la France, il y a une autre Carriere dont le Marbre est blanc & noir, & qui ne cede gueres aux plus beaux Marbres antiques. Le Roy en fait venir des pieces de 20. pieds de long pour faire des Colonnes. {Evesché de S. Bertrand. MARBRE D'ECHET.}

A trois lieux de S. Beat proche le village de Barbasan, est une Carriere d'un Marbre de differentes couleurs; le fond est noir avec des taches & veines blanches, meslé aussi de veines jaunes, & qui ressemble à differens cailloux congelez & joints ensemble. Les Ouvriers la nomment *Breche* & *Sauveterre* à cause qu'elle se tire proche du village de Sauveterre. On en a tiré des pieces de plus de 20. pieds de long, qu'on a apportées icy pour en faire des Colonnes. Ce Marbre a une grande dureté, & prend un poly merveilleux. {Mesme Evesché. BRECHE.}

Il se trouve encore en Languedoc proche la ville de Cosne un Marbre incarnat & blanc dont l'on a fait aussi venir des pieces de 20. pieds de long pour faire des Colonnes. Et aux environs de la Carriere d'où on le tire, il y a plusieurs autres carrieres de differentes sortes de marbre.

Hiij

Auprés de Roquebrue à six lieuës de Beziers, il y a une autre Carriere d'un Marbre rouge & blanc qui a une grande dureté & un beau lustre : l'on en peut tirer des pieces de plus de 30. pieds de long.

A une lieuë de Roquebrue l'on trouve parmy des rochers un Marbre d'une beauté egale à l'Agathe, dont l'on fait des tables qu'on appelle *d'Agathe* ; mais il est difficile à rencontrer, & ne se trouve que par certaines veines entre les rochers.

Le sieur de Fromont dont on vient de parler, ayant par l'ordre de M. Colbert renvoyé en l'année 1675. le S' Misson pour faire quelque recherche de nouveaux marbres dans les monts Pyrenées & en Languedoc, il en découvrit à 4. lieuës de Narbonne dont le fond est violet avec de grandes taches jaunes meslées d'autres petites taches blanches qui est d'une tres grande dureté & d'un beau poly. Ces Marbres sont mesmes variez, car il y en a dont les trois couleurs se trouvent differemment meslées les unes des autres & de couleurs plus fortes & plus foibles.

Il y a encore en Provence proche de la sainte Baume, des Marbres qui approchent du *Brocatel* d'Espagne. Et prés de Moulins en Bourbonnois l'on en trouve qui est jaune, rouge & bleu & dont l'on peut avoir de grandes pieces : Il est facile à travailler & prend un beau poly.

Les Marbres qui viennent du costé de Flandre se prennent ou à Namur ou à Dinan ; celuy-cy est le meilleur. Il est fort noir & plus beau que ceux d'Italie. A trois lieuës de Dinan prés Charlesmont, il y a aussi des Carrieres de Marbre blanc & rouge, &

blanc & noir. Proche Avennes à un village nommé Rance, l'on tire du Marbre blanc & rouge; Et assez prés de là au village de Barbançon, un autre Marbre blanc & noir.

On appelle un *Marbre fier* qui a le grain tres fin & qui s'éclate facilement; sa tendresse marque qu'il est d'une bonne qualité, & qu'il doit prendre un beau lustre : ce n'est pas qu'il n'y en ait de fort durs qui prennent bien le poly, mais il y en a aussi qui ne se polissent pas si bien.

La maniere dont on s'est toujours servy en Italie pour tirer les Marbres de la Carriere & les détacher de la montagne, a esté de tracer les pieces tout à l'entour avec des outils d'acier faits en pointe & à force de coups de masse; mais aujourd'huy on a trouvé en France l'invention de les faire scier dans la Carriere & sur le rocher, de la mesme grandeur dont l'on veut avoir les morceaux : ce qui se fait avec des scies de fer sans dents. Il y a de ces scies qui ont jusques à 23. pieds de long. C'est par ce moyen que le Sr Misson qui a le secret de scier ces marbres dans le Roc avec de grandes scies qui tournent comme l'on veut, a aussi trouvé l'industrie de tirer les marbres de Serancolin par grandes pieces telles qu'on veut, au lieu qu'auparavant on ne pouvoit en avoir que par morceaux à cause de la delicatesse de ce Marbre, & qu'il est difficile de le tirer des montagnes.

Il se trouve dans le marbre blanc certaines duretez qui viennent d'un meslange de cuivre ou d'autre métail qui s'y rencontre, c'est ce qu'on appelle de

64 DE L'ARCHITECTURE,
l'*Emeril*, & ce qui fait de petites taches noires en quelques endroits. Il s'y rencontre encore, aussi-bien que dans les autres sortes de Marbres, d'autres duretez semblables aux nœuds qui se trouvent dans le bois: ces nœuds ne sont pas moins difficiles à tailler que le Porphyre, & ne se peuvent façonner qu'avec la Marteline : nos Ouvriers les appellent des *Clouds*.

Tous les Marbres sont presque d'égale pesanteur qui est d'environ 200. livres pour pied cube. Mais il faut observer que le Marbre le plus fier & dont le grain, comme j'ay dit, est le plus fin, est plus leger que l'autre, & qu'il y aura plus de 10. livres de difference sur chaque pied, quoiqu'il paroisse le plus plain & le plus serré, & que les autres Marbres ayent mesme des vuides & des ouvertures.

Ces Marbres fiers lorsqu'ils sont en œuvre sont fort sujets à s'éclater, si lorsqu'on les charge l'on ne met dessus une matiere moins dure comme de la pierre tendre. Mais qui voudroit y mettre une autre Marbre, sans mettre entre deux une lame de plomb ou du mortier, il y auroit danger que la colonne de Marbre qui porteroit ne s'éclatast. Car le Marbre a cela qu'il faut qu'il casse, ou que ce qui le touche dessus ou dessous éclatte, si l'on ne met quelque chose entre deux.

DES PIERRES ORDINAIRES.

Les pierres ordinaires dont on se sert pour bastir, sont differentes selon les differens païs. En Italie, particulierement à Rome, ils employent beaucoup de *Trevertin*. Le meilleur se prend sur les bords du Teveron & vers Tivoli. Il est d'une nature tres-dure.

TRIVERTIN.

C'est

LIVRE PREMIER.

C'eſt de cette pierre dont les anciens Romains faiſoient leurs plus grands Edifices, comme le Coliſée, & pluſieurs autres Baſtimens dont l'on voit encore aujourd'huy les reſtes.

Ils ont encore une autre ſorte de pierre noiraſtre qu'ils nomment *Piperno* ou *Preperigno* qui ſe trouve aux environs de Rome. PIPERNO.

Il y a une Pierre blanche dont ils ſe ſervent beaucoup à Veniſe qui eſt fort aisée à tailler. Celle qu'ils nomment *Serena* eſt d'un grand uſage & fort commune à Florence ; mais elle n'eſt pas bonne à l'eau ; il faut l'employer dans des endroits où elle ſoit à couvert. Ils en ont une autre qu'ils apellent *del Foſſato* qui eſt plus dure & qui reſiſte à toutes les injures du temps, de meſme que celle qu'ils nomment *Pietra forte* qui eſt tres-difficile à tailler à cauſe de ſa grande dureté. Il y a auſſi une pierre noiraſtre qui ſe tire d'un lieu nommé *Lavagna* aux coſtes de Genes, cette pierre n'eſt propre qu'à faire du pavé, & à couvrir les maiſons comme nous faiſons avec de l'Ardoiſe. SERENA. DEL FOSSATO. PIETRA FORTE.

SI nous n'avons pas icy tant de Marbres qu'en Italie pour orner nos Edifices, nous avons en recompenſe une infinité de differentes pierres beaucoup plus belles & plus commodes à baſtir que celles dont je viens de parler. Il n'y a point de Province en France, où l'on n'en tire de fort excellente, principalement aux environs de Paris. Car il ſemble que la Nature meſme ait de tout temps voulu pourvoir aux beſoins de cette grande Ville ; puiſque toutes les choſes neceſſaires pour les Edifices qu'on y fait, se trouvent sur le lieu-mesme, ou y sont amenées si commodément qu'il n'y a pas d'endroit au monde, où l'on rencontre plus facilement toutes sortes de materiaux, pour bien bastir. En faisant les fondemens du Louvre, l'on en tire le sable; & toutes les plus grandes pierres qu'on y employe ne viennent que de S. Cloud & de Meudon, à deux lieuës de Paris.

<small>DES PIERRES qui se tirent aux environs de Paris.</small>

Il y a trois sortes de Carrieres au tour de Paris; sçavoir celles de Cliquart, de Bonbanc & de Liais. On tire de celle de Cliquart le Cliquart, le Bonbanc & le Souchet.

Dans celle de Bonbanc, le bas Cliquart & le Souchet.

Dans celle de Liais se trouve le Liais ou franc-Liais, & dessous le Liais Ferault & le Souchet; de sorte que le Souchet se trouve en toutes les trois.

La Pierre de Liais est la meilleure & la plus dure de toutes: elle resiste aux injures du temps, & est plus propre à employer au dehors, comme fait aussi le Cliquart, pourveu qu'il soit chargé ou à couvert; car autrement il se delite; le Bonbanc est encore fort dur, & doit estre à couvert autant que faire se peut.

Le Liais Ferault ne brule point au feu, c'est pourquoy on en fait les âtres, les jambages des cheminées, & les fourneaux.

Ces bonnes Carrieres de Pierre de taille sont depuis le derriere des Chartreux jusques à Vaugirard. La Pierre de Liais qui se tire auprés de Vaugirard n'est pas de si bon appareil que celle de derriere les Char-

LIVRE PREMIER.

treux; mais le Mouëllon y est meilleur.

 Le Liais des Chartreux se tire par un trou de six pieds de diametre, & de quatorze toises de profondeur. Le Ciel de la Carriere a six pieds de haut. Il n'y a que ce seul banc de Liais qui sert pour les ouvrages qu'on fait aujourd'huy au Louvre; Il est immediatement posé sur l'aire de la Carriere, il n'a que le Souchet au dessous pour faire la tranchée.

 Le Liais est une Pierre tres-dure, blanche & approchant du Marbre blanc, c'est pour cela qu'elle reçoit un espece de poly avec le Grez, particulierement celuy de Senlis qui ne se gaste ny à la gelée, ny aux autres injures du temps. On dit *tailler, traverser & polir au Grez*.

 Outre ces Carrieres qui fournissent une grande partie de la Pierre qu'on employe à Paris, il y a celles d'Arcüeil, d'Ivry, de la vallée de Fecan, de S. Maur, de Passy, de Charenton, de S. Cloud, de Montesson, de S. Leu, de Seran, de Trossy, de S. Maximin, du Camp de Cesar, & de Senlis.

 La Pierre de taille ordinaire se vend à Paris à la voye: A chaque voye il y a cinq carreaux, c'est à dire quinze pieds de pierre ou environ. Elle s'achette aussi au pied, selon l'appareil, & que les quartiers sont de grand ou petit appareil. Anciennement elle se vendoit au chariot qui contenoit deux voyes.

 On appelle pierre de libage, lors qu'il y en a six ou sept à la voye. Quartier de voye c'est une ou deux pierres.

 On se sert de ces sortes de Pierres pour les fondemens des grands ouvrages : car pour les petits on se contente de mouëllon, qui se mesure à la toise cube, qui contient 216. pieds.

La Pierre de S. Leu & de Vergelé se vend au tonneau, qui contient 14. pieds de pierre cube. Le tonneau estoit autrefois de deux muids, & chaque muid contient sept pieds cube.

Celle de S. Leu est tendre à tailler, mais elle durcit à l'air. Celle de Vergelé est plus dure, mais elle est aussi plus rude & moins polie. Ce qu'on appelle Pierre de Vergelé est la pierre que l'on tire du haut des Ciels des Carrieres de saint Leu & des environs, que l'on fait quelquefois tomber par abatis, ce qui arrive mesme souvent par accident ; elle sert ordinairement à faire les revestemens des Quais le long des rivieres, les voutes des ponts & des caves, & autres lieux souterrains.

Celle de Senlis dont l'on se sert au Louvre, vient d'une Carriere assez extraordinaire, qui est à 500. toises de la ville. Il n'y a qu'un seul banc, qui porte seize ou dix-huit pouces de haut. La Carriere est fort profonde, & n'a de hauteur depuis l'aire jusques au haut) ce qu'on appelle d'ordinaire le Ciel de la Carriere) que deux pieds six pouces : ainsi il est tres-difficile d'y entrer à cause du peu de hauteur. Et comme la nature de la Pierre est tres-dure & difficile à tailler, & qu'il faut que les Carriers soient toûjours couchez en travaillant ; cette pierre est assez malaisée à avoir.

De la Pierre de saint Cloud il s'en tire des quartiers d'une grandeur extraordinaire : l'on en employe au Louvre qui pese plus de vingt-milliers. On les prend à une Carriere nommée *la Carriere des Grez* qui est à gauche en sortant de Saint Cloud pour aller à Versailles. Son Ciel a six, sept, dix & douze piez de haut. Il n'y a que ce seul banc qui sert pour les grands Ouvrages, on l'appelle le *Banc blanc*. Il s'en tire des pierres de dix-huit pieds de long & de trois pieds de large, & plus si l'on veut ; elle porte jusques à trois pieds de haut.

Les deux grandes pierres dont l'on couvrit l'année derniere le Fronton du Louvre, ont esté tirées au dessous de Meudon, & dans la Carriere elles ne faisoient qu'une seule pierre que l'on a coupée en deux, lesquelles ont chacune cinquante-deux pieds de long, sur huit pieds de large, & dix-huit pouces d'épaisseur mise en œuvre. Ces pierres sont tres-dures, & approchent de la nature du Liais.

En Septembre 1674.

La pierre de Montesson est d'une Carriere découverte depuis peu au village de Montesson à trois lieuës de Paris ; elle est d'une dureté, & d'une blancheur admirable, & qui approche de la beauté du Marbre : les Balustres de l'Escalier des Tuilleries en sont faits.

Il y a encore la Pierre de Plastre qui n'est pas de bon usage à bastir ; on en remplit les fondemens des maisons ordinaires, à quoy elle est tres-bonne ; car dans les grands Edifices, l'on ne s'en sert point. Elle amolit plutost que de s'endurcir ; mais d'ailleurs l'on sçait assez de quelle utilité elle est dans tous les ouvrages, lorsqu'elle est cuite.

Ces sortes de pierres qu'on employe à Paris, ont

des lits, ce qui ne se rencontre pas dans tous les autres lieux, ny en toutes sortes de pierres. C'est à quoy il faut prendre garde pour ne les pas mettre en parement ny de lit en joint, si ce n'est aux Entablemens qui ne sont pas à découvert. Car dans tous les endrois découverts, il ne faut les mettre ny de lit en joint, ny de lit en parement ; ces pierres estant de telle nature qu'elles semblent composées de plusieurs tablettes ou feüillets d'un livre ; ainsi elles n'ont de force que lors qu'elles posent l'une sur l'autre, & que ces feüillets sont à plat & couchez ; car estant debout elles ne pourroient si bien resister, & seroient sujettes à se déliter. Il faut pourtant excepter le Liais de Senlis & de Paris qui ne se délite pas.

Il faut donc remarquer que si la pluspart des Pierres dont j'ay parlé, ne sont mises & maçonnées sur leur lit & de plat, ainsi qu'elles croissent & se trouvent dans les Carrieres, elles sont sujettes à se fendre. Il n'en faut qu'une ainsi mal-posée, pour endommager un Bastiment. C'est pourquoy toutes les pierres ordinaires, mesme les plus dures, ne peuvent resister aux injures du temps, comme le Marbre qui n'a point de lit, principalement quand elles sont à découvert, & mises de plat, comme si l'on en vouloit former des Pyramides, car les pluyes & les mauvais temps les gasteroient bien-tost. Elles subsistent dans les bastimens, lorsqu'elles sont à couvert des Corniches.

Ce n'est pas comme j'ay dit qu'il n'y ait certains endroits où les pierres n'ont pas de lit, & qui sont d'une dureté presque égale au Marbre. L'Eglise de Char-

LIVRE PREMIER.

tres qui est une des plus grandes & des plus anciennes que nous ayons, est bastie de ces sortes de pierres dures qui ne se taillent qu'à coups de cizeau, & de marteau, & où la scie ne peut rien faire. Elles ont esté tirées pour la plus part d'une Carriere qui est à deux lieuës de la ville, proche un village nommé Berchere-l'Evêque. Il y avoit aussi d'autres Carrieres à Ver & à Prasville, qui ne sont éloignées de la mesme ville, sçavoir celle de Ver, que d'une lieuë, & celle de Prasville de quatre, & qui sont d'une dureté pareille à celles de Berchere, mais plus pleines, d'un grain plus uny, & d'une couleur un peu plus brune.

Nous avons encore la pierre de Caën, qui reçoit un grand poliment. Celle de Vernon dont le Chasteau de Gaillon est basty, qui est d'une grande dureté, & d'un beau grain; son seul deffaut est qu'il s'y rencontre des cailloux, & des fils. Celle de Tonnerre qui est d'une blancheur, & d'une beauté admirable, & facile à tailler. En Picardie, celle dont l'Eglise d'Amiens est bastie; & ainsi dans toutes les Provinces de France il y a d'excellens materiaux pour la construction des bastimens plus qu'en aucun Royaume du monde.

Les Ouvriers qui travaillent sous la conduite de l'Architecte pour ce qui regarde la Maçonnerie, sont les *Maçons*, dont le principal employ est de bien faire le Mortier, construire les Murailles, les eslever depuis le fondement jusques au haut, avec les retraites, & les aplombs necessaires; former les voutes, & employer les pierres selon qu'elles leur sont livrées par ceux qui font bastir. Quand ce sont de grandes pier-

Des Ouvriers.

res de taille, c'est aux *Tailleurs de pierre* que les *Apareilleurs* les donnent à tailler, sur leurs paneaux, & sur leurs desseins. Les ornemens de Sculpture, se font par les *Sculpteurs* en pierre, sous la conduite des Architectes.

Dans les grands Atteliers, comme au Louvre, outre les Maçons, les Tailleurs de pierre, & les Appareilleurs. Il y a les *Poseurs* qui posent les pierres. Les *Halbardiers* qui portent des Leviers pour aider à décharger les pierres de dessus les Binars, & à les mettre en chantier pour les tailler. Les *Bardeurs* qui trainent les Pierres sur les petits chariots. Les *Manœuvres* servent les Maçons & portent les gravois. Les *Goujats* portent le mortier sur l'Oyseau. Les *Piqueurs* ont soin de faire travailler les Ouvriers, en tenir les roolles, & marquer ceux qui manquent à venir aux heures. Les *Chasse avant* conduisent & font marcher les Ouvriers & les chariots. Les *Louveurs* sont ceux qui font les trous dans les pierres, & y placent les *Louves*.

Des Outils.
Les Outils necessaires pour les Maçons, Tailleurs de pierre, & Apareilleurs, sont l'Auge ou l'Auget, la Truelle, une Regle, un Compas, une Sauterelle, un Buveau, des Niveaux de differentes sortes, des Cizeaux, des Masses, des Maillets, des Scies, des Marteaux taillans, & autres.

Pour les Sculpteurs en pierre, ils se servent des mesmes Outils que les Sculpteurs en Marbre, & que ceux qui travaillent en bois, dont je parleray cy-aprés.

Outre les Outils & les Instrumens de main qui servent pour bastir, il en faut encore d'autres pour

LIVRE PREMIER.

pour l'élevation des fardeaux, & pour la conduitte des grandes pieces; ce sont des Machines sans lesquelles il seroit impossible de venir à bout des grandes entreprises.

Dans les Mechaniques il y a cinq sortes d'Instrumens principaux, qu'on peut dire reguliers, & dont les forces sont connuës: sçavoir le *Levier*, la *Balance*, la *Roüe* avec son essieu; les *Poulies* ou les *Moufles*, & le *Plan incliné* sous lequel sont compris le *Coin* & la *Vis*.

Outre ces Machines l'Architecture employe encore les Puissances mouvantes pour fraper, enlever, pousser & tirer, qui sont de quatre especes, sçavoir les animaux; soit hommes, ou chevaux; la violence du vent & de l'eau; celle des poids, & celles des ressorts sous lesquels on peut comprendre tout ce qui agit par percussion, comme sont les *Marteaux*, les *Heis*, les *Moutons*, ou *Beliers* & autres pareils, *Engins*.

Le LEVIER est un instrument si ordinaire, & d'une si grande utilité, que tout le monde sçait assez ce que c'est. Sous le mot de Levier on entend aussi les *Pinces*, les *Pieds-de-Chevres* ou autres barres de fer qui servent à mouvoir un corps. Il faut considerer le Levier comme une ligne droite qui a trois points principaux. Celuy où est posé le fardeau qu'on veut mouvoir, celuy de l'appuy, & enfin celuy de la main ou de la puissance qui meut le Levier. La difference disposition de ces trois points est ce qui donne la force au Levier, & qui fait que l'on remuë un fardeau plus ou moins pesant, avec plus ou moins de facilité.

K

Par exemple si la distance qui se trouve entre l'endroit de la main qui pese sur le Levier, & l'endroit de l'appuy du mesme Levier, est dix fois aussi grande que la distance qu'il y a de cet appuy jusques au poids qu'on veut lever ; dix livres de force ou de puissance soustiendront cent livres de poids : Et pour peu que la puissance augmente ou que le poids diminuë, on peut mouvoir le fardeau ; Car le Levier represente une Balance dont le centre est dans le fleau. Ainsi l'inégalité des distances est ce qui donne plus ou moins de force à la puissance, & qui fait qu'on remuë plus ou moins aisément un fardeau.

Des Balances. La mesme raison qui donne de la force au Levier donne le mouvement & le poids aux *Balances*, au *Peson* ou *Romaine*, & aux *Bascules* ; dont la fabrique se fait differemment selon les differens usages qu'on en veut faire ; Et quoique souvent on leur donne d'autres noms, ce sont toujours especes de Bascules, quand elles balancent sur un essieu, ou sur un pivot qui demeure ferme.

Il y a diverses sortes de BALANCES, celle que les Latins nomment *Statera* n'a qu'un Bassin ; & celle qu'ils appellent *Libra* en a deux. Elle est composée de l'Ance par où on la tient, du Traversin ou Fleau, aux bouts duquel les Bassins sont attachez & suspendus, de la Languette, & des deux Plats ou Bassins.

Des Roues. Sous le genre de ROUES on comprend tout ce qui tourne dans un Essieu, soit dans une parfaite rondeur ou autrement ; mesmes les instrumens à Manivelles, les Rouës à dents, à eschelons ou à rayons, dont le corps principal ou centre est l'Essieu, qui

LIVRE PREMIER.

quelquefois se nomme aussi Pivot.

L'on attache souvent à un mesme Essieu plusieurs Rouës, de mesme ou de differentes grandeurs & figures; comme pignons ou autres qui agissent & donnent mouvemens à d'autres Rouës & à d'autres Essieux, qui font l'effet qu'on desire pour lever quelque poids, selon la fabrique des Rouës & des Essieux, leurs grandeurs & grosseurs, leur nombre & leur disposition.

Sous ce mesme genre l'on peut comprendre les ROULLEAUX, qui sont des pieces de bois arondies & en forme de cylindre; elles sont d'un grand usage dans les bastimens pour la conduite des fardeaux. *(Roulleaux.)*

Tout le monde sçait qu'une POULIE n'est autre chose qu'un corps rond en forme de Disque ou d'Assiete, avec un creux ou canal au tour pour entortiller une corde: Et dans le centre il y a un trou pour passer un Essieu, à l'entour duquel tourne la Poulie, qui est emboistée dans ce qu'on appelle *Escharpe* ou *Moufle*. *(Des Poulies et des Moufles.)*

Les Poulies sont faites pour tirer plus commodement, & éviter la resistance qui arrive quand deux corps se frottent l'un l'autre; comme quand on tire simplement une corde le long d'une piece de bois ou autre chose: Car l'inégalité des parties rend le mouvement plus difficile, ce qui arrive mesme lors qu'une Poulie n'est pas parfaitement ronde. Quand il y a plusieurs Poulies dans une mesme *Escharpe*, on appelle le tout ensemble une MOUFLE. Mais lorsqu'il n'y a qu'une seule Poulie, la *Moufle* s'appelle simplement *Escharpe* que d'autres disent *Chapes*, comme sont ordinairement les Poulies des Puits & autres pareilles, qui ne servent que pour la commodité du mouvement & le rendre plus facile.

Lors qu'on veut multiplier les forces, l'on se sert de plusieurs poulies ; soit qu'elles soient chacune à part dans leur Moufle, ou bien qu'une Moufle ait plusieurs Poulies. Mais si par ce moyen l'on gaigne des forces, l'on pert du temps ; car la nature ne donne rien d'un costé, qu'elle ne se recompense d'ailleurs.

Sous le genre d'Instrument qu'on appelle *Plan incliné* on doit entendre tout ce qui fend, qui coupe ou qui tranche. Le COIN est composé de deux Plans inclinez, & pour bien fendre, il faut que l'angle en soit necessairement aigu.

Du Coin.

Vis.

La Vis n'est autre chose qu'un Coin qui environne un Cylindre en forme d'une ligne spirale. La distance qu'il y a entre les filets ou arrestes de la Vis, s'appelle un *Pas de Vis*. C'est un instrument de grande utilité & fort necessaire dans les machines.

Des Marteaux &c.

L'usage des *Marteaux*, des *Hies* ou *Moutons*, est fort ordinaire & connu par ceux qui bastissent. Mais à l'égard des *Ressorts*, l'on ne s'en sert gueres, si ce n'est en quelque rencontre, comme lors qu'on veut arracher des Pilotis ; Et pour cela on prend une longue piece de bois que l'on attache par le milieu aux Pilotis, & dont l'on pose les deux bouts sur deux basteaux remplis d'eau ou d'autre chose, afin que lors qu'on vuide les batteaux, & qu'ils viennent à s'élever par la force de l'eau, sur laquelle ils nagent, en faisant plier la piece de bois, ils luy donnent aussi par le moyen de son ressort, la force de tirer le Pilotis.

LIVRE PREMIER.

Les Machines ordinaires pour fraper & pour paver fous les *Damoifelles*, les *Sonnettes*, les *Hies*.

Les *Moutons* fervent à enfoncer des pieux lorfqu'on fait des Pilotis.

Pour tirer & elever des fardeaux, on employe les *Rouës*, les *Chevres*, les *Engins*, les *Efcoperges*, les *Gruës*, les *Gruaux*, les *Vindas*, les *Singes*, & les *Verins*, dont il fera parlé au Chapitre de la Charpenterie.

DE L'ARCHITECTURE;
EXPLICATION DE LA PLANCHE IX.

Outils necessaires pour la Maçonnerie.

A *Grande Regle à Mouchette.*
B *Plomb à Regle.*
C *Plomb à Chats.*
D *Equaire.*
E *Buveau.*
F *Sauterelle.*
G *Fausse Equaire.*
H *Louve.*
I *Louveteaux.*
L *Oeil de la Louve.*
M *S. de la Louve.*
N *Oyseau.*
O *Niveau.*
P *Espece de Rabot qu'on nomme en Lorraine une Houë.*
Q *Compas à fausse Equaire.*
R *Autre petit Compas.*
S *Cizeau à Louver. Il a d'ordinaire 18. pouces de long.*
T *Truelle à Plaître.*
V *Truelle à Chaux & Sable.*
X *Truelle bretée.*
Y *Rabot pour faire le Mortier.*

LIVRE PREMIER.

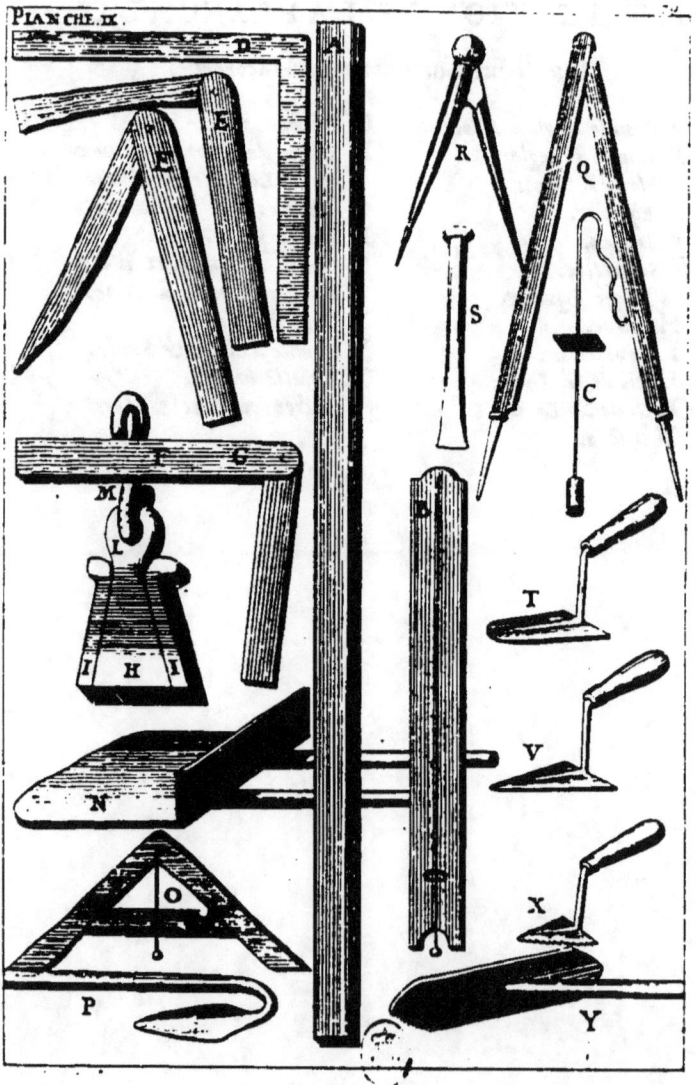

EXPLICATION DE LA PLANCHE X.

A *Testu à démolir.*
B *Masse de fer pour abatre & fendre la pierre.*
C *Coin de fer.*
D *Testu à arresté.*
E *Oeil du Testu.*
F *Manche du Testu.*
G *Langue de Bœuf.*
H *Marteau bretelé pour la pierre tendre.*
I *Marteau bretelé pour la pierre dure.*
L *Grelet ou Testu à Limosin.*
M *Descintroir.*
N *Oeil du Descintroir.*
O *Une Pioche.*
P *Ciseau à ciseler la pierre. Il y en a de différentes grandeurs quoyque de mesme forme.*
Q *Fer quarré. Il y en a aussi qui sont bretelez.*
R *Maillet de bois.*
S *Gouge. Il y en a de diverses longueurs.*
T *Riflard bretelé. Il y en a de diverses largeurs.*
V *Crochet.*
X *Rondelle.*
Y *Rippe.*

EXPLICATION

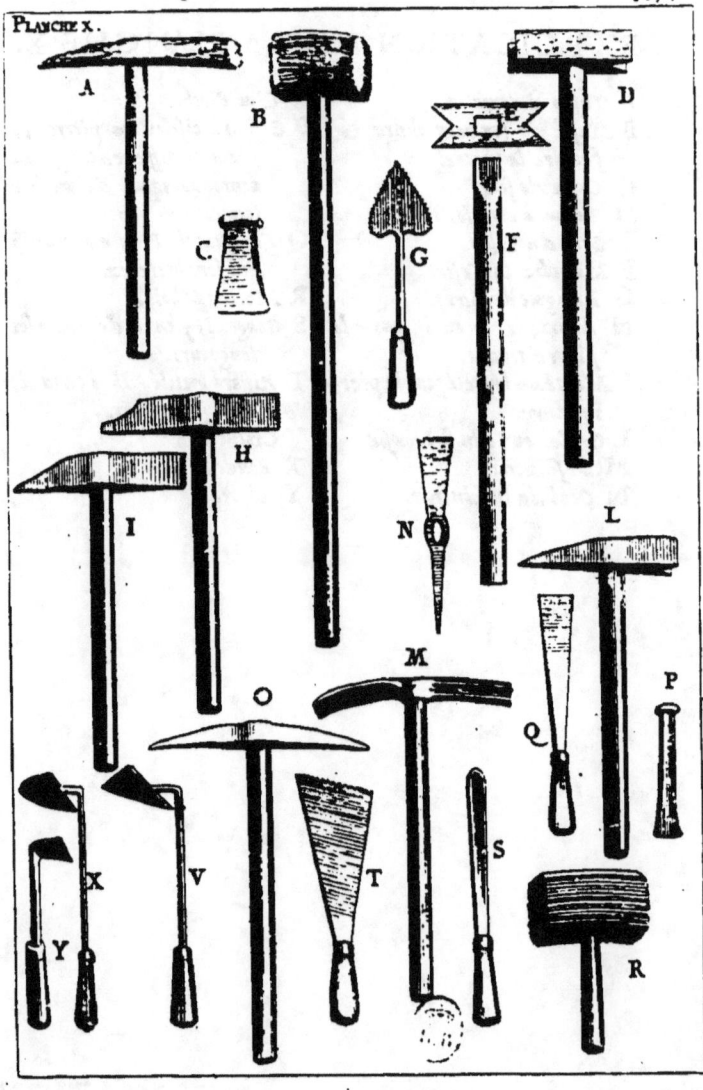

DE L'ARCHITECTURE;
EXPLICATION DE LA PLANCHE X.

A *Testu à démolir.*
B *Masse de fer pour abatre & fendre la pierre.*
C *Coin de fer.*
D *Testu à arreste.*
E *Oeil du Testu.*
F *Manche du Testu.*
G *Langue de Bœuf.*
H *Marteau bretelé pour la pierre tendre.*
I *Marteau bretelé pour la pierre dure.*
L *Grelet ou Testu à Limosin.*
M *Descintroir.*
N *Oeil du Descintroir.*
O *Une Pioche.*
P *Ciseau à ciseler la pierre. Il y en a de differentes grandeurs quoyque de mesme forme.*
Q *Fer quarré. Il y en a aussi qui sont bretelez.*
R *Maillet de bois.*
S *Gouge. Il y en a de diverses longueurs.*
T *Ristard bretelé. Il y en a de diverses largeurs.*
V *Crochet.*
X *Rondelle.*
Y *Rippe.*

EXPLICATION

LIVRE PREMIER. 85

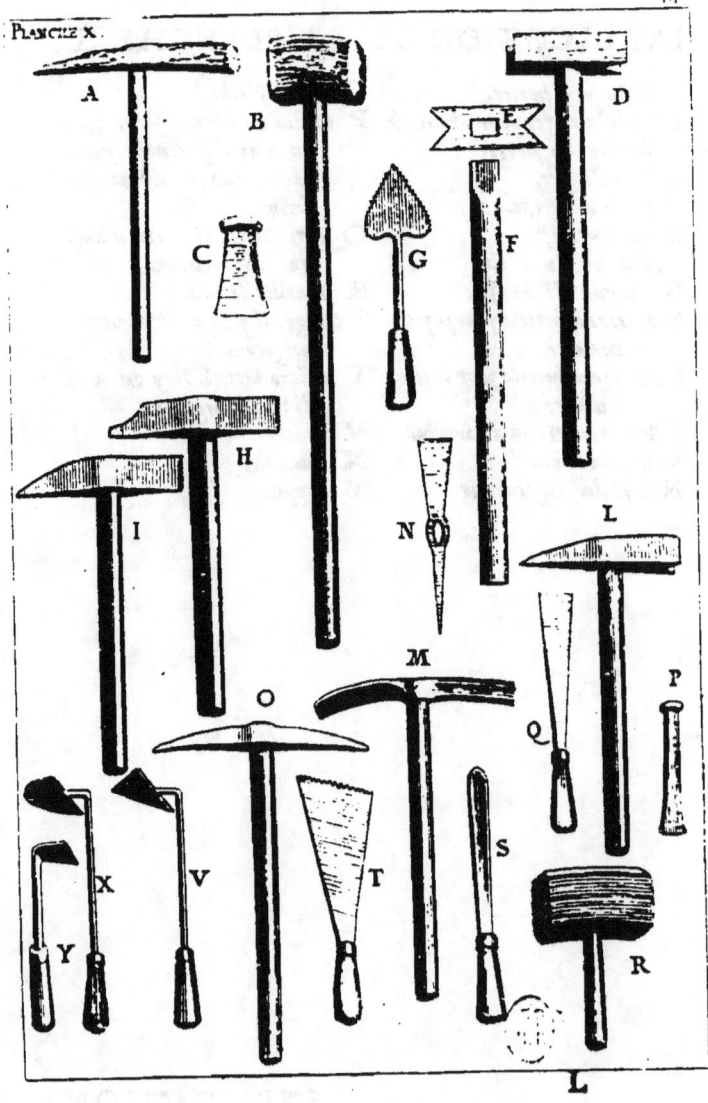

PLANCHE X.

DE L'ARCHITECTURE,
EXPLICATION DE LA PLANCHE XI.

A *Un Pic.*
B *Une Pelle de bois.*
C *Une Auge* ou *Auges.*
D *Un Baquet à mortier.*
E *Un Bar.*
F *Un Bouriquet.*
G *Brayer du Bouriquet avec son S.*

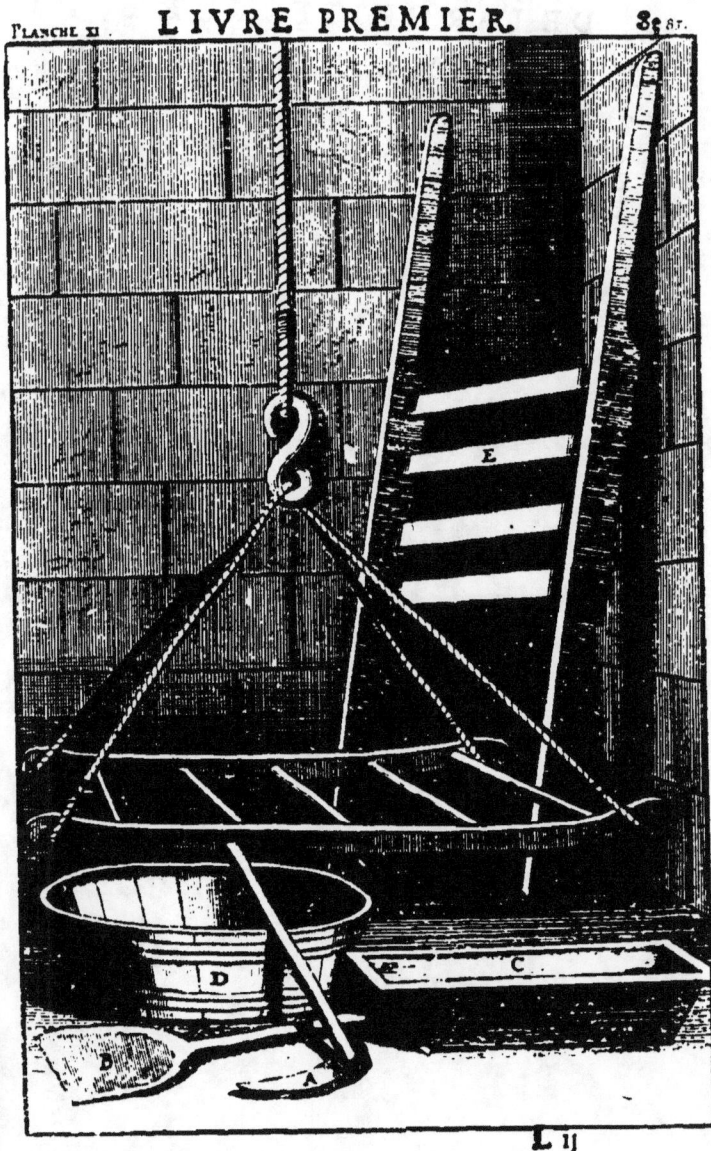

EXPLICATION DE LA PLANCHE XII.

A *Une Civiere.*
B *Un Brancart à monter des Pierres.*
C *Une Scie dentelée pour la Pierre tendre.*
D *Une Scie sans dents.*
E *Des Couteaux à Scie.*
F *Une Fiche à ficher le Mortier.*

PLANCHE XII   LIVRE PREMIER.   85.

L iij

EXPLICATION DE LA PLANCHE XIII.
Des Machines.

A *Le Levier.*
B *La Pince.*
C *Le Pied de Chevre.*
D *La Balance appellée* Libra.
E *La Balance nommée* Statera.
F *La Romaine.*
G *Rouë.*
H *Rouleau.*
I *Poulie.*
K *Escharpe ou Chape de la Poulie.*
L *Moufle, qui sont plusieurs Poullies dans une mesme Chape.*
M *Coin.*
N *Vis.*

LIVRE PREMIER.

CHAPITRE XIII.
De l'Architecture Militaire.

LA fin principale de l'Architecture en general estant de regler & de bien conduire, comme nous avons dit d'abord, tout ce qui appartient à la Structure des Edifices publics, tels que sont les Temples, les Palais destinez pour les Souverains, ceux où l'on rend la justice, les Maisons particulieres, les Ruës, les Places publiques & tous les autres lieux, dont nous avons parlé ; On ne sçauroit douter que la *Fortification* ne soit une partie, non seulement tres-utile, mais des plus importantes dans cet Art, puisqu'elle a pour objet la conservation d'un Estat, en resistant, avec un petit nombre d'hommes, aux efforts d'une grande armée & d'un puissant ennemy.

Quand on considere la Fortification comme une partie de l'Architecture en general, on la nomme ARCHITECTURE MILITAIRE ; Et elle differe principalement de l'Architecture Civile, en ce que celle-cy a pour dernier but d'enrichir d'Ornemens les Bastimens qu'elle conduit ; au lieu que la Militaire sans penser presque aux Ornemens, employe tous ses soins à rendre les murailles fortes & capables de resister aux injures du temps, aux coups de canon, & de les disposer avec une telle industrie, les unes à l'égard des autres, qu'il n'y ait aucun endroit au tour d'une place, qui ne soit veu, bien flanqué & bien défendu.

Quoyqu'il

LIVRE PREMIER.

Quoyqu'il y ait un temps immemorial qu'on s'est avisé d'environner les Villes de Murailles accompagnées de bonnes Tours, le mot de *Fortification* n'est pourtant gueres vieux, non plus que l'Art qui est compris sous la signification de ce nom. Il n'a commencé d'avoir cours que depuis l'usage des Canons, dont les effets terribles ont obligé les hommes de changer & d'adjouster tant de choses à l'ancienne structure des Murailles des Villes, que ces changemens ont esté jugez suffisans pour former un Art tout nouveau, qu'on a nommé *Fortification*, à cause des grandes forces qu'il fournit à ceux qui sont dans les Villes, pour se défendre contre leurs ennemis.

Les Architectes qui s'appliquent particulierement à cette sorte d'Architecture, ont esté appelez *Ingenieurs* à la difference des autres; peut-estre à cause des ingenieuses inventions qu'ils sont obligez de mettre en usage dans les besoins qui se presentent souvent, tant dans la Fortification, que dans l'attaque & la défense des Places.

Les premiers Ingenieurs qui ont écrit de la Fortification considerée comme un art particulier, ont esté Rameli & Cataneo Italiens. Aprés ceux là Jean Erard Ingénieur de Henri le Grand & de Loüis XIII. Simon Stevin Ingenieur du Prince d'Orange, Marolois, le Chevalier de Ville, Lorini, le Comte de Pagan, & plusieurs autres plus modernes ont beaucoup contribué à augmenter & à reduire cet Art dans la perfection où il est aujourd'huy.

De tous ces Auteurs le Comte de Pagan est celuy qui a fait les plus belles découvertes, & qui nous a prescrit les plus solides maximes ; je les toucheray legerement, mon intention n'estant que de donner une teinture des Arts dont je traite.

Toutes les Fortifications se reglent par des Lignes & par des Angles, qui ont des noms differens selon leur usage, auquel je m'attacheray, & non pas aux etymologies.

Les Places fortifiées à la Moderne ne se composent gueres que de Bastions & de Courtines, & quelquefois de demy Bastions, selon le terrain; de Cavalliers, Faussebrayes, Fossez, Contrescarpes, Chemin couvert, Demy-Lunes, Ravelins, Ouvrages-à-Corne Ouvrages à Couronnes, Esplanades, Redents, Conserves ou Contregardes & Tenailles.

Il y a d'autres parties accessoires, & mobiles que j'ajousteray dans les definitions suivantes ; de mesme que les subdivisions des parties, dont je viens de parler.

Un Bastion se compose de Pans ou Faces, de Flancs simples à la Françoise & à la Hollandoise, ou de Flancs couverts & retirez à l'Italienne & à la Paganne ; de Casemattes, d'Orillons, d'Angle flanqué, Centre du Bastion, Angle de l'Epaule, Ligne capitale, Gorge, &c.

Les principaux Angles sont l'Angle de la Figure, l'Angle du Centre, l'Angle flanquant, l'Angle flanqué, l'Angle de l'Epaule, l'Angle du Flanc & l'Angle diminué. Tous les Angles sont saillans ou rentrans, visibles ou invisibles. Les saillans sont ceux qui s'avancent vers la campagne & les rentrans ceux qui se retirent en dedans.

LIVRE PREMIER.

Les Angles flanquez, ceux de l'Epaule, & ceux du Baſtion ſont viſibles, de meſme que ceux des demi-Lunes & autres dehors. Les Angles de la Figure du Centre, flanquants & diminuez, ſont inviſibles, & ne ſervent que pour la conſtruction.

Définitions de toutes les Parties d'une Place fortifiée, & premierement des Lignes qui la compoſent.

Place fortifiée, eſt un lieu bien flanqué & bien couvert.

Citadelle, eſt une petite forthereſſe, qui commande une grande ville, & qui n'a point d'autres habitans que la garniſon des ſoldats.

Fortins ou Forts de campagne, ſont ceux que l'on fait en raſe campagne, & qui ſont détachez des Places; on ne s'en ſert que pour un temps & comme ordinairement ils ſont petits, les coſtez exterieurs du Polygone ont moins de cent toiſes; c'eſt à dire moins que la diſtance d'un Baſtion à l'autre.

Chaſteau, eſt un lieu fortifié à l'antique, entouré de ſimples murailles & foſſez, & de tours ſans aucun rampart.

Donjon, eſt le nom d'une forthereſſe antique à quoy nos citadelles ont ſuccedé: ordinairement c'eſt une grande Tour ou reduit d'un Chaſteau pour y faire la derniere retraite.

Reduit, eſt tout lieu avantageux & retranché dans une Place contre les ſeditions du peuple, ou contre les ennemis d'un Eſtat.

Ville close, est simplement une ville environnée de murailles.

Place reguliere, est celle qui a les costez & les Angles égaux.

Place irreguliere, est celle qui a les costez inégaux, ou en tout, ou en partie.

Toute Figure prend son nom du nombre des *Angles* qui la composent ; d'où viennent les noms grecs de *Trigone*, *Tetragone*, *Pentagone*, *Exagone*, *Eptagone*, *Octogone*, *Enneagone*, *Decagone*, *Endecagone*, *Dodecagone*, *Poligone*, qui est la mesme chose que de dire à 3. 4. 5. 6. 7. 8. 9. 10. 11. 12. ou plusieurs *Angles* ou *Bastions*.

Bastions, sont de grands Corps de terre élevez, soustenus de murailles, de gazon ou de terre battuë, disposez en pointe & avancez sur les Angles saillans du corps de la Place, & dont les parties sont deux fasces & deux flancs.

Courtine est la ligne ou muraille qui est entre les Bastions.

Faces ou *pans* d'un Bastion sont les deux lignes qui forment l'Angle saillant, ou flanqué depuis ledit Angle jusques à celuy de l'Epaule.

Les Flancs simples, sont les lignes qui vont de l'Angle de l'Epaule à la Courtine, & qui ont la principale fonction de la défense du Fossé & de la Place.

Flanc retiré ou flanc couvert, est celuy qui est pratiqué dans l'enfoncement de l'autre moitié qui aboutit à la Courtine. Les flancs retirez sont souvent composez d'Orillon & de places hautes & places basses, pratiquées dans la demi-gorge du Bastion,

LIVRE PREMIER.

pour n'estre veuës que de la contrescarpe opposée, & non de la campagne, comme le sont les flancs simples.

Orillon ou *Epaulement* d'un Bastion, est selon M. Pagan une partie du flanc qui aboutit du flanc retiré à l'Angle de l'Epaule.

Casemattes, sont des places ou batteries voutées l'une sur l'autre, qu'on faisoit dans les flancs pour y loger le canon; On ne s'en sert plus gueres à cause que les batteries des assaillans enterroient l'artillerie de ces casemattes dans la ruine des voutes, outre que la fumée en est incommode.

Places hautes, *moyennes* & *bases* sont des flancs retirez & pratiquez en forme de degrez, & l'un derriere l'autre.

Flanc rasant, est celuy dont les coups tirez ne sont que raser la face du Bastion.

Flanc fichant est celuy dont les coups se fichent dans la face du Bastion opposé.

Il y a *Flanc droit rasant*, *Flanc droit fichant*, *second Flanc*, *Flanc oblique*, & *Flanc en Courtine*. Le *second Flanc* ou *feu de la courtine* ne se trouve qu'aux Places à flancs fichants; & c'est la portion de la Courtine qui découvre la face du Bastion opposé.

Ligne de défense; c'est la ligne tirée depuis l'Angle de défense jusques à la pointe du bastion, & proprement le chemin que font les bales tirées de l'Angle, que fait le flanc avec la Courtine jusques à la pointe du Bastion opposé. Elle est *rasante*, si partant dudit Angle, elle rase parallelement la face du Bastion opposé; & elle est *fichante*, si la ligne de la

M iij

face du Baſtion prolongée, coupe la courtine.

Rayons ſont les Lignes qui partent du centre de la Figure, & finiſſent à l'Angle de la Figure, ſoit externe, ſoit interne. On les appelle auſſi *Demidiametres*.

Ligne capitale, eſt celle qui eſt tirée depuis l'Angle du Baſtion juſques à l'Angle de la Figure interieure, qui eſt le centre du Baſtion.

Centre du Baſtion eſt le point où ſe rencontrent les deux demy gorges.

Gorges du Baſtion, ce n'eſt que la prolongation des Courtines depuis leur Angle avec le flanc, juſqu'au centre du Baſtion où elles ſe rencontrent.

Coſté exterieur de la Figure ou du *Polygone*, ou ſelon quelques-uns la *Baſe*, eſt la ligne imaginaire qui part de l'Angle flanqué d'un Baſtion à celuy qui luy eſt oppoſé.

Coſté interieur de la figure, eſt la ligne qui va du centre d'un Baſtion à l'autre, & qui eſt compoſée de deux demy-gorges & de la Courtine, dont la Courtine fait la plus grande partie.

Rampart, eſt une levée de terre tirée du foſſé, laquelle couvre & environne la place. Ordinairement un Rempart a ſon *Parapet*, *Terreplain*, *Talus* interieur & exterieur, une *Muraille* de maçonnerie qu'on appelle *Chemiſe*, lorſqu'il eſt reveſtu; & de plus une *Berme* lorſqu'il ne l'eſt pas.

Terreplain, eſt la partie ſuperieure du Rempart, horiſontée & applanie avec un peu de pente du coſté de dehors, pour le recul du canon.

Talus eſt une pente qu'on donne à la terre ou

LIVRE PREMIER.

muraille, afin qu'elle ait plus de pied & de force, pour soustenir la pesanteur du Rempart.

Berme ou *Relais* c'est une espace ou retraite de trois, quatre ou cinq pieds, selon la hauteur qu'on laisse en dehors, entre le pied du Rempart & l'Escarpe du fossé, pour recevoir la terre qui s'éboule. Elle ne se fait qu'aux Ouvrages de terre.

Chemise, est la solidité de la muraille dont le Rempart est revestu & soustenu: elle est à plomb en dedans, & elle a en dehors la 4. 5. ou 6. partie de sa hauteur de Talus, selon la bonté des materiaux.

Contreforts ou *Esperons*, sont des portions de murailles perpendiculairement jointes à la principale, & en distance de vingt ou trente pieds les unes des autres; elles entrent si avant qu'on veut dans le Terreplain: On ne s'en sert plus gueres qu'en de grandes élevations.

Parapet est une élevation de terre ou de pierre par dessus le Rempart, de 5. à 6. pieds de hauteur, compris la Banquette, pour couvrir le canon & les hommes qui combattent. S'il ne doit estre que pour se défendre du mousquet, quelque espaisseur que ce soit, suffit; mais contre le canon un Parapet doit avoir dix-huit à vingt pieds de large pour estre à l'épreuve, s'il est de terre ou 6. à 8. pieds s'il est de pierrre.

Tout Parapet a ses *Embrazures* & *Merlons*, *Banquettes* & *Glacis*. Les Embrazures & les Merlons ne s'y trouvent qu'aux endroits où il y a du canon; *Les Embrazures* ont des ouvertures, dans lesquelles on le pointe pour le tirer à la campagne, ou dans le fossé: &. les *Merlons* sont les monceaux de terre ou de pierre qui ſont entre les Embrazures, c'eſt ce que nos Anciens appelloient *Carneaux* & *Merlons*, & par où l'on tiroit les fleches à couvert, avant l'uſage du mouſquet. Et parce que le haut du Parapet n'eſt pas de niveau, mais qu'il a de la pente vers la campagne, on appelle *Glacis* cette pente.

Banquette eſt une marche ou degré d'un pied & demy de hauteur derriere & au bas du Parapet, ſur laquelle montent les Mouſquetaires pour découvrir la contreſcarpe, & tirer ſur les ennemis : ils en deſcendent pour charger leur mouſquet. On n'en fait qu'une ſur le Rempart de la Place, parce qu'on eſt aſſez à couvert à cauſe de l'élevation ; mais au chemin couvert on en fait deux ou trois.

Chemin des Rondes eſt un eſpace qu'on laiſſoit pour le paſſage des rondes entre Parapet & la Muraille, afin d'en pouvoir découvrir le pied ; mais parce qu'il n'avoit qu'un Parapet d'un pied d'épaiſſeur, & que dans les ſieges il eſtoit d'abord renverſé par le canon des Aſſaillans ; on ne s'en ſert preſque plus.

Cordon eſt une bande de pierre arondie en dehors qui ſe met entre la muraille qui eſt en Talus, & le Parapet qui eſt à plomb, afin que cette difference ne choque point la vûë. On n'en fait qu'aux Ouvrages de maçonnerie, & ne ſervent que d'ornemens ; ils regnent tout au tour de la place. Aux ouvrages de terre on met des fraiſes au lieu.

Gueritte eſt une petite retraite ou logement à couvert des injures du temps, pour y loger de nuit les Sentinelles, qui gardent la place ; on en met ordinairement trois à chaque Baſtion ; à l'Angle flanqué
&

& aux deux Angles de l'Epaule; sur les portes, & au milieu des Courtines, lorsqu'elles sont longues.

Cavalier est une élevation de terre sur le Terreplain du Rempart, vers les Angles des Courtines, & des flancs; ou sur les Bastions pour découvrir la campagne de loin avec le canon.

Corps de garde est le logement d'une bonne Compagnie d'Infanterie en quelque poste; & c'est de là qu'on envoye en faction ou sentinelle les Soldats, les changeant deux ou trois fois la nuit. Il y a des Corps de garde aux portes & aux gorges des Bastions & au bas du Rempart.

Fausse-braye, est un espace qu'on laisse au pied du Rempart ou de la muraille, qui est faite pour défendre l'approche de la Contrescarpe en rasant la campagne si elle est plus haute. Elle a aussi un autre usage, qui est pour empêcher que les ruines des batteries ne tombent dans le fossé. On luy donne environ 30. pieds de largeur pour le recul du canon tout au tour de la place. Elle a un Parapet à l'épreuve du canon, & ne sert qu'à défendre le passage du fossé. On ne s'en sert plus, depuis que l'experience a fait voir que ceux qui la défendent ne s'y sçauroient tenir depuis que l'ennemy est logé sur la Contrescarpe vis-à-vis de l'Angle flanqué, d'où il enfile & découvre toute la portion qui est au bas des faces du Bastion: elle seroit bonne aux flancs & à la courtine.

Fossé est l'espace creusé entre la place & la campagne d'où l'on tire la terre pour l'élevation du Rempart & pour l'esplanade du chemin couvert,

DE L'ARCHITECTURE,

Cunette est un petit fossé au milieu du grand, qu'on tient remply d'eau, ou de bourbe si l'on peut, avec de hayes vives & buissons tout au long, pour se garantir des surprises.

Revestement, est le mur qu'il y à du costé de la Place, soit qu'il soustienne la Fausse-braye, soit qu'il soustienne simplement le Rempart.

Poterne, c'est toute fausse Porte qu'on fait plus commodement dans l'Angle du flanc & de la courtine, pour faire des sorties secrettes par le fossé.

Caponnieres, sont des logemens couverts qu'on fait dans le fond d'un fossé sec pour loger des soldats.

Batterie, est un lieu où l'Artillerie est à couvert & en estat de tirer, posée sur une Platte-forme de grosses planches sur des solives; & derriere un bon Parapet à l'epreuve, percé d'autant d'embrasures qu'il y a de Canons. Les Batteries de campagne sont entourées de fossez, quand elles peuvent estre insultées des ennemis.

Mine, est une Chambre souterraine qu'on fait sous le Rempart ou sous la Face d'un Bastion, à laquelle on va par un chemin oblique & par des détours; qu'on charge de la poudre qu'on juge estre necessaire selon la hauteur & pesanteur des corps qu'on veut enlever & renverser pour aller à l'assaut.

Contremine, est proprement une Gallerie interieure voutée de trois pieds de largeur & six de hauteur, qu'on pratique dans l'épaisseur de la muraille tout au tour d'une place.

On appelle aussi *Contremines*, ou *Casemates* les Puits & les Rameaux qu'on fait dans le Rempart du Baftion jufques à ce qu'on entende travailler le Mineur, & qu'on évente la Mine ; on y jette en mefme temps quantité d'eau pour la rendre encore plus inutile.

Fougade ou *Fourneau*, eft une Mine legere qu'on fait feulement dans l'épaiffeur d'un mur ou de quelque petit travail.

Sape, eft un travail qui fe peut entendre de plufieurs façons ; comme, lorfqu'on s'attache avec le pic & la pelle au pied de quelque corps de terre pour le renverfer fans poudre à canon ; ou bien à une Efplanade pour la percer, & mefme lorfqu'on pouffe une tranchée droite & enfilée ; mais enfoncée en terre & couverte avant que d'arriver à faire un logement fur un chemin couvert.

Définitions des Dehors.

Dehors font tous les Ouvrages qui font détachez du Corps de la place. Il y en a de plufieurs façons & de plufieurs figures felon le terrain & la fituation des lieux, dont voicy les noms.

Contrefcarpe, eft proprement la ligne qui termine le foffé du cofté de la campagne, ou le Talus qui fouftient la terre du chemin couvert: Sous le nom de Contrefcarpe on comprend auffi quelquefois le Chemin couvert, que l'on nomme auffi Coridor.

Demy-Lunes, font des Angles faillans & flanquez, qui font ordinairement formez fur les Angles rentrans de la Contrefcarpe, vis à-vis du milieu des Courtines. On en met auffi devant les pointes des Baftions felon le terrain, & pour couvrir les Ouvrages à Corne. Elles n'ont que deux faces, & font de toutes parts entourées de foffez. Elles peuvent eftre avec des Flancs, auffi bien que fans Flancs, de mefme que les Ravelins, dont il y en a qui font attachez aux Courtines dans les Fortifications anciennes, & d'autres détachez. Autrefois & dans l'origine, les Demy-Lunes eftoient proprement celles qui eftoient à la pointe des Baftions, à caufe qu'elles font arondies en croiffant par derriere. Et l'on nommoit Ravelins celles qui eftoient dans les Courtines. Mais prefentement on fe fert du mot de Demy-Lune pour tous les Ouvrages Triangulaires.

Chemin couvert ou *Coridor*, eft une efpace de quatre ou cinq toifes de large, qui regne tout au tour de la place & des Demy-Lunes. On les fait prefentement de fept à huit toifes. Il a fon Parapet élevé fur le niveau de la campagne avec fes Banquettes, & font Glacis qui depuis la hauteur du Parapet doit fuivre le Parapet de la place jufques à fe perdre infenfiblement dans la campagne.

Efplanade ou *Glacis* de la Contrefcarpe, n'eft autre chofe que le Parapet du Chemin couvert, & tout le terrain qui fe perd dans la campagne.

Ouvrages Couronnez ou *à Couronnes* font des pieces avancées vers la campagne pour gagner quelque commandement ou eminence. Ils font compofez de deux grands coftez ou aifles, qui tombent fur la Contrefcarpe, à l'endroit des faces d'un Baftion; en forte qu'ils en font défendus, & prefentent du cofté de la campagne un Baftion entier entre deux demy-Baftions, dont les faces fe regardent. Ces

LIVRE PREMIER.

ouvrages ont auſſi leurs Demy-Lunes.

Les Ouvrages à Corne ne different des *Couronnez*, qu'en ce qu'ils ne preſentent à la campagne que deux demy-Baſtions terminez par de pareilles aiſles. On met auſſi ceux-cy vis-à-vis des Courtines, ſelon que la neceſſité le requiert.

Tenaille eſt proprement un Ouvrage pareil à ceux à Corne ; il en differe ordinairement en ce qu'au lieu de deux Demy-baſtions, il ne porte en teſte qu'un Angle rentrant entre les meſmes aiſles ſans Flancs ; quelquefois elles en ont comme les autres.

Contregardes ou *Conſerves* ſont des pieces triangulaires paralelles ou Baſtions qu'elles couvrent entre le Foſſé & la Contreſcarpe. Elles ont leur Rempart, leur Parapet, leur Foſſé & leur Chemin couvert ; & ne ſont defenduës que des Demy-Lunes ou Ravelins, qui couvrent les Courtines. Et ne ſont differentes des Demy-Lunes que par ce qu'elles ne ſont pas ſi larges & ſont plus longues.

Redents ſont des Angles ſaillans en forme de dents de ſcie qu'on met ordinairement aux Parapets d'un Chemin couvert, ou autre ouvrage enfilé par quelque eminence, qui le voit obliquement ce qui ſe fait pour couvrir les ſoldats.

Logement eſt lorſqu'ayant gagné ſur les ennemis la Contreſcarpe ou un autre poſte, l'on s'y loge & l'on s'y retranche pour empécher les ennemis de le regagner.

Tranchée d'approche eſt un chemin oblique, par lequel on va à une place, ſans en eſtre vû ; ou des Lignes obliques qui n'aboutiſſent jamais aux ouvrages de la place qu'on attaque. Elles ont leur Parapet par tout du costé de la place, avec deux Banquettes, & quelquefois des Redoutes à leurs Angles saillans, pour soustenir l'effort des sorties.

Boyaux sont des tranchées qui vont en serpentant & sans Angles, comme les font les Turcs. Ces Lignes courbées sont les unes devant les autres, & toutes paralelles à la face que presente la place qu'on attaque, comme on a vu au siege de Candie ou ce terme s'est mis en vogue.

Lignes de Circonvallation sont des retranchemens qu'on fait au tour d'une place, quand on veut l'attaquer, afin qu'il n'y entre point de secours. Ce sont des Lignes flanquées de la longueur de la portée du mousquet; ou par des Redents & d'autres petits travaux, ou par des forts de campagne qu'on fait aux postes les plus considerables ou éminens.

Lignes de Contrevallation se font au rebours de celles de *Circonvallation*, & avec le fossé du costé de la place, lorsque la garnison y est forte, qu'on la veut affamer, ou mettre les quartiers de l'armée à couvert de l'insulte des sorties.

Profil est la coupe ou section imaginaire d'un plan ou d'une place à Angles droits, pour marquer & representer exactement toutes les hauteurs & largeurs des Remparts, Parapets, Murailles, Talus, Fossez, Chemin couvert & Esplanade, ce que ne fait pas l'Ichnographie, qui ne marque que les longueurs & les largeurs.

LIVRE PREMIER.

Definitions des Angles d'une Fortification.

Angle du Centre est celuy qui se fait au centre de la Place par le concours de deux prochains rayons tirez des Angles de la Figure.

Angle de la Figure interieure est celuy qui se fait au centre du Bastion par la rencontre des costez interieurs de la Figure.

Angle du Polygone ou de la Figure exterieure est celuy qui se fait à la pointe du Bastion par la rencontre des deux costez exterieurs ou Bases du *Poligoge*.

Angle flanqué est la pointe du Bastion comprise entre les deux faces; on peut aussi dire l'*Angle flanqué* d'une demy-Lune.

Angle flanquant est celuy qui se fait par la rencontre des deux lignes de défense razantes. C'est-à-dire des deux faces du Bastion prolongé.

Angle de l'épaule est celuy que font les lignes de la face & du Flanc.

Angle diminué est celuy qui se fait par la rencontre du costé exterieur du *Polygone*, & de la face du Bastion.

Angle saillant est celuy qui presente la pointe vers la campagne.

Angle rentrant est celuy qui la presente vers la place.

DE L'ARCHITECTURE,

Explication & Definitions de plusieurs pieces detachées & mobiles concernant les Fortifications & l'attaque des Places.

Les *Ponts* des Places sont *Dormans* ou *Ponts-levis* qui sont les meilleurs, il y en a à Bacules & à Fleches.

Les *Ponts à Bacules* se levent d'un costé, & baissent de l'autre en forme de trebuchet. Ce sont aussi des Portes qui se levent en forme de trebuchet par le moyen d'un contrepoids.

Les *Ponts à Fleches* se levent & se baissent tous entiers ayant leurs mouvemens du costé de la porte, & l'autre bout suspendu par des chaines de fer, soustenuës par des fleches dont le mouvement les fait hausser & baisser.

Aprés le Pont-levis & la Porte, il y a d'ordinaire une autre Contreporte suspenduë & faite de pieces de bois croisées quarrement avec des pointes de fer par le bas. On appelle ces Contreportes des *Herses* ou *Sarrasines* qu'on laisse tomber lorsque la premiere Porte a esté enfoncée par le Petard : l'on s'en sert aussi contre les surprises de jour ou autrement.

Orgues sont de grosses pieces de bois ferrées par le bout, & suspenduës de mesme que les Herses, desquelles elles different en ce que les pieces des Herses sont liées ensemble ; & les Orgues sont des pieces detachées qui ne peuvent estre toutes arrestées ny rompuës à la fois comme les Herses.

Barrieres sont de gros pieux plantez à huit ou dix pieds l'un de l'autre, hauts d'environ quatre pieds, & percez par les bouts pour pouvoir faire courir par
ces

LIVRE PREMIER.

ces trous une grosse traverse qui arreste ceux qui voudroient entrer avec promptitude. Elles se mettent aux premieres avenuës d'une Place, à l'Esplanade, aux Demy-Lunes, &c. aux passages des charettes & gens de cheval. Il y en a aussi qui tournent sur un pivot.

Moulinets sont des croix de bois qui tournent de niveau sur un pieu de bois, & se mettent à costé des Barrieres par où passe les gens de pied.

Cheval de frise est une poutre ou grosse solive quarrée d'environ dix ou douze pieds de long, traversée par trois rangs de pieux de bois d'environ dix à douze pieds de long qui se croisent, & sont armez de pointes de fer par les bouts. Il peut servir de Barriere à une avenuë, balancé horizontalement sur un pieu qui le supporte sous le milieu, en sorte qu'on le puisse fermer & ouvrir. Mais son principal usage est pour en mettre bon nombre attachez les uns aux autres aux postes où l'on apprehende quelque surprise de Cavalerie, tant en campagne qu'aux plus faciles avenuës d'une place assiegée; & sous la portée du pistolet au de là du chemin couvert, pour recevoir & couvrir ceux qui font les sorties, & pour arrester la Cavalerie & l'Infanterie des ennemis.

Chaussetrapes sont des Fers qui ont quatre pointes de deux pouces de long en forme d'estoile; & faits de sorte qu'ils ont toujours une pointe en haut de quelque façon qu'on les jette. On les seme ordinairement sur les avenuës où l'on craint la Cavalerie; aux breches, aux fossez & autres lieux.

O

Gallerie est un passage couvert de tous costez de bonnes planches à l'épreuve du mousquet, sous laquelle on passe le fossé de la face du Bastion, lorsque l'artillerie du Flanc opposé est demontée. Elle aboutit à l'endroit de la mine, & on y descend insensiblement du bas du Glacis de l'Esplanade, aprés l'avoir percé : Nos François ne s'amusent plus gueres à toutes ces ceremonies, & ne s'en servent point il y a long-temps.

Mantelet est une couverture de Madriers ou grosses planches qu'on incline contre une muraille, quand on la veut saper ou miner. Il doit estre à l'épreuve du mousquet par les costez, mais plus fort au dessus, à cause des grosses pierres qu'on peut jetter. On le couvre aussi de peaux de beuf tenduës, afin que les feux d'artifice ne le puissent brusler ; on s'en sert aussi en d'autres occasions. Il s'en fait de plusieurs façons, & il y en a que les Mineurs qui sont dessous à couvert, font rouler devant eux durant le jour pour s'approcher des murs, ou tours d'un Chasteau ou autrement.

Les *Blindes* se font de deux ou de plusieurs pieux, qu'on met debout, & sur une mesme ligne en distance de six ou de huit pieds, avec des traverses de la teste de l'un à celle de l'autre. Il en faut deux rangs paralelles sur les deux costez de la Tranchée, pour pouvoir appuyer les Fascines dont on les couvre. On s'en sert aux lieux enfilez par necessité ou par mégarde de l'Ingenieur, & lors qu'attaquant une place qui est éminente, il faut plustost traverser un fond & y descendre. Car en ce cas on est tous-

LIVRE PREMIER.

jours veu de la Place, si l'on ne se couvre avec des Blindes ou avec des *Chandeliers* qui se font avec deux Pieux de bout pour soustenir des planches traversées de l'un à l'autre, ou des fascines par le moyen de chevilles passées dans les Pieux. Ils sont differens des Blindes en ce qu'ils servent pour se couvrir par le devant, & les Blindes pour se couvrir par le dessus.

Gabions sont de grands paniers d'osier defoncez & ronds qu'on met de bout & qu'on remplit de terre, pour mettre entre deux un canon en batterie. Il s'en fait aussi de petits qu'on met sur les Parapets, aux tranchées, & dans les Places, pour couvrir les Mousquetaires; On les approche si prés les uns des autres qu'il n'y puisse tenir qu'un mousquet entre deux.

Palissade est une rangée de Pieux pointus & plantez à demy-pied l'un de l'autre, avec une traverse qui les lie à quatre ou cinq pieds hors de terre; On les met ordinairement sur l'Esplanade au dehors du Glacis. On en met aussi quelquefois prés des Bastions & des Courtines, ou le long de la Cunette.

Fraise est une rangée de Pieux pointus qu'on fiche aux travaux de terre, au lieu qu'occupe le Cordon en ceux de maçonnerie, c'est-à-dire entre le Parapet & le Rempart en dehors; L'on en incline un peu la pointe vers le Fossé, c'est-à-dire à Angle droit sur le Talus pour rendre la pante des grands Talus qu'ont les travaux de terre, moins accessible, & pour empêcher les insultes.

Maximes à observer dans la construction d'une Fortification.

LA pluspart des Italiens, & le Chevalier de Ville veulent que les Angles flanquez au dessus de l'*Exagone*, soient toujours de 90. degrez, & par consequent que les flanquans varient. Les Hollandois au contraire ne font les Bastions à Angles droits qu'aux decagones & au dessus, faisant les Angles aigus à tous les poligones au dessous. Ils donnent par ce moyen beaucoup plus de flanc, particulierement en Courtine: mais comme ils font leurs fossez paralelles aux Bastions, il arrive de là que les Flancs qui sont comme les yeux d'une place, ne voyent pas entierement le Fossé à l'endroit de la face du Bastion, par où on attaque les Places; parce que l'Angle rentrant de la Contrescarpe, derobe la deffense aux Angles flanquez, qui doivent estre sujets aux flanquants. Car selon la doctrine de M. de Pagan, les Angles flanquants doivent estre invariables; & pour les flanquez, comme ils se trouvent obtus au dessus de l'Exagone, & aigus au dessous, il n'est de nulle importance qu'ils soient de 90. de 100. ou de plus de degrez; pourveu qu'ils soient bien défendus & bien flanquez.

Comme on ne sçauroit avoir de second Flanc ou feu de la Courtine qu'en diminuant le veritable Flanc: Une sixiesme partie de diminution, ou un quart tout au plus suffit; parce qu'on n'y peut pas mettre du canon, à cause de l'obliquité des Parapets, & qu'il seroit exposé aux batteries de la campagne; & parce aussi qu'une planche de deux pouces d'épaisseur garantit du mousquet au passage du fossé, qui est le temps où on peut avoir besoin du second Flanc.

Le costé exterieur du Poligone ne doit pas estre moindre de 100. toises, ny plus grand que 200. à cause que la ligne de défense ne doit pas exceder 150. toises.

Il ne faut pas que les Angles flanquez soient moindres de 60. degrez, qui est ce qu'on leur peut donner aux Places de quatre Bastions; & il n'importe pas qu'ils soit fort obtus. Les Italiens suivent cette maxime, & mettent des Cassemates aux Flancs.

Les plus grands Flancs sont les meilleurs; ils doivent estre de 12. toises, lorsque le costé exterieur ou la base n'est que de 100; & de 24. lorsqu'il est de 200. & ainsi à proportion. La moitié de cette distance sert pour l'Orillon, & l'autre moitié pour le Flanc couvert ou retiré, qui consiste en une, deux, ou trois places pratiquées, derriere & au dessus l'une de l'autre en forme de degrez, dans l'enfoncement de la Demy-gorge. Si l'on en fait trois, l'on a 36. toises de Flanc qui ne peut estre veu que de la Contrescarpe opposée, & par la largeur du fossé, qui n'est que de 15. ou 16. toises, qui ne font que le tiers du Flanc que l'on oppose aux Batteries ennemies, si l'on compte les 12. toises de l'Orillon, dont il ne faut pas faire tant de cas que les Places retirées, parce qu'il est plus exposé, & qu'il peut estre battu d'ailleurs que de la Contrescarpe. Ne pouvant donc mettre sur la Contrescarpe que la troisiesme partie du Canon qu'on loge dans les trois places & sur l'Orillon, il sera malaisé de passer un fossé large, profond & si bien défendu ? C'est la piece la plus importante d'une Place, & dont le passage est la plus difficile action de l'attaque; & cependant l'on voit que dés que les assaillans sont maistres des dehors, on capitule, & le corps de la Place ne se défend plus à cause de l'imperfection des Flancs simples qu'on rend facilement inutiles par les Batteries.

Les matieres les plus douces sont à la verité les plus propres pour les Parapets; mais non pas pour les Remparts; parceque n'estant soustenus que par des Chemises de gazon, il leur faut donner un si grand talus que cela les rend accessibles, & on les insulte facilement, comme il arriva en 1672. dans la pluspart des places que le Roy prist sur le Rhin & sur l'Yssel.

De ces Maximes particulieres l'on en doit inferer une generale; c'est que dans une Place non seulement il ne doit y avoir aucun lieu qui ne soit bien flanqué; mais que toutes ses défenses doivent estre égales par tout; & moins il y aura de choses à défendre la place en vaudra beaucoup mieux.

Les parties d'une fortification qui sont les plus proches de son Centre, doivent estre plus hautes que les plus éloignées, & les doivent successivement commander.

De tous les dehors il n'y en a point de si bons qu'une Demy-Lune; parce qu'estant défenduë par les deux Bastions qu'elle couvre, on peut, comme on a veu en plusieurs rencontres, la regagner sur les ennemis, à la faveur du feu de la Place,

LIVRE PREMIER.

qui y rend les logemens tres-difficiles & tres-perilleux.

Les ouvrages à Couronne & à Corne, Tenailles, &c. ne se reprennent jamais si facilement, parce qu'ils ne se défendent que d'eux-mesmes, & que les ennemis s'en couvrent, & trouvent un grand logement tout fait à leur teste. C'est pourquoy l'on ne s'en devroit servir que lorsque la qualité du terrain y oblige.

Il y a une grande question parmy les Ingenieurs & les personnes les plus intelligentes, pour sçavoir si les Places qui sont à Fossé sec, sont meilleures que celles qui l'ont plein d'eau. Voicy les principales raisons qu'on donne de part & d'autre.

Les Places à Fossé sec ont l'avantage de se pouvoir défendre de la main, faisant des sorties secrettes par les Poternes, pour tuer les Mineurs & empescher la construction des Galleries, ce qu'on ne peut pas faire aux Fossez pleins d'eau. Les Soldats y défendent les Demy-Lunes & le Chemin couvert jusques à l'extrémité, parce qu'ils peuvent se jetter dans le Fossé, se laissant glisser le long du talus de la Contrescarpe; & ils peuvent avec la mesme facilité apporter du secours aux dehors, sans estre obligez à faire le tour de la place par le Chemin couvert. Ces raisons sont tres-fortes, & voicy celles qu'ont de leur costé les Places à Fossé plein d'eau.

Les ennemis ne peuvent passer les Fossez pleins d'eau que sur des Galleries, & sur des levées longues à dresser, & dont la largeur & le front ne sont pas capables d'un grand nombre de personnes pour aller à l'assaut.

DE L'ARCHITECTURE,

Ils ne peuvent jamais passer au dessous de ces Fossez par des Mines ; ce qu'on fait quand on ne peut pas démonter l'Artillerie des Flancs. Et si allant à l'assaut, ils sont repoussez, ils ne peuvent se retirer à droit ny à gauche, pour faire une nouvelle Mine à cause de l'eau du Fossé.

Ces Places sont encore plus seures des surprises & des escalades, que celles dont le fossé est sec ; mais en eschange on n'y peut pas comme en celles-cy contreminer le chemin couvert, pour faire sauter le logement que les ennemis y font, enterrer l'Artillerie destinée à battre les Flancs, & empescher la descente dans le fossé quand on perce l'Esplanade.

De sorte qu'une place seroit tres-forte, en matiere de Fossé, si l'on pouvoit le remplir & le vuider selon l'occasion & la necessité, comme à Roses. Au déffaut de cet avantage qui est tres-rare, il y en a qui se contenteroient d'une bonne Cunette palissadée, profonde & pleine d'eau, au milieu d'un fossé sec.

Du reste l'on doit avoir recours aux Auteurs qui ont escrit à fond de cet Art, où l'on trouve tout ce qui regarde la Fortification, l'Attaque & la Défense des Places.

EXPLICATION

LIVRE PREMIER

EXPLICATION DE LA PLANCHE XIV.

A *Place d'une Forteresse, ou Citadelle* Exagone*, ou à six Bastions.*
B *Bastion.*
C *Courtine.*
D *Face du Bastion.*
E *Gorge du Bastion.*
F *Terreplain du Bastion.*
G *Rempart & Parapet.*
H *Fossé de la Place.*
I *Fausse-braye.*
L *Demy-Lune.*
M *Ravelin.*
N *Chemin couvert.*
O *Glacis de la Contrescarpe.*
P *Contrescarpe.*
Q *Place-d'armes.*
R *Tenailles.*
S *Ouvrage à Corne.*
T *Bastion à Orillon avec des Flancs bas.*
V *Boulevart ou Bastion.*
X *Ouvrages à Redents.*
Y *Profil de la Fortification.*
a *Rempart.*
b *Parapet.*
c *Gabions.*
d *Chemin des Rondes.*
e *Parapet bas.*
f *Fossé.*
g *Cuvette ou Cunette.*
h *Chemin couvert de la Contrescarpe.*
i *Glacis.*

114 DE L'ARCHITECTURE,

LIVRE PREMIER.

EXPLICATION DE LA PLANCHE XV.

A *Deſſein pour tracer une Figure en* Exagone.
B *Gallerie.*
C *Cheval de Friſe ou Cavalier.*
D *Ouvrage à Couronne.*
E *Petit Ouvrage à Corne.*
F *Sac à terre.*
G *Chauſſetrape.*
H *Pieux des fraiſes.*
I *Fortin quarré.*
L *Gabions.*
M *Plate forme pour le Canon.*

P ij

116 DE L'ARCHITECTURE,
Planche. XV.

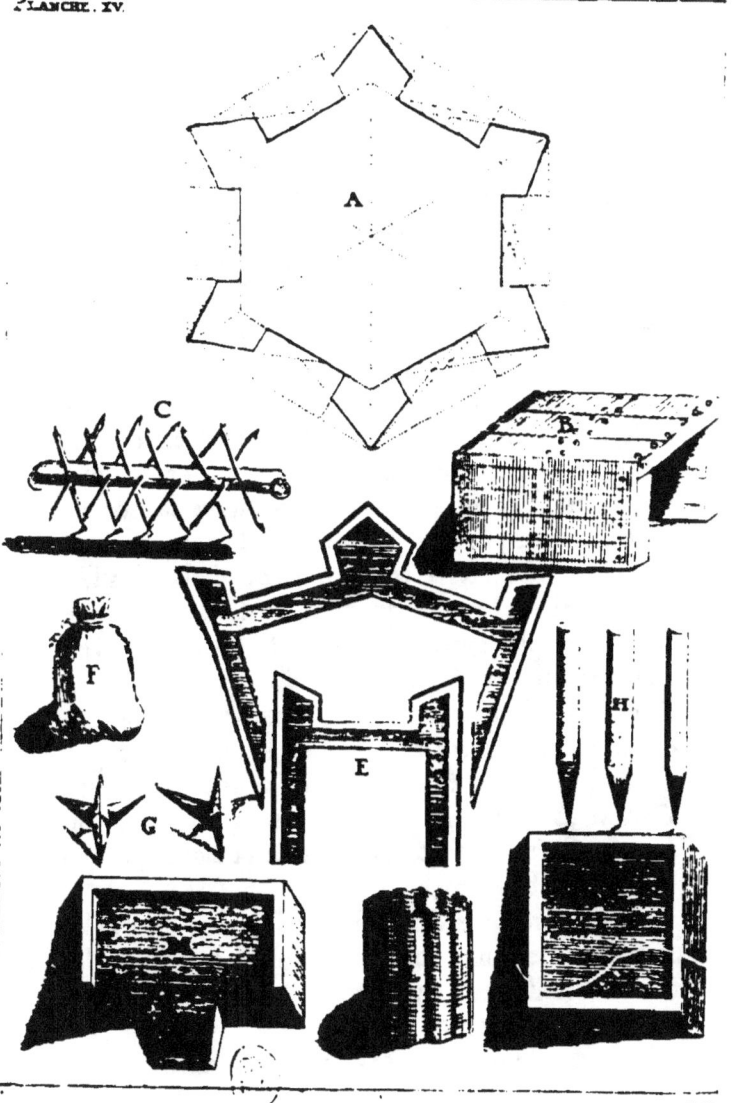

CHAPITRE XIV.

De la Charpenterie.

UNe des premieres connoiſſances que le Charpentier doit avoir, eſt celle des Arbres, qui ſont les meilleurs & les plus propres pour baſtir. Ceux qui croiſſent au Midy, valent mieux que ceux qui viennent du coſté d'Occident. Ce n'eſt pas que les premiers ne puiſſent eſtre ſituez dans des endroits ſi chauds que l'humeur en ſeroit par trop deſechée. C'eſt pourquoy ceux qui ſont expoſez du coſté de l'Orient & du Septentrion ſont les plus excellens, à cauſe que le froid conſerve la nourriture des Bois, & que l'humeur y eſt mieux diſtribuée, mieux cuite & mieux digerée. Cela eſt aiſé à connoiſtre; car en ces quartiers-là ils croiſſent plus haut, ſont plus gros, & ont un fil plus droit, l'eſcorce quaſi vive & avec peu d'*Aubier* ou *Aubour*. Si on les debite & qu'on les mette en pieces, incontinent aprés eſtre abbatus, ils ſont ſujets à ſe *gerſer* & ſe fendre à cauſe de leur grande humidité. Quand ils ſe fendent ſi toſt, les Charpentiers diſent que c'eſt la force du Bois & ſa bonté, ce qui eſt quelquefois vray.

Les Arbres pris du coſté de l'Orient, ſont les meilleurs de tous; c'eſtpourquoy il faut dans les Foreſts choiſir ceux qui ſont de ce coſté là, ou bien du coſté du Septentrion.

Le temps le plus propre pour les abbatre, eſt du

rant les mois de Novembre, Decembre & Janvier; parce qu'en ces temps-là ils ont moins de seve. On prend aussi le lendemain de la pleine Lune, & dans tout son decours, à cause qu'alors tous les corps ont moins d'humidité. Estant abbatus, il faut les laisser du moins trois mois dans la Forest, avant que d'y toucher, afin qu'ils s'affermissent & se consolident.

Le meilleur Bois pour bastir, est le Chesne, soit qu'on l'employe sur terre, soit qu'on le fasse servir dans l'eau où il ne pourrit jamais. L'Aulne est aussi fort bon à faire des Pilotis dans les lieux aquatiques. Le Chastaigner est excellent pour les Ouvrages de Charpenterie, quoyque les anciens Auteurs n'en ayent pas fait toute l'estime qu'il merite; mais il doit estre à couvert & non pas exposé à la pluye & aux injures du temps.

Entre toutes les sortes de Bois, il y en a qui sont plus propres les uns que les autres pour certains usages particuliers; On peut lire sur cela les Auteurs qui ont écrit de leur differentes natures, & du choix qu'on en doit faire. Vitruve est un des premiers, & aprés luy, Leon Baptiste Albert, Palladio, Phil. de Lorme, & plusieurs autres.

L. 16. c. 38.   Il y a dans les escorces des Arbres selon Pline, une humeur qui leur tient lieu de sang, parce que les corps des Arbres, comme ceux de tous les Animaux, sont composez de peau, de sang, de chair, de nerfs, de veines, d'os & de moüelle. L'*Aubier* est comme la graisse sous l'escorce qui represente la peau des Animaux; le Bois où il s'en rencontre beau-

LIVRE PREMIER.

coup, est le pire de tous, car il se pourrit bien-tost & se met en poudre à cause des vers qui s'y engendrent, & qui non seulement gastent la partie où ils s'attachent, mais aussi l'autre bois qui vient à le toucher. C'estpourquoy en toutes sortes d'Ouvrages, il ne faut pas souffrir que les Ouvriers employent du Bois, où il y ait de l'*Aubier*, principalement en Menuiserie ; & en Charpenterie, le moins qu'il se peut.

Le Bois quoyque bon se gaste quelquefois, & devient *vicié*, lorsqu'estant *rouié*, il a esté posé en œuvre: ce qui se connoist par les *rongnes* ou *mousses*, qu'il jette en dehors, comme si c'étoient des champignons ou mousserons.

Lorsqu'il est eschauffé, il est encore sujet à un autre sorte de *vice*, qui le fait devenir tout plein de petites taches blanches, noires & rousses, ainsi que pourriture ; il y a des païs où les Ouvriers l'appellent *pouilleux*, quand il est ainsi.

Il se corrompt aussi quand il est assemblé contre d'autre Bois endommagé d'*Aubier*, comme j'ay dit ; & souvent il arrive que le hale excessif le fait fendre tout au travers. Le meilleur remede à cela, seroit de bien choisir le Bois, & de ne le prendre que bien conditionné ; mais comme il est difficile à connoistre, la precaution qu'on doit y apporter, est de laisser, autant qu'il se peut & que les ouvrages le permettent, de la separation entre les Bois, afin que le vent y puisse passer ; faisant en sorte que les Plattesformes, Poutres & Solives, ne touchent jamais le mortier ny le plastre, qui eschauffent & pourrissent le bois. C'est pourquoy il faut maçonner au tour avec de la terre ou de la brique, ou y mettre des planches de bois; Et mesme quelques-uns laissent toujours quelque petit trou au bout des poutres par où le vent puisse le rafraichir.

Le Bois estant mis debout peut porter un grand fardeau, mais il peut rompre ou ployer quand il est couché; à quoy il faut prendre garde.

A Paris le bois de Charpenterie se vent au cent de pieces. La piece doit avoir douze pieds de long, & six pouces en quarré: de sorte qu'elle contient trente six pouces, sur douze pieds de long.

Tout le bois de Charpenterie pour faire un Corps de logis, consiste dans les pieces qui suivent.

Sçavoir les *Sablieres* qui sont les pieces de bois mise de longueur, & couchées de *plat*; ou sur leur haut, que les Ouvriers disent de *champ*, & toujours sur leur *fort*. Elles servent à tous les Estages; & c'est dans ces sortes de pieces que les autres qui sont debout sont emmortaisées.

Les gros *Poteaux* qui sont les encoignures ou *Poteaux corniers*. Les *Poteaux* qui se mettent *du fond au pan de bois*, c'est-à-dire du bas en haut, & qui portent les Poutres ou Sablieres en cloisonnage. Les *Poteaux* de *Croisées*, d'*Huisseries* & de *Remplage* qui sont entre les autres Poteaux.

Les *Croix de S. André* qui servent aussi à remplir & entretenir les *Guettes* qui sont comme une demie Croix de S. André, posée en *Contrefiche*. Les *Guettrons*, qui sont de petites Guettes, & qui se mettent d'ordinaire sous les appuys des Croisées, aux exhaussemens, sous
les

les Sablieres d'entablement, sur les Linteaux des Portes dans les cloisons de dedans, & aux joints des Lucarnes.

Les *Linteaux* qui sont au dessus des portes & des fenestres.

Les *petits Poteaux* qui sont au dessous des appuys des croisées. Les petits *Potelets* qui sont tant au dessus des Portes & des Fenestres, qu'aux exhaussemens des entablemens.

Les autres Pieces qui servent dans les logis, & que l'on employe pour les couvertures sont les *Poutres*, les *Lambourdes*, les *Solives*, & les *Ais d'entrevoux* qui porte l'*aire* du Plancher, ou les *Lambourdes*, sur lesquelles pose le *Parquet*.

L'*Entrait* qui soustient les *Arbalestiers* & les Solives des Planchers en galtas.

Les *Forces* qui se mettent sur les *Tirans*, pour porter & servir de Jambes à l'Entrait; ce qui fait qu'on les nomme *Jambes de Forces*, c'est-à-dire Jambes de l'Entrait, avec les liens au dessous qui joignent & attachent l'Entrait avec la Jambe par tenons & mortaises. Elles s'assemblent par en haut dans le bossage du Poinçon.

Le *Poinçon* s'assemble & se pose sur le milieu de l'Entrait avec les *Iambettes* sous les Arbalestiers & les doubles Entraits assemblés de *niveau* ou en *contrefiche* dans les Arbalestiers, ce qui fait & forme la *Ferme* entiere.

Sur les Arbalestiers se posent des *Tasseaux* à Tenons & Mortaises, avec *Chantignoles* au dessous pour soustenir chaque *cours de Panne*.

Q

Les *Arbalestiers* ou *petites Forces*, sont les deux pieces qui joignent au haut du Poinçon, & qui, avec un seul Entrait, font la petite *Ferme*.

Cours de Panne, c'est un, deux ou trois rangs de Pannes les uns sur les autres. Il y a de chaque costé d'une couverture autant de cours de Pannes, que l'on juge estre necessaire pour la portée des Chevrons.

Les *Pannes* qui sont de longues pieces de bois, servent à porter les Chevrons & passent en travers sur les Fermes.

Les *Tasseaux* portent les Pannes; & les *Chantignoles* soustiennent les Tasseaux. Il faut que les Chantignoles soient *embrevées* avec un *talon* ou *renfort* sur l'Arbalestier, & bien arrestées avec des chevilles de bois.

Les *Embrevemens* se font en ostant du bois de l'Arbalestier, environ un pouce quarrement par en bas, pour placer la Chantignole.

Brandir un *Chevron sur la Panne*, c'est mettre le Chevron sur la Panne, le percer & la Panne aussi, & passer au travers de tous les deux une cheville de bois quarrée & non pas ronde.

Chevron de croupe est celuy qui va depuis le haut du poinçon jusques en bas sur la Platte-forme. Par en haut il se met en *à bout* dans le *Poinçon*, c'est-à-dire qu'il pose dans un *Embrevement*, qui l'empeche de pousser. Et par le bas il est mis à Tenons & Mortaises dans le *Blochet* ou dans les *Pas*, lorsqu'il n'y a point de *Blochets*, & qu'il n'y a qu'une *Sabliere* en platte-forme.

Il y a des Fermes qui se nomment *d'Assemblages*,

lesquelles sont faites toutes de bois d'*eschantillon*, c'est-à-dire de mesme grosseur; dans lesquelles sont les Chevrons, les Entraits, doubles Entraits qui font les Enrayeures; les Poinçons aux maistresses Fermes, les Esseliers, les Jambettes, qui sont en haut sur les Enrayeures & aux pieds des Chevrons sur les *Blochets*.

Les *Blochets* & la Ferme se posent & s'entaillent sur les Sablieres, qui sont assemblées l'une à l'autre avec des Entretoises, en sorte qu'elles ne font que la largeur du mur, qui les porte.

Il y a de grands & petits *Esseliers*, particulierement, où il se fait des croupes que l'on nomme *petits Esseliers dans les grands*.

Goussets, c'est ce qui se met dans les Enrayeures d'un Entrait à l'autre.

Coyer, est ce qui va d'un Poinçon ou d'un Gousset à l'*Arrestier*, & dans lequel se met au dessous ce qu'on appelle le grand *Esselier*.

Embranchement, c'est ce qui lie l'Empanon avec le Coyer.

Empanon est un Chevron qui ne va pas jusques au haut du Faiste, mais qui doit s'assembler avec tenons & mortaises à l'arrestier, du costé des *croupes* & *longs pans*, & non pas avec clous, comme font quelques Charpentiers.

Arrestiers, ce sont les pieces de bois qui vont des quatre encoignures d'un Bastiment en croupe, s'attacher au haut des Poinçons, & par en bas dans des *Pas* ou *Blochets*.

Les *Pas* sont especes d'embrevemens taillez dans

DE L'ARCHITECTURE,

la Sabliere, ou Plate-forme, espacez d'un pied l'un de l'autre, pour avoir quatre Chevrons à la latte.

Quant aux *Faistages*, il y a les *Faistes* qui portent les Chevrons avec les *Sousfaistes*; *Croix de S. André*, *Liens & Entretoises*. Il y a aussi des Moises pour entretenir les Fermes, lesquelles se mettent le long des Sousfaistes, & qui enferment le Poinçon. Elles doivent estre *brandies* avec des Cheviles de bois.

Les *Liernes* servent pour les *planchers* en Galtas, & s'assemblent sous les Faistes d'un poinçon à l'autre.

Les *Contrevents* se mettent aux *grands combles* en Croix de S. André, ou en Contrefiche, pour entretenir & *contreventer* du haut d'une Ferme au bas de l'autre, & pour empescher le *Hiement* des Fermes & Chevrons, c'est à dire que les grands vents ne les fassent aller de part ou d'autre.

Contrefiche, est une piece de bois qui appuye contre une autre, comme pour l'estayer.

Linçoirs quarrez servans pour les Tours & Pavillons ronds; ce sont des pieces de bois qui soustiennent les Chevrons au droit des *Bées* ou passages des cheminées & des Lucarnes.

Enchevestrure, sont les deux Solives qui terminent la longueur des Cheminées. Le *Chevestre* sert pour en terminer la largeur & pour soustenir les Soliveaux qui s'emmanchent dedans avec *Tenons à mordant*, ou *Renforts*, qui sont deux differentes façons de les tailler; & ce que les Menuisiers appelleroient *quarré* & *à onglet*.

Enlaceure, faire une Enlaceure; c'est percer avec les *Lacerets*, les Mortaises & les Tenons pour les

LIVRE PREMIER.

cheviller ensemble.

Faire tirer les Tenons, c'est percer le trou de biais vers l'*Espaulement* du Tenon, pour mieux faire joindre les bois.

On appelle *Espaulement* les costez du Tenon; ainsi cela veut dire, pancher le Laceret d'un costé, pour percer obliquement vers l'autre.

Mettre une piece de bois sur son fort, c'est quand elle bombe un peu, & que l'on met le bombement en haut.

Bois roulé, c'est quand l'Arbre a esté battu des vents, pendant qu'il estoit en seve. Ces sortes de bois ne sont jamais bons à mettre en œuvre, si ce n'est pour de petits ouvrages.

Quand on dispose les Pieces de bois, qui doivent servir à un bastiment, & qu'estant mises en chantier, on met chaque morceau en sa place, on appelle cela les *mettre en leur raison*.

Enligner le bois avec une regle ou cordeau, c'est mettre les pieces sur une mesme ligne.

Estelon, ce sont des ais que l'on met à terre pour tracer la maistresse Ferme.

Enrayeure & doubles Enrayeures ce sont tous les Entraits des Fermes d'assemblages.

Piquer les bois suivans le devers qui s'y trouve; cela se fait avec le plomb percé en triangle.

On dit des *Mortaises simples, piquées justes en about*; & celles où il y a des Embrevemens ou des *faussemens, piquées autant justes en gorge qu'en about*.

About des Liens, Tournices, Guettes & Esperons; c'est le bout du Tenon, qui est tant soit peu coupé à l'Equaire suivant la pente du *joint* ou espaulement du Tenon.

Joints carrez, c'est une maniere d'assembler les pieces de bois.

Les *Tenons à tournices*, ou *Oulices* sont ceux qui sont coupez tout quarrément, & en about auprés les paremens du bois, pour revestir aprés coup, quand l'ouvrage est fait.

Faire un decolement à un Tenon, c'est en couper du costé de l'espaulement, pour faire qu'on ne voye pas la Mortaise.

On appelle des pieces de bois qui sont bien équaries de tous les costez, *refaites & dressées sur toutes les faces*.

Et du bois bien équari; on dit qu'il est *refait & mis à l'équaire*.

Contrejauger les assemblages de Charpenterie; c'est les mesurer, c'est à dire transferer la largeur d'une Mortaise sur l'endroit d'une piece de bois où doit estre le Tenon, afin que le Tenon soit égal à la Mortaise à prendre de l'about à la gorge.

Les Charpentiers se servent d'ordinaire de quatre sortes de Marques pour marquer les Pieces de bois qui doivent estre employées à la construction d'un logis, & pour connoistre celles de chaque costé. Ils nomment la premiere *Marcfranc* qui sont de petites marques ou traits qu'ils tracent avec la *roinette* ou *traceret*, & font autant de ces traits qu'il y a de differens assemblages à voir & examiner. La seconde, ils la nomment *Contre-marq*. La troisiéme, ils la font en forme de *Crochet*. Et la quatriéme, ils l'appellent *Patte-d'oye*. Lorsque le nombre des pieces est trop grand, & que les quatre marques ne suffisent pas pour les distinguer, ils font des ronds & se servent de chiffres. Ils ont aussi des contres ou fausses marques dont l'on dit que quelques-uns se servent à tromper le public.

Les Outils necessaires pour la Charpenterie sont:

La grande *Regle*; la petite *Regle* platre, un *Pied*, une *Toise*, & une *Toise* platte.

Les *Compas* grands & petits avec le *Couteau* à *Chapiteau*, pour éguiser la pierre noire.

Le *Niveau* à plomb plain.

Le *Niveau* à plomb percé.

Le *Calibre* qui est un morceau de bois, coupé en creux, à Angle droit, pour *refaire le bois d'Equaire*, c'est-à-dire le mettre d'Equaire.

L'*Equaire* & *Triangle*.

La *Sauterelle*.

Le *faux Equaire*.

Les *Scies* de differentes grandeurs.

La *Besaiguë*.

La *Iauge* pour tracer les Mortaises.

Le *Tariere* qui sert pour percer les Mortaises.

Les *Lacerets* qui sont petits Tarieres.

Les *Ciseaux* pour ébaucher les Mortaises, qui s'appellent *Ebauchoirs* en terme de Charpenterie; leur manche est de bois avec *virolles* par les deux bouts.

Autres petits *Ciseaux*.

Les *Maillets* gros & mediocres.

Les *Marteaux* de fer.

Les grandes *Coignées* pour équarrir & assembler le bois.

Autres petites *Coignées* à grand manche, pour abbatre le bois sur le pied, & ebaucher les pieces pour les équarrir.

Autres grandes *Coignées* que quelque-uns appellent *Epaules de Mouton*.

La *Hachette à marteau*.

Les *Chevilles* de fer pour joindre les assemblages.
Le *Repoussoir* de fer, pour faire sortir les Chevilles.
Les *Rabots* ronds.

Les gros *Rabots* qu'on appelle *Galleres* & *Plaines* pour dresser & planir les Poutres, Solives & autres grosses pieces.

La *Roinette* pour marquer le bois.

Les *Tracerets* pour le piquer.

L'*Herminette* pour planir & doler les ais & autres choses.

Les Charpentiers se servent quelquefois, pour les menus ouvrages, des outils de Menuiserie.

Les Choses qui leur sont bien necessaires, pour remuer le Bois & tourner les Rouleaux, sont: *les Leviers*, *les Pinces*, & *les Pieds-de-Chevre*. Mais outre cela ils ont encore besoin des Machines, dont les Maçons se servent aussi pour l'élevation des grands fardeaux, comme:

Chevres. Les Chevres qui sont propres pour lever de grosses pieces à plomb, avec Poulies & Escharpes. Elles sont premierement composées de deux pieces de bois qui servent de *bras* pour appuyer contre les murailles. Et lorsqu'il n'y a point de mur contre lequel on les puisse dresser, on y adjoute
une

LIVRE PREMIER.

une troisiesme piece qu'on nomme *Bicoq* ou *Pied de Chevre* qui sert pour les soustenir.

Les deux premieres pieces qui sont jointes par enhaut avec une *Clef* & une *Clavette*, s'écartent l'une de l'autre par en bas, & sont assemblées en deux differens endroits avec deux *Entretoises*, entre lesquelles est le *Treüil* avec deux *Leviers* qui servent de *Moulinet* pour tourner le Chable, au bout duquel est attaché la Poulie.

Les Engins sont composez d'un *Fauconneau* ou *Estourneau* avec la *Sellete* & les *liens* posez au haut d'une longue piece de bois qu'on nomme le *Poinçon*. Ce Poinçon est assemblé par le bout d'enbas à *Tenon* & *Mortaise*, dans ce qu'on appelle la *Sole* assemblée à la *Fourchette*. Il est appuyé par l'*Eschelier* ou *Rancher*, & par deux *Bras* ou *Liens en Contresiche*. Les Bras sont posez par enbas aux deux extremitez de la Sole, & par en haut dans un *Bossage* qui est un peu plus bas que la Sellette. L'Eschelier ou Rancher est assemblé par en bas dans une Mortaise au bout de la Fourchette ; & par en haut dans le mesme Bossage, où sont arrestez les Bras ; il a un Tenon qui passe tout au travers d'une Mortaise, & au de là du Bossage du Poinçon, où il est arresté avec une Cheville.

Les Bras & le Rancher sont encore liez & arrestez aux Poinçons avec des *Moïses* assemblées avec Tenons & Mortaises, & des *Chevilles Coulisses* qui se mettent & s'ostent quand on veut. L'on met plus ou moins de Moïses les unes sur les autres selon la hauteur de l'Engin. Le Rancher est garni de *Chevilles* de bois que l'on nomme *Ranches* qui pas-

R

sent au travers, & servent d'eschelons pour monter au haut de l'Engin, & pour y mettre la Sellete, le Fauconneau, les Poulies & le Chable. Il y a une *Jambette* enmortaisée par un bout dans la Fourchette & par l'autre bout dans le Rancher. Un des bouts du Treüil ou *Tour* passe dans la Jambette, & l'autre bout est soustenu par le Poinçon. Les Leviers qui servent à faire tourner le Treüil s'appellent aussi *Bras*.

Quand on attache un Chable à une piece de bois pour l'eslever on appelle cela *chabler* ou *haler*. Le Nœud que l'on fait à la piece avec le Chable se nomme aussi *Halement*, & quand la piece de bois est longue, on l'attache au Chable à deux ou trois toises du Halement avec un petit cordage pour empescher le *Hiement* ou ébranlement de la piece, & cela s'appelle parmy les Ouvriers *Verboquet*.

GRUES. LES GRUES sont construites de plusieurs pieces de bois, dont la principale est un gros *Arbre* servant de *Poinçon* par en haut. Il est posé sur le milieu de huit pieces de bois mises en Croix, & assemblées avec *Entretoises*. Ces pieces se nomment *Embrassures*, *Empatemens* ou *Racinaux*. Il y a huit *Bras*, ou *Liens* en *Contresiche* qui appuyent l'arbre, & qui sont assemblez par le bas dans l'extremité des Racineaux, & par le haut contre l'Arbre avec *Tenons* & *Mortaises*, avec *Aboutz*. L'*Eschelier* ou *Rancher* qui est la principale piece de bois qui porte & sert à lever les fardeaux, est posé sur un *Pivot* de fer qui est au bout du Poinçon. Il est assemblé avec plusieurs *Moises* à des *Liens moisans*. Il y a des pieces de bois que l'on nomme *Soupentes* attachées à la grande

LIVRE PREMIER.

Moïse d'enbas, & à l'Eschelier, qui servent à porter la *Rouë* & le *Treüil*, au tour duquel se devide le Chable qui passe dans des *Poulies* qui sont au bout des *Moïles*, & à l'extremité de l'Eschelier qui est garni de Ranches ou Chevilles pour y monter. L'Eschelier, les *Moïses*, les *Liens*, les *Soupentes*, la *Rouë*, & le *Treüil* qui sont le corps principal de la *Gruë*, tournent sur le pivot au tour de l'Arbre & de son pied.

LE GRUAU n'est different de l'Engin qu'en ce que la Piece de bois qui se nomme le *Fauconneau*, ou *Estourneau* est fort longue & posée de bas en haut, comme l'on peut voir dans la Figure cy-aprés. GRUAU.

L'ESCOPERCHE est comme un second Fauconneau avec la Sellette, & bout de Poinçon eslevé sur un Engin; ou bien c'est une piece de bois adjoustée sur un Gruau au bout de laquelle il y a une Poulie. ESCOPERCHE.

LES SONNETTES sont composées de deux *Montans* ou pieces de bois de bout, avec deux *Coulisses* en dedans & appuyées de deux *Bras*, le tout posé sur une *Sole*. Il y a un *Rancher* assemblé par en haut entre les deux Montans, & par enbas dans une *Fourchette*, qui joint à la Sole. Le Rancher est encore soustenu par une *Jambette* qui est emmortaisée dans la Fourchette. Entre les deux Coulisses des Sonnettes il y a un gros billot de bois que l'on nomme *Mouton*, lequel est attaché avec des cordages, qui passe au haut des Sonnettes sur des Poulies, & que l'on tire pour hausser le Mouton & le laisser retomber sur la teste des pieux qu'on veut enfoncer. Ce Mouton a deux Tenons arrestez avec des *Clefs* par derriere, & sort LES SONNETTES.

R ij

DE L'ARCHITECTURE,

pour l'entretenir dans les Coulisses en hauſſant & baiſſant. Il eſt d'ordinaire ferré par en bas avec une *Frete* ou grande *Virolle de fer*, pour empeſcher qu'il ne ſe fende en frapant les pieux. Il y en a qui couvrent auſſi le bout d'en bas d'une Platine de fer de Tole, afin que le Mouton reſiſte plus long-temps. Et au bout d'en haut, il y a deux petites *Mains de fer* ou *Crampons*, où ſont attachez les deux cordages qui paſſent ſur les Poulies.

Il faut d'ordinaire ſeize hommes pour lever le Mouton des Sonnettes, leſquelles frappent juſques à cinquante coups de ſuite, plus ou moins, avant que de ſe repoſer. Aprés quoy il y en a un d'entr'eux, qui ayant pris garde au nombre des coups, crie tout haut *au Renard*, qui eſt le ſignal pour faire ceſſer tous les autres en meſme temps.

Lorſqu'au lieu de Sonnettes l'on ſe ſert d'un Engin pour enfoncer des Pieux ou *Pilotis*, on attache deux Couliſſes au bout du Fauconneau ; & ce qu'on appelle *Moutons* aux Sonnettes, s'appelle *Hies* aux Engins.

SINGE.   LE SINGE n'eſt d'ordinaire compoſé que d'un *Treüil* qui tourne dans deux pieces de Bois miſes en Croix de ſaint André ; à chaqu'un des bouts du Treüil il y à des *Leviers*, *Bras* ou *Manivelles* pour le faire tourner au lieu de *Roües*.

VINDAS.   LE VINDAS eſt compoſé de deux tables de bois aſſemblées par quatre pieds, avec un *Treüil* qui traverſant celle de deſſus, poſe ſur celle d'en bas: il y a au bout d'en haut deux Leviers, ou Bras que l'on fait tourner horizontalement.

LIVRE PREMIER.

Les Verins grands & petits sont des *brins* de bois longs de 2. ou 3. pieds ou plus, façonnez en Vis par un des bouts, & à l'autre bout il y a un *Goujon* ou Cheville qui est percée au colet de la *Vis*, pour y mettre des Leviers. Les Vis de ces *brins* de bois se mettent chacune dans un *Escrou* percé à 5. ou 6. pieds l'un de l'autre, pour pousser ou eslever. Cette Machine sert pour l'ordinaire à élever quelque logis avec un *Pointal* par le milieu, c'est-à-dire une piece de bois de bout. Elle leve un grand poids, pourveu que les pieces soient fortes, & les *Filets* des Vis prés à prés. <small>Verins.</small>

Les Chables servent à lever les grosses pieces. <small>Chables.</small>
Les Trousses sont des cordes moins grosses, qui servent pour les petites pieces. <small>Trousses.</small>

Les Rouleaux. Les *Rouleaux sans fin* ou *Tours terrieres* sont assemblez avec entretoises, & servent à mener de grosses pieces. <small>Rouleaux.</small>

Toutes ces Machines dont la pluspart sont composées de plusieurs pieces de bois, se comprendront mieux dans les Figures qui suivent que par un plus grand discours qu'on en pourroit faire.

DE L'ARCHITECTURE
EXPLICATION DE LA PLANCHE XVI.

Pieces de Charpenterie.

1 Sabliere.
2 Gros Poteaux Corniers.
3 Poteaux des Croiséés.
4 Poteaux d'Huisseries.
5 Poteaux de Remplage.
6 Croix de S. André.
7 Guette.
8 Guettrons.
9 Linteaux.
10 Petits Poteaux.
11 Petits Potelets.
12 Poutres.
13 Lambourdes.
14 Solives.
15 Entrait.
16 Arbalestiers ou petites forces.
17 Jambe de force.
18 Tirau.
19 Poinçon.
20 Jambettes.
21 Esselieres.
22 Chevrons.
23 Bout des Pannes.
24 Tasseaux.
25 Chantignoles.

PLANCHE XVI

DE L'ARCHITECTURE,
EXPLICATION DE LA PLANCHE XVII.
Suite des Pieces de Charpenterie.

1 Gros Mur.
2 Plate-forme.
3 Entretoises.
4 Blochets.
5 Solives.
6 Entrait.
7 Petit Entrait.
8 Entretoises.
9 Liens. Liens en Contrefiches.
10 Esselier.
11 Jambette.
12 Coyau.
13 Coyé.
14 Embranchemens.
15 Chevrons de Croupe.
16 Empanons.
17 Coyaux.
18 Arrestiers.
19 Pannes.
20 Tasseaux.
21 Chantignoles.
22 Faiste.
23 Sousfaiste.
24 Liernes.
25 Linçoirs.
26 Enchevestrure.
27 Chevestre.
28 Enrayeure.
29 Joints quarrez.
30 About d'un Lien.
31 Mortaise.
32 Tenon.
33 Tenon à tournices.
34 Tenons à mordant.
35 Renfort, ou Talon.
36 Espaulement du Tenon.
37 Decolement.
38 Embrevemens.

EXPLICATION

LIVRE PREMIER.

PLANCHE XVII.

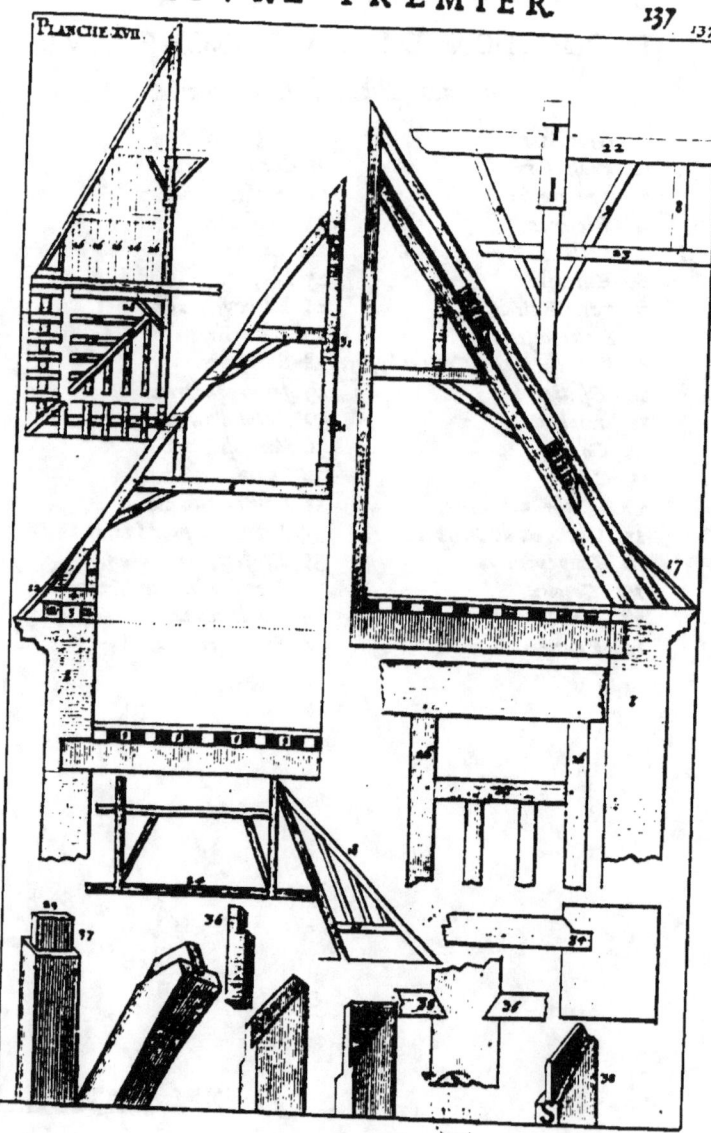

DE L'ARCHITECTURE,

EXPLICATION DE LA PLANCHE XVIII.

Outils de Charpenterie.

1 Grande Regle.
2 Petite Regle platte.
3 Grand Compas.
4 Petit Compas.
5 Couteau.
6 Niveau.
7 Niveau à plomb plein.
8 Niveau à plomb percé.
9 Calibre.
10 Equaire.
11 Fauſſe Equaire.
12 Equaire de bois à Epaulement.
13 Sauterelle.
14 Scie à refendre.
15 Scie à debiter.
16 Esbauchoir.
17 Iauge à tracer les Mortaiſes.
18 Beſaiguë.
19 Ciſeau à manche de bois, avec Virolles.
20 Autre Ciſeau.
21 Amorçoir.
22 Laceret ou petit Tariere.
23 Gros Tariere.

LIVRE PREMIER.

PLANCHE XVIII.

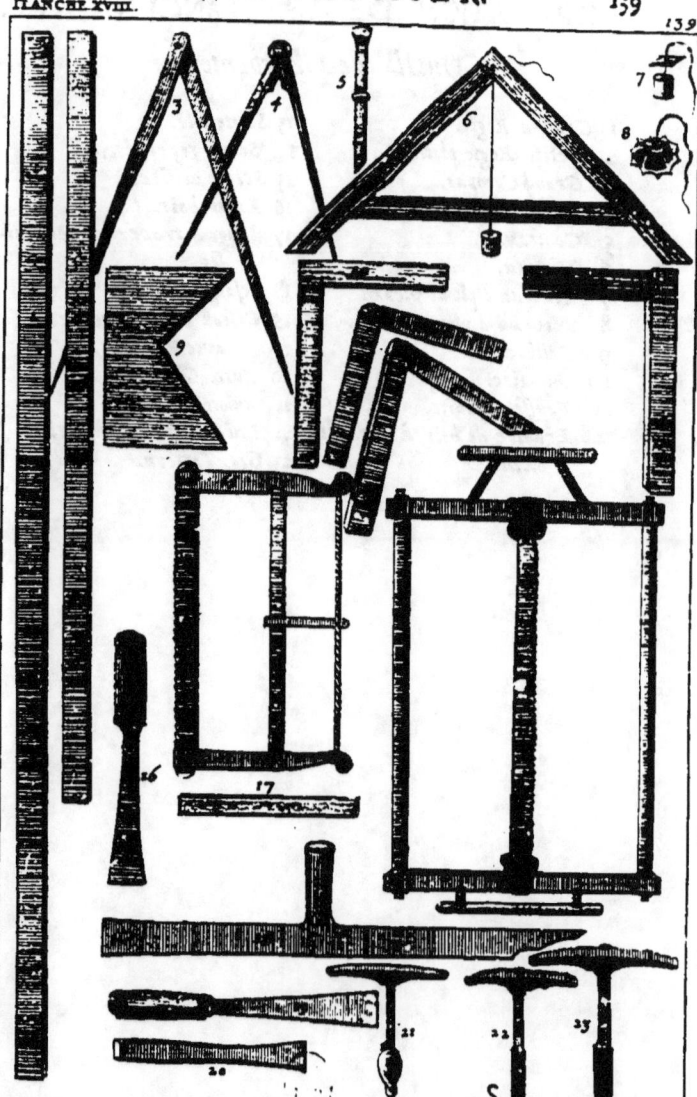

DE L'ARCHITECTURE,
EXPLICATION DE LA PLANCHE XIX.

Suite des Outils de Charpenterie.

1 Maillets gros & mediocres.
2 Marteau de fer.
3 Petite Coignée à grand manche pour abbatre le bois, & ébaucher.
4 Grande Coignée à équarir. Il y en a encore d'autres de diverses grandeurs.
5 Hachette à marteau.
6 Traceret.
7 Roinette.
8 Cheville de fer pour assembler.
9 Repoussoir.
10 Rabot rond.
11 Gallere.
12 Herminette.
13 Leviers.
14 Pinces.
15 Pied de-Chevre.

LIVRE PREMIER.

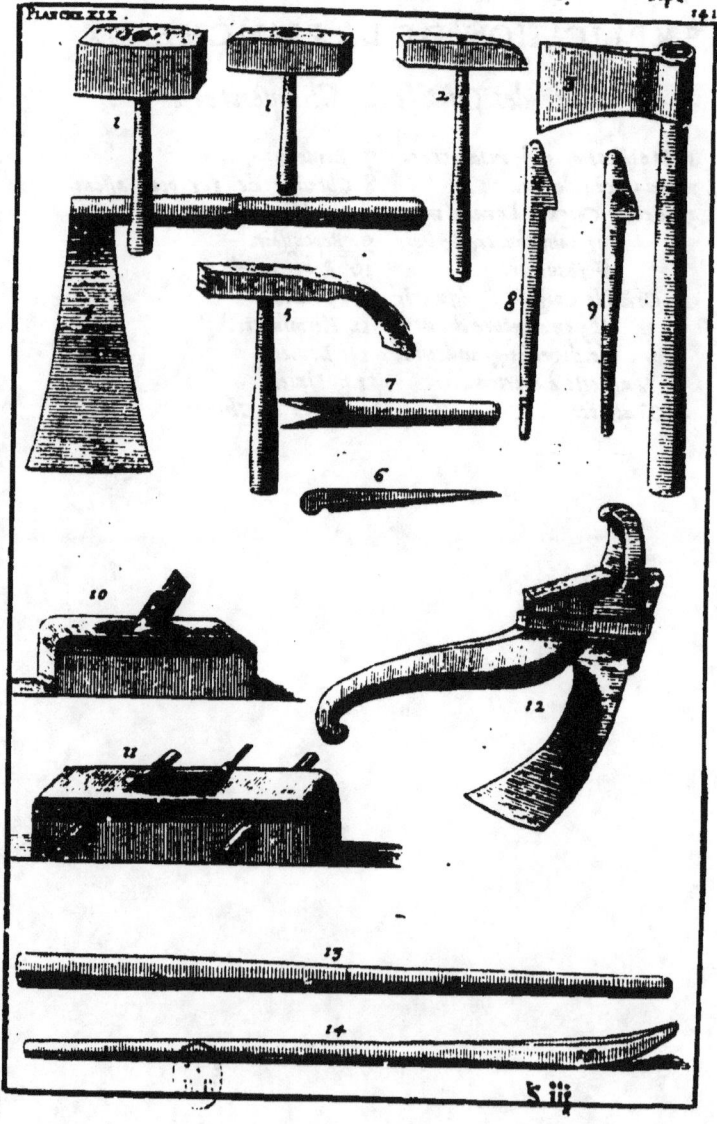

DE L'ARCHITECTURE;
EXPLICATION DE LA PLANCHE XX.

I FIGURE.

A Chevre.
1 Bras de la Chevre.
2 Bicoq.
3 Clef & Clavette.
4 Entretoises.
5 Treuil ou Tour.
6 Leviers servant de Monlinet.
7 Moufle.
8 Chable.

II. FIGURE.

B Engin.
1 Plan de l'Engin.
2 Sole.
3 Fourchette.
4 Poinçon.
5 Jambettes.
6 Moises.
7 Treuil ou Tour.
8 Bras du Treuil.

9 Rancher ou Eschelier.
10 Ranches ou Chevilles.
11 Sellette.
12 Liens.
13 Fauconneau ou Estourneau.
14 Poulies.
15 Chable.
16 Piece de bois preste à monter avec ce qu'on appelle
17 Halement.
18 Verboquet.

III FIGURE.

C Escoperche, de la maniere qu'elle se met au dessus des Engins.

IV. FIGURE.

D Autre Escoperche qui n'est qu'une piece de bois, qu'on adjouste au haut des Gruaux.

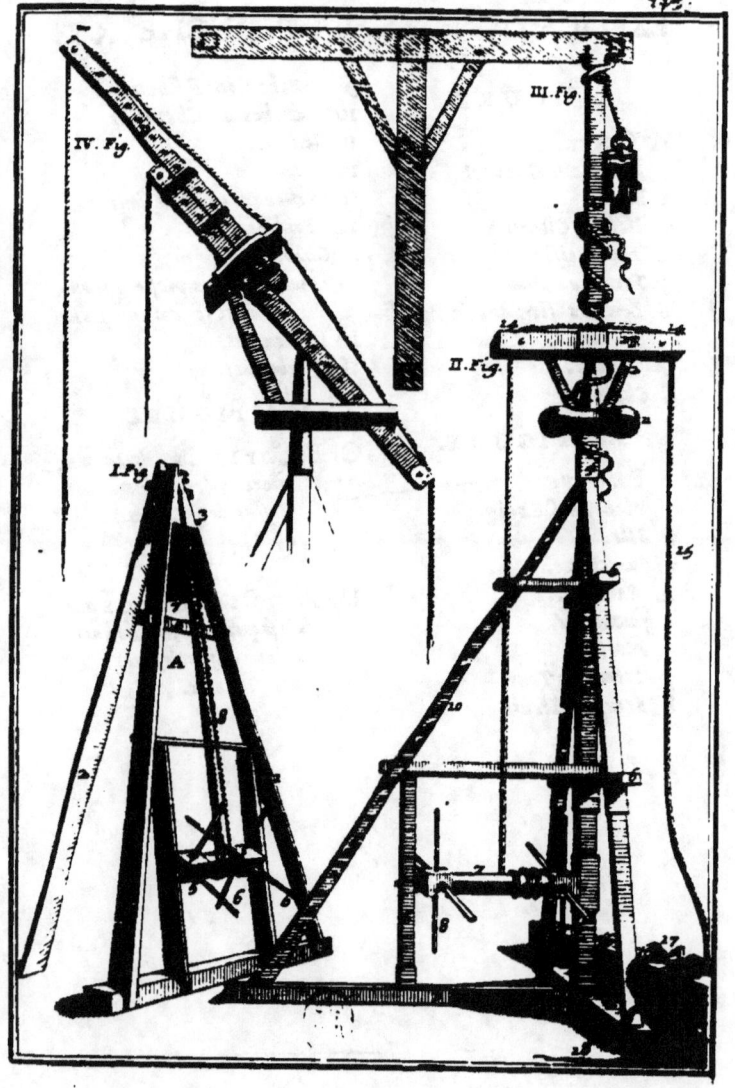

EXPLICATION DE LA PLANCHE XXI.

I. FIGURE.

A GRUE.
1 Empatement ou Racinaux.
2 Arbre.
3 Bras ou Liens en contrefiche.
4 Poinçon.
5 Rancher garni de Ranches ou Chevilles.
6 Liens.
7 Moises.
8 Grande Moise.
9 Soupente.
10 Treüil.
11 Mammelon du Treüil.
12 Lumiere.
13 Roüe.

II. FIGURE.

B PLAN de l'Empatemens de la Grue.

III. FIGURE.

C PLAN. de la Roüe.

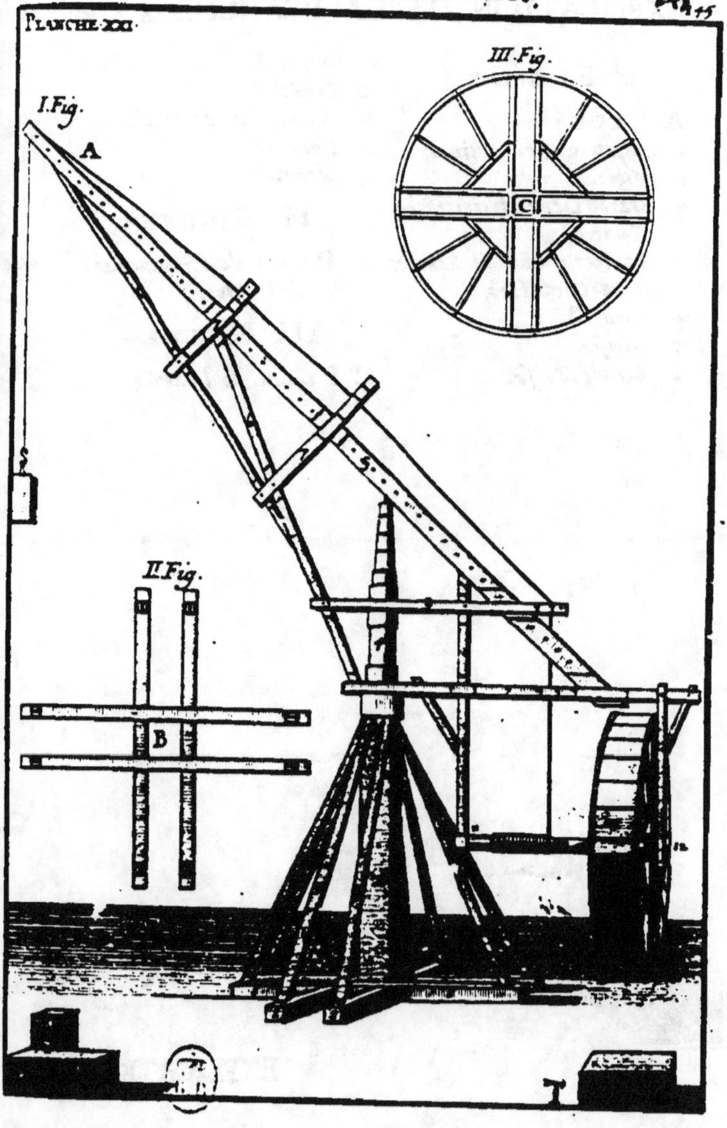

LIVRE PREMIER.

PLANCHE XXI.

I. Fig.

II. Fig.

III. Fig.

EXPLICATION DE LA PLANCHE XXII.

I. FIGURE
A SONNETTES.
1 Sole.
2 Fourchette.
3 Montans.
4 Mouton.
5 Bras ou Liens.
6 Rancker.
7 Jambette.
8 Poulies.
9 Cordages.

II. FIGURE.
B SINGE.

III. FIGURE.
C VINDAS.

IV. FIGURE.
D VERINS.

V. FIGURE.
E CHABLE.

VI. FIGURE.
F TROUSSES.

VII. FIGURE.
G ROULEAUX SANS FIN, ou Tours Tarrieres.

VIII. FIGURE.
H ROULEAUX.

LIVRE PREMIER

CHAPITRE XV.
Des Couvertures.

SI dans l'élevation des baſtimens, la Couverture eſt ordinairement la derniere dans l'execution, on peut dire neanmoins qu'elle eſt la premiere dans l'intention de l'Architecte ; & que la Nature meſme inſpira aux hommes de ſe mettre à couvert des pluyes & du mauvais temps, avant qu'ils ſongeaſſent de ce clore de murailles & de portes. Ils commencerent d'abord à faire des Toits & des Hutes, qui n'eſtoient que des Pieux dreſſez de bout, & appuyez par en haut l'un contre l'autre, qui ſouſtenoient des branches d'arbres, des joncs, ou de la paille. Et lorſqu'avec le temps ils eurent baſti des Cabanes, & enſuitte des Maiſons, & d'autres Edifices plus importans, ils s'appliquerent à les couvrir d'une maniere convenable à leur forme & à leur grandeur ; & ſelon que les pays leur fourniſſoient des materiaux propres pour cela. De ſorte que l'on a toujours vû ſelon les differens climats & la richeſſe des peuples, les Baſtimens couverts ou de chaume, ou de terre, ou de planches de bois, ou de tuile, ou de plomb, ou de cuivre, ou d'ardoiſe, ou d'autres ſortes de pierres.

Mais ſi dans le commencement les hommes conſidererent ſeulement qu'il n'y avoit rien de plus utile que les Couvertures, à cauſe qu'elles ſervoient à les défendre du ſerain pendant la nuit, & des ar-

LIVRE PREMIER.

teurs du Soleil, pendant le jour, aussi bien que des pluyes & des mauvais temps; Ils ont aussi reconnu dans la suite qu'il n'y a rien de si necessaire & de plus important dans la Structure d'un Bastiment, puisque si on laisse un Edifice sans le couvrir, & sans avoir soin de sa Couverture, la Charpente se pourit bien-tost; les enduits des murailles tombent en morceaux, les murs mesmes s'entr'ouvrent, & enfin tout le Bastiment se ruine peu à peu.

Quand je parle des Couvertures, j'entens celles qui sont exposées au dehors, qui couvrent les maisons, & qui les défendent de la pluye & des injures de l'air, & particulierement celles qui sont soustenuës de pieces de bois, dont j'ay parlé au Chapitre precedent; Car à l'égard de celles qui se font de grandes pierres ou de pieces de Marbre, dont l'on couvre les terrasses, cela regarde plutost le Maçon que le Couvreur.

Les manieres de couvrir aujourd'huy en France se reduisent principalement à celles-cy: ou de Chaume, ou de Bardeau, ou de Tuile, ou d'Ardoise, ou de Plomb.

L'on évite autant que l'on peut, les Couvertures de Chaume & de Bardeau, à cause du feu qui s'y peut mettre aisément; & l'on se sert de Thuile pour les maisons ordinaires, & d'Ardoise pour les grands Bastimens; Quand au Plomb l'on n'en couvre entierement que les grandes Eglises, les Domes, les Clochers, & les terrasses; car il est trop pesant pour de moindres Edifices.

Plus la matiere dont l'on couvre est pesante, &

T iij

DE L'ARCHITECTURE,
plus le toit doit eſtre ſurbaiſſé; c'eſt pourquoy on donnoit autrefois plus de hauteur aux maiſons qui eſtoient couvertes d'Ardoiſes, qu'à celles qu'on ne couvroit que de Tuile: Neanmoins depuis qu'on a trouvé l'invention des toits *coupez*, & que l'on appelle communément en France *Manſardes*, on donne bien moins de hauteur à toutes ſortes de toits que l'on ne faiſoit auparavant; il y a diverſes raiſons pour eſlever ou baiſſer les Couvertures, qu'on peut voir dans l'Architecture de Savot, & dans le livre de la maniere de baſtir du ſieur le Muet.

Chap. 28.

Lorſque les Charpentiers ont diſpoſé les Chevrons le long des Faiſtes, & qu'ils les ont poſez ſur les Pannes, eſpacez de deux pieds en deux pieds, de milieu en milieu, quand ils ſont forts; ou bien de ſeize pouces en ſeize pouces, auſſi de milieu en milieu; quand ils ſont plus foibles, le Couvreur met les Lates, qui pour la Tuile ont ordinairement quatre pieds de long. Quand il y a quatre chevrons à la Late, on fait la Contrelate de la Late meſme; Et s'il n'y a que trois Chevrons à la Late, il eſt bon d'y mettre une Contrelate de bois de ſiage.

Il y a de deux ſortes de Tuile en general; ſçavoir les plattes & les rondes, ou courbées. Les rondes ſont encore de deux ſortes, ſçavoir celles qui ſont courbées ſimplement en canal, & en demy cercle, qui eſt à la *maniere de Guienne*; & celles qui ſont courbées en S, qu'on appelle à la *maniere de Flandre*.

Les Tuiles rondes ſe poſent ſur des toits fort plats, parce qu'elles n'y ſont point arreſtées par des

LIVRE PREMIER.

clouds ny par des crochets, on les nomme aussi Tuiles *faistieres* ou *goutieres*.

Quant aux Tuiles plattes on en fait de trois differentes grandeurs. La premiere est celle qu'on appelle du grand Moule; la seconde du Moule bastard, & la troisiéme du petit Moule.

On donne à la premiere 4. pouces d'*échantillon* ou de *pureau*. Le Moule bastard n'est plus en usage à Paris. Pour le petit Moule, on luy donne 3. pouces ½ de pureau, ou 3. pouces ¼. Il y a encore des Tuiles qu'on appelle *gironnées* qui servent pour couvrir des Tours, parce qu'elles sont plus estroites en haut qu'en bas. D'autres encore qu'on appelle Tuiles *hachées* qui servent pour les *noües*.

Pour l'Ardoise, il faut que la Late se touche presque l'une contre l'autre; la Contrelatte doit estre de siage.

Lorsque l'on couvre avec de l'Ardoise, on fait les *Enfaistemens* de plomb, dont quelques-uns sont avec *Bourseaux*, *Bavettes* & *Membrons*; Et au bas du toit, l'on y met des *Chaineaux de Goutiere*, ou *à Godets*, pour jetter les eaux; ou bien des *Chaineaux* avec des *Cuvettes quarrées* ou *à entonnoir*, & des *Descentes*, le tout de plomb. Les Chaineaux sont aussi à *simple Bord*, ou à *Bavette*, c'est-à-dire qu'il y a un rebord de plomb qui cache les *crochets* de fer, & qui descent jusques sur la platteforme ou entablement; Les Enfaistemens & les Chaineaux sont soustenus & arrestez par des crochets de fer; l'on met autant de crochets qu'il y a de chevrons.

Pour les Cuvettes il y a des pieces de fer qu'on

nomme *Fers de cuvettes*, qui les supportent & accollent. L'on en met une ou deux au plus à chaque Cuvette: & aux Descentes on met des *Gâches* de fer qui servent à les tenir fermes contre le mur; On en met d'ordinaire une à chaque jointure de plomb. Ces Descentes sont quelquefois de bronze, principalement dans les grands Palais.

Quand il y a des Lucarnes, il faut des *Noulets* & *Chevalets* pour les couvrir & égouter l'eau, si elles sont couvertes de Tuile; ou des *Noquets* de plomb, si elles sont couvertes d'Ardoise.

L'on nomme *Lucarnes* toutes les ouvertures qui sont dans les Bastimens au dessus de l'Entablement, car celles qui sont au dessous, se nomment *Croisées* ou *Fenestres*. Il y a des Lucarnes de differentes sortes; les unes sont rondes ou en ovale, que l'on appelle en O, les autres sont quarrées avec Frontons au dessus; d'autres rondes ou cintrees par le haut; d'autres en triangle qu'on appelle *Lucarnes Damoiselles*; d'autres couvertes quarrément qu'on nomme *Flamandes*; d'autres qu'on appelle à la *Capucine*.

L'on nomme *Oeil de bœuf* des ouvertures qui se font dans les toits. Il y en a aussi qui sont recouvertes d'une tuile *faistiere*, qu'on appelle *Ouverture* ou *Lucarne faistiere*.

Le plomb dans les Couvertures est sujet à se tourmenter, & d'ordinaire il se casse aux endroits où il est soudé. Le Dome du Val-de-Grace est couvert de lames de plomb arrondies en forme d'Ardoise. Le Pape Honoré fit autrefois couvrir l'Eglise de S. Pierre de Rome, de Tuile de cuivre. Il y a plusieurs lieux

Leon Baptiste Albert, liv. chap. 11.

LIVRE PREMIER.

lieux en Allemagne, où l'on couvre encore avec des Lames de cuivre.

Les Couvreurs ont pour Outils particuliers, une *Assette*, c'est-à-dire *Hachette* pour dresser les Lattes.

Un *Contrelattoir* pour souftenir les Lattes en clouant dessus.

Une *Enclume* pour couper l'Ardoise.

Un *Marteau* rond par un bout, & pointu par l'autre, & dont le manche est de fer plat avec bizeau des deux costez, pour tailler l'Ardoise.

Un *Martelet* à l'ordinaire pour later & rompre le nez de la Tuile, quand ils en ont besoin.

Des *Triquets* ou *Chevalets* pour eschaffauder.

Des *Eschelles* avec *Coussinets* de paille au bout.

Des *Cordages* noüés pour s'attacher & se suspendre, lorsqu'ils travaillent aux tours & clochers.

Des *Auges* & *Truelles* pour faire les *Enfaistemens*, *Arrestiers*, *Ruillées* & *Pente des Esgouts*.

Lorsque les Couvertures se font de plomb, ce sont les Plombiers qui travaillent & qui soudent les tables de plomb avec soudure d'estain & de plomb meslez ensemble ; Quelquefois on couvre sans soudure & seulement avec des *coutures* ou *chevauchures*, c'est-à-dire le plomb retourné l'un sur l'autre, & attaché avec de bons clouds ; ce qui se fait pour empescher que le plomb ne se casse par le trop grand chaud & par le trop grand froid.

V

DE L'ARCHITECTURE,
EXPLICATION DE LA PLANCHE XXIII.

I. FIGURE.

A COMBLE en Pignon ou Couverture garnie de Lates, pour la tuile ordinaire.
1 Tuile faistiere.
2 Pureau.
3 Lucarne Damoiselle.
4 Tuiles plattes.
5 Tuiles rondes à la maniere de Guienne.
6 Tuiles courbées en S à la maniere de Flandre.
7 Tuile gyronnées.
8 Tuiles hachées, ou arrestieres.

II. FIGURE.

B COMBLE en Croupe couverts de Tuiles Flamandes.

III. FIGURE.

C COMBLE ou toit couvert d'ardoise en pavillon.

1 Enfaistement.
2 Poinçon garni d'un vase.
3 Bourseau.
4 Membron.
5 Lanusure ou basque.
6 Lucarne Flamande.
7 Lucarne ronde.
8 Noquet.
9 Chaineaux à Godet.
10 Godet.
11 Chaineaux à Bavette.
12 Crochets des Enfaistemens & des Chaineaux.
13 Cuvette quarrée.
14 Descente.
15 Gasche.
16 Cuvette en Entonnoir.
17 Fer à Cuvette.

IV. FIGURE.

D COMBLE coupé ou Mansarde.
1 Brisis.

LIVRE PREMIER.

Planche XXIII.

I. Fig.

II. Fig.

III. Fig.

IV. Fig.

EXPLICATION DE LA PLANCHE XXIV.

Outils de Couvreur.

A. *Affette ou Hachette.*
B. *Un Contrelattoir.*
C. *Enclume à couper l'ardoise.*
D. *Marteau.*
E. *Martelets.*
F. *Triquets ou Chevalets.*
G. *Eschelle avec coussinets de paille.*
H. *Cordages nouez pour travailler aux Tours.*
I. *Auge.*
L. *Truelle.*
* *Tireclou pour l'ardoise*
** *Ciseau.*
*** *Bourique.*

LIVRE PREMIER.

PLANCHE XXIV

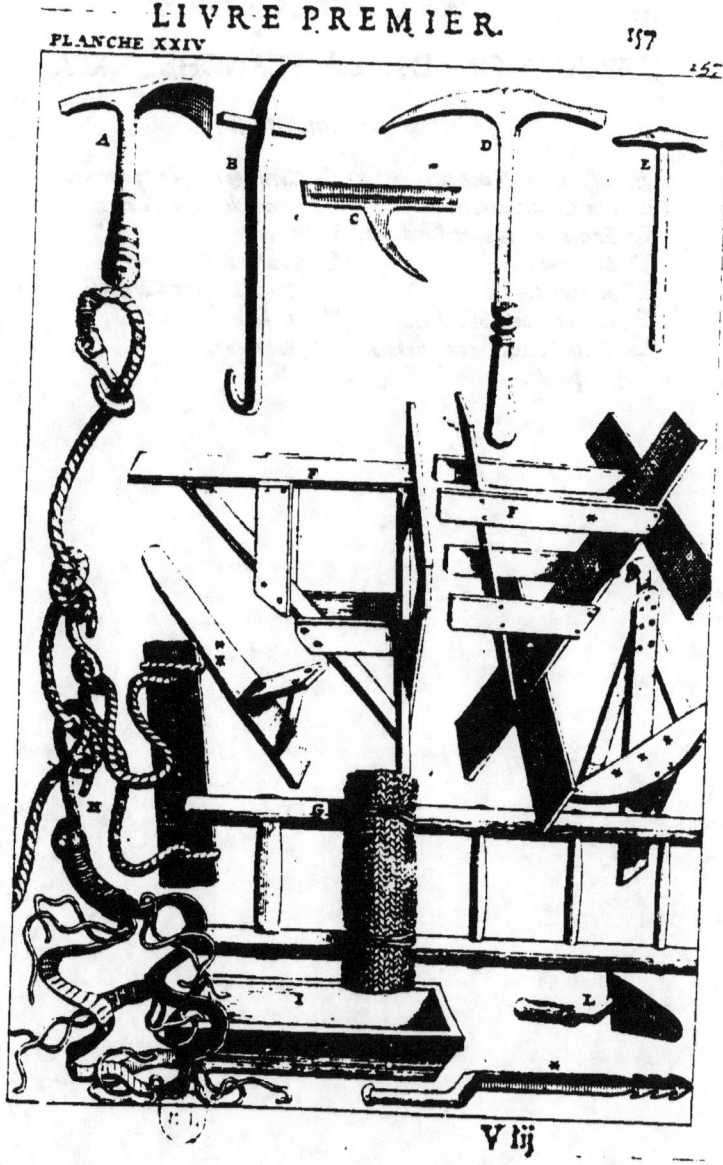

V iij

CHAPITRE XVI.

De la Plomberie.

SI dans les Maisons ordinaires & les petits Bastimens, l'on peut se passer entierement de Plomb, ou n'en employer que fort peu, il n'en est pas de mesme dans les grands Edifices; L'on en a besoin non seulement pour les Enfaistemens des Combles, pour les Chaineaux & les Descentes, mais aussi pour mettre quelquefois par Tables, entre les joints des grandes pierres, au lieu de mortier, comme l'on a fait au Louvre. Aussi ce metal est-il d'un tres-grand usage, & a cela d'avantageux qu'il s'employe avec facilité. La plus grande partie de celuy que nous avons icy, vient d'Angleterre par gros lingots qu'on appelle *Saumons*, qui pesent d'ordinaire quatre cens livres ou environ. Il vient aussi d'Allemagne du petit Plomb, qui est par lingots ou *Saumons quarrez*, pesant environ six-vingt livres, mais il est sec, & moins doux que celuy d'Angleterre.

Comme le Plomb se fond facilement, il est aisé d'en faire telles Figures qu'on veut, en le jettant dans des moules de cuivre, de plastre, ou autrement. Mais parce qu'il s'en employe une grande quantité de celuy qui est jetté en Tables, principalement pour les choses les plus necessaires dans les bastimens, voicy de quelle maniere les Plombiers y procedent.

On bastit avec du grais & de la terre franche, une

Fosse en forme de Chaudiere bien maçonnée de plastre tout au tour, au fond de laquelle il y a une petite Marmite de fonte, qui sert à recevoir ce qui reste de plomb fondu, lequel s'en tire plus facilement qu'il ne feroit pas de la Fosse, si cette Marmite n'estoit au fond. La Fosse est eslevée de terre, en sorte que le fond de la Marmite est au niveau, & touche à l'aire du plancher. Lorsqu'on veut fondre, on l'échauffe d'abord avec de bonne braise, qu'on met dedans, afin que le plomb ne s'y attache pas, & fonde plus facilement. Quand elle est suffisamment chaude l'on y met du plomb avec du charbon pesle-mesle; pour le faire fondre.

Proche de la Fosse doit estre un des bouts du *Moule*, afin d'y verser le plomb plus commodement quand il est fondu. Ce Moule est une Table longue quelquefois de dix-huit pieds, plus ou moins, & de trois à quatre pieds de large aussi à discretion. Il est fait de grosses pieces de bois bien jointes & liées de barres de fer par les bouts, & garni tout au tour d'un *Chassis* de deux à trois pouces d'épaisseur. Ce Chassis excede d'un pouce ou deux & renferme le sable qui est sur la Table, que l'on prepare en le moüillant & le remuant avec un baston, ce que l'on appelle *labourer*. Ensuite on le *plane* avec une *Plane* de cuivre pour le rendre uni & égal par tout, avant que d'y jetter le plomb.

Lorsque la matiere est fonduë, l'on a une grande *Poële* de fer de figure triangulaire platte dans le fond, & bordée par les costez & par le derriere, mais en sorte que les bords vont en diminuant du derriere de la Poële au devant. On la chauffe fur la Foffe, puis en appuyant le devant fur le bout du Moule, & le derriere fur un treteau, qui eft moins haut que le Moule, l'on prend le plomb fondu, & le charbon tout enfemble avec une grande *Cuiller à puifer*, & on le verfe dans la Poële, qui doit contenir tout ce que l'on veut jetter dans le Moule, qui va quelquefois à quinze & feize cens livres pefant, & plus.

L'on ofte le charbon, & on le nettoye bien avec une *Cuiller percée* ; aprés quoy en levant la queuë de la Poële, on verfe tout le Plomb, & on le fait couler dans le Moule, le pouffant avec une piece de bois, qu'on appelle *Rable*, efpais d'un pouce ou environ, large de quatre, & dont la longueur eft égale à la largeur du Moule.

Par les deux bouts il porte fur les *Efponges*, c'eft-à-dire les bords du Chaffis ; & dans ces deux extremitez il eft entaillé, afin que le tenant de *champ* fur les *Efponges* le refte entre dans le Moule pour donner aux Tables de plomb une épaiffeur égale, & telle qu'on la veut.

Ces Tables eftant ainfi jettées, on les *déborde*, c'eft-à-dire qu'on les coupe des deux coftez avec des *Planes* pour les rendre unies & dreffées.

Il y a encore une autre maniere de jetter le Plomb lorfque l'on veut qu'il foit par Tables fort minces, & fort égales. L'on a un Moule de telle longueur qu'on veut qui n'eft bordé d'un Chaffis que par un cofté. Il eft auffi fait d'un affemblage de groffes pieces de bois, mais au lieu de fable, il eft couvert d'une étoffe ou drap de laine bien tendu, & par deffus

LIVRE PREMIER.

dessus il y a une toile ou treillis fin : Au lieu de le poser de niveau sur deux treteaux, on luy donne beaucoup de pente. L'on regarde quand le Plomb est fondu dans un degré de chaleur convenable pour bien couler, & aussi ne pas brûler la toile ou treillis; ce qui se connoist en y mettant un morceau de papier ; Car si le papier brûle & qu'il s'enflame, c'est signe qu'il est trop chaud ; mais aussi s'il ne roussit & ne jaunit un peu, c'est une marque qu'il n'a pas encore assez de chaleur : Estant donc tel qu'il doit estre, l'on a un *Rable*, mais different de celuy, dont j'ay parlé; car ce sont trois morceaux de bois assemblez quarrément & d'égale hauteur : Ceux des deux costez ont environ douze ou quatorze pouces de long, & venant à diminuer sur le devant, en forme de deux angles aigus, ne conservent leur hauteur qu'à l'endroit où ils sont assemblez avec la piece du milieu, qui a sept ou huit pouces de haut sur une longueur égale à la largeur que l'on veut donner à la Table de plomb qu'on doit jetter. Aprés avoir posé sur le haut du Moule une carte pour servir comme de fond au Rable, & empescher que la toile ne brûle pendant que l'on verse le plomb dedans, pour faire la table ; l'on met le *Rable* sur la carte, en sorte que la piece de traverse soit en bas, & les deux extremitez des costez vers le haut du Moule. Et lorsqu'avec la Cuiller on a mis dans le Rable la quantité du plomb que l'on desire, il y a deux hommes des deux costez du Moule qui ne font que laisser aller le *Rable* en bas, ou qui le tirent avec vitesse ; Car ce qui fait que le

X

plomb demeure plus ou moins épais, c'est lors qu'ils le laissent couler avec plus ou moins de promptitude.

C'est de ces Tables minces & unies que l'on s'est servi pour mettre, comme j'ay dit, entre les joints de plusieurs grosses Pierres dans le bastiment du Louvre, & que l'on employe aussi à d'autres ouvrages.

Outre cette maniere de jetter le Plomb pour en faire des Tables, il y a celle de faire des Tuyaux sans soudure, qui est d'autant plus difficile que les Tuyaux sont d'une grosseur extraordinaire, comme l'on en a fait à Versailles, qui ont douze pouces de diametre. Pour cela on a une grande Poële de fonte posée sur un trepied de fer, pour en soustenir le fond. Tout le pourtour depuis le plancher jusqu'aux bords de la Poële, est maçonné de terre-franche qui la renferme, en sorte qu'il n'y a qu'un passage pour mettre du bois dessous, & y allumer du feu: On laisse seulement une petite ouverture par derriere pour servir de *Ventouse*, afin que le feu ne s'étouffe pas. Quand la Poële est bien chaude, on y met le plomb avec de la braise, pour aider à le faire fondre.

Pendant ce temps-là l'on couche sur une *Establie* le Moule des Tuyaux qui est creusé en rond; & fait de cuivre de deux pieces avec charnieres & crochets, pour l'ouvrir & fermer. Son calibre est de la grosseur qu'on veut les Tuyaux; & sa longueur est ordinairement de deux pieds & demy. L'on a un *Boulon*, pour servir de noyau au Moule, c'est une piece de fer ou de cuivre ronde, un peu plus longue que le Moule, & de la grosseur que doit estre le diametre du dedans du Tuyau.

L'on passe le Boulon dans deux *Rondelles* de cuivre qui sont aux deux extremitez du Moule, & qui servent à les fermer: A ces Rondelles est joint un petit Tuyau aussi de cuivre de deux pouces de long, ou environ, que l'on nomme *Portée*, lequel a l'épaisseur que l'on veut donner aux Tuyaux de plomb. Ces deux Portées servent à tenir le Boulon également distant dans le creux du moule: Il y en a une qui est taillée en plume, parce qu'elle sert plusieurs fois, & que l'autre ne sert que la premiere fois qu'on jette le plomb.

Lorsque le Boulon est dans le Moule avec les Rondelles aux deux extremitez, & que le Plomb est fondu dans la Chaudiere, on le prend avec la Cuiller à puiser, & on le verse dans le Moule par un endroit qui est à un des bouts, & fait en entonnoir, qu'on nomme le *Jet*; Quand le Tuyau est plein, il y a au bout de l'Establie, sur laquelle le Moule est attaché, un *Moulinet* avec une sangle autour, au bout de laquelle est un crochet que l'on passe dans le bout du Boulon, pour le faire sortir du Moule en tournant le Moulinet, à force de bras. Lorsqu'il est dehors on ouvre le Moule, l'on en oste le Tuyau, dont l'on met l'extremité au bout d'enbas du Moule dans lequel remettant le Boulon, le bout du Tuyau luy sert de Rondelle & de portée en cet endroit; en sorte qu'on ne met plus que celle qui est taillée en plume à l'autre bout; puis refermant le Moule, on reverse du plomb, & l'on recommence comme la premiere fois ; & ainsi successivement on fait des Tuyaux de telle longueur qu'on veut.

Pour ceux qui se font de Tables de plomb soudées, on a des *Rondins* de bois, qui sont de gros Rouleaux de la longueur & grosseur qu'on desire, sur lesquels on arrondit les Tables de plomb, & que l'on soude tout du long avec de la soudure. Aprés avoir bien gratté le plomb avec un *Gratoir*, on frote de poix raisine ce qu'on a gratté, puis on verse dessus de la soudure fonduë dans une Cuiller, ou bien on la fait fondre avec un *fer chaud à souder*; & les endroits où l'on ne veut pas que la soudure s'attache, on les frotte, & on les salit avec la main ou avec de la craye.

Comme il est quelquefois necessaire de chauffer de gros Tuyaux par dedans pour les souder, on a pour cet effet certaines Poëles quarrées de cuivre fort mince, de deux ou trois pieds de long sur quatre ou cinq pouces de large & autant de haut, dans lesquelles on met de la braise, & que l'on fait entrer dans les Tuyaux, on appelle ces poëles des *Polastres*.

La Soudure dont les Plombiers se servent se fait en mêlant ensemble pour l'ordinaire deux livres de Plomb avec une livre d'Estain. L'on connoist qu'elle est bonne, lorsque pour en faire essai, l'on en verse grand comme un escu sur le plancher ou sur une table, & qu'il s'y forme ce qu'on appelle des *yeux de Perdrix* qui sont de petites taches claires & brillantes.

LIVRE PREMIER.

L'Estain vient aussi d'Angleterre par gros lingots pesans jusques à quatre cens livres. Il y a celuy qu'on appelle à la *Rose*, & celuy qu'on nomme à l'*Anneau* qui sont des marques differentes. La Rose est la marque d'Angleterre, l'Anneau est la marque de Roüen, où on examine l'Estain en y arrivant. Car comme il y en a de plus doux & de plus épuré, qui est celuy que l'on prend le premier dans les Chaudieres d'où on le tire lorsqu'on le fait fondre, ceux qui examinent les Saumons qui arrivent à Roüen, marquent ces differens degrez de bonté, en mettant simplement l'Anneau à celuy qui est le meilleur; à celuy qui est moindre, ils y font un, deux ou trois crochets, qu'ils appellent *Griffes*; Et moins il est bon & plus ils font de ces griffes; mais à celuy qui est extraordinairement aigre & mauvais, ils l'écornent par quelque endroit du Saumon. Il y a encore d'autres marques toutes differentes, qui sont celles des Marchands ou des Ouvriers; Ceux qui se connoissent bien en Estain, ne s'arrestent pas à ces marques pour juger de sa bonté.

Quand les Plombiers veulent estamer des tables de plomb, ils ont un *Fourneau* à estamer, plein de braise, aux deux costez duquel deux hommes se mettent pour tenir dessus, & chauffer les Tables de plomb, l'on met dessus des feuilles d'Estain, & à mesure que la Table s'échauffe, & que l'Estain fond on estame le Plomb en frottant, & estendant l'Estain par dessus avec estoupe & poix raisine.

Outre les Fosses, Poëles, Moules, Cuillers, & autres choses necessaires aux Plombiers, dont il est

X iij

parlé cy-deffus. Il y a encore plufieurs Outils né:
ceffaires à leur travail qui font un *Niveau*, un *Compas*, un *Marteau*, des *Maillets* plats par le cofté,
des *Bourfeaux* ronds pour batre, des *Serpes*, des *Serpettes*, des *Couteaux*, des *Planes*, des *Gouges*, des
Rapes, un *Débordoir rond*, un *Gratoir*, des *Fers ronds
à fouder*, d'autres petits *Fers en triangle à fouder*. Les
Manches de ces fers font de deux morceaux de bois
creux & entaillez en forme de canaux, fuivant la
groffeur du manche de fer; les Plombiers les nomment *Atelles*.

EXPLICATION DE LA PLANCHE XXV.

A *Foffe à foudre le plomb.*
B *Moule pour les tables de plomb.*
C *Treteau pour porter la poë-le.*
D *Grande Poële de fer à ver-fer le plomb.*
E *Cuiller à puifer.*
F *Cuiller percée.*
G *Rable.*
H *Rondins pour faire les Tuyaux.*
I *Polaftre.*
K *Moule couvert de toile pour les petites Tables de plomb.*
L *Rable.*

LIVRE PREMIER.

EXPLICATION DE LA PLANCHE XXVI.

A Poële de fonte posée sur un Trepied.
B Establie avec son Moulinet au bout, garni d'une sangle & crochet.
C Moule des Tuyaux.
D Boulon de fer avec les Rondelles & portées pour mettre dans le Moule.
E Le mesme Moule fermé avec le Boulon dedans, & un Tuyau qui en sort.
F Jes du Moule.
G Fourneau à estamer.
H Niveau.
I Compas.
L Marteau.
M Maillets plats par le costé.
N Bourseaux ronds pour batre.
O Serpes.
P Serpettes.
Q Couteaux.
R Planes.
S Gouges.
T Rapes.
V Débordoir rond.
X Gratoir.
Y Fers ronds à souder.
Z Petits fers en triangle à souder & Astelies

CHAPITRE

LIVRE PREMIER.

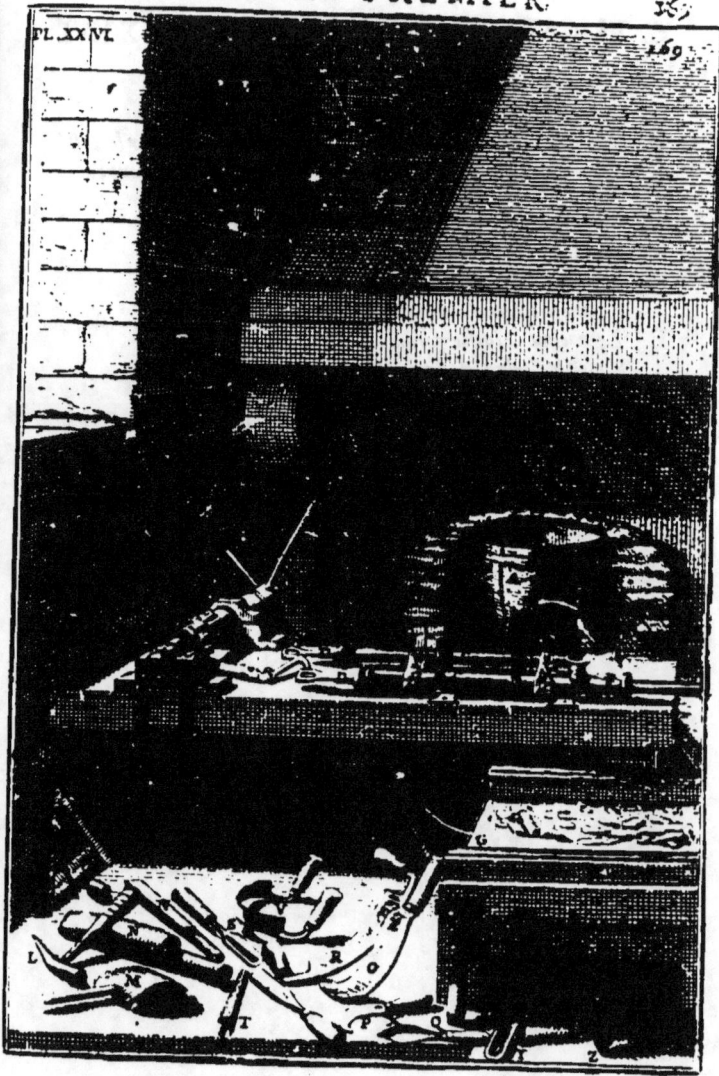

CHAPITRE XVII.
Du Pavé & Carrelage.

ON appelle Pavé toutes fortes de Carreaux de marbre, de pierre, ou de terre cuite, qui servent à paver ; On nomme auſſi pavé une eſtenduë de place pavée de ces fortes de carreaux.

Quant à la maniere de les employer, il faut conſiderer les Ouvrages qui ſe font à découvert, & ceux qui ſont dans les lieux couverts, & non expoſez au Soleil & à la pluye.

Les Anciens couvroient ſouvent le haut des Baſtimens, & leurs Terraſſes d'un mortier qu'ils faiſoient exprés, & qui devenoit extremément dur. C'eſt ainſi qu'on a fait toute la platte-forme de l'Obſervatoire, au Faux-bourg ſaint Jacques, d'un ciment & d'une matiere qui reſiſte à l'eau. Quelquefois on couvre les grands Baſtimens en platte-forme avec des pierres, comme l'on voit au Chaſteau de ſaint Germain en Laye. L'on dit que le Temple de Jeruſalem eſtoit couvert de Tables de marbre blanc, ce qui le rendoit ſi éclattant qu'il paroiſſoit de loin comme une montagne couverte de neige.

Leon Baptiſte Albert liv. 6. chap. 11.

Nos terraſſes ſont ordinairement couvertes de Plomb, de Carreaux de Marbre, de Pierre de Liais, ou d'autres pieces fort dures ; & en quelques endroits de grandes pierres d'Ardoiſe. Mais il faut mettre un bon maſtic deſſous, ainſi qu'on a fait à l'Egliſe de ſaint Sulpice de Paris, afin que l'eau ne traverſe pas.

Pour ce qui regarde les Cours & les autres lieux

LIVRE PREMIER.

l'on se sert ordinairement à Paris de *Pavé* de pierre de *Grais* qu'on amene des environs de Fontainebleau. Il y en a de dur, & de tendre ; il y a aussi du *Rabot* qui est une pierre ou espece de Liais, que l'on prend derriere les Chartreux. Et encore une autre sorte de pierre qui vient d'Herbelay qui est plus dure que le Grais de Samoreau qui vient du costé de Fontainebleau, mais comme elle est cabocheuse & ne se taille pas si bien que le Grais, elle est plus propre pour les grands Chemins que pour la Ville. De ces differentes sortes de Pavé, il y en a de deux sortes, l'un gros & l'autre menu. Le gros qui est propre pour des passages publics; & s'assied seulement avec du sable. Le menu est encore de deux façons, & n'est bon qu'à paver des Cours. La premiere est un Pavé commun de tout *Eschantillon* qui s'employe à Chaux & Sable. La seconde est un Pavé quarré & taillé d'*échantillon*. Il s'assied à Chaux & Ciment, n'ayant que quatre à cinq pouces en quarré. On s'en sert ordinairement dans les belles Cours ; Et pour les rendre plus agreables on y mesle quelquefois du Pavé noir parmi, comme l'on a fait à Trianon.

Il y a aussi trois sortes de *Carreau* de terre cuite, dont l'on se sert à paver. Le grand qui a sept pouces en quarré sert à paver des Jeux de Paume, des Atres, des Cuisines & des Terrasses. Le moyen est ordinairement quarré, & a six pans, ayant six pouces de diamettre. Le petit est aussi quarré, & a six pans, n'ayant que quatre pouces de diamettre. Les Carreaux moyens servent aux estages d'en bas, & les

Y ij

DE L'ARCHITECTURE,
petits aux eftages d'en haut parce qu'ils ne chargent pas tant, & que les plus petits font les plus beaux.

L'on fe fert auffi quelquefois de *Brique* pour paver, il y en a de deux fortes, fçavoir la brique entiere & la demy-Brique, autrement appellée *Brique de Chantignole* ou *d'Efchantillon*. Elles ont toutes deux huit pouces de long, & quatre de large, mais la Brique entiere eft deux fois plus efpaiffe que l'autre.

Les Outils neceffaires aux Paveurs font, fçavoir pour ceux qui employent le gros Pavé, une *Pele*, une *Pince*, un *Marteau à fendre*, un *Efpinçoir*, un autre *Marteau à paver*, & *à fouiller la terre*, une *Damoifelle*, un *Niveau*.

Pour le petit Pavé, il n'y a pas d'Outils particuliers, l'on fe fert de ceux de Maçonnerie felon l'ouvrage que l'on fait.

EXPLICATION DE LA PLANCHE XXVII.

A *Une Pele*.
B *Une Pince*.
C *Un Marteau à fendre*.
D *Un Efpinçoir*.
E *Un autre Marteau à paver & à fouiller la terre*,
nommé *Marteau d'Affiette*.
F *Une Damoifelle*.
G *Un Niveau*.
* *Un petit Marteau appellé Portrait*.

LIVRE PREMIER.

CHAPITRE XVIII

De la Menuiserie.

Dans le travail de Menuiserie, l'on commence par *debiter le bois*, ce qui se fait en deux manieres. La premiere quand on mesure les Pieces avec la regle & le compas, & qu'on marque les grandeurs necessaires avec la pierre noire ou la pierre blanche.

La seconde, c'est lors qu'aprés avoir refendu les Pieces avec une Scie à refendre, on les coupe de longueur avec la Scie *à debiter*.

Aprés cela on les corroye avec la *demy-Varlope & la grande Varlope*. Quelquefois on se sert du *Riflart* ou de la *Galere* quand le bois est *gauche*; Puis on le met bien à l'équaire de largeur & d'épaisseur, ce qui se fait avec le *Trusquin*.

Estant ainsi preparé pour assembler, on *establit* les Pieces de bois avec des marques de pierre noire ou craye blanche, pour estre employées chacune à leur usage, aprés quoy on les trace avec le *Triangle quarré*, ou à *Onglet*, & le *Poinçon*. Et l'on marque les *Tenons & Mortaises* aux lieux où ils doivent estre, ou avec le *Poinçon*, ou avec un *Trusquin d'assemblage*.

Il y a trois sortes d'*Assemblage*. 1. Le *quarré*, qui est le plus simple. 2. L'Assemblage à *Onglet*, c'est-à-dire quand les pieces sont coupées diagonalement ou en Triangle, & non quarrément. 3. L'Assem-

LIVRE PREMIER.

blage d'*Aboument*, où la moindre partie de la piece est à *Onglet*, & la plus grande partie *quarrée*.

Outre cela il y a les *Fausses coupes*, qui ne sont ny à l'Equaire, ny à Onglet, & qui se tracent avec la *Sauterelle*.

Les Assemblages pour les grandes Portes-cocheres se font avec des Panneaux appliquez en dehors, & attachez par des clouds retenus par derriere, & des Croix de S. André.

Il y a encore les Assemblages *à queuë d'Aironde*, *à queuë percée*, & *à queuë perduë*, qui est la meilleure, parce qu'elle est à *Onglet*.

Quant aux Panneaux qui entrent dans l'Assemblage de la Menuiserie, il y en a *à Platte-Bande*, qui sont les plus simples; D'autres *Arrasez*, c'est-à-dire que le Panneau est égal en épaisseur à l'Assemblage; Les Panneaux *recouverts* sont ceux qui excedent & recouvrent l'Assemblage. Ils sont les plus forts, lorsqu'ils y sont mis en *Rainure*, c'est-à-dire que la piece d'Assemblage est creusée avec un *Bouvet* de la profondeur d'un quart de mortaise.

Lorsqu'on fait des Ornemens sur la Menuiserie platte, on appelle cela *pousser des moulures*, comme *Quarts de ronds*, *Doucines*, *Filets*, *Creux*, *Talons*, *Plattes-bandes*, *Baguettes*, &c. & tout cela se pousse avec des *Guillaumes*, des *Mouchettes*, & des *Rabots ronds*.

Les autres Ornemens qui se taillent sur le bois regardent la Sculpture.

On appelle *Battans* ou *Montans* les maistresses pieces d'Assemblage des costez des Portes, Fenestres, ou autres Corps: & l'on nomme *Traverses* celles du haut, du bas & du milieu ; Les autres pieces qui se trouvent au milieu & debout sont encore des *Montans*.

On appelle *Porte à placart*, celle qui est pleine & emboitée haut & bas, avec *Rainures*, *Languettes*, *Clefs*, *Chevilles* & *Colées*.

Les autres Portes que l'on nomme *Placarts d'assemblages* se font à *Quadres* & à *Panneaux*. Les Panneaux sont simples & de bois commun, & les Quadres sont de Relief & à Moulures.

Pour les Portes des Chambres on les accompagne de Chambranles avec des Corniches dessus : & on revest les *Tableaux* de l'embrasement, avec des compartimens faits par petits Panneaux.

On appelle une *Porte arrasée* quand les Panneaux & l'Assemblage affleurent & sont d'égale épaisseur.

Les *Lambris* se font ordinairement à *Pilastres*, à grands *Panneaux*, ou à *Compartimens*, c'est-à-dire de plusieurs Panneaux de diverses grandeurs & figures.

Quand les Menuisiers ne font que raboter les Ais de leurs longueurs, soit de sapin, soit de chesne, ou autres bois, comme pour faire des cloisons, ou d'autres ouvrages, ils appellent cela les *blanchir*.

S'il y a quelque neud ou fente dans le bois, ils prennent de la poudre ou sieure de bois avec de la colle forte, dont ils remplissent les défauts, & nomment cela de la *Futée*. Il y en a qui font du *Mastic* avec de la cire, de la raisine & de la brique pilée ; ce Mastic est meilleur que la Futée, n'estant pas si sujet à se *gerser*.

Les

LIVRE PREMIER.

Les Outils & autres choses dont les Menuisiers se servent pour travailler, sont:

La *Scie à refendre*.

La *Scie à debiter*.

La *Scie à Tenon* qui est large, fort mince, & qui a de petites dents aussi fort minces.

La *Scie à tourner* qui est estroite avec *virolles* au bout des bras.

La *Scie à enraser*.

La *Scie à main* ou *Egohine* qui a une poignée.

La *Scie à Cheville* qui a aussi une poignée.

L'*Establie* avec le *Crochet* de fer dans sa *Boëte* pour arrester le bois.

Les *Valets* ou *Varlets* pour tenir le bois sur l'Establie.

Les *Maillets* pour serrer les Valets, & fraper sur les outils lorsqu'on travaille.

Le *Crochet* qu'on appelle *Sergent*, & en quelques lieux *David*. C'est une barre de fer de quatre à cinq pieds de long, & d'un pouce ou neuf lignes de grosseur en quarré, ayant un Crochet en bas, & un autre qui monte & descend le long de la barre qu'on appelle *main*. Il sert pour joindre & tenir les pieces de bois lorsqu'on veut les coler ou cheviller, & pour faire *revenir la Besogne*, c'est-à-dire presser le bois l'un contre l'autre.

Les *Estreignoirs* sont deux morceaux de bois joints avec des Chevilles; Ils servent à mesme usage que le Sergent, & pour emboister des portes ou autres choses.

Les *Presses* de bois qui se serrent avec des Vis,

Z

LES OUTILS que l'on appelle *à Fuſt*, & qui font compoſez de Fuſt, de fer & d'un coin de bois qui tient le fer dans la lumiere, ſont;

Le *Riflart* qui ſert à dégroſſir la groſſe beſogne, & dont le fer eſt en creux.

La *Galere*.

La *grande Varlope*.

La *petite Varlope*.

La *demie Varlope*.

La *Varlope à Onglet ou anglée*, elle eſt ſans poignée & le fer eſt plus eſtroit.

Les *Guillaumes à esbaucher*.

Le *Guillaume à Platte-bande* pour les Panneaux.

Le *Guillaume à recalez* ou *à reculez*, il a moins de jour dans la lumiere que les autres.

Le *Guillaume debout*, à cauſe que le fer eſt debout.

Le *Rabot replané* qui ſert pour ragréer ſur la fin de l'ouvrage.

Les *Mouchettes* dont le fer & le fuſt ſont cavez pour faire & pouſſer un quart de rond.

Les *Mouchettes à grain d'orge* qui ſervent pour dégager une bagette & autre Moulures.

POUR les Ouvrages cintrez, il y a auſſi des *Guillaumes*, des *Mouchettes*, des *Rabots ronds*, & des *Rabots cintrez*, ſelon le cintre de l'ouvrage.

Un *Bouvement* qui ſert à pouſſer une Doucine.

Un *Bouvet*; Il y en a de diverſes façons, ſçavoir à Rainures & à Languettes, pour pouſſer des Rainures, & faire des Languettes quand on veut emboîſter, & aſſembler des Ais. Il y en a auſſi qu'on nomme *à Fourchement*; ce ſont ceux qui font en mesme temps les deux Joüées & la Languette qui entrent dans la Rainure.

Un *Bec de cane.*

Les *Feuillerets* pour feuiller, & dont le fust a une feuillure au bas de la lumiere, & le fer n'a que deux pouces de large.

On se sert aussi d'un morceau de bois qui est un *Fust* sans fer, qui sert à conduire un rabot rond, les Ouvriers le nomment un *Guide.*

LES OUTILS *à manche* de bois, sont :

Les *Ciseaux*, dont il y en a qui ont deux *Biseaux.*

Les *Ciseaux de lumiere* pour percer les bois des Guillaumes & Rabots & pour y mettre les fers.

Les *Fermoirs* grands & petits.

Le *Fermoir* à nez ronds.

Le *Bec d'asne.*

Des *Gouges* & autres Outils de toutes sortes de pas pour les ouvrages qui se poussent à la main.

Autres sortes d'Outils & Instrumens.

Le *Trusquin* d'assemblage.

Le *Trusquin* à longue pointe. Les Trusquins servent à mettre les pieces d'épaisseur.

Les *Quilboquets.*

Les *Reglets plats.*

Les *Reglets à pieds.*

Les *Equaires.*

La *fausse Equaire* ou *Sauterelle.*

Le *Triangle quarré.*

Le *Triangle anglé.*

Le *Calibre.*

Le *Compas*.

Le *Marteau* & les *Tenailles*.

Les *Villebrequins* dont les *Meches* sont de plusieurs grosseurs selon les ouvrages.

Outre cela il y a les *Rapes* & les *Limes* pour limer les Scies, la *peau de chien de mer* pour polir le bois dans les figures irregulieres.

Un *Tourne à gauche* qui est un morceau de fer fendu par le milieu pour tourner les dents de costé & d'autre.

EXPLICATION DE LA PLANCHE XXVIII.

I. Figure.

A *Differentes sortes d'assemblages.*
1 *Assemblage quarré.*
2 *Assemblage à Onglet.*
3 *Assemblage d'Abouëment.*

II. Figure.

B *Autres assemblages.*
1 *Fausse coupe.*
2 *Assemblage à queuë percée.*
3 *A queuë d'Aironde.*
4 *A queuë perduë.*

III. Figure.

C *Porte enrasée.*

IV. Figure.

D *Porte que l'on nomme en Placart d'Assemblage.*
1 *Battans ou Montans.*
2 *Traverses.*
3 *Panneaux.*
4 *Cadres.*
5 *Doucine.*
6 *Quart de rond.*
7 *Fillet.*
8 *Creux ou Cavet.*
9 *Talon.*
10 *Platte-bande.*
11 *Baguete.*

Planche XXVII. LIVRE PREMIER. 181

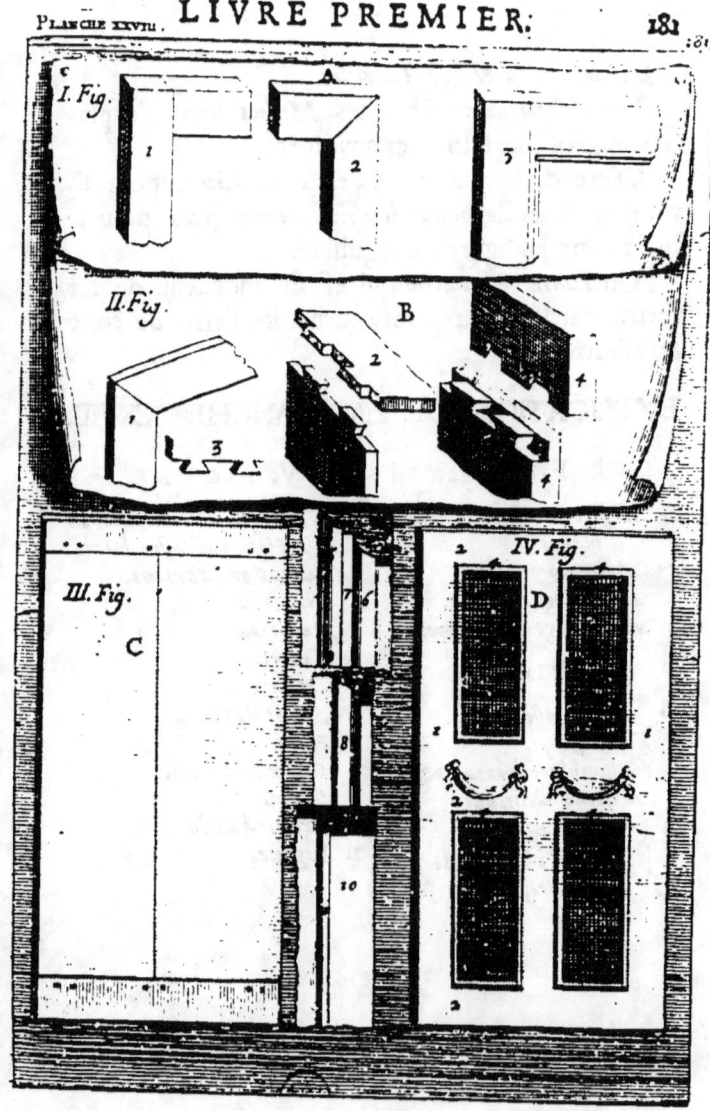

Z iij

EXPLICATION DE LA PLANCHE XXIX.

Outils, & autres choses necessaires aux Menuisiers pour travailler.

A Scie à refendre.
B Scie à debiter.
C Scie à Tenon.
D Scie à tourner.
E Scie à enraser.
F Scie à main ou Egohine.
G Scie à Cheville.
H Entaille pour limer les Scies.

Planche XXIX **LIVRE PREMIER.**

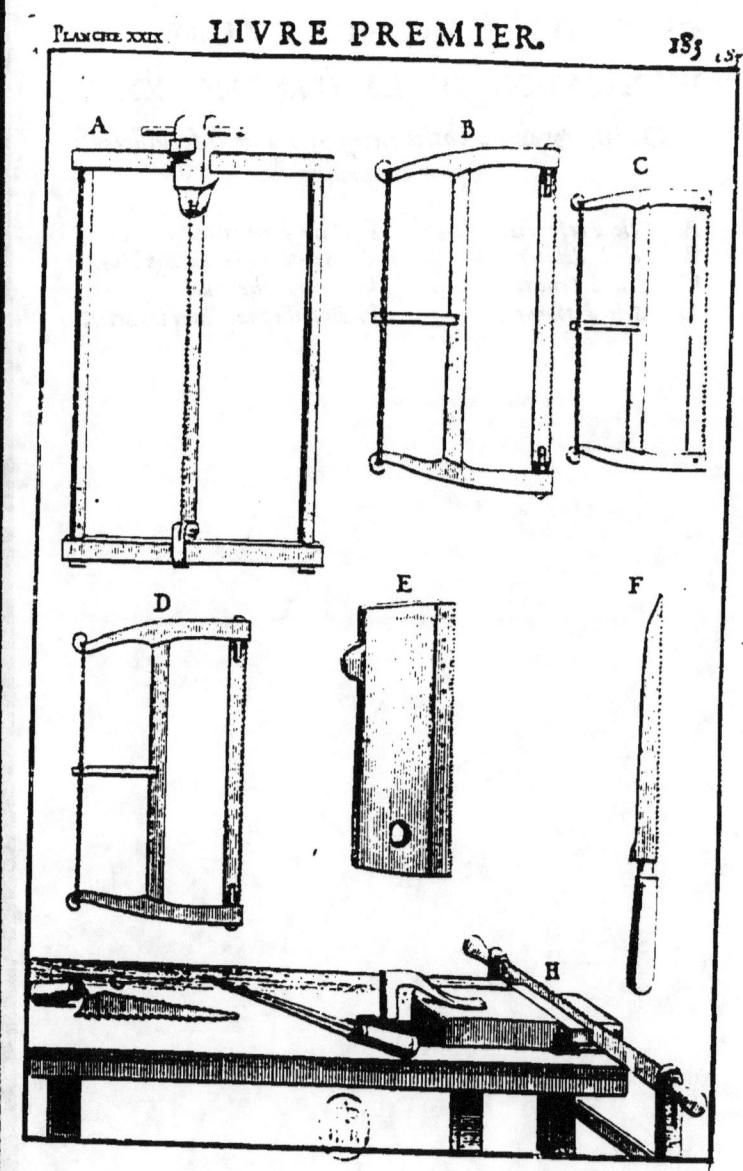

EXPLICATION DE LA PLANCHE XXX.

Suite des Outils de Menuiserie.

A   Eſtablie.
B   Crochets.
C   Valet.
D   Petit Maillet.

E   Crochet ou Sergent.
F   Eſtraignoirs.
G   Preſſes de bois.

PLANCHE XXX. **LIVRE PREMIER.**

DE L'ARCHITECTURE,
EXPLICATION DE LA PLANCHE XXXI.

Outils que l'on appelle à Fuſt.

A *Riflard.*
B *Varlope, il y en a de diffe-*
   rentes grandeurs.
C *Varlope à onglet ou anglée.*
D *Guillaume à esbaucher.*
E *Guillaume à Platte-bande.*
F *Guillaume à reculez.*
G *Guillaume debout.*
H *Rabot.*
I *Mouchettes.*
L *Mouchettes à grain d'orge.*
M *Bouvet.*
N *Bec de Cane.*
O *Feuilleres.*
P *Guide.*

LIVRE PREMIER.

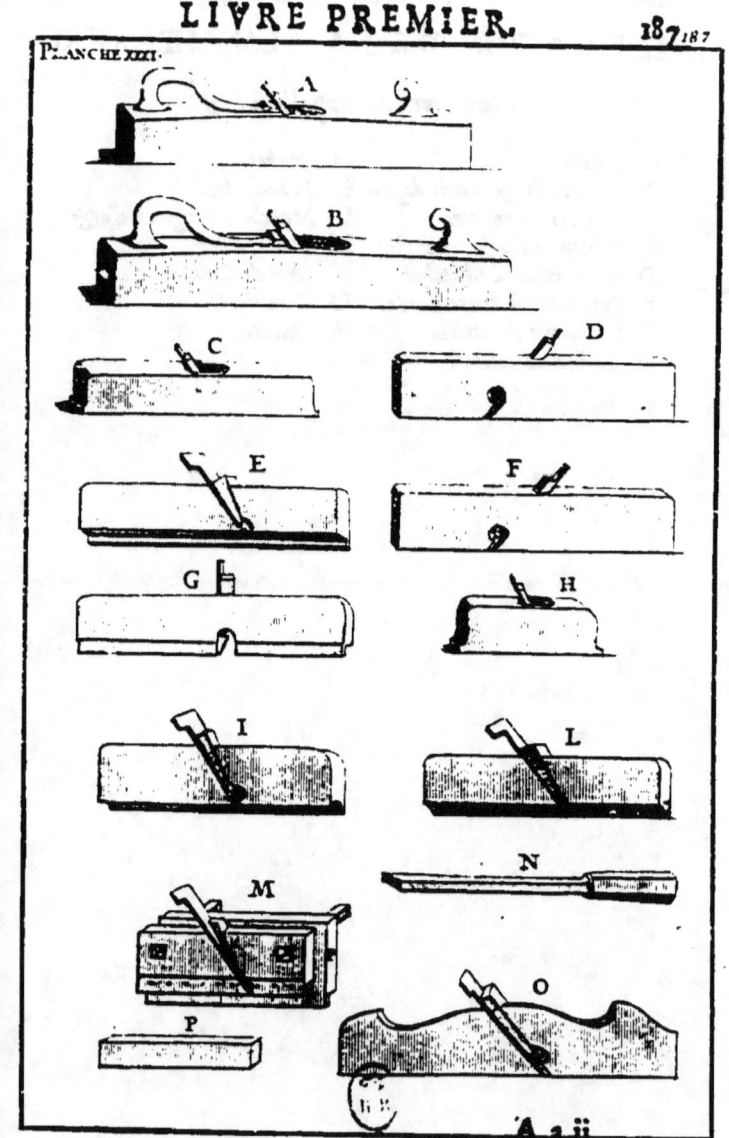

Planche XXXI.

EXPLICATION DE LA PLANCHE XXXII.

Outils à manche de bois, & autres.

A Ciseau, il y en a à deux biseaux.
B Ciseau de lumiere.
C Fermoir.
D Fermoir à nez rond.
E Bec d'asne.
F Gouge.
G Trusquin d'assemblage.
H Trusquin à longue pointe.
I Quilboquet.
L Reglet plat.
M Reglet à pied.
N Equaire.
O Fausse Equaire.
P Triangle quarré.
Q Triangle anglé.
R Compas.
S Marteau.
T Lime.
V Rape.
X Tenailles.
Y Villebrequin.
Z Tourne à gauche.

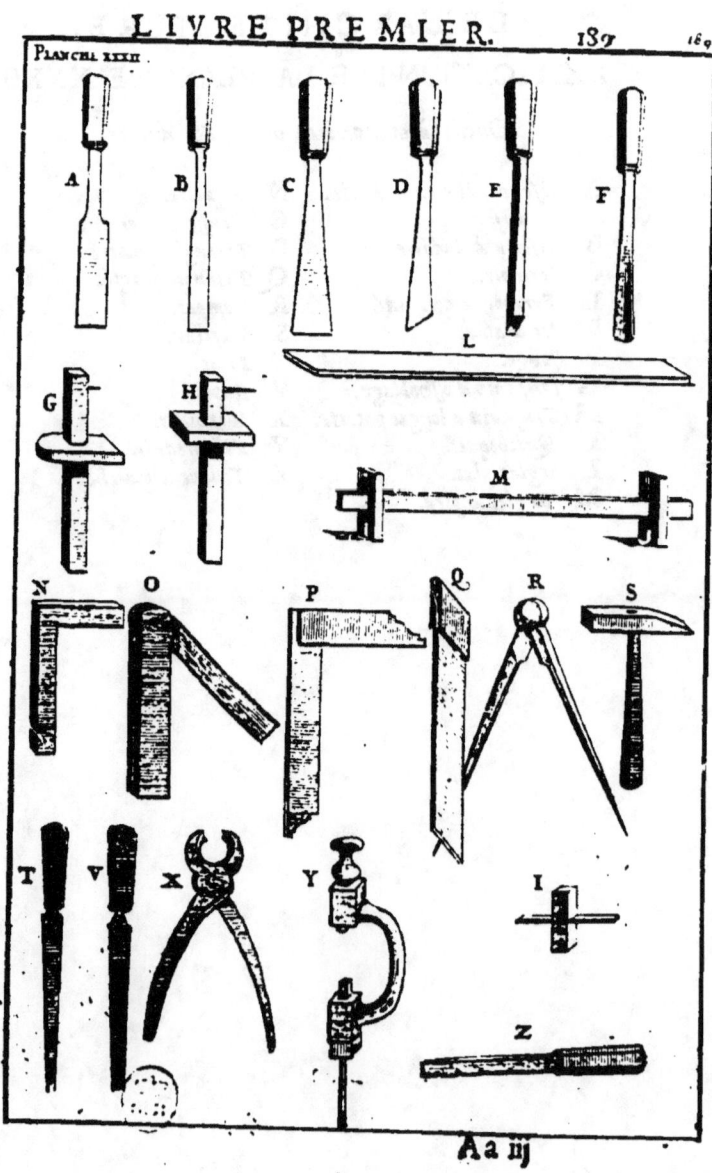

CHAPITRE XIX.

De la Menuiserie de Placage.

LEs Menuisiers qui travaillent de *Placage*, sont les Ebenistes, & ceux qui font des Ouvrages de diverses sortes de bois. Ils sont distinguez des autres, par le nom de *Placage*, parcequ'outre qu'ils assemblent les gros bois, de la mesme façon que les autres, ils travaillent encore d'une maniere particuliere; car leurs bois qui sont de plusieurs natures, & sciez par feüilles, ne sont que plaquez sur des fonds faits de moindres bois, & collez par compartiment avec de bonne colle d'Angleterre, comme je diray en parlant des ouvrages de raport.

Quand leurs feüilles de bois sont plaquées; jointes & collées, ils laissent leur besogne sur l'Establie, & la tiennent en presse avec des *Goberges*, jusques à ce que la colle soit bien seche. Les *Goberges* sont des perches coupées de longueur, dont un bout est posé sous le plancher, & l'autre est fermement appuyé sur la besogne avec une *Cale* en coin entre l'ouvrage & la *Goberge*, pour le faire mieux tenir.

Dans cette sorte de travail les Ouvriers se servent des mesmes Outils que les autres Menuisiers, mais comme ils employent des bois durs & pleins de neuds, comme sont les racines d'Olivier, de Noyer & autres qu'ils appellent *bois rustiques*. Ils ont des *Rabots* autrement disposez que dans la Menuiserie

LIVRE PREMIER.

ordinaire qu'ils accommodent eux mesmes, selon qu'ils en ont besoin. Ils en font dont le fer est demi couché, d'autres où il est debout, & d'autres dont les Fers ont des dents. Quand ils travaillent sur du bois qui est rude, ils se servent de ceux dont le fer est à demi couché. Si le bois est extraordinairement rude & dur, ils employent ceux dont le fer est debout; Et lorsque la dureté du bois est si excessive, qu'ils craignent de l'éclatter, ils se servent de ceux qui ont de petites dents comme des limes, ou truelles bretées, afin de ne faire que comme limer le bois; ce qui sert aussi à le redresser.

Lorsqu'ils l'ont travaillé avec ces sortes d'Outils, ils en ont d'autres qu'ils nomment *Racloirs* qui s'affutent sur une pierre à huile; ils servent à emporter les rayes ou bretures, que la *Rabot* debout & celuy à dents ont laissées; & à finir entierement l'ouvrage.

On se sert aussi pour pousser des Moulures en onde sur l'Ebeine, sur l'Olivier, ou autres bois durs, d'une machine qu'on appelle un *outil en ondes*. Il est composé d'une *roüe* avec une *eschelle* au dessous; au dessus de l'eschelle, il y a deux ressorts, & sur les ressorts, une vis qui fait appuyer sur le bois un Fer taillant qui le coupe & le façonne en ondes, aussi avant qu'on veut. Il y a aussi des Scies d'une maniere propre à ces sortes d'ouvrages. Il sera parlé de ces Outils dans le Chapitre de la *Marqueterie*.

CHAPITRE XX.

De la Serrurerie

DE toutes les choses necessaires à la construction des Bastimens, il n'y en a pas dont l'on puisse moins se passer que du *Fer*; car quand l'on n'en employeroit point pour lier les murailles, & joindre ensemble les pieces de bois, comme l'on fait souvent dans les grands Edifices ; ny mesme pour la fermeture des portes & des fenestres, l'on est toujours obligé de s'en servir ; puisque les outils des Maçons & des autres Ouvriers ne peuvent estre faits que de cette matiere. De sorte qu'il est aisé de juger que l'art d'employer le Fer est un des plus anciens & des plus necessaires. Aussi cette matiere est-elle d'un prix considerable dans les Indes, & dans les lieux où elle est plus rare que l'Or.

Il y a du Fer de plusieurs natures : car il s'en rencontre qui est ployant comme l'argent, d'autre qui est cassant, & d'autre qui est aisé à se roüiller.

Ce que nous appellons *Acier*, n'est autre chose qu'un Fer plus épuré ; les anciens le nommoient *Chalybs*, à cause de la trempe qu'ils luy donnoient dans l'eau d'un fleuve qui est en Espagne dans le Royaume de Galice, anciennement appellé *Chalybs*, & aujourd'huy *Cabé*, ou bien à cause des Cha-

Georg.l.1. libes Peuples de Cappadoce, dont Virgile dit:

At Chalybes nudi ferrum,

LIVRE PREMIER.

ou à cause *de Chaliboné* ville de Syrie.

Nous avons des Mines de Fer qui estant bien conduites & travaillées, fournissent de bon Acier.

L'on tire de celle de Senonches un Fer qui est fort doux & pliant.

Celle de Vibray proche Montmiral au Mans est encore de bonne qualité, mais plus ferme.

Celle de S. Disier fait un Fer plus cassant, & dont le grain est plus gros.

Celle de Nivernois est d'un Fer doux & propre à faire des épées & des canons de mousquets, elle tient beaucoup de l'Acier.

Le fer qui vient de Bourgogne est mediocrement doux.

Celuy de Champagne est plus cassant.

Le Fer de Roche est fort doux & fin.

Il vient encore plusieurs sortes de Fer de Normandie, dont la plus part sont fort cassans.

Le Fer qui vient de Suede & d'Allemagne est meilleur & plus ployant que celuy de France.

Celuy d'Espagne est de mesme, mais il est ordinairement *Rouverin*, se casse à chaud, & à des grains d'Acier qui sont fâcheux quand on le lime.

C'est à ceux qui travaillent aux Mines à bien choisir la matiere, la nettoyer, & la laisser quelque temps à l'air, puis aprés estre foüillée & bechée; la chauffer & la fondre avec du charbon fait de jeune bois, tenu en lieu sec, un an ou deux avant que d'estre employé, parce que le charbon fait de frais & de vieux bois, ne dure gueres au feu & rend le fer cassant.

Comme c'est une chose des plus importantes

Bb

dans les ouvrages, où il faut employer du Fer, de n'y en pas mettre qui ne soit bon, les Ouvriers doivent pour cela s'étudier à le bien connoistre.

Pour cet effet, il faut premierement sçavoir de quelle Forge il vient, & si la mine en est douce ou cassante ; bien qu'ils puisse arriver qu'en une mesme Forge il s'en trouvera de l'un & de l'autre ; & mesme dans une *Gueuse*, qui sont de grandes pieces de Fer, en forme triangulaire de 10. ou 12. pieds de long, & plus, sur 10. ou 12. pouces de large en chaque face, & pesant seize ou dix-huit cens livres & davantage.

Les Affineurs jettent quelquefois de petits morceaux de Fer comme en poudre, qui n'est encore du tout affiné, sur le Fer qui sort de la Forge, lorsqu'il se trouve par trop chaud & boüillant. Il y a apparence que c'est cela, ou le sable qui peut tomber dans le Moule en coulant, ou de la mine qui n'est pas fondue, qui engendre les grains qu'on y trouve, & qui sont bien souvent si durs qu'on est contraint de les emporter avec un Cizeau ou Burin.

Le Fer qu'on apporte à Paris, est *par pieces* en barres de differentes longueurs & grosseurs.

Le *Fer plat* a 9. à 10. pieds de long, & quelquefois plus, sur deux pouces & demy de large, & quatre lignes ou environ d'épaisseur.

Le Fer qu'on nomme *quarré* est en barres de diverses longueurs, & de deux pouces ou environ en quarré.

Le *quarré bastard* a neuf pieds de long & seize à dix-huit lignes en quarré.

LIVRE PREMIER.

Le *Fer cornette* a huit ou neuf pieds de long, trois pouces de large, & quatre à cinq lignes d'épaisseur.

Le *Fer rond* a six à sept pieds de long sur neuf lignes de diametre.

Le *Fer de Carillon* est un petit Fer qui n'a que huit à neuf lignes.

Celuy de *Courçon* est par gros morceaux de deux, trois & quatre pieds de long, & de deux pouces & demy en quarré.

La *Tôle* est en feuilles & de plusieurs largeurs & hauteurs.

Il y a outre cela *le petit Fer en botte* qui sert pour faire les verges des vitres, & autres ouvrages.

Quand on est bien informé de quelle Mine est le Fer, on en peut connoistre la qualité: Ou bien l'on en juge si en prenant une barre, on voit qu'il y ait de petites veines noires qui aillent en long ; que cette barre soit ployante sous le marteau, & sur tout qu'il n'y ait point de *Gersures*, c'est-à-dire de petites fentes ou découpures qui vont en travers, car c'est signe que le Fer est bon & pliant ; mais s'il y a des *Gersures*, c'est une marque évidente que le Fer est *Rouverin* c'est-à-dire cassant à chaud, & qui donne de la peine à forger.

On connoistra encore si le Fer est doux, à la couleur qu'il aura en le cassant ; Car s'il est noir dans la cassure, il est bon, doux & maniable à froid & à la lime, mais aussi il est sujet à estre *cendreux*, c'est-à-dire qu'il ne devient pas plus clair, aprés qu'il est poly, principalement s'il se rencontre des taches grises dessus, comme s'il y avoit des cendres meslées avec ; car c'est ce qui le rend difficile à polir & à met-

Bb ij

tre en bon luftre, ce qui n'arrive pas à toutes les barres, mais à la pluſpart. Auſſi cette ſorte de Fer eſt moins ſujette à ſe roüiller, parce qu'il tient un peu de la nature du plomb.

Il y a d'autres barres, dont le Fer à la caſſe paroiſt gris, noir & tirant ſur le blanc; Ce Fer eſt beaucoup plus dur & roide que le precedent lorſqu'on le ploye. Il eſt tres-bon pour les Mareſchaux, les Taillandiers, & ceux qui travaillent de groſſes œuvres noires; Mais pour la lime, il eſt mal-aiſé, à cauſe qu'il s'y rencontre des grains qu'on ne peut emporter, & qui empeſchent quelquefois qu'on ne puiſſe bien percer & *forer* la tige d'une clef ou autre choſe.

Celuy qui à la caſſe, eſt meſlé, & dont une partie eſt blanche, l'autre griſe, l'autre noire ; & qui a le grain un peu plus gros que celuy que j'ay dit, eſt ſouvent le meilleur, ſoit pour la forge, ſoit pour la lime, ſoit pour ſe bien polir.

Il y a d'autres barres qui ont le grain petit comme de l'Acier, & dont le fer eſt ployant à froid. Il eſt mal-aiſé à limer, & *greſille* lorſqu'il commence à eſtre chaud pour ſouder, de ſorte qu'il eſt difficile à employer à la forge & à la lime, attendu qu'il ne ſe *ſoude* pas facilement, & qu'à la lime il y a des grains. Il eſt bon pour ceux qui font de gros ouvrages pour travailler à la terre.

Il y en a encore d'autre dont le grain eſt gros, & clair à la caſſe comme de l'Eſtain de glace, ou comme du Talc. Ce fer ne vaut gueres, car il eſt caſſant à froid & tendre au feu, ne pouvant ſouffrir

LIVRE PREMIER.

une grande chaleur sans se brusler, parce qu'il est beaucoup poreux & aisé à se roüiller & se manger facilement.

Le Fer qu'on appelle *Rouverin* se connoist, comme je viens de dire, lorsqu'il y a des *Gersures* ou *Découpures* qui vont au travers des barres. Il est d'ordinaire ployant & maniable à froid. Si en le forgeant il sent le soufre ; & qu'en frapant dessus, il en sorte de petites étincelles, comme de petites flames ou estoiles de feu, c'est une marque qu'il est cassant à chaud. Aussi lorsqu'il vient en sa mauvaise couleur, qui est d'ordinaire un peu plus blanche que couleur de cerise, il casse quelquefois tout au travers de la piece : & si l'on frape dessus, & qu'on le ploye, il deviendra tout *pailleux*.

Celuy d'Espagne est fort sujet à estre de cette qualité, & à avoir des grains qu'on ne peut limer qu'avec peine.

Tout le vieux Fer qui a été long-temps à l'air ou au serain est ordinairement *Rouverin*, ce que quelque-uns attribuent à une qualité corrosive & mordicante qui est dans la rosée.

Les Ouvriers & ceux qui ont accoustumé de travailler, connoissent bien la qualité du Fer, en le forgeant ; car s'il est doux sous le marteau, il sera cassant à froid ; & s'il est ferme, c'est signe qu'il sera ployant à froid.

Or comme le Fer seul ne suffit pas pour faire tous les outils necessaires aux Ouvriers, & plusieurs differentes sortes d'ouvrages ; mais qu'il y en a qui doivent estre de bon *Acier*, ou bien de Fer *acéré*, c'est-

DE L'ACIER.

à-dire meslez de Fer & d'Acier. Il est besoin que les Serruriers, & ceux qui travaillent les Outils, sçachent bien choisir l'Acier.

Pour connoistre le petit Acier commun, qu'on appelle *Soret*, le *Clamesy ou Limosin* qui est le moindre en prix, & qui se vent par carreaux, ou billes de 4 pouces de long ou environ, il faut prendre garde premierement si les carreaux sont *pailleux* ou *surchauffez*, c'est-à-dire quand l'Acier a eu trop chaud, ce qui le fait paroistre comme *grillé* & par petits grumeaux, ou plein de veines noires ou de pailles que l'on voit en le cassant ; Car s'il est ainsi, on peut estre assuré qu'il n'est pas bon. Mais si les carreaux sont nets, sans pailles, ny surchauffures ; & qu'en la casse qu'on en fait par en haut, l'Acier paroisse net & d'un grain blanc & delié, c'est un témoignage qu'il est bon.

L'Acier qui vient de Piemont est par carreaux, un peu plus gros que le *Clamesy* ; Pour le bien choisir il faut regarder encore si les carreaux sont nets, sans pailles, surchauffures, grumeleux, ny découpez ; S'il n'y a point quelques taches tirant sur le jaune, ce qui témoigne qu'il est difficile à souder & à allier avec le Fer ou avec d'autre Acier. Parce que cette couleur jaune est une marque qu'il y a beaucoup de soufre dans la Mine, ce qui empesche le Fer de souder. Mais s'il est clair & net ; qu'il ait le grain menu & blanc, sans veines noires, & qu'il se casse facilement par le bout qui est trempé, lorsqu'on frappe contre quelque piece de Fer, ou contre un autre carreau d'Acier, c'est une marque certaine

LIVRE PREMIER.

que l'Acier est bon & propre à faire des Outils pour couper du pain, de la chair, de la corne, du bois, du papier & autres choses semblables.

Il vient de Piemont deux sortes d'Acier, l'un artificiel & l'autre naturel, & de bonne mine. L'artificiel est fait avec de menuës pieces de fer, que l'on met avec du charbon de bois pilé & fait exprés, lit sur lit dans un grand creuset ou pot de terre capable d'endurer le feu, avec un couvercle par dessus si bien luté qu'il ne sorte aucune fumée. On met ce pot dans un fourneau qui ne sert qu'à cela.

Cet Acier est bon, pourveu qu'il soit affiné deux fois, & que le charbon avec lequel il est affiné soit fraischement fait. Il faut remarquer que toute sorte de charbon n'y est pas propre, & que les creusets ou pots doivent estre au moins deux jours & deux nuits dans un feu violent, & le plus de temps est le meilleur, pourveu que le creuset demeure toujours bien clos. Cet Acier est bon à travailler à la terre, & à acerer des marteaux, & autres outils dont l'on travaille avec force & violence, & quelquefois aussi à faire des outils taillans, pourveu qu'il soit bien affiné & trempé comme il faut.

L'Acier qui vient d'Allemagne est par petites barres quarrées de sept à huit pieds de long. Il est tres-propre à faire des ressorts de Serrures, des arcs d'arbalestes, des épées, des ressorts d'Arquebuses, & autres ressorts ; pour estre bon il doit estre sans pailles, surchauffures, veines noires ny fourures de fer, ce qu'on pourra connoistre en le cassant.

L'Acier de *Carme* ou *à la Rose*, qu'on apporte

encore d'Allemagne & de Hongrie est aussi tres-bon à faire des cizeaux à couper le Fer à froid ; & à faire des burins, des cizelets, des faux, des outils à couper la pierre, la corne, le papier, le bois, & autres choses; Ces deux sortes d'Acier d'Allemagne sont les meilleurs qu'on employe en France. L'on en connoist la bonté, lorsqu'il est souple à la main, tout le long des barres, sans pailles, ny surchauffures, lorsqu'à la casse on y voit dans le milieu une tache presque noire, tirant sur le violet, ayant le grain fort delié & sans pailles ny apparence de Fer, & que cette tache traverse presque la barre de tous costez. Si au contraire les barres sont pailleuses, surchauffées, avec quelques veines entremeslées dans la casse, il n'est pas bon.

On amene icy de grosses barres d'Acier, de cinq à six ou sept pieds de long, & de dix-huit ou vingt lignes en quarré, qui se doit choisir comme le precedent. Cet Acier est propre à acerer les enclumes, les bigornes, les gros marteaux, & d'autres grosses pieces.

L'on nous apporte encore d'Espagne un Acier, qu'on appelle *Acier de grain*, autrement *Acier de motte ou de Montdragon*. Il est par grosses masses en forme de grands pains plats, qui ont quelquefois dix-huit pouces & davantage de diamettre ; & 2. 3. 4 ou 5. pouces d'épaisseur. Estant bien choisi & bien affiné, il est bon à faire des cizeaux pour couper le fer à froid, & pour acerer des marteaux & d'autres outils qui doivent estre durs, & avec lesquels on travaille à des ouvrages penibles & difficiles ; comme pour couper

LIVRE PREMIER.

per le marbre, la pierre & autres choses semblables. Cet Acier pour estre bon, doit avoir le grain delié à la casse, & de couleur presque jaune, sans veines noires ny apparence de fer. Il faut choisir le milieu de la motte, & se servir le moins que l'on pourra de la crouste. Si l'on voit que le grain soit gros, clair, & avec des veines noires, sans tirer sur le jaune, c'est une marque de son peu de bonté.

Pour l'employer & *corroyer*, il faut premierement le mettre dans le feu de charbon de bois ou de terre; mais celuy de bois est le meilleur, pour travailler toute sorte d'Acier; parce que le charbon de terre est plus violent, ce qui fait qu'on ne peut pas bien connoistre si le fer & l'acier est chaud, à cause de la flame qui passe par dessus.

Le Charbon de terre chauffe beaucoup mieux que le Charbon de bois, & il en faut une bien moindre quantité. Le Charbon d'Angleterre que l'on nomme de Neuf-Chastel est bien meilleur, que celuy d'Ecosse, mais il est plus leger, c'est pourquoy on les mesle ensemble, afin de faire corps; car celuy d'Ecosse seul n'est pas si bon. Du Charbon.

Le Charbon de France est assez bon, mais il en faut une plus grande quantité, & ne tient pas tant au feu que les precedents. Celuy qui vient de saint Estienne en Forest & du costé de Lion est le meilleur: Celuy d'Auvergne est fort bon, & il s'en trouve qui ne cede gueres à celuy d'Angleterre. Celuy qu'on amene de S. Dizier, est le moindre de tous.

Aprés avoir mis l'Acier dans le feu, & l'avoir

chauffé quelque espace de temps on le laisse un peu reposer & boüillir dans le mesme feu, jettant du sable delié ou de la terre franche en poudre par dessus pour le refroidir, & l'empescher de brusler : Ensuite on l'oste du feu, & l'on frappe dessus le plus promptement & le plus legerement que faire se peut; puis on l'applatit, & *estire* par petites barres plattes, de l'épaisseur de deux lignes ou davantage, qu'on fait rougir en couleur de cerise, & qu'on met dans l'eau. On casse ces barres par petites pieces que l'on met l'une sur l'autre, sur une lame de fer, de trois lignes d'épaisseur. L'on couvre le tout de terre franche détrempée avec de l'eau, & l'ayant fait chauffer doucement, on le tire du feu avec promptitude, pour le souder & estirer de la grosseur qu'on veut.

C'est ainsi qu'on peut corroyer & affiner le petit Acier *Soret*, *Clamesy*, de Piemont, & autres ; mesme les mesler & corroyer-les uns avec les autres, comme font quelquefois les Couteliers & d'autres Ouvriers qui sçavent les bien employer.

Pour celuy d'Espagne & d'Allemagne en barres; Ceux de Carme ou à la Rose de Hongrie & autres qui sont en barres, on ne les corroye pas si souvent que celuy qui est par carreaux, parce qu'ordinairement on ne les employe pas à faire des taillans.

ENCORE qu'un Ouvrier ait pris soin de choisir un bon Acier, il n'est pas assuré d'en faire de bonne besongne, s'il ne le sçait bien gouverner au feu ; prenant garde à ne le pas brusler ny surchauffer. Pour cela il faut qu'il forge les Outils, ou toute autre chose qu'il veut faire, avec le plus de promptitude

LIVRE PREMIER.

qu'il pourra; car plus l'Acier est au feu, & plus il se gaste.

CE n'est pas encore assez qu'il sçache bien choisir & bien forger le Fer & l'Acier, il doit avoir une connoissance particuliere des Trempes nécessaires pour chaque sorte d'Acier; considerer quel Acier & quelles Trempes conviennent le mieux aux choses qu'il entreprend de faire, n'estant pas également propres pour toutes sortes d'ouvrages.

Des Trempes.

Pour tremper le petit Acier *Limosin*, *Clamesy*, & l'arificiel, aprés que l'on a forgé, aceré, & dressé les pieces on les fait rougir dans le feu un peu plus que la couleur de cerise; aprés quoy on les trempe dans de l'eau de fontaine ou de puits, la plus froide est la meilleure.

Quelques-uns mettent du verre dans la forge, avant que d'y chauffer l'Acier; le faisant fondre & attacher au tour de leur ouvrage pour le tremper ensuitte lorsqu'il est bien chaud. Mais plusieurs croyent que cela ne sert de gueres.

D'autres prennent du sel commun, le pilent, & en mettent sur l'Acier, lorsqu'il est chaud & prest à tremper. Cela peut rendre l'Acier plus dur, & faire qu'il n'éclatte pas si-tost.

Aprés avoir chauffé l'Acier, & jetté du sel dessus on le met incontinent dans de l'eau froide, & on l'y tient jusques à ce qu'il soit froid; aprés quoy on luy donne un peu de recuit, c'est-à-dire qu'aprés avoir trempé l'outil, on le met aussi-tost sur une piece de fer chaud, jusques à ce que la blancheur qu'il a contractée par la trempe, vienne à se perdre en de-

Cc ij

venant de couleur d'or; & alors on le rejette promtement encore dans l'eau, sans attendre qu'il devienne bleu, parce qu'il perdroit sa force; à moins que ce ne fust de ces sortes d'Aciers à la *Rose*, qui sont forts, & qui se soustiennent assez.

Pour tremper celuy de Piemont, si c'est pour des Outils tranchans comme pour couper du pain, de la chair, du bois, & autres choses semblables, il faut le tremper en couleur de cerise, & aprés luy donner le recuit, qui sera bon, si en passant un morceau de bois sec par dessus le carré ou taillant, on void que la raclure ou poussiere, qui en sortira se brusle incontinent sur la piece. Mais il faut remarquer que tout Acier devient cassant, si on le trempe trop chaud; & qu'il ne s'endurcit pas davantage, quoy que plusieurs soient d'une opinion contraire. Si on le trempe trop chaud, & qu'on manque à le faire bon, dés la premiere fois, il ne vaudra jamais rien. Mais si on ne la pas trempé assez chaud, & que l'outil ne se trouve pas bon, on peut le tremper une seconde fois & le faire meilleur.

Il y en a qui tiennent que pour tremper les ressorts d'Acier d'Allemagne, la meilleure & la plus naturelle de toutes les eaux, est la rosée du mois de May, amassée le matin au lever du Soleil en quelque lieu eslevé, sur le blé ou autres herbes; car elles est moins terrestre, plus subtile, & beaucoup plus active, à cause que dans ce temps-là toutes les Plantes ont plus de vigueur: & qu'elle fera encore plus d'effet, si lorsqu'on l'amasse, le vent de Bize ou du Nord vient à souffler; la froideur de ces vents la

LIVRE PREMIER.

rendant plus penetrante, ce qui fait que l'Acier qu'on trempe dedans demeure plus roide, & fait mieux son effet.

L'on prend de cette eau 6. 7. 8. ou 9. fois autant pesant que d'Acier; On la met dans un vaisseau, où l'on trempe l'Acier, aprés l'avoir chauffé doucement & mis en couleur de cerise; & on le trempe si avant qu'il ne puisse prendre ny vent ny air, jusques à ce qu'il soit refroidi. Ensuite on l'oste & on le nettoye avec du sable ou du *fraisil*, tant qu'il soit blanc, & que toute l'escaille soit ostée de dessus.

Lorsque le ressort est ainsi trempé & nettoyé, on le met sur le feu, & on luy laisse prendre le recuit doucement jusques à ce qu'il vienne en couleur jaune, sanguine violette, couleur d'eau, & gris noir. Lorsque ces couleurs paroissent, il faut l'oster de dessus le feu, & passer un bois sec comme j'ay dit, parlant de l'Acier de Piemont. Quand ce bois ou sa raclure bruslera dessus, il faudra prendre une corne de mouton, ou de chevre, ou de bœuf, ou d'autre animal qui soit grasse, & la passer par dessus le ressort; ou bien une plume, de l'huile, du suif de chandelle ou d'autre graisse, & le mettre un peu sur le feu. Si l'on se sert d'huile, il la faut laisser flamber & brusler sur le ressort, & voir derechef si le bois dont on le frotera, bruslera; car pour lors l'ouvrage sera achevé, & il n'y aura qu'à le laisser refroidir.

On peut bien tremper les ressorts dans de l'eau de forge ou de riviere; ou bien dans de l'eau de puits ou de fontaine. Mais si on les trempe dans de l'eau de fontaine ou de puits, qui soit trop froide, il faut auparavant la mettre dans un vaisseau, où l'on puisse la batre avec un baston ou avec la main, afin de l'amolir; car si l'on ne faisoit cela, les ressorts seroient sujets à se casser, en les pliant, & mesme quelquefois en les trempant, si l'Acier est rude.

Pour l'Acier de *Carme* ou l'Acier à la *Rose*, aprés l'avoir fait chauffer en couleur de cerise seulement avec du Charbon de bois, il faut le tremper dans de l'eau de fontaine ou de puits, la plus froide & la plus ferme sera la meilleure. Quand c'est un cizeau, ou quelque autre chose fort mince, cet Acier est sujet à se fendre & à se casser dans l'eau. Pour éviter cela, il faut mettre le gros bout ou le moins chaud, dont on se veut servir le premier dans l'eau, l'enfonçant jusques au fond du vaisseau; ou bien mettre du suif ou de la graisse fonduë sur l'eau, afin de passer tout au travers de cette graisse, qui flotera sur l'eau, la piece qu'on veut tremper, lorsqu'elle sera chaude, & par ce moyen on empeschera l'Outil de casser. Aprés qu'il sera trempé, il faut le recuire & nettoyer, comme j'ay dit, afin de voir mieux le recuit qu'on veut luy donner.

Car si l'Acier qu'on trempe, est destiné à faire des Outils propres pour couper du fer, comme burins, cizelets, cizeaux, ou autres choses semblables, on leur donnera le recuit en couleur jaune, tirant un peu sur le rouge; & puis on les laissera refroidir. Que si ces Outils viennent à s'éclater ou à se rompre en travaillant, on les remettra un peu sur le feu ou sur quelque gros fer chaud, qui leur donnera du

LIVRE PREMIER.

recuit davantage, jusques à ce que tirant un peu sur le violet, on juge qu'ils soient tels qu'on les demande. C'est ainsi qu'on les fait plus durs ou plus mols, pourveu que l'Acier soit bon.

L'Acier de Carme & de Hongrie est encore tres-bon à faire des faux & d'autres sortes d'Outils de cette nature.

Celuy d'Espagne qui est par grosses barres se doit tremper comme le *Soret*, le *Clamesy, ou Limosin*. Si ce sont de grosses pieces, comme enclumes, bigornes, marteaux, & choses semblables, on ne leur donne point de recuit; On les trempe dans leur force dans l'eau de fontaine ou de puits, la plus froide & la plus ferme est la meilleure.

Pour l'autre Acier d'Espagne qui est en motte, il se doit tremper & recuire, comme l'Acier de *Carme*; Celuy à la rose a les mesmes qualitez.

La meilleure & la plus assurée Trempe pour des Limes & autres pieces que l'on fait de fer, est celle qui se fait d'ordinaire avec de la suie de cheminée la plus grosse, la plus dure & la plus seche qui se trouve. Il faut la bien piller, & mettre en poudre pour la passer avec un tamis, puis la détremper avec de l'urine & du vinaigre, y adjoustant un peu de sel commun ou de saumure, c'est-à-dire du sel fondu; détremper le tout, & n'y mettant pas trop d'urine & de vinaigre, la rendre liquide comme de la moutarde.

Aprés que l'on a détrempé la suie, on prend du vinaigre & du sel, dont l'on frotte les Limes pour en oster la graisse qu'on met dessus lorsqu'on les taille. Estant bien dégraissées, on les couvre de la suie détrempée, comme j'ay dit ; & faisant un paquet de plusieurs Limes, au milieu duquel il y a un canon de fer avec une verge de fer dedans qu'on nomme *Esprouvette*, on couvre tout ce paquet de terre franche. On le met chauffer avec du charbon de bois, dans un fourneau à vent, fait de briques ou autrement, jusques à ce que les Limes soient en couleur de cerise, ou un peu plus rouge, ce que l'on connoist par le moyen de l'*Esprouvette*, ou verge de fer, que l'on tire doucement hors du canon.

Les Limes neuves faites de fer, se doivent chauffer davantage, & tremper plus chaudes, que si elles estoient vieilles ou retaillées pour la seconde ou troisiéme fois, ou qu'elles fussent d'Acier.

Lorsqu'on voit qu'elles sont assez chaudes, on les jette dans quelque vaisseau plein d'eau de fontaine ou de puits ; la plus froide est toujours la meilleure.

Si les Limes se courbent ou s'envoilent à la Trempe, on les pourra redresser en les pliant doucement dans l'eau, avant quelles soient tout-à-fait froides & avant que de les oster. Car si on attendoit quelles fussent seiches, on les casseroit en les redressant.

Aprés qu'elles sont froides, on les nettoye avec du charbon de bois, ou du linge, pour en oster la crasse ou la suie qui demeure dans la taille. On les met secher devant le feu ; & enfin on les enferme dans quelque boëte avec du son de froment pour les garder de la roüille.

Si ce sont Limes douces, il faut les envelopper dans
des

du papier huilé, de crainte que la fleur qui est dans le son n'entre dans les tailles.

Si l'on veut tremper de petites Limes, des Taraux, des Filieres, ou autres choses semblables, comme il n'est pas necessaire qu'elles soient si rudes & si roides que les precedentes, il faut prendre de vieilles savates ou cuir de souliers, les bien laver pour en oster la terre; puis les brusler & les piler promptement, autrement elles deviendroient en cendre. Estant reduites en poudre que l'on passe par un tamis, on adjouste un peu de suie, & on détrempe le tout avec de l'urine ou du vinaigre, ou des deux ensemble. On met ces Limes ou autre chose en un paquet fait de sorte qu'elles ne puissent prendre vent; on les chauffe, & on les jette dans l'eau froide comme les precedentes; que si les Limes se gauchissent ou *envoilent* à la Trempe, on les redresse de mesme que j'ay dit.

Il est à remarquer que si on les bat bien à froid, avant que de les tailler & tremper, elles se redresseront encore mieux, principalement les Limes à fendre.

On fait encore des Trempes de plusieurs & diverses sortes que je n'ay voulu mettre icy, de crainte d'estre trop ennuyeux.

Aprés avoir parlé de la connoissance que les Ouvriers doivent avoir des diverses natures du Fer & de l'Acier & de la maniere de les chauffer, & de leur donner une bonne Trempe, l'on peut dire quelque chose des divers ouvrages qui se font pour les Bastimens, & des Outils necessaires pour cela.

DE L'ARCHITECTURE,

DES OUVRA-
GES ET PIE-
CES DE SER-
RURERIE NE-
CESSAIRES
DANS LES
BASTIMENS.

Outre les grosses pieces de fer qui s'employent soit à faire des *Ancres*, & *des Tirans*; *des Crampons* & *des Harpons*, pour entretenir les murailles; soit à lier ou attacher des Poutres ou des Tirans de bois, comme sont les *Boulons* & *les Estriers*; soit à faire des *barres* ou *des grilles* pour les Fenestres, soit pour des *Ballustres* d'Escaliers ou de Balcons, il y a encore plusieurs autres Ouvrages de Serrurerie necessaires dans les Maisons, dont les principaux regardent la fermeture des portes & des fenestres.

A l'égard des Portes, lorsqu'il est question de les ferrer, l'on en considere la forme & la grandeur. Car premierement pour les Portes cocheres, l'on y met deux ou trois *Pantures*, qui sont des bandes ou barres de fer, plattes & percées tout du long, pour les attacher contre la Porte avec des clouds rivez en dedans, ou bien avec un *Crampon* qui passe pardessus le *collet* de la bande, & qui traversant la Porte, est rivé par l'autre costé sur le bois. Le bout de la bande est retourné en rond de la grosseur du *Mamelon* du gond, & resoudé sur la mesme bande. Le *Mamelon* est le bout du Gond, qui entre dans la bande, lequel doit estre soudé sur un gros morceau de fer quarré qui excede le *Mamelon* d'un demy pouce, afin que la Panture porte dessus pour rouler avec plus de facilité, & empescher que la pesanteur de la Porte ne coupe le Gond avec la Panture.

Il y a d'autres *Bandes* que l'on nomme *Flamandes*, qui sont faites de deux barres de fer soudés l'une contre l'autre, & repliées en rond pour faire

LIVRE PREMIER.

passer le Gond. Aprés qu'elles sont soudées, on les ouvre & on les separe l'une de l'autre, autant que la Porte a d'épaisseur, puis on les courbe quarrément, pour les faire joindre des deux costez contre la Porte. On met quelquefois des feuillages sur ces sortes de bandes.

L'on met aussi assez souvent un *Pivot*, qui prend sous le bas de la Porte, & dont la pointe entre dans une *Crapaudine*, *Coüette*, ou *Grenoüille* de fer ou de cuivre, bien à plomb au droit des *Mamelons* des gonds qui sont dessus.

On ferre aussi les grandes Portes avec des *Fiches à gond*, qu'on appelle ainsi à cause qu'elles s'entaillent dans le bois. Elles doivent estre forgées à pans pardessus le *Mamelon*, & arrestées avec de bons clous ou pointes. Si l'on attache la Porte contre de la pierre, il faut faire un trou pour le Gond plus large au fond qu'à l'entrée, afin qu'il n'en puisse sortir, quand il sera sellé en plastre ou en plomb.

L'on met à ces Portes de grandes barres de bois ou de fer qu'on appelle *Fleaux*, qui se tournent sur un *Boulon* de fer par le milieu, & qui servent pour les tenir fermées avec une Serrure quarrée, & un *Veroüil*; ou bien avec un *Moraillon* par le bas. Quelques-uns y mettent des barres de fer par derriere que l'on nomme *Pied-de-biches* ou *Arcboutans*, qui ne ferment qu'une moitié de la Porte. Mais pour estre mieux, l'on fait que ces barres sont doubles par le bout; pour fermer en mesme temps les deux costez de la Porte. L'on y met aussi un *Moraillon* qui entre dans une petite Serrure quarrée, à

Dd ij

boſſe, ou autrement. D'autres ſe contentent de mettre des *Veroüils* en haut & en bas avec de petits reſſorts par deſſous les Veroüils pour les empeſcher de tomber. A ceux d'en haut on laiſſe des queuës aſſez longues, pour y pouvoir atteindre, & auſquelles on met auſſi quelquefois de petites Serrures. L'on attache encore aux Veroüils d'enbas un *Reſſort* ou un *Anneau* au bout de la queuë, pour l'acrocher à un petit crochet qui eſt à la Porte, afin qu'eſtant ouverte, le Veroüil ne puiſſe tomber. S'il y a un guichet aux grandes Portes, on le ferre avec *Couplets ou Fiches à doubles neuds ou charnieres*.

L'on met pour l'ordinaire des clous rivez ſur les barres de bois & aſſemblages des Portes avec des *Contrevents* ou *Fauſſes pieces de fer*, par le derriere de la Porte. Et ſi l'on ne fait de ces fauſſes pieces & contrevents, l'on fait des *clous à doubles pointes* que l'on retourne à droit & à gauche, aprés qu'ils ſont chaſſez au travers le bois. Ces clous ſe font de pluſieurs façons par la teſte; Car il y en a de *quarrez, à l'oz̄ange, en pointe de diamant, en teſte de potiron, à teſte ronde cannelée, teſte ronde avec des roſes, teſte en façon de fleur de Lys & de pluſieurs autres manieres*.

Quant aux petites Portes des maiſons, ſi elles ſont arraſées par dedans, l'on y met des Bandes qui les traverſent; ou des Bandes *Flamandes*; & on les garnit de *Fiches* avec leurs *Gonds à repos*; de *Veroüils ronds*, ou avec deux *Vertevelles* ou *Veroüils plats*, avec Crampons; ou *Veroüils* montez ſur platines garnies chacune de deux clous paſſant au

LIVRE PREMIER.

travers de la Porte, & rivez sur la Platine. Et pour les Crampons qui servent de *Gaches* aux Verouïls, ils doivent estre à *double patte*, attachez comme les Platines, avec deux clous rivez, & autres petits clous.

Lorsque la Porte n'est pas arrazée, & qu'elle est avec simples Paneaux, on y met des *Paumelles* de la largeur du batant avec des clous rivez : Et dans les quatre Angles de la porte, quatre Equaires *soudées & ployées sur leur champ* avec des clous à teste ronde pour les attacher.

Outre la Serrure on y met quelquefois un *Loquet à vielle*, qui est ainsi nommé à cause du *Folier*, qui est fait comme la manivelle d'une Vielle ; D'autres y mettent des *Loquets* qu'on appelle *Cordelieres*. Les Clefs en sont toutes plattes, au lieu de les tourner à l'ordinaire, on les hausse pour lever un *Bouton*, qui tient au batant, lequel se ferme par derriere la Porte dans un *Mantonnet*.

Pour les Portes des Sales, des Chambres & autres lieux d'un logis, elles doivent estre ferrées avec des *Paumelles* quarrées, ou d'autre façon. Quand elles sont d'assemblage, & arrazées par derriere, ou emboistées par les bouts ; on y met des *Bandes* au travers, ou bien des *Couplets* doubles. Outre les Serrures, on y met aussi quelquefois un *Loquet ou Clenche*.

Si l'on veut que les Portes ferment d'elles mesmes, on les garnit par le bas d'un *Pivot*, ou *Valet coudé*, ou bien de bandes forgées & tournées par le bout du *Mamelon*, en queuë d'Aironde, & en forme de volute par dessus le gond qui est *chanfrain*, pour repousser la Porte. D'autres font faire un ressort double qui bande contre la feuillure de la Porte, lorsqu'elle s'ouvre. D'autres un ressort à *boudin* dans un petit tambour, où il y a une queuë avec une petite poulie au bout qui repousse la Porte. La meilleure façon est de faire un des Gonds *à vis* avec trois ou quatre filets & son Escroüé, de la mesme sorte qu'à une Presse d'Imprimerie.

L'on garnit aussi les Portes de *Heurtoirs*, *de Boucles*, *de Boutons*, pour les tirer & fermer ; avec des *Platines & Escussons*, de mesme qu'aux entrées des Serrures ou Loquets.

Mais ce qu'il y a de plus nécessaire pour la fermeture des Portes, de plus délicat dans la Serrurerie, & où l'on connoist davantage l'industrie de l'Ouvrier, consiste principalement dans les differentes sortes de *Serrures*. Celles qu'on faisoit anciennement tant des Portes, que des Coffres & des Cabinets s'attachoient en dehors, & mesme il y a encore certains lieux où les Ouvriers en cet art sont obligez d'en faire de semblables pour leur Chef-d'œuvre, quand ils se font passer maistres.

De ces sortes de Serrures les unes se font avec un *Moraillon* simple & un *Péne* ou Péle ; D'autres avec un *Moraillon*, & une *Gachette* ; D'autres avec un *Moraillon* & une *Gachette* double avec une S.

Il y en a d'autres dont le *Moraillon* est fourchu & porte deux *Auberons* ; l'on y met un *Péne à S.* pour les fermer tous deux à la fois : Et outre les *Pénes*, il y a doubles *Gachettes*.

LIVRE PREMIER.

Il s'en fait encore d'autres à 2. 3. 4. 5. ou plusieurs *Pênes*, & de diverses façons, dont les Clefs ont double forure, & plusieurs fentes, dans lesquelles passent les *Rasteaux & Rouets*, qui doivent estre limez *exparement* ; pour entrer avec justesse & tout à la fois dans la clef.

Il faut que ces sortes de Clefs soient courtes, & bien proportionnées ; Que leur tige ait deux fois la hauteur du *Paneton*, qui doit estre quarré & prendre jusques au *Museau* ; Car plus le *Paneton* sera haut, & plus les *Rouets & les Gardes* pourront se fendre plus profondement & passer davantage dans la Serrure. La grosseur de la tige doit estre proportionnée à la grandeur de la Clef.

Pour forger ces sortes de Clefs, il faut prendre une barre de fer doux & ployant, qui ne soit pas dur à la lime, & où il n'y ait point de grain ; on la casse, & on la coupe à chaud de deux ou trois pieds de long ; l'on refend les pieces en long aussi à chaud, en deux ou trois morceaux selon la grosseur de la barre.

Ensuite on prend une de ces parties ou *Fentons* que l'on met dans le feu pour [a] *souder*, & [b] *estirer* de grosseur suffisante pour enlever la Clef, & les autres pieces necessaires pour la Serrure.

Aprés que le *Fenton* est *soudé & estiré* de bonne grosseur on le remet dans la forge, & on luy donne encore une *chaude suante*, c'est-à-dire le faire chauffer si chaud qu'il commence à fondre & à dégouter en le tirant du feu.

Pour forger la Clef, on enleve premierement le

[a] C'est-à-dire, le rendre tout blanc dans le feu ; & comme dégoutant.
[b] C'est le batre & allonger sur l'enclume.

bout où doit eſtre l'*Anneau*, ce qui ſe fait ſur l'arreſte ou bord de l'enclume. Aprés que la Clef eſt enlevée, ſi on ne luy a pas fait le *Paneton* en l'enlevant, on luy redonne derechef une *chaude ſuante*, par le bout du *Paneton*, ce que l'on fait auſſi pour faire l'*Anneau*, le remettant dans le feu pour le percer & *bigorner* ſur la *bigorne*, & luy donner telle forme & figure que l'on veut. Et s'il y faut un *Muſeau*, on le fait en trempant le derriere de la Clef dans l'eau, ou meſme ſans le tremper ce qui ſera meilleur, parce que cette Trempe endurcit le Fer, & le rend reveſche au recuit.

Si c'eſt pour une *Serrure treſſiere*, c'eſt-à-dire n'ouvrant que d'un coſté, ou à *boſſe*, auſquelles il faille mettre une [a] *Hayve* ou des *dents* aux entrées, on les fait ſur l'enclume avec le cizeau, aprés avoir mis de hauteur & ſoudé le *Paneton*.

[a] C'eſt une petite eminence de fer ſur le *Paneton*, laquelle empeſche la Clef de paſſer de part en part dans la Serrure.

Aprés avoir forgé la Clef, l'on forge le *Péne*, & deux *Cramponnets* pour le tenir ; le *Reſſort*, *un Eſtoquiau*, qui eſt comme une eſpece de cheville qui retient le reſſort, & qui ſe met devant le *Péne* pour empeſcher qu'on ne le repouſſe avec un *Ciſeau* ou autre choſe. Deux *Rateaux*, l'un à droit, & l'autre à gauche : la *Couverture* que l'on nomme quelquefois un *Fondſet* ou *Foncet* ; une *Broche*, le *Fer à roüet*, la *Bouterolle & les Rouets* ; le *Palaſtre* ou piece de fer qui couvre toutes les garnitures, & où ſont montées toutes les pieces : les *Crampons* pour l'attacher, le *Cachentrée*, *la Barre* pour le tenir, le *Moraillon* & *le Couplet*, qui s'ajuſte au bout avec Charniere ; l'*Auberon* qui eſt le petit morceau de Fer rivé au *Moraillon*

LIVRE PREMIER.

raillon qui entre dans l'*Auberonniere* de la Serrure; & au travers duquel entre le *Péne* pour la fermer avec le *Bouton* pour lever le *Moraillon*.

Pour les Serrures en bois, on fait d'ordinaire de grandes Clefs, avec de grandes ouvertures dans les *Panetons*.

Il y a d'autres Serrures qui sont *Besnardes*, c'est-à-dire qui s'ouvrent des deux costez, & qui sont garnies d'une, deux, ou trois planches fenduës qui passent dans la Clef. Et afin que la Clef fasse arrest, & qu'elle ne passe point outre, l'on fait dans la *Tige* une entaille qui est plus grosse au milieu & au derriere du *Paneton* que par le devant, lequel arrest porte sur l'une des planches, & par ce moyen les Serrures s'ouvrent librement des deux costez.

Les Serrures qu'on appelle *à Houssette* servent d'ordinaire pour des Coffres simples; Elles se ferment à la chute du couvercle, & s'ouvrent avec un demy tour à droit.

Il y en a d'autres que l'on nomme un *Péne en bord*, parce que le Péne doit estre ployé en équaire par le bout, & recourbé en demy-rond pour faire place au ressort. D'autres qu'on nomme *à deux fermetures*, à cause qu'elles se ferment par deux endroits dans le bord du Palastre. Elles sont composées d'un Péne qui doit estre fendu ou coudé simplement pour passer un pied du *Cramponet*, puis ployé à l'équaire par les deux bouts comme le *Péne* en bord : d'une Gachette, [a] des Coques, du Ressort de la Gachette, de la Feuille de Sauge & de son Ressort; du Cramponet, des Rateaux, de la Cloison, des Estoquiaux, des Roüets

[a] Ce sont petites pieces de fer qui servent à conduire le Pêne, & dans lesquel les entre l'Auberon.

& des Vis pour mettre dans les *Eſtoquieaux & Rateaux*, & pour attacher la Serrure contre le bois. Elles ont aussi *un Couronnement* & un *Eſcuſſon ou Targette*, pour l'entrée de la Serrure.

Non ſeulement on fait des Serrures à deux & trois fermetures, mais juſques à neuf & dix. Et comme pour cet effet il faut multiplier les reſſorts, elles ſont compoſées de *Pénes* qu'on appelle à *Pignon* avec des *Cramalieres* à pluſieurs *crans* ſouſtenus de *Conſoles*, & retenus avec des *Couliſſes* qui ſervent à conduire les *Pénes*.

La pluſpart de ces ſortes de Serrures ſont plus propres pour des Coffres que pour des Portes & Cabinets, où l'on n'en met qu'à *reſſort*, ou à *Péne dormant*, c'eſt-à-dire qui ne va point ſi la Clef ne le fait ouvrir ou fermer.

Celuy qu'on appelle *à reſſort*, à cauſe qu'il eſt repouſſé & ſe ferme en tirant la Porte, s'ouvre par le dehors avec un demy tour de Clef, & par dedans avec un *Bouton*, qui ſe tire avec la main. Il eſt facile à ouvrir avec le crochet, & n'eſt pas des plus ſurs.

On fait de petites Serrures à reſſort qu'on appelle *Bec de Canne*.

A celles qu'on nomme à *Pene dormant*, il y a un reſſort par le coſté qui entre dans un *cran* ou contre un arreſt qui eſt au coſté du *Pene*, lequel empeſche qu'on ne le puiſſe aiſément ouvrir avec le crochet, pourveu qu'il y ait des *Rouëts* dans la Serrure, leſquels paſſent l'un par deſſus l'autre, ou qu'il y ait quelque planche qui paſſe entre le *Péne* & le Reſſort.

Les Serrures à *Péne dormant* ſont compoſées du

LIVRE PREMIER.

Péne, d'un ou de deux *Cramponets*, d'un *Ressort double ou à pied*, de deux *Rateaux*, l'un à droit, & l'autre à gauche, *de la Broche*, si la Serrure n'est *Besnarde*, pour ouvrir des deux costez, *de Fer à rouet*, *du Palastre*, [a] *de la Cloison*, *des Estoquiaux ou Estoquiau*, *des Vis*, *des Rivets du* [b] *Canon*, s'il y en faut; *de la Couverture*, *du Clou à Vis & de l'Ecusson*.

Il faut donner à la *Cloison* la hauteur du *Paneton* de la Clef, & une ligne davantage pour l'épaisseur du *Foncet*.

L'on fait de ces Serrures de toutes sortes de grandeurs pour servir à des Portes. Les grandes se font à deux tours avec *Gachettes ou Feuilles de Sauges* par dessous les *Pénes* qui ont quelquefois deux testes avec une petite *Console*. Toutes ces Serrures se mettent en dedans, & il est necessaire de les *encloisonner*.

Il se fait en quelques endroits des *Pénes dormants*, où l'entrée est sur le *Palastre* que l'on met par le dehors, & où il y a des *Crampons*, en forme de Ballustres, de Moulures, ou d'autres ornemens.

Il se fait d'autres Serrures qui se nomment aussi en quelques endroits des *Pénes dormants*, où il y a un *Loquet ou Cadole*, qui est une piece de fer de pareille longueur que le *Péne*, excepté qu'il n'y a point de *Barbe*; qu'il se met sous l'entrée de la Clef, & qu'il est piqué dans le bord du *Palastre* pour se hausser & baisser dans un *Mantonnet* qui est posé à la feüillure de la Porte, lequel se ferme en la tirant & s'ouvre par dehors avec un *Bouton*, *Coquille*, *Glan*, *Olive*, ou autre chose semblable, & par le dedans avec la queuë du bouton.

[a] C'est ce qui fait le coffre ou pourtour de la Serrure.
[b] c'è entre la Clef, & ce qui la conduit

Il y a encore des Serrures à *Clenches* qui se mettent aux grandes Portes des Maisons, & qui sont d'ordinaire composées d'un grand *Péne dormant* à deux tours avec un *Ressort* double par derriere; & au dessus est la *Planche*, qui est une piece de fer de la longueur du *Péne* avec une teste qui sort par le dehors du *Palastre*, & qui est arrestée avec un *Estoquiau*, par l'autre bout au bas du *Palastre*.

L'on fait encore des Serrures à *Péne dormant*, dont la Clef est creuse, & qui s'ouvrent des deux costez: Il faut à ces sortes de Serrures un Ressort double de Fer ou d'Acier. Il doit y avoir aussi deux *Gouges* à tous les Ressorts de fer que l'on met aux Serrures pour les faire decocher des crans du *Péne*, & qu'elles passent par dessus les ᵃ *Barbes des Pénes*, ausquels on donne *telle course* que l'on veut, c'est-à-dire les faire sortir hors du bord de la Serrure de la longueur qu'on desire.

ᵃ Ce sont des haussoirs ou pieces enlevées sur le Péne, qui avancent, & que la Clef prend pour le faire marcher.

Quelquefois l'on met un *Ressort à boudin* dans le *Foliot* qui sert pour repousser le demy tour du *Péne*, parce que ce ressort est plus souple & plus delicat que les autres qui se font avec la *Jumelle*. Il y a aussi d'autres sortes de Ressorts qu'on appelle, *Ressorts de chien*, & afin qu'ils soient moins sujets à se casser, on les fait d'acier batu mince & trempé, mais ces sortes de *Ressorts* ne sont pas si bons que les autres.

L'on fait encore de ces sortes de Serrures à plusieurs *Pénes*, & aussi des Serrures appellées *Passe-partout*, parce qu'ordinairement il y a deux Clefs & deux entrées. Il faut pour cela que la Clef soit grande & *Besnarde* pour y pouvoir mettre plusieurs gardes, quand on veut qu'elle ouvre plusieurs Portes par dehors & par dedans. Ces Clefs se nomment *Passe-par-tout*. Le *Talon* qui est au derriere du *Péne*, & qui fait arrest contre le *Cramponet* peut si l'on veut servir de *Barbe* pour le demy-tour.

L'on peut mettre des secrets à toutes les Serrures dont j'ay parlé, pour faire qu'il n'y ait que ceux qui les sçavent, qui puissent les ouvrir ; comme des *Barbes perduës* qui s'ouvrent en poussant ou tirant les Clefs ; des *Canons* qui ne se poussent ny ne se retirent, & que l'on met dans les *Pénes*, *Gachettes*, *Palastres* & *Couvertures* ; ou bien des *Bascules* au lieu de *Gachettes* : ou *Rateaux* qui se tournent ; des *Chasses-pénes*, & d'une infinité de differentes manieres selon l'industrie des Ouvriers.

L'on donne aux *Rouets* & aux autres *Gardes* que l'on met dans les *Panetons* des Clefs, des noms differens selon leur differentes figures. Je ne les mettray point icy, parce que le nombre en est trop grand, & qu'il pourroit estre ennuyeux au Lecteur, qui pourra les apprendre ailleurs s'il en a la curiosité.

L'on se sert aussi pour certaines portes, coffres ou autre chose, de *Cadenats* qui se font en *rond*, en *cœur*, en *triangle*, & en *escusson*. Il y en a de *quarrez*, de *plats*, en *ovalle*, en forme de *glan*, en *balustre*, & ainsi de plusieurs façons.

Pour faire les Cadenats ronds qui sont les plus communs on bat deux petites pieces de fer l'une sur l'autre, de telle grandeur qu'on veut, & que l'on tourne sur un moule creux avec un marteau ayant la tefte ronde, pour [a] *embouttir* facilement, ou bien avec un poinçon *à emboutir*.

[a] *C'est-à-dire creuser.*

Enſuitte on fait une *Virolle* de fer de la largeur qu'on veut que ſoit l'*anſe*, aprés quoy l'on y adjouſte les *Oreilles*, pour mettre l'anſe, & l'on perce le fond de deſſous pour mettre la *Broche*; De l'autre coſté l'on fait l'entrée de la *Clef*, & deſſus l'on y adjouſte la *Barre*, pour tenir la *Gachette* ou *Péne*, & le *Reſſort* : Cela fait, on *Braſe* de la maniere qui ſuit.

DE LA MANIERE DE BRASER.

Il faut premierement joindre le plus juſtement qu'on peut, les pieces que l'on veut *braſer*, & faire qu'elles s'ajuſtent ſi bien l'une contre l'autre, qu'elles ne remuent en aucune maniere; ce qui s'obſerve tant pour les *Cadenats* que pour toutes les autres pieces. Car ſi elles n'eſtoient fermes l'une contre l'autre, elles s'oſteroient de leur place & ne *braſeroient* pas aux endroits où elles ne joindroient point. Si ce ſont quelque pieces delicates, on peut les lier enſemble avec un petit fil de fer. Aprés eſtre ajuſtées l'on prend du laton, ou *mitraille*, dont la plus jaune & la plus mince eſt la meilleure; on la coupe par petits morceaux que l'on met dedans & au tour des pieces qu'on veut *braſer*, & qu'on couvre avec du papier ou du linge attaché avec un fil.

Enſuite il faut prendre de la terre franche, car autrement toute la matiere ſe fondroit ou couleroit au feu, lorſque le laton ſeroit fondu. Si la terre eſt trop graſſe, l'on y ajouſte un peu de ſable & d'*eſcaille* de fer avec un peu de fiente de cheval, & de boure qu'on bat avec un baſton; Quand on a oſté les petites pierres ou gravois qui ſont dans la terre, on détrempe le tout ensemble avec de l'eau claire en consistance de paste, dont on couvre l'ouvrage de l'épaisseur de 2. 3. 4. 5. ou 6. lignes ou davantage selon sa grosseur. Estant couverte, il faut la moüiller, mettant de l'escaille de fer par dessus pour secher un peu l'eau, & pour empescher que la terre ne se fende au feu; puis la chauffant un espace de temps, on tourne la besongne par plusieurs fois, de peur qu'elle ne se chauffe trop d'un costé, ce qui se fait jusques à ce qu'on voye une flamme ou fumée bleuë & violette qui sorte de la terre, & qui sera un signe evident que le laton est fondu, & qu'il coule également par tous les endroits necessaires. Cela fait, on oste la besongne du feu, la tournant doucement de tous les costez jusques à ce qu'elle soit un peu refroidie, & que le laton ne coule plus; Car autrement il s'en trouveroit plus en un endroit qu'en un autre. On la laisse refroidir dans la terre jusques à ce qu'on puisse la manier aisément avec les mains. Toutes les grosses pieces se *brasent* de la mesme maniere.

Si c'est quelque piece delicate, on peut sans la couvrir de terre prendre du laton, le mettre sur la piece qu'on veut *braser*, & la moüillant avec de l'eau claire, y mettre du *borax* en poudre, & la faire secher doucement devant le feu. Car si d'abord on l'en approchoit trop, l'eau venant à s'échauffer & à boüillir, jetteroit le *laton* & le *borax* hors de leur place. Mais aprés qu'il est sec, on le met sur le feu, & en approchant le charbon de tous costez, l'on en met un par dessus, sans pourtant qu'il touche la piece, que l'on chauffe jusques à ce que l'on voye fondre & couler le laton, ce qui arrive bien-tost par le moyen du *Borax*.

Si les pieces sont extraordinairement delicates, & qu'on ne veuille pas que le laton y paroisse; il faut prendre de la soudure faite de laton, avec la dixiéme partie d'estain fin, comme font les Chaudronniers. On la bat par petits *Pallions* que l'on met sur la besongne avec de l'eau, puis du borax & de la *raisine* & l'on fait du reste comme je viens de dire.

On *brase* encore avec de la soudure composée d'un tiers de laton, & les deux autres tiers d'argent fin. Il faut prendre garde de ne pas fraper les pieces qu'on a *brasées* pendant qu'elles sont chaudes, car elles se separeroient.

On fait aussi des *Cadenats* dont les clefs font un tour ou deux pour les fermer & ouvrir. Quand on a forgé la *Clef*, les *Palastres*, les *Rateaux*, le *Péne*, les *Cramponets*, la *Broche*, la *Cloison*, les *Estoquiaux*, l'*Ance*, ou le *Veroüil*, l'*Auberon*, le *Fer à roüet*, & les *Rivets*, il faut recuire cette besongne, comme je vais dire.

On prend de la terre franche un peu sablonneuse, & un peu de son: l'on detrempe le tout avec de l'eau claire en consistance de paste assez molle, de laquelle on couvre toutes les pieces de l'épaisseur de 3. ou 4. lignes, puis on les met dans la forge, & on les couvre avec du charbon de bois, y mettant un peu de charbon allumé pour faire allumer l'autre de soy-mesme sans soufler. On laisse

brusler

brusler & consommer tout le charbon avec les pieces dedans, jusqu'à ce qu'elles soient froides.

L'Acier se recuit de la mesme sorte.

Quelques-uns font un peu chauffer leur besongne, puis la couvrent avec du suif de chandelle ; d'autres avec de la cire & de terre franche par dessus, puis les mettent dans le feu & les laissent refroidir doucement, comme j'ay dit.

Pour ce qui regarde les Fenestres & les Croisées, elles se ferrent avec des *Fiches*, ou bien avec des *Couplets* qui portent leurs *Paumelles* recourbées en equaire. Ces *Paumelles* & *Couplets* sont ordinairement polis & estamez, & l'on s'en sert lors que les Fenestres sont arazées, & que les *Guichets* affleurent les Chassis à verre par le dedans.

On met à ces croisées des *Targettes* vuidées & entaillées de leur epaisseur dans le bois. Il y en a quelques-unes dont les *Verouïls* sont par dessous la Platine, retenus avec une petite couverture ou deux cramponets aussi entaillez dans le bois. Cette façon est ancienne.

Lors que les croisées sont avec un *recouvrement* par le dedans, on les ferre quelquefois avec des *Fiches à gond* ou avec des *Fiches à pitons* de deux ou trois manieres, ou avec des *Fiches à simple charniere*, ou *Fiches à double charniere*, qu'on appelle des *Fiches Françoises*, & qui toutes sont bonnes, pourveu qu'elles soient bien *soudées*, *ajustées* & *rivées* avec *riveures* bien rondes & justes dedans les neuds ; *limées*, *degauchies* & bien *serrées* dans le bois.

L'on fait de ces *Targettes* les unes de relief, les autres *enfoncées*, d'autres *decoupées* sur du plomb, avec des *armes, chiffres* ou *feüillages*.

Pour Estamer.

Si l'on veut les *Estamer en poisle*, comme aussi quelques autres pieces qui ne soient pas de relief, il faut les limer & blanchir avec la lime, en sorte qu'il n'y demeure aucune tache noire ; puis les huiler aussi-tost, ou bien les mettre chauffer sur un feu de charbon de bois, & si chaud que la *Raisine* puisse aisément fondre dessus ; Mais prendre garde aussi qu'elles ne chauffent trop ; car si elles prenoient couleur sur le feu, on ne pourroit plus les estamer qu'elles ne fussent *reblanchies*. Quand elles sont chaudes, il faut les prendre avec des tenailles, & passer par dessus de la *Raisine* qui soit bien claire & bien nette, sans estre sablonneuse, & en mettre tant qu'elles soient couvertes par tous les endroits ce qui empeschera que la roüille ne les gaste, & les conservera plus long-temps que l'huile.

Pour les estamer, on prendra donc 25. ou 30. livres d'estain fin que l'on met dans un vaisseau de fer sur un feu de charbon ou de bois. L'estain estant fondu, on met les *Targettes* dedans, jusques à ce qu'elles prennent une belle couleur jaune, & lorsqu'en les retirant, l'on voit qu'il y a quelque endroit où l'Estain ne prend pas, on passe derechef de la *Raisine* sur les taches jusques à ce qu'elles soient estamées comme il faut.

Si les Targettes ou autres pieces sont de relief, & que l'on ne puisse les blanchir avec la lime, aprés qu'elles sont *relevées & embouties*, il faut les mettre tremper cinq ou six heures dans du vinaigre ou lie de vin ; ensuite les y faire boüillir, les bien escurer & nettoyer avec du sablon, puis estant essuiées, les secher promptement sur le feu de crainte de la roüille ; Aprés quoy on les *raisine* & on les estame comme je viens de dire.

Les Ouvriers ont encore d'autres manieres particulieres d'estamer, comme aussi d'émailler des Targettes, & autres ouvrages de relief avec *Poix-raisine*, *Sandarac*, & *Mastic* que l'on pulverise, & que l'on fait fondre dans un vaisseau de terre, où l'on met telles couleurs que l'on veut avec le pinceau.

Si l'on veut mettre le Fer ou l'Acier en couleur. Il faut premierement le limer & polir avec des Limes douces, puis le brunir avec un *Brunissoir*, ou bien le polir avec de l'*Emeril* en poudre, & ensuite avec de la *Potée*. Lorsque l'Ouvrage est bien poli, l'on prend des cendres chaudes & passées auparavant par le Sas, dans lesquelles on met la besongne, l'y laissant chauffer jusques à ce qu'elle prenne telle couleur qu'on veut. Car premierement elle paroistra de couleur d'or, ensuite de couleur sanguine, puis violette, bleuë, &, aprés de couleur d'eau. Lorsqu'elle est de la couleur qu'on demande, il faut l'oster promptement avec de petites pincettes.

Quand l'on n'a point de cendres, on ne laisse pas de donner les mesmes couleurs, en faisant chauffer un morceau de fer assez gros, & mettant dessus la besongne bien polie : Mais aussi-tost qu'elle est de la couleur qu'on la veut, il faut l'oster & la laisser refroidir sur quelque fer ou pierre froide, sans

Pour mettre l'Acier en couleur.

qu'elle touche à de la graisse ny à du bois pendant qu'elle sera chaude, car cela gasteroit sa couleur.

Si l'on desire mettre des feuillages ou escritures blanches su le Fer, aprés qu'il est mis en couleur, il faut prendre du *vernis* fait avec de la mine de plomb, & de la cire jaune fonduës ensemble, puis faire un peu chauffer le fer, l'appliquer dessus, & estant refroidi, desseigner ce que l'on y veut faire, comme quand l'on grave à l'eau forte. Cela fait, on prend de bon vinaigre que l'on fait boüillir dans une escuelle sur un rechaud, & avec un linge blanc, que l'on trempe dedans, l'on en moüille le fer, en frapant doucement dessus, jusques à ce que le vinaigre emporte la couleur aux endroits qu'on a desseignez sur le vernis, qu'il faut bien prendre garde de ne pas oster. Lorsque l'on voit les traits devenir blancs, & perdre leur couleur, l'on jette la besongne dans de l'eau claire, & ensuite la faisant un peu chauffer, on l'essuye doucement pour en oster le vernis: Et ce qui a esté desseigné estant blanc, le reste demeure violet ou d'autre couleur.

Que si l'on vouloit oster toute la couleur violette ou autre, de dessus du fer sans le limer, il ne faut que le faire chauffer comme pour le mettre en couleur, & le jetter tout chaud dans du vinaigre & le frotter avec du linge blanc.

Les principaux OUTILS qui servent à la Serrurerie, sont.

Une *Auge* de pierre à mettre l'eau de la forge.

Un *Archet ou Arson* avec sa Corde pour tourner les Foretz.

LIVRE PREMIER.

Le *Ballay* ou *Escouvette*, qui sert pour arroser le feu & pour ramasser le charbon.

Une *grande Bigorne*, qui sert à tourner les grosses pieces en rond, & à bigorner les anneaux des clefs.

La *petite Bigorne*, dont un bout est quarré, & l'autre rond, pour tourner les Roüets & autres petites pieces.

Les *Broches rondes*, pour faire les Couplets, les Fiches, & pour tourner plusieurs pieces à chaud & à froid.

Les *Broches quarrées* pour tourner des pieces dessus.

Les *Burins plats* pour fendre les Panetons des clefs, & pour couper & emporter le fer à froid, lorsqu'il s'y trouve des grains.

Les *Burins coulans*, quarrés & en l'ozanges, pour graver.

Les *Burins* à piquer les Rapes.

Les *Brunissoirs* droits pour polir le fer.

Les *Brunissoirs* croches pour polir les anneaux des clefs.

Les *Brunissoirs* demy-ronds pour estamer.

Les *Brequins ou Villebrequins* en pierre pour percer la pierre tendre.

Les *Brequins* simples à percer le bois.

Les *Bec d'asnes* croches pour ferrer les Fiches dans le bois.

Les *Boetes à Foretz*.

Les *Clouvieres ou Cloutieres rondes, quarrées & berlongues*, qui servent à rabatre les testes des Vis, & autres pieces.

Les *Chasses quarrées* qui servent à entailler les pieces quarrément sur la quarre de l'enclume.

Les *Chasses rondes & demy-rondes* pour enlever & entailler, qui servent à enlever, & entailler les mesmes pieces.

Les *gros Carreaux*, qui sont des especes de limes taillées, rudes, pour ébaucher & limer à froid.

Les *gros demy Carreaux* servant à mesme usage.

Les *Carreaux doux* qui sont des limes douces.

Les *demy-Carreaux* sont aussi des limes douces.

Les *grosses Carlettes* pour limer & dresser les grosses pieces ; aprés que le Carreau ou demy Carreau y a passé.

Les *Carlettes* sont limes douces.

Le *Coin* à fendre.

Le *Chevalet* qui sert pour tenir les Foretz & Fraises, lorsqu'on fore & fraise les pieces.

Le *Chevalet* à blanchir.

Le *Calibre* qui sert pour voir si les Foretz vont droit, & pour arrondir les clefs.

Les *Calibres* pour limer les verouïls des Targettes.

Les *Crochets* servant à tenir les pieces.

Les *Cizailles* pour couper le fer, tenue & mince.

Les *Cizelets* servant à relever les Escussons, les Targettes, & autres pieces sur le plomb.

Les *Ciseaux ou Tranches*, pour fendre à chaud les barres de fer.

Les *Ciseaux ou Tranches* percées pour couper les Fiches ou Couplets, & autres petites pieces de fer à chaud.

Les *Ciseaux à froid* pour couper de petites pieces de fer à froid.

Les *Ciseaux en pierres*.

LIVRE PREMIER.

Les *Ciseaux* à tailler limes.
Les *Ciseaux* à lever.
Les *Ciseaux* à Fiches pour ferrer les Fiches dans le bois.
Les *Cherches-fiches ou Chasses-pointes* qui sont comme des poinçons pointus pour trouver le trou des fiches.
Les *Compas* pour prendre des mesures.
Les *Enclumes* qui servent à batre le fer à chaud & à froid.
Une *Equaire* pour mettre à l'equaire toutes sortes de pieces.
Les *Estaux* qui servent à tenir l'ouvrage pour le limer ou pour le ployer & bien polir.
Les *Eschoppes* servent à *eschopper*, lorsqu'on grave en relief quelque chose de grossier.
L'*Establie* pour attacher les estaux & poser la besongne & les outils dont on se sert actuellement.
Les *Etampes ou Estampes* pour river les boutons.
La *Fourchette* de fer pour tourner les Brequins, Tarrieres, Canons, &c. que l'on tourne en rond, ou demy-rond à chaud.
Les *Fers* pour ployer les coques des Serrures de coffre, & pour limer les fers qui servent à faire les pieds des Roüets.
Un *Fer ou petit Estau* pour faire les Panetons des Clefs, lorsqu'on les fend.
Les *Foretz* qui servent à percer & à forer les pieces de fer.
Les *Foretz quarrez* pour dresser les trous des Clefs & forures.
Les *Fraises rondes & quarrées* pour contrepercer les pieces.

Les *Filieres* qui servent à faire des Vis.

Les *Griffes* pour tracer les Panetons des Clefs.

Les *Gratoires rondes*, *demy rondes* & d'autres figures pour dresser & arrondir les Anneaux des Clefs & autres pieces qu'on fait de relief.

Les *Grains d'orge ou Fers quarrés* pour percer la pierre dure, lorsque les Cizeaux n'y peuvent entrer.

Le *petit Guillaume* pour oster du bois des croisées & des fenestres, lorsque les guichets sont trop justes.

Les *Limes quarrées*, pour ouvrir des trous quarrez.

Les *Limes à dossier* servant à fendre.

Les *Limes triangulaires ou en tiers points* pour faire des vis, des taraux & autres pieces.

Les *Limes rondes*, *ou queuë de Rat* pour croistre les trous.

Les *Limes demy-rondes* pour limer les pieces en demy-rond, les Scies, &c.

Les *Limes à bouter* pour dresser les Panetons des Clefs, & les Scies à fendre en long.

Les *Limes à potence*.

Les *Limes carlettes*.

Les *Limes coutelles*.

Les *Limes en ovalle*.

Les *Limes en cœur*, & autres figures : ces petites limes servent à vuider les Anneaux des Clefs, les Escussons, les Couronnemens, &c.

Les *Limes* fenduës par le milieu pour limer des *embasses*, & pour espargner un filet sur les moulures, les Vases, les Ballustres, &c.

Les *Limes* fenduës d'un costé seulement pour mesme usage.

Les

LIVRE PREMIER.

Les *Limes* faites en dos de carpe, pour fendre divers ouvrages & particulierement des Compas.

Les *Limes* qui ne sont point taillées sur les costez, pour fendre & pour dresser les rateaux des Clefs.

Les *Limes* douces sont des limes qui servent pour polir & pour adoucir les ouvrages en plusieurs manieres.

Les *Limes* coudées servent à couper & dresser les clous à fiche.

Les *Marteau à panne droite* pour forger le fer & l'elargir.

Les *Marteaux à panne de travers* pour forger & tirer le fer.

Les *Marteaux* à main, à Panne de travers, & Panne droite.

Les *Marteaux* à teste platte pour dresser & planir le fer.

Les *Marteaux* à teste ronde pour emboutir les pieces rondes & demy-rondes.

Les *petits Marteaux* pour poser & ferrer la besongne.

Les *petits Marteaux* pour faire les Roüets & pleines croix des Serrures.

Les *Mandrins* ronds, pour tourner des canons, des bandes & d'autres pieces.

Les *Mandrins* quarrez pour accroistre les trous faits avec le poinçon.

Les *Mandrins* en ovale servant à mesme chose.

Les *Mandrins* en l'ozanges pour faire les grilles.

Les *Mandrins* en triangles & autres figures pour former les trous, aprés qu'ils sont commencez avec les poinçons.

Gg

Les *Onglettes* qui sont especes de burins.

Les *Poinçons ronds*, *quarrez*, *plats* & en *ovalles* servant à percer les ouvrages chacun selon sa figure.

Les *Poinçons berlongs*, pour percer les trous des pieds des ressorts, coques & autres pieces de cette façon.

Les *Poinçons* plats servant à piquer les Roüets des Serrures & autres pieces limées en demy-rond.

Les *Poinçons* à piquer pour faire la place des pieds des Roüets.

Les *Poinçons* à emboutir & relever Rozettes, &c. sur le plomb ou sur autre chose. Il y a aussi des *Contre-poinçons* ronds pour contrepercer les trous, & pour river les pieces, & des *Contre-poinçons* berlongs & quarrez pour contre-percer les trous de cette façon.

Les *Perçoieres* rondes, quarrées & plattes, ou berlongues pour percer les pieces à froid & à chaud.

Les *Pointes* à tracer pour portraire sur le fer, & tracer les Roüets & autres pieces.

Le *Plastrouer* pour pousser la Brique, Ardoise ou Pierre avec le plastre dans les trous, lorsqu'on scelle quelque ouvrage.

La *Palette* de bois sur laquelle il y a une petite piece d'Acier trempé, & percée à demy, pour recevoir un des bouts du foret, lorsqu'on fore quelque ouvrage.

La *Palette* de fer ou *Tisonnier* pour couvrir le feu & pour sablonner le fer.

Les *Ristoirs* qui sont des limes taillées douces par le bout pour dresser, atteindre, & nettoyer les figures de relief & autres pieces.

Les *Regles* de fer pour dreſſer les pieces, lorſqu'elles ſont chaudes ou froides.

Les *groſſes Rappes* quarrées, plattes & demy-rondes pour dreſſer les pieces de bois.

Les *petites Rappes* rondes, & demy-rondes, pour faire les entrées des Clefs & autres ouvertures.

Un *Rochoüer* qui eſt une boëte à mettre le borax.

Un *Rabot* pour planir le fer & pouſſer des filets & des moulures.

Un *Repouſſoir* pour faire ſortir les chevilles, &c.

Les *Soufflets* ſimples & doubles pour ſouffler le feu.

Une *Scie* à guichet pour faire les entrées des Serrures.

Un *Tranchet* pour couper à chaud de petites pieces de fer.

La *Tuyerre* de la forge, ou conduit par où paſſe le vent des ſoufflets.

Les *Tenailles* droites pour tenir les petites pieces dans le feu.

Les *Tenailles* croches pour tenir les groſſes pieces.

Les *Tenailles* rondes, pour tenir des boutons.

Les *Tenailles* à vis pour tenir les pieces à la main.

Les *Tenailles* à vis & de bois pour tenir les pieces polies.

Les *Tenailles* ordinaires pour arracher les clous, & détacher l'ouvrage.

Les *Tenailles* de bois pour mettre dans l'Eſtau, pour polir les groſſes pieces.

Le *Tenailles* à chanfraindre pour mettre dans l'Eau pour chanfraindre les pieces.

Le *Tifonnier* pour couvrir le feu, & pour fablonner le fer.

Les *Taffeaux*, pour percer, couper, river & dreffer le fer.

Les *Tarraux* pour des filieres & des efcrous à vis. Un *Tourne-à-gauche*, pour tourner les Tarraux, & pour faire les efcrous des vis.

Les *Tranches ou Cifeaux* pour fendre à chaud les barres de fer.

Les *Valets ou Chevalets* pour blanchir les Targettes.

Les *Villebrequins*.

EXPLICATION DE LA PLANCHE XXVII.

A *Ancre.*
B *Tirant.*
C *Harpons.*
D *Panture avec fon Gond & Crampon pour la tenir.*
E *Autre Panture flamande.*
F *Gond à repos.*
G *Plan du Gond à repos.*
H *Mamelon du Gond.*
I *Gond en Plaftre ordinaire.*
K *Gond en bois ordinaire.*
L *Fiche à Gond.*
M *Aifles de la Fiche.*
N *Nœud de la Fiche.*
O *Fiches ou Couplets à double nœuds ou Charniere.*
P *Pivot dans la Crapaudine.*
Q *Barre de fer ou fleaux pour les grandes portes.*
R *Barre ou Pied-de-biche.*
S *Veroüil à queuë.*
T *Veroüil à Crochet.*
V *Veroüil rond.*
X *Vertevelle.*
Y *Veroüil plat avec fes crampons.*
Z *Veroüil monté fur fa platine avec fon bouton.*
a *Crampon à double patte pour fervir de Gafche.*
b *Paumelle.*
c *Equaire qui porte fa paumelle.*

PLANCHE XXXIII. LIVRE PREMIER. 237

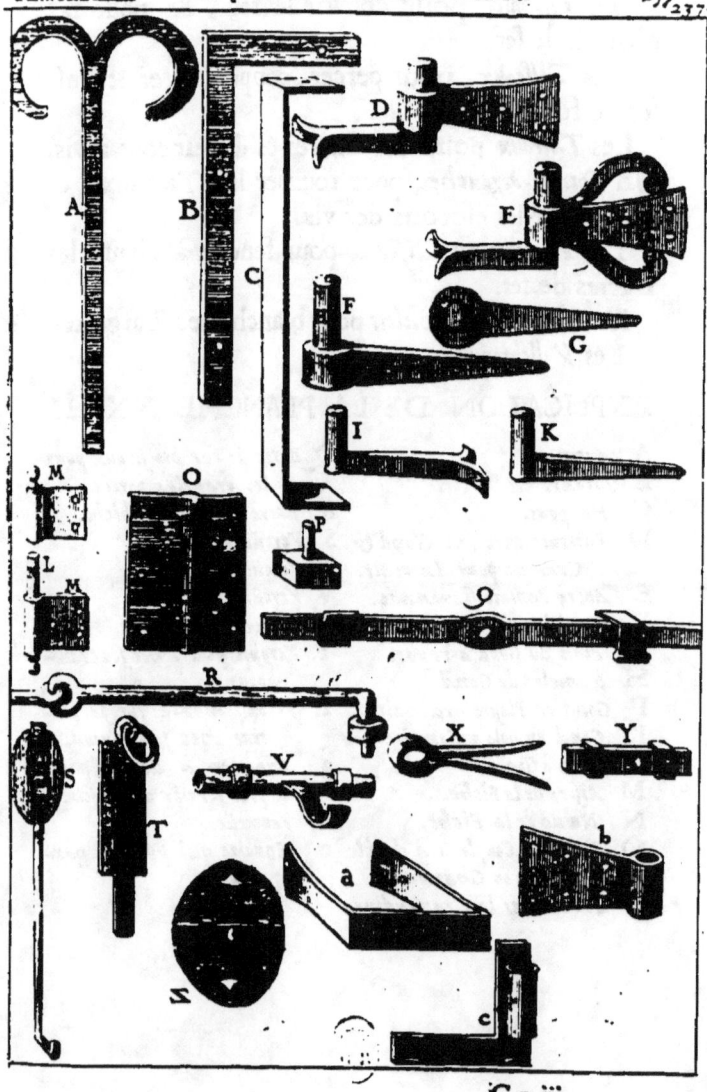

Gg iij

EXPLICATION DE LA PLANCHE XXXIV.

A *Heurtoirs.*
B *Boucles.*
C *Boutons.*
D *Platines & Escuſſons.*
E *Serrure à Pêne-dormant, dont les pieces ſont*
1 *Le Pêne.*
2 *Les Cramponets ou Picoletz.*
3 *Le Reſſort double.*
4 *La Broche.*
5 *Le Fer à Rouët.*
6 *La Cloiſon.*
7 *Les Vis.*
8 *Les Rivets.*
9 *Le Canon.*
10 *La Couverture.*
11 *Le Clou à vis.*
12 *Le Foncet ou fond ſec.*
13 *La Coque.*
14 *Les Eſtoquiaux de la Cloiſon.*
15 *Le Palaſtre.*
F *L'Ecuſſon.*
G *Clef de la Serrure.*
1 *Paneton de la Clef.*
2 *Muſeau.*
3 *Tige.*
4 *Anneau.*
H *Clenche.*
I *Mantonnet.*
K *Cadenats de differentes ſortes.*
1 *Oreilles du Cadenat.*
2 *Anſe du Cadenat.*
L *Targettes pour les feneſtres.*

LIVRE PREMIER.

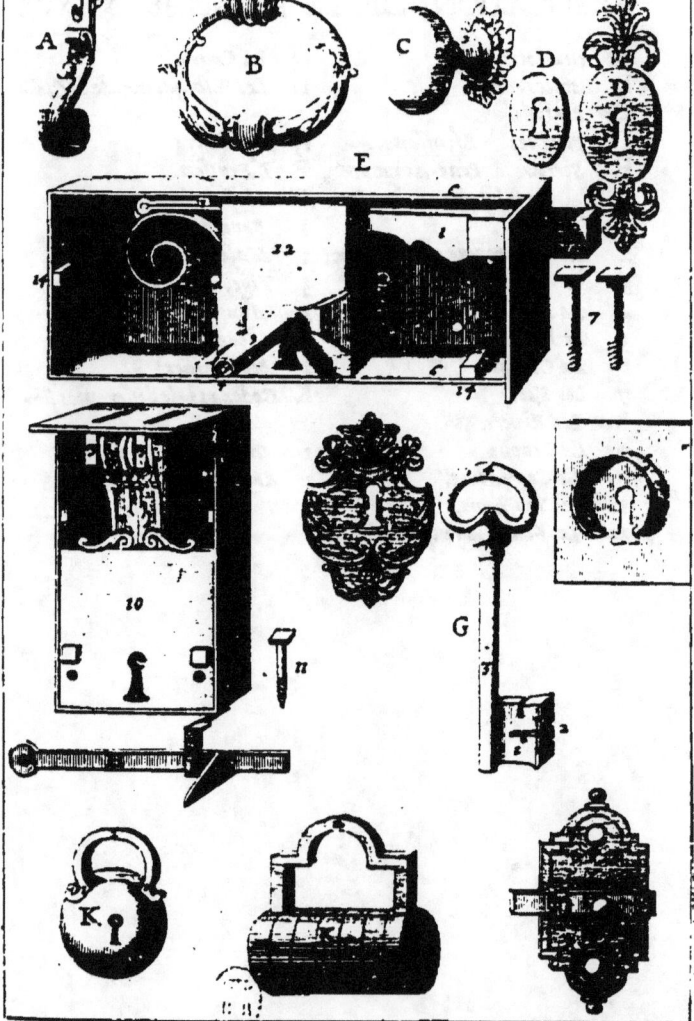

EXPLICATION DE LA PLANCHE XXXV.

A *Auge de pierre servant à mettre l'eau de la Forge.*
B *Dessous de la Forge & lieu à mettre le charbon.*
C *La Forge.*
D *Les Soufflets.*
E *Palette ou Pelle.*
F *Estau.*
G *Establie.*
H *Enclume.*
I *Trancboir à fendre, qui se pose sur l'Enclume, ou sur un Tasseau.*
K *Perçoüere ronde ou Virolle.*
L *Autre Perçoüere à mettre sur l'Establie.*
M *Tranche à fendre à chaud avec son manche.*
N *Gros Marteau à rabatre, & à Panne de travers.*
1 *Teste du Marteau.*
2 *Panne du Marteau.*
O *Marteau à devant.*
P *Marteau à main: Ces trois Marteaux servent à batre une grosse piece de fer à chaud sur l'Enclume, les deux premiers ont le manche fort long, parce qu'on les tiens à deux mains, & celuy qui tient le troisieme d'une main, tient aussi la piece de fer de l'autre main.*
Q *Ratelier pour mettre plusieurs Outils.*

EXPLICATION

LIVRE PREMIER. 141

Hh

DE L'ARCHITECTURE,
EXPLICATION DE LA PLANCHE XXXVI.

A Bigorne.
B Billot pour tourner des Rouleaux.
C Grand Estau à chaud.
1 Maschoire de l'Estau.
2 Mors.
3 Tiges.
4 Jumelle.
5 Pied.
6 Vis.
7 Oeil de l'Estau.
8 Boëte.
9 Manivelle.
D Tasseau d'establie.
E Bigorneau d'establie.
F Escouette ou Escouvette.
G Tisonnier servant aussi de Palette.
H Tisonnier coudé.
I Grande Tenaille de Forge.
K Grandes Tenailles à crochet & à chauffer.
L Autres Tenailles à faire boutons.

PLANCHE XXXVI.   LIVRE PREMIER.   243

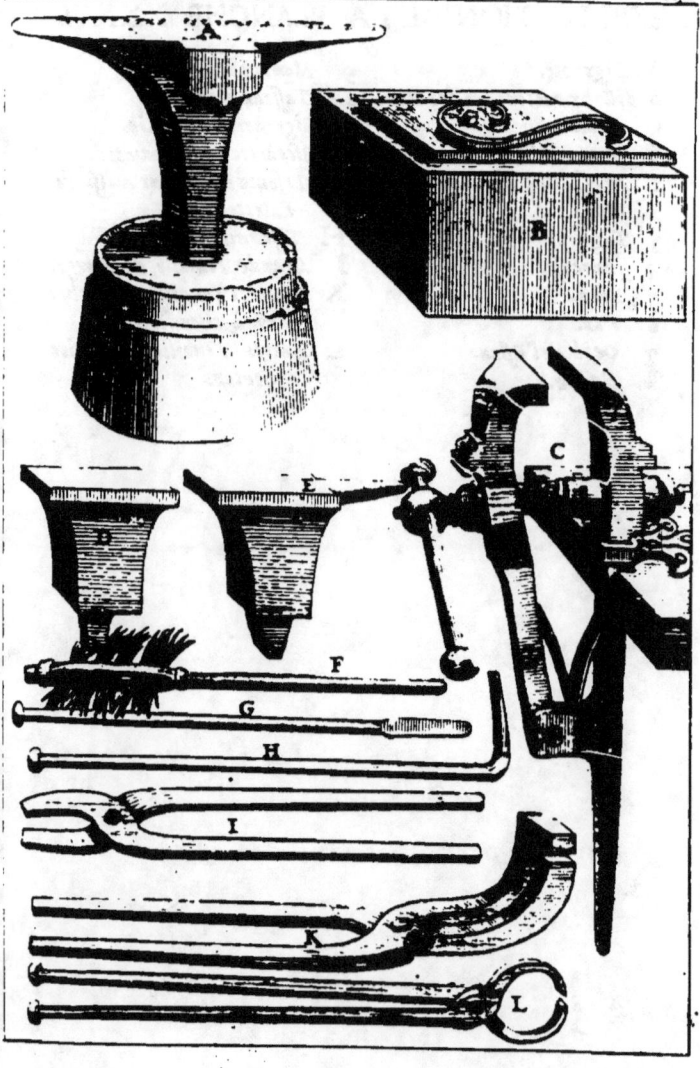

Hh ij

DE L'ARCHITECTURE,

EXPLICATION DE LA PLANCHE XXXVII.

A *Tenailles pour faire des vases à chaud.*
B *Tenailles pour emboutir les vases.*
C *Tenailles à chamfreindre.*
D *Tenailles à liens.*
E *Tenailles à fer à rouets.*
F *Tenailles à vis ou Estau à main.*
G *Tenailles ordinaires.*
H *Marteau d'Establie.*
I *Compas.*
K *Chevalet avec sa boëte & Foret.*
L *Palette à forer.*
M *Foret avec sa boëte.*
N *Arson à forer ou Archet.*
O *Filliere avec son Tarot, & son tourne à gauche.*

LIVRE PREMIER.

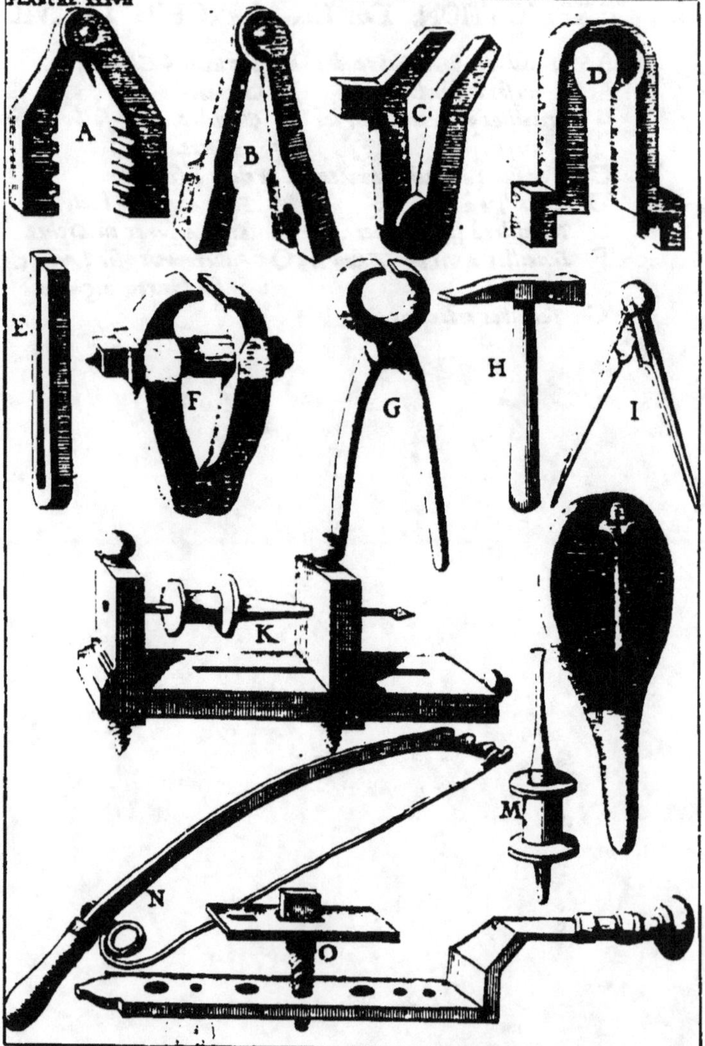

DE L'ARCHITECTURE,
EXPLICATION DE LA PLANCHE XXXVIII.

A *Cisaille.*
B *Gros Carreau.*
C *Demy-Carreau.*
D *Limes de diverses sortes.*
E *Rape.*
F *Mandrins.*
G *Ciseaux.*
H *Brunissoirs.*
I *Fraises rondes & quarrées.*
K *Poinçons de diverses façons.*
L *Valets ou Chevalets pour blanchir les Targettes.*
M *Crochets à ouvrir les Serrures.*
N *Scie à guichet.*
O *Bec d'asne.*
P *Cherche-pointe.*
Q *Ville-brequin.*

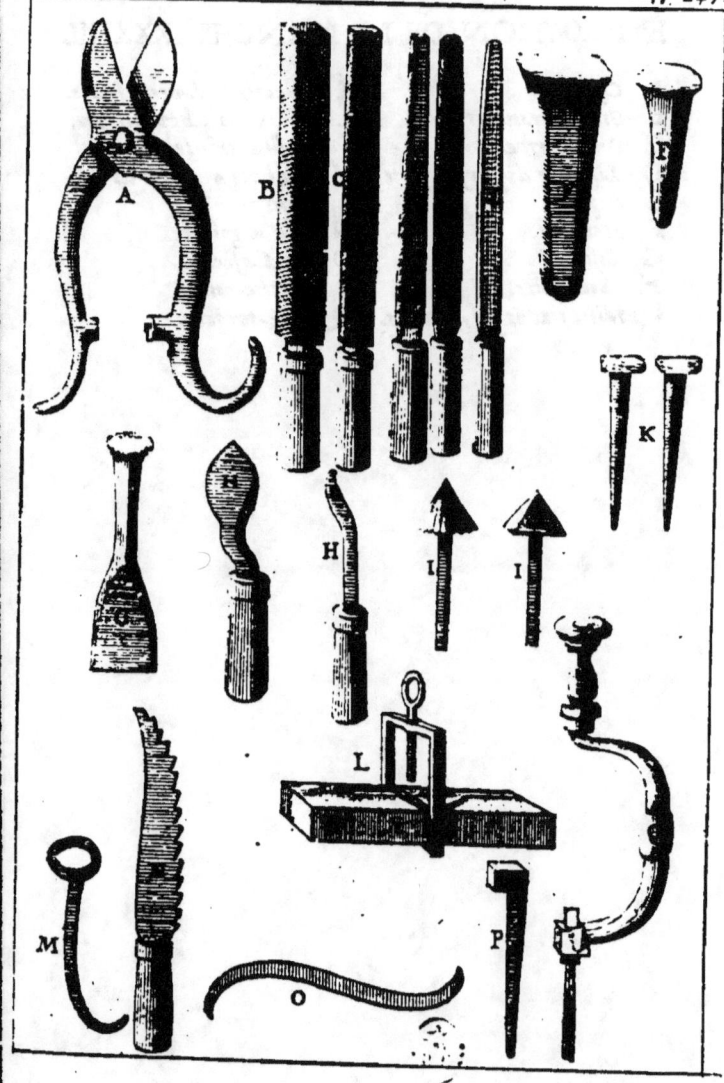

CHAPITRE XXI.
De la Vitrerie.

Quoyque l'invention du Verre soit tres-ancienne, & qu'il y ait long-temps qu'on en fait de tres-beaux ouvrages, l'art neanmoins de l'employer aux Vitres n'est venu que long-temps aprés, & on peut le considerer comme une invention des derniers siecles. Il est vray que du temps de Pompée, Marcus Scaurus fit faire de Verre, une partie de la Scene de ce Theatre si magnifique, qui fut eslevé dans Rome pour le divertissement du Peuple. Cependant il n'y avoit point alors de Vitres aux fenestres des bastimens. Si les plus grands Seigneurs & les personnes les plus riches vouloient avoir des lieux bien clos, comme doivent estre les Bains, les Estuves, & quelques autres endroits, dans lesquels sans estre incommodez du froid & du vent, la lumiere pust entrer; l'on fermoit les ouvertures avec des pierres transparantes, telles que sont les Agathes. l'Albastre, & d'autres marbes delicatement travaillez. Mais ensuite ayant connu l'utilité du Verre pour un tel usage, l'on s'en est servi au lieu de ces sortes de pierres; faisant d'abord de petites pieces rondes, comme celles qu'on appelle *Cives* qui se voyent encore en certains endroits, lesquelles on assembloit avec des morceaux de plomb refendus des deux costez, pour empescher que le vent ny l'eau ne pussent passer; & voila de quelle maniere les premieres Vitres de Verre blanc ont esté faites.

Or

LIVRE PREMIER.

Or comme l'on faisoit dans les Fourneaux des Verriers du Verre de plusieurs couleurs, on s'avisa d'en prendre quelques morceaux pour mettre aux fenestres; les arrengeant par compartimens, comme de la Mosaïque, ce qui fut l'origine de la Peinture qu'on a faite ensuite sur les Vitres. Car voyant que cela faisoit un assez bel effet, l'on ne se contenta pas de cette assemblage de diverses pieces coloriées, mais on voulut representer toutes sortes de Figures & des histoires entieres; ce que l'on fist d'abord sur le Verre blanc, se servant de couleurs détrempées avec la colle, comme pour peindre à détrempe. Et parce que l'on connut bien-tost qu'elles ne pouvoient pas resister long-temps à l'injure de l'air, l'on chercha d'autres couleurs, qui après avoir esté couchées sur le Verre blanc & mesme sur celuy qui avoit esté déja colorié dans les Verreries pussent se parfondre, & s'incorporer avec le mesme Verre, en le mettant au feu; en quoy on reüssit si heureusement, qu'on en voit des marques par la beauté de nos anciennes Vitres.

Quand les Ouvriers vouloient faire des Vitres, dont les couleurs fussent tres-belles, ils se servoient de ce Verre qui avoit esté colorié dans les Verreries, pour faire les draperies des Figures, & en marquoient seulement les ombres avec des traits & hacheures noires. Et pour les Carnations, ils choisissoient du Verre dont la couleur fust d'un rouge clair, sur lequel ils desseignoient avec du noir les principaux lineamens du visage, & les autres parties du corps.

Ii

Mais pour faire les carnations & les vestemens sur le verre blanc ils couchoient des couleurs claires ou brunes, sans demy-teintes, ny fort ou foible, comme la peinture le demande. Aussi ces premieres sortes d'ouvrages tels que nous en voyons dans les plus anciennes vitres de nos Eglises, & qui sont faits avant le dernier siecle sont d'une maniere gotique, & n'ont rien que de barbare pour ce qui regarde le dessein, & pour ce que les Ouvriers appellent l'*Apprest* des couleurs.

Cette maniere grossiere commença de changer, lorsqu'en France & en Flandre la Peinture vint à se perfectionner; & l'honneur des plus belles choses qu'on a faites sur le Verre, est deu aux François & aux Flamans. Ce fut un Peintre de Marseille qui en donna la premiere connoissance aux Italiens, quand il alla travailler à Rome, sous le Pontificat de Jule II. Depuis luy, Albert Dure, & Lucas de Leyde furent des premiers qui augmenterent encore cet Art; & ensuite l'on a fait une infinité d'Ouvrages d'un travail si exquis qu'on ne peut rien desirer davantage pour la beauté du dessein & l'apprest des couleurs. Nous voyons en plusieurs endroits des Vitres admirables, principalement celles qui ont esté faites d'aprés les desseins des excellens Maistres, comme il y en a encore dans l'Eglise de S. Gervais à Paris d'aprés Jean Cousin; à la sainte Chapelle du bois de Vincenne, dont Lucas Peni Italien a fait les cartons au Chasteau d'Anet, dans celuy de Gaillon, dans l'Eglise de S. Ouën de Roüen, & en divers autres lieux.

De mesme que l'Or est regardé comme le Chef-d'œuvre de la Nature, aussi le Verre a toujours esté consideré comme le Chef-d'œuvre de l'Art, & ceux qui se sont appliquez dans cette sorte de travail, n'ont jamais dérogé à leur noblesse, comme dans la pluspart des autres Arts. C'est pourquoy plusieurs de nos Roys accorderent aux Peintres qui en ce temps-là estoient tout ensemble Peintres & Vitriers, les mesmes Privileges dont joüissent les personnes Nobles, pour faire voir l'estime qu'ils avoient pour ceux qui sur une matiere si excellente, faisoient encore paroistre par l'artifice de leur pinceau des ouvrages si accomplis.

L'on ne parlera point icy de la maniere de faire le Verre blanc ny le Verre de couleur. C'est un Art tout particulier, qui ne regarde point celuy de peindre dont il est question presentement.

Avant que de peindre sur le Verre, l'on desseigne & mesme l'on colorie tout son sujet sur du papier; Ensuite l'on choisit les morceaux de Verre propres pour y peindre les Figures par parties, en sorte que les pieces puissent se joindre dans les contours des parties du corps, & dans les plis des draperies, afin que le plomb qui les doit assembler, ne gaste rien des carnations & des plus beaux endroits des vestemens.

Quand toutes les pieces sont taillées suivant le dessein & selon la grandeur de l'ouvrage, on les marque par chiffres ou par lettres, pour les reconnoistre: puis l'on travaille chaque morceau avec des couleurs selon le dessein qu'on a devant soy; & quelquefois l'on en fait aussi qui ne sont que de blanc & noir que l'on nomme *Grisaille*.

Nous voyons dans les anciennes Vitres des couleurs tres-belles & tres-vives, que l'on n'a plus à present. Ce n'est pas que l'invention en soit perduë, mais c'est qu'on ne veut pas faire la dépense, ny se donner tous les soins necessaires pour en faire de pareilles, parce qu'en effet ce travail n'est plus recherché, comme il estoit autrefois.

Ces beaux Verres qui se faisoient dans les Verreries, estoient de deux sortes. Car il y en avoit qui estoient entierement coloriez, c'est-à-dire où la couleur estoit répanduë dans toute la masse du Verre; mais il y en avoit d'autres, dont l'on se servoit d'ordinaire & plus volontiers, où la couleur n'estoit que sur un des costez des tables de Verre; ne penetrant dedans qu'environ l'épaisseur d'un tiers de ligne plus ou moins, selon la nature des couleurs, car le jaune entre plus avant que les autres. Quoyque ces derniers ne fussent pas de couleurs si nettes & si vives que les premiers, ils estoient neanmoins d'un usage plus commode pour les Vitriers; parce que sur ces mesmes Verres, quoyque déja coloriez, ils ne laissoient pas d'y faire paroistre d'autres sortes de couleurs, quand ils vouloient broder les draperies, les enrichir de fleurons, ou representer d'autres ornemens d'or, d'argent, & de couleurs differentes. Pour cela ils se servoient d'*Emeril* avec lequel ils usoient la piece du Verre du costé qu'elle estoit déja chargée de couleur jusques à ce qu'ils eussent découvert le Verre blanc, selon l'ouvrage qu'ils vouloient faire; Aprés quoy ils couchoient du jaune ou telles autres couleurs qu'ils vouloient, de l'autre costé du Verre, c'est-

LIVRE PREMIER.

à dire où il estoit blanc, & où ils n'avoient pas gravé avec l'Emeril; Ce qu'ils observoient pour empécher que les couleurs nouvelles ne se broüillassent avec les autres en mettant les pieces de Verre au feu, comme li sera dit cy-aprés. Ainsi elles se trouvoient diversement brodées & figurées. Quand ils vouloient que ces ornemens parussent d'argent ou blancs, ils se contentoient de découvrir la couleur du Verre avec l'*Emeril*, sans y rien mettre davantage; Et c'est par ce moyen qu'ils donnoient des rehauts & des éclats de lumieres sur toutes sortes de couleurs.

Pour ce qui est de la maniere de peindre sur le Verre, le travail s'en fait avec la pointe du pinceau, principalement pour les carnations; & pour les couleurs on les couche détrempées avec de l'eau & de la gomme, de la mesme sorte qu'en miniature, comme on verra dans la suite.

Maniere de peindre sur le Verre.

Quand on peint sur le Verre blanc, & que l'on veut donner des rehauts, comme pour marquer les poils de la barbe, les cheveux, & quelques autres esclats de jours, soit sur les draperies, soit ailleurs, l'on se sert d'une petite pointe de bois, ou du bout de la *Hampe* ou manche du pinceau, ou encore d'une plume, pour enlever de dessus le Verre la couleur que l'on a mise dans les endroits où l'on ne veut pas qu'il en paroisse.

Les matieres necessaires pour mettre les Vitres en couleur, sont les *Pailles ou Escailles de fer* qui tombent sous les enclumes des Mareschaux lorsqu'ils forgent.; le *Sablon blanc*, ou les petits cailloux de riviere

Ei iij

les plus transparens, la *Mine de plomb*, le *Salpestre*, la *Rocaille* qui n'est autre chose que ces petits grains ronds, verts & jaunes que vendent les Merciers, & dont je diray cy-après la maniere de les faire ; l'*Argent*, le *Harderic* ou * *Ferrette d'Espagne*, le *Perigneux* ou *Manganese*, le *Saphre*, l'*Ocre rouge*, le *Gip* ou Plastre transparent comme le Talc, la *Litarge d'argent*.

* C'est un Mineral, & qu'on peut faire avec de la limaille de fer, & du soufre que l'on *stratifie* dans un creuset couvert, qu'il faut renverser & mettre au feu de roüe pendant cinq ou six heures.

L'on broye toutes ces couleurs chacune à part, sur une platine de cuivre un peu creuse, ou dans le fond d'un bassin avec de l'eau où l'on aura mis dissoudre de la Gomme arabique.

Pour faire le Noir il faut prendre des Escailles de fer, & les bien broyer environ deux ou trois heures ou plus sur la platine de cuivre, avec un tiers de Rocaille ; après quoy on le met dans quelque vaisseau, pour le garder ; Et d'autant qu'il se rougit au feu, il est bon d'y mettre un peu de noir de fumée en le broyant, ou plustost du cuivre bruslé avec la paille de fer, car le noir de fumée n'a pas de corps.

Pour le Blanc, on se sert de sablon blanc ou de petits cailloux, que l'on met rougir dans un creuset, puis esteindre dans de l'eau commune pour les calciner & mettre en poudre. Cela fait, on les pile dans un mortier de marbre, avec le pilon de mesme, après quoy on les broye encore sur un marbre : ensuite prenant une quatriesme partie de salpestre, que l'on y mesle, on les fait encore calciner. On les pile & on les calcine encore une autre fois à feu vif, comme auparavant. Cela fait on les tire du creuset, pour les garder. Quand on en veut user, il faut prendre autant de plastre ou gip, qui soit bien &

LIVRE PREMIER.

nettement cuit, autant de rocaille, & broyer le tout ensemble sur la platine de cuivre.

Pour faire le Jaune, il faut prendre de l'argent, & le mettre en petites pieces pour le brusler dans le creuset, meslé avec du soufre ou du salpestre : Estant tout chaud, & sortant du feu, on le jette dans une escuelle, où il y a de l'eau. Ensuite on le pile dans un mortier de marbre, jusques à ce qu'il soit en estat de pouvoir estre broyé sur le porphire ; ce que l'on fait durant un demy jour, le détrempant avec l'eau où il aura esté éteint : Aprés qu'il est broyé, on y mesle neuf fois autant d'ocre rouge, & on broye encore le tout ensemble pendant une heure.

Pour faire le Rouge, on se sert de Litarge d'argent, d'Escaille de fer, de Gomme arabique, le poids d'un escu de chaque sorte, de Harderic ou Ferrette demy escu, de Rocaille trois escus & demy, de Sanguine trois escus : Il faut broyer la Rocaille, la Paille de fer, la Litarge, & le Harderic ou Ferrete ensemble une bonne demie heure sur la platine de cuivre. Aprés cela on prend la Sanguine que l'on pile fort deliée dans un mortier de fer bien net, & que l'on met à part. Ensuite on broye la Gomme arabique dans le mesme mortier, afin qu'elle tire ce qui reste de Sanguine, car il faut que la Gomme soit tellement seche, qu'elle se mette facilement en poudre. La Gomme & la Sanguine estant ainsi pilées, on les mesle & on les verse sur la platine de cuivre, où sont déja les autres drogues, & on broye le tout ensemble le plus promptement que l'on peut : car la Sanguine se gaste en la broyant trop cette fois-là. Il faut aussi prendre garde à tenir le tout le moins mol que l'on pourra, mais que cela soit de la mesme sorte que les couleurs pour peindre, n'estant ny si mol qu'il coule, ny si dur qu'on ne le puisse détremper avec le doigt : il vaut pourtant mieux qu'il soit un peu dur que trop mol. Ayant levé cette composition de dessus la platine, il faut la mettre dans un Verre pointu en bas, car cela importe beaucoup, & y verser un peu d'eau claire ; puis détremper cette matiere avec le bout du doigt le plus que l'on peut, y adjoustant encore un peu d'eau, & faire en sorte qu'elle soit de la mesme consistance, ou un peu plus claire qu'un jaune d'œuf dilayé. Cela ainsi détrempé, l'on doit le couvrir d'un papier, pour le garantir de la poudre, & le laisser reposer trois jours & trois nuits sans le remuer ; aprés, on verse doucement le plus pur de la couleur qui surnage dessus, dans un autre vaisseau de verre, prenant garde de ne rien troubler. Cette couleur estant ostée, on la laisse encore reposer deux jours, aprés lesquels on verse comme la premiere fois.

Cela fait, on met cette derniere couleur sur une piece de verre, un peu creuse & posée sur du sable dans une terrine ordinaire mise sur le feu, pour la faire secher lentement, & la garder. Et quand on veut s'en servir, on verse sur une piece de verre une goutte d'eau claire, avec laquelle on détrempe autant de couleur qu'on en a besoin. Cette couleur sert pour les carnations ; car pour celle qui est la plus espaisse & qui demeure au fond du verre, elle n'est bonne que pour faire quelques teintes de bois, ou des draperies.

LIVRE PREMIER.

Le Vert se fait en prenant de l'*Æs-Ustum* ou Cuivre bruflé une once, du Sable blanc quatre onces, de la Mine de plomb une once. On broye le tout enfemble dans un mortier de bronze, & on le met au feu de charbon vif dans un creufet couvert, environ une heure, aprés quoy on le retire. Lorsqu'il eft refroidi, on le broye à fec dans le mefme mortier, puis y adjouftant une quatriéme partie de Salpeftre, on le remet au feu dans le mefme creufet pendant deux heures. On le retire & on le broye comme devant; & y adjouftant encore une fixiéme partie de Salpeftre, on le remet au feu pour la troifiéme fois, & on l'y laiffe deux heures & demie ou environ. Aprés cela il faut tirer la couleur toute chaude hors du creufet avec un outil de fer, car elle eft fort gluante & mal-aifée à avoir; il eft bon de luter les creufets, parce qu'il s'en trouve peu qui ayent la force de refifter au grand feu qu'il faut pour ces calcinations.

L'Azur ou le Bleu, le Pourpre & le Violet se font de mefme que le Vert, en changeant feulement la Paille de cuivre en d'autres matieres; fçavoir pour l'Azur on prend du Saphre, pour le Pourpre du Perigueux, & pour le Violet du Saphre & du Perigueux autant de l'un que de l'autre; & du refte il faut faire comme au Vert.

Pour faire la Rocaille jaune, il faut prendre trois onces de Mine de plomb, & une once de Sable, que l'on calcine comme il a efté dit: Et pour faire la Rocaille verte, il ne faut qu'une once de Mine de plomb, & trois onces de Sable.

Les teintes propres pour les Carnations, se font avec du Harderic ou Ferrette, & autant de Rocaille; aprés les avoir pilez ensemble, on les broye sur le bassin.

Pour la couleur des cheveux, les troncs des arbres, & autres choses semblables, on prend du Harderic & de la Paille de fer, autant de l'un que de l'autre, & de la Rocaille autant que de tous les deux, on broye le tout ensemble, cela fait un rouge jaunastre.

Lorsqu'on veut peindre, l'on choisit du Verre de Lorraine qui tire sur le blanc jaune, d'autant qu'il se porte mieux au feu, & prend mieux les couleurs que les autres Verres. Quand la piece qu'on veut faire n'est pas grande, on met le Verre sur le dessein qu'on veut imiter, dont l'on prend le trait avec une plume ou un pinceau, & de la couleur noire, dont j'ay parlé. Si elle est seche, il faut la broyer une heure sur le cuivre avec de l'eau, & y mesler un peu de Gomme arabique sechée, comme j'ay dit, la mesler promptement, & en mettre gros comme une noisette, s'il y a gros comme une noix de couleur. Il faut aussi que la Gomme soit fonduë avant que d'employer la couleur qui ne doit estre ny trop claire ny trop épaisse ; & quand les traits sont marquez, il faut les laisser secher deux jours.

Ensuite on donne un lavis, qui se fait en prenant six ou sept grains de Gomme arabique bien sechée, avec laquelle on mesle six ou sept goutes d'urine, & du noir, autant qu'il sera besoin, pour

LIVRE PREMIER.

rendre la couleur fort claire. Pour bien faire, il faut que le noir soit dans un petit bassin de plomb couvert de ce lavis, afin qu'il ne seche pas si tost, & quand les traits auront esté deux jours à secher, l'on passe le lavis également par tout, & fort legerement pour ne pas effacer les traits ; puis on le laisse reposer deux autres jours. Ce lavis sert de premiere ombre, ou demy-teinte ; Et pour faire la seconde teinte, il faut repasser encore une fois la couleur avec le pinceau aux endroits necessaires. Pour donner les jours & les rehauts on prend une plume ou la hampe du pinceau, comme j'ay déja dit, & l'on oste du premier lavis selon qu'il est necessaire. Cecy est pour les ouvrages de blanc & noir ou de Grisaille.

Pour les couleurs, lorsque le noir est appliqué, comme dessus, & sechées pendant deux ou trois jours, on les met de la maniere qui suit.

Premierement pour ce qui est des Emaux, comme l'Azur, le Vert & le Pourpre, il faut les coucher promptement sur la piece de Verre avec le pinceau, aprés avoir esté détrempez avec de l'eau de Gomme. Et pour les autres couleurs il faut aussi les employer diligemment, selon le travail que l'on fait, & prendre-garde à ne point effacer les traits, ou bien appliquer les couleurs de l'autre costé du Verre.

A l'égard du Jaune, c'est la couleur la plutost faite au Fourneau, mais en l'employant, il se doit toujours mettre par derriere le Verre fort uniment, plus ou moins chargé, selon que l'on veut, & jamais auprés du Bleu, parce qu'en se fondant, & recuisant au feu, ces deux couleurs n'en feroient plus qu'une qui seroit verte. C'est pourquoy il faut, comme je viens de dire, coucher le Jaune du costé où il n'y a point d'autres couleurs. Car il traverse toute l'épaisseur du Verre, ce que ne font pas les autres qui ayant plus de corps, ne penetrent pas si avant, & dont mesme quelques-unes demeurent sur la superficie.

Quand l'on veut cuire les couleurs, & mettre le Verre au feu, aprés estre peint; il faut premierement faire un petit *Fourneau* quarré de brique, qui n'ait en tous sens qu'environ dix-huit pouces, c'est-à-dire pourtant selon la quantité d'ouvrage qu'on a preparé. Dans le bas, & à six pouces du fond on fait une ouverture pour mettre & entretenir le feu; Au dessus de cette ouverture, l'on met deux ou trois barres de fer quarré, qui traversent le fourneau & le separent en deux. On laisse encore au dessus de ces barres, & au droit de la porte d'en bas, une petite ouverture d'environ deux doigts de haut & de large pour faire passer les *Essais* quand on recuit la besongne.

Le Fourneau ainsi dressé, l'on a une *Poele* de terre, de la forme du Fourneau, & de telle grandeur qu'estant posée sur les barres de fer, il s'en faille environ trois bons doigts ou plus, qu'elle ne touche aux parois du fourneau; C'est pourquoy il faut qu'elle soit quarrée, & de bonne terre bien cuite, ayant son fond espais d'environ deux doigts, & haute par ses bords d'environ demy-pied. Aprés cela il faut avoir de la poudre de plastre bien sassée, & cuitte par trois fois dans un Fourneau à Potier, ou

Tuilier, ou bien de la chaux vive bien tamisée ou sassée. Quelques-uns prennent des cendres bien cuites, mais elles ne sont pas si bonnes pour agencer les pieces qu'on veut cuire.

Ayant mis la Poële sur les barreaux au milieu du Fourneau, il faut y répandre de la poudre de plastre, ou de la chaux environ un demy doigt, le plus également qu'il est possible ; & par dessus mettre des pieces de vieux verre cassé, & puis de la poudre, & ensuite du vieux verre & puis de la poudre, en sorte qu'il y ait trois lits de plastre ou de chaux, & deux de vieux verre, ce qu'on appelle *Stratum super Stratum*. Sur le troisiéme lit de plastre on commence à estendre les Pieces que l'on a peintes. On les dispose encore de lits en lits, en sorte qu'il y ait demy-doigt de poudre de plastre ou de chaux tres-uniment estenduë entre chaque piece de verre ; continuant à les arranger ainsi, jusqu'à ce que la Poële soit pleine, si l'on a assez de pieces à recuire pour la remplir ; Aprés quoy il faut couvrir la derniere avec de la poudre, & se souvenir que la Poële ait un trou pardevant, qui réponde à celuy du Fourneau, qui doit estre au dessus de la porte, par où l'on met le feu; afin que les pieces du verre, dont on fera les essays passant droit de l'un à l'autre, entrent dans la Poële, & y cuisent de mesme que tout le reste.

Toutes choses ainsi disposées on met quelques barres de fer, qui portent sur les parois du Fourneau, & l'on couvre la Poële de quelque grande tuile faite exprés, si l'on en peut avoir; ou de plusieurs autres. On les arange & on les lutte le plus justement que faire se peut avec de la terre graffe ou terre franche, en forte qu'il n'y ait aucune ouverture, excepté aux quatre coins du Fourneau, où il en faut laiffer une d'environ deux pouces de diamettre.

Le Fourneau ainfi clos on commence à l'échauffer avec un peu de charbon allumé à l'entrée de la porte feulement, & non pas dedans. Aprés avoir efté ainfi une heure & demie, ou deux heures, il faut pouffer le feu un peu plus avant, & le laiffer encore une bonne heure ; enfuite dequoy on le fait entrer fous la poële petit à petit. Quand il y a efté environ deux heures, il faut l'augmenter peu à peu, jufques à ce que les deux heures eftant paffées on le fait plus fort ; rempliffant peu à peu le Fourneau de bon charbon de jeune bois, en forte que la flame forte par les quatre trous des quatres coins, & de celuy qui doit eftre auffi au milieu qu'on appelle *Cheminée*; & doit eftre le feu tres afpre & ardent l'efpace de trois ou quatre heures. Pendant ce temps-là & fur la fin, il faut tirer quelqu'une des *Efpreuves* ou *Effais* qui font dans la petite ouverture du Fourneau & de la Poële, pour voir fi les couleurs font fonduës, & fi le Jaune eft fait.

Quand on voit que les couleurs font prefque faites, alors il faut mettre dans le Fourneau du bois fort fec, & coupé par petits éclats, afin qu'il y puiffe entrer entièrement : Car pour bien faire, la porte du Fourneau doit eftre fermée pendant toute la cuiffon, excepté au commencement, & lorfque le feu eft encore à l'entrée. Le feu de bois que l'on allume fur la fin, doit couvrir toute la Poële dans

LIVRE PREMIER. 263

laquelle est l'ouvrage, jusques à ce qu'on voye que le tout soit cuit ; ce qui arrive ordinairement après que le feu y a esté de la maniere que j'ay dit, & par les temps marquez cy-dessus, environ dix ou douze heures, ou huit ou dix, si on luy donne le feu plus aspre au commencement, ce qu'on appelle *un feu d'atteinte*. Mais cela n'est pas si bon, parce que souvent par ce moyen-là on perd tout en bruslant les couleurs & cassant les pieces.

On peut prendre garde quand les barreaux de fer deviennent de couleur de cerise & estincelans, car c'est-à-dire que la recuite s'avance. Voila pour ce qui regarde la peinture sur le verre.

Pour ce qui est des *Paneaux* des Vitres que l'on fait aujourd'huy de verre blanc, soit pour les Eglises, soit pour les maisons particulieres, on les rend differents par les differentes figures des Pieces, dont ils sont composées, qui donnent le nom aux ouvrages. Car les unes s'appellent *des Pieces quarrées*, les autres *des Lozanges*. Il y en a qu'on appelle *de la double Borne* ; *de la Borne en pieces couchées* ; *de la Borne en pieces quarrées* ; *Bornes debout* ; *Bornes couchées en tranchoir pointu* ; *Bornes doubles & simples* ; *Bornes couchées doubles* ; *Bornes longues en tranchoir pointu*. *Tranchoirs en lozanges* ; *Tranchoir pointu à tringlette double* ; *Tringlettes en tranchoirs* ; *Chesnons, Moulinets en tranchoirs* ; *Moulinets doubles* ; *Moulinets à tranchoirs évidez* ; *Croix de Lorraine* ; *Molette d'esperon* ; *Feuilles de laurier* ; *Bastons rompus* ; *du Dé* ; *Façon de la Roine* ; *Croix de Malte* ; & ainsi de differentes manieres, selon qu'il plaist aux Ouvriers d'inventer de nouveaux compartimens.

Des Paneaux de Vitres.

Ces fortes d'ouvrages ont eu cours, depuis que l'on ne peint plus fur le verre, comme l'on faifoit autrefois; quelques-uns les aiment mieux ainfi, à caufe que les lieux font plus éclairez, quand le verre eft tout blanc, que quand il eft chargé de couleurs. Ce qui en effet eft avantageux aux maifons particulieres, où l'on ne peut avoir trop de jour. Mais à l'égard des Eglifes, où la trop grande lumiere diffipe la veuë, & où un jour foible & mefme un peu d'obfcurité tient l'efprit plus recueilly & moins diftrait, il eft certain que les Vitres peintes, y conviennent parfaitement, & ont quelque chofe de grand & de beau tout enfemble, comme nous le voyons dans nos plus anciens Temples. Il eft vray que fi l'ouvrage n'eft d'un grand deffein, & d'un bel *appreft* de couleurs, il n'eft pas eftimable.

<small>DIFFERENTES QUALITEZ DU VERRE.</small> Les Vitriers appellent le Verre *Cafilleux*, lorfqu'il fe caffe en plufieurs morceaux, en y appliquant le *Diamant* pour le couper. Cela arrive, difent-ils, à caufe qu'il n'a pas eu affez de *recuite* au Fourneau, c'eft-à-dire qu'on la retiré trop toft. Celuy qui eft bien recuit, fe coupe facilement, & eft tendre au diamant.

Le Verre blanc & le meilleur qu'on employe aujourd'huy, fe fait dans la foreft de Gaftine par dela Montoire, il eft de pure Fougere.

L'autre fe fait à Chambray prés de Conches en Normandie, & n'eft pas fi blanc.

Il s'en fait encore de la mefme forte, proche de Lyons prés de Roüen.

Tout le Verre qui fe fait, eft par *Tables ou par Pieces rondes ou longues.* Celuy

LIVRE PREMIER.

Celuy qu'on appelle à present de Lorraine, se fait à Nevers; il est par Tables & par pieces longues, & un peu estroites en bas, c'est-à-dire qu'il n'a point de nœud au milieu. Il se coule sur le sable, au lieu que les autres se soufflent avec une verge de fer creuse, ce qui fait qu'ils sont ronds, & ont un nœud, qu'on appelle *Oeil de bœuf*, quand on l'employe.

Les Pieces de verre rond se vendent à la *Somme* ou *Pannier*, il y en a vingt-quatre au Pannier, & cela s'appelle vingt-quatre *Plats de verre*. Les Plats ont deux pieds, six à sept pouces ou environ de diametre.

Les Tables se vendent au *Balot ou Balon*, qui contient vingt-cinq *Liens*, & le Lien contient six Tables de verre blanc; chaque Table a deux pieds & demy de verre en quarré ou environ.

Quand le Verre est de couleur, il n'y a que douze Liens & demy au Balot, & trois Tables à chaque Lien.

Il ne se fait du Verre de couleurs qu'en Tables, & c'est de ces verres de couleur, dont on se servoit beaucoup anciennement, & qu'on voit aux vitres des Eglises, où l'on ombroit, comme il a esté dit, les plis des vestemens avec des couleurs plus obscures, qu'on faisoit recuire.

Les Outils & autres choses necessaires aux Vitriers, sont premierement.

Un *Fourneau* avec la *Poële* pour recuire les pieces.

Un *Fleau* pour porter l'Ouvrage en Ville.

Une grande *Table* de bois blanchie, qui sert de

Patron, lorsque les compartimens y sont desseignez.

Une *grande Regle* & une autre *petite Regle à main*.
Deux Compas l'un grand & l'autre petit.

Un *Moule à Liens* qui sont de petits morceaux de plomb qu'on appelle aussi *attaches* pour lier les *verges* des Panneaux. Ce Moule a deux branches comme un Goffrier ; & l'on y fait plusieurs liens à la fois.

Un *Moule* appellé *Lingotiere*, pour fondre le plomb en petits lingots.

Un *Tire plomb* ou Roüet à filer le plomb. Cette machine est ordinairement composée de deux *Jumelles*, ou *Plaques* de fer jointes & assemblées avec deux *Estoquiaux* qui se démontent avec *des Escrous & des Vis*, ou avec des *Clavettes*. De deux *Essieux* ou Arbres, à un bout desquels sont deux *Pignons* ; Et de deux *petites Roües* d'acier, au travers desquelles passent les arbres. Ces Roües n'ont d'épaisseur que celle qu'on veut donner à la fente des lingots de plomb, & sont aussi prés l'une de l'autre qu'on veut que le cœur ou entre-deux du plomb ait d'épaisseur. Elles sont entre deux *Bajoües ou Coussinets* d'acier. Il y a une *Manivelle* qui faisant tourner l'arbre de dessous, fait aussi par le moyen de son pignon tourner celuy de dessus, & le plomb qui passe entre les *Bajoües*, estant pressé par les Roües, s'applatit des deux costez, & forme les *aisterons* au mesme temps que les mesmes Roües le fendent.

Il y a de ces machines qui ont quatre Essieux, & trois Roües pour tirer deux plombs à la fois, il faut que les Arbres & les Roües soient tournées & arrondies sur le tour.

Anciennement l'on n'avoit pas l'intelligence de ces sortes de Roüets pour fendre le plomb, c'est une invention nouvelle ; l'on se servoit d'un rabot pour le creuser, & l'on voit encore aux vieilles vitres du plomb fait de la sorte, ce qui estoit un long & penible travail.

Un *Diamant* fin pour couper le Verre : Autrefois l'on ne se servoit que d'*Emeril*, & comme il ne pouvoit pas couper les Plats ou Tables de verre espais, l'on se servoit d'une verge de fer rouge. On la pose contre le verre qu'on veut couper, & moüillant seulement le bout du doigt avec de la salive que l'on met sur l'endroit où la verge a touché, il s'y forme une *Langue*, c'est à-dire une fente que l'on conduit avec la verge rouge où l'on veut ; c'est ainsi qu'on coupe le verre de telle figure qu'on desire.

Un *Grezoir* pour *groizer* les pointes du verre ; les Italiens le nomment *Grisatoio* ou *Topo*, à cause que cela mord & ronge : Cet instrument est de fer.

Une *Drague* pour *signer*, c'est-à-dire marquer le verre sur le carreau ou sur la table ; c'est un poil de chevre long d'un doigt, attaché dans une plume, avec un manche comme un pinceau, on le trempe dans le blanc broyé pour marquer les pieces.

Un *Plaquesein*, c'est un morceau de plomb grand comme la main, un peu creux, & en ovalle, où l'on détrempe le blanc pour signer le verre.

Un *Fer à souder* avec les *Mouflettes* pour le tenir, qui sont deux morceaux de bois, ayant chacun un demy canal.

Un *Ais feüillé* pour couler l'eſtaim pour ſouder.

Un *Eſtamoy*, c'eſt un ais ſur lequel eſt attaché une Plaque de fer, où l'on fait fondre la ſoudure & la poix-raiſine.

Une *Boëte* pour mettre la poix-raiſine en poudre, pour faire tenir la ſoudure.

Une *Tringle* pour enfermer les Panneaux.

Une grande *Equaire* d'acier percée d'eſpace en eſpace, & à biſeaux en dedans, pour mettre les Panneaux à l'Equaire.

Des *Tenailles*.

Un *Marteau*.

Une *Beſaiguë* qui eſt une eſpece de Marteau dont la panne eſt pointuë.

Des *Broſſes* pour nettoyer les vitres.

Des *Tringlettes* pour ouvrir le plomb ; c'eſt un morceau d'yvoire, d'os, ou de buis, de quatre ou cinq pouces de long, & un peu pointu.

Un *Couteau* à mettre en plomb, il eſt d'un pouce & demy de taillant, & coupant par la pointe.

Un autre *Couteau à racoutrer*, c'eſt à-dire à rabatre le plomb.

Une *Pointe* d'acier qui ſert pour percer des pieces de verre en rond, ou meſme pour en decouper par figures comme l'on fait quelquefois.

EXPLICATION DE LA PLANCHE XXXIX.

A *Pieces quarrées.*
B *Lozanges.*
C *Double Borne.*
D *Borne en pieces couchées.*
E *Borne en pieces quarrées.*
F *Borne debout.*

LIVRE PREMIER.

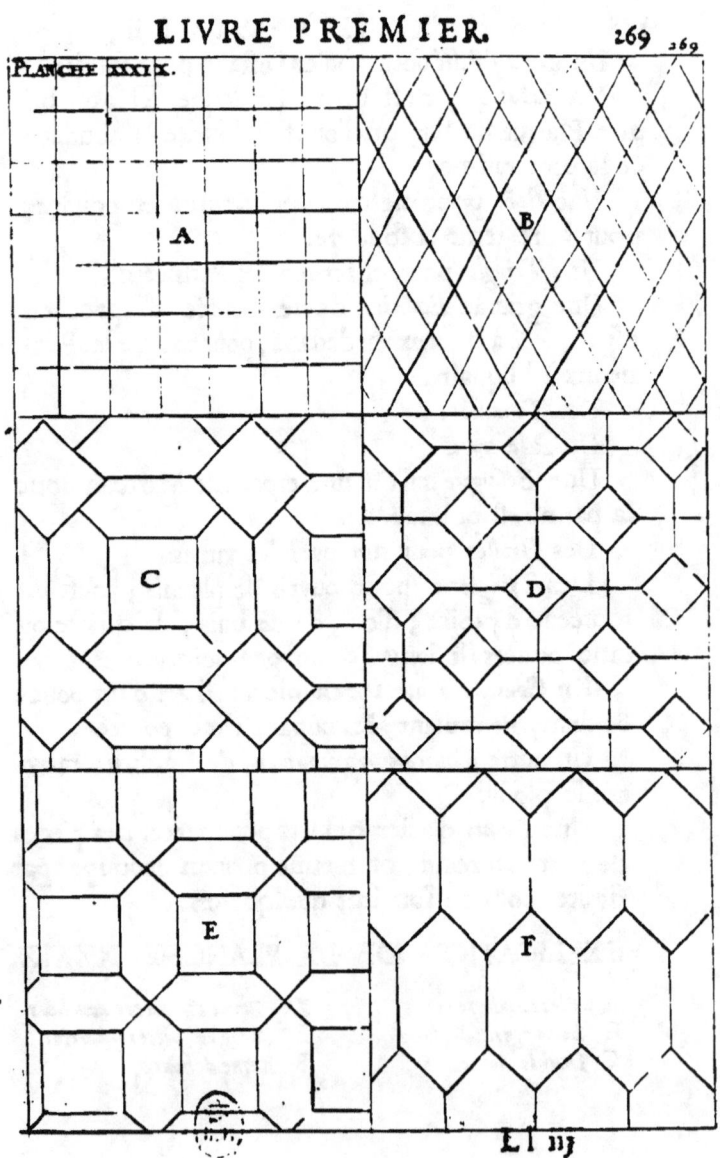

Planche XXXIX.

DE L'ARCHITECTURE,
EXPLICATION DE LA PLANCHE XL.

A *Borne couchée en Tranchoir pointu.*
B *Borne double & simple.*
C *Borne couchée double.*
D *Borne longue en Tranchoir pointu.*
E *Tranchoirs en lozanges.*
F *Tranchoirs pointus à Tringlettes doubles.*

LIVRE PREMIER. 271

Planche XL.

A B C D E F

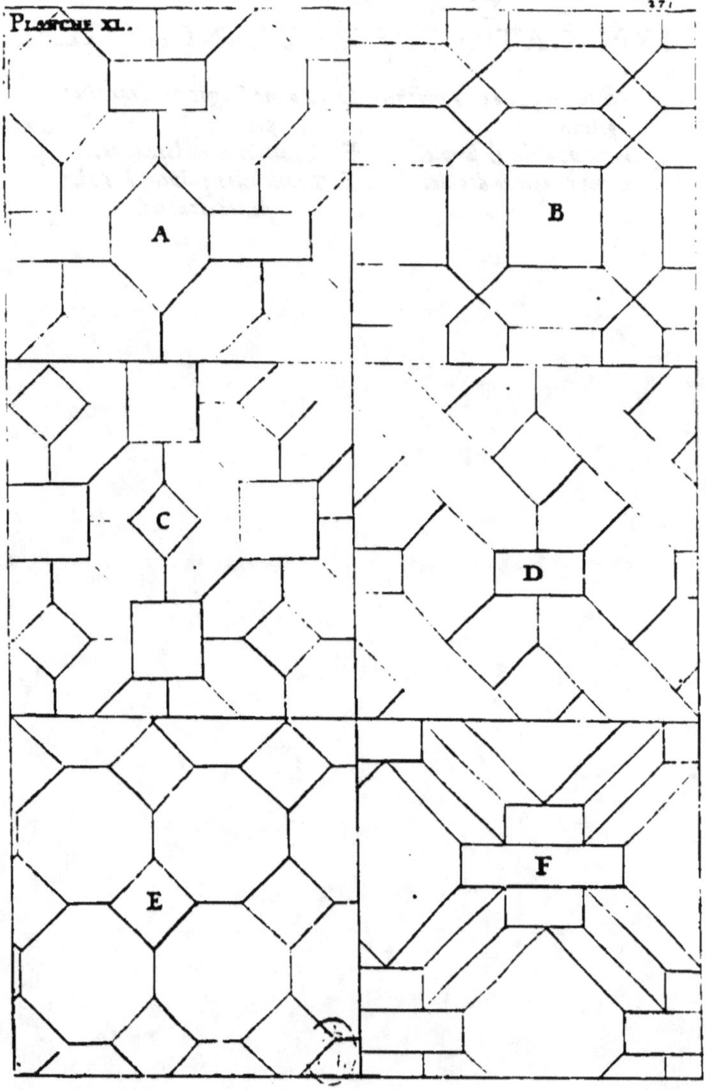

EXPLICATION DE LA PLANCHE XLI.

A *Tringlette en tranchoirs.*
B *Chaînons.*
C *Moulinets en Tranchoirs.*
D *Moulinets doubles.*
E *Moulinets en Tranchoirs évidez.*
F *Croix de Loraine.*

LIVRE PREMIER. 273

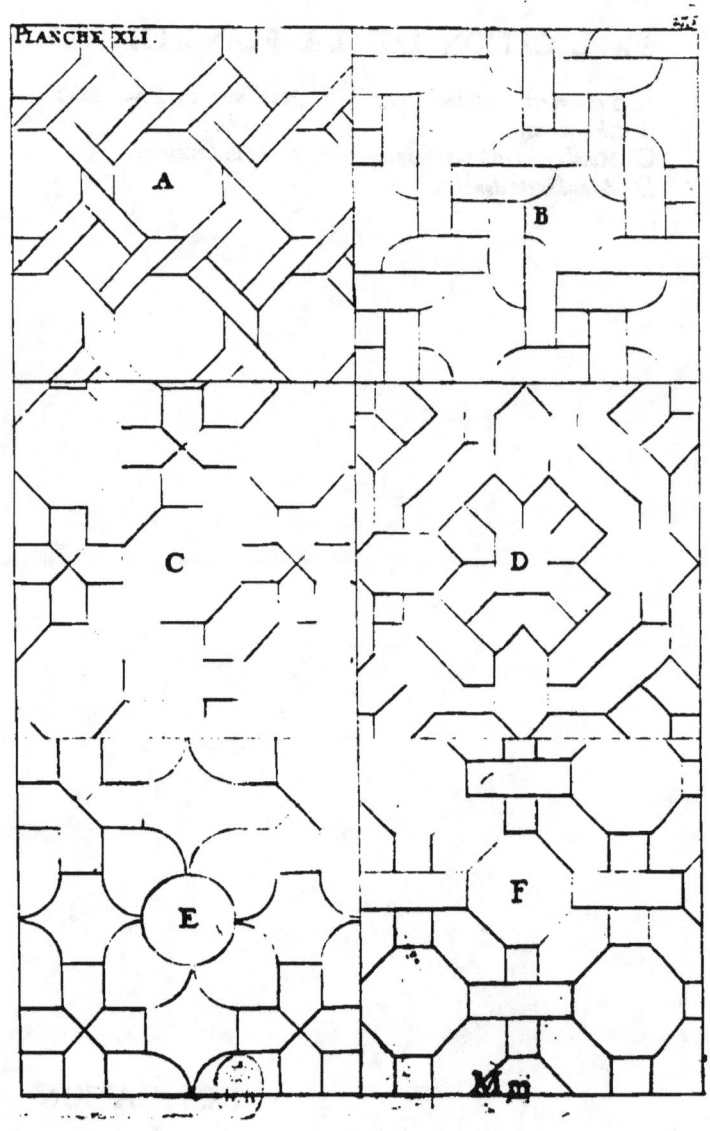

DE L'ARCHITECTURE,
EXPLICATION DE LA PLANCHE XLII.

A *Molette d'Esperon.*
B *Feuilles de Laurier.*
C *Bâtons rompus.*
D *Du Dé.*
E *Façon de la Reine.*
F *Croix de Malte.*

LIVRE PREMIER. 275

PLANCHE XIII.

A   B

C   D

E   F

Mm ij

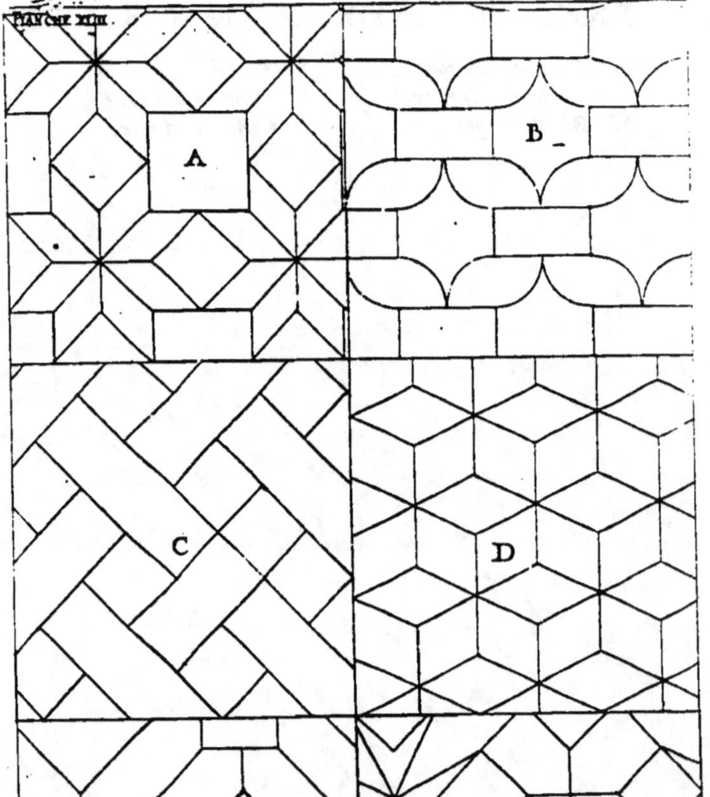

EXPLICATION DE LA PLANCHE XLIII.

A Fourneau pour recuire les Pieces peintes.
B Fleau pour porter l'ouvrage en ville.
C Table de bois tracée en compartiments.
D Regle à main.
E Compas.
F Moule à liens.
G Moule appellé Lingotiere.

LIVRE PREMIER. 277

PLANCHE XLIII.

Mmij

DE L'ARCHITECTURE,
EXPLICATION DE LA PLANCHE XLIV.

A Tire-plomb ou Roües à tirer le plomb.
1 Jumelles ou Plaques.
2 Arbres.
3 Pignons.
4 Roües à fendre le plomb.
5 Bajoüës ou Couſſinets.
6 Manivelle.
7 Eſtoquiaux.
8 Vis.
9 Eſcroux.
B Autre machine pour tirer deux plombs à la fois.
1 Petite Roüe dentelée qui fait tourner la grande.
2 Grande Roüe dentelée qui fait tourner l'arbre où eſt le pignon du milieu qui fait tourner les deux autres.

EXPLICATION DE LA PLANCHE XLV.

A Diamant pour couper le Verre.
B Gresoir.
C Drague.
D Plaque sein.
E Fer à souder.
F Moufflettes.
G Ais feuillé pour couler les-tain.
H Estumoy.
I Boëte pour mettre la poix-raisine.
K Tringles pour enfermer les panneaux.
L Grande Equaire.
M Tenailles.
N Marteau.
O Besaiguë.
P Brosses.
Q Tringlettes.
R Couteau à mettre en plomb.
S Couteau à raconter.
T Pointe d'acier

CHAPITRE

LIVRE PREMIER.

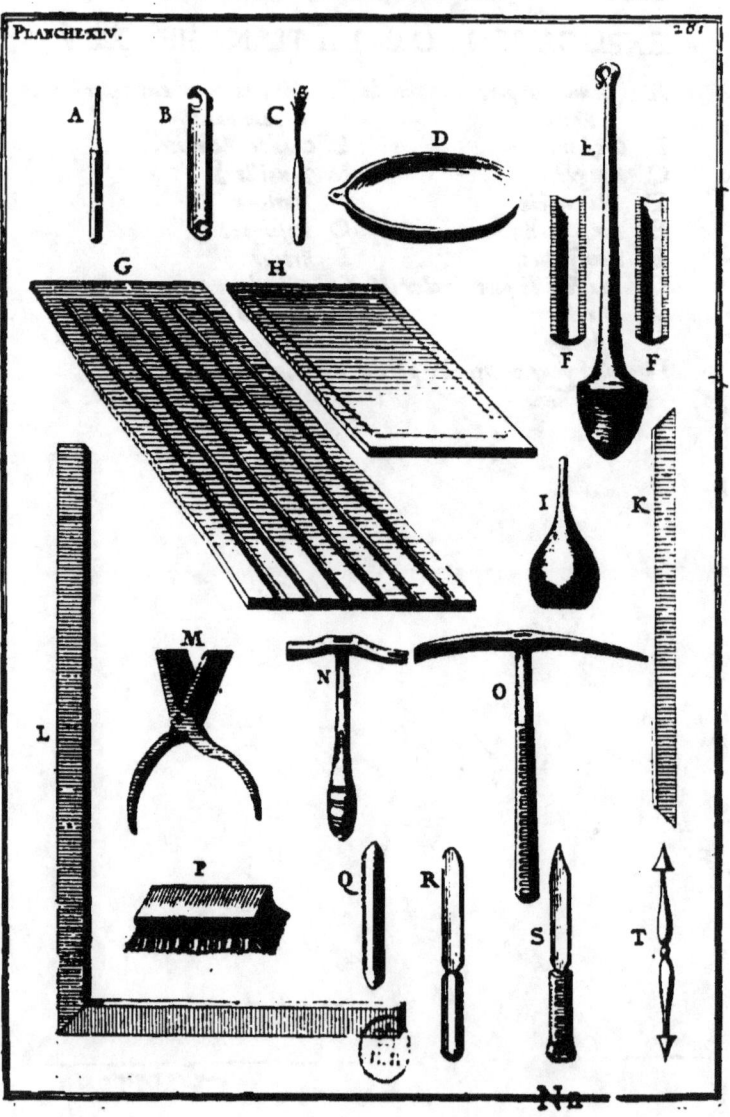

PLANCHE XLV.

CHAPITRE XXII.
De la maniere de dorer à colle & à huile.

Comme il n'y a rien de si precieux ny de si éclatant que l'Or, il n'y a rien aussi qui embelisse davantage les Temples & les Palais que cette riche matiere, lorsqu'elle est artistement appliquée sur les lambris, ou sur les autres ornemens dont ils sont enrichis.

Liv. 33. c. 3.

Pline rapporte que dans Rome, l'on ne commença à dorer les planchers des maisons, qu'aprés la ruine de Carthage, lorsque Lucius Mummius estoit Censeur. Que les Lambris du Capitole furent les premiers qui parurent enrichis d'or : mais que dans la suite des temps le luxe se répandit tellement par tout que les moindres particuliers faisoient dorer jusques aux voutes & aux murailles de leurs chambres. L'on ne doute pas qu'ils n'eussent alors le mesme secret & la mesme industrie que nous avons aujourd'huy de battre l'Or, & de le reduire en feüilles : la facilité avec laquelle ce metail se separe & s'estend comme l'on veut, les avoit rendus sçavans, & pratics à le bien preparer. Peut-estre neanmoins qu'ils ne l'étendoient pas encore par feüilles, aussi minces que nous faisons, s'il est vray, comme Pline le dit, que d'une once d'Or ils n'en faisoient que cinq ou sept cens feüilles, qui avoient quatre doigts en quarré. Il est vray qu'il adjouste qu'ils en pouvoient faire davantage : Que les plus épaisses s'appelloient *Bractea Prænestinæ*, à cause que dans ce lieu là il y avoit une Image de la Deesse Fortune, qui estoit dorée de ces sortes de feüilles; Et que ceux qui estoient de moindre épaisseur se nommoient *Bractea quæstoriæ*.

Nous nous servons ainsi de diverses grandeurs de feüilles d'or, & qui sont aussi plus fortes les unes que les autres, car il s'en fait dont le millier ne pese que quatre & cinq gros. L'on prend du plus fort & du plus pur pour dorer sur le fer & sur les autres metaux; le moins fort & le moins fin sert aux Doreurs en bois qui l'employent plus volontiers, parce qu'il ne couste pas tant.

Mais on peut dire que nous avons l'avantage sur les Anciens de sçavoir mieux appliquer l'Or, & en plus de manieres qu'eux. Car le secret de peindre à huile que nous avons trouvé dans les derniers siecles, nous a aussi fourny un moyen tres-propre pour appliquer l'Or d'une façon particuliere, dont les Grecs & les Romains n'avoient nulle connoissance. Ce secret est d'une telle importance, que c'est de cette sorte qu'on dore des ouvrages qui resistent aux injures du temps, ce que ne pouvoient pas faire les Anciens. Car ils ne se servoient que de blancs d'œufs pour faire tenir l'Or sur le marbre, & sur les autres corps qui ne pouvoient pas souffrir le feu. Et pour le bois ils faisoient une Composition qui s'employoit avec de la colle. Or il est certain que le blanc d'œuf & la colle ne resistent point à l'eau; ainsi ils ne pouvoient utilement dorer que les choses qui estoient à couvert, com-

Plin.liv.33.c.3.

me leurs voutes & leurs lambris, qui eſtoient dorez de cette maniere. Les Grecs nommoient la compoſition dont ils ſe ſervoient pour dorer ſur le bois *Leucopheum ou Leucophorum*, qui vray-ſemblablement ſignifie *rouſſatre ou rouge brun* & non point gris, comme le veulent Hermolaus & Philander. Elle eſtoit faite de terre glutineuſe qui ſervoit comme il y a apparence, à faire tenir l'Or, & ſouffrir la poliſſure, de meſme que fait aujourd'huy le blanc à colle, ce que nos Doreurs appellent l'*Aſſiette*. Il eſt bien mal-aiſé de ſçavoir au vray quelles eſtoient ces terres, quoyque Pline les nomme. Car tous ceux qui ont écrit du *Senopis pontica*, *du Sil*, & *du Melina* qu'il fait entrer dans cette compoſition, ne conviennent ny de leur couleur, ny de leur veritable nature. Ce que l'on en peut conjecturer eſt que le *Sinopis* eſtoit une terre pareille à la terre *Lemnia* ou Bol d'Armenie. Le *Sil* eſtoit une eſpece d'ocre, & pour le *Melina* qui eſtoit une matiere qui tiroit ſon nom de l'Iſle de *Melos*, il eſt mal-aiſé de ſçavoir ſi elle eſtoit ou graſſe ou ſeche, ny quelle eſtoit ſa couleur. Pline, Iſidore & Agricola veulent qu'elle fuſt blanche, & Dioſcoride au contraire en parlant de cette couleur, dit, *imitatur colore cineream Eritream*, c'eſt-à-dire qu'elle avoit une couleur rougeaſtre. Ce qu'il y a de plus aſſuré, eſt que toutes ces couleurs devoient eſtre d'une nature ſeche & glutineuſe, afin de s'attacher uniment au bois, & d'attirer à elles les feuilles d'Or que l'on mettoit deſſus. Comme il ſeroit à ſouhaiter que nous puſſions ſçavoir de quelle maniere les Anciens s'en

LIVRE PREMIER.

servoient, & que tant de beaux secrets qu'ils avoient pour les Arts, ne fussent pas perdus, puisqu'on voit en Italie des restes de voutes tres-anciennes, où l'Or & les couleurs sont encore tres-vives & bien appliquées, peut-estre que la posterité sera bien aise un jour de sçavoir la maniere dont l'on s'en sert aujourd'huy. Car il peut arriver dans les siecles suivans ce qui est arrivé dans ceux qui sont passez, c'est-à-dire, que beaucoup de choses qui sont à present en usage estant perduës chez les autres Nations, nous serons les Restaurateurs, & pour ainsi dire, les Maistres qu'on viendra consulter, puisqu'il n'y a pas de lieu dans le monde où les Sciences & les Arts soient en un aussi haut degré que celuy où ils sont maintenant en France.

Je diray donc icy le plus brievement que je pourray, de quelle sorte l'on procede pour dorer sur le bois, ou sur quelque autre matiere, dans les deux differentes manieres dont l'on se sert aujourd'huy, c'est à dire à *Colle ou Détrempe, & à Huile*.

POUR LA PREMIERE qui est à Détrempe, l'on commence par la preparation de la colle qui se fait avec des rognures de parchemin, ou des rognures de gands. L'on en prend une livre que l'on met dans un seau d'eau bien nette, & que l'on fait boüillir dans un chaudron, jusques à ce que le tout soit reduit à plus de la moitié. Lorsque l'on s'en veut servir pour *encoller* seulement le bois sur lequel on veut dorer, on la prend toute boüillante, parce qu'elle penetre mieux; Si elle est trop forte, on y met un peu d'eau pour l'affoiblir, & avec une

DE LA DORURE A DETREMPE, OU A COLLE.

Broſſe de poil de ſanglier, on couche la colle *en adouciſſant*, ſi c'eſt un ouvrage uny ; mais s'il y a de la Sculpture, il faut mettre la colle en *tapant* avec la broſſe, & c'eſt ce qu'on appelle *encoller*.

Quand le bois eſt ainſi preparé avec de la colle ſeulement, l'on prend de cette meſme colle toute chaude, que l'on paſſe dans un linge, dans laquelle on met du *Blanc* écraſé en telle quantité qu'il paroiſſe remplir toute la colle, & l'on appelle cela *inſuſer du blanc*. Ce Blanc ſe fait avec du plaſtre bien battu que l'on faſſe dans des *Eſtamis* bien fins ; En le noyant d'eau, on l'affine le plus qu'on peut & l'on en forme des pains que l'on fait bien ſecher ; Ou bien on ſe ſert du *Blanc* de Roüen ou d'Eſpagne, qui ſont des pains preparez, comme deſſus, & que l'on trouve tous faits chez les Eſpiciers. Il y a une Carriere à Seve proche Paris, dont la terre eſt fort blanche & qui eſtant affinee, peut auſſi ſervir.

Lorſque le Blanc a eſté infuſé quelque temps, & qu'il eſt bien diſſous, & meſme paſſé par un linge afin qu'il ſoit plus fin, on prend une broſſe de poil de ſanglier ; & pour commencer à blanchir l'ouvrage, on donne ſept ou huit couches, en *tappant*, & les deux dernieres en *adouciſſant*, lorſqu'il y a de la Sculpture. Mais quand l'ouvrage eſt tout uni, il faut au moins dix ou douze couches ; car le blanc eſt la nourriture de l'Or, & ce qui le maintient long-temps. Il faut obſerver de ne point donner de couche l'une ſur l'autre que la precedente ne ſoit ſeche ; car autrement l'ouvrage ſeroit en danger de s'écailler ; Et meſme il faut que chaque couche ſoit égale tant en ce qui regarde la force de la colle, que la quantité où épaisseur du blanc, pour éviter qu'il ne s'écaille.

Quand le nombre des couches est achevé soit en *tappant* soit en *adoucissant*, il faut laisser bien secher l'ouvrage avant que d'entreprendre de l'adoucir; Et lorsqu'on voit qu'il est parfaitement sec, l'on prend de l'eau bien nette & avec de gros linge tout neuf, & le plus serré qu'on peut trouver dont l'on enveloppe de petits bastons de bois de sapin coupez quarrément, ou en angles, ou en pointe, selon que l'Ouvrage & la Sculpture le demande, on frotte, & l'on adoucit tout le blanc. Puis se servant d'une brosse de poil de sanglier, qui ait servi déja à blanchir, par ce qu'elle en est plus douce, l'on moüille l'ouvrage, à mesure qu'on le frotte avec le linge qui est autour des petits bastons, ce qui sert à rendre le tout plus uny, & à oster les bosses & les ondes qu'on a pû faire en ne blanchissant pas également, ou lors mesme que le bois ne se trouve pas bien uny; Car plus l'ouvrage est adoucy & plus on a de facilité à brunir l'Or qu'on met dessus.

Il faut aussi, à mesure que l'on frotte & que l'on adoucit, se servir de la brosse douce, pour moüiller & laver le blanc, afin d'oster le limon qui se fait en adoucissant, & retirer de mesme l'eau qui peut demeurer dans les creux, en espreignant la brosse, & la lavant, à mesure que l'on oste l'ordure qui s'y met.

Lorsque le Blanc est bien sec, l'on prend de la *presle*, avec laquelle on frotte tout l'ouvrage, pour oster encore mieux les grains, & les inégalitez qui y peuvent eſtre: ou bien on ſe ſert d'un morceau de toile neuve, auquel cas il ne faut pas que le blanc ſoit tout-à-fait ſec; mais la *preſle* eſt la plus commode, pourveu que l'on n'en frotte pas trop l'ouvrage, car elle l'engreſſeroit, & pourroit empécher l'*Aſſiette* de prendre ſur le Jaune.

Cela fait, on grave ſur les filets, ou dans les fonds avec un petit *fer quarré* qui eſt plat. Et comme il eſt impoſſible qu'ayant donné neuf ou dix couches de blanc, on n'ait bouché & remply la ſculpture, ceux qui veulent que leur ouvrage ſoit propre, prennent un *Fer à retirer*, qui eſt un fer croche, pour contourner tous les ornemens & les déboucher; Ou bien on prend un *Fermoir* ou des *Gouges*, ou un *Cizeau*, & l'on donne aux ornemens de Sculpture la meſme forme que le Sculpteur a obſervé, quand il les a taillez; contournant les petits coſtez des feüilles ſelon le naturel; & l'on *bretele* tous les ornemens, ce qui rend l'ouvrage encore plus propre & plus delicat que le Sculpteur ne l'a fait. On ſe ſert auſſi d'un petit *Fermoir à nez rond* ou d'un petit *fer quarré*; Et pour couper le blanc avec plus de facilité & plus nettement, on le moüille un peu avec une broſſe.

On ſe peut exempter, ſi l'on veut, de tout ce travail, lorſque l'ouvrage eſt delicatement taillé; Car afin de ne boucher pas la Sculpture, on ne donne que deux ou trois couches de blanc bien clair. Mais il eſt vray que comme le blanc fait davantage ſubſiſter l'Or, ce travail n'eſt jamais ſi beau, ne ſe maintient pas tant, & la Sculpture en paroiſt

bien

LIVRE PREMIER.

bien plus rude & bien moins unie, que lorsqu'elle a receu neuf ou dix couches de blanc, & qu'elle est coupée, taillée, & contournée, comme j'ay dit cy-dessus.

Aprés que l'ouvrage a esté coupé, recherché, & bretelé, il faut prendre une brosse pour le frotter avec de l'eau bien nette, parce qu'il ne peut qu'il n'ait esté engraissé à force de le manier. Ensuite & sur le champ, l'on peut prendre de bel Ocre jaune *infusé* dans de l'eau, c'est-à-dire qu'il faut le détremper, & faire fondre dans l'eau, & aprés l'avoir laissé rasseoir quelque temps le verser par inclination, afin que ce qui est de grossier, & qui n'a pas esté dissous, demeure au fond, & soit separé du reste. Ou bien on le broye sur une *Escaille de mer* ou autrement, & on le détrempe avec un peu de colle, plus foible de la moitié que celle qui a servy à blanchir, on appelle cela de la *détrempe*. Aprés l'avoir fait chauffer, l'on en couche tout l'ouvrage principalement dans les fonds, lorsqu'il y a de la Sculpture, afin que cette couleur puisse suppléer à l'Or, qu'on ne peut pas mettre dans les creux.

Quand le Jaune est sec, si c'est une bordure de Tableau par exemple, on la couche toute d'*Assiette*, excepté dans les creux. Il faut détremper l'*Assiette* avec cette mesme colle à détrempe, dont l'on s'est servi pour l'ocre. L'on donne la premiere couche un peu claire, & lorsqu'elle est seche l'on en donne deux autres, mais il faut que l'*Assiette* ait plus de corps & soit plus épaisse, ayant peine à couler de la brosse, qui

Oo

doit estre douce, pour estre bonne & plus commode. Et quand l'*Assiette* est bien seche, on prend une autre brosse qui est plus rude, & telle que sont celles dont l'on se sert à nettoyer des peignes, avec laquelle on frotte à sec tout l'ouvrage, afin d'oster les grains de l'*Assiette*, & donner plus de facilité à brunir l'Or.

Cette *Assiette* est composée de *Bol d'Armenie*, environ gros comme une noix, broyé à part, de *Sanguine* gros comme une petite féve, de *Pierre de Mine de Plomb* gros comme un poix broyez ensemble; du *suif* gros comme une lentille que l'on broye ensuite avec les drogues que j'ay marquées cy-dessus, & avec de l'eau, les reprenant par petits morceaux à plusieurs fois pour les mieux broyer. Quand le tout est bien broyé, on le met dans un petit godet; on verse dessus de la colle de parchemin toute chaude, la passant au travers d'un linge, en la versant & la remuant bien avec les drogues jusques à ce qu'elles soient bien détrempées. Il faut que cette colle ait la consistence de la gelée à manger, lorsqu'elle est froide; & quand on a appliqué ces drogues, qu'on appelle l'*Assiette*, les faire toujours chauffer, tenant le godet sur un rechaud avec un peu de cendres chaudes. Il y en a qui meslent encore parmi, un peu de *Savon*, ou d'*Huile d'olive*, & un peu de *noir de fumée* calciné; D'autres y mettent du *Pain bruslé*, du *Bistre*, de l'*Antimoine*, de l'*Estain de glace*, du *Beurre*, du *Sucre candy*, chacun selon sa maniere, & ces sortes de graisses servent pour donner plus de facilité à brunir l'or, & luy donner plus d'éclat; & faisant couler

LIVRE PREMIER.

la pierre plus aisément, empêcher qu'il ne se fasse des taches de rouge ou de noir sur l'or. Car si l'*Assiette* est bien composée, l'or en demeure plus beau, principalement quand il y a du blanc dessous suffisamment.

Lorsqu'on veut dorer, il faut premierement avoir de l'eau bien nette dans un pot avec des *pinceaux à moüiller* qui sont faits de *queuës de Gris*. On a aussi un *Coussinet* qui est fait d'un morceau de bois bien uny, sur lequel est posé un lit de crin ou de bourre ou de feutre; & par dessus une peau de mouton ou de veau bien tenduë, & attachée avec de petits clous. Ce Coussinet est entouré de deux costez, d'un morceau de parchemin de six doigts de haut, pour empêcher que le vent ne jette à terre l'or qu'on met dessus.

Pour appliquer l'or, l'on tient le Coussinet de la main gauche avec les *Pinceaux* à dorer qui sont de differentes grosseurs. L'on vuide sur ce mesme Coussinet telle quantité de *Feüilles d'or* que l'on veut, puis en prenant une feuille avec le cousteau, on l'estend sur le Coussinet, & pour en venir plus aisément à bout on souffle doucement, ou plutost on laisse aller son halaine en ouvrant la bouche, ce qui fait estendre la feuille. On la coupe avec le cousteau, ou bien s'il y a place dans l'ouvrage pour la mettre toute entiere, on la prend avec une *palette*, qui est faite de la *queuë de Gris* que l'on met dans un morceau de bois large par le bout d'environ demy pouce, & qui est fendu, pour mieux élargir la queuë du Gris. Et afin de prendre l'or plus facilement, il faut poſer *la palette* contre ſes levres & *hallener*, c'eſt-à-dire pouſſer ſon haleine un peu deſſus, ſans pourtant la moüiller, ou bien moüillant un peu le bout des doigts dans de l'huile d'olive les paſſer ſur la queuë de Gris, qui en eſtant ainſi legerement frotée une fois ou deux le jour, levera la feuille d'or plus aiſément. On l'applique doucement ſur l'ouvrage qu'il faut auparavant avoir moüillé avec les pinceaux qui ſont dans le pot plein d'eau, dont j'ay parlé, & la poſer tout d'un coup ſur l'endroit fraiſchement moüillé, parce que l'or ne s'en caſſe pas tant. Neanmoins comme il eſt difficile que cela n'arrive, particulierement dans les ouvrages de Sculpture, l'on coupe de l'or en petits morceaux que l'on prend avec des pinceaux, & qu'on met aux endroits où il s'eſt caſſé ; on appelle cela *ramender*. Il eſt à remarquer qu'auſſi-toſt que la feüille d'or eſt poſée, il faut prendre de l'eau avec un des pinceaux à moüiller, & la faire paſſer par deſſous l'or tout le plus qu'on pourra ; car ſi l'eau couloit deſſus l'or, elle y feroit autant de taches, & l'on ne peut mettre d'or par deſſus l'or qui eſt moüillé; le plus ſûr eſt de l'oſter, & d'y en remettre d'autre. Mais quand on fait paſſer l'eau par deſſous la feuille, cela fait qu'elle s'étend & prend fortement à l'*aſſiette*, & empeſche que l'or ne s'eſcorche & ne s'emporte quand on l'épouſſete pour le brunir, ou quand on le *matte* à la colle ; & qu'enfin l'ouvrage en eſt bien plus propre. Si on voyoit que l'eau ne fiſt que couler, & qu'elle ne moüillaſt pas la couche d'*aſſiette*, ce ſeroit ſigne que la couche ſeroit trop graſſe ou la colle trop forte ; &

LIVRE PREMIER.

en ce cas il faudroit y paffer deffus d'autre eau dans laquelle on auroit efteint une croufte de pain bruflée, & dont l'on prendroit le deffus, puis laiffer fecher cette couche, pour remoüiller enfuite, & y remettre de l'or.

On fe fert auffi au lieu de palette de Gris d'un petit morceau de bois quarré, où l'on attache un petit morceau d'étoffe fine pour prendre l'or, & le mettre dans les endroits les plus difficiles; comme dans les filets quarrez, dans les gorges, & dans les autres lieux creux : on frotte l'étoffe fur le Couffinet, ou contre la jouë, pour pouvoir mieux prendre l'or. Ce petit morceau d'étoffe ainfi attaché, s'appelle *Bilboquet*.

Quand l'or eft bien fec, on le brunit dans les lieux, où l'on juge eftre le plus à propos pour mieux dégager, faire fortir, & faire paroiftre toutes les parties de l'ouvrage. Pour cet effet, l'on fe fert d'une *Dent de loup ou de chien*, ou bien d'un caillou qu'on appelle *Pierre de Sanguine*. Avant que de brunir il faut avec la pointe de la dent, ou la pierre à brunir, enfoncer tout l'or dans les creux, où l'on a oublié de l'enfoncer avec le pinceau, & enfuite l'efpoufleter avec un gros pinceau.

Aprés que l'ouvrage eft bruni, l'on *matte* & l'on repaffe avec un pinceau bien doux & de la colle à détrempe, ce qui n'a pas efté bruni ou bien l'on met un peu de vermillon pour donner plus de *feu* à l'or, ce qui en effet luy donne un coloris tres beau & avantageux, le conferve & empefche qu'en le maniant on ne l'emporte; ou pour parler dans les termes de l'Art, qu'on ne l'*escorche* ; Ce travail s'appelle *matter, repasser, & donner un coloris* à l'or, pour le conserver.

Cela estant fait, l'on couche du *Vermeil* dans tous les creux des ornemens de Sculpture pour donner encore plus de *Feu* à l'or, & pour imiter l'Orfèvrerie. Ce *Vermeil* est composé de *Gomme gutte*, de *Vermillon*, d'un peu de *Brun rouge*, pour attendrir le Vermillon. On broye le tout ensemble & on le mesle avec du *Vernis* de Venise, & un peu d'*Huile de Therebentine*. Il y en a qui prennent de la *Lacque fine*, d'autres du *Sang de dragon*, qui s'employe ordinairement à détrempe avec un peu de colle que l'on met dedans, ou avec de l'eau pure.

Comme il arrive quelquefois qu'après avoir bruni l'or, on y trouve encore de petits défauts, on peut les *ramender* avec de l'or moulu que l'on met dans une petite coquille avec un peu de *Gomme arabique* ; C'est le plus expedient pour faire quelque chose de bien propre, pourveu que l'endroit gasté ne soit pas grand. L'on appelle cela *boucher d'or moulu*.

L'on peut encore sur une bordure unie, & qui n'a point de Sculpture donner vingt couches de blanc, si l'on veut ; & le mettre de telle épaisseur, qu'on y puisse desseigner des ornemens, les couper, graver, tailler & bretteler comme si c'estoit de la Sculpture en bois ; ce qui se fait avec les mesmes outils que j'ay nommez ; cela est mesme plus beau, plus tendre & plus net que la Sculpture de bois : Mais pour bien dorer de cette sorte, il faut aussi

LIVRE PREMIER.

que le Doreur soit bon Sculpteur.

Pour bien dorer une figure de relief, on le fait en trois manieres, car il y a des parties, où l'on brunit l'or, d'autres où on le laisse mat, & à l'égard du visage, des mains & des autres parties du corps qui peuvent estre descouvertes, on brunit l'*assiette*, avant que de poser l'or dessus. Estant posé sur l'assiette, on le *matte & repasse* avec une simple couche de colle à détrempe: cela fait que le visage & les autres parties dorées de la sorte, ne sont pas si reluisantes que l'or bruny, mais qu'elles le sont aussi beaucoup plus que ce qui est simplement matté; ce qui fait dans une Figure des differences tres-belles.

Quand on dore quelque grand ouvrage, dont ordinairement les fonds sont blancs, comme il est mal-aisé qu'en couchant de janne & d'assiette, cette couleur ne *bavoche*, & ne se repande sur les fonds, & les corps qui doivent demeurer blancs; afin de reparer cela, on prend du blanc de *Ceruse* que l'on broye avec de l'eau, & que l'on détrempe ensuite dans d'autre eau, où l'on aura mis tremper de la *colle de poisson* coupée par petits morceaux, durant un jour, puis boüillir un boüillon ou deux, & passée au travers d'un linge; De ce blanc ainsi infusé & détrempé dans cette colle, on couvre ce que le janne ou l'assiette a gasté ou *bavoché*, en y donnant deux ou trois couches; cela s'appelle *reschampir*; & mesme l'on recouvre de ce blanc de Ceruse tous les autres blancs des fonds, qui par ce moyen ne sont pas si sujets à se jaunir.

Lorsqu'on veut dorer à détrempe sur le Stuc, il faut le blanchir pour le rendre uni, quand il ne l'eſt pas, enſuite l'*encoller* deux fois avec de la colle boüillante, afin qu'elle penetre mieux; mais il n'eſt pas neceſſaire qu'elle ſoit ſi forte, parce qu'elle *glaſſeroit*, & ne penetreroit pas ſi avant. Aprés cela on couche de l'Ocre avec de la colle à détrempe, & enſuite on donne trois couches d'aſſiette avec la meſme colle à détrempe.

On obſerve la meſme conduite pour coucher d'argent comme pour coucher d'or, ſoit que l'on veuille faire des ouvrages tous blancs, ſoit pour paſſer par-deſſus l'argent un vernix qui donne une couleur d'or à l'argent, mais qui à la verité n'a jamais l'éclat du vray or, & ne dure pas long-temps. Ce Vernis ſe fait avec du *Carabé*, *du Sang de dragon*, *de l'Huile de Therebentine*, *& de la Gomme gutte*.

Comme il ſe rencontre des ouvrages où l'on veut que les ornemens d'or paroiſſent ſur un fond de Marbre ou de Jaſpe de diverſes couleurs, afin de donner à ces fonds ou à d'autres ouvrages qu'on veut faire paroiſtre de Marbre, l'éclat & le luiſant qu'ils doivent avoir, on y procede de la ſorte qui ſuit.

Premierement pour faire un Blanc poly, & qui reſſemble au marbre, il faut prendre du *Talc*, c'eſt-à-dire du Plaſtre ou *Gyp*, que l'on fait bruſler. Eſtant en poudre, on le broye avec de l'eau de *Savon* le plus fin que l'on peut; puis l'ayant détrempé avec de la colle à détrempe, on en donne deux ou trois couches ſur les fonds blancs qui n'ont point eſté dorez, aprés quoy eſtant bien ſec, on le brunit avec une dent ou pierre à brunir.

Si l'on veut faire du Noir poly en façon de Marbre

bre, on prend du noir de fumée calciné: on le broye avec un peu de *Pierre de Mine*, de l'*Huile d'olive* & de l'*eau de Savon*, puis estant détrempé avec de la colle à détrempe, on en donne deux ou trois couches, & quand il est sec on le brunit. Quand on veut qu'il y paroisse des veines de marbre blanc, on y fait de petites veines blanches avec un pinceau, avant que de le brunir.

IL y a un Blanc qu'on appelle le *Blanc des Carmes* qui se fait avec de la Chaux de Senlis de la plus blanche; l'ayant esteinte, on la passe dans de petits tamis bien fins. On l'employe claire comme du lait, & l'on en donne cinq ou six couches; mais il faut laisser secher chaque couche, avant que d'en mettre une autre; & bien *manier* toutes les couches, c'est-à-dire les bien froter avec la brosse; C'est ce qui le fait tenir plus ferme & mesme le fait reluire. Quand ce Blanc est employé sur de la Pierre ou du Plastre bien sec, il ne jaunit point. Si on veut le faire reluire, il faut le froter avec une brosse de poil de sanglier, ou bien quand il est bien sec avec la paume de la main.

POUR LA SECONDE façon de dorer, qui est à Huile on se sert de la Couleur qui tombe dans les *Pinceliers* où les Peintres nettoyent leurs pinceaux, & qui devient extraordinairement grasse par la longueur du temps. On la rebroye, & on la passe par un linge; & quand on veut dorer, on l'applique delicatement sur l'ouvrage avec un pinceau, de la mesme maniere que pour peindre: faisant en sorte que cette couleur soit également estenduë, afin

DE LA MANIERE DE DORER A HUILE, OU D'OR COULEUR.

qu'il n'y ait point de durillons, de grumeaux, ou de rides. Pour rendre l'ouvrage plus uni, quand c'est du bois qu'on veut dorer, on l'encolle & on luy donne quelques couches de blanc à colle que l'on rend unies, comme si c'estoit pour dorer à détrempe. Ensuite l'on met deux couches de couleur, & quand la derniere vient à estre presque seche, mais en sorte toutefois qu'il y ait un certain gras propre à aspirer l'or, on couche les feuilles dessus, se servant seulement pour l'ordinaire de cotton, pour les prendre & les poser sur la couleur, au lieu des *palettes* & *Bilboquets* qui servent à dorer à détrempe.

Cette maniere de dorer ne reçoit pas toutes les beautez & les brillans de celle qui se fait sur le blanc à détrempe ; mais aussi elle peut estre employée à l'air & à l'eau, où l'autre ne pourroit pas resister. C'est de cette maniere que l'on dore les Figures de plastre & les Figures de plomb, que l'on peut exposer à toutes les injures du temps.

Comme il est tres mal-aisé d'employer l'or en feuilles, quand on travaille à découvert, principalement au haut des Domes & des Clochers, à cause que le vent l'emporte, & qu'il s'en perd beaucoup, en le couchant, il y a un remede à cela dont quelques-uns se sont servis assez utilement. C'est de prendre des feuilles d'Estain battu, les couvrir d'or-couleur, & ensuite coucher l'or dessus. Cela se peut faire à la maison, où l'on peut mesme, ayant les mesures justes de ce qu'on veut dorer, couper des feuilles d'estain dorées de telles figures qu'on veut : Et comme elles ont du corps, & de la pesanteur, lorsqu'on va

LIVRE PREMIER.

pour dorer l'ouvrage, elles ne peuvent pas estre emportées par le vent, & mesme l'on couche de plus grands morceaux à la fois. Ce qu'il faut observer, c'est de mettre les feuilles d'estain sous un or-couleur plus fort qu'on ne fait, pour appliquer les feuilles d'or.

Il est bon de sçavoir que si par hazard aprés avoir couché de couleur à l'huile quelque quadre de Tableau, ou autre chose qu'on voudroit dorer d'or mat, on s'avisoit de le vouloir dorer d'or bruny, il faudroit sur les couches déja données à huile, en donner encore une, sur laquelle estant toute fraische, on repandroit de la poudre, de la cendre, ou de la scieure de bois tres-fine, & lorsque cette derniere couche seroit bien seche, la blanchir avec du blanc à détrempe, de la sorte qu'il est dit cy-dessus pour l'or bruny.

IL y a encore une maniere de dorer qui n'est ny à détrempe ny à huile, mais l'Or qu'on y employe ne se peut pas brunir comme à détrempe, ny aussi estre de durée comme à huile. Cela se fait en meslant du Miel avec de l'eau de colle & un peu de vinaigre qui sert à faire couler le Miel. On détrempe le tout ensemble; on en fait une couche, qui demeure grasse & glutineuse à cause du miel qui aspire l'or, & qui s'attache fortement au corps, sur lequel on le met. Cette maniere de dorer n'est bonne que pour donner des rehauts ou hachures sur des tableaux à détrempe & à fraisque: & pour faire des filets sur du stuc; Car si l'on en couchoit de grands fonds, l'or viendroit à se jerser & à se fendre, parce que

DE LA COLLE A MIEL.

Pp ij

la colle venant à fecher, le miel fe retire ; Et les feuilles d'or fe caffant, il fe fait plufieurs petites fentes ou jerfures. On appelle cette maniere de dorer *Colle à miel, ou Bature.*

Les Doreurs n'ont d'outils particuliers qu'un *Couffinet* pour mettre leur or.

Une *Palette* qui eft faite de queuës de Gris.

Un *Bilboquet* qui eft ce petit morceau de bois, où eft attaché un morceau d'eftoffe.

Une *Dent de Loup ou de Chien*, ou une *Pierre de Sanguine*, pour brunir.

Un *Couteau.*
Des *Broffes.*
Des *Pinceaux.*
Des *Gouges.*
Des *Fermoirs.*
Des *Fers à retirer.*
Un *Cifeau.*

EXPLICATION DE LA PLANCHE XLVI.

A *Couffinet.*
B *Palette.*
C *Bilboquet.*
D *Dent de loup pour brunir.*
E *Couteau.*
F *Broffes.*
G *Pinceaux.*
H *Gouges.*
I *Fermoir.*
K *Fers à retirer.*
L *Cifeau.*

LIVRE PREMIER.

DE LA SCULPTURE
LIVRE SECOND.

CHAPITRE PREMIER.
De la Sculpture en general.

LA Sculpture est un Art, par lequel, en ostant ou en adjoustant de la matiere, l'on forme toutes sortes de Figures; comme, lors qu'on travaille de terre ou de cire, ou bien sur le bois, sur les pierres, & sur les metaux. Ce travail se fait aussi, ou en creusant, de mesme que l'on fait sur des metaux, sur des agathes, & sur d'autres pierres: ou en travaillant de relief, comme sont les Statuës & les Bas reliefs. Les Statuës sont des Figures isolées, qui se voyent de tous costez; & les Figures des Bas-reliefs ne paroissent jamais entieres; c'est ce qu'on appelle aussi Bassetailles, que les Anciens inventerent pour representer des Histoires, & faire comme des Tableaux, dont ils pussent orner les Theatres, les Arcs de triomphe, & leurs autres Edifices.

Il y a de trois sortes de bas-reliefs; dans les uns les Figures qui sont sur le devant, paroissent presque de relief; dans les autres, elles ne sont qu'en demy bosse, & d'un relief beaucoup moindre; Et enfin dans la derniere espece, elles sont encore beaucoup moins eslevées, & ont peu de relief, à la manière des Vases, des Camaïus, des Medailles & des pieces de monnoye.

Il est mal-aisé dans l'obscurité des siecles passez, de reconnoistre les premiers Inventeurs de la Sculpture. Son antiquité nous paroist dans l'Ecriture sainte par les Idoles de Laban que Rachel enleva, & par le Veau d'or que les Israëlites dresserent dans le desert. A l'égard des Auteurs prophanes qui en ont écrit, les uns veulent que ce fut un Potier de Sycione nommé Dibutade qui fut le premier Sculpteur, & que sa fille donna commencement à la Portraiture en traçant l'Image de son Amant sur l'ombre que la lumiere d'une lampe marquoit contre une muraille. D'autres soustiennent que ce fut dans l'Isle de Samos que cet Art prit son origine, ou un Ideocus & un Theodore qui en furent les Inventeurs, avoient fait des ouvrages long-temps avant qu'on parlast de Dibutade. Et que Demaratus pere du premier Tarquin fut celuy qui le porta en Italie, lorsqu'il s'y retira. Car ayant mené avec luy Eucirape & Eutigramme excellens Ouvriers en cet Art, ils le communiquerent particulierement aux Toscans, qui s'y appliquerent, & y reüssirent parfaitement.

Ils adjoustent que Tarquin fit venir ensuite un nommé Taurianus, l'un des plus celebres d'entr'eux, pour faire de terre cuite la Statuë de Jupiter, & quatre Chevaux de mesme matiere pour mettre au Frontispice du Temple de cette Divinité. L'on croit aussi que ce fut le mesme Sculpteur qui fit une Figure d'Hercule, que l'on vit long-temps dans Rome, &

que l'on nommoit à cause de sa matiere *l'Hercule de terre cuite.*

Il y avoit en ces temps-là, en Grece & en Italie plusieurs Sculpteurs, qui travailloient de terre. L'on a parlé d'un Calcostene Athenien, qui rendit son nom & sa maison celebres, à cause du grand nombre de Figures de terre, dont elle estoit remplie ; D'un Demophile, & d'un Gorsanus, qui estoient aussi Peintres, & qui embellirent de Tableaux & d'images de terre le Temple de la Deesse Ceres. Aussi les premieres Images de toutes les Divinitez Payennes n'estoient au commencement que de terre ou de bois ; Et ce ne fut pas tant la fragilité de la matiere & son peu de valeur, que le luxe & la richesse des peuples, qui les porta à en faire de marbre, & de metaux les plus precieux. Cependant quelques riches que fust la matiere que les Sculpteurs employoient, ils n'ont jamais quitté la terre, qui sert toujours à former leurs *Modeles* ; Et soit qu'ils veuillent tailler des Statuës de marbre ou en fondre de metail, ils n'entreprennent jamais ces penibles ouvrages, qu'ils n'en ayent auparavant fait un modele achevé avec de la terre. Ce qui sans doute donna occasion à Praxitelle de dire que l'Art de faire les Figures de terre, estoit la Mere qui avoit comme enfanté l'Art de faire les Figures de marbre & de bronze, lequel ne commença à paroistre dans sa perfection, qu'environ trois cens ans aprés la fondation de Rome.

Phidias d'Athenes qui vint alors, surpassa tous ceux qui avoient paru avant luy, soit qu'il travaillast
de

de marbre ou d'yvoire, soit qu'il employast toutes sortes de metaux. Mais aussi-tost il s'éleva quantité d'excellens hommes qui mirent la Sculpture au plus haut point, où elle ait esté. Car dans Sycione l'on vit Polyclette, dont les Figures estoient l'admiration de tout le monde, & le modele de tous ceux qui vouloient estudier. Ensuite parurent Myron qui estoit inimitable dans tout ce qu'il faisoit ; Lysippe dont le nom vivra autant que celuy d'Alexandre, & qui seul eut le credit de jetter en bronze l'image de ce Prince ; Praxitelle & Scopas qui ont fait les admirables Figures & les Chevaux que l'on voit encore à Rome devant le Palais du Pape *à Montecavallo*. Ce Scopas eut pour concurrens, Briaxis, Timothée & Leocharés qui travaillerent au fameux tombeau de Mausole Roy de Carie. Cesisodorus, Canachus, Dedale, Buthieus disciple de Myron, Nyceratus, Euphranor, Theodore, Xenocrate, Phiromachus, Stratonicus, Antigone, qui avoit écrit un traité de son Art. Les excellens Hommes qui ont fait le Laocoon, Agesandre, Polydore, & Athenodore, dignes tous les trois d'une loüange immortelle pour un si beau travail ; & une infinité d'autres dont les noms de quelques-uns ont passé à la posterité, & les autres ont peri avec leurs Ouvrages. Car quoyqu'il y eût un si grand nombre de Statuës en Asie, en Grece & en Italie, que dans Rome seulement, il s'en trouvast davantage, à ce qu'on nous rapporte, que d'hommes vivans ; il en reste neanmoins aujourd'huy une tres petite quantité, particulierement des plus belles.

Qq

Dans le temps que Marcus Scaurus estoit Edile, comme sa charge l'obligeoit d'ordonner de l'appareil des rejoüissances publiques, il orna de trois mille Statuës de bronze le superbe Theatre qu'il fit faire ; Et bien que L. Mummius & Lucule en eussent apporté une grande quantité d'Asie & de Grece, toutefois il en estoit encore demeuré dans Rodes plus de trois mille, autant dans Athenes, & davantage à Delphe. Mais ce qui est de plus surprenant, est la grandeur des Figures que ces anciens Ouvriers avoient la hardiesse d'entreprendre : Parmy celles que Luculle fit apporter à Rome, il y avoit un Apollon de trente coudées de haut. Le Colosse que ceux de Rhodes firent faire à l'honneur du Soleil par Caretés de Lyndos disciple de Lysippe le surpassoit de beaucoup ; il avoit soixante & dix coudées. La Statuë de Neron que Zenodore fit aprés avoir fait en France celle de Mercure, estoit encore d'une grandeur extraordinaire, puisqu'elle avoit cent dix pieds de haut.

Cependant il est à remarquer que depuis Phidias, la Sculpture ne demeura dans sa grande perfection, que pendant cent cinquante ans ; & qu'insensiblement elle commença à déchoir. Ce n'est pas que depuis ce temps-là, il ne se fist encore en Grece & en Italie de fort beaux Ouvrages, mais non pas d'un si grand goust, & d'une beauté si exquise.

Outre que les Statuës Greques sont les plus estimées pour l'excellence du travail, il y a cette difference entr'elles & les Statuës Romaines, que la pluspart des premieres sont presque toujours nuës, à la

LIVRE SECOND.

maniere de ceux qui s'éxerçoient à la lute, ou aux autres exercices du corps, en quoy la jeuneſſe d'alors faiſoit conſiſter toute ſa gloire; Et que les autres ſont couvertes d'habillemens ou d'armes, & particulierement de la *Togue*, qui eſtoit la plus grande marque d'honneur chez les Romains.

Pour travailler de Sculpture, l'on commence par des Ouvrages de terre, non ſeulement pour s'inſtruire d'abord, mais lors meſme qu'on entreprend quelque choſe de conſiderable, l'on en fait, comme j'ay dit, un modele de terre, ou de cire.

CHAPITRE II.

De la maniere de modeler & de faire les Figures de Terre & de Cire.

POur modeler ou faire des Figures de terre, il n'eſt pas beſoin de beaucoup d'Outils; on met la terre ſur une *Selle ou Chevalet*, & c'eſt avec les mains que l'on commence à travailler, & qu'on avance davantage la beſogne; les plus Pratics ſe ſervant plus de leurs doigts que d'aucun outil. L'on a ſeulement trois ou quatre morceaux de bois, que les Ouvriers nomment *Esbauchoirs*, qui ont environ ſept ou huit pouces de long, & qui vont en arrondiſſant par un des bouts, & par l'autre ſont plats & en *onglets*. De ces Esbauchoirs, il y en a qui ſont unis par le bout qui eſt en onglet, & ceux-là ſervent à unir la beſogne. Les autres ont des *Oches* ou dents, & ſervent à *breter* la terre, c'eſt-à-dire à l'oſter d'une maniere qu'elle ne reste pas *lice*, mais comme *ègra-tignée*, ce que les Ouvriers font d'abord, laissant mesme assez souvent quelques endroits de leurs ouvrages travaillez de la sorte, pour y faire paroistre plus d'Art.

L'on modele & l'on fait aussi des Figures de Cire. Pour cet effet on met sur une livre de Cire, demy livre d'*Arcanson* ou *Colaphane* : Quelques-uns y meslent de la *Therebentine*, & l'on fait fondre le tout ensemble avec de *l'huile d'olive* ; on en met plus ou moins selon qu'on veut rendre la matiere ou plus dure ou plus molle. On mesle un peu de *brun rouge* ou de *vermillon* dans cette Composition, pour luy donner une couleur plus douce ; Et lorsqu'on s'en veut servir, on la manie avec les doigts, & avec des Esbauchoirs, comme on fait la terre. La pratique est la principale maistresse dans cette sorte de travail, qui d'abord n'est pas si facile qu'avec de la terre.

EXPLICATION DE LA PLANCHE XLVII.

Outils pour travailler de Terre & de Cire.

A *Scelle à Modeler, ou Chevalets.*
B *Esbauchoir breteli.*
C *Autre Esbauchoir.*

CHAPITRE III

De la Sculpture en Bois.

LA premiere chose que doit faire un Sculpteur qui veut travailler en bois, est de choisir le meilleur bois, & celuy qui est le plus propre pour les Ouvrages qu'il entreprend. Si c'est quelque chose de grand, & qui demande de la force & de la solidité, il doit prendre le bois le plus dur & celuy qui se conserve davantage, comme le *Chesne* & le *Chastaignier* ; mais pour des Ouvrages de grandeurs mediocres l'on prend du *Poirier* & du *Cormier*. Et parce que ces bois sont encore fort durs, lorsque l'on ne veut faire que de petits Ouvrages d'Ornemens qui soient delicats, les Ouvriers se servent plustost de bois tendres, mais pourtant *plains* ; c'est à dire d'un bois ferme & serré, comme celuy *du Tilleul*, qui est excellent pour cela, parce que le Ciseau le coupe plus nettement & plus aisément que tout autre bois.

Pausan. liv. 6.
Plin. liv. 16. chap. 40.

liv. 13. chap. 5.

Quant aux Statuës, nous voyons que les Anciens en ont fait presque de toute sorte de bois. Il y avoit à Sycione une Image d'Apollon qui estoit *de Buis*. A Ephese celle de Diane estoit *de Cedre*. Comme ces deux sortes de bois sont tres-durs & incorruptibles, & que le Cedre principalement est d'une matiere, qui selon Pline semble ne devoir jamais finir, les Anciens en faisoient volontiers les Simulacres de leurs Dieux.

LIVRE SECOND.

Dans le Temple basti à l'honneur de Mercure sur le mont Cyllene, il y avoit une Image de ce Dieu, faite de *Citronnier*, de huit pieds de haut ; ce bois estoit fort estimé. Pausan. liv. 8.

Comme le *Cyprés* est encore un arbre qui n'est pas sujet à se corrompre ny à estre endommagé des vers, on en faisoit aussi des Statuës. De mesme que *de Palmier*, *d'Olivier*, & *d'Ebene*, dont il y avoit une figure de Diane à Ephese ; & ainsi de plusieurs autres sortes de bois, mesme de celuy *de Vigne*, dont il y avoit des Images de Jupiter, de Junon, & de Diane. Plin. liv. 16. chap. 40.
Plin. liv. 4. c. 40.

Il y a environ cent ans qu'il y avoit à Florence un Sculpteur François nommé Maistre Janni, qui coupoit si parfaitement le bois, qu'il en faisoit des Images aussi achevées que de marbre. Le Vasari parle d'un S. Roch qu'il fit qu'on regardoit comme une chose merveilleuse.

On appelle *bien couper* le bois quand une Figure ou un Ornement est bien travaillé. Et la beauté d'un Ouvrage consiste en ce qu'il soit coupé tendrement ; qu'il n'y paroisse ny secheresse ny dureté.

Quand l'on veut faire de grands Ouvrages, comme seroit mesme une seule Figure, il vaut mieux qu'elle soit de plusieurs pieces que d'un seul morceau de bois qui dans des Figures, de mesme que dans des ornemens, se peut tourmenter & se *jerser* ; Car une piece entiere de gros bois peut n'estre pas seche dans le cœur, quoyqu'elle paroisse seche par dehors. Il faut que le bois ait esté coupé plus de dix ans avant que d'estre propre à employer dans ces sortes d'Ouvrages.

DE LA SCULPTURE,
Les Sculpteurs en bois se servent des mesmes outils que les Menuisiers.

CHAPITRE IV.

De la Sculpture en Marbre & autres Pierres.

LEs Sculpteurs qui travaillent en Marbre & autres sortes de Pierres, se servent d'outils de bon acier, trempez & forts selon la dureté de la matiere.

La premiere chose que l'on fait est de sier dans un grand *Bloc* de Marbre un autre *Bloc* de la grosseur dont l'on a besoin. Ce qui se fait avec une Sie de fer unie, & sans dents. Et à mesure que l'on sie le marbre l'on y jette de l'eau & du *grais* pilé; Le grais sert à user le marbre, & l'eau le fait sortir en bouë lorsqu'il n'a plus de force, & empesche le fer de s'eschauffer.

Aprés cela l'on dégrossit le marbre que l'on veut travailler, on en oste le superflu à grands coups d'une forte *Masse* & avec une *Pointe affutée de court*, c'est-à-dire aiguisée; car parmy les Ouvriers *affuter* signifie aiguiser.

Lorsqu'on a dégrossi le Bloc selon les mesures qu'on a prises pour en faire quelque Figure, on aproche de plus prés avec une autre *Pointe* plus déliée, c'est-à-dire qu'on avance davantage l'ouvrage; Et si l'on se sert de la *double Pointe*, qu'on nomme *Dent de chien*, on apelle cela *approcher à la double pointe*.

Ensuite l'on met en usage la *Gradine*, qui est un outil

LIVRE SECOND.

outil plat & tranchant, ayant deux oches, ou trois dents, mais qui n'est pas si fort que la *pointe*. C'est avec cet outil que l'ouvrier travaille pour avancer son ouvrage.

Aprés cela il prend un *Ciseau* tout uni pour oster les rayes que la *Gradine* a laissées sur le marbre, & se servant adroitement & avec delicatesse de cet outil, il donne de la douceur & de la tendresse à sa Figure, jusques à ce qu'enfin prenant une *Rape* qui est une espece de *Lime*, il met son ouvrage en estat d'estre poly.

Il y a plusieurs sortes de *Rapes*, les unes sont droites, les autres courbées, & qui sont aussi plus fortes & plus douces les unes que les autres.

Quand le Sculpteur a ainsi achevé sa Figure avec des outils qui doivent estre tous de bon *Acier de carme*; comme il y a certains endroits, & des ouvrages particuliers qui demandent à estre polis, il se sert pour cela de *pierre de ponce* & de *potée* pour rendre toutes les parties lices & unies. Ensuite il y passe le tripoli, & lorsqu'il veut leur donner plus de lustre il les frote avec de la peau & de la paille bruslée.

Outre les outils que j'ay nommez, les Sculpteurs se servent encore de la *Marteline*, qui est un petit marteau dont un bout est en pointe, & l'autre a des dents faites de bon *acier de carme*, & forgées quarrément, pour avoir plus de force. Elle sert à *gruger* le marbre, & l'on s'en aide dans les endroits où l'on ne peut se servir des deux mains pour travailler avec le ciseau & la masse.

La *Boucharde* est un morceau de fer, de bon acier

par le bas, & fait en plusieurs pointes de diamant, fortes & pointuës de court. On s'en sert pour faire un trou d'égale grosseur, qui ne se pourroit faire avec des outils tranchans. On frappe sur la *Boucharde* avec la masse, & ses pointes *meurtrissant* le marbre, le mettent en poudre. L'on jette de temps en temps de l'eau dans le trou à mesure qu'on le creuse, pour en faire sortir la poudre de marbre, & pour empescher aussi que le fer ne s'échauffe, ce qui détremperoit l'outil. Car on ne moüille le grais sur lequel on affute les outils, que pour empescher qu'ils ne s'échauffent, & qu'en les frottant à sec ils ne perdent leur trempe. C'est pourquoy l'on moüille aussi les *Trepans*, qui s'échauffent en trepanant. Les Sculpteurs s'en servent pour foüiller & percer dans les endroits de leurs Figures où ils ne peuvent s'aider du cizeau sans se mettre au hazard de gaster, ou d'éclatter quelque chose.

Lorsqu'ils travaillent avec la *Boucharde* ils la passent dans un morceau de cuir percé, qui couvre le trou, & empesche qu'en frappant, l'eau ne rejalisse au visage de celuy qui travaille.

Les autres outils necessaires aux Sculpteurs en marbre, sont la *Rondelle* qui est une espece de ciseau arrondi. La *Hongnette* qui est un ciseau pointu & quarré. Ils ont outre cela differens *Compas*, qui servent à prendre toutes les mesures.

Or les Sculpteurs qui entreprennent quelque Ouvrage considerable, soit Statuës, soit Bas-reliefs, font toujours comme j'ay déja dit, un Modele de terre de la mesme grandeur que doit estre

LIVRE SECOND.

ce qu'ils veulent faire. Et parce que la terre en se sechant *s'amaigrit* & peut se rompre, elle sert seulement à faire un moule de plastre dans lequel ils font une Figure aussi de plastre qu'ils reparent, & qui leur sert ensuite de Modele sur lequel ils prennent toutes leurs mesures, & se conduisent en taillant le marbre. Car pour se bien regler dans leur travail, ils mettent sur la teste de ce Modele un Cercle immobile, divisé par degrez, avec une Regle mobile, arrestée au centre du cercle, & divisée aussi en parties. Du bout de la Regle pend un fil avec un plomb, qui sert à prendre tous les points qui doivent estre rapportez de la Figure sur le Bloc, du haut duquel pend une mesme ligne que celle qui est au Modele. Cependant il y a d'excellens Sculpteurs qui n'approuvent pas cette maniere, disant que pour peu de mouvement que reçoive le Modele, leurs mesures peuvent changer, & ainsi ils aiment mieux se servir du Compas pour mesurer toutes les parties.

    Pour les Figures qui se font de pierres dures comme est celle de saint Leu, de Trossi ou de Tonnerre, l'on y travaille avec la mesme conduite qu'à celle de marbre, excepté que comme la matiere n'en est pas si dure, l'on se sert d'outils moins forts, & dont quelques uns sont de differentes figures, comme de *Rapes*, de *Sie à main*, de *Ripes*, de *Fermoirs* à trois dents, de *Rondelle*, de *Grattoir*.

    Les Sculpteurs en pierre ont aussi d'ordinaire une *Sebille*, *Galle* ou *Jatte* de bois dans laquelle ils detrempent du *Badigeon* qui est du plastre meslé avec de la mesme pierre dont la figure est faite, & que l'on met en poudre. De ce *Badigeon* ils remplissent les petits trous & reparent les defauts qui se rencontrent dans la pierre. Celle de Tonnerre est si pleine qu'elle n'en a pas besoin.

S'il se rencontre que l'on fasse aussi des ouvrages de Grais, on a des outils particuliers, car le grais se pique, & ne se travaille pas comme la pierre & le marbre.

EXPLICATION DE LA PLANCHE XLVIII.

Outil pour travailler de Sculpture.

A *Scie sans dents pour sier le marbre.*
B *Sebille, Galle ou Jatte pour mettre l'eau & le grais battu.*
C *Cuillier à prendre l'eau & le grais pour le verser sur le marbre que l'on sie.*
D *Masse.*
E *Marteline.*
F *Oeil de la Marteline.*
G *Pointe.*
H *Pointe double ou dent de chien.*
I *Ciseau.*
K *Gradine.*
L *Hongreste.*
M *Rondelle.*
N *Boucharde.*
O *Plan des dents de la Boucharde.*
P *Rape.*
Q *Outil crocku.*
R *Trepan.*
1 *Tige ou fust du Trepan.*
2 *Traverse.*
3 *Plomb.*
4 *Virolle.*
Meche du Trepan.
S *Trepan en Villebrequin.*
T *Trepan à Archet.*

LIVRE SECOND.

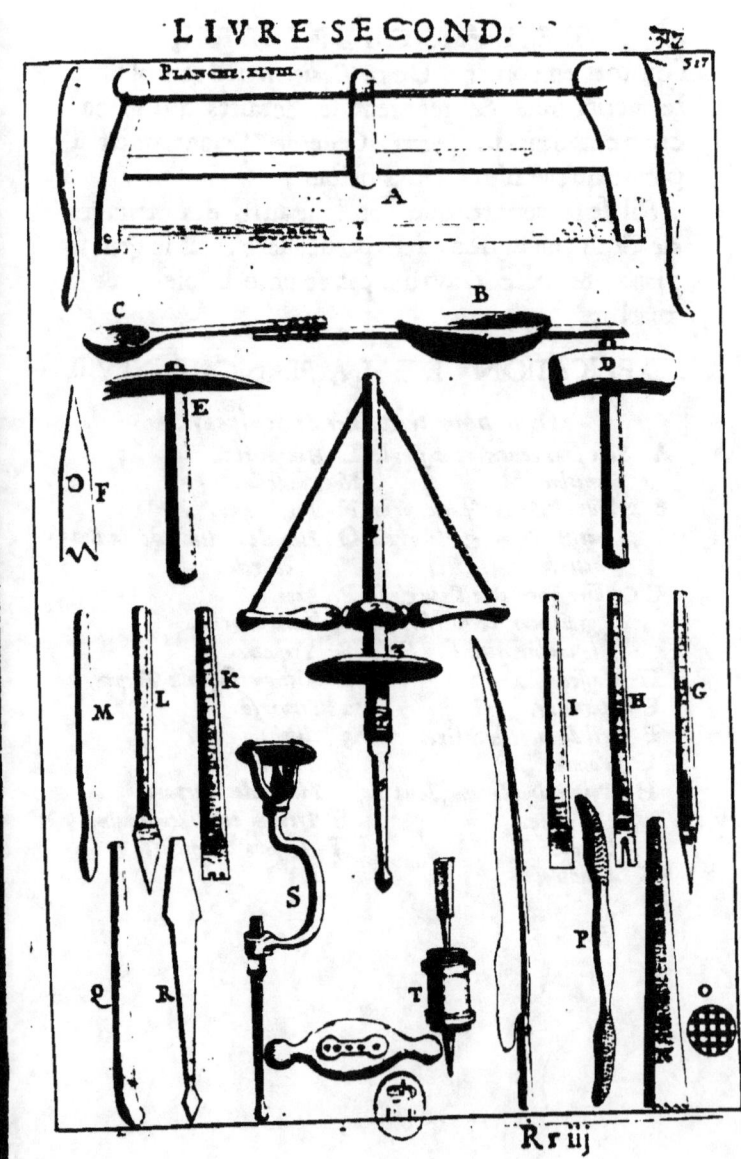

PLANCHE XLVIII.

DE LA SCULPTURE,

EXPLICATION DE LA PLANCHE XLIX.

Suite des outils de Sculpture.

A Scie à main.
B Rondelle.
C Fermoir.
D Maillet.
E Ripe.
F Fermoir à trois quarts.
G Ciseau en Martelinne.
H Niveau.
I Poinçon.
K Grattoir.
L Grand Compas brisé.
N Compas droit.
M Compas courbé.

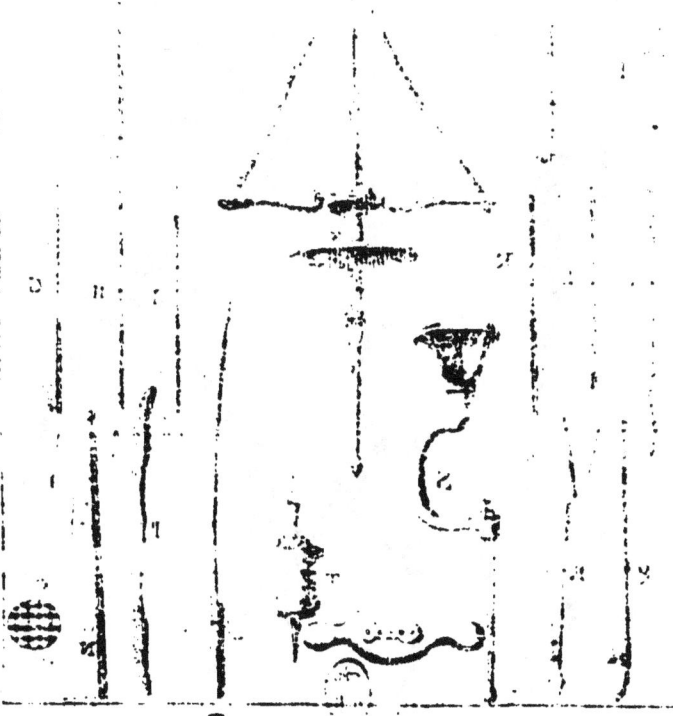

LIVRE SECOND.

PLANCHE XLIX.

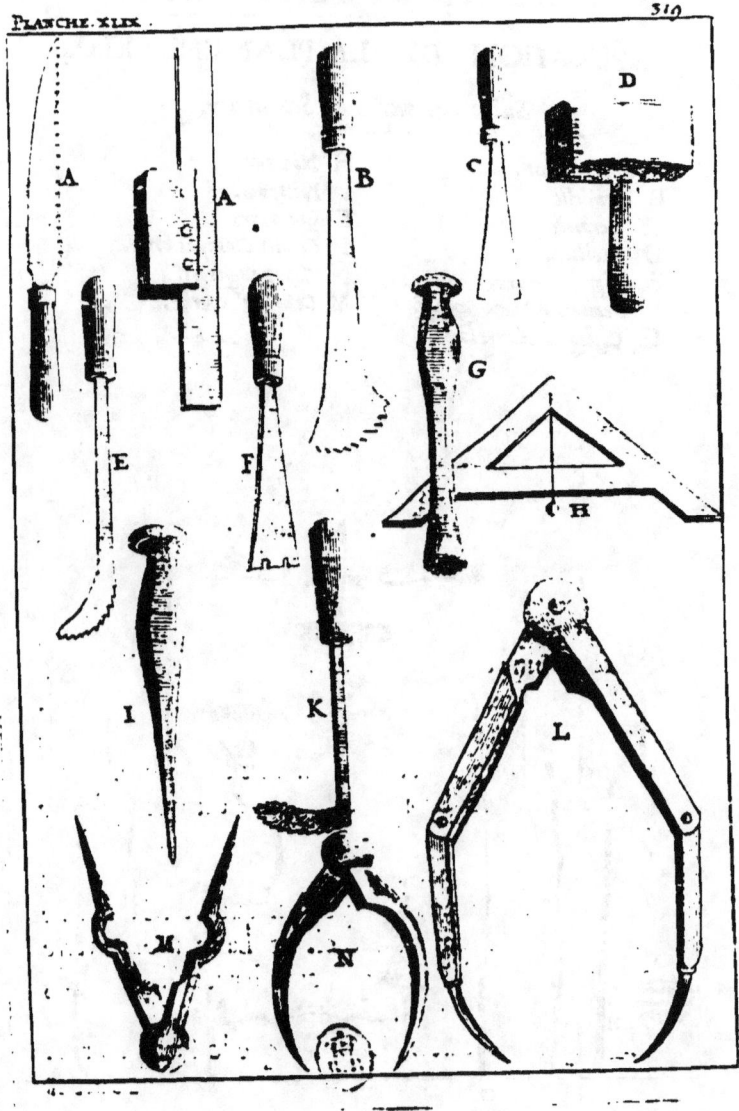

CHAPITRE V.

De la maniere de jetter les Figures de Bronze.

JE ne parleray point icy de quelle sorte les Anciens fondoient leurs metaux & en faisoient des Figures. L'on voit par ce que Pline en a écrit, qu'ils se servoient quelquefois de Moule de pierre. Vitruve parle d'une espece de pierres qui se trouvoient aux environs du lac de Volsene, & en d'autres endroits d'Italie, lesquels resistoient à la violence du feu, & dont l'on faisoit des Moules pour jetter diverses sortes d'Ouvrages.

Liv. 37. c. 12.
Liv. 2. c. 7.

Depuis ces anciens Ouvriers, les Modernes qui ont travaillé en Italie & ailleurs, y ont procedé en differentes manieres, le temps découvrant toujours des moyens plus aisez ; Et nous pouvons dire que l'on n'a jamais tenu une conduite si facile, & qui perfectionne davantage les ouvrages, que celle qu'on observe aujourd'huy en France, où l'on sçait fondre & reparer toutes sortes de Figures d'une maniere aussi belle que tout ce qu'on voit d'antique.

Pour jetter en bronze une Statuë ou quelqu'autre Ouvrage, l'on fait d'abord un Modele avec de la terre grasse, preparée par les Potiers, qui meslent du sable parmy pour empescher que le Modele ne se fende & ne se casse en sechant. La meilleure terre qu'on employe à Paris pour cela se prend à Arcüeil, & le sable à Belleville.

Lorsque le Modele est fini & que le Sculpteur est

content

content de son travail, on le moule avec du plastre pendant qu'il est frais, parce qu'en se sechant les parties se retirent & s'*amaigrissent*. On commence par le bas de la Figure qu'on revest de plusieurs pieces, & par *Assises*, comme depuis les pieds jusques aux genoux, selon neanmoins la grandeur du Modele; car quand les pieces sont trop grandes le plastre se tourmente. Aprés cette assise l'on en fait une autre au dessus, dont les pieces sont toujours proportionnées à la Figure; & ainsi on continuë jusques au haut des espaules, sur lesquelles on fait la derniere assise qui comprend la teste.

Il est à remarquer que si c'est une Figure nuë, & dont les pieces qui forment le Moule, estant assez grandes, puissent se dépoüiller aisément, elles n'ont pas besoin d'estre recouvertes d'une *Chape*; Mais si ce sont des Figures drapées, ou accompagnées d'ornemens, qui donnent de la sujettion, & qui obligent à faire quantité de petites pieces pour estre dépoüillées avec plus de facilité; il faut alors faire de grandes *Chapes*, c'est-à-dire, revestir toutes ces petites pieces avec d'autre plastre par grands morceaux, qui renferment les autres, & huiler tant les grandes, que les petites pieces, par dessus & dans les joints, afin qu'elles ne s'attachent pas les unes aux autres.

On dispose les grandes pieces ou *Chapes* de telle sorte que chacune d'elle en renferme plusieurs petites, ausquelles on attache de petits annelets de fer pour servir à les *despoüiller* plus facilement & à les faire tenir dans les *Chapes* par le moyen des petites cordes, ou ficelles qu'on attache aux annelets &

DE LA SCULPTURE,

qu'on paſſe dans les *Chapes*. On marque auſſi les grandes & les petites pieces par des chiffres, par des lettres, & avec des entailles pour les reconnoiſtre, & pour les mieux r'aſſembler.

Quand le *Creux* ou Moule de plaſtre eſt fait de la maniere que je viens de dire, on le laiſſe repoſer; Et lorſqu'il eſt bien ſec, & qu'on veut s'en ſervir, ceux qui ſont curieux de leurs ouvrages ne ſe contentent pas de le frotter d'huile, mais *emboivent* de cire toutes les petites pieces de leur Moule, en les faiſant chauffer & mettant de la cire dedans. On fait cela pour rendre l'ouvrage de cire qu'on y veut jetter, plus beau & plus parfait. Car lorſqu'on les frotte ſimplement avec de l'huile, la Figure de cire devient ordinairement *farineuſe*, parce que la cire aſpire toujours quelque partie de plaſtre, ou bien le plaſtre aſpire une partie de la cire; ce qui cauſe un défaut encore plus notable dans la Figure, & fait que le *Jet* ne peut eſtre jamais ſi beau.

Le Moule eſtant donc ainſi huilé, ou pluſtoſt *embu* de cire, lorſqu'on veut travailler à faire une Figure de bronze, l'on aſſemble dans chaque grand morceau de la Chape toutes les petites pieces qui y entrent, leſquelles d'abord on frotte d'huile avec un pinceau; puis avec un autre pinceau l'on prend de la cire fonduë qui eſt compoſée, c'eſt-à-dire que dans ſix livres de cire l'on met demy livre de *Seindoux*, & une livre de *Poix de Bourgogne*, ſuivant la ſaiſon. Car en Eſté la cire ſe peut preſque travailler ſeule, les autres drogues n'eſtant que pour la rendre plus maniable & facile à reparer. De cette ſorte de

LIVRE SECOND.

cire fonduë fort simple, soit composée, l'on en couche doucement avec un pinceau dans toutes les pieces du moule, jusqu'à ce qu'il y en ait environ l'épaisseur d'un sol. Aprés quoy l'on prend de la mesme composition dont l'on a fait des *Gasteaux* d'une égale épaisseur selon qu'on desire que la bronze vienne, qui est pour l'ordinaire de trois lignes. Lesquels Gasteaux l'on met dans les creux, ou moules; les incorporant avec les doigts contre la cire qui a esté couchée avec le pinceau, en sorte qu'ils les remplissent également. Tous les creux ainsi remplis, l'on a une *Grille* de fer qui doit estre plus large que le Plinthe ou Base de la Figure qu'on veut faire, d'environ trois ou quatre pouces: sur le milieu de cette Grille on esleve une ou plusieurs barres de fer contournées selon l'attitude de la Figure, & percées d'espace en espace, pour y passer des *Verges de fer* de telle longueur qu'on juge necessaire, afin de maintenir l'*Ame ou Noyau* de ce qu'on veut jetter.

  Les Anciens faisoient tous les Noyaux ou Ames de leurs Figures de terre à Potier, composée de *Fiente* de cheval & de *Boure* bien battuës ensemble, dont ils formoient une pareille Figure que celle du modele. Lorsqu'ils avoient bien garny cette Ame de pieces de fer en long & en travers selon son attitude, ils l'*écorchoient*, c'est-à-dire qu'ils diminuoient & ostoient autant de son épaisseur qu'ils en vouloient donner à leur bronze. Aprés avoir laissé secher cette ame ils la revestoient tout autour des pieces & morceaux de cire qu'ils tiroient des creux, & qu'ils disposoient comme je diray cy-aprés.

C'est-à-dire des morceaux de cire aplatis.

DE LA SCULPTURE,

Cette maniere de conſtruire les Noyaux ſe pratique encore par quelques Fondeurs, principalement pour les grandes Figures de bronze, parce que la terre reſiſte mieux à la force & à la violence de la bronze, que ne fait le plaſtre dont l'on ſe ſert ordinairement pour les moyennes Figures ; & pour celles qu'on veut jetter en or ou en argent.

Cependant comme on n'a pas lieu de faire ſouvent des Statuës d'une exceſſive grandeur, les Fondeurs ſe ſervent auſſi pour celles de bronze, de plaſtre bien battu, avec lequel ils meſlent de la *Brique* auſſi bien battuë & bien ſaſſée. Et pour travailler de cette maniere-là, ils y procedent ainſi.

On prend les premieres aſſiſes du Moule remplies des épaiſſeurs de cire, comme il a eſté dit, leſquelles on aſſemble de bas en haut ſur la Grille autour de cette barre de fer qui doit ſouſtenir le Noyau, les ſerrant fortement enſemble avec des cordes, de crainte que les pieces ne ſe détachent & ne s'éloignent les unes des autres lorſqu'on vient à faire le Noyau.

Pour former ce Noyau, dés le moment que l'on a diſpoſé la premiere aſſiſe des Creux, & qu'on les a eſlevez les uns ſur les autres, on verſe du plaſtre détrempé bien clair & meſlé avec de la brique battuë & ſaſſée comme j'ay dit : car la brique fait que le plaſtre reſiſte au feu, & l'empeſche de pouſſer; Lorſqu'on a rempli la premiere aſſiſe du Creux, on eſleve la ſeconde qu'on remplit de la meſme ſorte ; ainſi continuant d'aſſiſe en aſſiſe à eſlever toutes les pieces du moule, & à former en meſme temps le Noyau

LIVRE SECOND.

avec du plaſtre & de la brique batuë, l'on va juſques au haut de la Figure.

On eſleve de la ſorte toutes les pieces du creux les unes ſur les autres d'aſſiſe en aſuſe, afin de pouvoir mieux conduire le Noyau. Et pour le ſouſtenir on paſſe de temps en temps des verges de fer dans les principales barres dont j'ay parlé.

Quand toutes les pieces du Moule ſont aſſemblées, & que tout le creux eſt rempli, on défait les Chapes & toutes les parties du Moule, en commençant par le haut, & finiſſant par le bas, de la meſme ſorte qu'on a procedé pour les aſſembler, Et alors la Figure de cire paroiſt toute entiere qui couvre l'Ame qui eſt dedans.

Il faut reparer la Figure & la rendre ſemblable au Modele ſur lequel elle a eſté faite, & meſme le Sculpteur peut encore en perfectionner beaucoup toutes les parties, en y adjouſtant ou diminuant, pour donner plus de grace & d'expreſſion à certains traits; car pour les attitudes & la diſpoſition des membres, il ne peut plus les changer.

Eſtant dans ſa perfection on poſe les *Jets* & les *Eſvents*. Ces Jets ſont des tuyaux de cire qu'on fait de la groſſeur environ d'un pouce de diametre pour les Figures grandes comme nature; Car on les proportionne à la grandeur de l'ouvrage, & meſme des parties du corps où on les met. Les Events ſont auſſi des tuyaux de cire, mais un peu moins gros. On fait ces tuyaux dans des moules de plaſtre, de telle grandeur qu'on veut: puis on les coupe de la longueur de quatre ou cinq pouces de long ou environ. On prend ceux qui doivent servir pour les Jets, que l'on arrange les uns au dessus des autres à six pouces de distance en droite ligne le long de la Figure, & quelquefois plus prés quand il y a des draperies, & qu'il est besoin de beaucoup de matiere.

Quand ces Tuyaux sont appliquez & soudez avec de la cire contre la Figure en sorte que le bout qui n'est pas soudé releve en haut, on a un grand tuyau d'égale grosseur qui s'attache contre les extremitez de ces petits tuyaux, & qui prend depuis le bas de la figure jusques au haut. Tous ces tuyaux grands & petits servent pour le Jet de la matiere, & l'on en fait ainsi trois ou quatre autour d'une Figure selon sa grandeur & sa disposition. Mais en mesme temps que l'on place ces tuyaux pour servir de Jets, il faut aussi appliquer vis à vis & à costé, c'est-à-dire, sur la mesme ligne & à quatre pouces prés, les moindres tuyaux qui doivent servir d'Events, lesquels se soudent contre la Figure & contre un grand tuyau qui va du bas jusqu'en haut comme ceux des Jets. Et parce qu'il faut que toute la cire venant à fondre, sorte du moule, comme il sera dit cy-aprés, l'on est exact à bien garnir de ces sortes de tuyaux, les extremitez de toutes les parties saillantes & esloignées du corps de la Figure, comme peuvent estre les bras, les doigts, les draperies, & autres choses dont il faut que la cire puisse sortir, soit par des tuyaux particuliers, qui descendent jusques au bas du moule, soit par les grands tuyaux qui vont du haut en bas de la Figure. On fait que tous ces tuyaux sont creux afin d'estre plus legers, car ils pourroient aussi-tost estre pleins que vuides, mais ils seroient trop pesans. On en met aussi une quantité suffisante autour de la Figure, tant pour les Jets, que pour les Events, prenant garde à les placer autant que l'on peut dans les parties où il faut davantage fournir de metal, & qui soient aussi les plus aisées à reparer ; Et mesme l'on fait, comme j'ay déja dit, beaucoup plus petits ceux qui doivent servir pour le visage & pour les mains.

Aprés avoir rangé tous ces differens tuyaux le long de la Figure, l'on fait que les grands tuyaux montans, destinez pour les Jets, se terminent en haut & que se rencontrant deux ensemble, ils se joignent à cinq ou six pouces au dessus de la Figure par le moyen d'une espece de *Godet* ou *Coupe* de cire de quatre pouces de haut & autant de diamettre, au fond de laquelle on les soude. Ce Godet sert d'entrée pour le metal qui se communique en mesme temps aux deux tuyaux ; Ainsi s'il y a quatre tuyaux montans pour les Jets, on fait deux especes de Coupes plus ou moins, selon qu'il plaist à l'Ouvrier, pour faire couler le metal par toute la Figure.

Pour les tuyaux qui servent d'Events, on les laisse sortir au haut de la figure & surpasser les autres ; car ils n'ont pas besoin d'estre joints ensemble, ny d'avoir des Godets.

La Figure de cire ainsi bien reparée & garnie de Jets & d'Events, l'on prend d'une Composition faite avec de la *Potée*, & du *Ciment* de creusets bien pillez & broyez, laquelle composition on détrempe dans une terrine en consistence d'une couleur à peindre

DE LA SCULPTURE,

assez claire puis avec un pinceau l'on en couvre exactement toute la Figure, comme aussi tous les tuyaux des Jets & des Events. Cela se fait par plusieurs fois, remplissant avec grand soin les petites fentes qui se font à mesure que cette composition se seche. Quand toute la cire est bien couverte, l'on met par-dessus, avec un pinceau, une autre sorte de composition plus épaisse & qui a plus de corps. Elle se fait des mesmes matieres que celle dont je viens de parler, mais on y mesle un peu de *Terre franche* & de la *Fiente de cheval* preparée. Aprés en avoir mis six ou sept couches, l'on en remet encore avec le pinceau une plus épaisse, qui n'est composée que de terre franche & de fiente de cheval ; Celle-là estant seche on en met une autre, & ainsi on reitere de mesme jusques à sept ou huit fois. Enfin on en met avec la main de plus épaisse, toujours composée de fiente de cheval & de terre franche dont l'on fait deux couches ; mais il faut qu'elles soient toutes bien seches avant que d'en mettre une autre ; & prendre garde de ne laisser aucunes parties, soit du nud, soit des draperies, qui ne soient également couvertes de toutes les differentes couches dont j'ay parlé.

Aprés cela on a plusieurs barres de fer plattes de la hauteur de la Figure, qui s'attachent par en bas à des *crochets* qui doivent estre aux costez de la grille sur laquelle toute la Figure est posée & qui montent jusques au haut des Jets. Il faut que ces barres soient éloignées de six pouces les unes des autres, & contournées selon l'attitude de la Figure, en sorte qu'elles qu'elles joignent contre le moule, & viennent par le haut à s'attacher ensemble à une espece de cercle ou bandes de fer qui prend dans les crochets de chaque barre. Ensuite l'on ceint & l'on environne la Figure avec d'autres bandes de fer d'espace en espace, & distantes l'une de l'autre de sept à huit pouces. Ces bandes doivent aussi estre contournées suivant la disposition de la Figure, & attachées avec du fil de fer aux barres qui montent en haut. Lorsqu'elles sont toutes jointes ensemble, & en estat de soustenir le Moule, on prend de grosse terre franche détrempée & meslée avec de la fiente de cheval & de la boure, dont on couvre tout le Moule & les barres de fer, en sorte qu'il ne paroist plus qu'une masse de terre, qui doit avoir en tout quatre ou cinq pouces d'épaisseur.

Mais il est à remarquer que lorsqu'on veut jetter une Figure nuë qui est posée seulement sur ses deux jambes, il faut la garnir au droit des jambes & des cuisses, avec beaucoup plus de terre qu'au droit du corps, parce que venant à cuire le moule, la partie d'en bas estant plus aisée à échauffer que le milieu du corps, il arriveroit qu'avant que le Noyau qui est au droit du ventre & des épaules eust sa cuisson necessaire, les jambes & les cuisses qui ont bien moins de grosseur, seroient bruslées & consommées du feu, lorsque le milieu du tronc de la Figure ne commenceroit qu'à s'échauffer. Et cecy est un avertissement qui doit servir pour tous les differens Ouvrages qu'on peut faire, afin de s'y conduire avec jugement, & de remedier de bonne heure aux accidens qui peuvent arriver en pareilles rencontres.

Lorsque le Moule est donc achevé de la maniere que je viens de dire, l'on creuse une fosse de figure quarrée, & de la grandeur necessaire pour le contenir; mais il faut qu'il y ait au moins un pied, ou un pied & demy de vuide tout autour, & qu'elle soit plus profonde que le Moule n'a de hauteur; car tout au bas il doit y avoir une espece de *Fourneau*, qui aura son ouverture en dehors pour y pouvoir mettre le feu; & au dessus une forte grille de fer appuyée solidement sur les arcades & murailles du Fourneau, qui doivent estre de grais, ou de brique, de mesme que les quatre costez de la fosse depuis le bas jusqu'en haut.

Aprés que la Grille est posée sur le Fourneau au bas de la fosse, on y descend le Moule avec les engins, & les precautions qu'on doit prendre pour cela, & en suite, sous les tuyaux qui servent de Jets & d'Events, on met des terrines, ou autre chose, pour recevoir la cire qui doit sortir. Cela fait l'on couvre la fosse avec des ais, & allumant un feu fort mediocre sous la Figure, on l'échauffe, & tous le lieu où elle est, d'une chaleur moderée, de telle sorte que la cire puisse fondre & sortir du moule sans qu'il y en reste aucune partie, & aussi qu'elle ne s'échauffe pas si fort qu'elle vienne à boüillonner, parce qu'elle s'attacheroit au moule; & ainsi faute de sortir entierement, elle causeroit de la difformité à la Figure quand on viendroit à couler le metail. Lorsqu'on juge que toute la cire est fonduë, ce

LIVRE SECOND.

qui se connoist par la quantité qui en sort (car il faut auparavant peser la cire qu'on employe) on oste les terrines, & l'on bouche avec de la terre les trous par où la cire a coulé. On remplit tout le vuide de la fosse qui est entre le moule & les murailles avec des morceaux de briques qu'on y jette doucement, mais sans arrangement. Et lorsqu'il y en a jusqu'au haut, on fait un bon feu de bois dans le fourneau. Comme la flame est interrompuë par ces morceaux de brique, elle ne peut monter avec violence, ny endommager le moule, mais seulement elle communique sa chaleur en traversant tous ses morceaux de brique qu'elle échauffe de telle sorte, qu'enfin ils deviennent tout rouges, & le moule de mesme. Aprés que le feu a esté allumé environ vingt quatre heures, & qu'on voit que les briques & le moule de la Figure sont allumez jusqu'au haut, on laisse éteindre le feu & refroidir le moule, en ostant toutes les briques que l'on avoit mises autour. Lorsqu'il n'a plus aucune chaleur on jette de la terre dans la fosse, pour remplir le vuide qu'occupoit la brique : & à mesure que l'on verse cette terre l'on marche dessus, & on la presse contre le moule. Mais il faut qu'elle soit un peu humide pour se presser mieux, & faire un corps plus solide ; & aussi qu'elle ne le soit pas assez pour humecter & communiquer son humidité au moule, qui ne doit plus estre chaud, par la raison que s'il avoit encore quelque reste de chaleur, il aspireroit cette humidité, ce qui causeroit beaucoup d'accidens lorsqu'on viendroit à jetter le metal.

Pour fondre le metal l'on a un fourneau à costé de la fosse où est le moule. Ce fourneau doit avoir son rez de chauffée ou aire deux ou trois pouces plus haut que le dessus de la fosse, afin d'avoir de la pente. Il doit estre construit en forme de four avec de bon tuilleau & de la terre franche de la grandeur necessaire pour l'Ouvrage, & soustenu de bon cercles de fer. On laisse une hauteur au dessus du rez de chaussée, qui rende tout le fond du Fourneau capable de contenir le metal ; & au dessus de cette hauteur on fait deux ouvertures, l'une pour jetter le bois, & l'autre pour servir d'Event & donner de l'air. Lorsque le fourneau est bien sec on y fait un grand feu de bon bois, parmy lequel on jette le metal dont l'on veut faire la Figure. Il doit y avoir du costé de la fosse une troisiéme ouverture qui aille jusqu'au rez de chaussée du fourneau. Cette ouverture doit estre bien bouchée avec de la terre pendant la fonte du metal, mais en sorte pourtant qu'on puisse l'ouvrir quand on voudra, & que par un canal de terre elle se communique à une forme de grand bassin de bonne terre franche que l'on fait au dessus du moule, & dont le milieu respond à ces godets ou especes de coupes où aboutissent les Jets dont j'ay parlé. Ce bassin se nomme par les Ouvriers *Escheno*. Il faut qu'il soit solidement fait de bonne terre bien battuë, & bien sec ; pour cela on y met de la braise de charbon ardent. Et afin d'empescher que le metal n'entre dans les godets, aussi-tost que le Fourneau est ouvert & plutost qu'on ne veut, il y a des hommes qui bouchent ces godets avec un instrument appellé *Quenoüillete* : c'est une longue verge de fer, grosse

LIVRE SECOND.

par le bas, & de la forme du godet. Il y a autant d'hommes & de *Quenoüillettes* qu'il y a de *Godets*; c'eſt-à-dire un ou deux, ſelon neanmoins la nature de l'ouvrage.

Lorſque le metal eſt fondu on ouvre la porte de fer, ou pluſtoſt on débouche le trou qui eſt au droit du canal; ce qui ſe fait avec un *Perier*, qui eſt un morceau de fer emmanché au bout d'une perche; Le metal venant auſſi toſt à ſortir, coule dans l'*Eſcheno*, où eſtant entierement arrivé, on leve la *Quenoüillette*, & alors il entre dans le moule, & en un inſtant forme la Figure.

Quand la matiere a ainſi remplit le moule on le laiſſe ainſi trois ou quatre jours, puis à loiſir on oſte la terre qu'on avoit jettée tout autour, ce qui donne moyen au moule de ſe refroidir entierement. Aprés quoy voyant qu'il n'y a plus aucune chaleur on le rompt, & on découvre la Figure de metal, que l'on voit couverte des Jets & des Events du meſme metal qui y tiennent. On les ſie ſur le lieu afin d'en d'écharger la Figure, & de la retirer plus aiſément. Enſuite on la nettoye & on l'eſcure avec de l'eau & du grais : Et avec des morceaux de ſapin ou d'autre bois tendre & moilleux on foüille dans les endroits creux des draperies & autres lieux. Quand ce ſont de petites Figures on les lave avec de l'eau forte : & lorſque cette eau a fait ſon effet, on les relave avec de l'eau commune. Eſtant bien nettoyées on repare celle qui ſont neceſſaires à eſtre reparées, car les grandes Figures ne ſe reparent pas toujours.

Les outils dont l'on ſe ſert pour cela ſont des *Bu-*

DE LA SCULPTURE,
rins, des *Eschopes*, des *Ciselets*, des *Poinçons*, des *Risloirs* qui sont des especes de limes.

Aprés qu'elles sont bien nettoyées & reparées, on leur donne si l'on veut une couleur. Il y en a qui prennent pour cela de l'*Huile* & de la *Sanguine* : d'autres les font devenir vertes avec du *Vinaigre*. Mais avec le temps la bronze prend un vernix qui tire sur le noir.

Celles qu'on veut dorer se dorent en deux manieres, ou d'or en feuilles, ou d'or moulu, qui est la plus belle & la plus excellente façon, & dont l'on se sert pour les petits ouvrages. L'on prend une portion du meilleur *Or*, & sept autres portions de *Mercure*, que les Fondeurs nomment *Argent* en cette sorte de travail ; Estant bien incorporez ensemble on fait chauffer la Figure, & ensuite on la couvre de cette composition qui la blanchit. En la rechauffant sur le feu le Mercure s'exhale, & elle demeure dorée. Quand à l'autre maniere qui se pratique pour les grands ouvrages, & pour ceux où l'on ne veut pas faire une grande dépense, on gratte la Figure avec de petites limes & autres outils pour l'*aviver*, c'est-à-dire la rendre fraische & nette, puis on la chauffe, & l'on couche une feuille d'or dessus, ce qui se reitere jusques à quatre fois.

Pour fondre les bas-reliefs on s'y conduit de mesme que pour les Statuës, c'est à dire qu'on remplit d'abord le moule de cire. Aprés y en avoir mis l'épaisseur necessaire, l'on détrempe du plastre ou de la terre qu'on jette sur la cire pour la soustenir toute d'une piece au sortir du moule, & la reparer plus aisément. Ensuite on la couvre comme celles des Statuës, de diverses couches de composition & de terre. Mais l'on met les tuyaux pour les Jets & pour les Events au derriere du bas-relief & aux bords, & l'on n'en applique point sur les Figures. Du reste l'on se conduit de la mesme sorte qu'il est marqué cy-dessus.

A l'égard des metaux dont l'on se sert, cela dépend de la volonté. On prend seulement garde que pour une livre de cire qui entre dans une figure, il faut dix livres de metal, sans le dechet, qui peut arriver à un poids considerable sur de grands ouvrages.

POUR les belles Statuës de bronze, l'alliage des metaux se fait moitié de *Cuivre rouge*, & l'autre moitié de *Laiton*, ou Cuivre jaune. Les Egyptiens qu'on dit avoir esté les Inventeurs de cet Art, mettoient les deux tiers de laiton, & l'autre tiers de cuivre rouge.

Le laiton se fait avec le cuivre rouge & la *Calamine*. Un cent de Calamine augmente quarante pour cent. La Calamine est une pierre qui donne la teinture jaune, & qui se trouve en France, & au pays de Liege.

Le bon Cuivre rouge doit estre battu & non en *Rosette*, quand on l'employe à faire des Statuës. Il ne faut pas non plus se servir de l'*Arcot* qu'on appelle *Potin*, quand il est allié avec le plomb.

Le cuivre rouge se forge à chaud & à froid, & le laiton ne se bat qu'à froid, & se casse à chaud. Il y a une sorte de pierre metallique qu'on appelle *Zein*, qui vient d'Egypte, & qui teint le cuivre rouge d'un jaune encore plus beau que celuy de la Calamine.

Mais comme elle est plus chere & plus rare, on ne s'en sert pas si-tost.

On pourroit croire que ce seroit avec cette sorte de pierre dont l'*Auricalcum* ou *Oricalcum* estoit composé ; car bien que quelques Auteurs parlent de l'*Oricalcum* comme d'un metal simple & naturel ; neanmoins tous ceux qui en ont écrit en parlent si differemment, qu'ils laissent toujours à penser que c'estoit une composition de cuivre avec un autre metal, ou quelque terre que Festus nomme *Cadmea terra*. Et *Stephanus de Vrbibus in Andira*, dit qu'il y a une terre dans ce pays-là, laquelle meslée avec le cuivre fait l'*Oricalcum*.

Il y avoit une autre composition de metal que les Anciens nommoient *Electrum*, & qui estoit le plus fin de tous. Elle estoit faite des deux tiers d'argent, & d'un tiers de cuivre.

Les Statuës de cuivre corinthien estoient fort estimées, parce qu'on tenoit que parmy ce cuivre il y avoit beaucup d'or & d'argent meslé ; mais ce cuivre n'a pû estre en usage qu'aprés que L. Mummius eut bruslé la ville de Corinthe, & que par cet embrasement, ce qu'il y avoit de Statuës & d'autres ouvrages de differens metaux, fondirent & se meslerent ensemble.

Pour le metal des Cloches on met vingt livres d'estain sur un cent de cuivre ; & aux pieces d'artillerie dix livres d'estain seulement : mais cette composition n'est pas propre pour des figures, parce qu'elle est trop dure & trop cassante.

Si l'on veut faire de petites figures de bronze, on
fait

LIVRE SECOND.

fait fondre de la cire, que l'on jette dans un Moule de plastre; on la tourne dedans pour luy donner peu d'épaisseur; Et retirant la figure de cire toute d'une piece, mais qui est creuse, on la remplit de plastre,qu'on laisse bien secher,pour servir de Noyau; du reste l'on se conduit comme pour faire les grandes figures.

L'on ne dira rien icy de la maniere de jetter les figures d'or & d'argent, ny des ouvrages de *Cizelures* ou *Estampées*, cela regarde l'Orfeverie, qui merite un traité à part.

DE LA SCULPTURE,
EXPLICATION DE LA PLANCHE L.

A Grand Fourneau.
1 Cheminée du Fourneau.
2 Trou pour jetter le bois.
3 Ouverture pour remuer la matiere.
4 Ouverture pour faire couler le metal.
B Canal par où coule le metal dans le Bassin ou Escheno.
C Escheno ou Bassin.
DD Godets qui sont dans l'Escheno.
E Fosse où l'on met la Figure.
F Quenouillette.
G Tenaille.
H Perier qui sert à percer & déboucher le Fourneau pour faire couler la matiere.
I Masse de fer ⎫ pour battre la terre & l'affermir quand la Figure est
K Pilon de bois ⎬ dans la fosse.
L Rabot pour écumer la matiere.
M Perches de differentes grandeurs pour remuer la matiere dans le Fourneau.

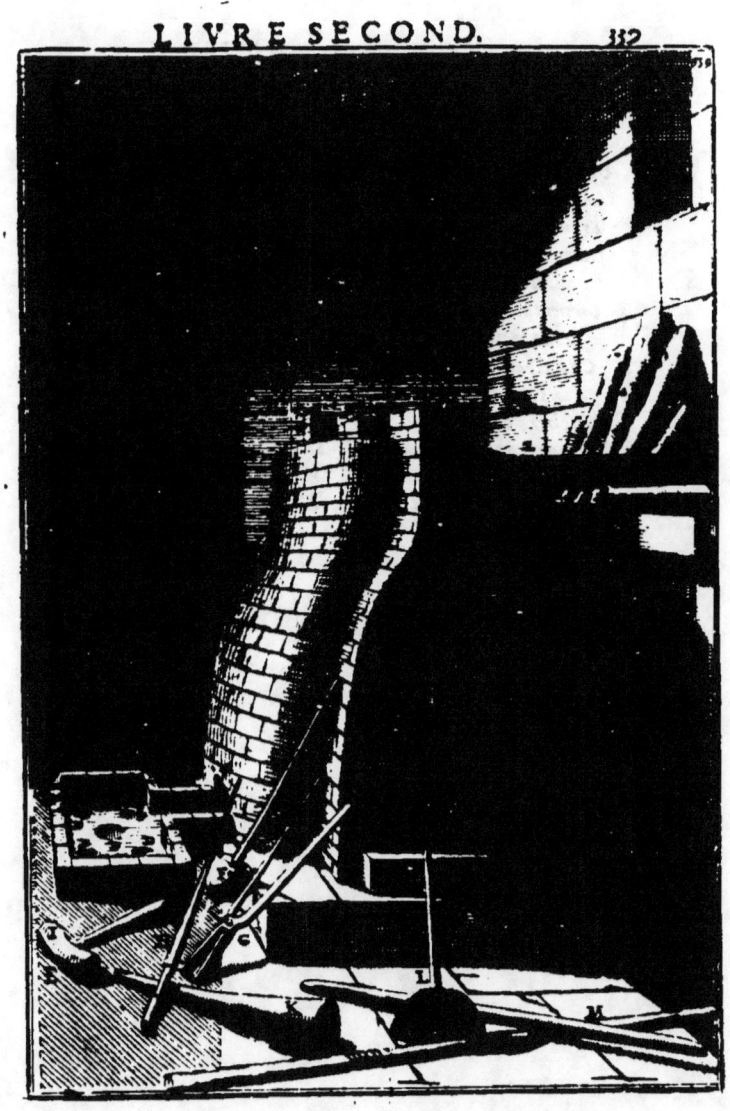

DE LA SCULPTURE.
EXPLICATION DE LA PLANCHE LI.

A *Petit Fourneau à fondre avec les creusets.*
BB *Creusets.*
C *Tenailles pour prendre les Creusets.*
D *Attiseanoir.*
E *Figure de bronze non encore reparée.*
F *Burin.*
G *Eschoppe.*
H *Ciselés.*
I *Rifloir.*

PLANCHE I. LIVRE SECOND. 345

Vu ij

CHAPITRE VI.

Des Figures de plomb, de plastre, & de Stuc.

ON n'apporte pas tant de precautions aux figures qu'on jette en plomb, qu'à celles qu'on fait de bronze; parce que le plomb n'est pas si violent. L'on se contente de remplir les creux de terre bien maniée, que l'on met de telle épaisseur que l'on veut; puis on remplit tout le moule de plastre, ou d'un mastic fait avec du tuileau bien pulverisé, dont on fait l'Ame ou Noyau.

Lorsque l'ame est achevée l'on desassemble toutes les pieces du moule pour en oster les *Espaisseurs* de terre, & ensuite on remet le moule tout assemblé à l'entour de l'ame ou noyau, mais en sorte pourtant qu'il en est éloigné de quatre ou cinq pouces. On remplit cet intervalle de charbon, depuis le bas jusques au haut; on bouche mesme les ouvertures qui se trouvent entre les pieces du moule, avec des briques, & mettant le feu au charbon on l'allume par tout. Cela sert à cuire l'ame & à secher le moule de plastre, que les épaisseurs de terre avoient humecté. Quand tout le charbon a esté bien allumé, & aprés qu'il est esteint de luy-mesme, on a un soufflet avec lequel on fait sortir toute la cendre qui peut estre dans les pieces du moule; On rejoint ces pieces autour de l'ame ou noyau, comme il a esté cy-devant: On attache bien toutes les Chapes avec des cordes, & on les couvre encore de plastre; Ensuite on coule

LIVRE SECOND.

le plomb fondu dans le moule: ce plomb remplit l'espace qu'occupoit la terre, sans qu'il soit necessaire d'enterrer le moule comme pour couler la bronze, si ce n'est pour de grandes pieces.

Les outils necessaires pour mouler en plomb sont les mesmes dont se servent les Plombiers, & dont il a été parlé.

Apre's ce qui a esté dit de la maniere dont on fait les creux pour jetter la cire, il n'est pas mal-aisé de concevoir comment l'on fait les figures de plastre; Car comme c'est une matiere aisée à détremper, & qui coule facilement, on la verse dans le moule, & l'on tire quelquefois des figures toutes d'une piece, principalement, lorsque l'Ouvrier est bien entendu, & pratic dans cette sorte de travail, comme il y en a aujourd'huy quelques-uns qui s'en acquittent parfaitement pour les figures dont on a besoin dans les ouvrages que le Roy fait faire.

Il n'y a autre secret que de choisir de bon plastre en pierre afin qu'il ne s'y rencontre point de charbon; il doit estre bien cuit, bien battu, bien blanc, & passé par un sas delié; neanmoins si ce sont de grandes pieces, on les moule à plusieurs fois, & mesme on remplit à demy plusieurs parties de la figure dans chaque piece du creux avant que de les assembler pour les faire tenir, & former encore mieux toutes les parties.

L'on voit par ce que Pline a écrit, que l'usage de faire les moules de plastre est fort ancien, & que l'on s'en est servi à former des figures de terre, & de plastre long-temps avant qu'on sçeust les jetter en

Liv 35 c. 12

métal. Il parle des ouvrages d'Arcesilaus excellent Ouvrier en cette sorte de travail, lequel fit pour un Chevalier Romain le modele d'une Coupe, qui vray semblablement devoit estre d'une matiere precieuse, & d'un prix considerable.

On fait aussi plusieurs ouvrages de *Stuc*, comme sont les figures & les ornemens dont on embellit des Plafonds, des Frises, & des Corniches. A l'égard des figures on en fait premierement l'*Ame ou Noyau*, avec du plastre ou mortier de chaux, & ciment de tuileau cassé, mettant des barres de fer dans les parties de la figure qui ont besoin d'estre soustenuës. Et quand l'*Ame ou Noyau* est formé, alors on le couvre de *Stuc* pour travailler la figure, avec les outils propres à cela. Le *Stuc* est composé de poudre de marbre avec de la chaux éteinte ; on met environ un tiers de poudre de marbre. On fait aussi une espece de *Stuc* avec la pierre de plastre luisant ou *Talc* cru, & sans cuire, battu & sassé comme le marbre que l'on mesle avec de la chaux, quelquefois on prend de l'albastre au lieu de marbre.

Pour les ornemens qui sont de basse-taille, l'on se sert de moules pour les former plus promptement. On prend d'abord du mortier fait de chaux & sable ou tuilleau cassé pour faire la premiere ébauche ; & avant qu'il soit entierement sec, l'on détrempe le *Stuc*, d'une consistance qui n'est ny trop dure, ny trop mole ; lorsqu'on en a mis suffisamment à l'endroit où l'on veut former un ornement, on y applique le moule que les Ouvriers nomment *Moulette* qui est fait avec du plastre ou avec du *Mastiq* composé

LIVRE SECOND.

posé de *Cire*, de *Poix-raisine*, & de *Brique pillée*; cette composition est plus durable que le plastre. L'on poudre auparavant le moule avec de la poudre de marbre; & estant posé sur le Stuc, on frappe également dessus avec un marteau. Le Stuc demeure empreint de la figure du moule; & ensuite on nettoye l'ouvrage afin qu'il soit plus égal.

C'est encore dans des moules de plastre que l'on jette des figures de cire pour faire des portraits, ausquels on donne ensuite telles couleurs qu'on veut. L'invention n'en est pas nouvelle, Lysistrate de Sycyone frere de Lysippe, fut le premier qui s'avisa de faire des moules sur les visages mesme des personnes. Mais ny les Anciens, ny les Modernes n'ont pas fait cas de ceux qui se sont appliquez à ce travail; si d'ailleurs ils n'ont esté ou excellens Sculpteurs, ou de sçavans Peintres. Car il faut faire une grande difference de ce qui se fait en cire avec l'ébauchoir, d'avec ce qui n'est que jetté en moule, & peint par dessus. Le premier est une veritable Sculpture, & l'autre ne doit estre consideré que comme un ouvrage fort mediocre, & s'il faut ainsi dire, le travail d'un simple manœuvre.

Plin. l. 35. c. 12.

L'on fait non seulement des figures de cire moulées, mais aussi toutes sortes de fruits ausquels on donne les couleurs naturelles.

DE LA SCULPTURE,
EXPLICATION DE LA PLANCHE LII.

A *Oyseau ou Esperuier.*
B *Crible de fil de fer.*
C *Grande Truelle.*
D *Petite Truelle.*
E *Fermoir.*
F *Grattoir.*
G *Grosse Brosse.*
H *Petite Brosse.*
I *Talon.*
K *Gros Talon.*
L *Lance, Lancette ou Espatule.*
M *Esbauchoir de fer.*

LIVRE SECOND. 347

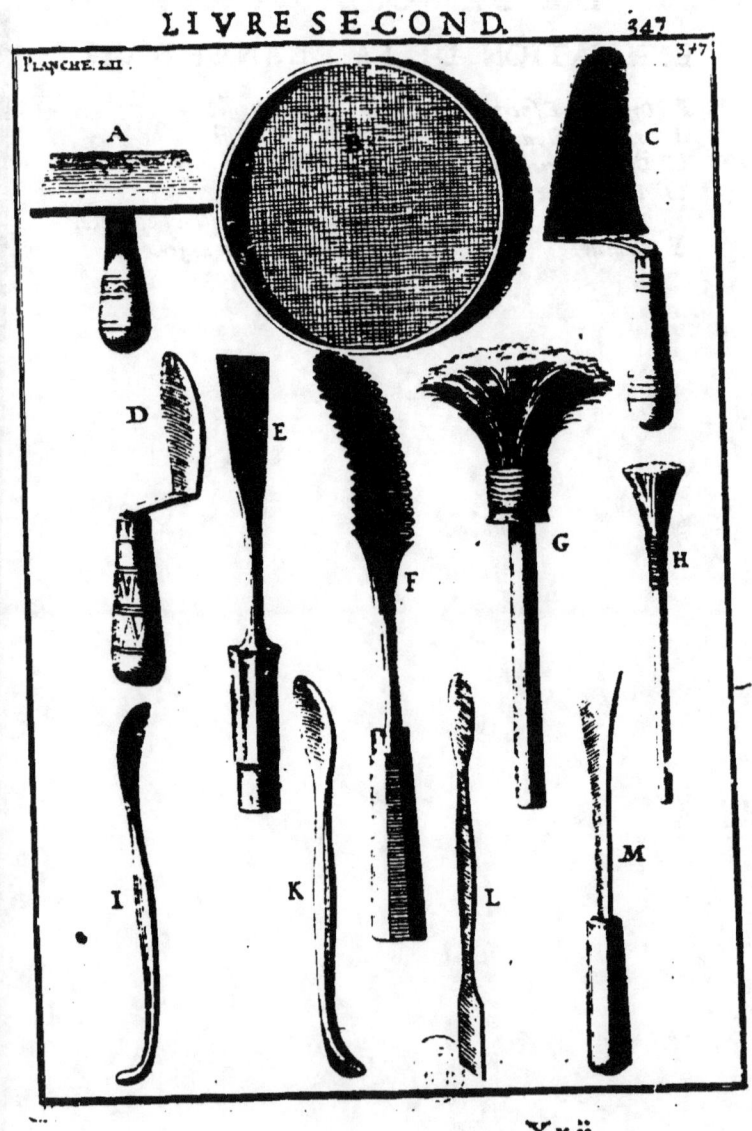

CHAPITRE VII.

De la maniere de graver de Relief, & en Creux.

Il y a diverses manieres de graver sur les métaux, & sur les pierres précieuses ; car sur les uns, & sur les autres, on y fait des ouvrages de relief, & des ouvrages en creux, qui s'appellent de *Graveure*.

Quand on veut graver sur l'acier pour faire des Medailles, on commence par desseigner le sujet, soit *Effigie*, soit *Devise*, qu'on ébauche sur de la cire en bas-relief, suivant la hauteur, & la profondeur que la Medaille doit avoir. Ensuite l'on fait un *Poinçon*, & sur un des bouts qui doit estre *Aceré*, c'est-à-dire d'acier mis sur le fer, on ciselle en relief la mesme chose qu'on a faite en cire.

Quand le Poinçon est dans sa perfection, on le fait tremper pour le durcir, aprés quoy, par machines telles que sont les Sonnettes qui servent à battre les pilotis, ou avec le marteau, on frappe sur ce mesme poinçon pour le faire imprimer dans un carré en forme de Dé aussi d'acier. Avant cela on recuit le carré, & on le rougit au feu pour l'adoucir, & le rendre plus facile à recevoir l'*Empreinte* du poinçon ; car estant frappé à chaud & à froid, il recoit en creux ce qui est de relief sur le bout du poinçon. Comme ce carré ne reçoit pas tous les traits delicats du mesme poinçon, qui ne fait le plus souvent que la hauteur du relief, il reste beaucoup à reparer pour finir le creux, ce qui se fait avec des outils d'acier ; sça-

LIVRE SECOND.

voir des *Ciselets*, des *Burins*, des *Eschoppes*, des *Rif- floirs*, des *Onglets*, des *Matoirs* qui sont de petits ci- zelets que l'on accomode par le bout avec des *Li- mes à Matir*, & divers autres outils, dont les uns sont tranchans, & les autres hachez; les uns droits, & les autres coudez, que l'Ouvrier fait faire à sa maniere; qu'il trempe, & qu'il découvre au sortir de la trempe, en les moüillant & les fichant dans un morceau de pierre ponce. A mesure qu'on travail- le, on nettoye aussi quelquefois le carré avec un *Grat- te boesse*, qui est une espece de *Brosse* de fil de laiton.

Quand on a fini les figures, l'on acheve de gra- ver le reste de la medaille, comme sont les moulu- res de la bordure, les grenetis, & les lettres. Pour cela l'on se sert de *Traçoirs*, de *Grenetis*, & d'autres sortes de poinçons bien acerez, & bien trempez. Ceux qu'on employe pour les moulures, pour les Grenetis, & pour les lettres se frappent, & s'impri- ment dans le carré avec la *Masse*; car le burin l'es- choppe, ny le ciselet ne peuvent graver ces lettres dans la mesme perfection que font ces petits poin- çons; & il y a ainsi quantité d'autres petits ouvra- ges necessaires à faire sur des medailles, suivant la rencontre du dessein, qu'il faut frapper de la mes- me maniere que les lettres. Pour les petits cizelets, ils se touchent legerement avec un marteau, plus ou moins, selon le travail.

L'on se sert des mesmes outils pour faire les coins, & pour travailler aux carrez. Ils sont ou plus petits, ou plus grands, suivant la qualité de l'ouvrage, de mesme que les petits marteaux ou *Flattoirs*, qui ser-

X x iij

vent aussi à cet usage. L'on grave quelquefois des carrez sans en faire de poinçon, & quand ils ont esté trempez, l'on y forme, si l'on veut des poinçons de mesme que l'on forme des carrez avec les poinçons, & ces carrez alors s'appellent *Matrices*.

Pour voir le travail que l'on fait lorsqu'on grave les carrez des medailles, l'on se sert de deux moyens ; le premier est une empreinte de cire qui est ordinairement composé de *Cire* ordinaire, d'un peu de *Therebentine*, & d'un peu de *Noir de fumée* meslé parmy ; le second est avec du *Plomb à la main*, c'est-à-dire qu'ayant fondu du plomb, on le verse sur un morceau de papier, puis renversant le carré dessus, & appliquant la figure sur le plomb, on frappe avec la main sur le carré lequel imprime la figure dans le plomb, ainsi on voit une empreinte entiere de tout le creux, ce qui ne se fait pas de mesme avec la cire qui n'en découvre qu'une partie.

Quand ce sont des carrez moins creux tels que ceux qui servent pour les monnoyes, & les jettons, outre ces deux moyens de faire des empreintes, il y en a un troisiéme, qui est en mettant une carte sur le carré ; l'ayant coupée de la grandeur de l'espece, on la couvre d'une lame ou bande de plomb rabattuë le long du carré, puis avec un marteau frappant sur le plomb, on fait l'empreinte dans la carré.

Lorsque le carré de la medaille est fini, il le faut tremper comme on a fait le poinçon ; aprés cela on le découvre, & on le frotte avec de la pierre de ponce en poudre, & de l'eau, puis avec des brosses de poil, on le nettoye. Ensuite l'on se sert de la pierre à

LIVRE SECOND.

Huile, & enfin avec un petit bâton, de l'émeril & de l'huile, on acheve de le polir; & lorsqu'on veut monnoyer les medailles, on se sert de *Tenailles* dans lesquelles on emboiste un carré d'un costé, & un autre de l'autre pour faire les deux costez de la medaille. Les carrez doivent estre ajustez directement les uns sur les autres, avec une égalité de circonference. L'on se sert aussi au lieu de Tenailles d'une *Boëte* d'acier, dans laquelle l'on met les carrez que l'on y fait tenir fermes par le moyen des vis qui les serrent.

Quand la tenaille ou la boëte sont bien ajusteés, l'on prend du plomb, ou de l'estain fondu en plaque environ de l'épaisseur & grandeur de la medaille, lequel on imprime entre les deux carrez. Lorsqu'on veut faire des medailles d'or, d'argent ou de cuivre, l'on se sert de cette empreinte de plomb ou d'estain qu'on jette en sable pour y mouler les medailles de tel métal qu'on les veut; Et parce qu'elles ne viennent pas hors du sable assez nettes, afin de les perfectionner on les *rengrenne*; c'est-à-dire qu'on les remet dans les carrez, & avec une machine, soit *Presse*, soit *Balancier* que l'on fait agir par la force des hommes, on presse la matiere entre les deux carrez, ce que l'on fait jusques à ce que l'on voye qu'elles soient finies; cela se connoist lorsqu'on sent à la main qu'elles ne remuent plus dans les carrez, & qu'elles le remplissent également par tout. Ainsi les medailles ne se perfectionnent qu'en les recuisant, & les repassant dans les mesmes carrez par plusieurs fois suivant leur relief, y ayant telle medaille qu'on repassera ainsi jusques à vingt fois; mais à chaque fois qu'on la recuit, il faut nettoyer la crasse qui vient dessus; Et comme la medaille s'étend par la force de la machine, il faut limer la matiere qui déborde au delà de sa circonference, & cela toutes les fois qu'on recuit la medaille, jusques à ce qu'elle soit en *fond*, & qu'elle ait pris toute l'empreinte, comme on vient de dire.

Lorsqu'on voit qu'il n'y manque plus rien pour estre dans sa derniere perfection, on la recuit une derniere fois pour la mettre en couleur, si elle est d'or, ce qui se fait en la mettant sur le feu dans une poële avec du *Sel*, du *Salpestre*, de l'*Alun*, & la jettant ensuite dans de l'*Urine*. Et parce que la couleur Amatis le champ, on la rengraine dans le mesme carré, & l'on fait tirer moderement les hommes qui pressent la machine pour faire que la medaille soit polie dans le champ, & pour distinguer les profils des figures; Car comme le champ du carré est poli avec la pierre & l'Emeril, & que l'ouvrage des figures n'a pas esté poli, & qu'il a conservé son mat par la trempe, les figures de la medaille demeurent mates, ce qui fait la beauté de l'ouvrage.

Les instrumens pour presser les carrez sont des *Presses* ou *Balanciers*, dont l'on se sert ordinairement aux monnoyes. La difference qu'il y a entre le Balancier & la Presse, est que le balancier a sa force aux deux bouts d'une barre de fer, où il y a deux grosses boules de plomb tirées par deux hommes, avec des cordages qui font agir la vis du balancier qui presse les carrez, & fait l'effet de l'ouvrage.

La Presse est une mesme vis où il y a aussi une barre qui n'est tirée que par un bout, & qui n'a ny bou-
le

le, ny cordages. Quoyque la monnoye se fabrique avec les mesmes machines, elle se fait neanmoins d'une autre sorte que les medailles. L'on grave les carrez de la monnoye avec les mesmes outils, & de la mesme maniere que les medailles; mais il n'est pas necessaire de mouler l'espece en sable, comme l'on fait la medaille, à cause de la difference du relief qui fait que la monnoye se marque d'un seul coup, & que les medailles ne s'imprime qu'à plusieurs reprises.

L'on commence par la matiere que l'on fond en *Lames*, soit or, argent, ou cuivre. Les lames sont de la largeur de la circonference de l'espece, mais plus épaisses que l'espece ne doit estre. A la sortie de la fonte, on nettoye les lames d'or ou d'argent avec des *Grate-Boesses* de fer; pour celles de cuivre, on les *ratisse* avec un *grattoir*, & on les met toutes en estat qu'il n'y ait ny sable, ny ordure, de crainte que le sable ne s'incorpore dans la matiere. On passe les lames entre deux rouleaux qui sont dans une machine appellée un *Degrossi*, afin de les étendre, & de les allonger; Ensuite *on les recuit*, & on les fait passer dans une autre machine nommée *Laminoir*, dont les rouleaux sont meus par les mesmes roües qui font tourner le dégrossi. C'est dans ce laminoir que l'on reduit les lames dans l'épaisseur que l'espece doit estre fabriquée.

Lorsqu'elles sont passées de leurs épaisseurs, on les coupe avec des *Coupoirs* qui sont attachez au bout d'en bas d'un arbre de fer, dont l'autre bout d'en haut est en vis, & se tourne avec une manivelle ou

Yy

barre de fer, qui eſtant agitée par un homme ſeul, fait que d'un coup de main la vis baiſſant l'arbre, le coupoir qui eſt de la grandeur de la circonference de l'eſpece, & attaché, comme j'ay dit au bout de l'arbre, venant à appuyer ſur une plaque de fer que l'on nomme *deſſous de Coupoir* qui eſt percé en rond, de la grandeur de l'eſpece, il coupe des *Flancs* le long de la lame, leſquels flancs ſont des ronds de la grandeur & épaiſſeur que doit eſtre l'eſpece. Le ſuperflu qui reſte dans cette lame qui ſe trouve entre les ronds, s'appellent *Cizailles*. On les refond en lame pour continuer le travail, & employer toute la matiere.

A l'égard de la monnoye lorſque les flancs ſont coupez, on les porte dans les *Ajuſtoirs* qui ſont de petites balances, pour voir ceux qui ſont forts ou foibles, & les ſeparer; car les *Laminoirs* par où l'on paſſe les lames ne peuvent eſtre ſi juſtes qu'il n'y ait toujours quelque inégalité, qui fait qu'il ſe rencontre des flancs plus forts les uns que les autres. On ajuſte avec des *Eſcuenes* ou des limes ceux qui ſe trouvent trop peſans en les rendant du poids que doit avoir l'eſpece. On refond auſſi ceux que le moulin a fait foibles, à cauſe qu'on ne peut pas y remettre de la matiere.

Il faut conſiderer que l'inégalité qui ſe trouve dans les flancs peut provenir autant de la qualité de la matiere que de la machine, à cauſe qu'il ſe rencontre des pores, & des endroits vuides en fondant la matiere, qui fait que ces parties-là ſont moins peſantes; ainſi quelque juſte que pût eſtre la machine

LIVRE SECOND.

ou moulin, il ne laisseroit pas de se trouver de la difference dans leurs poids; ce qui oblige à les ajuster avec la lime; Et lorsqu'ils sont ajustez, à cause qu'ils sont *escroüis*, & durcis à la sortie du moulin, on les recuit pour les blanchir, si c'est de l'argent; ou pour les *mettre en couleur*, si c'est de l'or, ce qui se fait à l'égard de l'or en le faisant *boüillir* dans l'eau seconde, ou autrement avec de la gravelle qui est du tartre, & du sel que l'on fait boüillir, ce qui luy donne la couleur. L'argent se peut blanchir aussi de la mesme maniere : Mais pour l'ordinaire on le fait boüillir dans de l'eau forte meslée avec de l'eau commune, puis l'ayant tiré & jetté dans de l'eau fraische, on sablonne tous les flancs, & on les frotte dans un crible de fer pour en oster les *Barbes*.

Ensuite on les monnoye comme on fait les medailles, les faisant tirer de la mesme maniere : la difference qu'il y a, c'est que les monnoyes se marquent en mettant un des carrez dans une boëte qui est au bout de la vis du balancier, & l'autre au dessous dans une autre boëte. Il y a sous le carré une *Escaille* d'acier qui sert à hausser plus ou moins le carré, selon qu'il est necessaire pour faire *pincer*; c'est-à-dire marquer davantage la medaille ou les monnoyes dans les endroits où elles ne l'auroient pas esté assez. Il y a un ressort aussi au bas de la vis du balancier qui sert à la faire relever lorsqu'elle a *pincé* l'espece ; on appelle ce ressort un *Jacquemart*. Il y a encore un autre petit ressort sur la boëte où se pose le carré de dessous pour les monnoyes, il sert à détacher l'espece lorsqu'elle a receu l'empreinre, & à la faire sortir du carré. Les monnoyes se marquent sans recuire ny limer, de mesme que les Jettons.

Quand les monnoyes ou medailles se font au marteau, on appelle les poinçons avec lesquels on les marque des *Coins*, des *Piles*, des *Trousseaux*, mais depuis l'usage des balanciers, on ne s'en sert plus.

Outre les outils necessaires pour la graveure des poinçons, & des Carrez, dont il a esté parlé on a encore des *Tenailles*, des *Cisoires*, & des *Grattoirs*.

EXPLICATION DE LA PLANCHE LIII.

I. FIGURE.

A   *Gros arbre qui fait tourner la grande Rouë.*
B   *La grande Rouë.*
CC   *Lanternes.*
D   *Herisson.*
E   *Arbre du Herisson.*
FF   *Arbres des Lanternes.*
GG   *Boëtes dans lesquelles sont attachez les rouleaux du Degrossi.*
H   *Degrossi.*
I   *Laminoir.*

II. FIGURE.

L   *Laminoir.*
2. 2. *Rouleaux.*
2. 2. *Pignons qui font tourner les Rouleaux.*
3. *Le Conduit.*
4. 4. *Les Vis avec les Escrous.*

III. FIGURE.

M   *Degrossi.*
L   *Le Conduit par où se mettent les lames.*
2. *Boëtes.*
3. 3. *Rouleaux.*
4. 4. 4. *Ressort qui maintient les Escrous.*

IV. FIGURE.

N   *Face de la Lanterne.*
O   *Face du Herisson avec le Laminoir.*

LIVRE SECOND.

PLANCHE LIII.

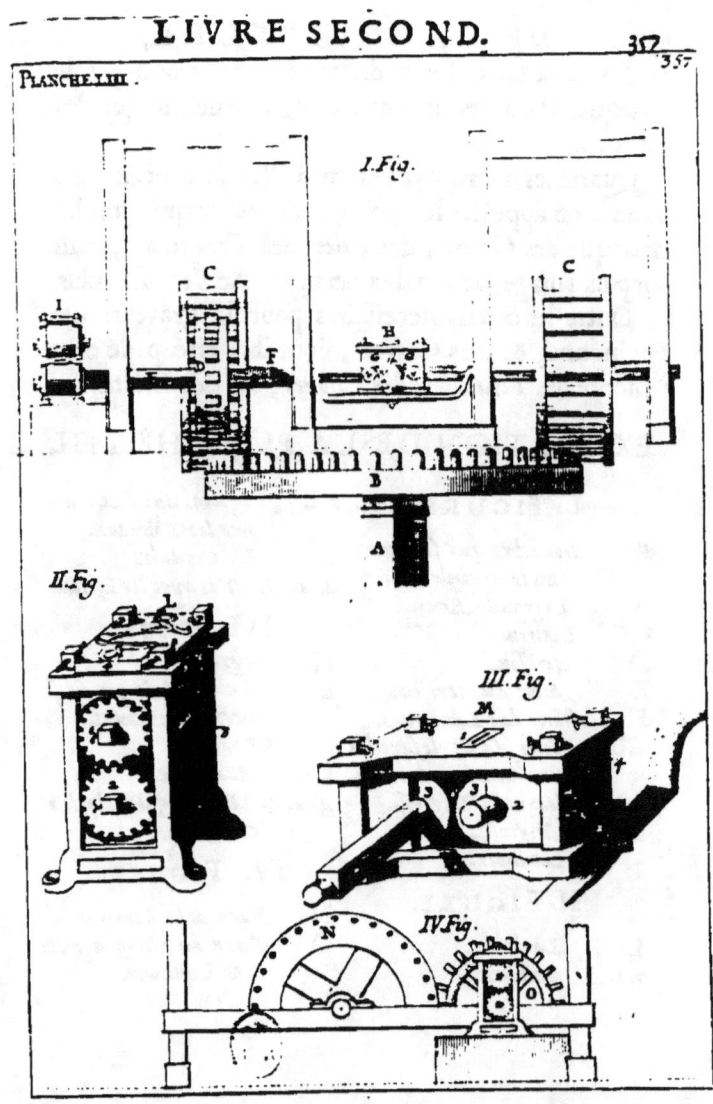

Yy iij

DE LA SCULPTURE,
EXPLICATION DE LA PLANCHE LIV.

A   Machine pour frapper le Poinçon sur le carré.
1.1. Montans.
2.2. Coulisses.
3. Mouton.
4. Poulie avec la corde qui éleve le Mouton.
5. Cremaliere qui retient le mouton en l'air.
6. Cheville qui s'accroche à la Cremaillere.
7. Enclume sur laquelle pose le Carré & le Poinçon.
B   Coupoir.
1. Arbre.
2. Vis.
3.3. Platines.
4. Coupoir.
5. Dessous du Coupoir avec des Cizailles & des Flancs.
6. Manivelle.
C   Cizaille.
D   Grattoir.
E   Poële à recuire les Flancs.
F   Balancier.

1. Vis.
2. Arbre du Balancier.
3.3. Boules de Plomb.
4.4. Cordons.
5. Jacquemart.
6.6. Boëtes.
7.7. Platines dans lesquelles passe la Boëte de dessus.
8.8. Carrez.
9.9. Vis qui retiennent les Carrez.
10. Ressort attaché à la boëte de dessous pour détacher les especes.
11. Billot sur lequel est posé le Balancier.
12. Escalle.
13. Fosse.
G   Autre Boëte dans laquelle se mettent les Carrez avec la Medaille.
H   Tenailles aussi pour mestre les Carrez, & la Medaille au lieu de Boëte.

LIVRE SECOND.

DE LA SCULPTURE,
EXPLICATION DE LA PLANCHE LV.

A Ciselet.
B Burin.
C Rifloir.
D Eschoppe
E Onglet.
F Matoir.
G Lime à matir.
H Grenetis.
I Poinçon à lettre.
K Poinçon pour les Moulures

de la bordure des Medailles.
L Petit Estau.
M Petite Pince.
N Masse.
O Martelet, petit marteau, ou Flattoir.
P Bloc de plomb entouré de fer.
Q Gratte-Boesse.
R Brosse de poil.

EXPLICATION

LIVRE SECOND.

PLANCHE LV.

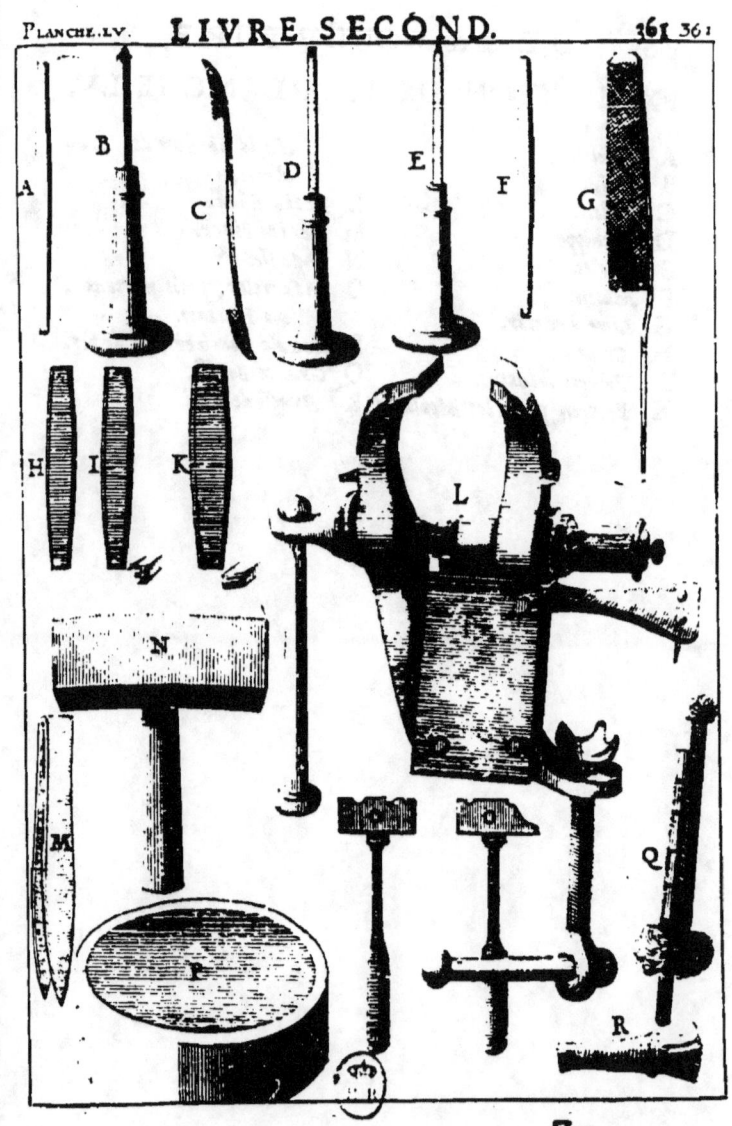

Zz

CHAPITRE VIII

De la Graveure sur les Pierres precieuses, & sur les Cristaux.

Pour ce qui regarde la Graveure sur les pierres precieuses, & sur les cristaux, l'invention en est fort ancienne, tant de celle qui se fait en creux, que de celle qui est de relief. Il se voit plusieurs ouvrages de l'une & l'autre maniere où l'on peut admirer la science des anciens Sculpteurs, soit dans la beauté du dessein, soit dans l'excellence du travail.

Bien qu'ils ayent gravé presque toutes sortes de pierres precieuses, neanmoins les figures les plus achevées que nous voyons sont sur des Onyces, ou des Cornalines ; parce qu'ils trouvoient ces pierres plus propres que les autres, à cause qu'elles sont plus fermes, plus égales, & qu'elles se gravent nettement ; & encore à cause qu'il se rencontre dans les Onyces diverses couleurs qui sont par lits les unes au dessus des autres, par le moyen desquelles ils faisoient que dans les pieces de relief le fond demeuroit d'une couleur, & les figures d'une autre, comme nous voyons en plusieurs beaux ouvrages, qui se travaillent à la Roüe avec de l'Esmeril, de la poudre de diamant, & les outils, dont il sera cy-aprés parlé.

A l'égard de ceux qui sont gravez en creux, ils sont d'autant plus difficiles, qu'on y travaille comme à tastons, & dans l'obscurité, puisqu'il est necessaire

LIVRE SECOND.

pour juger de ce qu'on fait, d'en faire à tous momens des epreuves, avec des *Empreintes* de paste ou de cire. Cet Art qui s'estoit perdu, comme les autres, ne commença à paroistre de nouveau, que du temps du Pape Martin V. c'est à-dire au commencement du quinziéme siecle. Un des premiers qui se mit à graver sur les Pierres fut un Florentin nommé Jean, & surnommé *Deelle Corgnivole*, à cause qu'il travailloit d'ordinaire sur ces sortes de pierres. Il y en eut d'autres qui vinrent ensuite, & qui graverent sur toutes sortes de pierres precieuses, comme fit un Dominique aussi surnommé *de Cameï*, Milanois, qui grava sur un Rubis balais le portrait de Louis, dit le Maure Duc de Milan. Quelques autres representerent encore de plus grands sujets sur des pierres fines, & sur des cristaux.

Pour graver sur les pierres, & sur les cristaux l'on se sert du Diamant ou de l'Esmeril. Le Diamant qui est la plus parfaite, & la plus dure de toutes les pierres precieuses, ne se peut tailler que par soymesme, & avec sa propre matiere. On commence par mastiquer deux diamans bruts au bout de deux bastons assez gros pour les pouvoir tenir fermes dans la main, & frotter les diamans l'un contre l'autre, ce que l'on nomme *Egriser*, qui est pour leur donner telle forme & figure qu'on desire.

En frottant & en égrisant les deux pierres brutes, il en sort de la poudre qui tombe dans une espece de boëte que l'on nomme *Gresoir* ou *Egrisoir*. C'est de cette mesme poudre dont l'on se sert par aprés pour tailler, & pour polir les diamans. Ce qui se fait avec un *Moulin* lequel fait tourner une rouë de fer doux. On pose sur cette rouë une *Tenaille* aussi *de fer*, à laquelle se rapporte une *Coquille* de cuivre. Le diamant est soudé dans la coquille avec de la soudure d'estain; Et afin que la tenaille appuye plus fermement sur la rouë, on charge la tenaille d'une grosse plaque de plomb. On arrose la rouë sur laquelle le diamant est posé, avec de la poudre sortie du diamant, laquelle l'on dilaye avec de l'huile d'olive. Lorsqu'on veut le tailler à facettes, on le change de facette en facette à mesure qu'il se finit, & jusques à ce qu'il soit dans sa derniere perfection, comme il est aisé de voir tous les jours chez les Lapidaires & les Joüailliers.

Quand on veut sier un diamant en deux ou plusieurs morceaux, on prend de la poudre de diamant bien broyée dans un *Mortier d'acier*, avec le *Pilon* de mesme : On la dilaye avec de l'eau ou du vinaigre, ou autre chose que l'on met sur le diamant à mesure qu'on le coupe avec un fil de fer, ou de laiton aussi delié qu'un cheveu. Il y a aussi des diamans que l'on fend suivant leur *Fil*, avec des outils disposez pour cela.

Quand aux *Rubis*, *Saphirs*, & *Topases* d'Orient, on les taille, & on les ferme sur une rouë de cuivre qu'on arrose de poudre de diamant, avec de l'huile d'olive. Le poliment se fait sur une autre rouë de cuivre avec du *Tripoli* détrempé dans de l'eau. D'une main l'on tourne un *Moulin* qui fait agir la rouë de cuivre, pendant que de l'autre main l'on forme la pierre *mastiquée* ou *encimentée* sur un baston qui se

LIVRE SECOND.

joint dans un instrument de bois qu'on appelle *Quadrant*, parce qu'il est composé de plusieurs pieces qui quadrent ensemble, & se meuvent avec des vis, qui faisant tourner le baston, forment regulierement les differentes figures qu'on veut donner à la pierre.

Pour les *Rubis Balais*, *Espinelles*, *Emeraudes*, *Jacynthes*, *Ametistes*, *Grenats*, *Agathes*, & autres sortes de pierres qui sont moins dures, on les taille sur une rouë de plomb imbibée de poudre d'Emeril détrempée avec de l'eau : puis on les polit sur une rouë d'estain avec le tripoli, de la mesme maniere qu'il est dit cy-dessus.

Il y a d'autres sortes de pierres, comme la *Turquoise* de vieille & nouvelle roche ; le *Lapis*, le *Girasol*, l'*Opale*, qui se polissent sur une rouë de bois avec le tripoli.

Pour former & graver les vases d'*Agathes*, de *Cristal*, de *Lapis* ou d'autres sortes de pierres dures, on a une machine qui s'appelle un *Tour*, de mesme que sont ceux des Potiers d'estain, excepté qu'au lieu que ceux des Potiers sont faits pour y attacher les vases & les vaisselles qu'ils travaillent avec des outils, les autres sont ordinairement disposez pour recevoir, & tenir les differens outils qu'on y applique, & qui tournent par le moyen d'une grande rouë qui fait agir le Tour. Ces outils en tournant forment ou gravent les vases que l'on presente contre, pour les façonner & les orner de relief, ou en creux, ainsi qu'il plaist à l'Ouvrier qui change d'outils selon qu'il en a besoin.

Il arrose aussi ses outils & sa besogne, avec de l'Emeril détrempé dans de l'eau, ou avec de la poudre de diamant dilayée avec de l'huile, selon le merite de l'ouvrage & la qualité de la matiere; car il y a des pierres qui ne valent pas qu'on dépense de la poudre de diamant à les tailler, & mesme qui se travaillent plus promptement avec l'Emeril, comme sont le *Jade*, le *Girasol*, la *Turquoise*, & plusieurs autres qui semblent estre d'une nature grasse.

Quand toutes ces sortes de pierres sont polies, & qu'on veut les graver, soit en relief, soit en creux; si ce sont de petits ouvrages, comme medailles, ou cachets, on se sert d'une machine appellée *Touret*, qui n'est autre chose qu'une petite rouë de fer, dont les deux bouts des essieux tournent, & sont enfermez dans deux pieces de fer mises de bout comme les lunettes des Tourneurs, ou les chevalets des Serruriers, lesquelles s'ouvrent, & se ferment comme on veut, estant pour cet effet fenduës par la moitié, & se rejoignant par le haut avec une traverse qui les tient, ou faits d'une autre maniere. A un bout d'un des essieux de la rouë l'on met les outils dont l'on se sert, lesquels s'y enclavent, & s'y affermissent par le moyen d'une vis qui les serre, & les tient en estat. On fait tourner cette rouë avec le pied pendant que d'une main l'on presente, & l'on conduit son ouvrage contre l'outil, qui est de fer doux, si ce n'est quelque-uns des plus grands qu'on fait quelquefois de cuivre.

Tous les outils quelques grands ou petits qu'ils soient, sont faits, ou de fer, ou de cuivre, comme je viens de dire. Les uns ont la forme d'une petite pitoüette; on les appelle des *Scies*, les autres qu'on

LIVRE SECOND.

nomme *Bouts*, *Bouterolles*, ont une petite teste ronde, comme un bouton. Ceux qui s'appellent des *Charnieres* sont faits en maniere d'une virolle, & servent à enlever les pieces; Il y en a de plats, & d'autres differentes sortes que l'Ouvrier fait forger de diverses grandeurs, suivant la qualité des ouvrages. On applique l'outil contre la pierre qu'on travaille, soit pour ébaucher, soit pour finir, non pas directement opposée au bout de l'outil, mais à costé, en sorte que la sie ou bouterolle l'use, en tournant contre, & comme la coupant. Et soit qu'on fasse des figures, & des lettres, des chiffres ou autre chose: on s'en sert toujours de la mesme maniere, les arrosant avec de la poudre de diamant & de l'huile d'olive; Et quelquefois quand on veut percer quelque chose, on rapporte sur le tour de petites *pointes* de fer, au bout desquelles il y a un diamant *Serti*, c'est-à-dire enchassé.

Lorsque les pierres sont gravées, ou de relief, ou en creux, on les polit sur des rouës de brosses faites de poil de cochon, & avec du tripoli, à cause de la delicatesse du travail; Et quand il y a un grand champ, on fait exprés des outils de cuivre ou d'étain propres à polir le champ avec le tripoli, lesquels on applique sur le Touret de la mesme maniere que l'on y met ceux qui servent à graver.

EXPLICATION DE LA PLANCHE LVI.

A   Gresoir ou Egrisoir.
B. B. Diamans mastiquez au bout des bastons pour les egriser.
C   Moulin.
  1. Pivot.
  2. Arbre où est attaché le bras.
  3. Manivelle qui est attachée au bras, & au pivot.
  4. Grande roüe de bois.

D   Roüe de fer.
  1. Pivot.
  2. Poulie.
  3. Tenailles, dont le corps est de bois.
  4. Morceau de plomb qui se met sur la Tenaille.
  5. Coquille où est masticqué le diamant.
  6. Clef pour serrer, & desserrer la Coquille dans la Tenaille.

LIVRE SECOND.

Aaa

EXPLICATION DE LA PLANCHE LVII.

I. FIGURE.

- A   Rouë de bois qui se tourne avec une manivelle.
- B   Rouë de cuivre ou d'autre metal.
- C.C   Escuelle pour mettre de l'Emeril, & de l'eau.

II. FIGURE.

- A   Rouë de bois.
- B   Bobine.
- C   Rouë d'estain ou d'autre metal.
- D   Quadrant.
- E   Baston au bout duquel la pierre est mastiquée.
- F   Eguille dans laquelle passe le Quadrant.

III. FIGURE.

Pieces dont le Quadrant est composé.

- a   Corps du Quadrant.
- b   Derriere du Quadrant.
- c   Vis du corps du Quadrant qui entre dans le trou marqué. d.
- e   Trou dans lequel entre l'Eguille F. de la II. fig.
- f   Coulisse dans laquelle entre le col de la vis g retenuë par l'Escrou h & qui va, & vient dans la Coulisse.
- i   Autre vis qui entre dans le trou I.
- m.m   Trous dans les testes des deux vis, où se met le baston n, au bout duquel la pierre est mastiquée.
- o.o   Escrous des vis. C. I.

LIVRE SECOND. 371

EXPLICATION DE LA PLANCHE LVIII.

A Roüe de bois qui se tourne avec le pied.
B Touret.
C Roüe faite de poil de cochon, pour polir les pierres gravées.

LIVRE SECOND. 373

PLANCHE LVIII.

Aaa iij

EXPLICATION DE LA PLANCHE LIX.

A   *Bouts.*
B   *Bouterolles.*
C   *Charnieres.*
D   *Scies.*
E   *Petites pointes.*
F   *Outil plat.*

LIVRE SECOND.

P. LIX.

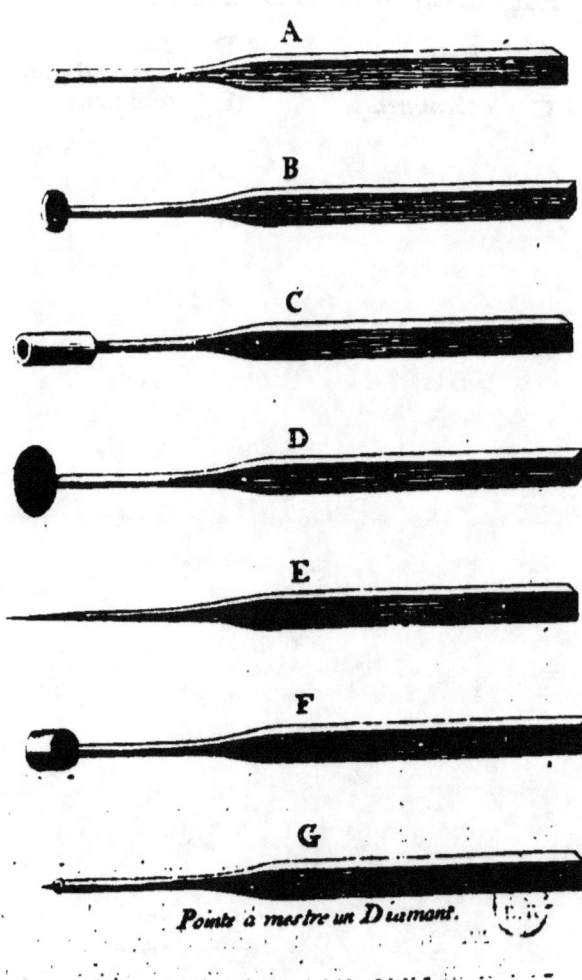

Pointz à mestre un Diamant.

CHAPITRE IX.

Du Tour, & des ouvrages qu'on y fait.

IL y a differentes manieres de travailler avec le Tour, qui toutes neanmoins se font par un mouvement circulaire. La difference du travail consiste dans la disposition des differentes pieces de la machine dont on se sert, & dans la diverse forme des outils que l'on employe.

Pour graver des figures, soit de relief, soit en creux sur les pierres dures, comme il a esté dit au chapitre precedent, il faut une science particuliere, & le Tour ne doit estre consideré dans ce penible travail que comme un outil dont les plus habiles Ouvriers sont obligez de se servir.

Cependant bien que dans la pratique ordinaire de tourner, le dessein y ait moins de part que l'industrie, & les outils dont l'on se sert; toutefois on peut en quelque sorte mettre au rang de la Sculpture les ouvrages du Tour qui servent dans les bastimens, pour la commodité, ou pour l'embellissement de quelques lieux particuliers comme sont les balustres, des vases, & plusieurs autres pieces qui se font sur le Tour, soit en Pierre, soit en Bois, soit en Yvoire, soit en Cuivre, ou autre metaux.

L'invention du Tour est tres-ancienne, Diodore de Sicile dit que le premier qui le mit en usage estoit un neveu de Dedale nommé Talus. Pline veut que ce soit un Theodore de Samos; & il parle d'un Thericle

Liv. 7. c. 56.
Liv. 16. c. 40.

LIVRE SECOND.

cles qui se rendit celebre dans ces sortes d'ouvrages.

C'estoit avec cette machine qu'ils tournoient toutes sortes de vases, dont quelques-uns estoient enrichis de figures, & d'ornemens en demy-bosse. Les Auteurs Grecs, & Latins en parlent souvent, & Ciceron appelle ceux qui les formoient au Tour *Vascularii*. C'estoit un proverbe parmy les Anciens, de dire que les choses estoient faites au Tour pour en exprimer la justesse, & la delicatesse.

Lenta quibus torno facilis super addita vitis. Virg. Egl. 3.
Vascularies convocari iubet. Cic. orat. in Vrr.

Dans ces derniers temps l'on a trouvé plusieurs secrets pour faire sur le Tour des ouvrages de differentes figures, & d'une delicatesse inconcevable. L'on en voit quantité qui sont d'ivoire, où il a fallu beaucoup d'adresse, & de patience pour en venir à bout. Neanmoins comme l'on peut reüssir dans cette sorte de travail sans beaucoup d'estude, & avec facilité, parce que cela dépend principalement des machines. Plusieurs personnes libres, & de qualité ont souvent pris plaisir à tourner, comme le Garzoni dit que faisoit de son temps le Duc de Ferrare Alfonse II.

Le Tour ordinaire, est principalement composé de deux *Jumelles* soustenuës par des jambages qu'on appelle les *pieds* du Tour, & de deux *Poupées*.

Les Jumelles sont faites de deux membrures de bon bois de la longueur, & de la grosseur qu'il plaist à l'ouvrier. Elles sont posées de niveau, & distantes l'une de l'autre de trois à quatre pouces, selon la grosseur des poupées qui doivent se mettre entre deux. Ces mesmes membrures sont assemblées par les bouts sur des pieces de bois de bout qui sont les jambages. Ces jambages ont quatre pieds ou environ de haut,

Bbb

& sont assemblez en bas dans deux autres pieces de bois qui leur servent de pied, ou de semelles & arboutez par deux liens en contrefiches, emmortaisez dans les jambages, & dans les extremitez des semelles pour rendre la machine ferme & solide. Ces membrures ou jumelles sont quelquefois retenuës & appuyées contre la muraille pour estre encore plus fermes.

Les Poupées sont deux pieces de bois d'égale grosseur & longueur proportionnées aux jumelles. Une partie de ces poupées qui est entaillée, se met entre les deux membrures ; le reste qui est la teste de la poupée & qui est coupé quarrément de la largeur entiere des deux membrures, pose solidement dessus ; & afin qu'elles soient plus fermes, il y a des *Clefs* de bois que l'on fait entrer à coups de maillet dans des mortaises qui sont au bout des poupées, au dessous des membrures.

Au haut de chaque poupée, il y a une *pointe* de fer solidement enclavée dans le bois. Les deux pointes se regardent l'une l'autre, disposées horisontalement, & si justes qu'elles se touchent dans un mesme point quand on les approche.

Comme ordinairement à un bout des jumelles, il y a une des poupées que l'on ne change pas souvent de place, l'on fait que sa pointe est une vis qui traverse tout le bois, & qui avec une petite *Manivelle* s'avance, & se retire comme on veut, afin de n'avoir pas la peine de *débasser* si souvent les clefs de bois de l'autre poupée pour la reculer & l'approcher.

Au dessus des jumelles, il y a une *barre* de bois d'environ dix-huit lignes ou deux pouces d'épaisseur,

LIVRE SECOND.

& quatre pouces de large, qui va tout du long, & qui est soustenuë par ce qu'on nomme *les bras des poupées* qui s'approchent, & s'éloignent comme on veut. Cette barre qui est posée de *champ*, & qui estant un peu moins élevée que les pointes des poupées sert d'appuy pour les outils lorsqu'on travaille, & que l'on coupe le bois : Elle est aussi percée en quelques endroits, pour y pouvoir mettre des *Suports* & des *Clavettes*, qui soustiennent les pieces qu'on tourne, qui ont trop de portée.

Contre le plancher & au dessus du Tour est une longue *Perche* disposée en *archet* ou autrement, au bout de laquelle il y a une corde qui descend au delà des membrures jusques à un pied de terre, & qui s'attache au bout d'une piece de bois qu'on nomme la *Marche*. Quand on veut travailler l'on tourne la corde autour de la piece qu'on veut tourner ou d'un *Mandrin*, & en appuyant le pied sur la marche, l'on fait tourner l'ouvrage par le moyen de l'arc ou perche qui fait ressort, puis avec des outils propres, comme *Gouges*, *ou Biseaux* qu'on appuye sur la barre, & qu'on pose contre la besogne, on la degrossit, & ensuite on la finit avec d'autres outils plus delicats.

Comme toutes sortes d'ouvrages ne se peuvent pas tourner entre deux pointes, on oste quand on veut, une des poupées, & on a certaines pieces de bois ou de fer qu'on nomme *Lunettes*, qui s'enclavent aussi entre les deux membrures ainsi que les poupées ; mais qui ont moins d'épaisseur, & qui au lieu de pointes, ont un trou fort rond contre lequel on appuye le bout de l'ouvrage, ou bien on le passe de-

Bbb ij

dans : On a de ces lunettes de diverses grandeurs, qui servent particulierement pour des vases que l'on veut creuser, ou pour d'autres sortes de pieces. Elles servent aussi à porter les *Mandrins*, qui sont des morceaux de bois faits exprés en forme de poulies ou autrement, contre lesquels l'on fait tenir avec du mastic, des pointes de cloud, des vis, ou d'une autre maniere certains ouvrages qui ne se peuvent tourner entre les pointes, comme sont des boëtes, & plusieurs autres choses. Ces deux manieres sont celles dont on se sert pour tous les ouvrages communs, & ordinaires.

Mais lorsqu'il faut former sur le Tour quelques pieces irregulieres, comme sont des colomnes torses, des vis, des ovales, des roses, & autres differentes figures, dont l'on veut orner quelque ouvrage, alors l'on dispose le Tour d'une autre maniere, & au lieu de poupées & de lunettes simples, l'on en met de composées dans lesquelles, quoyque le mouvement dans son principe soit toujours circulaire, il devient neanmoins irregulier par la rencontre des corps étrangers qui changent le cours ordinaire des machines.

Les pieces de ces machines se font de differentes manieres selon l'industrie de ceux qui travaillent. Nous en rapporterons seulement quelques-unes, dont les figures des planches qui suivent serviront pour en donner encore une plus grande intelligence.

La premiere est un *Arbre* composé de plusieurs pieces.

1. Est la *Boëte* de cuivre dans laquelle l'on mastique où l'on fait tenir avec des vis ce qu'on veut

LIVRE SECOND.

tourner, soit bois, cuivre ou yvoire.

2. Est une piece de cuivre *ovalle* que l'on passe au travers de la *Verge* ou piece de fer quarrée marquée 3. & qui s'arreste fermement entre le *Canon* qui porte la boëte 1. & un autre canon marqué 4. dans lequel la *Verge* ou fer quarré 3. entre, & se trouve arresté par la *Clavette* 5. qui traverse le canon 4. & la verge de fer. Le canon 4. s'emboëtte dans le *Mandrin* de bois marqué 6. au bout duquel il y a une pointe de fer en *dé* marquée 7. qui se met dans la *Crapaudine* 8. appliquée contre la poupée marquée 9.

Au lieu de la piece *ovalle* 2. qui est passée dans la verge de fer 3. on peut y en mettre d'autres de differentes figures, comme sont celles marquées * pour faire des ouvrages de differentes façons.

Quand les pieces sont disposées dans l'arbre, & dans le mandrin l'on met le bout du mandrin, qui a une petite pointe dans la coüette ou crapaudine de la poupée, & l'autre bout où est mastiquée l'ouvrage se passe dans une plaque de fer appliquée contre une autre poupée de bois, marquée 10. laquelle plaque telle qu'est la figure 11. sert de lunette, ensorte que la boëte, & l'ouvrage qu'on veut faire se trouve au delà de la lunette, & en dehors, & que la piece postiche, soit ovale ou autre telle que celle marquée 2. joigne en dedans contre le fer de la lunette, afin qu'en tournant elle vienne à trouver cette eminence ou *piece de rencontre* marquée 12 qui est appliquée contre la lunette, laquelle recule la piece 2. plus ou moins selon sa figure, & c'est ce qui fait que l'outil de celuy qui travaille donne la forme à

B bb iij

l'ouvrage qui s'en approche, ou s'en éloigne selon que l'arbre approche ou recule de la *Rencontre* ; car il faut toujours tenir l'outil ferme en mesme endroit, c'est pourquoy mesme, pour des ouvrages de cuivre ou autres matieres fort dures, on a des *Appuys* de bois au dessus, desquels il y a de petites bandes de fer distantes du bois de l'épaisseur des outils, que l'on passe entre la bande, & l'appuy pour les pouvoir tenir plus fortement, comme est l'appuy marqué 13.

Et parce que l'arbre & le mandrin s'éloignent lors que par l'inegalité des pieces, elles viennent à toucher le fer de *Rencontre*, l'on met un *Crochet* d'acier marqué 14. qui tient l'arbre, & qui estant attaché contre les Jumelles fait ressort, ou bien par le moyen d'un contrepoids rapproche l'arbre si-tost qu'il est éloigné. Et afin de pouvoir changer d'arbres, & de les tenir fermes dans la poupée qui sert de lunette, il y a une petite *piece de fer* qui se baisse, & se hausse par le moyen de plusieurs vis pour serrer, & tenir l'arbre aussi ferme qu'il doit estre, cette petite piece de fer est marquée 15.

Pour les Junettes de fer telle que la lunette marquée 16. elles s'ouvrent en deux pour passer le mandrin, & se resserrent avec des vis ou autrement. Ces lunettes sont d'un grand usage pour tourner toutes sortes de pieces creuses, & en ligne spirale, des vis & des escrous. Quand on fait des vis ou lignes spirales la pointe du mandrin marquée 17. qui est en vis entre dans un des escrous de la *Plaque* ronde marquée 18. & en tournant dans l'escrou, il sert à donner la forme d'une vis ou d'un escrou de la maniere

LIVRE SECOND.

que l'on veut avec des *fers* à plusieurs dents que l'on fait faire exprés, pour tailler en dehors ou en dedans.

Cette plaque 18. a plusieurs escrous de diverses grosseurs pour y pouvoir faire entrer differentes vis. Il y a aussi un *ressort* 19. derriere la plaque, qui sert pour repousser la pointe du mandrin quand on veut faire quelque ouvrage en ligne spirale, & le morceau de fer qui fait un *Ressault* marqué 20. sert encore pour d'autres ouvrages irreguliers, & façonnez tels que la figure 21.

Lorsque l'on tourne quelque chose de grand, soit entre deux poupées ou pointes, soit autrement, & mesme les petites pieces qui sont irregulieres, l'on ne se sert pas toujours de la marche, mais l'on passe une corde de boyau dans le mandrin 22. laquelle se va rendre dans une grande *Rouë*, comme celle dont les Potiers d'estain se servent marquée 23. laquelle est tournée à force de bras par un homme, & quelquefois par deux, parce que celuy qui coupe l'ouvrage ne pourroit pas travailler de la main & du pied tout ensemble, & que le ressort d'une perche n'est pas suffisant pour toutes sortes de besognes.

Comme l'art de tourner les figures irregulieres consiste dans la fabrique des machines propres à cela, il y a de ces machines qui sont comme autant de secrets que tous les Ouvriers ne sçavent pas, & dont les Inventeurs se servent plus heureusement les uns que les autres, selon l'intelligence qu'ils ont dans cette sorte de travail, dont la pratique leur donne encore de nouvelles ouvertures, & des moyens plus faciles pour executer ce qu'ils inventent. Il y en a

DE LA SCULPTURE; quelques exemples dans les machines de Besson.

Outre la plufpart des outils de Menuiferie, & de Sculpture en bois, dont se servent auffi les Tourneurs, ils en ont encore d'autres qui leurs sont particuliers ou qui sont en quelque sorte differents de ceux des Menuifiers, comme des *Ciseaux*, des *Biseaux*, & des *Gouges*; ils ont encore des *grains d'orge*, des *Becs d'asnes* de toutes sortes de pas, & de differentes façons, des *Fers dentelez* par le bout & à côté pour faire des filets, ou des vis & escrous ; des *Fers crochés* de differentes grandeurs ; & selon les ouvrages qu'ils veulent tourner, ils en font forger qu'ils affutent à leur maniere.

Ils ont auffi des *Tarots* emboitez pour faire des vis de bois, & des *Vis de fer* pour faire des *Ecrous*.

EXPLICATION

LIVRE SECOND.

EXPLICATION DE LA PLANCHE LX.

I. FIGURE.

A. A. Jumelles ou Membrures.
B. B. Jambages qui font le pied du Tour.
C. C. Semelles.
D. D. Arboutans, ou Liens en contrefiches.
E. E. Poupées.
F. F. Clef des Poupées.
G. G. Pointe des Poupées.
H. Barre, ou piece de bois servant d'appuy.
I. I. Bras des Poupées.
L. L. Supports, ou Clavettes.
M. Longue Perche, ou Archet.
N. Marche.
O. Mandrin.
P. Lunette.

II. FIGURE.

A. Arbre composé de plusieurs pieces.
1. Boëte de cuivre.
2. Piece de Cuivre ovalle.
3. Verge de fer.
4. Canon ou partie de l'Arbre.
5. Clavette.
6. Mandrin de bois.
7. Pointe de fer en Dé.
8. Crapaudine.
9. Poupée.
* Pieces de differentes figures.
10. Autre poupée de bois.
11. Plaque de fer servant de Lunettes.
12. Piece de rencontre.
13. Appuy.
14. Crochet d'acier.
15. Piece de fer pour serrer l'Arbre.
16. Lunette de fer.
17. Pointe du Mandrin, ou Vis.
18. Plaque ronde.
19. Ressort.
20. Piece de fer faisant ressault.
21. Figure façonnée.
22. Mandrin.
23. Grande Rouë.

Ccc

a Ciseau.
b Biseau.
c Gouge.
d Grain-d'orge.
e Bec-d'asne.
f Fer dentelé par le bout.
g Fer dentelé par le costé.
h Fer croche.
i Tarot.
l Vis.

LIVRE SECOND.

CHAPITRE X.

De la Graveure en bois, & en cuivre.

UN des plus grands avantages que l'Art de Portraire ait receu, pour éterniser ses ouvrages, est la *Graveure* sur le bois, & sur le cuivre, par le moyen de laquelle, on tire un grand nombre d'Estampes, qui multiplient presque à l'infiny un mesme dessein, & font voir en differens lieux la pensée d'un Ouvrier, qui auparavant n'estoit connuë que par le seul travail qui sortoit de ses mains.

Il y a lieu de s'étonner de ce que les Anciens qui ont gravé tant d'excellentes choses sur les pierres dures, & sur les cristaux, n'ont point découvert un si beau secret, qui veritablement n'a encore paru qu'aprés celuy de l'Imprimerie. Car l'impression des figures, & les Estampes n'ont commencé à estre en usage qu'à la fin du quatorzième siecle. L'invention en fut trouvée par un Orfevre qui travailloit de *Nielleure* à Florence. Albert Dure, & Lucas furent des premiers qui perfectionnerent la maniere de graver sur le bois, & sur le cuivre, & presque dans le mesme-temps l'on trouva aussi l'invention de graver à l'eau forte.

Un certain Hugo de Carpi inventa une maniere de graver en bois par le moyen de laquelle les Estampes paroissent comme lavées de clair-obscur. Il faisoit pour cet effet, trois sortes de planches d'un mesme dessein, lesquelles se tiroient l'une aprés l'autre sous la presse pour imprimer une mesme Estampe. Elles estoient gravées de telle façon, que l'une servoit pour les jours, & les grandes lumieres ; l'autre pour les demy teintes, & la troisiéme pour les contours, & les ombres fortes.

Cet Art de graver sur le cuivre, & sur le bois, s'est tellement perfectionné, & est devenu si commun, que la quantité des ouvrages qu'on a faits est presque innombrable. L'on en peut juger par le Recuëil que monsieur l'Abbé de Marolles a pris le soin d'en faire, & qui est presentement dans la Bibliotheque du Roy.

Il est vray qu'aujourd'huy la Graveure en bois est beauconp décheuë, & qu'il n'y a pas d'Ouvriers capables d'executer des pieces pareilles à celles que l'on faisoit il y a cent, & six-vingt ans ; à cause sans doute que l'on trouve plus de facilité à graver sur le cuivre. Cependant les planches de bois sont d'un grand usage, & beaucoup plus commodes que les autres dans une infinité de rencontres, principalement quand il faut mettre dans les livres d'Histoires, ou autres traitez, des figures pour l'intelligence du discours ; Car comme elles s'impriment en mesme-temps que la lettre, elles épargnent bien du temps, & de la dépense qu'on est obligé de faire quand il les faut graver sur le cuivre au burin, ou à l'eau forte, & les tirer ensuite.

Ces deux manieres neanmoins, sont aujourd'huy les plus en usage, & c'est dont nous voyons une infinité d'excellens travaux. Celle qui se fait à l'eau forte, semble plus commode pour les grandes ordonnances, & pour les pieces où l'on veut faire paroiſtre plus d'art, & de deſſein, que de delicateſſe, & de douceur

MANIERE DE GRAVER SUR LE BOIS.

CEUX qui gravent ſur le bois commencent par faire preparer une planche de la grandeur & eſpaiſſeur qu'ils deſirent, & fort unie du coſté qu'on veut graver. L'on prend ordinairement pour cela du bois de poirier, ou du buis: le dernier eſt meilleur par ce qu'il eſt plus ſolide, & moins ſujet à eſtre percé des vers. Sur cette planche, ils deſſeignent leur ſujet à la plume de la meſme ſorte qu'ils veulent qu'il ſoit imprimé. Ceux qui ne ſçavent pas bien deſſeigner, comme il s'en rencontre aſſez, ſe ſervent du meſme deſſein qu'on leur donne, qu'ils collent ſur la planche, avec de la colle faite de bonne farine, d'eau, & d'un peu de vinaigre. Il faut que les traits ſoient collez contre le bois, & lors que le papier eſt bien ſec, ils le lavent doucement; & avec de l'eau & le bout du doigt l'oſtent peu à peu, en ſorte qu'il ne reſte plus ſur le bois que les traits d'ancre qui forment le deſſein, leſquels marquent ſur la planche tout ce qui doit eſtre eſpargné; & pour le reſte ils le coupent, & l'enlevent delicatement avec des pointes de *Canifs* bien tranchans, ou de petits *Ciſelets*, ou des *Gouges*, ſelon la grandeur & la delicateſſe du travail; car ils n'ont pas beſoin d'autres outils.

DE LA GRAVURE AU BURIN.

POUR graver ſur le cuivre avec le *Burin*, il n'eſt pas non plus neceſſaire de grands appreſts. Quand la planche qui doit eſtre de cuivre rouge eſt bien polie, & que l'on a deſſeigné deſſus avec la pierre de mine, ou avec une *pointe*, ou autrement, ce que l'on

LIVRE SECOND.

veut representer, il n'est plus besoin que de *Burins* bien acerez & de bonne trempe pour graver & donner plus ou moins de force selon le travail que l'on fait, & les figures que l'on represente.

On a aussi un outil d'acier d'environ six pouces de long, dont un des bouts qu'on appelle *Grattoir* est formé en triangle, tranchant des trois costez, pour ratisser sur le cuivre, quand il est necessaire: Et l'autre bout qu'on nomme *Brunissoir*, a la figure d'un cœur dont la pointe est allongée, ronde, & un peu plat; il sert à polir le cuivre, reparer les fautes, & adoucir les traits. Pour connoistre, & mieux voir ce que l'on fait, on a un *Tampon* de feutre, ou de lisiere de drap noircy, dont on frotte la planche, & dont l'on remplit les traits à mesure que l'on grave. On a aussi un petit *Coussinet* de cuir remplit de sable, sur lequel on appuye le cuivre en travaillant.

QUANT à la graveure à l'eau forte, il y a plus de sujettion. Il est necessaire que la planche soit bien polie & bien nette, aprés quoy on la chauffe sur le feu, on la couvre d'un vernix dur ou mol; car il y en a de deux façons. Ensuite l'on noircit ce vernix par le moyen d'une chandelle allumée, au dessus de laquelle on met la planche du costé du vernix.

Cela estant fait, il n'est plus question que de *calquer* son dessein sur cette planche, ce qui est bien plus facile que pour graver au burin; car en frottant le dessous du dessein avec de la sanguine, ou autrement, & le posant ensuite sur le cuivre pour le calquer avec une pointe d'éguille, la sanguine qui est derriere le dessein, marquant aisément sur le ver-

Graveure à l'eau forte.

nix, fait que l'on suit bien mieux dans cette sorte de travail, les mesmes traits du dessein, & qu'on est beaucoup plus correct dans les contours, & les expressions de toutes les figures. Ce qui est cause que les Peintres qui font graver eux-mesmes leurs ouvrages, travaillent souvent à former les premiers traits des figures pour conserver la force & la beauté du dessein. Aussi dans les pieces faites à l'eau forte, on y voit plus d'art que dans les autres qui sont gravées au burin, ou quelquefois on se sert aussi de l'eau-forte pour former legerement les contours des figures, afin de les avoir plus correctes.

Ce qu'il y a d'avantageux dans la graveure à l'eau-forte, est que non seulement la maniere en est beaucoup plus expeditive, qu'au burin; mais le travail en est encore ordinairement plus beau dans les païsages, dont les arbres & les terrases estant touchées avec plus de facilité, paroissent plus naturelles.

Il est vray aussi qu'il est quelquefois besoin de retoucher au burin certaines parties qui n'ont pas assez de force, ou bien que l'eau forte n'a pas assez mangées; car il est mal-aisé que dans une grande planche toutes les parties viennent à estre penetrées avec une si grande égalité qu'il n'y ait quelque chose à redire.

Il ne suffit pas que le Graveur travaille avec la pointe de son *Eguille*, ou de son *Eschope* dans tous les endroits de son ouvrage avec la force, & la tendresse necessaire à faire paroistre les parties éloignées, & les plus proches. Il faut encore qu'il prenne garde, quand il vient à mettre l'eau-forte sur la planche

che, qu'elle ne morde pas également par tout ; ce qui se fait avec une mixtion d'huile, & de suif de chandelle.

Pour cet effet, il a une espece de quaisse de bois poissée, contre laquelle il attache sa planche un peu inclinée, & jette l'eau-forte dessus, en sorte qu'elle n'y fait que couler, & retomber aussi-tost dans un vase de terre qui est dessous. Il prend garde lors que les parties qui ne doivent pas estre si mangées ont assez receu de cette eau, & ostant la planche, il la lave avec de l'eau claire qu'il jette dessus, la fait secher doucement auprés du feu, puis il couvre les parties les plus éloignées, & les hacheures qu'on veut laisser les plus foibles, avec de cette mixtion d'huile & de suif, dont j'ay parlé, afin que l'eau forte n'y penetre pas davantage ; & ainsi couvrant à diverses fois, & autant qu'il veut les endroits qui doivent estre les moins forts, il fait que les figures qui sont devant, sont toujours lavées de l'eau-forte, qui les penetre, jusques à ce qu'il voye qu'elles sont assez gravées suivant la force qu'il desire leur donner.

L'on se sert de deux sortes de vernix, l'un que l'on appelle mol, & l'autre dur ; Il y a aussi deux sortes d'eau-forte, l'une d'Affineur, qu'on appelle eau blanche, & l'autre qu'on nomme de l'eau verte qui se fait avec du vinaigre, du sel commun, du sel armoniac, & du vert de gris. Celle-cy se coule sur les planches, comme j'ay dit, & l'on peut s'en servir avec les deux vernix. L'autre au contraire n'est bonne que pour le vernix mol, & ne se jette pas comme l'autre,

<small>Deux sortes de Vernix.</small>

on met la planche sur une table tout à plat, & aprés l'avoir bordée de cire, on la couvre de cette eau blanche que l'on tempere plus ou moins avec de l'eau commune.

A l'égard des *pointes ou eschopes*, dont l'on travaille, on prend de grosses ou moyennes éguilles, faites les unes en pointes, & les autres plus grosses, coupées par la pointe d'une maniere qui forme une ovalle, comme sont les *Echopes* des Orfevres. Ces sortes d'outils que l'on a de plusieurs façons, & de differentes grosseurs, sont les seuls necessaires pour cette maniere de travail. L'on a une *pierre* pour les aiguiser, & un gros pinceau de *poil de gris*, ou une plume pour servir d'espousettes, afin d'oster de dessus la planche, les ordures, ou le vernix qui s'enleve à mesure qu'on grave.

Si l'on veut s'instruire davantage de tout ce qui regarde la graveure sur le cuivre, & de la composition des vernix pour l'eau-forte, il faut lire ce qu'en a écrit Abraham Bosse qui joignant à la Theorie une excellente pratique n'a rien oublié de tout ce qu'on peut sçavoir de cet art.

EXPLICATION DE LA PLANCHE LXI.

A *Planche de cuivre.*
B *Coussinet.*
C *Burin.*
D *Pointe.*
E *Eschoppe.*
F *Tampon.*
G *Brunissoir.*
H *Pierre à huile.*
I *Gros pinceau de queuë de Gris ou espoussete.*

LIVRE SECOND.

DE LA PEINTURE,
LIVRE TROISIÉME.

CHAPITRE PREMIER.
De l'Origine & Progrés de la Peinture.

ON ne doit pas douter que la Peinture ne soit aussi ancienne que la Sculpture, ayant toutes deux pour principe le dessein. Mais il sera toujours tres difficile de sçavoir au vray le temps, & le lieu où elles ont commencé de paroistre. Les Egyptiens & les Grecs qui se disent les Inventeurs des plus beaux Arts, n'ont pas manqué de s'attribuer la gloire d'avoir esté les premiers Sculpteurs, & les premiers Peintres. Cependant comme il est mal-aisé de voir clair dans un fait qui est obscurci par le nombre de tant d'années, qui en cachent l'origine, l'on doit se contenter de sçavoir à l'égard de la Peinture, qu'aprés avoir eu comme tous les autres Arts de foibles commencemens, elle a esté en sa perfection chez les Grecs, & que les principales écoles de cet Art illustre estoient à Sicyone, à Rhodes, & à Athenes. De la Grece elle passa en Italie où elle fut en grande consideration sous la fin de la Republique, & sous les premiers Empereurs, jusqu'à ce qu'enfin le luxe, & les guerres ayant dissipé l'Empire Romain, elle demeura entie-

DE LA PEINTURE, LIVRE TROISIE'ME. 397
rement esteinte, aussi bien que les autres sciences, & les autres Arts, & ne recommença à paroistre en Italie que quand Cimabué se mit à travailler, & retira d'entre les mains de certains Grecs les déplorables restes de cet Art. Quelques Florentins l'ayant secondé, furent ceux qui parurent les premiers, & qui se mirent en reputation : Neanmoins il se passa beaucoup de temps sans qu'il s'eslevast aucun Peintre considerable. Le Ghirlandaio maistre de Michel Ange acquit le plus de credit, quoyque sa maniere fust fort seche, & gottique ; mais Michel Ange son disciple ayant paru ensuite sous Jule II. effaça tous ceux qui l'avoient precedé, forma l'école de Florence, & fit plusieurs esleves.

Pierre Perugin eut aussi pour esleve Raphaël d'Urbin qui surpassa de beaucoup son maistre, & Michel Ange mesme ; il establit l'école de Rome composée des plus excellens Hommes qui ayent paru.

Dans le mesme temps celle de Lombardie s'esleva, & se rendit recommandable sous le Giorgion, & sous le Titien qui eut pour premier maistre Jean Belin.

Il y eut encore en Italie d'autres écoles particulieres sous differens maistres, comme à Milan celle de Leonard de Vinci, mais on ne compte que les trois premieres, comme les plus celebres, & d'où les autres sont sorties.

Outre celles-là, il y avoit au deçà des Monts des Peintres qui n'avoient nul commerce avec ceux d'Italie, comme Albert Dure en Allemagne, Holbens en Suisse, Lucas en Hollande, & plusieurs autres qui travailloient en France, & en Flandre, de differentes

D dd iiij

manieres. Mais l'Italie, & Rome principalement estoit le lieu où cet Art se pratiquoit dans sa plus grande perfection, & où de temps en temps il s'eslevoit d'excellens hommes.

A l'école de Raphaël a succedé celle des Caraches, laquelle a presque duré jusqu'à present dans leurs esleves; il est vray qu'il en reste peu aujourd'huy en Italie, & qu'enfin cet Art semble s'estre rendu aux caresses que nous luy faisons il y a si long-temps, & avoir passé en France depuis que le Roy a estably des Academies pour ceux qui le pratiquent : Ce qui doit faire esperer que nous verrons icy la Peinture dans un aussi haut éclat qu'elle a esté ailleurs, quoy que le naturel des François estant plustost porté au mestier de la guerre qu'à l'estude des Arts, on ait eu sujet de douter qu'ils peussent s'appliquer assez dans celuy de la Peinture pour y exceller comme ont fait d'autres nations.

CHAPITRE II.

De la Peinture en general.

LA Peinture est un Art qui par des lignes, & des couleurs represente sur une surface égale & unie tous les objets de la nature, en sorte qu'il n'y a point de corps que l'on ne reconnoisse. L'image qu'elle en fait, soit de plusieurs corps ensemble, ou d'un seul en particulier, s'appelle tableau, dans lequel il y a trois choses à considerer ; sçavoir la COMPOSITION, le DESSEIN, & le COLORIS, qui toutes trois dépendent du

LIVRE TROISIEME.

raisonnement, & de l'execution, ce qu'on nomme la THEORIE, & la PRATIQUE; le raisonnement est comme le pere de la Peinture, & l'execution comme la mere.

La COMPOSITION que quelques-uns nomment aussi Invention, comprend la distribution des figures dans le Tableau, le choix des attitudes, les accommodemens des draperies, la convenance des ornemens, la situation des lieux, les bastimens, les païsages, les diverses expressions des mouvemens du corps, & des passions de l'ame, & enfin tout ce que l'imagination se peut former, & qu'on ne peut pas imiter sur le naturel.

Le DESSEIN a pour objet la figure des corps que l'on represente, & que l'on fait voir tels qu'ils paroissent simplement avec des lignes. Cette partie regarde les Peintres, les Sculpteurs, les Architectes, les Graveurs, & generalement tous les Artisans dont les ouvrages ont besoin de grace, & de simmetrie. Elle demande la connoissance de l'Anatomie qui est la science des os, des muscles, & des nerfs, comme ils paroissent exterieurement dans le corps humain. C'est elle encore qui doit poser les figures sur un centre & equilibre, soit par leur propre poids, ou par un autre qui leur soit accidentel, pour paroistre fermes dans toutes les actions qu'on veut representer pour bien imiter les divers mouvemens que la nature peut faire.

Le COLORIS a pour objet la couleur, la lumiere, & l'ombre, car c'est en mettant les couleurs qu'on observe l'amitié ou l'antipatie qui est entre elles; leur union & leur douceur : qu'on regarde comment il faut donner de la force, du relief, de la fierté, & de la grace aux tableaux : qu'on fait des remarques sur les lumieres plus ou moins evidentes, & en degrez de diminution sur les corps accompagnez de lumieres & d'ombres selon les accidens du lumineux, du diaphane, de la nature du corps illuminé, de l'aspect de celuy qui regarde, & des reflez en differens degrez.

L'habitude que l'on prend en ces trois principales parties s'appelle MANIERE qui est bonne ou mauvaise, selon qu'elle aura esté plus ou moins pratiquée sur le vray, avec connoissance, & estude ; mais le meilleur est de n'avoir point de maniere. Le bon ou mauvais choix qu'on en fait, se nomme bon ou mauvais *Goust*. Ainsi dans la composition d'une histoire quand les figures sont bien disposées avec de beaux groupes, & une belle election d'attitudes, selon la necessité du sujet ; que les situations, & le plan des lieux sont conformes à la nature, & qu'il n'y a rien d'oublié de toutes les choses nécessaires à l'expression, on dit que *cela est bien inventé*.

Si ensuite toutes les parties sont desseignées grandes, bien arrestées, & prononcées avec force & netteté, sans qu'il y paroisse rien de trop menu, ou de tastonné & d'incertain, on dit cela *est bien desseigné, & de grande maniere*.

Si la lumiere est bien choisie, pour faire avancer les parties ou les figures les plus proches, & que cette lumiere soit bien répanduë sur les masses, en sorte qu'elle diminuë peu à peu & avec douceur, & qu'elle finisse, & se termine dans une ombre large,

diffuse

LIVRE TROISIE'ME.

diffuse, legere, & qui enfin devienne comme insensible, & de nulle couleur, alors on dit que *cela est de grand relief*, & qu'il y a *bien de la force*, que *le clair-obscur est bien entendu*.

Si ensuite parmy les lumieres, & les ombres l'on y voit les vrayes teintes du naturel; qu'il s'y rencontre des masses de couleurs, où l'on ait soigneusement observé cette amitié, & cette simpatie qui doit estre entre elles, soit pour les chairs avec les draperies, soit pour les draperies les unes prés des autres; soit pour les vrayes teintes dans les païsages, en sorte que tout y paroisse si artistement lié ensemble qu'on n'y connoisse aucune piece separée, mais qu'il y ait une telle union que tout le tableau semble avoir esté peint d'une suitte, & d'une mesme palette de couleurs, on dit alors que *cela est bien colorié*.

Outre cela il y a certaines elegances qui brillent par endroits dans ces trois parties de la Peinture, comme les figures éclattent dans les parties de la Rhetorique; ce qui releve, & fait paroistre les ouvrages des plus grands Peintres si fort au dessus des autres. Mais sur tout, il doit y avoir ce qu'on appelle *Eurythmie*, c'est-à-dire une proportion, & une convenance de toutes les parties les unes avec les autres. La grace est une partie toute divine; que peu de personnes ont euë, & qu'on ne peut definir qu'en disant, que c'est un agreément de beauté dans la figure, qui procede d'un certain tour, & d'une noblesse d'attitude aisée & propre au sujet & qui charme les yeux.

E ee

CHAPITRE III.
De ce qu'on appelle Deſſein.

DAns la Peinture ce qu'on nomme ordinairement *Deſſein*, eſt une expreſſion apparente, ou une image viſible des penſées de l'eſprit, & de ce qu'on s'eſt premierement formé dans l'imagination. Comme cette image de nos penſées s'exprime en differentes manieres, les Artiſans luy ont donné divers noms, ſelon qu'elle eſt plus ou moins achevée. Ils nomment *Eſquiſſes*, les deſſeins qui ſont les premieres productions de l'eſprit encore informes, & non arreſtées, ſinon groſſierement avec la plume ou le crayon; Et ceux dont les contours des figures ſont achevez, ils les appellent *Deſſeins* ou traits *arreſtez*.

Cet art de bien contourner les figures, eſt le fondement de la Peinture; car quand les figures ſont bien deſſeignées, il n'eſt plus queſtion que de donner les jours, & les ombres, & ſçavoir appliquer les couleurs ſelon la nature des corps, ce qui veritablement eſt encore un grand ſecret de l'art; Mais le deſſein ſert beaucoup à en découvrir les myſteres, & ſans luy quelque connoiſſance que l'on ait de l'effet des lumieres, & des ombres, & de la nature des couleurs, il eſt impoſſible de rien faire de parfait.

Lors qu'on veut exprimer quelque ſujet, ſi l'on ne ſe ſert que du crayon ou de la plume, quoy que l'on acheve l'ouvrage dans toutes les parties, & qu'on y obſerve les jours, & les ombres, on n'appellera neanmoins cet Ouvrage qu'un deſſein, que l'on diſtinguera ſeulement par la couleur des crayons, ou par l'encre dont on s'eſt ſervy : Les uns employans avec les traits de la plume un peu de *Lavis* fait avec de l'encre de la Chine, ou le *Biſtre* qui eſt de la ſuye bien détrempée; d'autres de la *Sanguine*; d'autres de la *Pierre noire*, & ainſi chacun à ſa fantaiſie. Et l'on ne donne le nom de Peinture à quelque Ouvrage que ce ſoit que lors qu'on y employe des couleurs broyées à huile ou autrement. Car encore qu'on faſſe de fort belles Figures avec des *Paſtels* ou crayons de differentes couleurs, qui font quaſi le meſme effet que la Peinture, neanmoins on n'appelle pas cela Peinture, bien que pour exprimer la beauté de ce travail on puiſſe dire que cela ſoit bien *peint*.

CHAPITRE IV.
De la Peinture à Fraiſque.

DE toutes les ſortes de Peintures qui ſe pratiquent aujourd'huy, il eſt certain que c'eſt dans celles que l'on fait à Fraiſque qu'un excellent Ouvrier peut faire paroiſtre plus d'Art, & donner davantage de vivacité à ſon ouvrage; Mais pour s'en bien acquitter, il faut eſtre bon Deſſeignateur, & avoir une grande pratique, & une forte intelligence de ce que l'on fait, autrement l'ouvrage ſera pauvre, ſec, & déſagreable, parce que les couleurs ne ſe meſlent pas comme à huile, ainſi que je diray cy-aprés.

Ce travail ſe fait contre les murailles, & les voûtes

fraîchement enduites de mortier fait de chaux & de sable; mais il ne faut faire l'enduit qu'à mesure que l'on peint, & n'en preparer qu'autant qu'on en peut peindre en un jour, pendant qu'il est frais & humide.

Avant que de commencer à peindre l'on fait des *Cartons*, c'est à dire des desseins sur du papier, de la grandeur de tout l'ouvrage, lesquels on calque partie par partie contre le mur, à mesure qu'on travaille, & une demie heure après que l'enduit est fait, bien pressé, & bien poly avec la truelle.

L'Enduit se fait avec du sable de riviere bien passé au sas, ou d'autre bon sable détrempé avec de la chaux vieille esteinte, que quelques-uns passent aussi, de crainte qu'il n'y ait quelques petites pierres, comme il arrive souvent quand la chaux n'est pas bonne, assez cuitte, & assez esteinte. L'on se sert à Rome de *Pozzolane* qui est une espece de sable, qu'on tire de terre en faisant des puits. Le corps de la muraille qui doit porter cet enduit, doit estre fait, & crespy de plastre ou mortier composé de chaux & de sable; & quand ce sont des ouvrages exposez aux injures de l'air, il faut que toute la massonnerie soit de brique, ou de mouëllon bien sec.

Lors qu'on veut faire l'enduit sur la pierre de taille, l'on fait comme un petit corps de mur de deux ou trois pouces d'épais, avec des pierres de molliere liées avec des crampons de fer dans tous les joints des grosses pierres. Pour le mortier qu'on employe à massonner & à faire le crespi, le ciment y est bon avec la chaux, mais il faut que l'enduit soit de chaux, & de sable.

LIVRE TROISIEME.

Les Anciens peignoient sur le stuc, & on peut voir dans Vitruve le soin qu'ils prenoient à bien faire les incrustations, ou enduits de leurs bastimens pour les rendre beaux, & durables. Les Peintres modernes ont trouvé neanmoins que les enduits de chaux & de sable estoient plus commodes pour peindre, parce qu'ils ne seichent pas si-tost que le stuc; & à cause encore qu'étant grisastres, ils sont plus propres pour coucher les couleurs, qu'un fond aussi blanc qu'est le stuc. Liv. 7. chap. 3.

Dans cette sorte de travail on rejette toutes les Couleurs qui sont composées, & artificielles, & la pluspart des mineraux; & l'on ne se sert presque que des terres qui peuvent conserver leur couleur, & la defendre de la bruleure de la chaux, resistant à son sel que Pline nomme son amertume. Et afin que l'ouvrage soit toujours beau, il faut les employer avec promptitude, pendant que l'enduit est humide, & ne retoucher jamais à sec avec des couleurs détrempées de jaunes d'œufs, ou de colle, ou de gomme, comme font beaucoup d'ouvriers, parce que ces couleurs noircissent, & n'ont jamais tant de vivacité, comme quand elles sont mises au premier coup: Mais principalement lors qu'on travaille à l'air, où ce *retouché* ne vaut rien du tout. On a remarqué que les couleurs à fraisque changent moins à Paris qu'en Italie, & en Languedoc, ce qui arrive peut-estre à cause qu'il y fait moins chaud, qu'en ces païs-là, ou que la chaux est meilleure icy. Liv. 35. ch. 7.

Les couleurs qu'on employe sont:

Le *Blanc*; il se fait avec de la chaux qui soit esteinte il y ait long-temps, & de la poudre de marbre blanc,

Eee iij

presque autant de l'une que de l'autre. Quelquefois il suffit d'une quatriéme partie de poudre de marbre; cela dépend de la qualité de la chaux, & ne se connoist que par la pratique; car s'il y a trop de marbre, le blanc noircit.

L'*Ocre* ou Brun-rouge est une terre naturelle.

L'*Ocre* jaune est aussi une terre naturelle qui devient rouge quand on la brule.

Le *Jaune* obscur ou *Ocre de Ruth*, qui est encore une terre naturelle & limoneuse, se prend aux ruisseaux des mines de fer; estant calcinée elle reçoit une belle couleur.

Le *Jaune* de Naples est une espece de crasse qui s'amasse au tour des mines de souffre; & quoy qu'on s'en serve à fraisque, sa couleur neanmoins n'est pas si bonne que celle qui se fait de terre, ou d'ocre jaune avec le blanc.

Le *Rouge* violet, est une terre naturelle, qui vient d'Angleterre, & qu'on employe au lieu de Lacque. Les Anciens avoient une couleur que nous n'avons pas, qui estoit aussi vive que la Lacque. Car j'ay veu à Rome dans les Termes de Tite une chambre, où il y avoit encore dans la voute des ornemens de stuc enrichis de filets d'or, d'azur, & d'un rouge qui sembloit de Lacque.

La *Terre* verte de Veronne en Lombardie, est une terre naturelle qui est fort dure & obscure.

Une autre terre *Verte* plus claire.

L'Outre-mer, ou *Lapis lazuli* est une pierre dure & difficile à bien preparer. On la calcine au feu, ensuitte on la casse fort menuë dans un mortier, puis estant

LIVRE TROISIE'ME.

bien pilée, on la mesle avec de la *Cire*, de la *Poix raisine*, &c. dont on fait comme une paste que l'on manie, & qu'on lave dans de l'eau bien nette; ce qui en sort le premier est le plus beau, & ensuitte diminuë de beauté jusques au gravier qui est comme le marc. Cette couleur subsiste, & se conserve plus que pas une autre couleur. Elle se détrempe sur la pallette quand on l'employe avec de l'huile, & ne se broye point. Elle estoit autrefois plus rare qu'à present, neanmoins, comme elle est toujours chere, on peut l'espargner dans la fraisque, où l'Email fait le mesme effet, principalement pour les Ciels.

L'Email est une couleur bleuë, qui a peu de corps; l'on s'en sert dans les grands païsages, & subsiste fort bien au grand air.

La *Terre d'Ombre* est une Terre obscure; il faut la calciner dans une boëte de fer, si on veut la rendre plus belle, plus brune, & luy donner un plus bel œil.

La *Terre de Cologne* est un noir roussastre qui est sujet à se décharger, & à rougir.

Le *Noir* de Terre vient d'Allemagne.

Il y a encore un autre *Noir* d'Allemagne qui est une Terre naturelle, qui fait un noir bluastre, comme le noir de charbon; c'est le noir dont les Imprimeurs se servent.

L'on se sert encore d'un autre *Noir* fait de lie de vin brûlée, que les Italiens appellent *Fescia di botta*.

Toutes ces Couleurs sont les meilleures pour les Fraisques, comme aussi celles qui sont de terres naturelles y sont fort bonnes. On les broye, & on les détrempe avec de l'eau ; avant que de travailler on fait toutes les principales teintes que l'on met separement dans des Godets de terre. Mais il faut sçavoir que toutes les Couleurs s'éclaircissent à mesure que la fraisque vient à secher, excepté le Rouge violet, appellé des Italiens *Pavonazzo*, le Brun-rouge, l'Ocre de Rut, & les Noirs, particulierement ceux qui ont passé par le feu.

Les Peintres ont d'ordinaire une tuile bien seche & unie, où ils font les espreuves des teintes, dont ils veulent se servir ; car la tuile aspirant, & beuvant aussi tost tout ce qu'il y a d'humide dans la couleur, & la laissant seche, on voit l'effet qu'elle doit faire quand elle sera employée.

CHAPITRE V.

De la Peinture à Détrempe.

AVANT qu'un Peintre de Flandre nommé Jean *Van-Eyck*, mais plus connu sous le nom de Jean de Bruge, eust trouvé le secret de peindre en huile, tous les Peintres ne travailloient qu'à *Fraisque*, & à *Trempe*, ou *Détrempe* comme l'on dit d'ordinaire icy, soit qu'ils peignissent contre les murailles, soit sur des planches de bois, soit d'une autre maniere. Lors qu'ils se servoient de planches, ils y colloient souvent une toille fine, avec de bonne colle pour empescher les ais de se separer, puis mettoient dessus une couche de blanc. Ensuite, ils détrempoient leurs couleurs avec de l'eau, & de la colle, ou bien avec de l'eau & des jaunes

LIVRE TROISIEME.

nes d'œufs battus avec de petites branches de figuier, dont le lait se mesle avec les œufs, & de ce meslange ils peignoient leurs tableaux.

Dans cette sorte de travail toutes les couleurs sont propres, excepté le Blanc de chaux, qui ne sert que pour la fraisque; mais il faut toujours employer l'Azur, & l'Outremer avec de la colle faite de peaux de gans, ou de parchemin, parce que les jaunes d'œufs font verdir les couleurs bleuës, ce que ne fait pas la colle, ny la gomme; soit que l'on travaille contre les murs, soit sur des planches de bois, ou autrement, & prendre garde quand c'est contre des murailles qu'elles soient bien seches. Il faut mesme leur donner deux couches de colle toute chaude avant que d'y appliquer les couleurs qu'on détrempe si l'on veut seulement avec de la colle; car la composition qu'on fait avec des œufs, & du lait de figuier n'est que pour retoucher plus commodement, & n'estre pas obligé d'avoir du feu qui est necessaire pour tenir la colle chaude. Cependant il est certain que les couleurs à colle tiennent mieux, & c'est ainsi qu'on a toujours peint sur le papier les Desseins ou Cartons qu'on a faits pour des tapisseries. Cette colle se fait comme j'ay dit de rogneures de gans ou de parchemin.

Quand on veut peindre sur de la Toille, on en choisit qui soit vieille, demy usée, & bien unie. On l'imprime de *Blanc de craye* ou de plastre broyé avec de la colle de gans; & lorsque cette imprimeure est seche, on passe encore une couche de la mesme colle pardessus.

On broye toutes les couleurs avec de l'eau, chacune

Fff

à part; & à mesure qu'on en a besoin pour travailler, on les détrempe avec de l'eau de colle; ou bien, si l'on ne veut se servir que de jaunes d'œufs, on prend de l'eau parmy laquelle on aura mis, sçavoir sur un verre d'eau, un verre de vinaigre; le jaune, le blanc, & la coquille d'un œuf, avec quelques bouts de branches de figuier coupées par petits morceaux, & bien battuës ensemble dans un pot de terre.

Si l'on veut vernir le Tableau lorsqu'il est finy, il ne faut que le frotter d'un blanc d'œuf bien battu, & aprés y mettre une couche de vernix, mais cela ne se fait guere, si ce n'est pour les conserver de l'eau; Car le plus grand avantage de la détrempe est de n'avoir point de luisant; & de ce que toutes les couleurs demeurant mattes, on les voit dans toutes sortes de jours, ce qui ne se rencontre pas aux couleurs à huile, ou lorsqu'il y a un vernix.

CHAPITRE VI.

De la Peinture à huile.

L'INVENTION de peindre à huile, n'a point esté connuë des anciens. Ce fut comme je viens de dire, un Peintre Flamand qui en trouva le secret, & qui le mit en usage au commencement du quatorziéme siecle. On peut dire que la Peinture receut alors un grand secours, & une commodité admirable. Car par ce moyen les couleurs d'un Tableau se conservent long-temps, & reçoivent un lustre, & une union que les anciens ne pouvoient donner à leurs ouvrages quelque vernix dont ils se serviſſent pour les couvrir. Ce secret qui a esté si long-temps caché ne consiste neanmoins qu'à broyer les couleurs avec de l'huile de noix, ou de l'huile de lin; mais il est vray que le travail est bien different de celuy de la fraisque, & de la détrempe, parce que l'huile ne sechant pas si promptement, il faut retoucher plusieurs fois son ouvrage. Aussi le Peintre a-t-il davantage de temps pour le bien finir, & il retouche autant qu'il veut à toutes les parties de ses Figures, ce qu'il ne peut faire à fraisque ni à détrempe. Il leur donne aussi plus de force, parce que le noir devient beaucoup plus noir, quand il est employé avec de l'huile qu'avec de l'eau; & toutes les couleurs se meslant mieux ensemble, font un coloris plus doux, plus delicat, & plus agreable; & donnent une union & une tendresse à tout l'ouvrage, qui ne se peut faire dans les autres manieres.

L'on peint à huile contre les murailles, sur le bois, sur la toile, sur les pierres, & sur toutes sortes de metaux. Il faut en premier lieu preparer les choses sur lesquelles on veut travailler, par une imprimeure, comme disent les ouvriers, qui serve de fond, & rendre la place ou le champ sur lequel on veut peindre bien égal, & bien uny.

Quand on veut peindre contre une muraille, il faut lorsqu'elle est bien seche y donner deux ou trois couches d'huile toute boüillante; & cela autant de fois qu'on le juge necessaire, & jusqu'à ce qu'on voye que l'enduit demeure gras, & qu'il n'enboit plus. Aprés on l'imprime de couleurs secatives. Pour cela

Fff ij

on prend du blanc de craye, de l'ocre rouge, ou d'autres sortes de terres qu'on broye un peu ferme, dont l'on fait une couche sur le mur. Lorsque cette imprimeure est bien seche, on peut desseigner ce que l'on veut, & peindre ensuite dessus, meslant un peu de vernix parmy les couleurs, afin de n'estre pas obligé de les vernir ensuite.

Il y en a qui preparent la muraille d'une autre sorte, afin qu'elle soit plus seche, & que l'humidité n'en fasse pas détacher les couleurs par escailles, comme il arrive quelquefois à cause de l'huile qui luy resiste, & qui l'empesche de sortir. Ils font un *Enduit* avec de la chaux, & de la poudre de marbre, ou du ciment fait de tuiles bien battuës, lequel ils frottent avec la truelle pour le rendre bien uni, & l'imbibent d'huile de lin, avec une grosse brosse. Ensuite ils preparent une *Composition* de poix grecque, de mastic, & de gros vernix qu'on fait boüillir ensemble dans un pot de terre, puis avec une brosse, en couvrent la muraille qu'ils frottent avec une truelle chaude, pour estendre & unir mieux cette matiere. Cela fait on imprime tout le mur des couleurs que j'ay dites cy-dessus, avant que de rien desseigner.

D'autres en usent encore d'une autre maniere, ils font leur *Enduit* avec du mortier de chaux, du ciment de tuille, & du sable; & lorsqu'il est bien sec, ils en font un second, avec de la chaux, du ciment bien sassé, & du mache fer, ou escume de fer autant de l'un que de l'autre; tout cela estant bien battu & incorporé ensemble, avec des blans d'œufs, & de l'huile de lin, ils s'en fait un Enduit si ferme qu'on ne peut rien faire de meilleur: Mais il faut bien prendre garde de ne quitter pas l'Enduit pendant que la matiere y est mise tout fraischement, & de la bien estendre avec la Truelle, jusqu'à ce que le mur en soit tout couvert & poly; car autrement l'enduit se fendroit en plusieurs endroits. Quand il est bien sec on l'imprime de la mesme maniere que j'ay dit.

Pour peindre sur le bois, aprés l'avoir bien encollé avec la brosse, on y donne d'ordinaire une couche de blanc détrempé avec la colle, avant que de le couvrir de l'imprimeure à huile, dont j'ay parlé; il est vray qu'à present on se sert beaucoup plus de toille que d'autres choses, principalement pour les grands tableaux; parce qu'elle est plus commode à transporter que le bois, qui est pesant, & d'ailleurs sujet à se fendre. On choisit du coutil, ou de la toile la plus unie, & lorsqu'elle est bien tenduë sur un chassis, l'on y donne une couche d'eau de colle, & aprés on passe par dessus une pierre de ponce pour en oster les nœuds. L'eau de colle sert à coucher tous les petits fils sur la toile, & remplir les petits troux, afin que la couleur ne passe pas au travers. Quand la toile est bien seche, on l'imprime d'une couleur qui ne fasse point mourir les autres couleurs, comme du Brun rouge qui est une terre naturelle qui a du corps, & qui subsiste, & avec lequel on mesle quelquefois un peu de blanc de plomb, pour le faire plutost secher. Cette imprimeure se fait aprés que la couleur est broyée avec de l'huile de noix, ou de lin; & pour la coucher la moins espaisse que l'on peut, on prend un grand cousteau propre pour cela. Quand cette couleur est seche, on passe encore la pierre ce ponce par dessus pour la rendre plus unie; puis l'on fait, si l'on veut, une seconde imprimeure composée de blanc de plomb, & d'un peu de noir de charbon, pour rendre le fond grisastre, & en l'une ou l'autre des deux manieres on met le moins de couleur que l'on peut, afin que la toile ne casse pas si tost, & que les couleurs qu'on vient ensuitte à coucher dessus en peignant, se conservent mieux; Car quand l'on n'imprimeroit point les toiles, & qu'on peindroit tout d'un coup dessus, les couleurs ne s'en porteroient que mieux, & demeureroient plus belles. L'on voit dans quelques Tableaux de Titien, & de Paul Veronese, qu'ils observoient d'en faire l'imprimeure à détrempe, sur laquelle ils peignoient ensuitte avec des couleurs à huile; Ce qui a beaucoup servi à rendre leurs ouvrages plus vifs, & plus frais: parce que l'imprimeure à détrempe attire, & boit l'huile qui est dans les couleurs, & fait qu'elles restent plus belles, l'huile ostant beaucoup de leur vivacité. C'est pourquoy ceux qui veulent que leurs Tableaux demeurent frais employent le moins d'huile qu'ils peuvent, & tiennent leurs couleurs plus fermes y meslant un peu d'huile d'*Aspic*, qui s'evapore aussi tost; mais qui sert à les faire couler, & les rend plus maniables en travaillant. Ce qui fait aussi que les couleurs ne conservent pas quelquefois long temps leur beauté, c'est quand le Peintre les tourmente trop en travaillant, car estant broüillées, il s'en trouve qui alterent, & corrompent les autres, & en ostent la vivacité. C'est pourquoy on doit les employer proprement, & coucher les teintes

LIVRE TROISIE'ME.

chacune en sa place sans les mesler trop avec le pinceau ou la brosse; & prendre garde à ne pas détremper ensemble les Couleurs qui sont ennemies & qui gastent les autres, comme font les Noirs, particulierement le Noir de fumée, mais les employer à part autant que l'on peut; Et mesme quand il est besoin de donner plus de force à un Ouvrage, il faut attendre qu'il soit sec pour le retoucher, si c'est avec des Couleurs capables de nuire aux autres. La pratique fait connoistre cela, & il y a des Peintres qui pourroient faire ces observations, lesquels n'y pensent pas, ne songeant qu'au principal de leur sujet. Cependant c'est une chose assez considerable pour la conservation, & pour la beauté des tableaux : Car on en a veu qui paroissoient beaucoup sur le chevalet, mais dont les couleurs n'ont guere duré, & se sont passées & esteintes en peu de temps, à cause que ceux qui les travailloient, avoient beaucoup de feu & de boutade, mais qui tourmentoient, comme j'ay dit, les couleurs avec la brosse & le pinceau. Ceux qui peignent avec jugement, les couchent avec moins de precipitation, les mettent plus épaisses, couvrent & recouvrent plusieurs fois leurs carnations, ce que les Peintres appellent *bien empaster*.

Pour ce qui est d'imprimer d'abord les toiles avec une couche à détrempe, il est vray que cela ne se pratique pas souvent, parce qu'elles peuvent s'escailler, & qu'elle ne se roullent qu'avec difficulté. C'est pourquoy l'on se contente de leur donner une imprimeure de couleurs à huile. Mais quand la toile est bonne & bien fine, le moins qu'on peut y mettre de couleur pour l'imprimer est toujours le meilleur ; prenant garde, comme j'ay dit, que l'huile, & les couleurs soient bonnes. L'espargne que font ceux qui employent de meschantes couleurs, & de mauvaise huile, & qui mesme se servent de mine pour faire plustost secher l'imprimeure, est beaucoup dommageable aux Tableaux, & en efface bien-tost la beauté du coloris.

Quand on veut peindre sur les pierres, soit Marbre ou autres ; ou bien sur les metaux, il n'est pas necessaire d'y mettre de la colle comme sur la toile : Mais il faut y donner seulement une legere couche de couleurs avant que de rien desseigner ; encore n'en met-on pas aux pierres dont l'on veut que le fond paroisse, comme sont certains marbres de couleurs extraordinaires.

TOUTES les couleurs qu'on employe pour la *Fraisque*, sont bonnes à *Huile*, excepté le blanc de Chaux, & la poudre de Marbre ; Mais on se sert encore de celles qui suivent.

Du *Blanc de plomb*, qui se tire du plomb que l'on enterre : au bout de plusieurs années du plomb mesme il se forme des escailles qui changent & deviennent un fort beau blanc. Quoy que ce blanc subsiste en peinture il a toujours une mauvaise qualité ; l'huile pourtant le corrige en le broyant sur la pierre.

De la *Ceruse*, qui est aussi une roüille de blomb, mais plus grossiere.

Du *Massicot* jaune & du *Massicot* blanc, que l'on fait avec du plomb calciné.

De

LIVRE TROISIE'ME.

De l'*Orpin*. Il s'employe sans calciner & calciné. Pour le calciner on le met au feu dans une boëte de fer, ou dans un pot bien bouché ; mais peu de gens en calcinent, & en employent, parce que la fumée en est mortelle, & qu'il est fort dangereux mesme de s'en servir.

De la *Mine de plomb*, qui vient des mines de plomb. On s'en sert peu, parce qu'elle est mauvaise & ennemie des autres couleurs.

Du *Cinabre* ou *Vermillon* qui vient des mines de Vif-argent ; Comme c'est un mineral, il ne subsiste pas à l'air.

De la *Laque* qui se fait avec de la Cochenille, ou avec de la Bourre d'Escarlatte, ou du bois de Bresil, ou d'autres differens bois. On en fait de plusieurs especes. Cette Couleur ne subsiste pas à l'air.

Des *Cendres bleuës*, & des *Cendres vertes*: l'on ne s'en sert guere qu'aux Paysages.

L'on employe aussi de l'*Inde*, soit à faire des Ciels, soit à faire des Draperies. Quand il est bien employé il se conserve long-temps beau. Il n'y faut pas mettre trop d'huile, mais le coucher un peu brun parce qu'il se décharge. L'on s'en sert à *Détrempe* avec assez de succez, estant bon à faire des verts.

Du *Stil de grun*. Il se fait de graine d'Avignon qu'on fait tremper & boüillir, puis on y jette des Cendres de sarment ou du blanc de Craye pour donner corps comme à la Laque, & aprés cela l'on passe le tout au travers d'un linge fort fin.

Du *Noir de fumée*, qui est une mauvaise Couleur ; mais facile à peindre des Draperies noires.

Ggg

DE LA PEINTURE,

Du *Noir d'os* & d'yvoire bruflé, dont Appelle trouva l'invention felon Pline.

<small>Liv. 35.c.5.</small>

Le *Vert-de-gris* eſt la peſte de toutes les Couleurs, & capable de perdre tout un Tableau, s'il en entroit la moindre partie dans l'Imprimeure d'une toile : cependant il a une couleur fort belle & agreable Quelquefois on le calcine pour oſter ſa malignité, & empeſcher qu'il ne meure ; mais il eſt dangereux à calciner auſſi bien que l'Orpin ; & tout purifié qu'il puiſſe eſtre, il ne faut l'employer que ſeul, car il gaſteroit les Couleurs avec leſquelles on pourroit le meſler. On en uſe à cauſe qu'il ſeche beaucoup, & l'on en meſle ſeulement un peu dans les noirs qui ne ſechent jamais ſeuls. Il faut bien prendre garde à ne pas ſe ſervir de pinceaux avec leſquels on ait peint du Vert-de-gris.

Il y a encore d'autres ſortes de Couleurs compoſées dont on ne ſe ſert guere à huile.

A l'égard des Huiles, les meilleures qu'on puiſſe employer ſont celles de *Noix* & de *Lin*.

Pour faire couler les Couleurs, & retoucher plus aiſément les Tableaux, l'on ſe ſert d'huile d'*Aſpic*, qui fait emboire, & oſte le luiſant d'un Tableau. Elle eſt propre auſſi à enlever la craſſe, & à nettoyer les Tableaux ; mais il faut prendre garde qu'elle n'emporte la Couleur. Elle eſt faite de fleurs de Lavande.

Il y a une autre huile tirée de la Reſine, que les Italiens appellent *Aqua di raſa*, & nous *Huile de Therebentine*. Elle eſt encore bonne à retoucher les Tableaux, mais principalement à meſler avec l'Outremer & les Emaux, parce qu'elle sert à les étendre, & qu'elle s'évapore aussi-tost. Lorsqu'on en veut user il n'est pas necessaire qu'il y ait dans la Couleur beaucoup d'autre huile, qui ne sert qu'à la faire jaunir.

L'on employe encore des Huiles seccatives, pour faire que les autres sechent plus promptement. Il s'en fait de plusieurs sortes. Il y en a qui n'est composée que d'*Huile de noix* qu'on fait boüillir avec de la *Litarge d'or* & un *Oignon* entier & pelé, qu'on retire aprés qu'il a boüilly ; Il sert à dégraisser l'huile & à la rendre plus claire.

On en fait encore d'une autre sorte en faisant boüillir dans de l'*Huile de noix* de l'*Azur* en poudre, ou de l'*Email.* Quand le tout a boüilly, on laisse reposer l'huile, & on en prend le dessus. Elle sert à détremper le Blanc, & les autres Couleurs que l'on veut conserver les plus propres.

Pour du *Vernix* il s'en fait aussi de diverses manieres, les uns avec la *Therebentine*, & le *Sandarac* ; les autres avec l'*Esprit de vin*, le *Mastic*, & la *Gomme laque*, le *Sandarac*, ou l'*Ambre blanc.* C'est de ce Vernix dont on se sert pour mettre sur des Miniatures & des Estampes ; on choisit les Gommes les plus blanches.

Lorsqu'on veut avoir un Vernix qui seche promptement, on prend seulement de la *Therebentine* dans une fiole, & on y met autant d'*Esprit de vin*, puis remuant le tout ensemble, l'on en vernit aussi-tost ce qu'on a besoin.

Les principaux Outils necessaires aux Peintres sont une *Pierre à broyer* avec sa *Molette*, l'*Amassete*, qui est ordinairement un morceau de corne fort mince avec lequel on amasse & on oste les couleurs de dessus la pierre lors qu'elles sont bien broyées pour les mettre dans des godets. Les pierres de *Porphyre* ou d'*Escaille de mer* sont les meilleures. Un *Coûteau*, une *Palette*, l'*Appuy-main*, ou *Baguette*; le *Chevalet*, les *Pinceaux*, un *Pincelier*, qui est une boëte de fer blanc où l'on met de l'huile pour nettoyer les Pinceaux.

EXPLICATION DE LA PLANCHE LXII.

A	*Pierre à broyer.*	G	*Palette.*
B	*Molette.*	H	*Pinceaux.*
C	*Amassette.*	I	*Porte-Crayon.*
D	*Couteau.*	K	*Baguette.*
E	*Godet à Huile.*	L	*Chevalet.*
F	*Pincelier.*	M	*Toile graticulée.*

LIVRE TROISIEME.

CHAPITRE VII.
Des differentes manieres de Colorier.

ON se sert de peu de Couleurs, lorsqu'on veut faire un tableau dont toutes les Figures ne paroissent que d'une seule couleur, comme ce qui s'appelle *Clair obscur*, de l'Italien *Chiaro-scuro*; ou bien quand on veut imiter les Bas-reliefs de marbre, de pierre ou de bronze. L'on voit à Rome, mesme dans les ruës, & contre des maisons, plusieurs de ces sortes d'Ouvrages à Fraisque de la main de Polydore, & d'autres grands Peintres. Quand ces sortes de peintures sont d'un Jaune rougeastre, elles se nomment *Cirage*, parce qu'elles imitent la ciré.

Toutes ces manieres de peindre ne paroissent souvent que d'une seule Couleur, où sont observez les Jours, & les Ombres. Les petits Tableaux que l'on fait pour imiter les Basses-tailles, soit qu'ils se fassent à *Fraisque* soit qu'ils soient à *Détrempe* ou à *Huile*, s'appellent aussi quelquefois *Camaïeus*, à cause qu'ils representent ces sortes de pierres.

Il y a encore une autre maniere de peindre de *Blanc & Noir*: mais qui ne se fait qu'à Fraisque, & qui se conserve à l'air; les Italiens la nomment *Sgraffito*, qui veut dire *Esgratigné*, parce qu'en effet ce n'est proprement qu'un Dessein esgratigné, qui se fait de la maniere que je vais dire. On détrempe du mortier de chaux & sable à l'ordinaire, auquel on donne une Couleur noirastre, en y meslant de la paille bruslée;

LIVRE TROISIE'ME.

De ce mortier on fait un enduit bien uny, que l'on couvre d'une couche de blanc de Chaux, ou d'un enduit bien blanc & bien poly: aprés cela on ponce les *Cartons* dessus pour desseigner ce que l'on veut, & le graver ensuite avec un fer pointu, lequel découvrant l'Enduit ou Blanc de chaux, qui cache le premier Enduit composé de Noir, fait que l'ouvrage paroist comme desseigné à la plume & avec du noir. Lorsqu'il est achevé on passe sur tout le blanc qui sert de fond une teinte d'eau un peu obscure, pour détacher davantage les Figures, & faire qu'elles paroissent comme celles qu'on lave sur du papier. Mais si l'on ne represente que quelques Grotesques ou Feüillages, on se contente d'ombrer seulement un peu le fond avec cette eau, auprés des contours qui doivent porter ombre.

Parce qu'il n'y a rien qui convienne mieux ensemble que la Sculpture & la Peinture, non seulement on orne les lieux de Tableaux, de Statuës, & de Bas-reliefs, mais encore on mesle quelquefois la Sculpture avec la Peinture. Cela se fait d'ordinaire pour des Grotesques, dont une partie sera de relief, fait de Stuc, & l'autre de diverses Couleurs, ou simplement de Blanc & de Noir. Car comme la Grotesque est une representation licentieuse, & dans laquelle l'Ouvrier prend toute sorte de liberté, on en voit de toutes les façons, soit de Relief, soit de Peinture à Fraisque & à huile. Les Anciens en composoient une grande partie de leurs Ornemens, comme l'on voit encore dans quelques restes qui sont à Rome, & à *Pouzzuolo* prés de Naples.

CHAPITRE VIII

De la Miniature.

POUR ceux qui travaillent de Miniature & sur le veslin, les couleurs qui ont le moins de corps sont les meilleures, & les plus commodes; ainsi ils se servent avantageusement de *Carmin*, de belles *Laques*, & de *Verts* que l'on fait de jus d'herbes, & de plusieurs sortes de fleurs. Ce travail dans la Peinture est le plus long de tous, & ne se fait qu'avec la pointe du pinceau. Il y a des Peintres qui n'employent point de blanc, & qui pour rehausser font servir le fond du veslin. Les Clairs paroissent à mesure que l'on donne de la couleur & de la force aux figures. D'autres avant que de travailler estendent fort legerement sur le veslin une couche de blanc de plomb bien lavé & bien purgé, qu'ils épargnent ensuite en pointillant, car c'est ainsi qu'on peint en Miniature. Lorsqu'on couche les couleurs à plat sans les pointiller, soit sur le veslin, soit sur le papier; on appelle cela *laver*. Les couleurs se détrempent avec de l'eau de *Gomme arabique* ou de *Gomme adragant*.

On travaille aussi avec des couleurs claires sur des étoffes de soye, & d'argent, comme on void des Tapisseries du Roy, & d'autres qui sont à l'Hostel de Condé, du dessein de Nicolo. Mais l'on n'a rien fait de mieux sur les étoffes que ce que l'on fait aujourd'huy pour sa Majesté.

CHAPITRE

CHAPITRE IX.

De la Peinture sur le Verre.

L'ON peint à huile sur le Verre comme l'on fait sur les Jaspes, & les autres pierres fines : mais la plus belle maniere d'y travailler, est de peindre sous le Verre : c'est-à-dire qu'on voye les couleurs au travers du Verre. Pour cela on garde une conduite dans le travail toute contraire à celle qu'on pratique d'ordinaire, car il faut coucher d'abord les *Rebauts*, & les couleurs, que l'on met ordinairement les dernieres, quand on peint sur une toile ou sur du bois; & celles qui servent de fond & d'*Esbauches* se couchent sur toutes les autres.

On peint encore sur le Verre de cette mesme maniere avec des Couleurs à gomme ou à colle, qui paroissent avec plus d'éclat qu'à huile. Quand l'Ouvrage est fini, soit à huile, soit à détrempe, l'on couvre toutes les Couleurs avec des feuilles d'argent, ce qui donne un plus grand éclat à celles qui sont transparentes, comme sont les Laques & les Verts.

Il y a la maniere de peindre le Verre au feu pour faire les Vitres, dont il a esté parlé au Chapitre de la Vitrerie.

CHAPITRE X.

De la Peinture en Esmail.

IL y a encore une autre sorte de Peinture qui se fait sur les Metaux & sur la Terre, avec des Emaux recuits & fondus. L'usage d'émailler sur la Terre, est fort ancien, puisque du temps de Porcenna Roy des Toscans, on faisoit dans ses Estats des Vases émaillez de differentes figures, mais qui n'estoient pourtant pas comparables à ce qu'on a fait depuis à Fayence & à Castel-Durante, dans le Duché d'Urbain, du temps de Raphaël & de Michel-Ange. L'on voit plusieurs de ces Vases dont le Dessein des Figures qui les ornent, est plus considerable que le Coloris; parce qu'on n'avoit pas encore trouvé le secret d'y peindre des Figures de diverses couleurs, non plus que sur les metaux, dont on faisoit alors des vases, des bassins, & d'autres ouvrages, qui ne sont que de blanc & noir, si ce n'est quelque legere teinte de carnation au visage, & aux autres parties du corps, comme on voit dans ceux qui s'appellent *Emaux de Limoges*, dont on faisoit neanmoins de tres-belles pieces en France du temps de François I. pour ce qui est du Dessein, & du Clair-obscur; Car pour les autres Couleurs, ce qu'on émailloit mesme sur l'or, n'est pas mieux que sur le cuivre.

En ce temps-là tous les Ouvrages d'Email, tant sur l'or que sur l'argent & sur le cuivre, n'estoient ordinairement que d'Emaux clairs & transparens. Et quand on employoit des Emaux épais on couchoit seulement chaque Couleur à plat & séparément, comme l'on fait encore quelquefois pour émailler certaines pieces de relief. Mais on n'avoit pas trouvé la maniere de peindre comme l'on fait aujourd'huy avec des Emaux épais & opaques, ny le secret d'en composer toutes les Couleurs dont l'on se sert à present.

Pour employer les Emaux clairs on les broye seulement avec de l'eau, car ils ne peuvent pas souffrir l'huile comme les Emaux épais. On les couche à plat, bordez du metail sur lesquels on les met. On fait quelquefois des Ouvrages qui sont tout en champ d'Email, & sans *bordement*, ce qui est assez difficile, à cause que les Emaux clairs en se *parfondant* se meslent ensemble, & que les couleurs se confondent, principalement lorsque les pieces sont petites. Il se voit encore quelques morceaux de cette sorte de travail faits du temps de Charles IX. & de Henry II. qui sont d'une moyenne grandeur; Mais l'Ouvrage le plus petit & le plus achevé qu'on ait fait en ce genre de peinture est un dessus de boëte rond que j'ay vû de la façon de Pierre Chartier de Blois, où il a peint une guirlande de fleurs.

Toutes sortes d'Emaux ne peuvent pas s'employer indifferemment sur toutes sortes de metaux. Le cuivre qui reçoit tous les émaux épais ne peut souffrir ceux qui sont clairs & transparens. Quand on veut mettre un émail clair sur du cuivre, il faut premierement mettre une couche de Verre ou d'Email noir, sur lequel on met une feüille d'argent, qui reçoit les

Hhh ij

Emaux qu'on y applique ensuite ; c'est-à-dire pourtant ceux qui sont propres pour l'argent, sur lequel toutes sortes d'Emaux tant clairs qu'opaques, ne s'accommodent pas bien ; Il n'y a des Clairs que l'*Aigue marine*, l'*Azur*, le *Vert*, & le *Pourpre* qui fassent un bel effet. Mais l'or reçoit parfaitement tous les Emaux opaques & clairs ; Il est vray que le Pourpre clair, ne fait pas un si bel effet sur l'or que sur l'argent, à cause de la couleur jaune qui altere la couleur de Pourpre.

Il faut aussi employer de l'or le plus fin, car les Emaux clairs mis sur un bas or *plombent* & deviennent *louches*, c'est-à-dire qu'il y a un certain noir comme une fumée qui obscurcit la couleur de l'Email, oste de sa vivacité, & la *bordoie*, se rangeant tout autour comme si c'estoit du plomb noir.

L'Email rouge pour estre de bon usage doit estre tres-dur, & (comme parlent les Ouvriers) *mal aisé à brusler*. Celuy qui est tendre & qui se brusle facilement n'est pas de bon usage, il devient sale & comme cendreux.

Il faut aussi remarquer que des autres Emaux clairs, il y en a de plus durs les uns que les autres.. Les plus durs sont les meilleurs, & parmy les durs il y en a encore de meilleurs ; car il s'en trouve qui perdent leur couleur dans le feu, & qui ont plus ou moins de vivacité.

Les rouges ne sont rouges que par accident, & ne sortent jamais du feu que jaunes & non rouges quand ils sont appliquez sur l'or ; mais quand en les retirant du feu, on les tourne à l'entrée du fourneau, ils prennent une couleur rouge; & c'est alors que les Ouvriers disent *qu'ils les rougissent en les colorissant.*

Les beaux rouges clairs se font avec du cuivre calciné, de la roüille d'ancre de fer, de l'orpiment, de l'or calciné que l'on prepare, & que l'on met avec proportion dans le *Fondant* qui se fait avec du cristal, ou du caillou, ou de l'agathe, ou de la calcedoine, du sable, & de la soude ou sel de verre, le tout avec les proportions requises, dont je ne parleray point icy, parce que cela concerne la maniere de faire les Emaux, & l'art de la Verrerie qui embrasse plusieurs choses, qui ne regardent point le present Traité, où il n'est question que de peindre & de preparer les Couleurs en Email, & non pas de la composition des matieres.

Quant au travail qui se fait avec les Emaux épais & opaques, c'est à ces derniers temps & aux François qu'on a l'obligation de ces beaux Ouvrages qu'on voit aujourd'huy sur l'or, où l'on fait des Portraits aussibien peints qu'à huile, & mesme des compositions d'Histoires, qui ont cet avantage d'avoir un Vernix & un éclat qui ne s'efface jamais.

Avant l'an 1630. ces sortes d'Ouvrages estoient encore inconnus, car ce ne fut que deux ans aprés, que Jean Toutin Orfévre de Chasteaudun qui émailloit parfaitement bien avec les Emaux ordinaires & transparens, & qui avoit pour Disciple un nommé *Gribelin*, s'estant mis à rechercher le moyen d'employer des Emaux qui fissent des Couleurs mates pour faire diverses teintes, se *parfondre* au feu, & conserver une mefme égalité & un mefme luftre, en trouva enfin le fecret, qu'il communiqua à d'autres Ouvriers, qui tous contribuerent enfuite à le perfectionner de plus en plus.

Dubié Orfévre, qui travailloit dans les Galleries du Louvre fut des premiers. Morliere natif d'Orleans, mais qui demeuroit à Blois, le fuivit de prés; s'eftant appliqué particulierement à peindre en Email fur des bagues & fur des boëtes de montres, il fe mit en grand credit. Morliere eut pour difciple Robert Vauquer de Blois, qui a furpaffé tous les autres à bien deffeigner & à donner de belles couleurs : Il mourut en 1670. Pierre Chartier de Blois dont j'ay parlé, fe mit à faire des fleurs à quoy il reüffit parfaitement : Et l'on vit auffi-tôt plufieurs perfonnes dans Paris s'attacher à cette maniere de peindre, dont l'on fit quantité de medailles & d'autres petits Ouvrages. On commença mefme à faire des Portraits Emaillez, au lieu de ceux qu'on faifoit de Miniature. Les premiers qui parurent les plus achevez, & de plus vives Couleurs, furent ceux que Jean Petitot, & Jacques Bordier apporterent d'Angleterre ; Ce qui donna auffi envie à Loüis Hance, & à Loüis du Guernier excellens Peintres de Miniature d'en faire quelques-uns, à quoy ce dernier s'appliqua avec tant d'amour & de foin, qu'il y reüffit parfaitement, & d'autant plus qu'il eftoit celuy de tous les Peintres en Miniature qui deffeignoit le mieux un Portrait, & donnoit le plus de reffemblance. Il chercha mefme, & trouva diverfes teintes, pour la beauté des carnations, que l'on n'avoit point encore découvertes, & s'il eût vécu da-

LIVRE TROISIEME.

vantage, il auroit peut-eſtre eu la gloire d'avoir mis cette ſorte de travail dans ſa derniere perfection.

Cependant ceux que l'on fait aujourd'huy ſont ſi beaux, que ſi les anciens pouvoient en avoir connoiſſance, ils auroient quelque jalouſie, de nous en voir les Inventeurs, eux qui ont trouvé tant de choſes, & qui ne nous ont preſque rien laiſſé à chercher de nouveau dans les Arts.

Ce travail pour eſtre dans ſa perfection, ſe doit faire ſur des plaques d'Or, parce que les autres metaux n'ont pas tant de pureté; le cuivre s'écaille & jette des vapeurs, & l'argent jaunit les blancs. Car bien que l'Email s'attache ſur le cuivre rouge, ce n'eſt toutefois qu'imparfaitement, eſtant aiſé à ſe fendre & à ſe caſſer: Et outre que les couleurs s'y tourmentent, elles perdent meſme de leur force & de leur éclat, à cauſe (comme je viens de dire) de l'impureté qui ſe trouve dans le cuivre.

Ces plaques d'Or doivent eſtre *embouties*, c'eſt-à-dire, un peu creuſes d'un coſté & relevées de l'autre; c'eſt pourquoy on leur donne preſque à toutes une figure ronde ou ovalle; parce que ſi elles étoient plates, l'Or ſe tourmenteroit au feu, & feroit éclatter l'Email. Il ne faut pas auſſi qu'elles ſoient trop épaiſſes, c'eſt aſſez qu'elles puiſſent ſoûtenir l'Email, qu'on met deſſus, & deſſous. On les fortifie ſeulement tout autour par un cercle qui a plus d'épaiſſeur.

Lorſque la plaque eſt forgée bien égale par toût, on y applique deſſus & deſſous un Email blanc, quoy qu'on ne doive travailler qu'un des coſtez; s'il n'y avoit de l'Email que d'un coſté, il pourroit s'enfler au feu, & faire des inégalitez, à cause qu'il se tourmente toujours, principalement dans les grandes pieces, ou lorsqu'il n'a pas esté appliqué proprement il se fait des petits boüillons, que les Ouvriers nomment de petits *œillets*; Mais quand il y a de l'Email de part & d'autre, le costé de dessus en estant plus chargé se tient en estat, & l'Email pousse également dessus & dessous; ainsi cette premiere couche qui est blanche demeurant égale & unie, sert de champ à toutes les autres couleurs que l'on y met ensuite.

L'*Email blanc* est une chose assez commune & dont tous les Orfévres se servent. Lorsqu'il est bien broyé & purgé avec de l'eau forte, & ensuite bien lavé dans de l'eau claire, on le broye dans un mortier de Caillou, de Calcedoine ou d'Agathe, autant qu'il est necessaire pour le détremper simplement avec l'eau, & le mettre au feu; ce que font les Orfévres qui preparent d'ordinaire ces sortes de plaques pour tous ceux qui travaillent en Email.

C'est donc sur une plaque d'Or émaillée de blanc qu'il faut calquer le dessein de ce qu'on veut peindre, & ensuite l'on desseigne bien nettement tout son sujet avec du rouge brun. Ce *Rouge* se fait des feces du Vitriol & du Salpêtre, c'est à dire des parties les plus grossieres qui restent dans la cornuë aprés que l'on a tiré l'eau forte; ou bien avec de la roüille de fer. Il faut les bien broyer sur un Caillou ou sur une Agathe avec de la meilleure huile d'Aspic. Le Traict estant bien arresté & correct l'on parfond le Tableau en le mettant au feu, & ensuite on le peint de couleurs qui se font comme il sera dit cy-aprés.

Le

LIVRE TROISIE'ME.

Le *Noir* est fait avec du Perigueux qu'il faut calciner & bien broyer comme toutes les autres couleurs toujours avec de l'huile d'Aspic, ajoutant avec le mesme Perigueux une pareille quantité d'Email noir dont se servent les Orfévres, plus ou moins, selon la volonté de ceux qui travaillent.

Le *Jaune* se prend aussi chez les Orfévres, ils l'appellent Jaune épais.

Le *Bleu* se fait avec l'Email d'azur dont se servent les Peintres. Il faut purger & preparer cet Email en le mettant dans une bouteille de verre avec de bonne eau-de-vie, la bien boucher & l'exposer au Soleil pendant cinq ou six jours & l'agiter deux ou trois fois par jour, parce que toute l'impureté de l'émail se precipitera au fond, & ce qui surnagera demeurera tres-beau, & mesme les Peintres s'en peuvent servir dans leurs Tableaux. Ensuite il faut le broyer sur un Caillou ou Agathe.

Quand l'on veut avoir un *azur* tres-beau l'on prend du *Safre* que l'on broye, puis on y mesle environ le tiers de rocaille, ou plustost du cristal tres-pur, l'on met ce meslange entre deux creusets bien luttez, & quand ce lut est sec, il faut les mettre dans un fourneau de Verrerie, & les y laisser vingt-quatre heures, aprés quoy les ayant retirez & laissé refroidir, l'on a un tres-beau Bleu qu'il faut broyer comme les autres couleurs.

Le *Rouge* qui represente à peu prés le vermillon, est fait avec du vitriol, qu'on calcine entre deux creusets luttez. Il ne luy faut qu'un feu mediocre d'environ une heure; ensuite il le faut passer à l'*eau forte*; & le bien laver avec de l'eau claire & le broyer comme l'on a dit cy-deffus.

Le *Rouge* qui reprefente la couleur de la Laque dont les Peintres fe fervent, eft compofé d'Or fin que l'on fait diffoudre dans de l'eau regale ; c'eft de l'eau forte dans laquelle l'on ajoûte du fel armoniac, ou du fel commun defeché fur la pelle : fur un gros d'Or fin qu'on aura forgé tres foible coupé par petits morceaux, & mis dans un matras, l'on verfera deffus huit gros de bonne eau regale. La diffolution eftant faite l'on met le tout dans une cucurbite, où il y a une pinte d'eau de fontaine, & fix gros ou environ de Mercure. On met la cucurbite fur le fable chaud durant vingt-quatre heures, aprés lequel temps on trouve l'Or en poudre legere, d'un rouge tanné au fond du vaiffeau. L'eau qui furnage doit eftre verfée par inclination dans une écuelle de terre verniffée afin d'avoir la poudre qui eft au fond, que l'on fait fecher à chaleur lente, & parce qu'il y aura encore quelque peu de Mercure : l'on preffe le tout dans un linge ou morceau de chamois pour faire fortir le refte du Mercure, & puis on broye la poudre d'Or avec le double de fon poids de fleur de foufre. Aprés cela on met ce meflange dans un creufet fur un petit feu, où le foufre s'embrafe & s'exhale ; il refte une poudre un peu rouge que l'on broye fi l'on veut avec de la rocaille pour s'en fervir. Il y a encore d'autres manieres de le vitrifier felon l'intelligence de l'Ouvrier, car chacun a fa maniere & fon fecret pour la compofition de ces fortes de couleurs.

La Couperofe blanche calcinée, fait une cou-

LIVRE TROISIE'ME.

leur à peu prés comme la terre d'ombre.

Dans les couleurs qui ne sont pas d'Email, afin de les vitrifier, il faut y mettre de la *Rocaille*, aux unes plus & aux autres moins, selon le besoin qu'elles en ont. Ce qui se connoist en les essayant au feu sur quelque petite plaque émaillée de blanc, que l'on a toujours preste pour cela. Par ce moyen on peut reduire toutes les Couleurs à mesme degré de dureté pour le feu. Cette Rocaille dont nous parlons n'est autre chose que les grains que font les Patenôtriers & dont j'ay parlé cy-dessus au sujet de l'appreft pour les Vitres ; on choisit les plus clairs & ceux qui sont les moins chargez de couleur. Mais les bons Ouvriers au lieu de Rocaille font des fondans eux-mêmes qui sont plus purs & plus beaux, parce que dans la Rocaille il y a trop de plomb qui n'est pas assez purifié.

Le fond blanc sur lequel on peint sert de blanc pour toutes les couleurs, car dés que l'on commence à travailler jusqu'à la fin, il faut l'épargner aux endroits où doivent estre les rehauts & les éclats de lumiere de mesme que dans la Miniature. Il y a neanmoins un blanc dont on peut se servir pour relever sur les autres couleurs : Il est composé d'étaim calciné avec lequel, pour le rendre fondant, on met de la Rocaille, ou du Verre fort blanc & fort transparent.

Les Couleurs que je viens de nommer sont la base, ou plûtost la matiere dont sont composées toutes les autres qui s'employent à peindre en Email ; car il n'y a qu'à les mesler ensemble pour faire diverses teintes.

de mesme que font les Peintres sur leurs pallettes. Le Bleu & le Jaune meslez font le Vert; le Bleu & le Rouge font le Violet, & ainsi des autres.

Comme les Peintres retouchent diverses fois leurs Tableaux à huile, les laissant secher, aussi cette sorte de Peinture se retouche tant que l'on veut, mettant à chaque fois le Tableau au feu de reverbere; observant de le retirer du feu si-tost qu'on voit que l'Email a pris son *poliment*.

Le feu de reverbere se fait dans un petit Fourneau, où il y a du feu dessus & tout à l'entour, & un vuide au milieu, pour y mettre ce que l'on veut *parfondre*. Ou bien l'on se sert d'une *Moufle* d'Orfévre, qui est un petit arc de terre, de la mesme matiere que les creusets: on la met dans une terrine & on la couvre dessus & tout à l'entour de bon charbon allumé; sous cette moufle l'on met son tableau & ses essais sur une petite plaque de fer.

Parce qu'on ne peint plus guere à present sur le cuivre avec de l'Email, comme sont les Ouvrages qu'on appelle *de Limoge*, il y en a qui croyent que c'est un secret que nous n'avons plus; & qu'on ne peut pas aujourd'huy peindre des Figures blanches sur un fond noir, comme l'on faisoit en ce temps-là. Ce qui n'est pas vray, puisqu'on sçait que le noir dont ils faisoient le fond de leurs Tableaux n'est que du verre noir dont sont faites les Sarbacanes; & que le blanc des Figures est le mesme qui sert aujourd'huy de champ pour les ouvrages qu'on émaille sur l'Or, que les Orfévres accommodent sur des plaques, comme j'ay dit; mais que l'on attendrit quand on veut s'en servir à peindre. Henry Toutin, fils de Jean Toutin dont j'ay parlé, aprés la mort du feu Roy Loüis XIII. fit pour la Reyne Regente une boëte de montre d'Or émaillée de Figures blanches sur un fond noir, beaucoup plus belle que tout ce que l'on voit sur le cuivre qui n'est pas capable de souffrir le feu comme fait l'Or, avec lequel il a trouvé moyen depuis ce temps-là de faire les plus grands Ouvrages qu'on ait encore veus. Car sur une plaque d'or de six pouces de long, il a representé d'aprés ce beau Tableau qui est dans le cabinet du Roy, les Reynes de Perse qui sont aux pieds d'Alexandre, avec toute leur suitte ; mais outre qu'il a si bien observé les couleurs, les airs de testes, & toutes les belles expressions qui sont dans l'Original, qu'on ne peut rien desirer davantage. C'est qu'il y a un si beau *poliment* & un si beau lustre dans tout son ouvrage, qu'il est bien difficile de mettre l'Email à une plus haute perfection.

Ce travail se fait comme j'ay dit avec la pointe du pinceau, & de mesme que la Miniature, excepté qu'on se sert d'huile d'aspic au lieu d'eau & de gomme.

CHAPITRE XI.

De la Mosaïque.

COMME l'esprit de l'homme n'est jamais content, & qu'il n'a pas plûtost découvert quelque nouveau secret, qu'il en cherche un autre, lors qu'on eut trouvé l'invention de la Peinture, & sceu le veritable moyen de bien representer avec le Pinceau & les Couleurs tous les objets qui sont dans la Nature, on essaya encore une autre façon de peindre plus solide & plus durable.

Ayant veu que les differens Marbres dont on se servoit pour paver les logis faisoient un assez bel effet lorsqu'ils estoient disposez avec quelque diversité, & formoient quelque sorte de Figure, les Ouvriers s'aviserent d'en choisir de toutes les couleurs, & de ne prendre que les plus petits morceaux, dont ils firent d'abord des Compartimens, qui par leur bizarrerie & leur varieté avoient quelque chose d'agreable. Ils donnerent à ces sortes d'Ouvrages le nom de *Mosaïque, ou Musaïque*. Ils appliquoient ces petites pieces sur un fond de Stuc, fait avec la chaux & la poudre de marbre, assez fort & assez épais pour les joindre si bien ensemble, que le tout estant sec on pûst les unir & les polir. Il s'en faisoit un corps si luisant qu'il n'y avoit rien de plus agreable, ny mesme de plus solide; car bien qu'on marchât continuellement dessus, & qu'il y tombast de l'eau, ce travail n'en recevoit aucun dommage.

Une si belle Invention donna envie aux Peintres de faire quelque chose de plus considerable, & comme les Arts se perfectionnent bien-tost lorsqu'une fois on en a fait la premiere découverte, ils formerent de toutes ces sortes de petites pierres, des rinceaux, des feüilles, des masques, & d'autres figures bizarres de diverses couleurs, qu'ils faisoient paroistre sur un fond de marbre blanc, ou noir. Enfin ayant connu le bel effet que cela faisoit sur le pavé & comme il resistoit à l'eau, ils creurent que s'ils representoient de la mesme maniere des choses qui fussent veuës de loin & de face, elles paroistroient encore davantage. Ils entreprirent donc d'en revestir des murailles, & de faire diverses figures, dont ils ornerent les Temples, & plusieurs autres Edifices. De sorte que ce travail qui d'abord ne se faisoit qu'avec des pierres naturelles, donna lieu aux Ouvriers, de contre-faire des pierres de diverses couleurs, afin d'avoir plus de teintes, qui imitassent mieux la Peinture, ce qu'ils rencontrerent par le moyen du Verre & des Emaux dont ils firent une infinité de petits morceaux, de toutes sortes de grosseurs, & coloriez de diverses manieres, lesquels ayant un luisant & un poly admirable, font de loin l'effet qu'on peut desirer, & resistent comme le marbre mesme à toutes les injures de l'air. C'est en cela que ce travail surpasse toute sorte de peinture que le temps efface & consomme, lorsqu'au contraire il embellit la Mosaïque qui subsiste si long temps, qu'on peut dire que sa durée n'a presque point de fin.

Outre les anciens Ouvrages que l'on voit encore en plusieurs endroits d'Italie, comme à Rome dans le Temple de Bacchus, que l'on nomme aujourd'huy l'Eglise de sainte Agnés; à Pise, à Florence, & en quantité d'autres villes; il y en a aussi de modernes, qui font un tres-bel effet. Un des plus considerables est ce grand Tableau, qui est à Rome dans l'Eglise de saint Pierre, qu'on nomme *la Nave del Giotto*, où nôtre Seigneur & saint Pierre sont representez sur les eaux. Mais ceux que Joseph Pin & le Cavalier Lanfranc ont faits dans la mesme Eglise, sont encore d'une plus grande beauté. Il y en a aussi à Venise qui sont faits d'aprés les desseins de plusieurs excellens Peintres modernes.

Pour l'execution de ces sortes d'Ouvrages, l'on commence par les petites pieces de verre, dont l'on fait autant de differentes couleurs qu'il est possible. Pour cela quand les fourneaux des Verriers sont disposez, & que leurs pots ou creusets sont pleins de la matiere, qui fait le verre, ou pluftoft du verre déja fait, on met dans chaque creuset la Couleur qu'on veut, commençant toujours par les plus claires, & augmentant la force des teintes de creuset en creuset, jusqu'à ce qu'on soit à la plus brune, & à la plus enfoncée, comme lorsqu'on mesle les Couleurs sur la palette, pour peindre en huile. Quand le verre est cuit, & que toutes les Couleurs sont dans leur perfection, l'on prend avec de grandes cuillers de fer le verre tout chaud, que l'on met sur un marbre bien uny, & avec un autre marbre pareil, l'on écache & applatit le verre, que l'on coupe aussi-tost par morceaux de grandeurs égales, & de l'espaisseur de seize ou dix-huit lignes. L'on en fait ensuite d'autres avec un instrument de fer, que les Italiens appellent *bocca di cane*, lesquels sont quarrez, & d'autres encore qui sont de differentes figures, & de moindres grosseurs, selon qu'on en a besoin, dont on emplit des boëtes qu'on dispose par ordre, comme lorsqu'on veut peindre à Fraisque, on arrange toutes les differentes teintes ou nuances dans des escuelles ou godets selon leur couleur.

Si l'on veut qu'il y ait de l'Or, soit dans le fond du tableau,

tableau, soit dans les ornemens ou dans les draperies, on prend de ces morceaux de verre faits & taillez comme j'ay dit, lesquels on mouïlle d'un costé avec de l'eau de Gomme, puis on y met une feuille d'or dessus. Ensuite on pose ce morceau de verre, ou plusieurs à la fois sur une pelle de fer, qu'on met à l'entrée du fourneau, aprés neanmoins les avoir couverts de quelque autre morceau de verre creux, ou en forme de bocal. On laisse ainsi la pelle à l'entrée du fourneau, jusqu'à ce que les morceaux de verre où l'Or est appliqué soient devenus tout rouges, aprés quoy on les retire tout d'un coup, & l'Or demeure si bien appliqué dessus, qu'il ne peut plus s'en détacher, en quelque lieu qu'on l'expose.

Pour employer toutes ces differentes pieces, & en composer une Peinture, on fait d'abord un Carton, ou Dessein que l'on calque contre l'enduit peu à peu, & par parties de mesme que quand on peint à Fraisque. Comme cet enduit doit estre mis espais contre la muraille, il demeure long-temps frais, & l'on peut en preparer pour trois ou quatre jours, selon neanmoins la saison. Il est composé de chaux faite de pierre dure, de tuile ou tuilleau bien battu, & sassé, de gomme adragant & de blancs d'œufs. Lorsqu'il est ainsi preparé & appliqué contre le mur, on le mouïlle avec des linges pour le tenir frais; Et aprés que, suivant les Cartons, on a desseigné ce qu'on veut representer, on prend avec des pincettes les petits morceaux de verre qu'on arrange, les uns auprés des autres, pour observer les lumieres, les ombres & toutes les differentes teintes, de mesme qu'elles sont re-

Kkk

presentées dans le Deſſein qu'on a devant ſoy. Ainſi avec le temps, & la patience on acheve ſon Ouvrage, qui paroiſt d'autant plus beau que les pieces ſont bien égales & poſées de meſme hauteur. Il s'en trouve de ſi bien executez qu'ils paroiſſent unis comme une table de marbre, & auſſi finis que de la peinture à Fraiſque, mais qui ont cela de plus qu'ils ont un beau luiſant & qu'ils s'endurciſſent ſi fort, comme j'ay dit, qu'on n'en voit jamais la fin.

CHAPITRE XII

Autre maniere de travailler de Pierres de Rapport

OUtre cette maniere de faire la Moſaïque avec de petites pieces de pierres, de Verre, ou d'Email, dont les Anciens ſe ſont ſervis ; nos Ouvriers modernes en pratiquent encore une autre, avec des pierres naturelles, pour repreſenter des animaux, des fruits, des fleurs, & generalement toutes ſortes de figures, comme ſi elles eſtoient peintes. Il ſe voit de ces ſortes d'Ouvrages de toutes les grandeurs, où des Peintres meſme ont repreſenté des hiſtoires entieres, pour conſerver davantage par la durée de la matiere la beauté & l'excellence de leurs deſſeins. Un des plus conſiderables & des plus grands, eſt ce beau pavé de l'Egliſe Cathedrale de Sienne, où l'on voit repreſenté le ſacrifice d'Abraham. Il fut commencé par un Peintre nommé *Duccio*, & enſuite achevé par *Domenique Beccafumi*, il eſt compoſé de

LIVRE TROISIE'ME.

trois fortes de marbres, l'un tres-blanc, l'autre d'un gris un peu obfcur, & le troifiéme noir. Ces trois differens Marbres font fi bien taillez & joints enfemble, qu'ils reprefentent comme un grand Tableau peint de noir & blanc. Le premier marbre fert pour les rehauts & les fortes lumieres, le fecond pour les demy-teintes, & le troifiéme pour les ombres. Il y a des traits & des hacheures remplis de marbre noir ou de maftic, qui joignent les ombres avec les demy teintes. Car pour faire de ces fortes d'Ouvrages on affemble les differens marbres les uns auprés des autres, felon le deffein que l'on a, & quand ils font joints & bien cimentez; le mefme Peintre qui a difpofé le Sujet, prend du noir, & avec un pinceau marque les contours des figures, & obferve par des traits & des hacheures, les jours & les ombres de la mefme maniere, que s'il deffeignoit fur du papier ou fur de la carte. Enfuite le Sculpteur grave avec un cizeau tous les traits que le Peintre a tracez, aprés quoy l'on remplit tout ce que le cizeau a gravé, d'un autre marbre, ou d'un maftic compofé de poix noire, & d'autre poix qu'on fait boüillir avec du noir de terre. Quand ce maftic eft refroidy, & qu'il a pris corps, on paffe un morceau de grais, ou une brique par deffus, & le frottant avec de l'eau & du grais, ou du ciment pilé, on ofte ce qu'il y a de fuperflu, & l'on le rend égal au marbre. C'eft de cette maniere que l'on pave plufieurs endroits en Italie, & qu'avec deux ou trois fortes de marbres, on a trouvé l'art d'embellir de differentes figures, les pavez des Eglifes & des Palais.

Mais les Ouvriers dans cet art, ont encore passé plus avant, car comme vers l'année 1563. le Duc Cosme de Medicis, eut découvert dans les montagnes de *Pietra sancta*, un endroit dont le dessus estoit de marbre tres-blanc, & propre pour faire des Statuës, l'on rencontra au dessous une autre marbre meslé de rouge & de jaune, & à mesure qu'on alloit plus avant, on trouvoit une varieté de marbre de toutes sortes de couleurs, qui estoient d'autant plus durs & plus beaux, qu'ils estoient plus cachez dans l'espaisseur de la montagne. C'est de ces sortes de marbres, que les Ducs de Florence ont depuis ce temps-là fait enrichir leurs Chapelles, & qu'ensuite l'on a fait des Tables & des Cabinets de pieces de rapport, où l'on voit des fleurs, des fruits, des oiseaux, & mille autres choses admirablement bien representées. On a mesme fait avec ces mesmes pierres des Tableaux qui semblent estre de Peinture, & pour en augmenter encore la beauté & la richesse, on se sert de Lapis, d'Agathes, & de toutes les pierres les plus precieuses. On peut voir de ces sortes d'Ouvrages dans les appartemens du Roy, qui en fait faire encore tous les jours de nouveaux.

Les Anciens travailloient aussi de cette maniere, car il y avoit autrefois à Rome au Portique de saint Pierre, à ce que dit Vassari, une table de Porphire fort ancienne où estoient entaillées d'autres pierres fines, qui representoient une cage; Et Pline parle d'un oiseau fait de differens marbres, & si bien travaillé dans le pavé du lieu qu'il décrit, qu'il sembloit que ce fust un veritable oyseau qui beust dans le

LIVRE TROISIE'ME 445

vase qu'on avoit representé auprés de luy.

Pour faire ces sortes d'ouvrages, on sie par feüilles le bloc ou morceau d'Agathe, de Lapis, ou d'autre pierre precieuse qu'on veut employer. On l'attache fortement sur l'établie, puis avec une *Sie* de fer sans dents, on coupe la pierre en versant dessus de l'Emeril détrempé avec de l'eau, à mesure que l'on travaille. Il y a deux chevilles de fer aux costez de la pierre, contre lesquelles on appuye la Sie, & qui servent à la conduire. Quand ces feüilles sont coupées si l'on veut leur donner quelques figures pour estre rapportées dans un Ouvrage, on les serre dans un *Estau* de bois, & avec un *Archet*, qui est une petite Sie faite seulement d'un fil de laiton, de l'eau & de l'Emeril qu'on y jette, on les coupe peu à peu suivant les contours du dessein que l'on applique dessus, comme l'on fait pour le bois de Marqueterie dont il sera parlé cy-aprés.

On se sert dans ce travail des mesmes *Roües*, *Tourets*, *Platines d'estain*, & autres Outils dont il est parlé dans la Graveure des pierres, selon l'occasion & le besoin qu'on en a, tant pour donner quelque figure aux pierres, que pour les percer & pour les polir. On a des compas pour prendre les mesures, des *Pincettes* de fer pour dégrossir les bords des pierres; des *Limes* de cuivre à main & sans dents, & d'autres Limes de toutes sortes.

EXPLICATION DE LA PLANCHE LXIII.

A   Pierre en bloc pour sier.
B   Chevilles de fer.
C   Vaisseau pour mettre de l'Emeril.
D   Estau de bois pour sier les feüilles & les cou- tourner.
E   Sie de fer.
F   Archet.
GG   Compas.
H   Pincette.
I   Lime de cuivre à main.

LIVRE TROISIÈME.

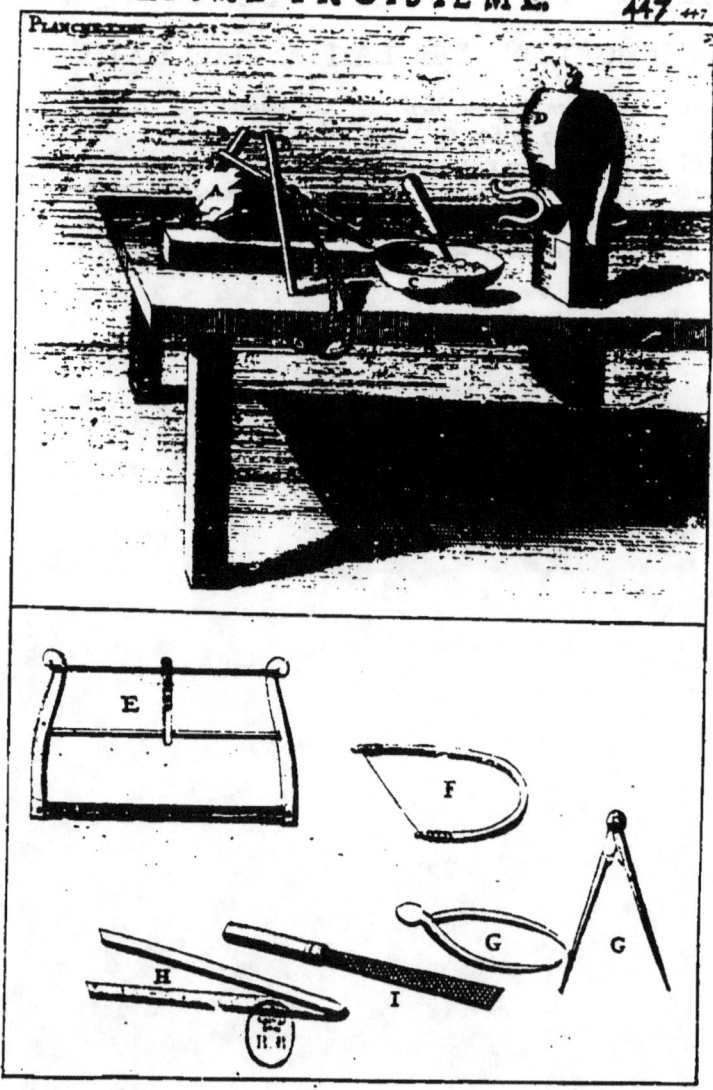

CHAPITRE XIII

Des Ouvrages de Rocailles.

LEs Ouvrages de Mosaïque, ont encore donné lieu de se servir de diverses sortes de rocailles & de coquilles pour faire des Grottes, que l'on embellit de differentes Figures. C'est une invention des derniers temps, dont l'on peut dire qu'il ne s'est rien fait en ce genre de plus achevé, que la Grotte de Versailles, soit pour la beauté du Dessein, soit pour la disposition du lieu & des ornemens qu'on y voit, soit enfin pour le choix qu'on a fait de tout ce qui compose un si bel Ouvrage.

L'on se sert d'ordinaire pour la fabrique du dedans des Grottes, de *Graisseries*, de pierres de *Meuliere* ou *Moliere*, dont on fait les meules de moulin : leur inégalité les rend plus propres à cela que toutes les autres pierres, & mesme on leur donne differentes couleurs, soit en les cuisant au feu pour les faire devenir rouges, soit en les rendant verdastres avec du vert de gris, des eaux fortes, ou du vinaigre bien fort.

On employe aussi les *Congellations*, les *Marcassites*, les *Christaux*, les *Ametistes*, les *Petrifications*, les branches de *Corail* rouge, blanc, & noir ; Les *Croissances* des Indes, dont il y en a en forme de creste de coq qui font un tres-bel effet. On se sert de *Mâchefer* ou *Escume* de fer ; des *Emaux* qui sortent des verreries, & de celuy qu'on prend aux forges, qu'on appelle *Bleu de forge* ; mais sur tout de la *Nacre*, &
de

LIVRE TROISIE'ME.

de toutes sortes de *Coquilles* de mer & de riviere, qui ont differens noms. Il y en a qu'on appelle de *S. Michel*; D'autres qu'on nomme de *S. Jacques*, qui font larges & plattes. Celles qui font marquetées comme la peau d'un Tygre, s'apellent des *Pourcelaine*. On en voit de petites qu'on nomme *Pois noirs*, parce qu'elles ne font pas plus grosses que des pois, & lorfqu'on les découvre, elles ont un éclat de Nacre, & femblent des perles. Il s'en trouve de Jaunes de cette mefme nature, qu'on nomme *Pois Jaunes*. Outre cela il y a les *Moûles* de mer, & les *Moûles* de riviere qui font un tres-bel effet, felon l'industrie de celuy qui les employe. Il y a aussi de petites *Moulettes* blanches qui font admirables à former & reveftir des Figures de relief. Les *Lombis* ou Lambis font de grosses coquilles vermeilles. Les *Vignots* ont l'efclat de la Nacre: Les *Bretons* font des coquilles blanches & inégales; Les *Golfiches* ont aussi un éclat de Nacre, quand elles font entierement découvertes. Les *Petoncles* font de petites coquilles grifatres, & plates. Il y a encore d'autres grosses coquilles de Nacre de perle des Indes qu'on appelle *Burgos*; des *Cafques*, des *Tonnes*, & enfin une infinité d'autres fortes que la mer fournit, & dont les Rocailleurs, c'eft-à-dire, ceux qui travaillent à ces fortes de Grottes, font diverfes Figures, comme l'on peut voir à Verfailles dans la Grotte de Thetis.

Lll

CHAPITRE XIV.

De la Marqueterie.

IL y a un autre travail de Mosaïque, qui se fait de l'assemblage de plusieurs pieces de bois jointes ensemble & collées sur un fond d'autre bois qu'on appelle *pieces de rapport* & *Marqueterie*; c'est ce que les Italiens nomment *Tausia*, & *Tarsia*. Les Anciens en ont fait de diverses sortes, & s'en servoient pour embellir leurs tables, leurs lits, & leurs autres meubles, employant pour cela l'yvoire & les bois les plus rares.

<small>Plin. lib. 16. cap. 43.</small>

Du temps que les Romains enlevoient les richesses des Provinces qu'ils subjuguoient, ils apporterent d'Asie les plus beaux meubles qu'il y trouverent, & apprirent des Orientaux la maniere de faire ces sortes d'Ouvrages; mais pourtant on peut douter qu'ils possedassent alors cet art dans une aussi grande perfection qu'il a paru depuis Raphaël, & qu'il est aujourd'huy. Il y a eu à Florence un *Filippo Brunelesco*, & un *Benedetto da Maiano*, qui commencerent à faire les meilleures choses que l'on eust encore veuës dans les derniers temps. Neanmoins leurs Ouvrages n'estoient quasi que de blanc & de noir. Frere Jean de Veronne, qui travailla au Vatican du temps de Raphaël, fut celuy qui perfectionna davantage cet Art, car il trouva le secret de donner toutes sortes de couleurs aux bois avec des teintures boüillantes, & des huiles qui les penetroient. Par ce moyen il avoit des bois de dif-

LIVRE TROISIEME

ferentes teintes pour imiter la peinture, & avec lesquels il commença de representer des bastimens & des perspectives. Ceux qui l'ont suivy se sont servis de tous ces moyens, & en ont encore cherché d'autres pour le surpasser. Quelques-uns pour avoir une couleur noirastre, & propre à bien imiter les ombres ont trouvé le secret de brusler le bois sans le consommer, soit en le mettant dans du sable chauffé sur le feu, soit avec de l'eau de chaux, & de sublimé; d'autres se sont servis d'huile de soufre. Les plus curieux amassent toutes sortes de bois naturels, dont il s'en trouve plusieurs de couleurs tres-vives, & tres-belles, non seulement parmy ceux qui viennent des Indes, mais aussi entre ceux qui croissent en France, dont les racines sont d'un grand usage.

Ce travail demande des Ouvriers plus patiens que doctes, parce qu'il y faut mettre bien du temps, & qu'ils ne font que suivre les Desseins qu'on leur donne. Ceux pourtant qui ont le plus de Dessein, & quelque connoissance de la Peinture, y reüssissent le mieux. L'on commence par refendre & sier tous les differens bois par feüilles, de l'espaisseur seulement d'une ligne ou deux: En suite on colle les Desseins sur les feüilles, & avec une petite sie de fer, ou d'acier fort étroite, déliée, & faite de telle maniere qu'elle se tourne comme l'on veut, on coupe le bois selon les profils du Dessein. L'on sie souvent trois ou quatre de ces feüilles à la fois, que l'on joint ensemble pour avancer davantage, & épargner le temps; mais quelquefois aussi on n'en met que deux, parce qu'il y a certains Ouvrages, où l'on ne fait que remplir les vuides d'une de ces feüilles avec les morceaux qui sortent de l'autre, quand il ne s'agit que de faire des Moresques de deux sortes de bois.

Lorsque toutes les pieces sont enlevées, avec la sie l'on donne l'ombre à celles qui en ont besoin, en les mettant dans du sable chaud ou autrement, avec la discretion necessaire pour les ombrer plus ou moins. Ensuite on les plaque, chacune selon sa place, sur un fond d'autre bois, & on les y fait tenir avec de bonne colle forte d'Angleterre. Pour faire les fonds on prend d'ordinaire du Sapin ou du Chesne bien sec, afin qu'ils ne se tourmentent pas ; Et mesme l'on n'employe pas des pieces qui soient trop longues; Les Ouvriers soigneux de faire un bon Ouvrage, coupent, & établissent leur fond de plusieurs pieces, estant moins sujet à se dejetter, que lorsqu'il est d'un bois long. Ils prennent aussi plutost du bois de merain, ou marain, que du bois de siage, parce que celuy-cy se tourmente davantage que celuy de merain, qui estant fendu selon son fil ne se tourmente pas tant, c'est pourquoy ils se servent de vieilles douves de muid.

Quand les mesmes Ouvriers representent quelques Figures au naturel, soit des personnages, soit des animaux, soit des fleurs, soit des fruits ou autre chose, par le rapport de plusieurs petits morceaux de bois, de differentes couleurs qui imitent la Peinture, ils appellent cela *de la Peinture en bois*. Et ceux qui travaillent de cette maniere pretendent que ces sortes d'Ouvrages soient autant de tableaux, & se qualifient Peintres & Sculpteurs en Mosaïque, à la

LIVRE TROISIEME.

difference de ceux qui ne font que des Ouvrages de rapport de bois blanc & noir, qu'ils nomment Ebenistes & enrichisseurs de Marqueterie.

Ces Peintres en Mosaïque font le Dessein de leur Tableau sur du papier, & quelquefois le lavent & le mettent en couleur. Sur ce Dessein ils assemblent les plus grandes pieces de bois, dont ils forment les principales parties de leurs Figures, & pour les petits ornemens, ou autres choses fort delicates, ils les desseignent sur les plus grandes pieces, en enlevent le bois & remplissent la place de ce qu'ils y veulent mettre. Ce travail demande une personne patiente, & qui ait l'intelligence du Dessein, & des couleurs. Jean Macé natif de Blois, qui travailloit pour le Roy, & qui est mort en 1672. a esté un de ceux qui a fait voir de ces sortes d'ouvrages les plus achevez.

Outre les Machines & les Instrumens dont tous les Menuisiers se servent pour debiter leurs bois & faire la plus grosse besogne, ceux qui travaillent de Marqueterie en ont encore de particuliers, sçavoir une *Presse* qui leur sert pour sier debout les pieces de bois par bandes ou feüilles. Quand ces pieces sont fort longues il y a un trou dans le plancher, pour les y faire entrer, & les lever à mesure qu'on les refend. Pour cet effet ils ont des Sies commodes à refendre toutes les sortes de bois qu'ils employent. Lorsqu'ils les ont refendus par feüilles de l'épaisseur d'une ligne ou environ, ils les *mettent d'épaisseur* avec les Rabots dont il est parlé au chapitre de la Menuiserie de Placage, afin qu'ils prennent mieux

DE LA PEINTURE,

la teinture dans laquelle ils les mettent tremper, si ce sont des pieces de bois qu'on veüille teindre, & ausquelles il faille donner des couleurs extraordinaires.

Quand elles ont esté le temps necessaire pour prendre la couleur on sie ces feüilles en les contournant comme j'ay dit suivant le Dessein; Et pour les sier nettement on a une machine nommée *Estau*, & que quelques-uns appellent *un Asne*, qui sert comme d'une petite boutique pour travailler. Il s'en fait de diverses façons; elle consiste en une espece de selle à trois pieds, dont la Table de dessus est bordée tout autour. Au milieu de cette table il y a deux morceaux de bois debout qui forment l'Estau, dont une des machoires estant fortement arrestée sur la selle, est immobile; l'autre qui n'est arrestée que dans une charniere, se meut comme on veut par le moyen d'une corde qui passe au travers. Un des bouts de la corde est attachée à un morceau de bois qui s'appuye & fait ressort contre cette machoire, lorsque l'on met le pied sur une marche qui est sous la selle où est attaché l'autre bout de la corde. Cet Estau sert à tenir les feüilles de bois pour les pouvoir sier & contourner avec les petites sies de Marqueterie.

Lorsque les pieces sont assemblées & collées sur le bois qui leur sert de fond, on les tient quelque temps en presse, ou sur l'Establie; par le moyen d'une *Goberge*, qui est une perche, dont un bout appuye sur la belogne, & l'autre tient fermement contre le plancher; ou bien dans une petite presse, selon la grandeur & la qualité de la belogne.

LIVRE TROISIEME.

L'Outil à Ondes dont il est parlé au Chapitre dix-neuviéme du premier livre, sert aussi quelquefois dans cette sorte de travail pour pousser des moulures ou autres ornemens; il s'en fait de diverses manieres selon l'industrie des Ouvriers. Celuy dont on a representé icy la figure, est composé d'une espece de boëte d'environ six pieds de long sur neuf ou dix pouces en quarré. Cette boëte est soutenuë sur des *Treteaux*, & dans son milieu elle est accollée par deux montans ou *Jumelles* de bois, au travers desquelles passe un *Essieu* qui a deux petites *Rouës* dentelées, distantes de quatre à cinq pouces l'une de l'autre. Cet Essieu estant tourné avec une *Manivelle*, les rouës font aller une *Travée* de bois qui est dans la boëte, par le moyen de deux *bandes de fer dentelées*, qui sont attachées au dessous de la travée d'un bout à l'autre, & dans lesquelles entre les dents des rouës. Comme la travée hausse & baisse par le mouvement des rouës qui la font couler dans la boëte entre les deux Jumelles, le bois que l'on veut tailler, & qui est comme enchassé sur la travée, se coupe en ondes de differentes manieres, par le moyen d'un Outil de fer bien asseré & bien trenchant, qui pose dessus entre les deux Jumelles, & qui hausse & baisse comme l'on veut. Car sur le haut de ces Jumelles il y a un *Sommier* qui les entretient, au travers duquel passe une vis qui appuye sur l'Outil de fer, & par le moyen de laquelle on fait qu'il coupe le bois plus ou moins, selon qu'on le juge à propos.

A l'égard des autres Outils necessaires dans ce travail, on se sert de *Rabots de fer*, c'est-à-dire qui ont le dessous du fust garny d'une plaque de fer fort unie; de *Racloirs*, de *Pointes pour tracer*; de *Tarrieres pointus*, de *Couteaux à trancher*, de *Fraisoirs*, de *Tourne-vis*, de *Tire-fond*, de *Fers crochus*, appellez *Formes à Croches* pour faire l'ouverture des Pênes; de *Polissoirs* de jonc pour polir l'Ouvrage.

EXPLICATION DE LA PLANCHE LXIV.

I. FIGURE.
A *Presse à refendre.*
B *Sie à refendre.*

II. FIGURE.
A *Estau ou Asne.*
B *Petite Sie de Marqueterie.*

EXPLICATION

LIVRE TROISIEME.

DE LA PEINTURE,

EXPLICATION DE LA PLANCHE LXV.

I. FIGURE.
A Establie.
B Geberge.
C Petite Presse.
   II. FIGURE.
A Outil à ondes.
L 1 Tretteaux qui portent la Boëte.
2 Boëte.
3 Montans ou Jumelles.
4 Sommier.
5 Vis qui presse sur l'Outil de fer.
6 Outil de fer.
7 Travée.
8 Morceau de bois appliqué sur la travée, & comme il se travaille en onde.
9 Roüe à dents.
10 Manivelle.
B Rabot de fer.
C Racloir.
D Pointe à tracer.
E Tarriere pointu.
F Couteau à trancher.
G Fraisoir.
H Tourne-vis.
I Tirefond.
K Fer pour l'ouverture des Pênes appellé Forme à crochu.
L Polissoir.

LIVRE TROISIEME

CHAPITRE XV.

De la Damasquinure, & des Ouvrages de Rapport sur les Metaux.

CE que nous appellons Damasquiné, est encore une espece de Mosaïque, aussi les Italiens luy donnent le mesme nom de *Tausia*, comme à la Marqueterie. Cette sorte de travail a pris son nom de la ville de Damas, où il s'en est fait de tres-beaux, comme en plusieurs autres endroits du Levant. Les Anciens s'y sont beaucoup adonnez. C'est un assemblage de filets d'Or ou d'Argent dont on fait des ouvrages plats, ou de bas-relief sur du fer. Les ornemens dont on les enrichit sont Arabesques, Moresques, ou Grotesques. Il se trouve encore des anneaux antiques d'acier, avec des figures, & des feüillages travaillez de cette maniere, & qui sont parfaitement beaux. Mais dans les derniers temps on a fait des Corps de Cuirasse & des Casques d'acier damasquiné, enrichis de Moresques ou d'Arabesques d'or, & mesme des Estriers, des Harnois de chevaux, des Masses de fer, des Poignées & des Gardes d'espées, & une infinité d'autres choses d'un travail tres-exquis. Depuis que l'on a commencé à faire en France de ces sortes d'Ouvrages, qui fut sous le regne de Henry IV. on peut dire qu'on a surpassé ceux qui s'en sont meslez auparavant. Cursinet Fourbisseur à Paris, qui

LIVRE TROISIE'ME.

est mort depuis cinq ou six ans, a fait des Ouvrages incomparables en cette sorte de travail, tant pour le dessein, que pour la belle maniere d'appliquer son Or, & de cizeler de relief par dessus.

Quand on veut damasquiner sur le fer, on le taille avec un Cousteau à tailler de petites Limes, on le met en *bleu*, puis on desseigne legerement dessus ce qu'on veut figurer, & ensuite avec un fil d'or ou d'argent fort délié, on suit le Dessein, & on remplit de ce fil les endroits qu'on a marquez pour former quelques Figures, le faisant tenir dans les hacheures, avec un petit Outil qu'on nomme *Cizeau*; & avec un *Matoir* on amatit l'or. Si l'on veut donner du relief à quelques Figures, on met l'or, ou l'argent plus espais, & avec des Cizelets on forme ce qu'on veut.

Mais quand avec la Damasquinure, on veut mesler un travail de rapport d'or ou d'argent, alors on grave le fer profondement en dessous, & à queuë d'*aironde*, ce que les Italiens appellent *in sotto squadra*, puis avec le Marteau & le Cizelet, on fait entrer l'or dans la graveure, aprés neanmoins qu'on en a taillé le fond en forme de Lime tres-déliée, afin que l'Or y entre, & y demeure plus fortement attaché. Cet Or s'employe aussi par filets, & on le tourne & manie comme en damasquinant, suivant le Dessein qu'on a fait en gravant le fer.

Il faut prendre garde que les filets d'Or soient plus gros que le creux qu'on a gravé, afin qu'ils y entrent par force avec le marteau. Quand l'Or ou l'Argent est bien appliqué on fait les Figures dessus, soit avec les Burins, ou Cizelets, soit par estampes avec des poinçons gravez de Fleurons, ou autres choses qui servent à imprimer, ou estamper ce que l'on veut.

F I N.

DICTIONNAIRE
DES TERMES PROPRES,
A L'ARCHITECTURE,
A LA SCULPTURE,
A LA PEINTURE,
ET AUX AUTRES ARTS
QUI EN DEPENDENT.

DICTIONNAIRE

DICTIONNAIRE
DES TERMES PROPRES
A L'ARCHITECTURE,
A LA SCULPTURE,
A LA PEINTURE;
ET AUX AUTRES ARTS
QUI EN DEPENDENT.

A B

BAQUE, ce mot vient du Grec ἄβαξ, ou ἀβάκιον, qui a plusieurs significations; car il veut quelquefois dire un a, b, c: quelquefois une table des nombres, que les Anciens appelloient *Table de Pithagore*. Il signifie aussi un buffet, que les Italiens nomment Credence, & sur lequel on arrange les vases pour un festin. D'autres fois un Tailloir, ou Tranchoir quarré. C'est pourquoy dans Vitruve,

Nnn

& dans tous ceux qui ont traité de l'Architecture, *Abacus* n'est autre chose que cette Table quarrée, qui fait le couronnement du Chapiteau des Colonnes, & qui dans celles de l'Ordre Corinthien, represente cette espece de tuile quarrée qui couvre la corbeille ou panier qu'on feint environné de feüilles. Aussi les Ouvriers nomment ordinairement ce membre là *Talloir*. *Voyez* TAILLOIR.

ABBAJOURS. Ce sont especes de fenestres embrasées de haut en bas pour recevoir le jour d'enhaut, & éclairer des lieux bas, comme sont les soupiraux des caves, les ouvertures qui éclairent les celliers, ou les offices qui sont sous terre, & d'autres endroits où l'on ne peut avoir du jour par des croisées faites à l'ordinaire.

ABBATIS, abbatement. Quand les Carriers travaillent dans une carriere, ils appellent l'Abbatis les pierres qu'ils détachent & font tomber aprés avoir *fouchevé*. On nomme aussi la demolition d'une maison ou d'une muraille, l'Abbatis d'une maison, &c.

ABOUTS des Liens, des Tournices, des Guettes, des Esperons &c. c'est-à-dire l'extremité & le bout de toutes sortes de pieces de charpenterie mises en œuvre, *Voyez* pag. 125. 130. 136. Planche XVII.

ABOUEMENT. *V.* BOUEMENT.

ABREUVOIRS. Les Tailleurs de pierre & les Massons nomment ainsi certaines ouvertures qu'ils laissent entre les joints des grosses pierres de taille, pour y couler du mortier.

ACANTHE, *Acanthus* est une herbe nommée *Branque-Ursine*. L'on represente souvent la forme de ses feüilles dans le chapiteau de la colonne Corinthienne, comme ayant esté la cause de cet ornement, qu'un Architecte fit aprés avoir veu cette plante autour d'un panier ou corbeille. C'est pourquoy l'on dit d'un chapiteau, qu'il est taillé à feüilles d'Achante. Les Architectes Romains n'ont pas toûjours imité Callimachus dans le Chapiteau Corinthien en n'y representant que des feüilles d'Acanthe. Ils y ont souvent mis des feüilles d'Olivier ou de Chesne. Mr Perrault dans ses Notes sur le premier Chapitre du quatriéme livre de Vitruve, remarque qu'il y a de deux sortes d'Acanthe, l'une sauvage qui est épineuse, & l'autre qui est cultivée & sans épines; Que c'est de celle-cy dont les Sculpteurs Grecs se sont servis pour faire les ornemens de leurs Ouvrages; & que les Sculpteurs Gothiques ont imité l'Acanthe sauvage dans les Chapiteaux de leurs colonnes, & dans tous les autres ornemens.

ACERER c'est mettre de l'acier avec du fer, ainsi l'on dit que les pointes des outils de fer sont bien acerées lorsqu'il y a de bon acier.

ACIER. C'est un fer affiné. Il y en a de diverses sortes, sçavoir le *Soret*, le *Clamecy*, ou *Limosin*. *Voyez page* 192. 197.

ACIER de Piémont. 198.

ACIER qui vient d'Allemagne, il est par petites barres. *page* 199.

ACIER de Carme ou à la Rose, qu'on apporte aussi d'Allemagne & de Hongrie. 199. & 200.

ACIER de grain, autrement *acier* de Motte ou de Mondragon. 200.

AC   AD

ACOUDOIR. C'est ce que Vitruve appelle *Pluteus*, qui est un appuy ou parapet. Il se sert aussi du mot de *Podium*, qui est un balcon ou saillie.

ACROTERES, d'ἀκρωτήρια. Dans les Edifices les Acroteres se prennent pour les petits piedestaux, sur lesquels on met des Figures, & qui sont posez sur le milieu, & aux deux extremitez d'un Fronton. Ceux des costez doivent avoir de hauteur la moitié de celle du Tympan ou Fronton, & celuy du milieu une huitiéme partie de plus. Les Italiens les nomment *Dadi*, *Pedistaletti*, *Quadricelli*, *Pilastrelli*. ἀκρωτήρια signifie aussi les Figures de terre ou de cuivre qu'on mettoit sur le haut des Temples pour les orner ; C'est pourquoy le mot d'Acroteres est pris quelquefois pour celuy de *fastigia*. Acroteres en Grec signifie generalement toute extremité, comme sont dans les Animaux le nez, les oreilles & les doigts : & dans les Bastimens, les amortissemens des toits ; de mesme que dans les Navires les esperons qu'ils appelloient Rostres. Les Acroteres sont encore des Promontoires, ou lieux élevez qu'on voit de loin sur la mer. L'on peut voir les Notes de Mr Per. sur Vitruve liv. 3. ch. 3.

ADDOUCIR en terme de Peinture, c'est mesler les Couleurs avec un pinceau qu'on appelle *Brosse*, qui ne fait pas de pointe, & qui est ou de poil de porc ou de blereau, ou de chien, ou de quelqu'autre animal.

On addoucit aussi les Desseins lavez, & faits à la plume, en affoiblissant la teinte. On addoucit encore les traits d'un visage ou autre chose en les marquant moins. L'on appelle encore addoucir lorsqu'en changeant les traits on donne plus de douceur à l'air d'un visage qui avoit quelque chose de rude.

ADDOUCISSEMENT. Est lors que les couleurs sont bien noyées les unes avec les autres, que les traits ne sont pas tranchez, & qu'il n'y a rien de rude.

ÆOLIPYLES. Ce sont des boules d'airain qui sont creuses, & qui n'ont qu'un trou tres-petit, par lequel on les emplit d'eau. Estant mises devant le feu, aussi-tost qu'elles sont échauffées, elles envoyent un vent impetueux vers le feu, & ainsi servent à le souffler, & à chasser la fumée. Il faut voir ce que Vitruve en dit liv. 1. ch. 6. & Phil. de Lorme liv. 9. ch. 8.

ÆS-USTUM. C'est du cuivre brûlé. *V. page* 257.

AFFAISSE'. On dit un terrain, ou un plancher affaissé, pour dire baissé.

AFFUTER signifie parmy les ouvriers *aiguiser*. Affuter les outils pour dire *aiguiser*. Quelques Peintres mesme disent affuter les crayons, pour dire *aiguiser* les crayons. Le mot d'*affutage* veut dire aussi fourniture d'outils. Estre bien *affuté*, avoir tout son *affutage*, c'est avoir tous ses outils prés de soy.

AIGUISER un outil, c'est le rendre plus aigu ou plus tranchant.

AIGUILLE. *Voyez* ESPIC, POINÇON.

AILE. En terme de bastiment les ailes d'un Edifice sont les corps de logis des deux costez qui accompagnent en retour celuy du milieu.

On appelle *Ailes* d'une Eglise les deux Voutes qui sont à costé de la grande, qu'on nomme aussi *bas costé*: ce qui se dit encore d'un Temple, ou de quelque Salle, lorsqu'il y a double rang de colonnes. Au dedans des Basiliques les ailes sont appellées

Nnn iij

portiques au premier chapitre du 3. liv. de Vitruve, de la traduction de Mr Perrault. *Voyez* TEMPLE.

AILES d'un moulin à vent: ce sont les quatre grandes pieces de bois qui traversent en dehors le bout de l'essieu qui fait tourner les roües, & qu'on appelle l'*arbre tournant*. Ces quatre pieces forment une croix, dont chaque bras est garny d'eschelons avec des montans des deux costez, qui servent à soûtenir & attacher les toiles qu'on met & qu'on déploye pour recevoir le vent lorsqu'on veut faire aller le moulin.

AILES d'une fiche à ferrer des portes ou des fenêtres. *V. page* 236, Pl. XXXIII.

AILES de lucarne: ce sont les *Joües* de la lucarne, c'est-à-dire, les deux costez qui vont s'appuyer sur les chevrons.

AILERON. On dit les ailerons d'une roüe de moulin à eau, qui sont les planches de bois sur lesquelles l'eau tombant fait tourner la roüe. Ils s'appellent aussi *alichons* ou *volets*.

On nomme aussi AILES ou AILERONS les extremitez les plus minces du plomb qui entretiennent les pieces de verre, dont un panneau de vitre est composé, & qui recouvrant de part & d'autre ces mesmes pieces, empêchent que le vent ny la pluye ne passent entre le plomb & le verre. *Voyez page* 266. *Voyez* LINGOTIERE.

AIRE du plancher, c'est le dessus d'un plancher. *Voyez page* 121.

AIRE d'une grange, c'est la place où l'on bat le grain.

AIR en terme de Peinture, l'on dit *de beaux airs de teste*. Le Guide donne *de beaux airs de teste* à ses Figures.

Dans les ouvrages de Raphaël *les airs de teste* y sont admirables, c'est-à-dire, les visages ont un bel air.

On dit aussi en terme de bastiment qu'ils ont *bon air*, pour dire bonne grace.

AIR. On dit qu'il y a de l'air dans un Tableau, lorsque la couleur de tous les corps est diminuée selon les differens degrez d'éloignement; cette diminution s'appelle la *perspective aërienne*.

AIS ou planche de bois; à Paris les Menuisiers se servent plus communement du mot de *Planches* que de celuy d'*Ais*; & les Charpentiers au contraire disent ordinairement des *Ais*, & non pas des *Planches*. *Voyez page* 121.

AIS feüillé servant aux Vitriers. *Voyez pag.* 268. 280. Planche XLV.

AJUSTAGES, ce sont des pieces de fer blanc où de cuivre de diverses figures que l'on adjouste au bout d'un tuyau de fontaine pour en faire sortir l'eau en differentes manieres; Il y en a qui sont à testes d'arrosoirs, d'autres qui forment des fleurs de lis, d'autres des vases de diverses façons, comme il s'en voit à Versailles.

AJUSTOIRS. Petites balances. *Voyez page* 354.

ALBASTRE, espece de marbre tendre. Il y en a de plusieurs especes. Le plus commun est blanc & luisant; Il estoit autrefois le moins estimé, de mesme que celuy qui estoit de couleur de corne & transparent selon Plin. liv. 36. chap. 8.

ALCOVE vient de l'Espagnol *Alcoba*, qui tire son origine du mot Arabe *Elkauf*, c'est le lieu où l'on dort. Aussi est-ce dans nos chambres à coucher, un endroit particulier où le lit est placé. Ordinairement il y a une estrade, & cet endroit est comme separé du reste de la chambre par des pilastres, ou par des chambranles, qui forment un arc surbaissé, ou une autre sorte d'ouverture, qui fait un lieu retiré.

ALEGE, c'est dans les croisées ce qui est entre les piedroits jusqu'à l'appuy, & qui est de moindre épaisseur que le reste du mur.

ALETTE, sont les costez d'un trumeau qui est entre deux arcades, quand il y a dans le milieu du mesme trumeau une colonne, ou un pilastre; C'est-à-dire, qu'on appelle *Alette* ce qui reste & qui paroît du trumeau entre le vuide de l'arc, & la colonne ou pilastre. Ces *alettes* s'appellent ordinairement *jambages*, *piedroits* ou *arriere corps*.

ALIAGE de metaux pour les Statuës. *V. pag.* 335.

ALICHON. *Voyez* AILERONS & HERISSON.

ALLE'E, ou passage, qui sert pour la communication de plusieurs chambres. Le mot de *Mesaule* dont Vitruve se sert 1. 6. c. 10. semble convenir assez à ces allées ou passages que l'on fait dans les Maisons pour dégager les Appartemens.

AMAIGRIR l'arreste d'une piece de bois, est la faire *aiguë*; Et *l'engraisser*, c'est l'élargir & la faire *obtuse*. On dit aussi *amaigrir une pierre*. Les Appareilleurs & Tailleurs de pierre appellent un lit, un joint ou parement de pierre, *gras*, lorsqu'il n'est pas à l'équaire, & qu'il est trop obtus; Et le nomment *maigre*, & *démaigry*, lorsqu'il est trop aigu. Ils disent ordinairement *il a coupé sa pierre*, pour dire il en a trop osté, & l'a trop démaigrie.

Lors

Lors qu'une Figure de terre nouvellement faite vient à secher, les Sculpteurs disent aussi qu'elle s'amaigrit, parce qu'en sechant, les parties se resserrent, diminuent de grosseur, & deviennent moins nourries. *V. page* 315.

AMARRE, ce sont deux morceaux de bois qui s'appliquent quarrément contre quelque autre piece de bois plus grande, & qui estant taillez en bossage pardessus, c'est-à-dire moins relevez & moins hauts dans les extremitez, ont une ouverture dans le milieu, pour y faire passer le bout d'un trueil ou moulinet. Jean Martin appelle aussi ces Amarres, *Hoches, Boëtes*; c'est ce que Vitr. l. 10. c. 2. nomme *Chelonia*, lors qu'il parle des Machines qui servent à lever des fardeaux. A Paris les Charpentiers appellent ces Amarres *Jouieres*.

AMASSETTE, c'est un morceau de bois, de corne, ou de cuir, dont on se sert pour amasser les couleurs, quand on les broye sur la pierre à broyer.

AMATIR, ou rendre mat, c'est oster le poli à l'or, ou à l'argent. *De l'or ou de l'argent mat*, c'est-à-dire, qui n'a point de poli. A l'égard de l'argent on dit *blanchir*, pour dire le rendre mat. *V. page* 352.

AMBOUTIE. On dit qu'une plaque d'or ou d'autre metal est amboutie, pour dire qu'elle est concave d'un costé, & relevée de l'autre.

AMBOUTIR quelque piece de metal, c'est la rendre convexe d'un costé, & concave de l'autre.

AMBOUTISSOIR. Les Serruriers nomment ainsi un morceau de fer quarré & creux, qui sert à former la teste des gros cloux qui ont la figure d'un champignon.

AME. On appelle ainſi la premiere forme que l'on donne aux figures de ſtuc lorſqu'on les eſbauche groſſierement avec du plaſtre, ou bien avec de la chaux & du ſable, ou du tuilleau caſſé, avant que de les couvrir de ſtuc pour les finir, c'eſt ce que Vitruve L. 7. c. 1. appelle *Nucleus*, Noyau.

On nomme auſſi AME ou NOYAU les figures de terre ou de plaſtre qui ſervent à former les figures qu'on jette en bronze, ou autre metail. *V*. NOYAU, & *page* 323.

AMETHISTE eſt une pierre precieuſe de couleur violette. Il y en a de diverſes ſortes. Boot. l. 2. c. 32. *de lap. Voyez page* 448.

AMITIE' des couleurs, les Peintres expriment par ce mot la convenance que les couleurs ont les unes auprés des autres, & le bel effet qu'elles font à la veuë lorſqu'elles s'accordent bien enſemble.

AMOISES. *Voyez* MOISES.

AMORÇOIR. *Voyez* URILLE.

AMORTISSEMENT, c'eſt ce qui finit & termine quelque ouvrage d'Architecture ou de Menuiſerie, comme lorſqu'on met ſur le haut d'une maiſon, ou ſur une corniche, un vaſe ou une figure, on dit que c'eſt *pour ſervir d'amortiſſement ou de couronnement.*

Quand c'eſt un membre d'Architecture, comme un Zocle, une Baſe, un Rouleau, ou autre choſe, qui au lieu de tomber perpendiculairement & à plomb, vient à s'élargir par en bas en cavet, & en forme d'une demi ſcotie, on dit qu'il deſcend & s'eſlargit en façon d'amortiſſement.

AMPHYPROSTYLE, eſpece de Temple qui avoit quatre colonnes à la face de devant, & autant à celle de derriere. Vitr. l. 3. c. L.

AMPHITHEATRE, lieu élevé par degrez dans les salles des Comedies ou ailleurs, pour asseoir les spectateurs.

Le mot d'AMPHITHEATRE marque aussi un lieu qui estoit anciennement destiné pour les spectacles, comme l'Amphitheatre de Nismes, & ceux qui estoient à Rome, dont l'on voit encore quelques restes.

ANCHRE. Dans les bastimens on appelle ainsi les morceaux de fer qui tiennent les encoignures des gros murs, & qui servent aussi pour maintenir plus fermes les murailles aux endroits où les poutres ont leur portée dessus.

On s'en sert encore pour entretenir les cheminées qui sont sur les croupes des maisons; on les met au bout des tirans.

ANCRE, Il y en a de diverses sortes, sçavoir pour escrire, pour les Imprimeurs de Livres, & pour ceux qui impriment les estampes. Il y a encore l'Ancre de la Chine qui sert à escrire & à laver.

ANGAR selon Nicod vient de l'Allemau *Hangen*, qui signifie *appentis*. V. APPENTIS.

ANGLE, c'est le concours de deux lignes qui se rencontrent à un point non directement. Ainsi on appelle l'angle d'un mur, le point, ou encoignure où ses deux faces, ou costez, viennent à se terminer ensemble.

ANGLES de défenses, ou esperons des piles d'un pont. V. AVANTBEC.

Angles d'un bastion. *V. page* 90.

Angle du centre. *V. pag.* 103.

Angle de la figure interieure est celuy qui se fait au centre de la place. *Idem.*

Angle du Polygone, ou figure exterieure, est celuy qui se fait à la pointe du bastion. *Id.*

Angle flanqué. *Id.*

Angle flanquant, c'est celuy qui se fait par la rencontre de deux lignes de deffense rasantes, c'est-à-dire deux faces du bastion prolongées. *Id.*

Angle de l'espaule. *Id.*

Angle du flanc. *Id.*

Angle diminué. *Id.*

Angle saillant. *Id.*

Angle rentrant. *Id.*

Annelets. Ce sont de petits membres quarrez que l'on met au chapiteau Dorique au dessous du quart de rond ou *ove* ; On les nomme aussi *filets*, ou *listeaux*. *Voyez pag.* 16. Planche II.

Annelets se prennent aussi quelquefois pour les Baguettes ou petites Astragales.

Anse d'un cadenat. *Voyez page* 222. 238. Planche XXXIV.

Anses de panier. On nomme ainsi les Arcs ou Voutes surbaissées. *V.* Voutes.

Antes, sont des Pilastres que les Anciens mettoient aux coins des murs des Temples. Ce mot signifie generalement les Jambes de force, qui sortent peu à peu hors du mur. M. Per. sur le 1. chapitre du 3. liv. de Vitruv. fait plusieurs remarques sur ce mot, entr'autres, que les mots latins *anta* & *antes* ont une mesme signification parmy la pluspart des Grammairiens, & qu'ils viennent tous deux du mot *ante* qui signifie devant. Que quelques-uns y mettent cette difference, que *antes* sont les premiers seps qui bordent les pieces de vigne, & *anta* les colonnes quarrées qui font les coins des Edifices, ou mesme les Pilastres qui sont aux costez des portes. Que les Antes qui sortent d'un seul mur, & que nous appellons Pilastres, sortent quelquefois hors du mur des deux tiers de leurs fronts, lorsque du mesme mur il sort aussi des Colonnes suivant cette mesme proportion, autrement on n'a guere accoustumé de donner de saillie aux pilastres plus que la huitiéme partie de leur front, quand il n'y a point d'ornement sur le mur qui ait davantage de saillie : car en ce cas il est necessaire que la saillie du pilastre égale la saillie des ornemens, ou plustost il faut regler la saillie des ornemens sur la saillie des pilastres.

ANTICHAMBRE. *Voyez* CHAMBRE.

ANTIQUES. Par ce mot l'on entend d'ordinaire des Statuës antiques, & par le mot d'ANTIQUITEZ, les Statuës, les Medailles, & les Bastimens anciens qui nous restent. Il y a des choses antiques que l'on nomme *Antiques modernes*, comme sont nos anciennes Eglises, & d'autres bastimens Gottiques, que l'on distingue d'avec ceux des Anciens, Grecs & Romains.

A PLOMB. *Voyez* NIVEAU.

Eslever à plomb, c'est-à-dire perpendiculairement à l'horizon. On dit qu'un pilastre ou une muraille *conserve bien son plomb*, pour dire qu'elle est bien droite.

APPENTIS ou Taudis, c'est un toit qui n'a sa pente que d'un costé.

APPAREIL. C'est la hauteur d'une pierre, ou son espaisseur entre les deux lits: ainsi on dit *une pierre de grand appareil*, pour dire bien épaisse. On dit mettre des pierres du *mesme appareil*, c'est-à-dire de mesme hauteur; *Une pierre appareillée*, c'est une pierre tracée, selon les mesures qu'on en a données pour la joindre avec d'autres, suivant un dessein arresté.

APPAREILLEUR, est celuy qui a soin de tracer les pierres & les marquer, avant que les Tailleurs y travaillent.

APPARTEMENT, veut dire logement ou demeure particuliere dans une maison. Les Grecs nommoient *Androns* les appartemens des hommes, & *Gyneconitis* les appartemens des femmes. Vitr. l. 6. c. 10.

APOPHYGE en grec veut dire fuite; c'est l'endroit où la colonne sort de sa base, & commence à monter & eschaper en haut, à cause de quoy les ouvriers appellent cet endroit *Escape*, *Congé*. Vitruve se sert aussi quelquefois du mot *apothesis*. Alberti appelle *nectrum*, le quarré ou filet, dont la fuite ou retraite se fait vers le nud de la colonne. Il dit que ce mot signifie une bandelette dont on lie les cheveux. *V. Escape*.

APPLANIR un chemin ou une allée, c'est la mettre entierement de niveau, ou suivant sa pente.

APPLANIR une piece de bois, c'est la rendre unie dans sa superficie.

APPREST, parmy les Vitriers & ceux qui peignent

sur le verre, *sçavoir l'apprest* des couleurs, c'est sçavoir colorer sur le verre. *V. pag.* 250.

APPRESTEUR, c'est un Peintre qui peint sur le verre.

APPROCHER *à la pointe*, à la double *pointe*, au *cizeau*, ce sont diverses manieres de travailler le marbre, lorsqu'on fait quelques figures. *V.* POINTE.

APPROCHES en terme de fortification, ce sont des chemins creusez dans terre, & dont les deux costez sont élevez; par le moyen de ces chemins on peut seurement approcher d'une forteresse sans estre veu de l'ennemy.

Les *Contreapproches* sont aussi des chemins dans terre que les assiegez font pour interrompre les approches des ennemis.

APPUY ou cale, c'est une pierre ou un éclat de bois en forme de coin que l'on met sous les pinces ou leviers pour remuer quelque fardeau. *V.* ORGUEIL.

APPUY de fenestre, c'est la pierre qui couvre l'Alege, & qui fait le bas du Tableau.

On appelle aussi APPUIS les pieces de bois, le fer, ou les pierres qui suivent le limon d'un escalier. Ces Appuis sont courbez & rampans, avec balustres tournez ou poussez à la main.

APPUYMAIN, c'est un baston ou baguette de trois à quatre pieds de long, dont les Peintres se servent en travaillant. *V. page* 420. Pl. LXII.

AQUEDUC, c'est un canal ou conduit pour mener les eaux. Il s'en fait de differentes manieres, les uns sous terre, & d'autres qui sont élevez sur des murailles, & portez par des arcades, comme ceux d'Arcueil prés de Paris.

ARABESQUES. *V*. MORESQUES.

ARÆOSTYLE signifie un edifice dont les colonnes sont loin à loin. Vitr. l. 3. c. 2.

ARBALESTER, c'est appuyer un edifice avec des Arbalestiers, ou Forces; mais le mot d'*Arbaleste* n'est pas en usage à Paris.

ARBALESTES, machines dont se servoient les Anciens. *Scorpiones*. Vitr. l. c. 5.

ARBALESTIERS ou *petites forces*, ce sont des pieces de bois, servant à la charpente d'un bastiment, & à soustenir la couverture. *Voyez* JAMBES DE FORCE, & *page* 122. 134. Pl. XVI.

ARBRE. Ce qu'on appelle arbre dans les Machines est ordinairement une grosse piece de bois ou de fer qui tourne sur un pivot, comme dans les Machines des Monnoyes. *Voyez page* 356. Pl. LIII.

Ou bien encore qui demeurant ferme soustient d'autres pieces qui tournent dessus comme on peut voir dans les Gruës où le Rancher tourne sur un Poinçon qui est au bout de l'Arbre. *Voyez page* 141. Pl. XXI.

ARBRE d'un Tire-plomb. *V*. *page* 278. Pl. XLIV.

ARBRE composé de plusieurs pieces servant pour le Tour. *Voyez page* 380. 385. Pl. LX.

ARC, Arceau. On appelle l'Arc ou l'Arceau d'une porte ou fenestre, lorsque par enhaut elle est construite avec des Voussoirs, & non pas avec des Claveaux, c'est-à-dire qu'elle est cintrée & non quarrée.

On dit aussi l'ARC ou l'Arceau d'une voute, pour marquer

AR. 481

marquer sa courbure & le cintre qu'elle fait. La face de front se nomme *teste & front* en general ; mais dans l'étenduë des pieds-droits elle s'appelle *teste & front des pieds-droits* ; & dans l'étenduë de l'arc, *teste ou front de l'arc*. *V*. HEMICYCLE. VOUTE.

ARCADES. L'on dit les Arcades ou les Arches d'un pont, pour signifier les grandes ouvertures cintrées qui sont entre les piles.

ARC-BOUTANTS, ce sont des Arcs ou demy-arcs, qui appuyent & soustiennent une muraillle, comme ceux qui sont aux costez des grandes Eglises. Vitr. l. 6. c. 11. les nomme *Anterides*, *Erysma*.

On nomme aussi ARC-BOUTANT la barre d'une porte qui pend de la muraille, & va appuyer contre le milieu de la porte. *V*. PIED DE BICHE.

ARCHES. Ce sont de grandes voutes qui servent pour des ponts ou passages. *V*. PONTS.

ARCHET. C'est un morceau de fer ou d'acier qui ploye en faisant ressort, & aux deux bouts duquel il y a une corde attachée. Les Serruriers & autres ouvriers s'en servent pour tourner ou percer leur besongne. *V*. *page* 244. Pl. XXXVII.

ARCHET servant à sier les pierres dures & precieuses. *V*. *page* 445. 446. Pl. LXIII.

ARCHITECTURE, est l'art de bien bastir ; & selon Vitruve l. 1. c. 1. c'est une science qui doit estre accompagnée d'une grande diversité d'études & de connoissances, par le moyen desquelles elle juge de tous les ouvrages des autres arts qui luy appartiennent.

Le nom d'Architecture se donne aussi quelquefois à l'ouvrage mesme. *V*. *page* 2.

P p p

ARCHITECTURE civile, est l'art de bastir solidement avec commodité & beauté pour la necessité des particuliers & l'ornement des Villes.

ARCHITECTURE militaire, c'est l'art de bastir solidement, sans avoir égard à aucune beauté qu'à celle qui s'accommode à la seureté de la place qu'on veut conserver. *V. page* 88.

ARCHITECTE est celuy qui fait les desseins, dispose du terrain & range avec art les pieces d'un edifice, selon la commodité & l'intention de celuy pour qui il travaille, & qui a la conduite de tous les ouvriers & de leurs ouvrages. *V. page* 2.

ARCHITRAVE, ce nom est composé du mot grec ἀρχή qui veut dire *principal*, & du mot latin *trabs*, qui est une *poutre*, comme qui diroit, la principale poutre. C'est ce que nous appellons *poitrail*, & les Grecs ἐπιστύλιον, Epistile, parce que cette piece est posée immediatement sur les colonnes; Les Maçons prononcent Arquitrave. Vitr. l. 6. c. 4. appelle *trabes liminares alarum* les architraves soûtenus par des colonnes, comme ceux qui sont aux costez des Vestibules, & qui en font les ailes.

ARCOT, ce mot est peu en usage, & presque inconnu parmy tous les ouvriers; c'est le cuivre rouge meslé avec la calamine dont on fait le laiton ou cuivre jaune, & ce qu'on appelle *potin*, quand il est allié avec le plomb. *V. page* 335.

ARDOISE, est une sorte de pierre tendre & brune, qui se leve par feüillets fort minces: elle est d'un grand usage pour les couvertures des bastimens. On se sert à Paris de deux sortes d'Ardoises, sçavoir de celle

AR

qui vient de Mezieres, & de celle qu'on apporte d'Angers, qui est meilleure & plus belle que l'autre. Les Marchands ont de trois sortes d'Ardoise d'Angers, sçavoir la fine, la forte, & la carrée forte.

ARENER, se dit d'une poutre ou d'un plancher qui baisse & s'affaise par trop de charge.

ARESTES. Ce sont les angles de quelque corps. Ainsi l'on dit d'une poutre ou de quelqu'autre piece de bois, qu'elle est *à vive areste*, quand les angles en sont bien marquez, & qu'elle est bien équarrie.

On dit l'ARESTE ou bord d'une enclume.

ARESTIERES. Les Couvreurs nomment ainsi les enduits de plastre ou de mortier qu'ils mettent sur la couverture d'un pavillon, aux endroits où sont les Arestiers de bois, pour suppléer au defaut de la tuile.

ARESTIERS. Ce sont les pieces de bois qui prennent des angles d'un bastiment pour faire la couverture en pavillon ou en croupe. Elles doivent estre un peu plus grosses que les chevrons de ferme, à cause qu'il les faut *délarder*, c'est-à-dire qu'il faut en oster quelque chose. *Voyez* DE'LARDER, *& page* 123. 156. Pl. XVII.

ARGENT. On employe de l'argent pour faire des couleurs à peindre sur le verre. *V. page* 254.

ARMER. On dit une cloison *armée de lattes*, pour dire recouverte. *Armer une poutre de bandes de fer*, c'est la garnir & la fortifier avec du fer.

ARMILES. *V.* ASTRAGALE.

ARRACHEMENT; lorsqu'on oste d'un mur quelques pierres pour y en mettre d'autres qui servent de liaison avec un autre mur que l'on veut baſtir, cette demolition s'appelle *arrachement*.

ARRAZER, c'eſt mettre les pierres d'une muraille d'une égale hauteur ; ainſi quand il y a un mur qui a ſix pieds de haut en un endroit, & quatre pieds en un autre, on dit qu'il faut *arrazer tout le mur*, c'eſt-à-dire mettre les pierres à niveau & d'égale hauteur.

ARRESTÉ. On dit *un deſſein bien arreſté*, lorſque toutes ſes parties ſont bien deſſeignées, & recherchées, en ſorte qu'il n'y a plus rien à retoucher. *V. page* 402.

ARRIERE-CORPS. *V.* AVANT-CORPS.

ARRIERE-VOUSSURE, eſt une eſpece de voute miſe au derriere du tableau d'une porte, d'une feneſtre, ou de quelqu'autre ouverture, pour couronner l'embraſeure.

Il y en a que l'on nomme Arriere-vouſſure de Marſeille, Arriere-vouſſure de S. Antoine, à cauſe de celle qui eſt à la Porte de S. Antoine à Paris, & peut-eſtre la premiere qui a paru de cette façon, ſelon le P. Derand.

ARRONDIR une Figure, ſoit de Sculpture, ſoit de Peinture, c'eſt luy donner du relief, & faire que tous les membres ſoient bien arrondis, ſi c'eſt avec du crayon ou en peinture, cela ſe fait par le moyen des jours & des ombres.

ARSENIC. L'Arſenic des anciens eſt un mineral naturel d'un jaune doré. Vitruve le met au nombre des couleurs, l. 7. c. 7. Noſtre arſenic eſt fait *d'orpin* ou arſenic naturel cuit avec du ſel, & reduit en criſtal.

ARSON ou archet dont les Serruriers ſe ſervent. *V. page* 228. 244. Pl. XXXVII.

ART. On dit une chose faite avec art & science, ou artistement faite.

ARTEMON. *V*. MOUFLE.

ARTICULE'. On dit d'une figure de relief ou de peinture, que les parties en *sont bien articulées*, bien *prononcées*, pour dire qu'elles sont bien marquées.

ARTISAN. Ce mot est relevé souvent par celuy d'excellent, & on dit des grands Sculpteurs & des grands Peintres de l'antiquité, que c'estoient d'excellens Artisans.

ARTISON, petit ver qui s'engendre dans le bois.

ARTISTE, un Ouvrier qui travaille avec art & facilité. Ce mot est encore particulier à ceux qui travaillent aux operations de Chimie.

ARTISTEMENT. Une chose faite artistement, c'est-à-dire avec pratique & facilité.

ASNE. *V*. p. 454. 456. Pl. LXIV.

ASPECT. On dit l'aspect d'un edifice selon son exposition aux differentes regions du Monde, sçavoir au Midy, au Septentrion, &c.

ASPIC, est une plante dont il y a plusieurs especes; celle que l'on nomme *Nardus Celtica* est nostre Lavande. On en fait de l'huile dont les Peintres se servent.

ASSEMBLAGE, pieces de bois d'assemblage. Les Menuisiers ont trois principales manieres d'assembler leur bois : 1. le *quarré* : 2. l'assemblage à *boüement* : 3. celuy à *onglet*. Il y a aussi celuy à *queuë*, mais la queuë est jointe avec quelqu'une des trois autres. *V*. p. 174. 180. Pl. XXVIII.

Assette ou Hachette de Couvreur. *Voyez page* 153. 156. Plan. XXIV.

Assiette est une composition qui se couche sur le bois pour le dorer. Plin. l. 35. c. 6. appelle *Leucophorum* celle dont les anciens se servoient. *V.* p. 284. 286. 290.

Assise signifie les rangs des pierres dont les murs sont composez, la premiere assise d'une muraille, est ce qu'on appelle en latin , *muri fundamentum*. Vitruve l. 2. c. 3. nomme aussi *Corium* , une assise.

On dit 2. 3. 4. *assises de pierre de taille* , pour exprimer plusieurs rangs de pierres les unes sur les autres. On dit *poser par assises* , ou *assiettes*.

Astragale, d'ἀςραγαλος , qui signifie le talon. Dans l'Architecture on nomme ainsi les petits membres ronds, à cause de la ressemblance qu'ils ont à la rondeur du Talon ; Et parce qu'on les taille ordinairement en forme de petites boules ou grains de chapelet , enfilez, les Ouvriers leur ont aussi donné le nom de chapelet. Mais le membre ou moulure qu'on appelle *Talon* en françois , est autre chose que ce qu'on nomme Astragale : car le *Talon* est formé de deux portions de cercles ; l'une en dehors & l'autre en dedans , ce qui fait aussi une Cymaise droite: & l'Astragale est un membre tout rond. Celles qui sont au haut & au bas des colonnes n'ont rien de ce qu'on nomme Talon , mais representent des cercles & des anneaux. Aussi quelques-uns les nomment Armiles , par la ressemblance qu'ils ont aux bracelets, ou gros anneaux, qu'on mettoit autrefois à l'entour du bras.

Les Italiens appellent *Tondini* les Astragales qui

font au bas des colomnes. Selon Baldus c'eſt ce qu'on appelle *Spire*, dans la baſe de la colonne Ionique, qui eſt compoſée de deux Aſtragales, dont l'une touche le ſourcil ou partie d'enhaut du Trochile ou Nacelle inferieur, & l'autre ſouſtient le quarré du Trochile ſuperieur, & ont toutes les deux la figure de deux anneaux.

Il faut remarquer que dans les plus anciens baſtimens les Aſtragales avoient pour l'ordinaire fort peu d'ornemens. Celles qui eſtoient ſous les Faſces de l'Architrave ou Epiſtile, & dans les Corniches, eſtoient taillées par petites boules ou grains de chapelet, comme j'ay dit ; ou bien un peu longuettes comme des fuſeaux. Selon Philander & Barbaro, l'Aſtragale eſt un demi *Tore*. Baldus appelle l'Aſtragale Leſbien, *un quart de rond*. Barbaro veut que ce ſoit un cavet qui ſoit l'Aſtragale Leſbien. Il faut voir les Notes de M. Per. ſur le 3. c. du 4. l. de Vitr.

ATTACHE, ou Lien, dont on attache les panneaux des vitres aux verges de fer. *V.* p. 266.

ATTELLES. Ce ſont deux morceaux de bois creux, qui eſtant mis l'un contre l'autre font une poignée qui ſert aux Plombiers à prendre leurs fers à ſouder. Les Vitriers appellent *Mouflettes* celles dont ils ſe ſervent à meſme uſage. *Voyez* page 166. Pl. XXVI. & 267. Pl. XXXIX.

ATTELIER, lieu où les Peintres, les Sculpteurs, & autres Ouvriers travaillent.

ATTENTES. On nomme *pierres d'attentes* celles qu'on laiſſe en baſtiſſant quelque mur, pour les enlier avec une autre muraille. *V.* HARPE.

On appelle aussi *Table d'attente*, une pierre destinée pour graver quelque inscription, ou pour tailler quelque bas-relief.

ATTIQUE signifie ce qui estoit de la ville d'Athenes & de son territoire. Plin. l. 36. c. 23. appelle *Colonnes attiques* ou *atticurges* celles qui sont quarrées, de mesme qu'il y en avoit à l'Amphitheatre de Vespasien. Leur base est des plus belles; on s'en peut servir dans tous les ordres, excepté dans le Toscan, qui a toujours la mesme base, qui luy est particuliere. Les parties de la Base attique sont le Plinthe, le Tore inferieur, la Scotie, & le Tore superieur. *V. p.* 16. Pl. II. *& p.* 30.

Il est encore fait mention dans Vitruve l. 4. c. 6. des Portes attiques, parce qu'elles avoient esté inventées par les Atheniens.

Nous appellons aussi *Attique* dans nos bastimens un petit ordre que l'on met sur un autre beaucoup plus grand, comme celuy qui est encore à present au Louvre au dessus du second ordre, & qui porte la couverture. Ce petit ordre n'a ordinairement que des Pilastres d'une façon particuliere, qui est à la maniere *Attique* dont le nom luy a esté donné.

ATTISONNOIR dont se servent les Fondeurs. *V. p.* 540. Pl. LI.

ATTITUDE. Ce mot est Italien & veut dire la posture & l'action des Figures qu'on represente. Mais outre qu'il est plus general, & qu'il y a encore quelque chose de plus noble dans son expression, il y a des sujets où il est plus propre que les mots de *posture* & *d'action*, qui ne conviendroient pas si bien en parlant,

par

par exemple, d'un corps mort. Les Italiens diſent *Attitudine*.

ATRE. *Voyez* FOYER.

ATTREMPER, donner la trempe au fer. *V.* TREMPE.

AVANCE. On dit l'avance, ou ſaillie d'une couverture, ou autre choſe.

AVANT-BEC. On appelle ainſi les angles ou eſperons qui ſont aux piles des ponts de pierre. Chaque pile eſt compoſée du maſſif ou corps quarré de maſſonnerie & de deux *Avant-becs* : celuy qui eſt oppoſé au fil de l'eau s'appelle *Avant-bec d'amont l'eau* ; & celuy d'au deſſous, *Avant-bec d'aval l'eau*. On appelle *ſaillie de l'Avant bec* la partie qui excede au delà du corps quarré de la pile.

AVANT-CORPS, ſont les parties d'un baſtiment qui ont plus de ſaillie ſur la face. Et les *Arriere-corps* au contraire.

AVANT-COURT, quand il y a pluſieurs cours dans une maiſon, on nomme la premiere, *Avant court*.

AVANT-LOGIS. M. de Chambray dans ſa traduction de Palladio, nomme *avant-logis* ce que Vitruve & Pline appellent *Cavædium*. Vitr. l. 6. c. 3. dit qu'il y avoit de cinq ſortes de *Cavædium*, le Toſcan ; Celuy à quatre colonnes ; le Corinthien ; le Teſtitudiné, qui eſt comme l'on croit ce qu'on appelle *voute à berceaux* ; & Celuy qui eſtoit tout découvert. On peut voir les Notes de M. Perrault ſur Vitruve.

AUBAN. *Voyez* HAUBAN.

AUBERON *d'une ſerrure*, c'eſt le petit morceau de fer rivé au *Moraillon* ou à l'*Auberonniere*, lequel entre dans une ſerrure, & au travers duquel paſſe le

Qqq

Pêne ou Pele. Il s'en fait de diverses façons. *Voyez* page 216.

AUBERONNIERE, c'est le morceau, ou la bande de fer, sur laquelle l'Auberon est rivé. Il y a quelquefois plusieurs Auberons sur une mesme Auberonniere; comme on peut voir aux serrures des coffres forts. *V.* p. 217.

AUBIER, *Auber*, ou *Aubour*; on dit *Aubier* à Paris, *Alburnum*, Plin. l. 16. c. 38. Vitr. se sert du mot de *Torulus*. *V.* p 117.

AVENUE. On dit il y a une avenuë d'ormes devant le Chasteau, pour dire, il y a une allée.

AUGE, Auget dont se servent les Maçons, & dans quoy ils mettent leur mortier. *V.* p. 82. Pl. XI.

AUGE des Couvreurs. *V.* p. 153. 156. Pl. XXIV.

AUGE de pierre servant aux Serruriers à mettre l'eau de la forge. *V.* p. 240. Pl. XXXV.

AUGIVE. *Voyez* OGIVES.

AVIVER. Quand on dit qu'il faut aviver une Figure de bronze pour la dorer, c'est-à-dire qu'il faut la nettoyer & la gratter legerement avec un burin ou autre outil ; ou la frotter avec de la pierre de Ponce, ou autrement. Cela se fait pour la rendre plus propre à prendre ou recevoir la feüille d'or, qui ne veut rien trouver de sale & d'impur, lorsqu'on l'applique dessus, aprés toutefois avoir chauffé la Figure, ou ce qu'on veut dorer. Le mot d'*aviver* veut dire donner de la vivacité, & rendre la matiere plus fraische, & plus nette, & dans ce sens l'on s'en sert en diverses rencontres, quand on parle de joindre les metaux, & de les souder ensemble. *V.* p. 334.

Aviver des solives ou poutres, c'est-à-dire les rendre à *vive arreste*.

Auvan, ou Auvent. Ce mot signifie proprement une avance dans la ruë sur les boutiques, pour garder du soleil & de la pluye.

Axe ou Essieu. Vitr. appelle *Axis* dans la Volute Ionique le bord ou filet qui en termine la partie laterale, appellé le Balustre, suivant les conjectures de M. Perrault dans ses Notes sur le chap. 3. du 3. l. de Vitr.

Azur. Ce que nous appellons vulgairement *azur* & *outremer* est une couleur bleuë dont les Peintres se servent. Les Arabes la nomment *lazul*; On le fait d'une pierre que l'on nomme *lapis lazuli*.

Il y a d'autres Couleurs bleuës qui sont naturelles & artificielles. Vitr. l. 7. c. 11. enseigne à faire le bleu artificiel. Et M. Perrault dans ses Notes sur le mesme chapitre, montre de quelle maniere on prepare l'*outremer*. On peut voir aussi ce que le P. Bernard Cæsius l. 2. c. 4. *de mineralib.* a écrit de ces sortes de couleurs.

B

Bac, c'est un bateau pour passer l'eau. Quand il est grand les Latins le nomment *Ponto*, & quand il est petit *cymba*, *linter*.

On nomme aussi *Bac* un petit bassin de fontaine, qu'on appelle *concha*, *labrum*.

Bacule. *V.* Bascule.

Badigeon. *V. p.* 315.

Baguette, ou appuy-main des Peintres. *Voyez p.* 420. Pl. LXII.

BAGUETTE, petite moulure ronde & faite comme une verge qu'on nomme chapelet, lorsqu'il y a des grains taillez. *V*. p. 180. Pl. XXVIII.

BAINS, *Thermæ*. Les Bains des Anciens estoient composez de divers appartemens & lieux destinez à plusieurs usages. Vitruve L. 5. c. 10. appelle *caldarium* ceux où l'on échauffoit l'air, qui est proprement ce que nous nommons Estuves.

BAJOÜES ou Coussinets d'un Tire-plomb ; ce sont des eminences ou bossages qui tiennent aux Jumelles de cette Machine nommée *Tire-plomb*, dont les Vitriers se servent à fendre le plomb qu'ils employent pour les Vitres. *V*. p. 278. Pl. XLIV.

BALANCE. Il y a differentes sortes de Balances. Celle que les Latins nomment *Libra* a deux bassins ; & celle qu'ils appellent *Statera*, n'en a qu'un. *V*. p. 86. & 87. Pl. XIII.

BALANCIER, c'est la poignée de fer qui tient la Balance suspenduë par le milieu.

BALANCIER, Machine à faire les Monnoyes, les Jettons & les Medailles. *V*. p. 352. 358. Pl. LIV.

BALAY, ou Escouvette servant aux Serruriers. *V*. p. 242. Pl. XXXVI.

BALCON, *Podium*, *menianum*, c'est une avance hors le logis pour mieux voir sur une place ; ce mot vient de l'Italien *balcone*.

BALISTE, *Balista*, Machine dont les Anciens se servoient pour jetter des pierres. Elles estoient differentes des *Catapultes*, en ce que ces dernieres lançoient des javelots, mais elles se bandoient d'une mesme maniere. On peut voir Vitr. L. 10. c. 16. & les Notes de M. P.

BALIVEAUX. V. ESCHASSES.

BALOT, ou Balon de verre. V. p. 265.

BALUSTRADE, c'est un assemblage de plusieurs Balustres qui servent de closture, comme celles dont l'on enferme les Autels.

BALUSTRE, est une espece de petite colonne, qui se fait en differentes manieres, & que l'on met ordinairement sous des Appuis, ou pour faire des clostures. Le mot de Balustre vient de *Balaustrum*, qui signifie le calice de la fleur de grenade, auquel le balustre ressemble.

BALUSTRE signifie aussi la Balustrade qui environne le lit des Rois & des Princes.

BALUSTRES du chapiteau de la colonne Ionique, c'est la partie laterale du rouleau qui fait la Volute, & que Vitruve l. 3. c. 4. nomme *pulvinata*, parce qu'elle a quelque ressemblance à un oreiller.

BALUSTRES de serrures, ce sont de petites pieces de fer en forme de balustres, qui tombent sur l'entrée de la clef, & qui servent à la couvrir, ou bien qui servent encore à attacher les serrures; Il y a aussi des Clefs dont l'Embase de la tige forme une espece de Balustre.

BANDES, Platebandes, Fasces; ce sont des mots dont les Ouvriers se servent indifferemment pour signifier dans les Moulures de l'Architecture ce que Vitr. nomme *Fascia*, *Tenia*.

BANDEAU, c'est l'Architrave qui part d'une Imposte à l'autre autour d'une porte, d'une fenestre, ou de quelqu'autre ouverture qui est cintrée ou en arc. Les Ouvriers appellent aussi quelquefois Bandeaux les

Chambranles des portes ou feneſtres quarrées, que Vitr. l. 4. c. 6. nomme *Antepagmenta*.

BANDER. *V.* HALER.

BANDES, ou Barres de tremie; ce ſont des Barres de fer qui ſervent aux cheminées à porter l'Atre entre la muraille & le cheveſtre. Elles ſont attachées ſur les deux ſolives d'encheveſtrure. Il y en a qui ſervent auſſi à porter les languettes qui ſeparent les tuyaux.

BANDES Flamandes, eſpece de pantures. *V. page* 210. 236. Pl. XXXIII.

BANQUETTE. On appelle ainſi les chemins relevez, comme ſont les deux coſtez du Pont neuf, où il n'y a que les gens de pied qui marchent. Les aſſiſes de pierre de taille qui les bordent, & les ſoûtiennent du coſté du milieu du pont, ſe nomment tablettes.

BANQUETTE d'un parapet. *V. p.* 95.

BAQUET pour mettre du mortier. *V. p.* 80. Pl. XI.

BARAQUE, petite hute, ou maiſonnette.

BAR, eſt une Civiere extraordinairement forte qui ſert à porter des pierres & autres materiaux. On met de la natte ſur le Bar pour poſer les pierres, de crainte qu'elles ne s'écornent, & alors on dit qu'*un Bar eſt armé de ſes torches de nattes*. *V. p.* 82. Pl. XI.

BARAS. *V.* BORAX.

BARBACANES, ou Ventouſes. Ce ſont des ouvertures que l'on fait dans les murs d'eſpace en eſpace pour écouler les eaux, principalement lorſque les murailles ſouſtiennent des terraſſes.

On appelle auſſi BARBACANES les ouvertures qui

sont aux murailles des villes & places fortes, pour tirer avec le mousquet sur les ennemis.

Barbes des pênes des serrures ; Ce sont des hauteurs ou pieces enlevées sur le pêne, lesquelles avancent, & que la clef prend en tournant pour les faire aller. *V. p.* 220.

Barbes perduës. *V. p.* 221.

Barbes qui demeurent aux Flancs des Monnoyes. *V. p.* 355.

Bardeau, petit ais dont on couvre les maisons.

Bardeurs. *V. p.* 72.

Barlong, c'est un quarré plus long que large.

Barres de Tremie. *V.* Bandes.

Barre de fer ou de bois dont on se sert pour fermer une porte par derriere ; Barrer, fermer avec une barre ; barrer garnir de Barres.

Barreaux de fer servant pour les grilles des fenestres, &c.

Barre d'un tour. *V. p.* 578. 585. Pl. LX.

Barriere. *V. p.* 104.

Bascule, est une Machine qui sert à plusieurs usages, comme les Bascules avec lesquelles on tire de l'eau, qui sont des pieces de bois soustenuës sur un essieu par le milieu ou autrement, pour estre plus ou moins en équilibre ; lorsque l'on pese sur l'un des bouts l'autre hausse, & par ce moyen elles élevent l'eau. *V. p.* 74.

Les *Bascules* ou Ponts levis sont de pareilles Machines suspenduës sur des essieux.

Il y a aussi des Serrures que l'on nomme *Bascules*, parce qu'elles se haussent & se baissent. *V. p.* 221.

BASE. La Base de la colonne est la partie qui est au dessous du fust de la colonne, & qui pose sur le piedestal, ou Zocle, lorsqu'il y en a. Le Tore & les Astragales qu'on y met d'ordinaire, ont esté ainsi disposez d'abord pour imiter les cercles de fer dont on fortifioit les extremitez des troncs d'arbres, qui servoient à soûtenir les maisons. Le mot de Base vient du grec βάσις c'est-à-dire l'*appuy*, le *souftien*, ou le *pied* de quelque chose. Les Bases sont differentes selon les differens Ordres.

L'on nomme aussi *Base* tout ce qui sert comme de premier fondement hors le rez de chaussée, pour soûtenir toute sorte de corps, ou d'edifice. On dit aussi *Embasement*, quand c'est une Base de longue estenduë, comme du tour d'une chambre, d'une tour ou de quelque autre lieu. *V*. STEREOBATE.

BASE Atticurge. *V*. ATTIQUE.

BASE, ou costé exterieur du Polygone, terme de fortification. *V. p.* 94.

BASILIQUE, c'est proprement ce que nous appellons une grande Salle. βασιλική veut dire Maison Royale, & dans la suite des temps l'on a nommé Basiliques, non seulement les Salles où les Princes rendoient la Justice, mais aussi les Temples & les Eglises, qui sont comme les lieux que Dieu semble particulierement habiter. Chez les Anciens ces Salles avoient deux rangs de colonnes, qui faisoient comme une grande nef au milieu, & deux ailes à costé : sur ces ailes il y avoit des galleries. Ces lieux qui avoient esté premierement faits pour la magnificence des Palais, servirent depuis à rendre la Justice.

BASQUE. *V.* BOURCEAU.

BAS-RELIEFS de differentes sortes. *V.* p. 302.

BASSE-COURT d'un chasteau, ou d'une maison de campagne, *chors.* Vitr. l. 6. c. 9.

BASSIN où l'on détrempe la chaux, c'est la fosse où on l'éteint. *Mortarium.* Plin. l. 36. c. 23. Vitr. l. 8. c. 7.

BASSIN, ou Cuve où l'on se baigne, *labrum.* Vitr. l. 5. c. 10.

BASSIN de fontaine ; il y en a de differentes façons pour recevoir l'eau.

BASSIN de balance. *V.* BALANCE.

BASTILLE, est un petit fort. C'est aussi un nom particulier qui signifie la forteresse, ou chasteau qui est à Paris entre l'Arcenal & la porte S. Antoine ; & où l'on met les Criminels d'Estat.

BASTIDE, maison de campagne en Provence.

BASTION, c'est un grand corps avancé sur les angles saillans du corps d'une place, duquel les parties sont deux faces & deux flancs. *V.* p. 92. 113. Pl. XIV.

BASTON, est un membre rond dans l'Architecture, que l'on nomme aussi Tore.

BASTONS rompus, pieces de compartimens dans des vitres & autres ouvrages. *V.* p. 274. Pl. XLII.

BATARDEAU ; c'est une cloison d'ais, de terre glaise, ou d'autre chose qu'on fait dans l'eau, pour y bastir quand l'eau est épuisée.

BATTANS ; dans les portes ou fenestres de menuiserie, ce sont les maistresses pieces d'assemblage des costez où sont les serrures. *V.* p. 180. Pl. XXVIII.

BATTAISON. Ce mot n'est pas en usage. M. de Chambray s'en est servy au 3. ch. de son Paralelle de l'Architecture ancienne avec la moderne, où en parlant du Theatre de Marcellus, il dit que les *Gouttes tombent en battaison sur les Triglyphes*, c'est à dire qu'elles inclinent en devant.

BATTERIE, ce sont des terres élevées sur lesquelles on pose l'Artillerie. *V*. p. 98.

BATTERIE. Lorsque l'on fait des Ponts & que l'on enfonce les pilotis, on demande ordinairement combien il y a de *Batteries*; c'est-à-dire, combien il y a d'Engins pour fraper avec des *Hies* ou des *Moutons*.

BATTELEMENT, c'est la fin ou l'extremité de la couverture qui tombe dans une gouttiere.

BATTURE. *V*. COLE-A-MIEL.

BAUDETS, Hours ou Ours; ce sont des treteaux sur lesquels les Sieurs de long posent leurs bois pour les debiter.

BAUDRIERS. *V*. ECHARPES.

BAUCHE, ou Bauge; c'est une espece de maçonnerie qui se fait avec de la terre franche & de la paille bien petrie & corroyée. On s'en sert dans les pays où la pierre & le plastre sont rares.

BAVETTE, l'on appelle ainsi une bande de plomb qui couvre les bords & les devans des Chesneaux, & que l'on met aussi sur les grandes couvertures d'ardoise au dessous des Bourseaux. *V*. BOURSEAU.

BAVOCHE', c'est-à-dire en terme de Peinture, un contour qui n'est pas couché nettement. *Voyez page* 293.

BEC. *Voyez* AVANT-BEC.

BA

Bec-d'asne, outil servant aux Menuisiers. *Voyez p.* 179. 188. Pl. XXXII.

Bec-d'asne croche, dont les Serruriers se servent pour ferrer les fiches dans le bois. *V. p.* 229. 246. Pl. XXXVIII.

Bec de cane, outil servant aux Menuisiers. *V. p.* 179. 186. Pl. XXXI.

Bec de cane. Il y a de petites serrures à ressort qu'on nomme ainsi. *V. p.* 218.

Befray ou Befroy, c'est la charpenterie qui soûtient les cloches dans une tour, ou dans un clocher.

Befroy signifie aussi Eschauguette, Dongeon.

Belier, *Aries*. Vitr. l. 10. c. 19. C'estoit une grande poutre ferrée par le bout, & suspenduë par deux chaisnes, dont on se servoit anciennement pour battre les murailles des villes. Il y en avoit de trois sortes, les uns suspendus à des cordes, les autres coulant sur des rouleaux, & les autres soustenus sur les bras de ceux qui les faisoient agir.

Benarde, espece de Serrure. *V.* Serrure.

Berceau, Voute faite en berceau. *V.* Voute.

Beril, *Berillus*, c'est une pierre fort semblable au Crystal, il s'en trouve de grosses pieces, dont l'on fait des vases fort precieux. Il y en a beaucoup à Cambaya, à Martaban, & au Pegu, comme aussi dans l'isle de Zeïlan. *De l'Escluse histoire des Drog.* l. 1. c. 47.

Berlong. *V.* Barlong.

Berme, ou Relais, est une espace ou retraite de quatre ou cinq pieds, qu'on laisse en dehors entre le pied du Rampart, & l'Escarpe du fossé. *V. p.* 95.

Rrr ij

BESAIGUE, outil de fer aceré & coupant par les deux bouts, dont l'un est *bec-d'asne*, & l'autre *planché à bizeau*, ayant une poignée au milieu, & dont se servent les Charpentiers. *V. p.* 127. 138. Pl. XVIII.

BESAIGUE, espece de marteau servant aux Vitriers. *V. page* 268. 280. Pl. XLV.

BIAIS, les Maçons & les Charpentiers disent *de biais*, pour dire de travers ; *biaiser*, c'est faire aller de travers.

BIAIS *gras*, BIAIS *maigre*, c'est un terme dont les Maçons se servent pour exprimer deux angles inégaux entre eux, & ce qu'en Geometrie on appelle *Angle obtus*, & *angle aigu*.

BIAIS *par teste*, *par dérobement*, *par équarissement*, sont encore des termes dont ils se servent pour marquer la coupe de quelque pierre.

BIAIS PASSÉ. Lorsque dans les bastimens il se rencontre des sujettions qui obligent de faire des portes ou fenestres en biais, cela se nomme *Biais passé*, à cause du trait geometrique, dont le trait se fait ou par équarissement, ou par panneaux. Quand les passages ou les ouvertures qui se font de cette sorte ne sont de biais que d'un costé ; On appelle cela *Corne de bœuf*, ou *corne de vache*.

BICOQ, ou pied d'une Chevre. *Voyez page* 129. 141. Plan. XX.

BIGORNE, c'est le bout d'une Enclume qui finit en pointe, & qui sert à tourner les grosses pieces en rond. On dit *Bigorner*, pour dire arrondir sur cette partie de l'Enclume, un morceau de fer, ou les anneaux des clefs. Il y a la petite BIGORNE ou *Bigorneau*, dont un bout est quarré, & l'autre rond pour tourner les roüets & autres petites pieces. Elle se met sur l'Etablie. *Voyez page* 242. Pl. XXXVI.

BILBOQUET servant aux Doreurs. *V. page* 293. 300. Plan. XLVI.

BILLE d'acier. *V.* CARREAUX.

BILLOT que l'on met sous les pinces ou leviers pour mouvoir quelque fardeau. *V.* ORGUEIL.

BILLOT dont se servent les Serruriers pour tourner les rouleaux. *Voyez page* 242. Pl. XXXVI.

BINARD est une espece de chariot monté sur quatre roües d'une mesme hauteur, sur lequel on mene de grosses pierres.

BISEAU, outil servant aux Tourneurs, & autres Ouvriers. *V. p.* 379. 386. Pl. LX.

On dit un Fermoir à deux biseaux, quand les costez sont également affutez pour couper.

BISTRE. *V. page* 403.

BLANC EN BOUR, espece d'enduit fait de terre & recouvert de chaux.

BLANC pour peindre à Fraisque. *V. p.* 405.

BLANC de Craye. *V. p.* 409.

BLANC de Plomb. *V. p.* 416.

BLANC-&-NOIR. *V. p.* 422.

BLANC pour dorer. *V. p.* 286.

BLANCHIR des ais. *V. p.* 276.

BLANCHIR des targettes avec la lime. *V. p.* 226.

BLANCHIR l'argent. *V. p.* 355.

BLEU de forge dont l'on se sert dans les Grottes. *V. page* 448.

BLEU artificiel dont on se sert en Peinture. Il est fait

de fable, de fel, de nitre, & de limaille de cuivre. Vitruve enfeigne cette compofition l. 7. c. 11. mais la belle couleur bleuë qui eft naturelle eft faite de *Lapis Azuli*. V. OUTREMER.

Il y a une autre couleur bleuë qui fe fait en Flandre, dont les Peintres fe fervent, mais qu'ils n'employent que dans les païfages, parce qu'elle verdit facilement, auffi l'appelle-t-on *cendre verte*.

BLEUIR. Quand on veut dorer en feüille quelque Figure de bronze, on la fait chauffer pour y appliquer les feüilles d'or. Comme en chauffant la Figure prend une couleur de gris bleüaftre, les Ouvriers nomment cela, *la faire bleüir, & la mettre en couleur d'eau*.

BLINDES, en terme de fortification, eft un nom Flamand, qui fignifie ce que nous appellons Chandeliers, qui font des défenfes faites de bois ou branches d'arbres, entrelaffées pour empefcher l'ennemy de voir ce que l'on fait. Il y en a de diverfes manieres felon la diverfité des lieux. *V. p.* 108.

BLOC de marbre, eft une piece de marbre telle qu'on la tire de la carriere ou cave, & qui n'a encore aucune forme. *Voyez p.* 312.

BLOC de plomb, eft une efpece de billot tout rond de cinq à fix pouces de diametre, & de trois pouces de haut ou environ, fur lequel ceux qui gravent en creux pofent leurs ouvrages, quand ils travaillent avec les cizelets ou poinçons, & le marteau. *Voyez p.* 360. Pl. LV.

BLOCAGE, menuës pierres de maçonnerie. *Cæmentum*, Vitr.

BLOCHETS, font des pieces de bois qui entretien-

BO

nent les chevrons de croupe, & les Jambettes des couvertures, & qui font posez sur les sablieres des croupes & des longs pans. *Voyez pag.* 123. 136. Pl. XVII.

On dit establir & traisner les Blochets pour establir les Entraits dessus. On dit aussi qu'ils sont *travez* à mordant ou mors d'asne & queuë d'aironde, pour dire assemblez de ces differentes manieres.

Bobine. *Voyez* p. 370. Pl. LVII.

Bosse, ou Bosselle, espece de serrure. *V.* p. 216.

Boete servant à mettre les quarrez pour les Medailles. *V.* p. 351. 358. Pl. LIV.

Boete dans laquelle les Vitriers mettent leur poix rafine. *V.* p. 268. 280. Pl. XLV.

Boete servant à tourner les forests ou fraises. *V.* p. 242. Pl. XXXVI.

On nomme Boetes les ais ou planches qui servent pour couvrir & revestir des pieces de bois, soit poutres, soit solives ou autres choses.

Boete d'un Villebrequin, c'est le morceau de bois dans lequel on met la meche.

Bois merrein. *V.* Merrein.

Bois rustiques. Les Menuisiers qui travaillent de placage, appellent *bois rustiques* les bois de racines qu'ils employent dans les ouvrages de rapport. *Voyez pag.* 190.

Bois d'email, c'est du bois qui est fendu & sié du centre à la circonference.

Bois dechiré, on dit déchirer du bois pour le rompre par morceaux, comme quand on met un vieux batteau en pieces on dit le *dechirer*.

Bois roulé. *V.* p. 125.

Bois refait & mis à l'Equaire. *V. p. 126.*

On dit des pieces de bois *refaites & dreſſées ſur toutes les faces*, lorſqu'elles ſont bien équairies de tous coſtez.

BOISER une chambre, c'eſt la reveſtir de bois & d'ouvrage de Menuiſerie.

BOL. Les Doreurs pour faire l'Aſſiette de l'or ſe ſervent du Bol d'Armenie, qui eſt une terre qui vient de ce pays-là. On l'appelle auſſi *terra Lemnia*, parce que ce ſont les habitans de l'Iſle de *Lemnos* qui en font trafic, & qui la portent à Conſtantinople: mais ils la falſifient ordinairement, auſſi-bien que leur terre appellée *Lemnia Sphragis*, qui eſt la terre Sigillée, bien qu'ils ne manquent pas de la faire marquer pour mieux tromper les achepteurs. Comme ils meſlent le Bol d'Armenie avec de la terre de leur pays, il eſt plus paſle que le vray Bol, qui eſt plus rouge. Il y a auſſi d'autres terres qui ne viennent pas de ſi loin que l'on vend pour Bol d'Armenie.

BOMBÉ, renflé. *V.* CREUX.

BONBANC, eſpece de pierre. *V. p. 66.*

BORAX, c'eſt un mineral qui ſe trouve dans les mines d'or, d'argent, de cuivre, & de plomb. Il eſt ordinairement blanchaſtre, jaune, vert, & noiraſtre. Il eſt appellé *Chryſocolle*, à cauſe qu'il ſert à ſouder l'or, & meſme l'argent & le cuivre. Les Arabes & les habitans de Guzarate l'appellent *Tincar* ou *Tincal*; On le tire d'une montagne diſtante de Cambayette environ cent lieuës. Il croiſt auſſi aux environs de Guzarate, entre Bengala & Cambaya. De l'Eſcluſe liv. 1. c. 35.

c. 35. *de son Histoire des Drogues.* Il s'en trouve aussi en d'autres endroits de l'Europe.

Il y a une autre sorte de Borax artificiel, qui se vend chez les Droguistes, & qui est celuy dont l'on se sert communement. Il est fait avec de l'alun & du salpestre.

BORDEMENT, terme de Peinture en Email. *Voyez* p. 427.

BORDOYER. *V.* p. 428.

BORDURE, ou Corniche d'un tableau. *V* QUADRE.

BORNAYER, c'est connoistre à l'œil si une chose est droite; un Tailleur de pierre bornoye un parement de pierre, pour voir s'il est droit & bien dégauchy.

BORNE, limite. Borne de pierre que l'on met aux coins des ruës & des portes.

BORNES. Les Vitriers appellent ainsi certaines pieces de verres qui entrent dans des panneaux de Vitres. Il y en a de diverses sortes. *V.* p. 268. Pl. XXXIX.

BOSEL. *V.* TORE, SPIRE.

BOSSE. En terme de Sculpture, on dit, un ouvrage relevé en bosse, en demy-bosse, de demy-relief; un ouvrage de ronde bosse, ou de relief.

BOSSAGE. Lorsqu'en bastissant on laisse des pierres non taillées pour y faire quelque ouvrage, on nomme cela *des Bossages.*

Il y a aussi une maniere de joindre en Bossage les pierres dans les grands bastimens comme on voit dans le Palais de Luxembourg. Vitr. l. 4. c. 4. parle de cette maniere de bastir.

BOSSAGES sur les pieces de bois, comme il y en a aux engins. *V.* p. 129.

BOUCHARDE, est un outil de fer, de bon acier par le bas, & fait en plusieurs pointes de diamant, fortes & pointuës de court : les Sculpteurs en marbre s'en servent pour faire un trou d'égale largeur, ce qu'ils ne pourroient faire avec des outils tranchans. On frappe sur la Boucharde avec la masse, & ses pointes *maurtrissant* le marbre, le mettent en poudre, qui sort par le moyen de l'eau qu'on verse de temps en temps dans le trou de crainte que le fer ne s'échauffe, & que l'outil ne perde sa trempe ; Car c'est par la mesme raison qu'on moüille les grais sur lesquels on *affute* les outils qui se détremperoient si on les frottoit à sec. Cela se fait aussi pour empescher que la pierre ne s'engraisse, & que le fer n'entre & ne se mette dans les pores du grais. On moüille aussi les Trepans qui s'échauffent en trepanant.

Lorsqu'on travaille avec la Boucharde, on prend un morceau de cuir percé, au travers duquel on la fait passer. Ce morceau de cuir monte & descend aisément, & empesche qu'en frappant sur la Boucharde l'eau ne rejallisse au visage de celuy qui travaille. *V. p.* 313. 316. Pl. XLVIII.

BOUCHER d'or moulu. *V. p.* 194.

BOUCLES ou anneaux servant pour les portes. *V. p.* 214. 238. Pl. XXXIV.

BOUDIN, il y a des Ouvriers qui nomment ainsi le Tore de la base d'une Colonne.

BOUDIN, ressort à boudin. *V. p.* 220.

BOULEVART. *V. p.* 113.

BOULIN. Les Maçons appellent ainsi les pieces de bois qu'ils mettent dans des trous de murailles pour eschaffauder. Ils appellent aussi trous de *Boulins* les trous où l'on met ces mesmes pieces de bois. C'est ce que Vitr. l. 4 c. 2. appelle *Opas, Colombaria*, à cause de la ressemblance qu'ont ces trous avec les boulins d'un coulombier ou voliere, dans lesquels les pigeons font leur nid.

BOULONS de fer, ce sont de grosses chevilles qui ont une teste ronde à un bout, & à l'autre une ouverture dans laquelle l'on passe un morceau de fer qu'on appelle *Clavette*. On se sert de boulons pour soustenir une poutre ou un tirant, & les attacher au poinçon, & encore à d'autres usages. *V. p.* 210.

BOULON servant à tenir les barres ou fleaux des grandes portes. *V.* FLEAU.

BOULON qui sert de Noyau pour faire les tuyaux de plomb sans soudure. *V. p.* 162. 168. Plan. XXVI.

BOUEMENT est une maniere d'assemblage dont se servent les Menuisiers. Ils disent *Abouëment*, au lieu de Boüement, comme les Charpentiers disent *Abouts* au lieu de Bouts. *Voyez page* 15. 180 Plan. XXVIII.

BOURIQUE, c'est une petite machine composée d'ais qui sert aux Couvreurs quand ils travaillent sur les couvertures, elles s'acrochent aux lates, & ils mettent l'ardoise dessus pour en prendre à mesure qu'ils l'employent. *V. page* 156. Pl. XXIV.

BOURIQUET, espece de Civiere servant aux Maçons à élever des moüellons & autres materiaux dans des baquets. *V. page* 82. Pl. XL.

BOURSEAU ou Boursault, c'est un gros membre rond fait de plomb, & qui regne dans les grands bastimens au haut des toits couverts d'ardoise. Il y a une bande de plomb au deſſous du *Bourſeau*, que l'on nomme *Bavette*. Le petit membre rond qui eſt encore ſous la bavette s'appelle *Membron*. La piece de plomb qui eſt au droit des areſtieres, & ſous les epics ou amortiſſemens, ſe nomme *anuſure* ou *baſque*, parce qu'elle eſt coupée en forme de baſque. *Voyez page* 151. 154. Pl. XXIII.

Bourseau rond dont les Plombiers ſe ſervent pour battre. *Voyez page* 168. Plan. XXVI.

Bousin, c'eſt le deſſus des pierres qui ſortent de la carriere; il tient du ſouchet, & ne vaut rien qu'à abattre: on l'oſte en équariſſant les pierres. L'on dit ebouſiner une pierre pour dire en oſter le bouſin.

Boutans, ce ſont des pieces de bois qui pouſſent & arboutent: ou bien des pilliers de pierre qui arboutent contre une muraille.

Bouterolle, c'eſt dans une clef une maniere d'ouverture & de fente dans laquelle paſſent les Roüets & Gardes des Serrures. *V.* p. 216.

Bouts, Bouterolles, Outils ſervant à ceux qui gravent ſur les pierres dures. *V. page* 367. 374. Pl. LIX.

Boutée. Une muraille, ou un edifice qui a beſoin de grande boutée, c'eſt-à-dire de grande force & d'arcs-boutans pour le pouſſer, afin de tenir l'œuvre ſerrée, comme l'on voit aux grandes Egliſes qui ont des Arcs-boutans & des pilliers boutans.

Boutique, c'eſt un lieu qui ſert aux Ouvriers pour travailler, & aux Marchands pour vendre.

Boutisse, pierre miſe en boutiſſe, c'eſt-à-dire quand la plus grande longueur de la pierre traverſe le mur. *Voyez* Parpaing.

Boutons qui servent aux loquets des portes. *Voyez* page 213. 217.

Boutons, pour tirer & fermer les portes. *Voyez* page 214. 238. Pl. XXXIV.

Bouvet, outil servant aux Menuisiers. *V.* page 178. 186. Pl. XXXI.

Bouvement. *V. p.* 178.

Boyaux. *V. p.* 102.

Brancart. *V. p.* 84. Pl. XII.

Brancart. *V.* Chevalet.

Branches. On dit souvent les branches des voutes pour dire les arcs. *V.* Ogives. *V.* Voutes.

Brandy. On dit un chevron *brandy sur la panne*, c'est-à-dire chevillé sur la panne. *V. p.* 122.

Bras. *Voyez* Poinçons.

Bras de Chevres. *V. p.* 128. 142. Pl. XX.

Bras de Civiere, de Bar, ou autres engins à porter des materiaux.

Bras des Poupées d'un Tour. *Voyez* page 379. 385. Planche LX.

Braser, c'est joindre deux pieces de fer l'une contre l'autre, & les faire tenir avec de la soudure. *Voyez* page 222.

Brayers. On appelle ainsi parmy les Maçons les cordages qui élevent le *Bouriquet*. *V.* Bouriquet. *Voyez aussi* page 82. Pl. XI.

Breche. L'on nomme ainsi une espece de marbre qui se tire des Pyrennées. *V. pag.* 61.

Brequins pour percer le bois ou la pierre tendre. *Voyez* Villebrequins.

Bretelles, especes de Hottes. On appelle aussi

Bretelles les fangles des Hottes que l'on paffe dans les bras, comme auffi celles qui fervent pour porter les *Civieres*, & traifner les *Broüettes*.

BRETER ou *Breteler*, c'eſt parmy les Sculpteurs une maniere de travailler, foit de cire, foit de terre. Ils ont un Eſbauchoir de bois qui a des dents par un bout, & qui en oſtant la terre ou la cire ne fait que dégroſſir & laiſſer les traits fur l'ouvrage qu'on nomme *brettures*.

Les Maçons ont des truelles qu'ils nomment *Bretées* ou bretelées, parce qu'elles ont des dents. Elles leur fervent pour dreſſer les enduits de plaſtre.

Les Tailleurs de pierres ont auſſi des marteaux qui font *bretez*, & qui leur fervent à dreſſer les paremens des pierres.

BRETONS, eſpeces de Coquilles. *V. page* 449.

BRINS de fougere. Dans la Charpenterie il y a une maniere de diſpoſer des pieces de bois, qu'on nomme à *brins de fougere*.

BRIQUE. Les Briques dont Vitruve parle au 3. chap. du 2. l. eſtoient anciennement de differentes grandeurs. Les Grecs en faiſoient principalement de trois fortes, l'une qu'ils appellent δίδωρον, c'eſt-à-dire de deux palmes, l'autre τετράδωρον de quatre palmes, & la troiſiéme πεντάδωρον de cinq palmes. Ils en faiſoient encore d'autres, qui n'avoient de grandeur que la moitié de chacune de ces trois fortes, & les joignoient enfemble pour rendre leurs ouvrages plus folides & plus agreables à la veuë par la diverſité des grandeurs & des figures de ces differentes briques. Les Anciens ſe fervoient de briques cuites au fourneau, & d'autres non cuittes, mais sechées à l'air pendant plusieurs années. Il faut voir les Notes de M. Perrault sur Vitruve au 3. ch. du 2. liv. *V. p. 172.*

BRIQUE de Chantignole ou d'Echantillon. *Voyez page 172.*

BRIQUETÉ, qui est fait de brique, ou façon de brique.

BRIQUET, est une espece de couplet, mais dont la charniere ne paroist pas comme aux autres couplets, où elle forme des deux costez un demy Cylindre.

BRISIS. Dans les Combles coupez la partie superieure & qui va jusqu'au faiste, se nomme *brisis*. On appelle aussi le *brisis* l'endroit où le toit est coupé & comme brisé. *V. p. 154. Pl. XXIII.*

BROCATELLE, espece de marbre. *V. p. 59.*

BROCHES rondes, ce sont des morceaux de fer ronds qui servent aux Serruriers pour faire des couplets & des fiches, & pour tourner plusieurs pieces à chaud & à froid. *V. p. 229.*

BROCHES quarrées pour tourner aussi plusieurs pieces dessus. *Id.*

BROCHE d'une serrure; c'est le fer qui entre dans la forure de la clef. *V. page 219. 238. Pl. XXXIV.*

BRONZE, c'est une composition de metaux. *Voyez p. 335.*

BRONZÉ, c'est ce qui imite la bronze; ce qui se fait avec la purpurine, cuivre broyé ou feüilles de cuivre appliquées comme des feüilles d'or.

BROSSE, espece de pinceau fait de poil de cochon, dont les Peintres se servent.

BROSSES des Vitriers. *V. page* 268. 280. Pl. XLV.

BROSSES de poil de sanglier dont se servent les Doreurs. *V. p.* 286. 300. Pl XLVI.

BROSSES dont se servent ceux qui travaillent de Stuc. *V. p.* 346. Pl. LII.

BROUETTE, c'est une espece de petit tombereau qui n'a qu'une roüe à un bout, & deux bras à l'autre bout. En levant les deux bras, & poussant la broüette on la fait aller sur sa roüe. Elle est d'un grand usage pour le transport des terres, principalement dans les lieux plats & unis.

BROYER les Couleurs, c'est lorsqu'on les met sur la pierre; qu'on les reduit en poudre avec la molette, & qu'ensuite on y met de l'huile de noix ou de lin pour les détremper, ou bien de l'eau quand est à détrempe. Lorsqu'on les met sur la palette, & qu'on les mesle avec le cousteau, on dit *faire le meslange des couleurs, les détremper*.

BRUNIR, c'est polir l'or & l'argent; l'on dit un ouvrage d'or bruny. Cela se fait avec la dent de loup, la dent de chien, ou la pierre sanguine en differentes manieres. Lorsqu'on brunit l'or sur les autres metaux on moüille la pierre sanguine dans du vinaigre: mais lorsqu'on brunit l'or en feüilles, sur les couches à détrempe, il faut bien se garder de moüiller la pierre, ou la dent de loup. *Voyez page* 293.

BRUNISSOIR est un outil qui sert pour brunir & pour polir. Il y en a de diverses façons. Pour brunir l'or & l'argent, on se sert d'ordinaire d'une dent de loup, d'une dent de chien, ou d'une pierre qu'on nomme Sanguine, qui est une espece de caillou.

On

On met ces dents ou cette pierre au bout d'un manche de fer ou de bois. Il y a aussi des Brunissoirs d'acier, communs à plusieurs Ouvriers. Ceux des Graveurs en cuivre servent d'un costé à brunir & polir; & de l'autre à racler. *Voyez page* 391. 394. Pl. LXI.

Les Serruriers ont aussi des BRUNISSOIRS pour polir le fer: les uns sont droits, les autres croches pour polir les anneaux des clefs. Il y en a d'autres qui sont demy-ronds pour estamer avec de l'estain. *Voyez pag.* 227. 229. 246. Pl. XXXVIII.

BRUT, aspre, raboteux. On dit un diamant *brut* qui n'est pas encore taillé; & une pierre *brute* lors qu'elle sort de la carriere.

BURGOS, espece de coquille. *V. p.* 449.

BURIN, c'est un outil d'acier avec lequel on grave sur le cuivre & sur les autres metaux. Il y en a de diverses sortes selon les ouvrages que l'on fait. *V. p.* 394. Pl. LXI.

Les Serruriers ont des Burins plats pour fendre les panetons des clefs, & pour couper & emporter le fer à froid lorsqu'il s'y trouve des grains. Ils ont encore d'autres burins coulants, carrez & en lozanges pour graver; d'autres propres à piquer les rapes. *Voyez page* 229.

BURINER, graver sur les metaux.

BUSTE, c'est le demy-corps d'une Figure de marbre ou d'autre matiere, c'est-à-dire la teste, les épaules, & l'estomach, & où mesme il n'y a point de bras. Bien qu'en peinture on puisse dire d'une Figure qu'il n'en paroist que le buste, comme d'un portrait à demy-corps, neanmoins cela ne s'appelle pas ordinairement un buste, ce mot estant propre & determiné à ce qui est de relief. Les Italiens disent *Busto*, ce mot vient peut-estre de l'Allemand *Brust*, qui signifie l'estomach. Aussi parlant d'une Antique, on dit que la teste est de marbre, & le buste de porphire ou de bronze, c'est-à-dire l'estomach & les épaules.

BUTTES, ou butées. *V.* PILLES.

BUVEAU ou BEVEAU, c'est un instrument semblable à une Equaire : mais au lieu que l'Equaire demeure fixe, & que les branches en sont immobiles, celles du Buveau se ferment & s'ouvrent comme l'on veut pour prendre & pour tracer toutes sortes d'Angles.

Outre cela au lieu que les branches d'une Equaire sont à droite ligne, celles du Buveau ont quelquefois une forme ronde, & sont bombées ; Quelquefois il n'y en a qu'une qui soit bombée, & l'autre est droite ; D'autres fois elles sont courbées & creuses en dedans, ou il n'y en a qu'une qui est de la sorte, ou mesme la moitié d'une : ainsi on en fait de plusieurs façons, selon le besoin qu'on en a. *Voyez* p. 76. Plan. IX.

On dit le Buveau de deux plans, pour marquer l'inclinaison qu'il y a entre eux. Dans la coupe des pierres on se sert du mot de Buveau en diverses manieres, comme on peut voir dans le Traité du P. Derrand & dans celuy du Sieur Desargues.

C

Cabane, c'est une petite maison couverte de chaume.

Cabinet. Le mot de *Cabinet* a plusieurs significations, car il se prend quelquefois pour une armoire à serrer des papiers, ou d'autres sortes de hardes; d'autres fois il signifie une petite piece d'un appartement qui peut servir à plusieurs usages.

Ainsi l'on appelle Cabinets les lieux que l'on orne de Tableaux, & que Vitruve l. 6. c. 5. appelle *Pinacotheca*.

Cabinet de conversation. C'est ce que Vitruve appelle *Exedra*.

Cabinet, lieu retiré & enfermé soit d'arbres, de treillage, ou d'autres manieres dans un jardin.

Cabinet d'estude.

Cabinet où l'on serre des papiers.

Cables, ou Chables, ce sont de grosses cordes servant à monter les fardeaux. *V.* p. 146. Plan. XXII.

Cache-entre'e d'une serrure, c'est une petite piece de fer qui couvre l'entrée.

Cadenas, ou Cadenat. Il y en a de differentes sortes. *V.* p. 221. 238. Pl. XXXIV.

Cadole, ou loquet d'une porte. *V.* p. 219.

Cadre d'un Tableau. *V.* Quadre.

Cage, l'on dit la Cage d'un Escalier, c'est-à-dire les murs ou pans de bois qui l'enferment. On dit aussi la Cage ou l'enceinte d'un bastiment.

Caillou. *Voyez* page 44.

Cailloux de rivieres servent pour faire les couleurs propres à peindre sur le verre. *Voyez p. 253.*

CALAMINE, c'est une pierre ou terre bitumineuse, qui donne la teinture jaune au cuivre rouge. *Voyez page 335.*

CALCINER, c'est reduire des pierres ou autre chose en chaux, par le feu.

CALE, c'est un morceau de bois ou d'autre chose fort mince que l'on met entre deux pierres ou pieces de bois pour les presser & remplir le vuide. On dit *Cale* au lieu d'Escaille.

CALER, c'est mettre une *Cale*.

CALIBRE, c'est l'estenduë d'une chose en grosseur. Ainsi l'on dira qu'une colonne de marbre sera de mesme Calibre qu'une autre colonne de pierre, lorsqu'elles seront toutes deux d'un mesme diametre.

CALIBRE dont se servent les Charpentiers & les Menuisiers. C'est un bout d'ais entaillé en triangle dans le milieu pour prendre des mesures. *V. pag.* 127. 138. Pl. XVIII. *& p.* 178. 184.

CALIBRE, c'est aussi un petit instrument de fer qui sert aux Serruriers pour voir si les forets vont droit lorsqu'ils forent les tiges des clefs, & pour les arrondir. *V. p.* 230.

Ils en ont encore pour prendre la grosseur des Verroüils des Targettes.

CALQUER, c'est contre-tirer un dessein sur une muraille, ou autrement, pour en avoir les mesmes traits: cela se fait en frottant le dessous du dessein avec du noir ou d'autre couleur ; & ensuite avec une pointe qu'on passe & qu'on presse dessus, on fait que la couleur marque sur la muraille ou autre chose qui est sous le dessein.

Quand au lieu de passer ainsi une pointe, on pique le dessein sur tous les coutours avec des points prés à prés, & qu'aprés on le frotte avec du charbon en poudre, cela s'appelle *poncer*, & l'on nomme *poncis* les desseins qui sont piquez de la sorte, & qui servent plusieurs fois à faire de pareils ouvrages.

CAMAYEU, Lat. *Cameus*; les Joüaillers & les Lapidaires nomment Camayeus les Onyces, Sardoines, & autres pierres taillées de relief, ou en creux. Boot. *de lap.* l. 2. c. 85. C'est ce qui a donné lieu aux Peintres d'appeller *Camayeus* les Tableaux qui imitent ces sortes de pierres. Les Anciens nommoient ces peintures *Monochromata*.

CAMBRE', courbé, vouté. *V.* CREUX.

CAMPANE, c'est le corps du chapiteau Corinthien & du chapiteau Composite, que les Ouvriers appellent aussi *Tambour* ou Vase, & au dessus duquel est l'Abaque ou Tailloir. Il a esté nommé Campane, à cause qu'il a quelque ressemblance à une cloche renversée. Il ressemble aussi à une corbeille ou panier, à l'entour duquel les feüilles prennent leur naissance. Il faut que le vif ou face de la Campane soit toûjours à plomb, & de niveau avec le fond des cannelures de la Colonne.

CAMPANINI, espece de marbre. *V.* p. 57.

CANAL, tuyau ou *descente* qui sert pour conduire les eaux d'un toit jusqu'en bas. Vitr. *Fistula*.

CANAL d'aqueduc.

CANAL; dans le Chapiteau Ionique, c'est la partie

qui est sous le Tailloir aprés le Listeau, & qui posant sur l'Echine ou Ove, se contourne de chaque costé pour faire les Volutes. *V*. p. 20. Pl. III.

CANAL de riviere ou de fontaine.

CANDELABRE grand chandelier de sale fait à l'Antique.

CANNELÉ, qui a des Cannelures.

CANNELER des Colonnes. Colonnes cannelées.

CANNELURES, ce sont des demy canaux qui sont creusez le long des colonnes au nombre de vingt-quatre, & quelquefois davantage, Vitr. l. 4. c. 2. ne met que vingt cannelures aux colonnes Doriques: mais à present cela ne s'observe point, & l'on en met vingt-quatre indifferemment à tous les Ordres, & quelquefois vingt-huit & trente-deux à l'Ordre Corinthien. Vitr. l. 3. c. 3. nomme les Cannelures ou cavitez, *striges*; & l'espace plein ou listel qui est entre chaque cannelure, ou canal, *Sevia*. Les Cannelures qui n'ont point de listel qui les separent, s'appellent *Cannelures à vives arrestes*.

CANONS. *V*. GARGOUILLES.

CANON d'une serrure dans lequel entre le bout de la tige de la clef. *V*. p. 219. 221. 238. Pl. XXXIV.

CANONNIERES. L'on appelle ainsi les ouvertures que l'on laisse dans de gros murs pour evacuer les eaux.

CANTIBAY. *V*. DOSSES.

CAPONNIERES; ce sont des logemens couverts & creusez dans le fond d'un fossé sec, pour loger des soldats.

CARIÉ, l'on dit du bois carié quand il est piqué des vers.

Carillon. L'on nomme *fer de Carillon* un petit fer qui n'a que huit à neuf lignes en quarré. *V. p. 195.*

Carme, acier de Carme. *V. p. 195.*

Carmin, couleur dont on se sert à peindre en Miniature. *V. p. 424.*

Carnation, c'est un mot general dont on se sert en Peinture pour exprimer la couleur de la chair, & toutes les parties d'un corps qui sont nuës & découvertes.

Carneaux. *V. p. 96.*

Carré dont on fait les medailles, c'est un morceau d'acier fait en forme de Dé, dans lequel est gravé en creux ce qui doit estre en relief dans la medaille. *V. p. 348. 358. Pl. LIV.*

Carreau. Il y a des lieux où l'on nomme les ais, des *Carreaux*.

Carreaux de pierre. On appelle *Carreaux de pierre* lorsqu'il n'y en a que deux ou trois à la voye ; quand il y en a davantage on dit *libes ou libage* ; & quand il n'y en a qu'un on dit un *quartier de pierre*.

Libages sont encore differens des Carreaux, en ce que les libages se font du ciel des Carrieres, ou ce sont de gros moilons, mais une pierre qui est vraye pierre de taille n'est jamais libage que lors qu'on ne peut en rien faire.

Carreaux ou pavez de terre cuite. *V. p. 171.*

Carrelage. *V. p. 170.*

Carreler, paver avec des Carreaux.

Carreaux ou billes d'acier.

Gros Carreaux taillez rudes pour esbaucher & limer le fer à froid, ce sont especes de grosses limes.

Voyez page 230. 246. Planche XXXVIII.

Gros demy-CARREAUX qui servent à mesme usage. *Id.*

CARREAUX doux, & demy-CARREAUX, ce sont des limes douces. *Id.*

Grosses CARRELETTES qui servent à limer & dresser les grosses pieces aprés que le Carreau ou demy-Carreau y a passé.

Autres CARRELETTES, ou limes douces.

CARRIERES, lieux d'où on tire la pierre. Les Italiens appellent *Cava, petrarezza*, le lieu d'où l'on tire le marbre. *V. p.* 66.

CARRIERS, ceux qui tirent la pierre.

CARTONS. Les Peintres appellent ainsi les grands Desseins de papier qu'ils font pour peindre à Fraisque, & qui servent à calquer des Figures contre les murailles, comme aussi ceux que l'on fait pour des tapisseries, & autres grands ouvrages. *V. p.* 404.

CARTOUCHES. Ce sont certains ornemens que l'on fait de Sculpture, de Peinture, &c. Ce mot vient de *Charta*, parce que les Cartouches representent des Rouleaux de Cartes coupées & tortillées. Leur premier usage estoit pour des inscriptions.

CARYATIDES. Ce sont des Figures de femmes vestuës de longues robes, & dont l'on se sert dans quelques bastimens, au lieu de colonnes. Il faut lire Vitr. l. 1. c. 1. pour voir la raison que les Anciens ont euë de s'en servir, & de quelle maniere ils en usoient. Athenée dit que d'une main elles soustenoient le fardeau dont elles estoient chargées, & qu'elles laissoient aller l'autre main en bas. Celles qui

qui portoient des panniers ou corbeilles se nommoient *Canifera*, *Ciſtifera*. Il y a apparence que les Anciens en ont repreſenté de pluſieurs façons, & que l'on a donné à toutes le nom de Caryatides, à cauſe des premieres qui furent faites. *Voyez* p. 33. 36. Pl. VII.

CASCADE, ou Caſcate. L'on nomme ainſi les endroits où il y a une chute d'eau, ſoit que le lieu & la chute d'eau ſoit naturelle, ſoit qu'elle ſoit faite par artifice, comme ſont pluſieurs ouvrages de maçonnerie que l'on fait dans les Grottes & dans les Jardins, pour faire tomber l'eau de haut en bas par diverſes chutes, & degrez.

CASEMATE. On appelle Caſemate, ou Coutremine, les puits & les rameaux qu'on fait dans le rampart d'un baſtion. *V.* p. 93. & 98.

CASILLEUX. Les Vitriers appellent le verre *Caſilleux* lorſqu'il ſe caſſe en pluſieurs morceaux, en y appliquant le diamant pour le couper. *V.* p. 264.

CASQUES, eſpeces de coquilles. *V.* p. 447.

CASSES ou QUAISSES. On appelle Caſſes l'entredeux des modillons où il y a des roſes. Ces Caſſes doivent eſtre quarrées dans tous les Ordres, & les modillons doivent avoir de largeur la moitié du champ des Caſſes. *V.* p. 24. Pl. IV.

CASSINE, eſt une petite maiſon de campagne.

CATAPULTES, *Catapulta*, eſtoient des machines dont les Anciens ſe ſervoient pour lancer des javelots de douze & quinze pieds de long. M. Perrault en a repreſenté la figure dans ſes Notes ſur le 10. l. de Vitr.

CATHETE. C'eſt la ligne perpendiculaire qui

Vuu

passe par le centre, ou œil de la volute, κάθετος signifiant une ligne perpendiculaire, ou ligne à plomb.

CAVALIER. V. p. 97.

CAVE, lieu soûterrain. L'on appelle cave, dans les bastimens les lieux voutez au dessous du rez de chaussée, lorsqu'ils ne reçoivent point de jour, & qu'ils servent à mettre le vin.

On dit aussi du sable de Cave, lorsqu'on le tire des puits ou ouvertures que l'on fait dans la campagne. Les Italiens appellent *Cava*, la Carriere d'où ils tirent le marbre.

CAVET, c'est un membre ou moulure rentrante, faite de la quatriéme partie d'un cercle, & qui fait partie des ornemens des corniches. *Voyez page 11.* Pl. I. & II.

CAVET en Menuiserie. V. p. 180. Pl. XXVIII.

CAULICOLE vient du mot latin *Caulis*, qui est la principale tige des herbes, & d'où sortent les autres petits rameaux, & les feüilles. Dans l'Architecture on parle souvent des Caulicoles du Chapiteau Corinthien, parce qu'on appelle ainsi les petites branches qui naissent des quatre principales, & qui se courbent au dessous des Volutes, sçavoir les plus grandes aux angles & cornes de l'Abaque, & les autres dans le milieu, au dessous des Roses dont l'Abaque est orné. Les petites Volutes du milieu s'appellent *helices*.

CAURIOLE M. de Chambray dans sa traduction de Palladio l. 4. c. 7. se sert de ce mot pour expliquer un ornement dans l'Architecture, qui s'appelle d'ordinaire des postes. Palladio le nomme *Cauriola*, qui veut dire aussi une chevre sauvage. Peut-estre les Italiens ont-ils nommé ainsi cet ornement à cause qu'il a quelque ressemblance à des cornes de chevres. *Voyez* POSTES.

CEINTURE. L'on appelle ainsi le petit listeau qui est au haut & au bas de la colonne. *V.* ESCAPE, APOPHYGE.

L'on nomme aussi CEINTURE d'une muraille, un gros cordon de pierre ou d'autre matiere, qui environne particulierement les murailles des villes ou forteresses.

CEINTURE de la Volute Ionique *Balteus*. Vitr. l. 3. c. 3. *V.* ESCHARPE.

CELLIERS. Ce sont des lieux où l'on serre quelque chose, comme du vin, de l'huile, &c.

Les CELLIERS & les autres lieux qui sont voutez & sous terre, comme le sont à present plusieurs offices, estoient nommez par les Grecs & par Vitruve l. 6. c. 11. *Hypogea*. C'est ce que les Italiens appellent *fundi delle Case*.

CELULE. On nomme ainsi dans les Monasteres les petites chambres des Religieux.

CENACLE, *Cœnaculum*, *à cœnando*, selon Baldus, c'est-à-dire une Sale à manger, c'estoit anciennement le lieu le plus élevé de la maison.

CENDRES vertes. *V.* BLEU. & p. 417.

CENDREUX, fer cendreux. *V.* p. 195.

CENTRE du bastion. *V.* p. 94.

CERCEAU, cercle.

CERCHE, ou Cherche, c'est un cercle dont l'on se

sert pour donner la forme à des voutes, & leur donner la diminution qu'elles doivent avoir, & à toutes sortes d'autres choses qui ont une figure circulaire, comme aussi pour arrondir des colonnes.

On dit aussi la CERCHE d'une voute, pour dire sa rondeur. Il y a des Cerches ralongées, & de plusieurs autres manieres, pour les traits & coupes des pierres & autres differens ouvrages. *V.* CHERCHE.

CERNE, circuit. Cerner, c'est couper en rond. *Faire un Cerne* à l'entour de quelque chose, c'est faire un Cercle.

CERUSE. C'est ce que l'on appelle aussi blanc de plomb, parce qu'il est composé de plomb. La maniere de faire la Ceruse se peut voir dans Vitruve l. 7. c. 12. dans Dioscoride l. 5. c. 57. dans Theophraste l. *de lapid.* dans Agricola l. 9. *Fossilium. V. page* 416.

CHABLE. *V.* CABLE.

CHABLER, ou Haler. *V. p.* 130.

CHABLOTS, ce sont de petits cordages. *Voyez* ESCHASSES.

CHAISNE de pierre de taille qui sert à fortifier les murailles. C'est une pile de pierres mises les unes sur les autres en liaison, pour porter des poutres, ou fortifier une muraille. Lorsque ces piles soustiennent des poutres, on les nomme aussi Jambes soupoutres, ou piedroits. Ce qu'on nomme Chaisne dans les murailles n'est pas toujours fait avec des pierres de taille; car quelquefois elles ne sont que de moüellon ou de caillou maçonné à chaux & à sable lorsque les murs sont de moindre matiere. *Orthostate.* Vitr. l. 2. c. 8.

CHAISNETTE, petite chaisne faite de plusieurs anneaux de fer, ou autre metail.

CHAISNON, anneau ou bouche d'une chaisne.

CHALCIDIQUES est un mot dont Vitruve se sert, & que tous les Interpretes expliquent fort differemment; mais la pluspart conviennent que c'estoit de grandes Salles où l'on rendoit la Justice. Voir les Notes de M. Perrault sur le 1. c. du 5. liv. de Vitruve.

CHAMBRANLE, c'est l'ornement qui borde les trois costez des portes, des fenestres & des cheminées: Ils sont differens selon les differens ordres. Vitruve l. 4. c. 6. appelle les Chambranles des portes, *Antepagmenta*. V. BANDEAU.

CHAMBRE, de cambrer, & courber, à cause des voutes: mais l'on appelle indifferemment chambres, celles qui sont voutées, & celles qui ont un plancher ou lambris plat. Les Grecs appelloient leurs chambres à coucher *Thalamus*; & les antichambres, *Antithalamus*. Vitr. l. 6. c. 10.

CHAMFREIN; chamfrainer un morceau de bois c'est le couper en sorte que s'il est quarré comme le bord d'une planche, on abbate une des arrestes, & ostant tout le bois depuis le dessus de la planche en biaisant, on le coupe jusqu'à l'autre arreste: *chamfrainer, couper de biais*.

CHAMP, c'est le fond d'un Tableau ou d'une Medaille où il n'y a rien de peint ny de gravé.

On dit aussi qu'une draperie, ou un morceau de bastiment sert de champ à une Figure, quand la Figure est peinte sur la draperie, ou sur le bastiment.

CHAMP. *Voyez* METTRE DE CHAMP.

CHANDELIERS. *V.* BLINDE. & *p.* 107.

CHANLATE, c'est un Chevron refendu diagonalement & d'angle en angle, que l'on pose sur l'extremité des chevrons d'une couverture de mesme sens que les lattes. En soustenant les dernieres tuiles il les releve par le bout, & fait qu'elles jettent l'eau plus loin du mur.

CHANTIER, lieu où les Charpentiers travaillent.

On dit aussi que les pierres sont *en chantier*, lors qu'elles sont sur la place où on les taille.

CHANTIGNOLE, espece de brique. *V. p.* 172.

CHANTIGNOLES, sont aussi des pieces de bois qui soustiennent les rasseaux qui portent les panes de la couverture d'un bastiment. *Voyez page* 121. 136. Plan. XVII.

CHAPE. On appelle ainsi les creux de plastre qui enferment les plus petites pieces d'un moule, dont on forme quelque Figure. *V. p.* 321.

CHAPE d'une poulie. *V.* MOUFLE.

CHAPEAU. On appelle ainsi ce qui sert d'appuy tout au haut d'un Escalier de bois.

On nomme encore *Chapeau* un morceau de bois que l'on met au bout d'une *Estaye*. *V.* APPUY.

CHAPELETS. On nomme ainsi dans les ornemens de l'Architecture les baguettes qui sont taillées par petits grains ronds. Il y en a de plusieurs sortes. *V. p.* 39.

CHAPERON, *Corona*, c'est le haut d'une muraille qui est fait en talus avec un larmier.

Le Chaperon sert à couvrir la muraille ; quand elle

est metoyenne, il a son égoût des deux costez; & lorsque l'égoust est tout d'un costé, c'est une preuve que le mur appartient entierement à celuy dont l'heritage est du costé de l'égoust.

CHAPITEAU, c'est le couronnement d'une colonne.

Les Chapiteaux sont differens dans les cinq Ordres; Le plus agreable & le plus riche est le Corinthien. Vitruve rapporte qu'une jeune Fille estant morte, sa Nourice se souvenant quelques jours après de l'affection qu'elle avoit euë pendant sa vie pour certains petits vases, elle les mit dans un panier ou corbeille d'ozier, qu'elle porta proche de sa sepulture, & qu'elle y laissa, après l'avoir couvert d'une tuile. Ce panier s'estant par hazard rencontré sur une racine d'Acante, ou Branque-Ursine, cette plante à quelque temps de là poussa ses tiges à l'entour, de sorte qu'à mesure qu'elles croissoient la tuile qui débordoit au dessus de la corbeille empeschant les feüilles de monter, elles se courboient vers la terre. Callimachus qui estoit un excellent Sculpteur, passant par là, & voyant l'agreable effet de ces feüilles, les desseigna avec le panier, & en fit l'ornement du Chapiteau Corinthien, auquel il donna des mesures que les Ouvriers de ce temps-là suivirent.

Les Chapiteaux qui estoient au Temple de Trajan estoient découpez à feüilles d'olives, ordonnez de de cinq en cinq comme les doigts de la main. Ce que Palladio dit avoir remarqué dans les feüillages des Chapiteaux antiques, qui ont meilleure grace que lors qu'on n'en met que quatre.

Il rapporte aussi l. 1. c. 27. avoir veu dans un Temple qui est à Palo en Istrie, des Chapiteaux taillez à feüilles d'olive, & dont les caulicoles estoient revestuës de feüilles de chesne. Ce qui se voit aussi dans un Arc de triomphe qui est à Orange, & que ceux du pays appellent la Tour de l'Arc. Vitruve nomme les Chapiteaux de la Colonne Ionique *Pulvinata capitula*, à cause que la partie qui fait la Volute, est appellée *Pulvinus*, qui veut dire un oreiller, parceque cette partie a la forme d'un oreiller posé sur le haut de la colonne.

On dit aussi le CHAPITEAU d'une muraille, qui est la mesme chose que chaperon, *lorica*. Vitruve l. 2. c. 7.

CHARBON de terre. *V. p.* 201.

CHARGÉ. Les Peintres appellent un portrait chargé, lorsqu'on represente un visage avec des traits marquez avec excez, & de telle maniere qu'avec trois ou quatre coups de crayon ou autrement on connoist une personne, quoy que ce ne soit pas un veritable portrait, mais plustost des deffauts marquez. Aussi quand une Figure est trop marquée on dit qu'elle est chargée.

CHARNIER d'un Cimetiere, *ossarium*, c'est un lieu où l'on met les os des trépassez, comme sont les Charniers des SS. Innocens. Ce mot n'est guere usité qu'à Paris, où l'on appelle ainsi le lieu où l'on communie dans les Paroisses.

CHARNIERES, ce sont deux pieces de fer ou d'autre metail, qui s'enclavent & entrent l'une dans l'autre, & qui estant percées se joignent ensemble avec une

Rivture

Riveure qui les traverse, en sorte qu'ils peuvent se mouvoir en rond sans se separer, tournant sur un mesme centre. Vitruve appelle *Verticuli* des Charnieres. *V.* COUPLET.

CHARNIERES, outils servans à ceux qui gravent sur des pierres dures. *V.* p. 367. 374. Pl. LIX.

CHARPENTE. On dit la Charpente d'un bastiment, pour dire en general tout le bois qui sert à sa construction. *Bois de Charpente*, c'est du bois qui est propre à bastir.

CHARPENTERIE, c'est l'art qui apprend à employer le bois pour la structure des bastimens. Le mot de *Charpenterie* signifie aussi l'ouvrage mesme.

CHASSE-AVANTS. On nomme ainsi ceux qui dans les grands atteliers conduisent & font marcher les Ouvriers & les chariots. *V.* p. 72.

CHASSE quarrée, c'est une espece de marteau quarré & aceré par un bout, dont les Serruriers se servent pour entailler les pieces quarrément sur le quarré de l'enclume. *V.* p. 229.

CHASSES rondes & demy rondes pour enlever & entailler. *V.* p. 230. Il y en a aussi qui servent à faire les hayves des clefs.

CHASSIS d'un Tableau, ce sont les morceaux de bois qui forment le quarré ou autre sorte de figure sur quoy la toile est attachée. Les Italiens l'appellent *il telaro*.

CHASSIS du moule à jetter les tables de plomb. *V.* p. 159.

CHASSIS de porte, ou chassis de fenestre. On nomme chassis tout ce qui enferme & enchasse quelque chose.

CHASTEAU. L'on nomme Chasteau une maison Seigneuriale. C'estoit aussi anciennement une forteresse, à quoy les Citadelles ont succedé. *Voyez page 91.*

CHAUDE SUANTE, *donner une chaude suante à un morceau de fer*, c'est le chauffer si fort qu'il commence à fondre & à dégouter en le tirant du feu. *V. p. 215.*

CHAUFOUR, fourneau à faire de la Chaux.

CHAUFOURNIERS, ceux qui font la Chaux.

CHAUSSE-TRAPES, ce sont des fers qui ont quatre pointes. *V. p. 105.*

CHAUX. *V. p. 44.*

CHAUX FUSE'E, c'est-à-dire détrempée ; *fuser la Chaux*, c'est la détremper. Ce terme n'est pas usité à Paris. Phil. de Lorme conseille de faire la Chaux des mesmes pierres dont le bastiment est construit. Il faut voir les raisons de cela dans les Notes de M. Per. sur le 5. c. du 2. l. de Vitr.

CHEMINE'E. On dit l'atre ou foyer d'une cheminée, son contre-cœur, son manteau, sa hotte, ses piedroits, sa montée, son tuyau. Il faut prendre garde en faisant les cheminées, que l'ouverture des tuyaux ne soit trop grande, de crainte que l'air & le vent y trouvent trop d'espace, & qu'y pouvant estre agitez, ils ne chassent la fumée en bas, & n'empeschent qu'elle ne monte & ne sorte aisément. Il ne faut pas aussi les faire trop petits, car la fumée n'ayant pas un passage libre, elle s'engorgeroit & rentreroit dans la chambre. C'est pourquoy l'ouverture des tuyaux ordinaires ne doit point avoir plus de deux à trois pieds en un sens, & six à neuf pouces en l'autre. Il faut avoir égard aux lieux.

L'embouchure de la pyramide, ou haut de la hotte, qui se joint au tuyau, doit estre un peu plus étroit, afin que si la fumée vient à estre repoussée en bas elle rencontre cet empeschement qui luy oste le moyen de rentrer dans la chambre. Quelques-uns font le tuyau tortu, pour empescher par ce moyen la fumée de descendre si facilement. Mais le meilleur est de faire que les cheminées soient toujours plus étroites en bas, & qu'elles s'élargissent en montant, parce que le feu pousse plus aisément la fumée en haut lorsqu'elle est resserrée en bas, & qu'en montant, elle trouve plus d'espace pour sortir & se dégager; & ainsi ne se rabat pas si-tost dans la chambre. On peut voir sur cela ce qu'en disent de Lorme & Savot.

CHEMINE'E d'un fourneau. *V. p.* 262.

CHEMINS. Vitruve nomme *viarum directiones*, les canaux qui sont dans le platfond des corniches Doriques. *V.* PLAFOND.

CHEMIN COUVERT, ou coridor. *V. p.* 100.

CHEMINS des rondes. *V. p.* 96. & 100.

CHEMIN des carrieres. On dit *ouvrir les chemins* lorsque l'on perce les carrieres.

CHEMISE, ou muraille de maçonnerie, terme de fortification. *V. p.* 95.

CHENIL, lieu & maison où l'on tient les chiens.

CHERCHES. C'est tout arc qui ne se peut décrire d'un seul trait de compas, mais par des points recherchez. L'on nomme Cherches, les panneaux ou especes de moules, qui servent à former le cintre des voutes, & donner la figure aux voussoirs, du costé

Xxx ij

des panneaux de doüelle ; Car les Cherches sont comme des parties de cintre tirées de la concavité ou convexité des voutes, lesquelles se font comme les autres panneaux sur quelque matiere mince & déliée, & de figures differentes, selon la nature des Cintres.

CHERCHES ralongées, surbaissées, ou surhaussées. C'est ce que les Geometres nomment *demy cilindres*, *demy Sphere*, ou *demy Spheroïde*, ou *Conoïde*. On dit la *Cherche d'une montée* ou d'un *Escalier*, c'est-à-dire le cintre. *V.* TRACER en Cherche.

CHERCHE-FICHE, ou cherche-pointe, c'est une espece de poinçon de fer rond & pointu, dont les Serruriers se servent pour trouver le trou des fiches. *V. page* 246. Pl. XXXVIII.

CHESNEAU. C'est le canal ou goutiere de plomb dans lequel toutes les eaux de la couverture d'un logis tombent pour se décharger dans les cuvettes & tuyaux de plomb. C'est aussi dans les grands edifices une rigole taillée dans la pierre qui fait la corniche, & d'où les eaux coulent dans les gargoüilles. Il y a des Chesneaux de plomb qu'on appelle *à bord* lorsqu'ils ne sont que rebordez par l'extremité ; Et d'autres qu'on appelle *à bavette*, quand ils sont recouverts d'une bande de plomb. Dans Vitruve le nom de chesneau est signifié par ceux de *colliquiæ*, *arca*, *compluvium*. *V. p.* 151. 154. Pl. XXIII.

CHESNONS, piece de vitres. *V. p.* 272. Pl. XLI.

CHEVAL. Quand ceux qui travaillent à tirer les marbres des carrieres rencontrent dans un bloc un grand vuide rempli de terre. Ils nomment cela un *Cheval de terre*, & lorsqu'il n'y a que de longues lignes vuides & fort estroites, ils les appellent *des fils*.

CHEVALER, ou estayer : c'est lors qu'on soustient avec des pieces de bois quelque bastiment ou pans de murs pour les reprendre sous œuvre, ou pour remettre des poutres, & faire d'autres ouvrages.

CHEVALET dont les Serruriers ont besoin pour tenir les forets & frazer, lorsqu'on fore & fraze les pieces. *Voyez page* 244. Pl. XXXVII.

CHEVALETS dont ils se servent à blanchir. *Voyez page* 246. Plan. XXXVIII.

CHEVALET où les Peintres posent leurs Tableaux lorsqu'ils travaillent. *V. p.* 420. Pl. LXII.

CHEVALET servant aux Sculpteurs. *V. p.* 307. 308. Plan. XLVII.

CHEVALETS des lucarnes. *Voyez* NOLETS.

CHEVALETS dont les Couvreurs se servent pour eschaffauder. *V.* TRIQUETS.

CHEVAUX de frise, terme de forification. *Voyez p.* 105.

CHEVESTRE. C'est une piece de bois qui termine la largeur des tuyaux de cheminée, & qui reçoit le bout des solives au droit des cheminées ; & de mesme au droit des croisées. *V. p.* 124. 136. Pl. XVII.

CHEVET. Les Plombiers nomment ainsi certains rebords de plomb qu'ils mettent au bout des chesneaux, ou proche les godets pour arrester l'eau, & empescher qu'elle ne bave le long de la couverture.

CHEVILLES de fer dont se servent les Charpentiers pour joindre les assemblages. *Voyez p.* 128. 140. Pl. XIX.

X x x iij

CHEVILLES coulisses, c'est-à-dire qui s'ostent quand on veut. *V. page* 129.

CHEVILLES nommées RANCHES. *V. page* 129. 141. Pl. XX.

CHEVILLES pour tenir les pierres que l'on veut scier pour faire des ouvrages de rapport. *V. p.* 446. Pl. LXIII.

CHEVRE, machine propre à lever des fardeaux. *V. p.* 128. 141. Pl. XX.

CHEVRON, piece de bois servant pour les couvertures des bastimens. *V. p.* 122. 134. Pl. XVI.

L'on nomme *Chevrons de croupes*, ceux qui sont posez du costé des croupes, & *Chevrons de longs pans*, ceux qui sont dans la plus longue estenduë du bastiment. *V. p.* 136. Pl. XVII.

CHEUTE D'EAU, ou Cascade. *V.* CASCADE.

La CHEUTE, ou pente d'un toit, l'égout, c'est ce que Vitr. l. 4. c. 7. nomme *stillicidium*.

CHIEN, CHIENNE. *V.* SERGENT.

CHOROBATE signifie ce qui sert à faire la description d'un pays, & à en avoir la situation. Ce mot vient du mot χωροβατεῖν *regionem perambulare, regionem describere*. C'est proprement ce que nous appellons un *niveau* quand il est fait avec le plomb ou avec de l'eau. Vitr. l. 8. c. 6.

CHRYSOCOLE. *V.* BORAX.

CIEL. On appelle ainsi le haut d'une carriere.

On dit aussi le CIEL d'un Tableau. En l'un & en l'autre on dit les CIELS au pluriel.

CIMENT. Ce que les anciens Architectes nommoient *cæmentum* ne s'entend pas de nostre ciment à faire du mortier, qui est de la tuile cassée, mais de leur maniere de maçonner, & de la qualité de la pierre qu'ils employoient, comme lorsqu'on remplit des voutes ou des murs avec du *moüellon* ou blocage. L'on peut voir Vitr. L. 1. c. 5. M. Per. sur le 4. c. du 2. l. de Vitruve, explique *signinum* pour nostre ciment ; parce qu'en effet Pline liv. 35. c. 12. dit que le *signinum* estoit fait avec des tuiles cassées & de la chaux.

Cinabre. Il y en a de differentes especes : il faut voir le P. Ber. Cæsius L. 2. c. 4. *de mineralib*. La couleur que les Peintres nomment Cinabre est autrement appellée. Vermillon. *V. p.* 417.

Cintre, l'on nomme ainsi une Arcade de bois ou Cherche, sur quoy on bastit les voutes. *Voyez* Cherche.

Cintrer, faire un Cintre. Les Ouvriers disent, *plein cintre*, & *pleine rondeur*, pour dire *en ligne circulaire*.

Cipollini, espece de marbre. *V. p.* 59.

Cirage. On appelle en Peinture un Tableau de *Cirage* lorsqu'il est peint d'une seule couleur en forme de camayeu, tirant sur la couleur de cire jaune. *V. p.* 422.

Circonvallation, terme de fortification. Faire la circonvallation d'une place.

Circuit, ou enceinte d'une place.

Cirque, lieu où l'on faisoit anciennement les Jeux.

Cisailles. On appelle ainsi les restes d'une lame d'argent dont l'on a enlevé des flancs pour faire des pieces de monnoye. *V. p.* 354. 358. Pl. LIV.

CISAILLES, especes de Ciseaux qui servent aux Serruriers pour couper le fer qui est tenve & mince. *V. p.* 230. 246. Pl. XXXVIII.

CISEAU. Il y a des Ciseaux de differentes sortes & grandeurs, servant aux Tailleurs de pierre, aux Sculpteurs, aux Charpentiers, aux Menuisiers, aux Serruriers & à d'autres Artisans. Les Charpentiers en ont qu'ils nomment *Ciseaux à planches*, d'autres qui servent pour ébaucher les mortaises. Tous les Ciseaux ne sont presque differens que par leur force & leur grandeur, estant tous de fer bien aceré: mais on leur donne differens noms, selon les choses ausquelles on les fait servir. *V. p.* 80. 127.

CISEAU en Marteline servant aux Sculpteurs. *V. p.* 318. Pl. XLIX.

CISEAUX de Menuisiers. *V. p.* 179. 188. Pl. XXXII.

CISEAUX à froid dont se servent les Serruriers pour couper de petites pieces à froid. *V. p.* 230.

CISEAUX à tailler limes. *V. p.* 231.

CISEAUX à fiches fort tenves, pour ferrer les fiches dans le bois. *V. p.* 231.

CISEAUX, ou TRANCHES pour fendre les barres de fer à chaud. *V. p.* 230. 240. Plan. XXXV.

CISEAUX ou tranches percées pour couper les fiches, ou couplets & autres petites pieces de fer à chaud. *V. p.* 230.

CISEAUX ou CISELETS à relever des escussons, des targettes & d'autres pieces qui se travaillent sur le plomb. *V. p.* 230.

CISEAUX en pierre, *Idem.*

CISELURE. Les Tailleurs de pierre lorsqu'ils commencent

mencent à tailler une pierre font une ciselure avec le ciseau & le maillet.

Parmy les Ouvrages d'Orphevrerie il y en a qu'on nomme de Ciselure. *Voyez page* 337.

CISTERNE, c'est un reservoir d'eau. On peut voir la maniere de faire les cisternes dans Vitr. l. 8. c. 7.

CITADELLE. *V.p.* 91.

CIVES, c'estoit de petites pieces de verre de forme ronde, dont l'on faisoit anciennement les vitres, on s'en sert encore en Allemagne. *V.p.* 248.

CIVIERE à bras servant à porter des pierres, & autres materiaux. C'est aussi ce qu'on appelle un *Bar* qui est seulement fait de pieces de bois plus fortes que celles des Civieres. *V.p.* 84. Pl. XII.

CLAIR-OBSCUR. On appelle un Dessein de clair-obscur, un Dessein qui est lavé d'une seule couleur, ou bien dont les ombres sont d'une couleur brune, & les jours rehaussez de blanc. On nomme encore ainsi certaines Estampes en taille de bois, que l'on tire à deux fois. De mesme que des Peintures, ou des Tableaux qui ne sont que de deux couleurs, comme les Frises de Polydore qui sont à Rome.

Quelquefois on dit le *clair obscur* d'un Tableau, pour signifier seulement la maniere dont on a traité les jours, les demy-teintes, & les ombres, & avec laquelle on a sceu répandre la lumiere sur tous les corps. Ce sont deux mots dont l'on n'en fait qu'un, à l'imitation des Italiens, qui disent *Chiaro-scuro. V. p.* 401. 422.

CLAMESI, espece d'acier. *V.p.* 207.

CLAPET. *V.* SOUPAPE.

CLAVEAUX. Ce font les pierres qui forment le deſſus d'une porte ou d'une feneſtre quarrée, ou d'une corniche. Lorſque ces portes ou feneſtres font en arcades, ces meſmes pierres s'appellent *Vouſſoirs*. La pierre qui porte ſur les colonnes ou piedroits, ſe nomme *Sommier*. Comme les Claveaux ſont d'ordinaire taillez de pluſieurs coſtez, on donne à chaque coſté differens noms, de meſme qu'aux Vouſſoirs. *V.* VOUSSOIRS.

CLAVETTE, c'eſt une eſpece de clou que l'on met ordinairement dans le bout d'une cheville de fer, pour l'arreſter. Vitruve nomme ces clavettes *Cunei*. *V. p.* 129.

CLAVETTES ſervant à un Tour. *Voyez p.* 379. 385. Pl. LX.

CLEF pour ouvrir & fermer une ſerrure. Une Clef eſt compoſée de trois principales parties, ſçavoir de la Tige, de la Panne ou Panneton, & de l'Anneau. Quelquefois le bas de la Tige qui tient à l'Anneau, eſt orné d'une moulure qu'on appelle *Embaſe*, ou de quelqu'autre maniere. Le Panneton eſt auſſi fendu & ouvert de differentes ſortes pour paſſer les roüets; de meſme que le *muſeau* du panneton, où ſont marquées les dents. On fait auſſi l'Anneau en diverſes manieres. Il y en a que l'on nomme à *Cuiſſe de grenoüille*. Les Clefs des ſerrures benardes ne ſont pas forées par le bout; elles ont une *Heyve* dans le panneton qui les empeſche de paſſer outre dans la ſerrure. *Voyez p.* 238. Pl. XXXIV.

CLEES de bois, ou Tenons qui ſervent à aſſembler

les ouvrages de menuiserie. *V.* TENONS.

CLEF d'une voute, d'un Arc, ou d'un Arceau, c'est la pierre du milieu. Quelquefois on y taille une console quand c'est dans la face d'un arc, & quelquefois un cul de lampe, une rose ou autre ornement, quand c'est dans le milieu de la voute.

On dit aussi les CLEFS d'une poutre, qui sont des chevilles de fer que l'on met au bout de la poutre pour la tenir plus ferme dans le mur. On dit *armer une poutre de clefs ou bandes de fer*.

CLEFS d'une poupée. *V. p. 378. 385.* Pl. LX.

CLENCHE, ou Clinche, qui sert à fermer une porte. *V.* LOQUET. *Voyez page* 220.

CLIQUART, espece de pierre que l'on tiroit autrefois des carrieres du faux-bourg S. Jacques, & qui estoit la meilleure de toutes les pierres qui se trouvent aux environs de Paris. La carriere en est finie. On en trouve encore que l'on nomme Cliquart doux. *V. p.* 66.

CLOCHETTES. Ce sont de petits corps coniques qu'on met au dessous de la Corniche Dorique au droit des Triglyphes. *Voyez* GOUTTES.

CLOISON, cloisonnage de charpenterie qu'on nomme autrement *colombage*, ou *pan de bois*, qui sert pour separer les chambres & les autres lieux d'un logis. Vitruve L. 7. c. 3. se sert du mot de *Craticii parietes*.

CLOISON d'une serrure, c'est ce qui enferme les ressorts. *V. pag.* 219. 238. Plan. XXXIV.

CLOISTRE, c'est un lieu clos, & quelquefois environné de galleries couvertes, comme sont les cloistres des Religieux. On dit une voute en *arc*,

Yyy ij

ou *arreste de cloistre*. Voyez VOUTE.

CLOU. Les Auteurs Latins employent souvent le mot de *fibula*, pour tout ce qui sert à joindre & attacher ensemble les pieces de bois & quelques parties d'un bastiment. Vitruve appelle *clavi muscarii*, les clous dont la teste est large & platte.

CLOUS à double pointe pour ferrer les portes. Il y en a de plusieurs façons. *V.* page 212.

CLOUS à vis servant aux Serrures. Voyez page 238. Pl. XXXIV.

CLOUS. Les Marbriers & les Sculpteurs appellent ainsi certains nœuds qui se trouvent en travaillant le marbre. Les Italiens les nomment *Noccioli*. *V.* page 64.

CLOUVIERES, Cloüieres, Cloüeres, ou Cloutieres rondes, quarrées, & barlongues. Ce sont des pieces de fer percées de differentes grosseurs, dont les Serruriers se servent à former les testes des cloux, des vis, & autres pieces. *V.* page 229.

COEUR d'une verge de plomb. *V.* LINGOTIERE.

COIAUX. *V.* COYAUX.

COIGNE'E. Les Coignées sont des outils de fer aceré, plats & tranchans en maniere de hache. Il y en a de plusieurs grandeurs, qui ont tous un manche de bois pour les tenir. Les Coignées servent à abattre des arbres, & à fendre & équarrir le bois. *V. p.* 128. 140. Pl. XIX.

Grandes COIGNE'ES servant aux Charpentiers pour équarrir le bois. *Id.*

Autres grandes COIGNE'ES à deux biseaux pour dresser le bois.

Autres grandes COIGNE'ES qu'on appelle *Espaules de mouton*, parce qu'elles sont plus grandes que les autres.

Il y a d'autres COIGNE'ES appellées de petits *Hachereaux*.

COIN de bois ou de fer, pour fendre le fer ou le bois. *Voyez pag.* 76. 80. & 84. Pl. XIII.

COIN ou Tranchoir à fendre, dont les Serruriers se servent. *V. p.* 240. Pl. XXXV.

COINS de bois dont l'on se sert pour servir de cale, lorsqu'on pose les pierres d'un bastiment.

COIN de monnoye. *V. p.* 356.

COLARIN, ou Frise du chapiteau de la colonne Toscane & Dorique. On nomme aussi Colarin le haut du vif de la colonne, & l'endroit le plus estroit proche le chapiteau. *V.* HYPOTRACHELIUM.

COLE. Il y en a de plusieurs sortes. La bonne Cole forte est faite avec du cuir & des cornes de bœuf, que l'on fait boüillir. On en fait aussi avec des rongneures de peau de gans ou de parchemin. Cette cole sert pour peindre à détrempe. Il y a encore de la Cole de poisson, qu'on nomme autrement *Viblat*, elle est bonne à plusieurs usages.

La COLE-A-MIEL, ou bature sert pour dorer. *Voyez page* 299.

COLET d'une panture, c'est l'endroit qui est proche le reply dans lequel le gond entre. *V. page* 210.

COLIER. *V.* COLARIN.

COLISE'E, c'est l'Amphitheatre que Vespasien fit bastir dans Rome, & qui fut dedié par son fils Tite. Ce mot selon Philander vient de *Coliseum*, quasi *Colos-*

sæum, à cause du Colosse de Neron qui estoit proche de là. Bien que ce nom ne soit pas general ny commun à d'autres Amphitheatres, mais particulier à ce fameux Amphitheatre dont on voit encore les restes, j'ay pensé neanmoins devoir faire cette remarque.

COLOMBIER, c'est le lieu destiné pour des pigeons. La difference qu'il y a entre un Colombier & une Voliere, est que dans le premier les boulins sont dés le rez de chaussée ; ce qui n'est pas ainsi dans les Volieres, si ce n'est celles qu'on appelle Voliere à pied, qui est la mesme chose que Colombier. Le droit de Colombier est un droit Seigneurial.

COLONNE, c'est dans un ordre la piece qui est posée entre l'architrave & le piedestal, elle comprend le chapiteau, le fust & la base. Le mot de Colonne vient de *Columen*, qui signifie le Poinçon, ou piece de bois qui se pose à plomb, & qui dans un bastiment en soustient le faistage appellé *culmen*.

COLORIS. Ce mot se prend generalement pour toutes les couleurs ensemble qui composent un Tableau. Lorsqu'elles sont bien placées & bien entenduës l'on dit d'un ouvrage que *le coloris en est beau*.

Il est vray pourtant que cela s'entend plus particulierement des Tableaux d'histoires. Car on ne dit point d'un païsage que le coloris en est beau, mais qu'il est bien-naturel & bien entendu, & mesme le mot de Coloris a plus de rapport aux carnations qu'à toute autre chose. *V. p.* 399.

COLORIÉ. *V. p.* 401.

Colosse, ſtatuë d'une grandeur extraordinaire.

Comble, ou couverture. Il y en a de pointus, de plats, de briſez, qu'on appelle à la Manſarde, & de pluſieurs autres façons. *V*. p. 154. Pl. XXIII.

Combler un foſſé, le remplir.

Commissures. Ce mot n'eſt pas un terme commun parmy les Ouvriers, mais bien dans les écrits des Architectes. Il ſignifie les joints des pierres.

Commiſſures de pentes, & joints d'engraiſſement, c'eſt lors que les joints des pierres ne ſont pas tirez à plomb, ce qui ſe fait pour donner plus de force à une Friſe, Corniche, ou Architrave faite de pluſieurs pieces.

Compartiment d'un parterre, c'eſt-à-dire les diverſes pieces dont un parterre eſt compoſé, ce qui ſe fait d'ordinaire par des bordures de buis.

Compartiment d'un plafond. Ce ſont les differens panneaux ſeparez par des quadres, ou autres ornemens.

Compartiment de Menuiſerie. Les Anciens appelloient *Ceſtrota*, ou *Ceroſtrota*, des compartimens marquez ſur le bois avec un fer chaud. Vitr. l. 4. c. 6. Plin. l. 11. c. 37.

Compas de proportion; il eſt compoſé de deux regles de cuivre où ſont gravées pluſieurs diviſions pour lever des plans, & ſervir à d'autres uſages. Il s'ouvre & ſe ferme comme les autres Compas.

Il y a differentes ſortes de Compas.

Le Compas droit eſt le plus ordinaire & de plus grand uſage.

Le Compas courbé, ſert aux Sculpteurs pour mesurer les grosseurs des corps ronds, parce qu'il en embrasse les parties, ce que ne peuvent pas faire ceux à jambes droites. Les Graveurs s'en servent aussi pour trouver le veritable endroit d'une Planche, qu'ils veulent repousser, & graver. *Voyez pages* 310. 318. Pl. XLIX.

Il y a encore des COMPAS de fer & de cuivre de toutes sortes de grandeurs, dont une des jambes se demonte pour y appliquer des porte-crayons, des plumes à écrire, des coupes-pieces, &c.

Il y a aussi des COMPAS à trois jambes pour prendre des angles.

Des COMPAS à fausse *Equairre*. *V. page* 78.

COMPAS des Charpentiers. *V. p.* 138.

COMPAS des Plombiers. *Voyez. pag.* 166. 168. Plan. XXVI.

COMPAS des Menuisiers. *Voyez pag.* 180. 188. Plan. XXXII.

COMPAS des Serruriers. *V. p.* 244. Pl. XXXVII.

COMPAS des Vitriers. *V. p.* 276. Pl. XLIII.

COMPAS des Joüailliers. Ils appellent Compas un Instrument avec lequel ils mesurent les pieces lorsqu'ils les taillent. Cet Instrument est un morceau de bois comme le fust d'un rabot fendu par dessus jusques à la moitié de sa longueur. Dans cette fente il y a une petite regle de laton qui tient par un bout dans le milieu du rabot avec une cheville, en sorte que cette regle se meut comme une equaire ployante, & sert à prendre les angles des pierres que l'on pose sur le fust ou piece de bois à mesure qu'on les taille; ce fust est aussi quelquefois de laiton ainsi que la regle.

COMPASSER

Compasser, mesurer avec un Compas.

Composite. Ordre Composite. On dit l'Ordre Composite, ou l'Ordre Composé. *V. p. 26.*

Composition, partie de la Peinture. *Voyez page* 339.

Congé, Escape. C'est le quart de rond creux ou cavet par le moyen duquel un membre se retire de l'autre. *V.* Apophyge.

Congellations qui servent pour les Grottes. *V. p. 448.*

Conserves, reservoirs où l'on garde l'eau pour la distribuer par des aqueducs ou canaux. Les Anciens nommoient ces reservoirs *Castella.* Budæus. L 1.

Conserves, ou Contre-gardes, piece de fortification. *V. p. 101.*

Consoles dans les bastimens, ce sont des pieces saillantes qui servent à soustenir des Corniches, ou à porter des figures, des bustes, des vases, ou d'autres choses.

On les appelle aussi *rouleaux* ou *mutules* selon leur forme. Il y en a qui sont striées ou cannelées, d'autres en forme de cartouches, & d'autres qui ont des gouttes, & qui sont en forme de trigliphes. Vitruve appelle celle des portes *Protyrides*, de *Thyra*, qui veut dire une porte. Celles que l'on fait d'un bout de planche taillé en triangle, pour porter des tablettes s'appellent *Ancones*, à cause qu'elles ressemblent à une Equaire.

Contours, ce sont les extremitez d'une Figure, & les lignes qui décrivent & environnent quelque corps, & par le moyen desquelles on en marque la forme.

CONTOURNER quelque chose d'un costé & d'autre, c'est marquer une Figure avec des traits & des lignes.

On dit que les Contours sont *beaux & bien prononcez*, lorsque dans les ouvrages de Peinture ou de Sculpture, les membres des Figures sont desseignez avec science & art, pour representer un beau naturel.

CONTRACTURE, ou Restrecissement de la colonne, c'est la partie d'enhaut par où elle est davantage diminuée. On dit aussi , *traitte*, ou *diminution*.

CONTRAPPROCHES. *Voyez* APPROCHES.

CONTRASTE, c'est un mot dont les Peintres & les Sculpteurs se servent beaucoup, pour exprimer la diversité d'actions qui paroist dans leurs Figures, & la varieté qui se doit rencontrer dans la position & les mouvemens des membres du corps, & dans toutes les attitudes en general. C'est pourquoy ils disent, *contraster*, pour dire varier les actions & dispositions des Figures.

CONTRE-COEUR d'une cheminée. *V.* CHEMINE'E.

CONTRE-BOUTANS. *V.* BOUTANS.

CONTRE-FICHES. Ce sont deux pieces de bois qui en arboutent ou lient d'autres, comme il y en a d'ordinaire dans la charpente des couvertures. *V. p.* 124. 136. Plan. XVII.

CONTRE-FORTS, Esperons, Contreboutans. *Voyez.* ESPERONS. *V. p.* 95.

CONTREGARDE, ou Conserves. Ce sont de longues lisieres de terre que l'on pratique sur le bord de la Contrescarpe du grand fossé d'une place, ou des pieces triangulaires paralleles aux bastions qu'elles couvrent entre le fossé & la Contrescarpe. Elles ne sont differentes des Demy-lunes, qu'en ce qu'elles ne sont pas si larges, & qu'elles sont plus longues. *V*. *p*. 101.

Contrejauger les assemblages de charpenterie, c'est-à-dire transferer la largeur d'une mortaise sur l'endroit d'une piece de bois où doit estre le tenon, afin que le tenon soit égal à la mortaise, à prendre de l'About à la Gorge. *V*. *p*. 126.

Contrelattes, ce sont les lattes que l'on met de haut en bas entre les chevrons pour entretenir les lattes. Les contrelattes dont on se sert pour l'ardoise sont plus larges que pour la tuile, & se font ordinairement de bois de sciage. C'est ce que les Latins appellent *Ambrices*.

Contrelater un pan de bois, c'est l'armer de clou & de lattes ; ensuite de quoy on l'enduit pardessus de mortier de chaux & sable, ou de plastre.

Conrrelatoir dont se servent les Couvreurs. *V*. *p*. 152. 156. Plan. XXIV.

Contremarq. *V*. Marq-franc, & *pag*. 126.

Contremines. *Voyez page* 98.

Contrepoinçons, ce sont des outils de fer & de figure ronde dont les Serruriers se servent pour contrepercer les trous, & pour river les pieces. Il y en a aussi de barlongs & de quarrez pour contrepercer les trous barlongs & quarrez. *V*. Poinçons.

Contrescarpe d'un fossé. *V*. *p*. 99.

Contrescarper, faire une Contrescarpe.

Contretirer un Dessein, ou un Tableau, c'est en prendre les mesmes traits, ce qui se fait d'ordinaire avec une toile de foye, ou du papier huilé qu'on applique contre le Tableau ; puis avec du crayon l'on marque fur le papier ou fur la toile, les mefmes traits du Tableau que l'on voit au travers de la toile ou du papier. On fe fert auffi de verre, de talc, de veffies de pourceau, de boyaux de bœufs, de colle de poiffon mife en feüilles, & d'autres matieres claires & minces pour contretirer des Ouvrages de moyenne grandeur.

CONTRETIRE', qui eft pris fur le mefme trait de l'original.

CONTREEPREUVE, c'eft une eftampe qui eft imprimée fur une autre eftampe fraifchement tirée. Cela fe fait pour mieux voir s'il n'y a rien à retoucher à la planche, parce qu'on a par ce moyen la figure du mefme fens qu'elle eft gravée.

CONTREVENTS, ce font des feneftres ou grands volets qui fe mettent en dehors pour conferver les vitres contre les injures du temps, & tenir les lieux plus clos.

CONTREVENTS, ce font auffi de fauffes pieces de fer que l'on met au derriere des portes. V. p. 212.

CONTREVENTS. On nomme auffi Contrevents des pieces de bois mifes en contrefiches. V. p. 124. Voyez ESVENTER.

COPEAUX. Voyez COUPEAUX.

COQUES, ce font des pieces de fer qui fervent à conduire le pêne d'une ferrure, & dans lefquelles entre l'auberon. V. p. 217. 238. Pl. XXXIV.

COQUILLES, Coquillages dont on fe fert pour faire des Grottes. V. p. 449.

Il y a aussi des Niches dans les murailles, dont le haut est en forme de *Coquille*.

COQUILLE qui se met au bout des tenailles dont se servent les Lapidaires. *V.* p. 364. 368. Pl. LVI.

CORBEAUX. *Voyez* MUTULES.

CORBEILLES, ou paniers, on s'en sert dans les fortifications pour mettre de la terre, & à d'autres usages.

CORDES, Cordages. Dans les bastimens on ne se sert presque point du mot de Cordes, on dit Cordages.

CORDEAU, ou ligne dont se servent les Charpentiers pour aligner le bois.

CORDON de pierre de taille dont l'on ceint les murailles, principalement des places fortes. Aux ouvrages qui sont de terre, on met des fraises au lieu de Cordon. *V.* p. 96.

CORIDOR, espece de gallerie, ce mot vient de l'Espagnol *Coredor*.

CORINTHIEN. Ordre Corinthien. *V.* p. 21.

CORIDOR d'un bastion. *V.* p. 100.

CORNAILLER, c'est un terme dont les Charpentiers se servent, comme quand ils disent qu'*un tenon cornaille dans une mortaise*. C'est-à-dire, qu'il n'entre pas quarrément, & qu'il n'a pas esté dégauchy.

CORNES d'un chapiteau, ce sont les quatre coins du tailloir.

CORNE de bœuf ou Corne de Vache, c'est la moitié du *biais passé*. *Voyez* BIAIS.

Ouvrages à CORNES. *V.* p. 111.

CORNEOLE, ou Cornaline, pierre precieuse dont

l'on fait des cachets & des medailles. Boot. l. 2 c. 83. de lapid.

CORNETTE. Espece de fer. *V*. p. 195.

CORNICHE, c'est la troisiéme & la plus haute partie de l'entablement. Quelquefois la CORNICHE se prend pour la Cymaise. On dit aussi la CORNICHE ou Couronne du piedestal.

CORNIERE. C'est la jointure de deux pentes de toit dans l'angle de deux corps de logis joints ensemble. Ou c'est encore le canal de tuile ou de plomb, qui est le long de l'angle de deux grands corps de logis.

Pilastre CORNIER, c'est un pilastre qui est dans l'angle, ou qui fait l'encoignure d'un bastiment, ou de quelque chambre. Selon quelques-uns, mais generalement on dit un pilastre d'encoignure quand il est en dehors, & pilastre de l'angle quand il est en dedans.

On dit aussi un Poteau CORNIER.

CORPS DE GARDE. *Voyez page* 97.

CORRECT. On appelle un Dessein correct, dont toutes les parties sont bien arrestées.

CORROY, ou Couroy, ou Conroy, c'est une terre glaise dont l'on se sert pour garnir le fond & les costez des bassins des fontaines, des canaux, des reservoirs, & autres pieces, afin qu'ils tiennent l'eau. La terre glaise n'est corroy que quand elle est bien petrie.

CORROYER mettre du Corroy.

CORROYER le mortier. On dit du *mortier bien corroyé*, quand on mesle bien la chaux & le sable ensemble avec le rabot. Les Maçons estoient anciennement si soigneux de cela, que les Grecs employoient jusqu'à dix hommes à chaque bassin pour faire corroyer & raboter le mortier pendant un long espace de temps; ce qui le rendoit ensuite d'une telle dureté, que les morceaux des enduits qui tomboient des vieilles murailles servoient à faire des tables, selon Vitruve. J'ay entendu dire à de vieux Maçons qui prenoient soin de faire de bon mortier, quand ils parloient à leurs manœuvres, qu'ils le devoient détremper de la sueur de leur front, c'est-à-dire le corroyer long-temps, & ne le pas noyer d'eau comme ils font d'ordinaire pour avoir plustost fait.

On dit aussi *corroyer la terre grasse*, c'est proprement ce qu'on dit bien pestrir la paste à faire le pain.

CORROYER le fer. L'on dit *corroyer une barre de fer*, lorsqu'on la forge, & qu'on la bat à chaud preste à fondre; ainsi quand on veut du fer bien corroyé on le bat bien à chaud. Quand on en veut joindre deux morceaux ensemble, on les chauffe; puis estant tous dégoutans, on les bat & on les joint l'un avec l'autre à chaud, ce qui s'appelle *souder*. Et quand on allonge le fer cela s'appelle *estirer*. Ainsi l'on dit un morceau de fer *corroyé*, *soudé*, & *estiré*, pour dire qu'il est battu, rejoint, & allongé.

CORROYER le bois, c'est en oster la superficie par feüilles que l'on enleve en le rabotant après qu'il est debité; Les Menuisiers commencent par là à travailler les planches avec la *varlope*, ou *demy-varlope*, ou avec le *riflart*.

COUCHE de couleurs. On dit *donner la derniere couche*

à *un Tableau.* On dit auſſi, qu'il *faut donner deux couches de couleurs à un platfond*, &c.

Couche de mortier de chaux ou de plaſtre. *Donner deux couches*, c'eſt ce que Vitr. nomme *Corium.*

Couche. Les Charpentiers appellent ainſi une piece de bois qui ſe met ſous une Eſtaye qui ſert de patin.

Couche' de plat, ou de champ. *V. page* 120.

Coucher, eſtendre la couleur, ſçavoir bien coucher les couleurs les unes auprés des autres.

Couchis. Ce ſont les pieces de bois qui ſont au deſſus des poutres d'un Pont, & les planches & ſolives avec les terres & pavé qui font le deſſus du Pont.

Coudé, ployé. On dit d'une piece de fer qu'elle eſt coudée ou ployée. *Faire coude*, c'eſt eſtre ployé.

Coude'e. C'eſt une meſure dont les Anciens ſe ſervoient beaucoup. Il y avoit trois ſortes de Coudées, ſçavoir la grande qui eſtoit de neuf pieds, qui faiſoient environ huit pieds deux pouces de noſtre pied de Roy. La moyenne eſtoit de deux pieds, qui revenoit environ à un pied dix pouces de Roy. Et la petite qui eſtoit d'un pied & demy, faiſoit environ un pouce & demy moins que noſtre pied & demy de Roy. On peut voir les Notes de M. Per. ſur le 1. chap. du 3. liv. de Vitruve.

Couette, *grenoüille, crapaudine.* C'eſt un morceau de fer ou de cuivre creuſé en rond, & dans lequel tourne le pivot, ou le gond d'une porte, ou d'autre choſe. Il faut que la Coüette ou le pivot ſoit de cuivre, afin qu'ils ne s'uſent pas ſi-toſt. L'on dit *Crapaudine* à Paris. *V. p.* 211. 236. Pl. XXXIII.

Couleur

CO

Couleur qu'on donne à l'acier en le mettant au feu. *V. p.* 227.

Couleurs pour peindre. Il y en a de naturelles & d'artificielles. *Voyez pag.* 405. 409.

Couleurs à fraïsque & à huile. *V. p. Idem.*

Couleurs pour émailler. *Voyez pag.* 432.

Couleurs rompuës. Les Couleurs sont *rompuës* lorsqu'elles ne sont pas employées toutes simples & pures, mais qu'on en mesle deux ou plusieurs ensemble pour en affoiblir & éteindre une trop vive ; Comme quand pour diminuer de la vivacité de la Laque, on y mesle un peu de terre verte ; ou bien, quand pour oster de l'éclat du Vermillon, on y mesle du brun rouge, soit en détrempant les Couleurs sur la palette, soit après qu'elles sont couchées sur la toile & en travaillant. Quand une draperie qui est d'un jaune clair se trouve ombrée d'une laque obscure, on dit d'ordinaire que cette draperie est *jaune rompuë de rouge*. C'est pourtant mieux dit qu'elle est *jaune ombrée de laque*, si les deux couleurs sont separées : car le mot de rompu ne se prend proprement que lors que la couleur n'est pas pure, mais meslée avec une autre. Enfin une *couleur rompuë*, parmy les Peintres, est celle que l'on esteint, & dont l'on diminuë la force ; ce qui sert beaucoup pour l'union & l'accord qui doit estre dans toutes celles qui composent un Tableau. Le Titien, Paul Veronese, & les autres Lombards s'en sont heureusement servis, comme l'a fort bien remarqué M. de Pile sur le poëme du sieur du Fresnoy. Les Italiens nomment cela *Rottura de' colori*.

Aaaa

Bonnes COULEURS. Lors qu'on dit d'un Tableau, que les Couleurs en sont *bonnes* cela ne signifie pas pour l'ordinaire qu'elles soient d'une matiere plus exquise que celle d'un autre ; mais que le choix de la distribution en est meilleur, & que la rencontre des unes auprés des autres, en est plus excellente.

COULIS, ou Coulisse, c'est un canal fait de bois ou autrement, dans lequel on fait aller & venir un chassis, une fenestre ou autre chose. Quand on fait des éclusses on se sert de planches qui entrent l'une en l'autre en rainure & en coulisse. On appelle cela *masle & femelle*.

COUPE, c'est ce que les Italiens appellent *Cupola*. *V.* DOME.

COUPE, ou Godet. *Voyez* GODET.

COUPE de pierre, sçavoir *la coupe des pierres*, c'est-à-dire, de quelle maniere il faut les tailler pour construire des voutes ou arcs de toutes sortes de façons.

On dit aussi *bien couper le bois*, pour dire le bien tailler comme il doit estre dans les beaux ouvrages de Sculpture, de Menuiserie, & dans ceux qui se font au Tour. *V. p.* 311.

On dit encore, *bien couper le cuivre*, pour dire bien graver au burin ; c'est quand les traits de burin sont hardis & gravez également ; selon le fort & le foible.

COUPEAUX ou éclats de bois ou de pierre. *Voyez* ECLATS.

COUPLETS ou Fiches à doubles nœuds, ou Charnieres: Ce sont deux pieces de fer jointes ensemble avec charnieres & riveures. Les Couplets servent de pantures pour des portes & des fenestres ; Il y en a qu'on nomme *Briquets*, qui ne s'ouvrent qu'à moitié, & servent pour des tables ou autres choses qui n'ont pas besoin d'avoir un mouvement entier comme les portes, & où ne doit pas paroistre la moitié du nœud comme aux Fiches. *V. p.* 225. 236. Pl. XXXIII.

COUPOIR dont on se sert pour les monnoyes & pour les médailles. *Voyez page* 357. 358. Planche LIV. Il y a une chose qu'il faut bien remarquer dans les Coupoirs pour les monnoyes, qui est que le Coupoir ne peut rien faire s'il est coupé quarrément par en bas, mais il faut pour bien trancher qu'il soit coupé si peu que rien en pied de biche, & quasi imperceptiblement.

COUPOLE *Voyez* DOME.

COUR d'une maison. Lorsque c'est une cour ou un passage découvert, les Latins l'appellent *cavædium* : si c'est un lieu couvert, *anditum*. Il est bon de voir Vitr. l. 6. c. 3. avec les Notes de M. Perr. sur les mots de *Cavædium* & d'*Atrium*.

COUR d'une metairie, *Chors*, Vitr.

COURBES, pieces de charpenterie. *V.* ESSELIERES.

COURÇON, espece de fer. *V.* p. 135.

COURONNE, c'est la partie plate & la plus avancée de la corniche que l'on nomme *Larmier*, & quelques Ouvriers *Mouchette*. Vitruve se sert souvent du mot de *Corona* pour signifier toute la Corniche.

Ouvrages à COURONNES. *V.* p. 100.

COURONNEMENT d'une serrure; c'est un ornement qui se met au dessus de l'ouverture, & sur l'escusson.

COURONNEMENT en terme d'Architecture, est ce qui fait & termine le haut d'un ouvrage.

COURROYER. *Voyez* CORROYER.

COURS de pane de fabliere, de folive &c. terme de Charpenterie. *V*. p. 122.

COURTINE, c'eſt le front de la muraille entre deux baſtions. *V*. p. 92.

COURSE, on dit *donner courſe à un pene*, pour dire le faire ſortir & avancer.

COUSSINET. *Pulvinus*. Vitr. appelle ainſi l'ornement du Chapiteau Ionique qui eſt entre l'Abaque & l'Eſchine ou Ove, & qui ſert à former les Volutes, parce qu'il repreſente comme un oreiller preſſé par la charge qui eſt deſſus, & qui eſt roulé & attaché d'une courraye, que le meſme Auteur appelle *baltheus*.

On appelle auſſi COUSSINET la premiere aſſiſe qui porte la rampe des piedroits des voutes rampantes, ce qui s'appelle auſſi ſommier dans les croiſées ou portes. *V*. VOUTES & JAMBAGES.

COUSSINET ſervant aux Doreurs. *V*. p. 291. 300. Planche XLVI.

COUSSINET ſervant aux Graveurs en cuivre. *V*. p. 392. 394. Plan. LXI.

COUTEAU à ſie. *V*. page 84.

COUTEAU à chapiteau, dont ſe ſervent les Charpentiers. *V*. page 138.

COUTEAU ſervant aux Plombiers. *Voyez* page 168. Planche XXVI.

COUTEAU dont ſe ſervent les Vitriers. *V*. page 268. 280. Planche XLV.

COUTEAU ſervant aux Peintres. *Voyez* page 420. Planche LXII.

COUTEAU à trancher. *V*. p. 456. & 458. Pl. LXV.

CO   CR

Couture, maniere d'accommoder le plomb sur les couvertures. *V. page* 153.

Couverture, toit de maison. Dans les premiers siecles selon Vitruve, les couvertures des maisons estoient toutes plates, mais comme on vit qu'elles ne garentissoient pas de l'eau & des neiges, on les esleva en faistes, c'est-à-dire qu'on fit des combles plus ou moins exaussez, selon les divers climats, & selon la matiere dont on les couvroit. *Voyez page* 148. *V.* Comble.

Couverture d'une serrure que l'on nomme quelquefois *fond-sec*, ou *foncet*. *Voyez page* 216. 238. Planche XXXIV.

Coyaux. Ce sont des pieces de bois, ou petits bouts de chevrons, qui soustiennent & conduisent la couverture d'une maison jusqu'au bord de l'entablement pour luy donner la pente necessaire à la cheute des eaux. Vitruve liv. 6. c. 3. les nomme *deliquia*. *V. p.* 136. Planche XVII.

Coyers, ce sont des pieces de bois servant à la couverture d'un bastiment. Elles posent aux coins rentrans de l'edifice d'un costé, où sont les embranchemens de croupe, & de l'autre costé ceux des longs pans; ou pour mieux dire, ce sont les chevrons qui sont en diagonale, & qui soustiennent les Noües, ou bien encore un Coyer est une piece de bois assemblée par un bout dans l'arrestier, & par l'autre bout au gousset de l'enrayeure. *Voyez page* 126. 133. Planche XVII.

Cramponnets d'une serrure. *V. page* 216. 217. 219. 238. Planche XXXIV.

Crampons qui servent à tenir les verrouils. *Voyez* Verrouil.

Crampons qui servent à tenir les pantures. *Voyez page* 210. 236. Planche XXXIII.

Crampons ou liens de fer dont on se sert dans les gros murs pour lier les pierres ensemble avec du plomb fondu & de la poix-raisine. Les Anciens faisoient des especes de crampons de bois de chesne ou d'olivier.

Cramponner, attacher avec des crampons.

Crapaudine. *Voyez* Couette.

Craye, matiere à faire des crayons, & dont l'on se sert dans la composition de plusieurs couleurs à peindre. Les Anciens en avoient qu'ils nommoient *Eretrienne*, d'autre *Selinusienne*, ou *Annulaire*. Vitruve liv. 7. c. 14.

Crayons pour desseigner, qui sont ou de craye blanche pour rehausser, ou de pierre noire pour ombrer, ou de sanguine. On dit *le premier crayon d'un Tableau*, pour dire la premiere pensée ; l'Esquisse, le premier dessein.

Crayonner, desseigner avec du crayon.

Creches. On nomme ainsi au delà de la Loire, les fraisemens de pieux qui se font autour des piles des Ponts pour les conserver en garnissant ces pieux de dosses & de bois necessaires pour remplir l'entre-deux des piles & des pilots avec de la massonnerie faite de bonne pierre & de mortier de chaux vive & ciment.

Credence. Chambre où l'on serre les vivres.

Credence, ou Buffet, table sur laquelle on met les verres.

Cremillé'e, de χρεμάω, suspendre. Il y a certain

C R

reffort ou garde dans les ferrures qu'on appelle cremillée.

Creneaux d'une tour, ou d'une muraille. *Pinna.* Vitruve.

Crenelé, qui a des creneaux.

Crepy, c'eft-à-dire couvert de mortier, ou de plaftre.

Crepir un mur. Cela fe fait avant que de l'enduire. *Voyez* Enduire.

Crevasse, ou fente. Une muraille fenduë ou crevaffée, qui fe crevaffe en divers endroits.

Creuset pour fondre les metaux: c'eft un vafe fait d'une terre capable de refifter au feu, lequel d'ordinaire n'a ny anfe, ny poignée.

Creux. On dit *un Creux de plaftre*, ou d'autre chofe, pour dire un moule, ou un coin gravé & propre à imprimer ou mouler quelque figure de relief.

Creux, fignifie parmy les Ouvriers, ce qu'on nomme concave en Geometrie.

Crible. *V. p.* 346. Planche LII.

Cric, c'eft un Inftrument de grande utilité pour lever toutes fortes de fardeaux. *V. p.* 147. Pl. XXII.*

Cristaux. *Voyez page* 448.

Croc, harpon, main de fer.

Crochet, outil fervant aux Maçons ou Sculpteurs en pierre. *V. p.* 80. Plan. X.

Crochet de fer fervant aux Menuifiers pour arrefter & tenir le bois fur leur eftablie; C'eft un morceau de fer à plufieurs dents, & contre lequel on pouffe le bois qui fe trouve arrefté, & qui ne peut reculer quand on le travaille. Le Crochet est emboisté dans un morceau de bois, qui se peut hausser & baisser autant qu'il est necessaire. *Voyez page* 177. 184. Planche XXX.

CROCHET nommé Sergent. *V.* SERGENT. *V. p.* 177. 184. Plan. XXX.

CROCHETS dont les Serruriers se servent pour tenir les pieces en travaillant. *V. p.* 226.

CROCHET de fer servant à ouvrir les serrures. *Voyez* ROSSIGNOL. *V. p.* 246. Plan. XXXVIII.

CROCHETS de fer servant dans les couvertures à soustenir les chesneaux & les enfestemens. *V. p.* 151. 154. Planche XXIII.

CROISE'E. *Voyez* FENESTRE.

CROISILLON ou *meneau*, c'est une partie, soit de pierre, soit de bois, qui separe une Croisée en deux. Il signifie aussi une demy-croisée.

CROISSANCES, ce sont certaines herbes congelées, qui se prennent sur les rochers, & dans la mer, dont on orne les Grottes. *V. p.* 448.

CROIX de saint André. Ce sont deux pieces de bois disposées en croix. *V. p.* 120. 124.

CROIX de Lorraine, pieces de vitres. *V. pag.* 272. Planche XLI.

CROIX de Malte, pieces de vitres. *Voyez pag.* 274. Planche XLII.

CROQUER. On dit d'un tableau & d'un dessein qu'il n'est *que croqué*, lorsque les parties n'en sont pas arrestées, & qu'il n'y a rien de finy.

CROSETTES. *Voyez* OREILLES.

CROUPE, c'est un des bouts de la couverture d'un bastiment

bastiment qui n'est pas fait en pignon, mais coupé obliquement en pavillon. *V.* COMBLE, & *page* 154. Planche XXIII.

CUBE, un quarré solide comme un dé, κύβος, *tessera*, un Dé. On dit *une toise cube*, c'est-à-dire un corps qui a une toise en tout sens.

CUEILLIE. Les Maçons pour dresser un enduit tirent de part & d'autre des bandes de plastres, qu'ils appellent des *Cueillies*; & entre ces bandes qui ont l'espaisseur que doit avoir l'enduit, ils estendent leur plastre tout à plat. Elle sert aussi à former les angles. On dit cueillir une porte une fenestre, pour dire faire la cueillie d'une porte & d'une fenestre.

CUILLIER à puiser, & CUILLER percée dont se servent les Plombiers. *V. p.* 160 166. Pl. XXV.

CUILLIER dont se servent les Sculpteurs. *V. p.* 316. Planche XLVIII.

CUISSE de Grenoüille. Les Serruriers appellent ainsi certains anneaux de Clefs, qui sont limez & arrondis, en sorte que ce qui touche la tige est plus menu que le milieu de l'Anneau, qui est partagé avec la lime par une espece de ciselure, qui forme comme les deux cuisses. *V.* CLEF.

CUIVRE rouge, & Cuivre jaune. *V. p.* 335.

CUL DE LAMPE c'est un ornement que l'on fait pour finir & terminer le dessous de quelque ouvrage. Il y en a d'ordinaire aux clefs des voutes. On nomme aussi *culs de lampe* certains ornemens que l'on grave pour mettre à la fin d'un cuivre lors que les ornemens se terminent par en bas en diminuant.

CULÉE; c'est le costé de la premiere, ou derniere

Arche d'un pont par où il touche au quay ou à la terre. *Voyez* PILE.

CUNETTE, petit fossé, que l'on nommoit autrefois *Lacunette*. *V. p.* 98.

CUVE de *Cupa*, qui vient de κύπη, espece de vaisseau. On dit *un fossé à fond de cuve*.

CUVE, ou bassin où l'on se baigne. *V.* BASSIN.

CUVETTE de plomb qui reçoit l'eau des chesneaux qui sont autour des couvertures, & d'où elle tombe ensuite dans des tuyaux ou canaux de plomb. Ces Cuvettes peuvent estre prises aussi-bien que le Chesneau pour ce que Vitr. l. 6. c. 3. appelle *Compluvium*, qui selon Festus signifie un lieu qui reçoit les eaux de la pluye. Il y a des Cuvettes *quarrées* & d'autres à *entonnoir*. *V. p.* 151. 154. Plan. XXIII.

CYLINDRE, c'est une figure ronde & longue comme une Colonne.

CYMAISE c'est dans l'Architecture un membre, dont la moitié est convexe, & l'autre concave, lat. *Cymatium* du grec κυμάτιον, *undula*, petite onde ; & non pas de *cyma*, qui signifie l'extremité de la tige, & la pointe la plus tendre des herbes. Car ce qu'on nomme Cymaise, & qui sert d'ornement au haut d'une corniche, ne tire pas son nom de ce que ce membre en fait l'extremité & la plus haute partie, mais plustost de ce que ce qu'il est taillé d'une forme ondoyante. Aussi Vitr. l. 5. c. 7. se sert de *unda* pour *Cymatium*, qu'il nomme aussi quelquefois *Lysis*, qui en grec signifie rupture ou separation, à cause que les corniches font la separation d'une partie de l'Architecture d'avec une autre ; comme du piedestal d'avec la colonne; & de la frise d'avec la corniche, &c. Les Italiens l'appellent *Goletta*, pour *parva gula*, ou *Cymasa*. Il y a de deux sortes de Cymaises, l'une droite & l'autre renversée, que nous disons *gueule droite*, & *gueule renversée*. Celle dont la partie la plus avancée est concave, s'appelle *Doucine* ou *Gueule droite*, & l'autre dont la partie la plus avancée est convexe se nomme *Talon* ou *Gueule renversée* Palladio appelle celle qui est tout au haut de la corniche, *intavolatum*, pour dire Entablement. Mais la Doucine est particulierement distinguée des autres, car dans le Latin elle se nomme *Sima*, c'est-à-dire, camuse.

Il est vray, que dans l'Ordre Dorique la Cymaise du haut de l'entablement est differente. Car elle n'est composée que d'un cavet qui est au dessous d'un reglet. Philander dit qu'il y a de deux sortes de Cymaises Doriques, l'une faite de la moitié d'une Scotie que nous appellons un *Cavet*, & l'autre qui est faite d'un quart de rond qui est l'*Astragale Lesbien*, selon Baldus. Il nomme aussi *Cymaise Lesbienne*, le talon ou gueule renversée. On peut voir les Notes de M. Perrault sur le 3. chap. du 4. liv. de Vitruve. Les Ouvriers nomment indifferemment Cymaises, tant celles qui terminent les extremitez des grandes corniches que les autres. *V*. p. 20. Plan. III.

D

DALLES; ce sont les pierres qui couvrent le toit des grands Edifices, & d'où l'eau s'égoute par les testes de lion & les gargoüilles que l'on taille dans la grande Symaise de la corniche.

DAMASQUINER, travailler de *Damasquinure*. *V* p. 460.

DAMOISELLE, c'est une piece de bois de cinq ou six pieds de haut, ronde & ferrée par les deux bouts, ayant comme deux anses au milieu. Les Paveurs s'en servent pour enfoncer les pavez. *Voyez* p. 172. Plan. XXVII.

DAVID. Quelques Menuisiers nomment ainsi ce que l'on appelle communement *Sergent*. *V*. SERGENT.

DÉ', c'est un corps également quarré dans les six faces qui le composent. On appelle *Dé* le milieu des piedestaux, c'est-à-dire la partie qui est entre leur base & leur corniche, à cause qu'elle est souvent de forme cubique, comme un *Dé*. C'est ce que Vitruve L. 3. c. 3. nomme *Truncus*.

Du DÉ', pieces de vitres. *V*. p. 274. Pl. XLII.

DEBITER. Les Menuisiers appellent *debiter leur bois*, lors qu'ils marquent les pieces, selon les grandeurs dont ils ont besoin. Ils appellent encore debiter le bois, quand ils le refendent & qu'ils le coupent de longueur. *V*. p. 174.

DEBORDER les tables de plomb avec les planes. *V*. p. 160.

DEBORDOIR rond servant au Plombiers. *Voyez* page 16?. Plan. XXVI.

DECASTYLE, qui a dix colonnes de face. Δίκα veut dire dix, & φύλος, colonne.

DECHASSER. Les Tourneurs disent *dechasser une clef de bois*, pour dire, la faire sortir. *V*. p. 378.

DECLICQ. *V*. SONNETTE.

DECOLEMENT. Faire un decolement à un tenon, c'est en couper une partie, pour faire qu'estant moins large on ne voye pas la mortaife qui demeure caché par l'endroit de la piece où le decolement a efté fait. *Voyez page* 126. On dit auffi *fauffement* mais c'eft en charpenterie, de mefme que *decolement*.

Decombre d'un baftiment, ce font les pierres & les platras qui demeurent après la demolition.

Decoupures. *Voyez* Gersures.

Degauchir. On dit *degauchir*, pour dire redreffer ou aplanir une piece de bois, ou une pierre. On dit qu'une pierre ou une piece de bois eft *gauche*, lorfque les angles, ou coftez ne répondent pas à la place où elle doit eftre mife.

Degrader, c'eft en terme de Peinture ménager le fort, & le foible des jours, des ombres & des teintes & du plan & des lignes, felon les divers degrez d'éloignement.

Degrader une muraille, l'abbatre par le pied.

Degrez, ou marches d'un Efcalier, &c. Il eft bon de voir les Notes de M. Perrault fur Vitruve l. 3. c. 3. où il eft parlé des degrez des Temples, de leur hauteur, & des Pailliers.

Degrossy, machine dont l'on fe fert pour les monnoyes. *V. p.* 353. 356. Pl. LIII.

Degrossir un bloc de marbre. *V. page* 312.

Dehors, terme de fortification. *V. p.* 99.

Delardement. *Voyez* Delarder.

Delarder une piece de bois quarrée, c'eft en couper l'endroit des arreftes. On dit *Delarder* les Arreftiers, fi on en abbat une ou deux des arreftes. Si l'on en ofte en creux, on dit *delarder en creux* : Et lorfqu'on abbat les deux Arreftes d'un mefme cofté, quelques-uns difent qu'il eft *delardé, deverfé*.

DELITER, DELIT. On dit *deliter une pierre* ou pofer une *pierre en delit*, lorfqu'on ne la pofe pas fur fon lit, c'eft-à-dire qu'elle n'eft pas mife de plat, & comme elle croift dans la carriere. Elle eft aifée à fe fendre quand elle eft delitée ; & ne peut porter de grand fardeaux. C'eft pourquoy le marbre eft excellent, car il n'a point de lit, & fe peut mettre en tous fens. Il y a auffi des pierres dures qui ont la mefme proprieté, mais il ne s'en trouve pas pour faire de grandes colonnes. On dit auffi qu'une pierre fe delite quand elle fe fend par feüillets ; car la plufpart des pierres fe forment dans les carrieres de telle forte, qu'il femble que ce foient comme des feüillets d'un livre mis les uns fur les autres. Et c'eft pourquoy fi les pierres ne font mifes de plat, tous ces feüillets qui fe trouvent de champ s'efcartent & fe delitent.

DEMANTELER une place, c'eft en abbatre les murailles.

DEMAIGRIR une pierre, c'eft ofter de fon lit ou de fon joint en dedans pour la mieux *ficher*.

DEMAIGRISSEMENT. Le demaigriffement d'une pierre, c'eft l'endroit où on l'a demaigrie.

DEMOISELLE. *Voyez* DAMOISELLE.

DEMOLIR une maifon l'abbatre.

DEMOLITIONS, ce font les pierres & les materiaux qui reftent d'une maifon abbatuë.

DEMY-GORGE d'un baftion. *Voyez* GORGE.

DEMY-LUNE. Autrefois & dans l'origine de la Fortification les *Demy-lunes* eftoient proprement celles qui eftoient à la pointe des baftions ; & l'on nommoit

Ravelins celles qui estoient dans les courtines : mais presentement on se sert du mot de Demy-lunes pour tous les ouvrages triangulaires.

DENTICULE. C'est un membre de la Corniche Ionique & de la Corniche Corinthienne, qui est quarré & recoupé par plusieurs entailles. Les Auteurs Latins le nomment *denticulus*, & les Italiens *dentello*, *denticoli*, à cause qu'il ressemble à un rang de dents. Balde remarque qu'il n'y a que dans les Corniches Ioniques & Corinthiennes que l'on taille des Denticules; & que d'en mettre dans les autres c'est commettre une faute selon Vitruve, qui dit encore, que les Grecs ne pouvoient souffrir qu'il y eust des Denticules au dessous des Modillons, pour les raisons qu'il rapporte au 2. ch. de son 4. l. Ce qui n'a pas esté suivy par tous les Architectes qui sont venus aprés luy. Mais Vitruve estoit un grand imitateur des ouvrages de la Nature, & ennemy de tout ce qui se faisoit sans raison, & contre l'intention des premiers Inventeurs des Ordres. C'est pourquoy il loüe beaucoup les Grecs; & dit que ces Sçavans hommes ne croyoient point que les Ouvriers peussent raisonnablement representer dans leurs ouvrages, ce qui veritablement ne peut estre; & que par la mesme raison ils ne souffroient pas que l'on mist dans les Frontons, des Modillons, ny des Denticules, mais vouloient qu'ils fussent seulement ornez de Corniches simples. Dans le dernier chap. du 3. liv. il montre avec quelle symmetrie on doit disposer les Denticules, & comme dans l'Ordre Ionique elles ont autant de hauteur que la seconde fasce de l'Architrave; autant de saillie que de hauteur ; Que leur largeur doit avoir la moitié de leur hauteur ; & la distance ou intervalle qui est entre chaque Denticule, les deux tiers de la mesme hauteur. Il appelle μετοχή l'espace vuide qui est entre les Denticules, comme celuy qui est entre les trigliphes se nomme μετοπή. Quoy que la bande où l'on taille d'ordinaire les Denticules, soit quelquefois unie & sans dents, on ne laisse pas de la nommer *Denticule*, à cause que c'est la partie disposée à les recevoir On voit à la Corniche de la porte d'un temple appellée la Maison quarrée qui est à Nismes, une espece de Denticule taillée dans le Larmier. Il est vray que les dents ne sont pas taillées entierement, & sont seulement marquées comme des dents naturelles qui se touchent. Ce qui se voit encore au Larmier de l'Arc de triomphe qui est à Orange.

DENT DE CHIEN, ou double pointe, Outil des Sculpteurs. *V. p.* 312. 316. Plan. XLVIII.

DENTS de loup, especes de gros cloüs qui servent aux poteaux des cloisons.

DENT de loup & dent de chien dont se servent les Doreurs. *V. p.* 293. 300. Plan. XLVI.

DEPENSE, lieu où l'on serre le pain.

DEROBER. Parmy les Peintres, lorsqu'on voit des Figures dans un tableau prises & copiées d'aprés quelque ouvrage plus ancien, on dit qu'elles sont *derobées d'un tel Maistre*.

DEROBEMENT. On dit d'une voute, qu'elle est faite par *derobement*, ou *avec panneaux*, qui sont deux manieres de couper les pierres pour former les arcs. *Voyez* BIAIS.

DESCENTE

DE

DESCENTE ou tuyau de plomb par où tombe l'eau des *Chesneaux* qui sont au bas des couvertures. *fistula.* Vitr. *V. p.* 151. 154. Planche XXIII.

DESCHARGE. On appelle *decharger une poutre* lorsqu'on la soulage par des poinçons & des forces, ou par d'autres moyens que l'art de Charpenterie enseigne, & dont les plus beaux exemples se peuvent voir dans la Salle des machines des Tuilleries.

DESCINTROIR, espece de marteau. *Voyez page* 80. Planche X.

DESPOUILLER. L'on dit *despoüiller une Figure moulée*, lorsqu'on oste toutes les pieces du moule qui l'environnent, & qui ont servy à la former. *V. p.* 321.

DESSEIN, projet, Plan, Elevation & Profil d'un ouvrage qu'on veut faire. *V. p.* 402.

DESSEIN, partie de la Peinture. *V. p.* 399.

DESSEINS de differentes sortes. *V. p.* 403.

DESSEIGNER. Lat. *figurare, delineare, designare.* Vitr. in prœm. l. 3. *deformare.* Il dit *deformationes gramica*, au lieu de *descriptiones & designationes quæ per lineas fiunt.* Car, γραμμή signifie *linea*, comme dans son 5. l. c. 4. Il se sert de διάγραμμα, pour *designatio, descriptio, figura.*

DETACHER. On dit d'un Tableau, que les Figures sont *bien detachées*, lorsqu'il n'y a point de confusion, qu'elles sont bien demeslées, qu'il semble que l'on peut tourner tout autour, & qu'elles paroissent de relief.

DETREMPE. C'est une maniere de peindre qui se fait en detrempant les couleurs avec de l'eau de cole ou de gomme. *Voyez page* 402.

DEVELOPER. On se sert du mot de developer lors

Cccc

qu'on rapporte sur un plan toutes les differentes faces d'une pierre ou mesme les parties d'une voute.

DEVERS, c'est-à-dire penché. Du bois *deversé*, c'est aussi du bois qui est gauche.

On dit *Piquer* ou *marquer* du bois suivant son *devers*, c'est-à-dire suivant sa pente ou gauchissement.

DEVERSER une piece de bois, c'est la pencher.

DEVIS, parmy les Ouvriers, c'est une description ou memoire que l'on fait de toutes les choses necessaires à executer pour la construction d'un bastiment, ou d'autres ouvrages, sur les Desseins qu'on en donne, tant pour ce qui regarde la matiere, que la forme & la dépense.

DEVOYER une ligne, terme de Charpenterie, pour dire detourner, ou changer.

On dit *devoyer* un tenon lorsqu'il se rencontre dans le bois quelque nœud ou autre chose qui oblige à le détourner.

DIAGONALE, ligne qui prend d'un angle à un autre, de γωνία, qui signifie *angulus*. Dans une signification plus estenduë on nommeroit cela le *diametre*, mais le mot de *diagonale* n'est pas propre pour les Figures rondes & circulaires.

DIAMANT dont se servent les Vitriers pour couper le verre. *Voyez page* 267. 280. Pl. XLV.

DIAMETTRE, ligne qui coupe une Figure par le milieu. L'on dit deux *points diametralement opposez*, comme sont les deux poles du monde.

DIAMETTRE d'une Colonne ou d'un cercle, c'est la ligne qui passant par le centre le coupe en deux également.

DIAMETTRE d'un quarré en mathematique, c'est la ligne qui le coupe en deux d'un angle à un autre: Neanmoins en Architecture, quand on dit le diamettre d'un pilastre, on entend la largeur d'un des costez.

DIASTYLE, sorte d'Edifice où les colonnes sont éloignées les unes des autres de la largeur de trois diametres de leur grosseur.

DIGUE; c'est un amas de terre contre les eaux. Ce mot vient du Flaman *Diic.*

DILIGENCE. Il y a des Peintres qui pour imiter les Italiens disent qu'un tableau est fait *avec diligence*, pour dire avec soin, & qu'il est bien fini; car en cette rencontre le mot de *diligence* ne signifie pas promptitude.

DIMINUTION, ou retrecissement du haut des colonnes. C'est ce que Vitr. nomme *contractura.*

DIPTERE, c'est-à-dire à double rang de colonnes, ou à doubles ailes. Les Anciens appelloient ainsi les Temples qui estoient entourez de deux rangs de colonnes, parce que ces deux rangs faisoient deux portiques qu'ils appelloient *Ailes.*

DISPOSITION. C'est une convenable situation de toutes choses, & un certain arrangement qui ne regarde pas les mesures & la quantité des parties de l'ouvrage, mais la qualité. Ainsi on dit qu'un Tableau est bien disposé, lorsque le sujet est bien representé; que toutes les Figures sont en leur veritable place, & font ce qu'elles doivent; quoy que ces Figures puissent estre mal proportionnées, & qu'il y ait beaucoup d'autres deffauts dans le reste de la composition.

DISPOSITION d'un baſtiment. L'idée de la diſpoſition de l'Architecture ſelon Vitruve l. 1. c. 2. conſiſte dans le plan, dans l'élevation, & dans le profil.

DISTRIBUTION, en terme d'Architecture, eſt une diviſion & commode diſpenſation des lieux qui compoſent un baſtiment.

DOILLE ou DOUELLE. *V*. PANNEAUX, VOUSSOIRS & VOUTES.

DOME, de *domus*, ou bien du Grec δῶμα, qui ſignifie un *toit* ou une couverture. S. Jerôme *ad Simonem & Fretell. Doma in Orientalibus provinciis, ipſum dicitur quod apud Latinos tectum*. Nous donnons particulierement le nom de dôme aux couvertures rondes, telle que le dôme de S. Pierre à Rome ; celuy de la Sorbonne, du Val de Grace & des Jeſuites, c'eſt ce que les Italiens nomment *Cupola*, car parmy eux le mot de *Domo*, deſigne particulierement l'Egliſe Cathedrale. *Voyez* THOLE.

DONJON. C'eſt le principal endroit d'un chaſteau. On nomme auſſi *Donjons* tous les lieux eſlevez au haut des maiſons qui ſont comme de petits cabinets. *V. p.* 91.

DORER à cole & à huile. *V. p.* 282.

DORER d'or en feüilles & d'or moulu. *V. p.* 334.

DORIQUE. Ordre Dorique. *Voyez page* 14.

DORTOIR. C'eſt dans les Monaſteres le lieu où les Religieux ont leurs cellules, & où ils ſe retirent pendant la nuit.

DOSSES, ce ſont des pieces de bois refenduës, eſpaiſſes & aſſez larges. On appelle auſſi Doſſes les ais de bateau, mais proprement les Doſſes parmy les Charpentiers & les Menuisiers sont les planches siées d'un costé, & qui de l'autre ont presque toûjours l'escorce de l'arbre. Ils appellent aussi *Cantibay* les dosses qu'ils nomment *Flaches*, & *fauteux*, c'est-à-dire pleines de fentes, & qui ne valent guere.

DOSSERETS, ce sont especes de pilastres ou pie-droits un peu saillans, qui soustiennent les voutes d'arrestes dans les caves ou autres lieux. Il y a aussi les *Demy dosserets*.

DOUBLEAUX, ce sont les arcs qui forment les voutes, qui sont posez directement d'un pilier à un autre, & qui separent les croisées d'Ogives. Ils ont quelquefois plus de largeur que les Ogives. *Voyez* VOUTES.

DOUBLE-BORNE, piece de vitre. *V. p.* 268. Planche XXXIX.

DOUBLE-POINTE, Outil servant aux Sculpteurs en marbre. *V.* POINTE.

DOUCINE, *Voyez* GUEULE DROITE, ou CYMAISE. *V. p.* 180. Planche XXVIII.

DOUVE pieces de bois dont l'on fait les muids, & qui servent en Menuiserie. *V. p.* 452.

DOUVE, fossé d'un chasteau.

DOUVE d'un fossé pour écouler l'eau.

DOUVE signifie aussi le mur d'un bassin de fontaine quand il n'est que d'une assise ou deux, comme il est presque toûjours.

DRAGUE, espece de pinceau servant aux Vitriers pour *signer*, c'est-à-dire marquer le verre. *V. p.* 267. 280. Planche XLV.

DRAGUE, est une espece de Beche, ou une Pele

coudée avec un rebord tout autour, l'on s'en fert pour tirer du fable dans les rivieres, & nettoyer le fond des baftardeaux, & pour enfoncer les puits. On dit *draguer* pour dire nettoyer avec une drague le fond d'une riviere ou canal &c.

DRAPERIES. C'eft un mot general dont les Peintres fe fervent pour exprimer toutes fortes de veftemens qui couvrent les Figures d'un Tableau. Car en parlant des Figures veftuës, on dit qu'elles font *bien drapées*, que les *draperies font bien mifes*, ou *bien entenduës*, les *plis bien agencez, bien jettez*. Les Sculpteurs s'en fervent auffi de mefme. Ils difent qu'une *draperie eft bien jettée* ; qu'un morceau *de draperie eft bien difposé*.

DRESSE' à la regle. On appelle des pierres de taille *dreſſée à la regle*, lorfque les paremens font bien mis & eſlevez à plomb les uns fur les autres.

DUR, fec ; en terme de Peinture, c'eft quand les chofes font trop marquées, foit par des traits trop forts, foit par des couleurs trop vives ou trop fombres proches les unes des autres, & lorfque le tout n'eft pas deffeigné & peint tendrement ou avec moleffe & union. On dit auffi dans l'Architecture *qu'il y a de la fecherefſe*.

E

EBAUCHE. *Voyez* ESBAUCHE.
ECAILLES. *Voyez* ESCAILLES.
ECHARPES, font les petits cordages qui paffent au travers l'œil de la Louve, & qui accolent le fardeau qu'on veut enlever. Il y a auffi certains cordages dont l'on fe fert pour retenir & attacher les Engins ou les

Chevres quand on veut lever des fardeaux ; Vitruve l.10. c.3. les nomme *retinacula* : & les pieux que l'on enfonce en terre pour y lier les Efcharpes, il les appelle *pali refupinati*.

ECHARPE d'une poulie. *Voyez* MOUFLE, & p. 86.

ECHARPER, c'eft en terme de charpenterie, faire huit ou dix tours avec un petit cordage autour du fardeau qu'on veut lever pour y attacher une Efcharpe, au bout de laquelle eft une poulie où l'on paffe le chable.

ECHARPES, baudriers, ou ceintures. *Balthei* felon Vitr. ce font efpeces de ceintures ou courroyes qu'on voit au coftez des chapiteaux des colonnes Ioniques, & avec quoy les couffinets ou oreillers des volutes femblent eftre ferrez.

ECHENO. Efpece de baffin de terre que les Fondeurs font au deffus du moule des Figures qu'ils veulent faire en metail, dans lequel coule d'abord le metail fondu, pour tomber enfuite dans le creux, ou moule. *V*. p. 232. 338. Planche L.

ECHINE, d'ἐχῖνος ; qui fignifie l'efcorce d'une chaftaigne, a donné le nom au membre d'Architecture qui eft au haut du chapiteau de la colonne Ionique, & que les Modernes ont mis depuis dans les corniches Ioniques, Corinthiennes & Compofites, à caufe de la reffemblance que ce membre taillé de Sculpture, a avec des chaftaignes ouvertes & arrangées les unes auprés des autres. On a donné encore ce nom à ce mefme membre, quoy qu'il ne foit pas taillé, & alors on l'appelle auffi *quart de rond*.

Les Modernes appellent auffi cette Echine *chaftai-*

ynes, oves ou œufs, soit à cause que ces pretenduës chastaignes ont une figure ovale ; ou mesme parce qu'elles ressemblent quelquefois à des œufs.

Quand ces œufs sont coupez par le haut, les Latins les nomment *decacuminata ova*. Entre ces œufs, ou chastaignes, il y a des pointes de dards qui les separent ; & qui servent à l'ornement.

EFFIGIE, Image, Statuë, *Imago*. On dit faire l'effigie de quelqu'un en bronze. Les Sculpteurs en medailles se servent du mot d'effigie, pour les figures des medailles.

EGOHINE. *Voyez* SIE A MAIN.

EGOUT, Goutiere.

EGOUT, Cloaque.

EGRATIGNE'. *Voyez* ESGRATIGNE'.

EGRISER. Les Lapidaires appellent *Egriser*, lors qu'ils frottent deux diamans l'un contre l'autre pour les user. *V. p.* 363.

EGRISOIR. Boëte qui sert lors qu'on egrise les diamans. *V. p.* 368. Planche LVI.

EGUILLE. *Voyez* AIGUILLE.

ELEVATION. Dans le dessein qu'on fait d'un bastiment, on appelle l'Elevation, la representation ou image que l'on fait de sa face. *Orthographia*.

ELOIGNEMENT. Ce qui paroist de plus éloigné dans un Tableau, s'appelle d'ordinaire le *lointain*. On dit aussi les Figures qui sont dans l'*Eloignement*.

EMAIL. *Voyez* ESMAIL.

EMBOETER, ou enchasser une chose dans une autre.

EMBOETER, mettre dans une boëte.

EMBOIRE.

EMBOIRE. On dit qu'un Tableau est *embu*, lorsque la couleur n'en paroist pas bien ; qu'il y a un certain mat qui fait que toutes les touches ne se discernent pas, & qu'il a perdu son luisant. Cela arrive à la Peinture à huile, & particulierement lors qu'elle est fraischement faite : demeurant souvent ainsi *embuë* jusqu'à ce que l'ouvrage soit bien sec, ou qu'on le fasse revenir en le frottant de vernix, ou de blanc d'œuf battu. Quand il y a trop d'huile dans les Couleurs, elles sont plus sujettes à s'emboire, particulierement sur les toiles nouvellement imprimées : Car il y en a qui ont observé que celles qui sont imprimées de longue main, ou sur de vieilles ébauches, dont la couleur est bien seche, ne s'emboivent pas. *V. p.* 411.

On dit aussi EMBOIRE un moule de plastre, lorsqu'on le frotte d'huile ou de cire fonduë avant que d'y former des Figures. *V. p.* 322.

EMBOUTIR. *Voyez* AMBOUTIR.

EMBRANCHEMENTS, ce sont des pieces de bois qui font partie de la charpente des couvertures. Elles servent de petit Entrait dans l'Empanon & le Coyer. *V. p.* 123.

EMBRASEMENT de porte ou de fenestre. *Voyez* EMBRASURE.

EMBRASSURES, Emparemens, ou Racinaux de la Grüe. *V. p.* 130. 142. Pl. XXI.

EMBRASURE, ou Embrasement de portes ou de fenestres, c'est l'élargissement qui se fait dans les murailles, pour donner plus de jour & plus de commodité aux fenestres & aux portes. On peut aussi

Dddd

appeller *Embraseures* l'obliquité que l'on donne au mur qui tient lieu d'appuy aux *Abajours*, & aux *Soupiraux*, ainsi qu'il a esté remarqué sur le mot d'*Abajours*. *V. p.* 176.

EMBRASURE des flancs d'un bastion. *V. p.* 95.

EMBRASURE pour tirer le canon. C'est ce qu'on nomme aussi Canonnieres.

EMBREVEMENS, c'est une maniere d'entailler une piece de bois, pour empescher qu'une autre piece jointe & assemblée contre la premiere, ne se puisse hausser ou baisser. *V. p.* 125. 136. Pl. XVII.

EMBRUNIR. L'on dit un Tableau embruny : un visage trop embruny.

EMBU. *Voyez* EMBOIRE.

EMPANON. C'est un cheveron de croupe ou de *long pan* qui tient par en haut aux Arrestiers, & par en bas sur les Sablieres, ou platte-formes. *V. p.* 123. 136. Pl. XVII.

EMPASTE'. On dit un Tableau bien *Empasté de couleurs*, c'est-à-dire bien nourry de couleurs, mises épaisses, & couchées uniment. *V. p.* 415.

EMPATEMENT, c'est ce qui sert de pied à quelque chose. On appelle l'*Empatement* d'une muraille ou les fondemens d'un mur, la partie la plus basse, & qui doit estre large à proportion de l'épaisseur & hauteur qu'on veut donner à la muraille, ou à l'édifice. *Fundamentum, basis, stereobata.*

Scamozzi donne aux murs de quatre pieds d'épaisseur, cinq pieds au plus, à la largeur des fondemens, ou quatre pieds deux tiers au moins. De Lorme en donne davantage ; car si le mur est de deux pieds, il fait l'Empatement de trois pieds ; ce que Vitruve liv. 2. ch. 3. ordonne aussi pour les murs qui sont au dessous des colonnes, qu'il dit devoir estre plus larges de la moitié. Palladio donne encore plus de largeur aux fondemens, car il veut qu'ils ayent le double du mur. Et Scamozzi dans les grosses tours, leur donne trois fois la largeur du mur.

EMPREINTE. Le mot d'*Empreinte* peut avoir deux sens differens ; l'un lors qu'il signifie une chose gravée pour en imprimer d'autres, comme est un cachet ; l'autre lors qu'il signifie la marque & la figure tirée de la premiere, comme est la cire imprimée par le cachet. Quand on veut faire des medailles d'or, d'argent, ou de cuivre, l'on imprime une plaque de plomb ou d'estain entre les deux quarrez, ou creux de la medaille ; & ce morceau de plomb ayant receu la Figure s'appelle l'*Empreinte*, & sert pour estre imprimée dans le sable, où l'on fait ensuite des medailles de tel metal qu'on veut. V. p. 348.

ENCEINTE, ou circuit.

ENCHEVESTRURE de cheminée. On dit une *solive d'enchevestrure*. V. p. 124. 136. Pl. XVII.

ENCLAVER. C'est lors qu'un assemblage est retenu ou arresté avec une clavette. On dit une solive *enclavée* dans une poutre. *Tignum cardinatum.* Vitruve.

ENCLOS, enfermé, ceint.

ENCLUME qui sert aux Serruriers à battre le fer à chaud & à froid. V. p. 240. Pl. XXXV.

ENCLUME, outil dont les Couvreurs se servent pour couper l'ardoise. V. p. 153. 156. Pl. XXIV.

ENCOCHER, faire des coches ou *oches*, ou marques sur un morceau de bois.

ENCOIGNURE, angle, *angulus*. C'est tousjours un angle saillant.

ENCOLER le bois pour le dorer. *V. p.* 286.

ENCORBELLEMENT, ce sont plusieurs pierres en-saillies les unes sur les autres en maniere de Corbeaux pour porter des avances, comme à des ponts ou à des entablemens.

ENCROUSTER, d'*Incrustare*. *V.* INCRUSTATION.

ENDUIRE, couvrir une muraille, soit avec du plastre, soit avec du mortier fait de chaux & sable.

ENDUIT qu'on fait avec de la chaux & du ciment, ou du sable ; ou bien avec du plastre ou du Stuc dont on blanchit les murailles. On appelle aussi cela *Incrustation*. C'est ce que Vitruve nomme *Corium*, se servant de ce mot qui signifie une peau ; parce que l'enduit est comme une peau étenduë contre les murs. Il appelle aussi tous les enduits en general *Tectoria opera* ; & les Ouvriers qui les font, *Tectores*. Mais ce qu'il nomme *Albarium opus* est un enduit fort blanc fait de poudre de marbre & de chaux, qui est ce qu'on nomme *Stuc*. Pour faire de bons Enduits, il ne faut pas employer le sable aussi-tost qu'il est tiré de terre, car il fait secher le mortier trop promptement, ce qui fait gerser les enduits. Mais pour les gros ouvrages de Maçonnerie, c'est tout le contraire ; il ne faut pas que le sable ait esté trop long-temps à l'air, parce que le Soleil & la Lune l'alterent, ensorte que la pluye le dissout, & le change enfin presqu'en terre.

EN

Enduit pour peindre à fraisque. *V. p.* 404.

Enduit pour peindre à huile. *V. p.* 412.

Enfaistemens de plomb qui se mettent sur les couvertures. *V. p.* 151. 154. Pl. XXIII.

Enfaisteaux, ou *Faistieres*, espece de tuiles pour couvrir le faiste. *Voyez* Faistiere.

Enfourchement. Ou *Voussoir à fourches, branches des enfourchemens. V.* Voussoir.

Engin, machine servant à élever des fardeaux. *Voyez page* 129. 141. Pl. XX.

Engraissement, on dit joindre *du bois par engraissement*, c'est-à-dire l'assembler à force, & qu'il n'y ait pas de vuide.

Enlassure, *faire une enlassure* en terme de Charpenterie, c'est avec les lacerets percer les mortaises & les tenons. *Voyez page* 124.

Enlier. On dit *enlier* les pierres de taille, & les briques, lors qu'on les met & qu'on les entrelasse les unes avec les autres, en maçonnant.

Enligner le bois avec une regle ou un cordeau, c'est mettre les pieces sur une mesme ligne. *Voyez page* 125.

Enluminer des Estampes, c'est les laver avec des couleurs à gomme.

Enluminure, *Figures enluminées.*

Enraser, c'est mettre plusieurs pieces d'une égale hauteur, ainsi l'on dit *des portes ou panneaux enrasez*. *V. p.* 175. C'est mieux dit *Arraser, panneaux arrasez.*

Enrayeures & *doubles enrayeures*, ce sont tous les entraits des fermes d'assemblages. *Voyez page* 125. 136. Plan. XVII.

Dddd iij

ENTABLEMENT, c'est la saillie qui est au haut des murailles d'un Edifice, & le lieu où pose la charpente de la couverture. Ce mot vient du Latin *Tabulatum*, parce qu'il signifie la saillie qui est au droit du plancher.

Dans les Ordres d'Architecture, l'entablement comprend l'Architrave, la Frise & la Corniche.

ENTAILLE pour limer les Sies ; C'est un billot de bois fendu, dans lequel les Menuisiers font entrer le fer de leurs Sies, quand ils veulent en limer les dents. Et pour tenir la Sie plus ferme dans la fente du billot, ils y mettent aussi un coin de bois. *Voyez page* 182. Pl. XXIX.

ENTAILLER, faire une entaille, ou une oche, ou coche.

ENTER, on dit quelquefois enter des pieces de bois l'une à l'autre, pour dire les assembler & les joindre.

ENTENTE. On dit d'un Tableau que l'Ordonnance y est bien *entenduë* ; qu'il est conduit avec beaucoup d'*entente*, soit pour la disposition du sujet, soit pour les expressions, soit pour les jours & les ombres. *Voyez page* 401.

ENTRAITS, *Transtra*. Vitr. liv. 4. chap. 2. Ce sont des pieces de bois, qui traversent & qui lient deux parties opposées dans la couverture des bastimens. Il y a le grand & le petit Entrait. On nomme particulierement Entraits, les pieces qui soustiennent le Poinçon, & qui posent sur les Forces. Ces Entraits s'appellent aussi *Tirans*. V. p. 121. 136. Pl. XVII.

ENTRE-COLONES, ou *Entrecolonnemens* ; c'est la

distance qu'il y a d'une Colonne à une autre.

Entresoles, ce sont des lieux qu'on menage ordinairement entre deux estages, comme lors qu'on separe la hauteur d'une chambre en deux pour avoir des garderobes ou autres commoditez.

Entretoises, pieces de bois qui traversent & qui en entretiennent d'autres dans les cloisons, & dans les autres pans de bois.

Entrevous de solives, *Intertignia*. C'est l'espace qu'il y a d'une solive à une autre. Ces Entrevous se font avec des ais, du plastre, ou autrement.

Envoiler, gauchir, ou se courber. On dit qu'un morceau d'acier *s'envoile* à la trempe, pour dire, se gauchit ; Les limes *s'envoilent* quelquefois à la trempe. *Voyez page 204.*

Epaulement, retranchement qu'on oppose aux ennemis, terme de fortification. Lat. *pretenta, pretentura*. Amm. Marcellin.

Epaulement d'un tenon, c'est une partie & un des costez du tenon, lequel n'est pas diminué comme l'autre, afin de donner plus de force à la piece de bois. *V. p. 125. 136. Pl. XVII.*

Epistyle, c'est la poutre qui pose sur les colonnes, ἐπὶ τ φύλον, c'est-à-dire, *super columnam* ; c'est ce que nous appellons *Architrave*.

Epure. *Voyez* Espure.

Equilibre, quand une Figure de relief ou de Peinture n'est pas bien posée, on dit *qu'elle n'est pas dans son Equilibre*.

L'Equilibre ou Ponderation est une partie considerable dans la Peinture, & dans la Sculpture, pour sçavoir bien poser les Figures sur leur centre de gravité, afin qu'elles soient fermes, & qu'elles ne semblent pas tomber ou porter à faux.

ERMINETTE ou HERMINETTE, outil de Menuisier & de Charpentier. *V. p.* 128. 140. Pl. XIX.

ESBAUCHE. *Esbaucher un Tableau*, c'est lors qu'on donne la premiere forme aux Figures, & que l'on met les premieres couleurs.

Les Sculpteurs disent aussi, *Esbaucher une Figure*, quand ils travaillent de cire, de terre ou d'autre matiere ; mais ils disent *dégrossir un bloc de marbre*, lors qu'ils commencent à vouloir en esbaucher quelque chose.

Les Menuisiers appellent *esbaucher le bois*, lors qu'ils le dégrossissent avec le fermoir, à coups de maillet ou de marteau.

ESBAUCHOIR ou ciseau de Charpentier. *V. p.* 127. 138. Pl. XVIII.

ESBAUCHOIR, outil de bois, ou d'yvoire dont les Sculpteurs se servent pour travailler, soit de terre, soit de cire. Ils en ont de deux sortes, l'un tout uny par les deux bouts, & l'autre qui a des dents par un bout, qui leur sert à *breter*, c'est-à-dire à faire que l'ouvrage ne soit pas lisse & poly ; ce qui sert quelquefois à le faire paroistre travaillé avec plus d'art. *Voyez p.* 308. Pl. XLVII.

ESBAUCHOIR de fer servant aux Ouvriers qui travaillent de Stuc. *Voyez page* 346. Pl. LII.

ESCAILLES, c'est une maniere d'ornement. *Voyez page* 39. Pl. VIII.

ESCAILLES, ou *Esclats* de marbre, qui sortent lors

fors qu'on taille un bloc. Vitruve les nomme *cæmenta marmorea*. On dit aussi des Esclats de pierre, que les Latins appellent *assula*, de mesme que les copeaux ou Esclats des arbres qu'on abat & qu'on équarrit.

En maçonnant l'on est quelquefois obligé de mettre des esclats de bois pour remplir les joints, ce qu'il faut faire le moins qu'on peut, principalement dans les voutes. *Voyez* Ogives.

Escaille, Escalle, ou calle servant pour la monnoye. *V. p.* 355. 358. Plan. LIV.

Escaille de mer, c'est une pierre dure & dont on se sert pour broyer les couleurs. *V. p.* 420.

Escalier, vient de *Scala*, eschelle. Il s'en fait de plusieurs manieres, car il y en a à vis avec un noyau au milieu. A vis ou limaces, avec un noyau & des marches courbes. A vis sans noyau. A vis sans noyau, & les marches courbes. En ovale avec le noyau dans le milieu. En ovale sans noyau. Droit avec le mur en dedans qui sert de noyau. Droit sans mur à deux, à trois & à quatre noyaux.

Escape, c'est la partie de la Colonne qui joint le petit membre quarré en forme de listel, qui pose sur la base de la colonne, & qui fait le commencement du Fust. Quelquefois ce mot d'Escape est pris en general pour tout le fust ou vif de la colonne. Quelques-uns le prennent aussi pour le listel, & le nomment ceinture. *Voyez* Apophyge, Congé.

Eschampir, ou rechampir, c'est en terme de Peinture, contourner une Figure, un feuillage ou autre ornement, en separant les contours d'avec le fond.

Eschantignoles. *Voyez* Chantignoles.

Eschantillons qui servent à mesme usage que les Trusquins. *Voyez* Trusquins.

Eschantillon. On dit du pavé d'*Eschantillon*, des tuiles d'*Eschantillon*, c'est-à-dire de mesme grandeur.

Les Ouvriers disent improprement, *Chantignole*. *Voyez page* 171.

On dit aussi, des pieces de bois d'*Eschantillon*, c'est-à-dire de mesme grosseur.

Eschantillon. *Voyez* Pureau.

Escharper. *V.* Echarper.

Escharpes. *V.* Echarpes.

Escharpe d'une poulie. *V.* Chape.

Eschasses, morceaux de bois plats en forme de regle, sur lesquels on fait des Entailles, pour marquer en l'un des costez la longueur, & en l'autre la largeur des pierres lorsqu'on les taille.

Les Maçons appellent aussi *Eschasses* les pieces de bois debout, dont ils se servent pour faire porter d'autres pieces de bois, qu'ils nomment *boulins*, & qu'ils mettent dans les murs pour servir à s'échaffauder. Quand ce sont de grandes perches ou autres pieces de bois, ausquelles sont attachez plusieurs boulins les uns au dessus des autres, ils appellent cela des *Baliveaux*; & les cordages avec quoy ils les attachent s'appellent *Chablots*.

Eschelier, ou Rancher d'un Engin. *V.* p. 130. 142. Planche XX.

Escheles avec coussinets de paille, dont se servent les Couvreurs. *V.* p. 153. 156. Pl. XXIV.

Escheles faites de cordages noüez, dont se servent aussi les Couvreurs. *Id.*

ESCHENILLE. *Voyez* SMILLIER.

ESCHIFFRE. On appelle un mur d'*Eschiffre* la base ou le mur de pierre d'un escalier qui porte les premieres marches ; & lors qu'on dit en general l'*Eschiffre* d'un escalier, on entend cette Base, les Patins, les Limons, les Balustres, les Appuis, avec le chapeau qui est tout au haut servant d'Appuy, Vitruve appelle *scapi scalarum* les Eschiffes des Escaliers.

ESCHOPPES. Ce sont des pointes d'acier dont on se sert pour graver sur le cuivre à l'eau forte. *Voyez* p. 392. 394. Planche LXI.

ESCHOPPES, especes de ciseaux dont les Serruriers se servent pour graver, *scalprum*. *V.* p. 231.

ESCHOPPES ou petits Ciselets dont les Graveurs & Sculpteurs se servent. *V.* p. 394. Pl. LXI.

ESCHOPPER, c'est travailler avec des Eschoppes.

ESCHOPES. On nomme ainsi à Paris les petites boutiques attachées contre les maisons. *Echop* en Anglois signifie petite boutique.

ESCLATS. *Voyez* ESCAILLES.

ESCOINÇONS. On nomme ainsi l'espace contenu depuis le tableau d'une porte ou d'une fenestre, jusqu'à l'épaisseur du mur.

ESCOPERCHE, machine qui sert pour lever des fardeaux. On nomme Escoperche toute sorte de piece de bois debout, qui a une poulie à l'extremité pour servir à eslever des pierres ou du bois. Desorte que deux ou trois perches dressées l'une contre l'autre à la maniere d'une chevre, & au bout desquelles on attachera une poulie, s'appelleront escoperches. On nomme aussi Escoperche une solive ou autre piece de bois

E S

qui a une poulie, & dont l'on se sert quelquefois pour lever des fardeaux dans des endroits où l'on ne peut placer ny un Engin ny une Gruë, bien que cette piece de bois ne soit pas toûjours dressée de bout, mais qu'elle soit penchée comme sur une avance de Corniche ou dans une lucarne. *V. p.* 131. 138. 142. Pl. XX.

ESCORCHER. On dit *Escorcher une Figure* de terre ou de cire qui doit servir de noyau, lors qu'on la ratisse pour la diminuer, & oster de sa grosseur. *V. p.* 323.

ESCOUETTE, ou ESCOUVETTE. *Voyez* BALAY.

ESCROU, ce sont des trous percez avec des tarots pour y mettre des vis.

ESCROUI. C'est un terme de monnoye; on dit que les pieces de monnoyes sont *Escroüies & durcies à la sortie du moulin. V. p.* 355.

ESCUENE, ou Escouene, c'est une espece de Râpe qui n'est pas piquée comme les autres, ny coupée par hachures obliques & croisées comme les Limes; mais qui a seulement des hachures en travers & fort enfoncées.

ESCUME de fer. *Voyez page* 448.

ESCUSSONS & Platines pour orner les heurtoirs, les boucles, les boutons, & les entrées des serrures. *Voyez page* 214. 238. Planche XXXIV.

ESFUMER, ou Effumer, en terme de Peinture, qui signifie peindre une chose legerement.

ESGRATIGNE'. *V. p.* 422.

ESLEVE, ce mot est particulier aux Apprentifs & Disciples des Peintres. Ainsi Jules Romain, Perin, del Vague, &c. estoient Esleves de Raphaël. Il vient de l'Ital. *Allievo*.

E S

Esmail, on peut dire qu'il vient de *Maltha*, dont Pline parle liv. 2. ch. 104. & liv. 36. c. 26. Neanmoins le *Maltha* des Anciens estoit un mastic ou ciment, & non pas ce que nous appellons aujourd'huy Esmail, dont les Peintres, les Vitriers & les Esmailleurs se servent ; Ant. Neri dans son livre *de Arte Vitraria*, enseigne à faire des Emaux de toutes couleurs.

Esmail, couleur bleuë. *Voyez* p. 407.

Esmail, Peinture en Esmail. *V.* p. 426.

Esmaux de Limoge. *Id.*

Esmeril, c'est une pierre dure qui sert à polir & graver les autres pierres. Lat. *Smiris.*

Les Vitriers se servent d'*Esmerit* pour couper le verre. *V.* p. 267.

Esmeril ou Nœuds qui se trouvent dans les marbres. *Voyez* page 64.

Esmiller. *Voyez* Smiller.

Espaces. Nous nommons Travées les espaces qui sont entre les poutres. Vitr. les appelle *Intertignia.*

Espaisseurs de terre servant de Noyau pour mouler en plomb. *V.* p. 342.

Espargne. On dit *taille d'espargne*, c'est une espece de graveure.

Espargner. Un Menuisier qui pousse une moulure dit qu'il *Espargne un filet*, quand en poussant un quart de rond, par exemple, il forme en mesme temps un filet auprés.

En Peinture, *Espargner* veut dire, ne point toucher à quelque chose, comme, on dit *qu'il faut coucher le Ciel d'un Tableau, & espargner les figures & les bastimens*, c'est-à-dire ne rien coucher dessus.

ESPATULE. *Voyez* LANCE.

ESPAULE'E, ou Espaulette. On dit, faire *des fondemens ou des murailles par espaulées*, lorsque les Maçons les achevent d'élever par un bout de la hauteur qu'ils doivent estre, & que le reste demeure plus bas; faisant leur ouvrage par morceaux & à diverses reprises : ce qui n'est pas un bon travail. Car il faut mener toutes les assises de pierre à niveau, afin que la maçonnerie soit bien liée, qu'elle s'affaisse également, & ne soit que comme une seule masse. Neanmoins il y a des travaux qu'il faut faire par épaulées & à reprises, comme quand on reprend une muraille qui est en peril. *Voyez* TRAVAILLER par espaulées.

ESPAULE de mouton. *V.* COIGNE'E.

ESPAULE, ou Espaulement d'un bastion. *Voyez* EPAULEMENT. *V. p.* 93.

ESPAULEMENT d'un tenon. *V.* EPAULEMENT.

ESPICS, ce sont les pointes des aiguilles de Charpenterie qui surpassent les couvertures & qui sont aux pointes d'un pavillon. On les appelle *Amortissemens*, quand ils sont ornez de vases ou de figures de plomb.

On nomme aussi espics ou chardons certains crochets de fer qu'on met sur les balustrades ou autres endroits, pour empescher qu'on n'y passe.

ESPINÇOIR, espece de marteau. *Voyez page* 172. Planche XXVII.

ESPERONS, ou Arboutans. Dans les bastimens le mot d'*Esperon* est metaphorique, & signifie les Appuis ou Arboutans que l'on met contre les murs. Ce sont d'autres murailles qui forment des Angles saillans en dehors, on en fait aussi quelquefois qui rentrent en dedans pour rendre les murs plus solides. Vitruve l. 6. ch. 11. en remarque de deux especes quand il parle de la solidité des fondemens des Edifices, les uns qu'il nomme *Anterides*, qui sont des bouts de murailles perpendiculaires au mur. Les autres qu'il appelle *Erisma*, qui sont en dents de sie. Vitruve se sert aussi du mot d'*Orthostate*, pour signifier des Esperons. On en met dans les fondemens des Edifices & des murailles, qui doivent soustenir la terre pour les fortifier. *Voyez* PONT, & p. 95.

ESPLANADE, ou Glacis de la Contrescarpe, c'est le Parapet du chemin couvert, & tout le terrein qui se perd dans la campagne. *V.* p. 100.

ESPONGES, ce sont les extremitez du chassis de la table ou moule qui sert aux Plombiers à jetter les tables de plomb. *V.* p. 160.

ESPREUVE. On appelle *Espreuve* la premiere estampe que l'on fait tirer. Ainsi l'on dit, voila des *premieres Espreuves d'un portrait. Ce n'est encore qu'une Espreuve.*

ESPROUVETTE, c'est une petite verge de fer que l'on met dans un canon de fer avec les limes, lorsqu'on les chauffe pour leur donner la trempe ; l'on tire cette verge pour voir quand les limes sont assez rouges. *V.* p. 208.

ESPURE, c'est un Dessein fait en grand contre une muraille ou sur des ais, pour l'execution de quelque piece de Maçonnerie.

ESQUAIRE, Equerre, ou Equierre, Instrument servant à Esquairir & à tracer un angle droit.

Esquaire servant aux Tailleurs de pierre pour équairir les pierres. *V. p. 78.* Pl. IX.

Esquaire des Charpentiers. *Voyez page* 127. 138. Plan. XVIII.

Esquaire des Menuisiers. *Voyez page* 179. 188. Plan. XXXII.

Esquaire des Serruriers. *V. p.* 231.

Esquaire de fer servant aux Vitriers. *V. p.* 268. 280. Planche XLV.

Esquaire de fer qui se met sur les angles de la Charpenterie, pour tenir les Sablieres, ou Poteaux corniers. Ou bien encore à des Portes pour les rendre plus fortes.

Esquaire que les Sculpteurs mettent sur la teste de leurs Figures pour poser leurs plombs, & prendre les largeurs & les grosseurs.

Esquairir, ou Equerir, ou Equarrir, c'est dresser du bois, & le rendre égal de costé & d'autre ; l'usage ordinaire est de dire Equarir.

On dit aussi, *Esquarir un lieu*, pour applanir, & le rendre d'égale hauteur ; ce qui se fait avec le cordeau.

Les Ouvriers en l'art de bastir, appellent à l'*Equaire* ou *quarrément*, ce que les Geometres nomment à *Angles droits*.

Tracer une pierre par *Esquarissement*, ou par *dérobement*, c'est en couper & retrancher aprés qu'elle a esté équarie & parée en tous ses costez, ou en quelques-uns seulement.

Esquisse, du mot Ital. *Squizzo* qui est une legere esbauche ou le premier crayon de quelque pensée & de quelque ouvrage qu'on medite de faire. Et parce que les Ouvriers font ces premiers desseins avec furie & promptitude d'esprit, & en peu de temps, les Italiens ont nommé cela *Squizzi*, de *Squizzare*, qui veut dire sortir dehors, & jalir avec impetuosité.

Esquisser, faire une Esquisse, c'est prendre promptement le trait d'une Figure sans la finir.

Essais, ou petits morceaux de verre qu'on met dans le fourneau lors qu'on cuit la Peinture sur le verre. *Voyez page* 260.

Esseliers de Fermes, Esseliers de Croupes, grands Esseliers, ce sont pieces de bois qui s'assemblent diagonalement à deux autres, faisant angle obtus, à la distinction des liens qui font le mesme effet à deux pieces assemblées à angle droit aux Arrestiers, ou aux Coyers ; lors qu'ils sont cintrez on les nomme *Courbes ralongées*. Les Esseliers sont sous les Arrestiers & les Coyers, & les Liens sont sous les Chevrons & les Entraits. Ce qui se nomme *Courbes* sous les Fermes, s'appelle Courbes ralongées quand elles sont sous les *Coyers* & sous les *Arrestiers*. Et les Courbes ne sont autre chose que les Liens & les Esseliers qui sont courbes.

Il y a encore les petits Esseliers qui s'assemblent dans les grands, & qui sont ceux qui portent des Empanons pour aller joindre le grand Esselier. *Voyez page* 123. 136. Pl. XVII.

Essieu, *Axis*. C'est la piece de fer ou de bois qui traverse dans une roüe ou autre chose. D'ordinaire ce sont les roües qui tournent sur les Essieux, & quelquefois les Essieux tiennent aux moyeux, & tournent avec les roües.

ESTABLE, *Stabulum.* C'est un nom commun dans la campagne, pour tout ce qui sert à loger les Animaux. On peut voir Vitruve liv. 6. ch. 9.

ESTABLIE, c'est une espece de table qui sert actuellement à plusieurs Ouvriers, à poser leurs outils ; ordonner & travailler leurs ouvrages. Ce mot vient du Grec ςίκω, *ordino* selon quelques-uns, ou plustost de *Tabula.*

ESTABLIE des Plombiers. *Voyez page* 162. 168. Planche XXVI.

ESTABLIE des Menuisiers. *Voyez page* 177. 184. Planche XXX.

ESTABLIE des Serruriers. *V. p.* 240. Pl. XXXV.

ESTAGE. Maison de trois Estages. Vitruve appelle *Episcenium*, le second & le troisiéme Estage de la face de la Scene des Theatres.

ESTAIN, & ses differentes marques. *V. p.* 163.

ESTAMER, couvrir d'estain.

ESTAMER en poile comme les Serruriers font les targettes. *V. p.* 226.

ESTAMIS, ou Tamis, signifie generalement toute sorte de Sas, fait de crin ou d'estamine, quoy que particulierement le mot de Tamis soit pris pour les Sas qui sont les plus fins, parce qu'ils sont faits d'estamine.

ESTAMOY. *V. p.* 268. 280. Pl. XLV.

ESTAMPE, de l'Ital. *Stampare*, qui veut dire imprimer. Les Peintres nomment *Estampes* toutes les pieces gravées à l'eau forte, au burin & en bois. Les Marchands & le vulgaire les appellent *Images* ; & celles qui sont sur le cuivre, *Tailles-douces.*

Estamper, Imprimer.

Estamper, est aussi un terme d'Orféverie, & de Serrurerie, qui signifie former des Figures en bas relief de lames de metal, par le moyen d'une forme ou poinçon qui imprime toute la Figure.

Estampes, outils qui servent aux Serruriers à river les boutons.

Estançon. *Voyez* Estaye.

Estau ou Estal qui sert aux Serruriers & à plusieurs autres Ouvriers, pour tenir & serrer les pieces qu'ils travaillent ; les limer, & les ployer.

Il est composé de deux principales pieces de fer, qui s'éloignent & s'élargissent par le moyen d'un ressort qui est entre deux, & se rapprochent & se serrent avec une vis. Les testes ou extremitez de ces deux pieces de fer se nomment *Maschoires* ; & la partie qui serre le fer qu'on met entre deux, *le Mors* ; Ces deux principales pieces s'appellent *Tiges*, & sont assemblées par en bas dans une espece de boëte de fer qu'on appelle *Jumelle*. Ce qui en reste au dessous de la Jumelle se nomme le *Pied*.

La vis passe au milieu d'une des tiges entre les Maschoires & la Jumelle, par un trou qu'on nomme *ail de l'Estau*, & entre dans la *boëte* qui tient à l'autre Tige où est l'*Escrou* dans lequel entrent les filets de la vis, qui pour estre plus forts, sont ordinairement quarrez & non pas en trenchant de couteau. La vis se tourne avec une manivelle.

Il y a des *Estaux* dont les Maschoires sont en chamfrain : Il y a des Estaux à main, qu'on appelle aussi *Tenailles à main*. *V. p.* 240. Pl. XXXV.

ESTAU servant pour travailler les pieces de rapport. *V. p.* 445. 446. Pl. LXIII.

ESTAU, ou Asne servant pour la Marqueterie. *Voyez page* 454. 456. Planche LXIV.

ESTAYE, Estançon, piece de bois servant à soustenir un bastiment, ou autre chose.

ESTAYER, Estançonner. Pour estayer un bastiment l'on se sert de plusieurs pieces de bois. Premierement l'on en couche deux contre terre, qui se nomment *Racinaux* ou *Couches*. Sur ces deux on en met une autre qui s'appelle *Patin*, qui est disposé en sorte qu'il ne pose que par les bouts sur les Racineaux. Sur le Patin on pose l'Estaye, qui est une piece de bois toute droite ou un peu panchée, laquelle porte quelque fois une autre piece de bois couchée de long qui est mise comme une semelle que l'on nomme *Chapeau*, pour soustenir avec plus d'étenduë la charge qui pose dessus.

ESTELON, ce sont des Ais que l'on pose à terre pour y tracer la maistresse ferme d'un bastiment, ou toute sorte d'ouvrage de charpente. *V. p.* 185.

ESTIRER. Les Serruriers disent *Estirer un morceau de fer*, pour dire le battre à chaud, & l'alonger sur l'enclume. *Voyez* CORROYER.

ESTOMPER, c'est desseigner avec des couleurs en poudre qu'on applique avec de petits rouleaux de papier dont le bout sert comme de Pinceau.

ESTOQUIAU, c'est une espece de cheville qui tient le ressort d'une serrure. On nomme aussi *Estoquiaux de la cloison d'une serrure* certaines pieces de fer qui entretiennent la cloison avec le palastre. *V. p.* 217. 218. 219.

Estrade, lieu eslevé dans une chambre, & où d'ordinaire on met le lit.

Estregnoirs. Les Menuisiers appellent ainsi deux morceaux de bois percez de plusieurs trous & joints avec des chevilles, lesquelles servent à serrer & emboîter des portes ou autres ouvrages, de mesme que l'on fait avec le *Sergent*. V. p. 177. 184. Pl. XXX.

Estrier. C'est une barre de fer ployée quarrément en deux endroits, pour servir comme les *Boulons*, à soustenir une poutre, & à l'attacher à un Poinçon. La difference qu'il y a entre l'*Estrier* & le *Boulon*, est que l'*Estrier* est d'un fer plat qui embrasse & accole la poutre; & le Boulon est comme une cheville ronde qui passe au travers de la poutre, & qui la soustient par le moyen d'une grosse teste qui est au bout. *Voyez page* 210.

Estresillons, sont des morceaux de bois que l'on met entre les solives au lieu de tampons, pour faire tenir le mortier ou le plastre que l'on met dans les entrevous.

Estresillons, sont aussi des morceaux de bois que l'on met pour contrebouter les ais ou dosses qui servent à soustenir les terres, lorsque l'on fait des fondemens ou des voutes. L'on dit *Estresillonner*, pour dire mettre des Estresillons.

Estuves. C'est une chambre échauffée par le moyen de quelques fourneaux. Ce mot vient de τύφω, brusler, faire de la fumée. Les Grecs nommoient ces lieux-là *Hypocausta*. Vitruve appelle *Laconica*, les Estuves à faire suer; & *Caldaria*, les Bains chauds.

ESVENTS. Ce sont certains tuyaux qu'on met dans les moules ; & contre les Figures qu'on veut jetter en metal ; c'est par là que l'air sort à mesure que la matiere coule, & remplit le moule. *V. pag. 325.*

ESVENTER, c'est-à-dire faire ouverture, comme *esventer une terre solide ; esventer le tuf, ou la glaise ; esventer une mine.* On dit aussi en terme de charpenterie & de maçonnerie, *Esventer une pierre ou une piece de bois que l'on monte,* c'est-à-dire la tirer avec le cordage pour empescher qu'elles ne donnent contre la muraille & que la pierre ne s'escorne ou gaste quelque chose. Ainsi comme le mot de *contreventer* signifie appuyer, le mot d'*esventer* veut dire le contraire, & empescher qu'une chose ne s'appuye & ne touche à une autre.

EURYTHMIE. C'est une apparence majestueuse, & ce je ne sçay quoy d'aisé & *de commode*, qui paroist dans la composition de tous les membres d'un corps, & qui resulte de leur belle proportion.

EUSTYLE veut dire un bastiment où les Colonnes sont bien placées, & dont la proportion est telle, que les Entrecolonnemens sont de deux diametres & un quart.

EXAMEN, c'est la languette d'une balance. *Voyez* BALANCE.

EXASTYLE, lieu à six Colonnes.

EXEDRES ; ce sont des lieux garnis de sieges, & proprement ce qu'on nomme Bureaux, où les gens d'affaires & les Marchands s'assemblent, pour traiter de leur negoce. Ou bien encore, ce sont de grandes Salles ou Cabinets de conversation. Les Auteurs interpretent ce mot differemment. Voyez Vitruve liv. 5. ch. 11. & liv. 6. ch. 5.

EXTRADOS. *Voyez* VOUSSOIR.

EXAUSSEMENT, hauteur, élevation d'un plancher ou d'une voute.

F

FAÇADE, ou Face d'un bastiment, c'est le costé de devant par où l'on y entre, ou une partie considerable qui se presente à celuy qui le regarde.

Il y a des Temples dont la Façade a des Portiques; Il y en a d'autres qui n'en ont point. Ceux qui n'en ont point peuvent estre de trois differens aspects. L'un senomme *in antis*, c'est-à-dire que la Façade n'est que de Pilastres, car le mot *antæ* veut dire Pilastres. L'autre se nomme *Prostylos*, c'est-à-dire une Façade à Colonnes; Et le troisiéme *Amphiprostylos*, qui a des Colonnes à la face de devant & à la face de derriere. Il faut voir ce qu'en disent Vitruve liv. 3. chap. 1. & Palladio liv. 4. ch. 3.

FACES d'un bastion. *V. p.* 92.

FACETTE d'un diamant; *tailler à Facette.*

FAIRE tirer les tenons; terme de Charpenterie. *Voyez page* 125.

FAISTE. Les Latins appellent *fastigium* la plus haute partie de quelque chose que ce soit, particulierement des bastimens; & ce nom parmy eux, a la mesme signification que celuy d'*Acroteres* parmy les Grecs.

FAISTAGE. Quand on dit *le Faistage d'un logis*, on entend le toit & la couverture, garnis des arrestiers, chevrons & pieces necessaires à l'assemblage.

Le mot de FAISTE ou FAISTAGE signifie aussi en particulier ce que Vitruve appelle *Culmen*, qui est la piece de bois qui fait le haut de la charpente d'un bastiment ; & où les chevrons sont arrestez par en haut. Il y a aussi le *Soufaiste*, qui est une autre piece de bois mise au dessous. *V*. p. 124. 136. Pl. XVII.

FAISTIERE. C'est une espece de tuile courbée & faite en demy-canal. On met ces sortes de tuiles au haut des couvertures pour couvrir le Faiste. *V*. p. 152. 154. Planche XXIII.

FARINEUX, terme de Sculpture. *V*. p. 322.

FASCES de l'Epystile, ou Architrave ; Ce sont les trois parties qui composent l'Architrave, & ce que Vitruve l. 3. c. 3. appelle *fascia*, qui signifie *bandes* ou *bandelettes* ; Ce qui exprime assez bien la chose, parce que les Fasces des Architraves qui sont de differentes largeurs, ont quelque ressemblance à des bandes estenduës ; aussi les nomme-t-on quelquefois *Bandes*. Vitruve n'admet point de Fasces dans l'Ordre Toscan, ny dans le Dorique ; mais Palladio & quelques autres ne l'ont pas imité en cela.

FAÇON de la Reine ; pieces de verre. *Voyez* p. 274. Planche XLII.

FAUCONNEAU, ou Estourneau, piece d'un Engin. *V*. p. 129. 141. Planche XX.

FAUSSE-AIGUILLE. *Voyez* AIGUILLE.

FAUSSE-BRAYE, terme de fortification. *V*. p. 97.

FAUSSE-COUPE. C'est dans la Menuiserie une maniere d'assembler le bois. *Voyez* page 175. 180. Planche XXVIII.

FAUSSEMENT. *Voyez* DECOLEMENT.

FAUSSE-PORTE. *Voyez* POTERNE.

FAUSSE-EQUAIRE. C'est un instrument dont se servent les Charpentiers pour prendre les angles qui ne sont pas droits, de mesme que les Apareilleurs & Tailleurs de pierre, se servent de la Sauterelle. *V.* p. 78. 127. & 138. Planche. XVIII.

FAUSSE EQUAIRE des Menuisiers. *Voyez* p. 179. 188. Planche XXXII.

FAUTEAU, c'est une piece de bois suspenduë en l'air, & qui estant agitée par la force des hommes, sert à abattre des murailles & enfoncer des portes, comme l'on faisoit autrefois avec des Beliers.

FAUTIVE. On appelle en terme de Charpenterie, une piece de bois *fautive*, lors qu'elle n'est pas quarrée, ou qu'elle est defectueuse. Ainsi on dit une *solive fautive*, lors qu'elle n'est pas à vive areste, & qu'elle a de l'aubier.

L'on se sert aussi du mot de *flache* au lieu de *fautive*, & quelques-uns disent aussi *du bois fauteux*.

FAUXTIRANT. *Voyez* TIRANT.

FENESTRE, ou Croisée. Elles doivent estre d'une grandeur proportionnée aux bastimens & aux lieux qu'on habite. Il est bon qu'elles soient ouvertes jusqu'aux planchers, ou sous les corniches qui regnent autour des chambres, & les faire en arriere voussure, pour donner plus de jour. Car lors qu'elles sont beaucoup au dessous des solives, les lieux en paroissent plus sombres, & les planchers ne sont pas éclairez. Quelques Ouvriers appellent les fenestres d'Eglise, *Vitraux*.

On dit aussi FENESTRAGE : Et *un Vitral* d'Eglise. Les Anciens ouvroient quelquefois leurs fenestres jusqu'en bas comme les portes. C'est-à-dire qu'elles n'avoient point d'appuy. C'est ce qu'on a pratiqué en plusieurs appartemens du Chasteau de Versailles, & qu'on pratique aujourd'huy en plusieurs maisons. Vitruve liv. 6. ch. 6. nomme ces ouvertures, *Lumina fenestrarum valvata*. C'est ainsi que M. Per. l'a expliqué, contre le sentiment des autres Interpretes.

FENTON. Les Serruriers nomment ainsi un morceau de fer disposé pour faire des clefs & d'autres ouvrages. *Voyez page* 215.

Les Maçons en plastre appellent aussi *fentons*, les morceaux de bois qu'ils mettent dans les corps des murs où ils veulent faire des corniches de plastre en saillie. Ces morceaux de bois servent à les soustenir, & vallent mieux que des chevilles de fer qui se roüillent.

Les Charpentiers nomment encore *fentons* les morceaux de bois coupez de longueur avant qu'ils soient arondis pour faire des chevilles.

FER. C'est un metal, qui après avoir esté tiré des mines, preparé, fondu dans les fourneaux, & mis en barres, est d'un grand usage. Il s'en fait en plusieurs endroits de la France : celuy de Suede & celuy d'Allemagne sont les meilleurs. *Voyez p.* 192. 194. 195.

Tout le Fer qu'on apporte à Paris, est en barres, bandes ou courson de differentes longueurs & grosseurs, & a differens noms. *V. p.* 194. 195.

Le Fer est quelquefois dangereux dans les Bastimens lorsqu'il est mis dans la maçonnerie, & dans les pierres de taille, car il se roüille, & en se roüillant

FE

il s'enfle, fait casser les pierres & rompre les murailles. C'est pourquoy les Anciens se servoient de crampons de cuivre pour lier les pierres ensemble dans les grands Edifices ; neanmoins parce qu'on ne peut pas se passer d'employer du fer, le remede seroit de le bien estamer pour le garantir de la roüille, ou le peindre de plusieurs couches, comme on a fait pour le Peristyle du Louvre.

FER à roüet, piece d'une Serrure. *Voyez p.* 216 238. Planche XXXIV.

FERS à ployer les coques, & dont les Serruriers se servent. *Voyez page* 231.

FER ou petit Estau à main *Id. & p.* 244 Planche XXXVII.

FER DE CUVETTE. Ce sont pieces de fer qui portent & accolent la Cuvette de plomb d'une goutiere ou chesneau. *V. p.* 152. 154. Pl. XXIII.

FERS d'Amortissemens. Ce sont des morceaux de fer qui se mettent sur les Poinçons qui tiennent lieu d'Epics de bois aux bouts des faistes & couvertures en pavillon. Ils servent pour les vases de plomb que l'on fait passer dedans pour orner les combles.

FER à retondre servant aux Tailleurs de Pierre. *Voyez* RETONDRE.

FERS anglois. Les Tailleurs de pierre appellent ainsi certains outils en forme de cizeau, qui servent à travailler dans les Angles des pierres ; c'est pour dire fers *anglez* ou *angulaires*, car ils sont taillez en angles. Mais les Ouvriers alterent ainsi aisément tous les noms primitifs.

FER quarré, outil de Maçon, ou de Tailleur de pierre. *V. p.* 80.

FER à souder servant aux Plombiers. *V.* p. 166. 168. Planche XXVI.

FERS ronds pour souder. *Id.*

FERS en triangle. *Id.*

FERS à souder servant aux Vitriers. *V* p. 267. 280. Planche XLV.

FER à retirer, servant aux Doreurs. *Voyez* p. 288. 300. Planche XLVI.

FERS dentelez, & fers crochus pour les Tourneurs, *Voyez* page 384. 386. Planche LX.

FER crochu, appellé aussi *forme à crochu*, pour faire l'ouverture des pênes. *V.* p. 458. Pl. LXV.

FERAULT. *Liais feraults*, c'est une espece de pierre dont le banc a un pied de haut, & qui se trouve sous le franc Liais. Elle est un peu poreuse & rougeastre. *Voyez* LIAIS.

FERMOIR. C'est un outil de fer aceré, & une espece de ciseau servant aux Menuisiers. Il y en a de diverses grandeurs. *V.* p. 179. 188. Pl. XXXII.

FERMOIR à nez rond. *Id.*

FERMOIR à trois dents dont se servent les Sculpteurs. *Voyez* page 318. Planche XLIX.

FERMETURE, ou ce qui sert à fermer quelque chose.

FERRURE d'une porte ou d'une fenestre, ce sont les pieces de fer necessaires pour les attacher & pour les ferrer.

FESTONS. C'est un amas de fruits & de fleurs liez ensemble, dont les Anciens faisoient de gros faisseaux ou cordons pour orner leurs Temples, & en parer les frontispices & les façades ; laissant tomber les extre-

FE

mirez de ces cordons par gros bouquets. C'est ce qu'on imite dans plusieurs endroits de l'Architecture ; ou non seulement on fait des Festons de fleurs & de fruits, mais encore de plusieurs autres choses, qui ont rapport au lieu & au sujet que l'on orne. Les Grecs appellent un Feston ἐγκαρπώς, qui signifie *fructuosus: Coronarium opus* selon Philander sur Vitruve veut dire les Corniches & les Festons de Stuc dont on orne les planchers.

FEU d'atteinte. On dit *donner un feu d'atteinte*, lors qu'on allume fortement les fourneaux pour recuire des pieces de verre peint. *V. p.* 263.

FEU de Reverbere, c'est un feu violent. Il sert à donner le poliment aux Emaux. *V. p.* 436.

FEU de la Courtine ou second Flanc. *V. p.* 93.

FEUILLAGES dont l'on se sert dans les ornemens des Corniches, Chapiteaux, Frises & autres membres de l'Architecture. Il y en a de diverses façons. Les uns sont refendus, les autres ne le sont pas. Quelques-uns representent des feüilles d'Acanth., d'autres des feüilles de Chesne, ou de Laurier, ou d'Olivier, & ainsi de differentes manieres. *V. p.* 39.

FEUILLERETS, Outils à fust servant aux Menuisiers pour pousser les feüilleures. *V. p.* 179. 186. Pl. XXXI.

FEUILLES refenduës. *V. p.* 39. Pl. VIII.

FEUILLES d'eau. *Id.*

FEUILLES de Sauge ; Ce sont des pieces de fer qui font partie des ressorts d'une serrure. *V. p.* 217.

Il y a une espece de Pioche que l'on appelle aussi, *Feüille de Sauge. Voyez* PIOCHE.

FEUILLES de Laurier, pieces de Vitre. *Voyez p.* 274. Pl. XLII.

FEUILLEURES de portes ou de fenestres. Ce sont les bords d'une Porte ou d'une Fenestre, qui s'emboitent dans les chassis. Elles doivent toujours estre larges, afin que les portes & les chassis des fenestres qui portent le verre & leurs volets, puissent estre forts & commodes à ouvrir.

FICHE, espece de Penture. Les Fiches sont composées de deux Ailes qui sont jointes ensemble dans la charniere avec une Riveure ou Lacet qui passe au travers de ce qui forme le nœud de la fiche. Il y a des Fiches à gond, à doubles nœuds, des Fiches Françoises & d'autres sortes. *V*. p. 212. 236. Pl. XXXIII.

FICHE à ficher le mortier. *V*. p. 84. Pl. XII.

FICHER une pierre, c'est mettre du mortier dessous lors qu'elle est posée. *Voyez* REFICHER.

FIER, se dit du Marbre & des pierres dures qui se cassent & s'éclatent aisément. *V*. p. 63.

FIGURE, c'est un terme general qui signifie *Image ou representation* de quelque chose que ce puisse estre. Mais parmy les Peintres, ce mot est ordinairement pris pour des Figures humaines, ainsi l'on dit *qu'un Tableau est rempli de Figures*, lors qu'il y a plusieurs Personnages ; & *qu'un Païsage est sans figures*, lors qu'il n'y a que des arbres.

FIGURE de Bronze ou de Marbre, pour dire, Statuë.

FIGURER, tracer quelque figure.

FIL. On nomme *fils* dans les pierres & dans les marbres certaines petites fentes ou veines qui divisent la masse en plusieurs parties, & ces petites veines sont plus dures ou plus tendres que le corps de la pierre, que ces sortes de fils font effeiller & la rendent mauvaise dans les endroits où ils se rencontrent.

FILARDEUX. On dit *une pierre filardeuse*, qui a des fils ; c'est-à-dire qui n'est pas également pleine : une *carriere dont les pierres sont filardeuses*.

FILET, Listel, c'est un petit membre quarré qui paroist dans les moulures & dans les ornemens de l'Architecture. Leon Bap. Albert appelle *Nectrum*, le Filet du Congé ou Escape des Colonnes. *Voyez* APOPHYGE. *Voyez page* 180. Pl. XXVIII.

FILET d'une vis, c'est une espece de Coin qui tourne en ligne spirale & en tranchant de couteau, comme autour d'un rouleau ou cylindre, pour entrer & tenir dans les Escrous. Quelquefois ces Filets sont quarrez plustost que tranchants, comme dans les grands Estaux des Serruriers. *V.* p. 86. Pl. XIII.

FILIERES. On appelle ainsi de petites Pannes ou pieces de bois qui servent aux couvertures des bastimens, & sur lesquels portent les chevrons.

FILIERES, ce sont des morceaux d'Acier bien trempez, où il y a plusieurs Escrous, dans lesquels on fait les vis. Les Filieres servent à faire les Vis, comme les Tarots servent à faire les Escrous. *V.* p. 244. Pl. XXXVII.

FILIERES. Ce sont aussi des morceaux d'Acier percez de plusieurs petits trous, pour tirer & filer l'or & autres metaux.

FILIERES. On nomme encore Filieres des veines & crevasses qui se trouvent dans les carrieres, & qui interrompent les lits des pierres.

FINIR un Tableau, c'est l'achever en toutes ses parties. *Un Tableau ou un Dessein bien achevé, bien finy*. On dit aussi, particulierement dans la Peinture en

Efmail, qu'il y a *un grand finiment*.

FLACHES. *Voyez* DOSSES. *Voyez* FAUTEUX.

FLANCS. Ce font des pieces d'or ou d'argent coupées en rond, pour faire des pieces de monnoye. *Voyez page* 354.

FLANCS d'un Baftion. *Voyez page* 91. 92.

SECOND FLANC. *Id.*

FLANCS fimples. *Id.*

FLANC retiré, ou Flanc couvert. *Id.*

FLANC rafant. *Id.*

FLANCS fichans. *Id.*

FLANC droit rafant, c'eft lorfque la ligne de deffenfe aboutit à l'Angle du flanc oppofé.

FLANC droit fichant ; C'eft quand la mefme ligne de deffenfe prend dans la Courtine ; auquel cas cette partie de la Courtine qui voit la face du baftion, s'appelle fecond Flanc, Flanc oblique, Flanc en courtine & Flanc rafant.

FLATTOIR. C'eft un petit Marteau dont on fe fert pour travailler aux carrez d'Acier qu'on fait pour les monnoyes. *Voyez page* 349. 360. Pl. LV.

FLEAUX. On nomme ainfi les Barres de fer qui tournent fur un Boulon, & qui fervent à fermer les grandes Portes. *Voyez* p. 211. 236. Planche XXXIII.

FLEAUX des Vitriers ; ce font certains crochets, fur lefquels ils portent les panneaux de verre quand ils vont en ville. *Voyez* p. 276. Pl. XLIII.

FLEURONS, ou Rinceaux. *Voyez* p. 39. Pl. VIII.

FLEURS, ou Rofes du Chapiteau Corinthien. *Voyez* ROSES.

FLOU. C'eft un vieux mot dont autrefois on fe fervoit

servoit pour exprimer en termes de Peinture, la tendresse & la douceur d'un ouvrage. Il vient peut-estre de *Fluidus*, ou de *Floüer*, qui veut dire, tendre, moler, ou delicat.

FOLLIOT, partie des ressorts d'une serrure. *Voyez* page 220.

FOND-SEC, ou Foncet. *V.* p. 238. Pl. XXXIV.

FOND, Derriere, ou Champ d'un Tableau; Ce mot signifie souvent en Peinture, la partie qui est au dessous d'une autre. Ainsi on dit, que *le Ciel fait fond à un arbre*; qu'*une montagne fait fond à une maison, ou à des Figures*; qu'*une draperie sert de fond à la teste, ou au bras de quelque Figure*.

FOND d'une cave, ou d'un fossé.

FOND, en terme de Charpenterie. *Voyez* METTRE de champ.

FOND. On dit, *mettre une medaille en fond*. *V.* p. 348.

FONDANT, matiere servant pour les Esmaux. *Voyez* page 423.

FONDEMENT. Dans les Edifices, les Fondemens en sont ou naturels, ou artificiels. Les naturels, c'est lors qu'on bastit sur le roc, sur le tuf, ou sur une terre solide. Lorsque le terrain est tel, il ne faut point chercher d'autres moyens pour affermir les fondemens; mais s'il est sablonneux, ou que ce soit une terre remuée, ou un marais, alors il faut recourir à l'art. Si l'on bastit dans un terrain ferme, l'Architecte doit juger par la grandeur & la hauteur qu'il veut donner à son bastiment, quelle profondeur est necessaire aux fondemens, pour plus grande seureté. On leur donne d'ordinaire la sixiéme partie de la hauteur de l'Edifice, pourveu qu'il n'y ait point de cave, ou d'autres lieux fousterrains. Et quant à l'épaisseur, on leur donne le double de celle du mur, qui doit estre eslevé dessus. Il est bon de voir les Notes de M. Per. sur le 5. ch. du liv. 1. de Vitruve.

Lorsque le terrain n'est pas ferme, on fait des pilotis, ou bien l'on remplit le fond de la tranchée de grosses planches de bois. Il y a des païs où lors qu'on fonde les piles des Ponts, ou autres bastimens prés de l'eau l'on met des sacs pleins de laine en forme de matelats, parceque la laine bien pressée & grasse comme elle est, ne pourrit pas dans l'eau, & entretient le fondement en mesme estat. Il faut aussi *escarper* les fondemens, c'est-à-dire les relever par recoupemens ou retraittes; & faire en sorte que la diminution soit égale de chaque costé, afin que le milieu du mur tombe à plomb sur le milieu du fondement.

Il faut dire *Fondement* & non pas *Fondation*, quoy que les Ouvriers disent Fondations au lieu de Fondemens.

Philbert de Lorme, M. de Chambray, M. Perrault, & la pluspart de ceux qui ont écrit de l'Architecture se sont servis du mot de *Fondement*, pour oster l'équivoque du mot de *Fondation*, qui signifie metaphoriquement les revenus establis pour l'entretien d'une Eglise, &c. Ce n'est pas que le mot de *fondation* ne se puisse dire, & quelques uns croyent qu'il est mesme tres-propre lorsque l'on dit qu'il faut travailler à faire les *Fondations* d'un bastiment, ou que les *Fondations* en sont bien avancées. Mais que si l'on parle d'un Edifice achevé, on dit que les *fondemens* en sont bons, & qu'on ne se sert plus du mot de *fondation* quand l'ouvrage est fait.

FONDIS, ou Fontis. Les Maçons appellent ainsi une ouverture de terre, ou abysme qui se fait sous quelque Edifice, soit par un éboulement de terre mouvante, ou autrement. Il y en a qui nomment cela une *fonte*, & quelquefois une *Cloche*.

FORCES, Cisailles; Ce sont des outils qui servent à couper du fer ou autre chose. C'est ce qu'en Latin on appelle *Forfices*. *V. p.* 246. Pl. XXXVIII.

FORCES, Jambes de Forces, *Canterii*. M. Per. dans l'Avertissement qui sert de supplement à ses Notes sur le 2. ch. du 4. liv. de Vitr. dit que *Canterii* ne signifie point les Chevrons, comme plusieurs Interpretes l'ont expliqué, & fait voir que ce qui les a trompez a esté la difference de nos toits d'avec ceux des Anciens. *Voyez* JAMBES DE FORCE. *Voyez page* 121. 134. Planche XVI.

FORCE. En termes de Peinture, on dit *un Tableau qui a beaucoup de force & de relief*.

FORCE', cela se dit en parlant d'une Figure dont l'attitude est *contrainte & forcée*.

FORER, c'est percer, en terme de Serrurerie.

FORETS qui servent à percer & à forer les pieces de fer. Ce sont des poinçons d'acier. Il y en a de quarrez pour dresser les trous des clefs & foreures. *Voyez page* 244. Planche XXXVII.

Il y a aussi des Forets qui servent à percer le bois, dont quelques-uns ont la méche en Villebrequin.

FOREURE d'une clef. Une clef à double foreure, c'est-à-dire dont la tige est doublement percée par le bout.

FORGE, c'est le lieu où les Serruriers, & autres Ouvriers mettent chauffer le fer. On dit aussi *une Forge*, pour dire *la boutique*.

Forger du fer.

Formerets, ou Fermerets, ce sont les Arcs qui forment les costez des voutes faites en croix d'Ogives, ou autrement. Ils prennent d'une des branches de l'Ogive, & se vont joindre à l'autre.

Fort. Du bois sur son fort. *Voyez* Mettre du bois sur son fort.

Fortification. *Voyez page* 88.

Fortins, ou Forts de campagne. Ce sont les petits Forts que l'on fait en rase campagne, & qui sont détachez des places ; l'on ne s'en sert que pour un temps. *Voyez page* 91.

Fortin quarré. *Voyez page* 115. Pl. XV.

Forteresse, c'est une place forte.

Fortifier une place.

Fortifier. On dit en terme de Peinture, *fortifier les teintes d'un Tableau, ou les affoiblir ; Donner plus de force*, soit dans le dessein, soit dans les couleurs.

Fosse qui sert aux Plombiers pour fondre le plomb. *Voyez page* 159. 166 Plan. XXV.

Fossez qui environnent une place forte. *Voyez page* 97.

Fougade, ou Fourneau, petite mine. *V. p.* 99.

Fouiller *les terres pour bastir ; faire une foüille ; la foüille des terres*. Ce sont des termes dont on se sert dans les bastimens.

Fourchette. C'est une piece de bois qui sert dans quelques Machines, comme il y en a dans les Engins. *Voyez page* 131. 142. Planche XX.

Fourchette de fer dont se servent les Serruriers pour tourner les brequins, tarieres, canons, &c. Pour tourner en rond ou demy-rond à chaud. *Voyez page* 231.

Fourures qui rendent l'Acier defectueux. *Voyez page* 199.

Fourneau à estamer. *V. p.* 165. 168. Pl. XXVI.

Fourneau servant aux Vitriers. *Voyez p.* 260. 276. Planche XLIII.

Fourneaux, ou petites Mines. *Voyez p.* 99.

Fourneau pour jetter les Figures en bronze. *Voyez page* 338. Pl. L. *page* 340. Pl. LI.

Foyer ou Atre d'une Cheminée.

Fraises, ou Freses ; ce sont des Palissades de bois dont l'on se sert dans la Fortification. *V. p.* 107.

On met des Fraises aux ouvrages de terre au lieu du cordon de pierre qu'on met aux ouvrges de maçonnerie.

Fraises ou Fraisemens sont encore des pieux que l'on met à l'entour des piles des Ponts pour les contregarder. *Voyez* Creches.

Fraisil, c'est la cendre du charbon de terre qui demeure dans les forges des Serruriers, & des autres Artisans qui travaillent en fer. *V. p.* 205.

Fraisque, ou Fresque. On appelle, peindre à Fraisque lors qu'on peint sur un enduit de mortier tout frais, avec des couleurs détrempées seulement avec de l'eau. Vitruve liv. 7. ch. 3. appelle *udo tectorio*, ce que les Italiens disent *à Fresco*. *V. p.* 403.

On nomme souvent une *Fraisque*, pour dire, une peinture à Fraisque.

FRANC-LIAIS, espece de pierre. *V. p. 66.*

FRANCHISE. On dit *franchise & liberté de pinceau*, ou *de burin*, c'est-à-dire, un travail facile & fait avec art.

FRASER, ou Fraiser, terme de Serrurerie ; pour dire, percer.

FRASES, ou Fraises. Ce sont des Outils d'Acier servant aux Serruriers. Il y en a de rondes & de quarrées, pour contrepercer les pieces de fer. *Voyez page 246.* Plan. XXXVIII.

FRETE. C'est un gros anneau de fer en forme de Colier, comme l'on en met au bas des Damoiselles, au haut du Poinçon d'une Gruë, & aux moyeux des rouës. On dit *freter des pieux*, quand pour les mieux battre avec le mouton on les garnit par la teste d'un cercle de fer.

FRISE, Cheval de frise, machine de guerre. *Voyez page 102. 115. Plan. XV.*

FRISE. C'est dans tous les Ordres la partie de l'Entablement qui est entre l'Architrave & la Corniche. Les Grecs la nomment Zophore, à cause des animaux & autres ornemens qu'on y taille. Et c'est pourquoy Philander veut que le mot de Frise en François vienne de *Phrygio*, qui signifie un Brodeur, à cause que les Brodeurs representent à l'aiguille des animaux, des plantes, & toutes les autres choses dont on orne les Edifices. Les Italiens nomment *Fregio pulvinato* celle qui est bombée & relevée en rond, à cause qu'elle ressemble à un coussin ou matelats, ainsi qu'estoit celle du Temple de Mars, que Palladio rapporte dans le 15. ch. de son 4. liv.

On ne donne d'ordinaire à la Frise que la hauteur de l'Architrave. Dans l'ordre Ionique, elle doit avoir selon Vitruve, une quatriéme partie de moins lors qu'elle n'est pas ornée ; & quand il y a des ornemens une quatriéme partie de plus.

On dit aussi la FRISE du Chapiteau des Colonnes Toscane & Dorique. *Voyez* HYPOTRACHELIUM.

FRONTEAU, Sourcil. Le mot de *Fronteau* ne se donne guere qu'au dessus des petites portes ou fenestres.

FRONTISPICE. On disoit autrefois *le Frontispice d'un logis*, pour dire le Portail, & la Face principale d'un logis. Mais aujourd'huy le mot de Frontispice ne se dit plus guere en Architecture ; il se dit seulement figurément, pour signifier la premiere feüille d'un livre, & le commencement d'un ouvrage.

FRONTON. C'est un morceau d'Architecture, qui dans son origine n'estoit autre chose que le Pignon d'un Edifice, avec les deux costez du toit qui tombent de part & d'autre. L'on en fait un ornement qui paroist élevé au dessus des portes, des croisées, des niches, &c. lequel forme quelquefois un triangle, & quelquefois une partie de cercle. Le champ ou panneau du milieu s'appelle *Tympan*. Les Ouvriers se servent improprement du mot de Fronton & de Tympan, prenant Fronton, pour les Frontons en pointe, & Tympan pour ceux qui sont ronds. Vitruve appelle les Frontons *fastigia*. Le mot *fastigium* signifie un toit élevé par le milieu, ce qui, chez les Romains, estoit particulier aux Temples ; car les maisons ordinaires estoient couvertes en platteforme, & Cesar fut le premier à qui on permit d'élever le toit de sa maison en pente à la maniere des Temples : *Cl. Salmaf. in Solin.*

Dans les Antiques on ne voit de Frontons ronds que ceux qui sont aux Chapelles de la Rotonde. Pline dit que les Frontons furent faits pour élever les Statuës, à cause de quoy on les nommoit *Plaste.*

On fait des Frontons brisez, & ouverts par le milieu, ce qui est un défaut des derniers temps : Car ces parties n'estant faites que pour mettre à couvert celles qui sont au dessous, & les garantir de la pluye ; il n'y a pas de raison qui oblige d'en faire aucun de cette sorte-là : aussi n'en voit-on point dans les anciens Edifices, mais bien dans les ornemens de quelques Bas-reliefs.

Fruit. On dit *donner du fruit à une muraille*, c'est-à-dire ne la pas élever à plomb ; mais luy donner un peu de talus à mesure qu'on l'éleve. Il y a des Maçons qui leur donnent un pouce & demy de fruit, sur la hauteur de douze pieds.

Fusarole, Ital. *Fusciolo*, c'est le membre rond taillé en forme de colier, & de certains grains un peu longs, qui est au dessous de l'Echine ou Ove du Chapiteau Ionique, & du Composé. Il doit se rencontrer toûjours vis-à-vis de l'Oeil de la Volute dans le Chapiteau Ionique. *V. p. 39.* Plan. VIII.

Fusée. Il y a des lieux où l'on dit de *la chaux fusée*, pour dire, de la chaux qu'on a détrempée, ou qui s'est détrempée d'elle-mesme à l'air, sans y mettre de l'eau.

Fust de la Colonne, de *fustis*, verge ou bâton; C'est

C'est le corps de la colonne compris entre la Base & le Chapiteau, & ce qu'on appelle aussi vif de la Colonne.

Fust. On nomme *Fust* le bois d'un Rabot, ou d'une Varlope, & de plusieurs autres outils servant aux Menuisiers. *V. p.* 178.

Fust, ou Tige d'un Trepan. *Voyez page* 316. Planche XLVIII.

Futeé, c'est une espece de mastic dont les Menuisiers se servent pour remplir les nœuds & les défauts du bois. *Voyez page* 176.

G

Gabions. Panniers servant dans les Fortifications. *Voyez p.* 107. 115. Pl. XV.

Gache, Gachette; c'est une des pieces qui sert pour les ressorts d'une Serrure.

Il y a aussi des Gaches en plastre & en bois, où entrent les pênes des Serrures. *Voyez p.* 219. 221.

Gaches qui servent à tenir ferme contre les murs les descentes de plomb par où l'eau tombe des chesneaux & des goutieres. *V. p.* 154. Pl. XXIII.

Gacher du plastre, le détremper dans l'Auge ou Auget avec la truelle. Nicod dit que ce mot vient de l'Allemand *Vasser*, qui signifie eau.

Gaine. On nomme-ainsi la partie d'en bas d'un Terme, parce qu'il semble que la demy-Figure qui est en haut, sorte du bas comme d'une Gaine.

Galbe. On dit qu'*un membre ou morceau d'Architecture se termine en forme de Galbe*, & qu'il *a beau Galbe*, lorsqu'il s'élargit doucement par en haut comme les feüilles d'une fleur. Quelques uns croyent que l'on a dit *galbe* au lieu de *garbe* ; & qu'il vient du *garbato* des Italiens.

GALERE ; espece de Rabot dont les Charpentiers & les Menuisiers se servent. *V.* p. 140. Pl. XIX.

GALERIE, lieu propre pour se promener.

GALERIE couverte d'une place forte ; terme de fortification *V.* p. 106.

GALERIE d'une maison, que l'on orne de Tableaux & de Statuës ; c'est ce que les Anciens nommoient *Pinacotheca*.

GALETAS, c'est le dernier Estage d'une maison, qui n'est point quarré, & qui se prend en partie dans la couverture. On nomme *chambres en galetas*, celles qui sont dans ce dernier estage.

GARDEROBE, c'est une petite chambre, ou cabinet de commodité, propre à serrer des meubles ; on nomme aussi Garderobe le lieu où est la chaise percée.

GARDES ; ce sont les ressorts d'une serrure.

GARDEFOUX d'un pont ; ce sont les Appuis ou especes de Balustres qui sont des deux costez.

GARGOUILLES. L'on fait sur les Corniches des Bâtimens de petits canaux pour l'écoulement des eaux, les trous par où elles sortent pour tomber en bas s'appellent *Gargoüilles*. Les Architectes à l'imitation des Anciens ornent encore aujourd'huy ces endroits-là de testes de Lion, attachées à la Simaise, justement au dessus du milieu des Colonnes ou Pilastres. On dispose ainsi plusieurs testes de Lion le long de la Corniche d'un grand bastiment ; mais quand il y a des Colonnes au deſſous, il n'y a que celles qui ſont au droit des Colonnes qui ſoient percées pour jetter l'eau, afin que l'on ne ſoit pas moüillé en paſſant entre les Colonnes. On peut ſur cela voir Vitruve livre 3. chap. 3. Au lieu de teſtes de Lion, il y a quelquefois d'autres ſortes d'animaux, ou de ſimples tuyaux de pierre qui ſervent de goutieres. L'on voit de toutes ces differentes Gargoüilles à nos anciennes Egliſes. Car d'ordinaire on n'appelle *Gargoüille* que les goutieres de pierre ; Celles qui ſont de plomb ſe nomment *Canons*.

GASCHE. *Voyez* GACHE.

GASCHER. *Voyez* GACHER.

GASTEAUX. Les Sculpteurs nomment ainſi les morceaux de cire ou de terre aplanis, dont ils rempliſſent les creux & les pieces d'un moule, où ils veulent mouler des Figures. *Voyez p. 323.*

GAUCHE, de travers ; on dit qu'*une piece de bois eſt gauche*, lorſqu'elle n'eſt pas droite ; & *dégauchir une pierre, ou une piece de bois*, c'eſt en oſter ce qui eſt neceſſaire, pour la rendre telle qu'elle doit eſtre miſe en œuvre.

GEOMETRAL. On dit *le plan geometral d'une maiſon, ou autre choſe*, pour dire le Deſſein, ou la Figure de la place de cette maiſon, avec toutes les meſures des longueurs & des largeurs.

GERSER ; bois *Gerſé*, qui eſt fendû. *V. p. 117.*

GERSURE, fente, crevaſſe. *Un enduit gerſé, fendu, ou crevaſſé.*

GERSURES, ou decoupures ; Ce ſont des taches & défauts qui ſe trouvent dans le fer. *V. p. 195. 197.*

Gip. *Voyez* Gyp.

Girandole. L'on nomme ainsi certains Chandeliers à plusieurs branches, que l'on met sur des gueridons.

Giron d'une marche ; c'est la largeur de la marche, & le lieu où l'on pose le pied.

Girouette. *Voyez* Gyrouette.

Glacis de la Contrescarpe. *V.* Esplanade.

Gloire. En terme de Peinture, on appelle une *Gloire*, lorsque dans une voute, ou dans un Tableau l'on represente un Ciel ouvert & lumineux, avec des Anges, &c.

Gluse. *Voyez* Gueuse.

Gnomonique, c'est la Science de faire des Cadrans au Soleil. Elle est ainsi nommée du mot Grec γνώμων, qui signifie, *ce qui fait connoistre*; parce que le *Gnomon* est un Style, ou Aiguille qui fait connoistre par son ombre les heures & la hauteur du Soleil, & les Signes dans lesquels il est.

Goberges ; ce sont des perches dont les Menuisiers se servent pour tenir sur l'Establie leur besoigne en estat, aprés l'avoir collée, & jusqu'à ce que la colle soit seiche. *Voyez* p. 190. 454. 458. Plan. LXV.

On nomme aussi Goberges les barres ou les tringles qui sont attachées les unes aux autres avec des sangles, & qui servent aux bois delits à porter la paillasse & les matelas.

Gobeter ; c'est remplir grossierement avec du plastre ou du mortier, les joints d'un mur qui n'est que *bourdé*.

Godets par où l'on fait couler le metail dans les

G O

moules lorsqu'on jette quelque Figure en bronze. *V.* p. 327. 338. Pl. L.

Les Maçons nomment aussi GODETS les ouvertures pour couler les joints montans & autres, des pierres lorsqu'elles sont si serrées qu'on ne peut ficher.

GODETS de plomb ou especes de petites goutieres qu'on met au bout des chesneaux pour jetter l'eau lors qu'il n'y a pas de descente.

GODET où les Peintres mettent de l'huile. *Voyez* p. 420. Pl. LXII.

GODRONS, c'est un ornement que l'on taille sur des moulures, ils sont relevez en forme d'œufs, mais plus alongées, & quelquefois plus ou moins larges en bas qu'en haut. On dit *Godronné*, ce qui est fait par Godrons. *Voyez page* 39. Pl. VIII.

GOLFICHES, ou Gotfiches, especes de coquilles. *V.* page 449.

GOMME. Il y a differentes sortes de Gommes; la *Gomme Gutte* fait une couleur jaune qui sert pour peindre en Miniature. L'on y employe aussi de la *Gomme Adragant*, & de la *Gomme Arabique*, mais elles n'ont pas de couleur, & servent seulement à faire tenir les couleurs sur le velin, ou sur le papier.

GOND; c'est un morceau de fer coudé qui sert pour porter une Panture. Les Gonds en bois ont une pointe pour entrer dans le bois; les Gonds en plastre sont fendus & retournez par le bout qui entre dans le plastre. Il y a des Gonds qu'on appelle à repos. *V.* p. 212. 236. Pl. XXXIII.

Il y a aussi des Gonds à vis que l'on met aux portes qu'on veut qui se ferment d'elles-mesmes. *V.* p. 214.

Iiii iij

GORGE d'un baſtion. *Voyez page* 94.

GORGE, ou Gorgerin, c'eſt la partie la plus étroite des Chapiteaux Toſcan & Dorique, & qui eſt entre l'Aſtragale du haut du Fuſt de la Colonne & les Annelets. *Voyez* HYPOTRACHELIUM.

GOUGE, de *Guvia*, mot Gaulois. Iſid. C'eſt un outil de fer taillant par le bout qui eſt en forme de demy-canal ; il a un manche de bois, & ſert beaucoup pour travailler de Sculpture. *Voyez page* 80. Planche X.

GOUGES ſervant aux Plombiers. *V. p.* 168. Planche XXVI.

GOUGES des Menuiſiers. *Voyez page* 179. 188. Planche XXXII.

GOUGES de Serrure. *V. p.* 220.

GOUJATS ; Maneuvres qui ſervent dans les baſtimens. *V. p.* 72.

GOUJON, ou cheville de fer. *V. p.* 133.

GOUPILLE, eſt une petite clavette.

On nomme auſſi GOUPILLE deux cordages mis en croix de S. André, du derriere d'une charette à une autre, lors qu'on traine des poutres ou grands fardeaux ſuſpendus ſous les deux charettes.

GOUSSES ; ce ſont certains fruits qui ſont au Chapiteau Ionique, & qui paſſent pardeſſus la Volute. Vitruve les nomme *Encarpi*, l. 4. c. 1.

GOUSSETS, piece de charpenterie. *V. p.* 123. 134. Pl. XVII *

GOUST ; en Peinture, c'eſt un choix des choſes que le Peintre repreſente, ſelon ſon inclination, & la connoiſſance qu'il a des plus belles & des plus parfaites,

Lorsqu'il connoist, & qu'il exprime bien dans ses ouvrages ce qu'il y a de plus beau dans la Nature, on dit que *ce qu'il fait est de bon goust*. Et s'il ignore en quoy consiste la beauté des corps, & qu'il ne les represente pas selon la belle Idée que les anciens Peintres & Sculpteurs ont euë, on dit que *cela n'est pas d'un bon goust, & de bonne maniere*; parce que la bonne maniere dépend en premier lieu du choix qu'on sçait faire des sujets, & des personnes qu'on se propose d'imiter. Le mot de *Goust* a une mesme signification dans la Sculpture, & dans les autres Arts qui dépendent du Dessein.

GOUTTES. Dans l'Ordre Dorique, il y a sous la Platte-bande au droit de chaque Triglyphe, six petits corps faits en forme de clochettes, que les Architectes appellent *Gouttes*, parce qu'ils disent qu'elles representent les gouttes d'eau, qui ayant coulé le long des Triglyphes pendent encore sous la Plate-bande. Leon Baptiste Albert les nomme *Clous*. Il y a encore dix-huit de ces Gouttes sous le Soffite ou Plat-fond du Larmier au droit des Triglyphes. La difference qui se trouve entre les unes & les autres, c'est que les premieres sont quelquefois quarrées & en pyramides, & les dernieres sont toûjours coniques.

GOUTIERE qui sert à jetter les Eaux. On les nomme quelquefois Gargoüilles, principalement la partie qui sort au dehors, comme celles qui sont de pierres.

GRACE, en terme de Peinture, on dit *donner de la grace aux Figures*; *Figures gracieuses*.

GRADATION, ou diminution de Teintes; Terme de Peinture. *Voyez* DEGRADER.

GRADINE ; c'est un Outil de fer aceré en forme de Ciseau qui a des dents, & qui sert aux Sculpteurs. *V.* p. 312. 316. Pl. XLVIII.

GRADIN, petite marche ou degré.

GRAIN d'orge. Il y en a de differentes façons. Les Menuisiers ont des Grains d'orges qui sont des Outils à fust, ou especes de Mouchettes, qui servent pour *atteindre* & pour *dégager* une baguette ou autres moulures. Aussi les appelle-t-on *Mouchettes à grain d'orge*. *V.* p. 178. 186. Pl. XXXI.

Ils ont encore des Outils à manche qu'ils nomment *Grains d'orge*, qui sont des especes de Cizeaux pareils à ce que les Tourneurs nomment *Biseaux*.

Les Grains d'orge des Tourneurs sont differens des autres, ayant la pointe en forme d'un triangle. *Voyez* p. 384. 386. Pl. LX.

GRAIN d'orge, ou fer quarré dont se servent les Serruriers pour percer la pierre dure, lorsque le cizeau n'y peut entrer. *V.* p. 232.

GRAIS, graisserie. *V.* GREZ.

GRANIT, pierre dure. *V.* p. 55.

GRANGE d'une metairie ; lieu où l'on serre les grains. *Horrea.*

GRAS ; On dit *que du mortier est trop gras*, lorsqu'il y a trop de chaux.

GRAS ; L'on dit aussi *qu'une chose est trop grasse*, lorsqu'il y a trop d'épaisseur, comme sont quelquefois les joints d'une pierre ou d'une piece de bois. Car alors les Ouvriers disent qu'ils sont trop gras, & qu'il faut les *démaigrir.*

GRATTE-BOESSE, espece de Brosse de fil de laiton. *Voyez*

Voyez page 353. 360. Planche LV.

GRATICULER une toile pour peindre deſſus ; c'eſt la diviſer par petits quarrez ou autrement, afin qu'en formant de pareils quarrez ou figures ſur le Tableau ou Deſſein qu'on veut copier, on puiſſe diſpoſer plus facilement tout le ſujet ; en proportionner mieux les Figures, & reduire plus aiſément, le tout de grand en petit, ou de petit en grand. On ſe ſert quelquefois d'un chaſſis diviſé par quarreaux qu'on applique ſur le Tableau, pour n'avoir pas la peine d'y tracer tant de traits. *Voyez* pag. 420. Pl. LXII.

GRATOIR ſervant aux Sculpteurs. *Voyez* pag. 315. 318. Pl. XLIX.

GRATOIR, outil ſervant aux Plombiers. *Voyez* p. 164. 168. Plan. XXVI.

GRATOIR ; outil d'acier ſervant aux Graveurs en cuivre. *Voyez* p. 591.

GRATOUERES, ou Gratoires ; Il y en a de rondes, de demy-rondes, & d'autres figures, avec quoy les Serruriers dreſſent & arrondiſſent les anneaux des clefs & autres pieces de relief. *V.* p. 232.

GRAVER ſur le cuivre & ſur les autres metaux, ce qui ſe fait en differentes manieres, ſoit avec burins, eſchopes ou autrement.

GRAVEURES en bois. *V.* p. 388.

GRAVEURES de relief & en creux. *V.* p. 348.

GRAVEURE ſur les pierres & ſur les criſtaux. *V.* p. 362.

GRAVIER, ou gros ſable propre à faire du mortier *Glarea*. Vitr.

GRELET, Gurlet, où Teſtu à Limoſin. *V.* p. 80. Pl. X.

GRENETIS. *V.* p. 349. 360. Pl. LV.

KKKK

GRENIER, lieu à serrer le grain. Ces lieux doivent estre ouverts du costé de la Tramontane, planchéyez de bois, & le pavé en doit estre maçonné de terre plûtost que de chaux. *Granarium horreum.* Vitruve.

GRENIERS à serrer le foin. *Fœnilia.* Vitr.

GRENIERS à serrer la paille. *Farraria.* Vitr.

GRENOUILLE. *Voyez* COUETTE.

GRESILLER. L'on dit que du fer *se gresille*, lorsqu'en le chauffant, il devient comme par petits grumeaux. *V.* p. 196.

GRESLE, mince, déliée, de *gracilis*; on dit qu'*une colonne est trop gresle & menuë.*

GRESOIR Outil servant aux Vitriers. On dit *greser du verre. V.* p. 267. 280. Pl. XLV.

GRESOIR ou *Egrisoir*, espece de boëte servant aux Lapidaires. *V.* p. 363. 368. Plan. LVI.

GRESSERIE, ouvrage de Gresserie, ou qui est fait de pierre de grez. *V.* p. 448.

GREZ; comme il doit estre travaillé. *V.* p. 48.

GRIFFES; espece de marque qui se voit aux Lingots d'Estain. *V.* p. 165.

GRIFFES, outils de fer en forme d'une S, qui servent aux Serruriers à tracer les Pannetons des clefs. *Voyez page* 232.

GRILLE. Il y a des Grilles de bois, & d'autres qui sont faites avec des barreaux de fer en differentes manieres; On dit *griller une fenestre*, pour dire y mettre une grille.

GRILLE sur laquelle on éleve les Figures qu'on veut jetter en moule. *Voyez page* 323.

GRISAILLE ; sorte de Peinture sur le verre. *Voyez* p. 251.

GROTTE, de *crypta*, qui vient de χρύπτω, *abscondo* : de Grotte est venu *Grottesque*.

GROTTESQUE ; c'est une maniere licentieuse de representer en Peinture, ou de relief, des hommes & des bestes qui ont quelque chose de chimerique, & qui d'ordinaire n'en ont que la teste & une partie du corps dont le reste se termine en feüillages, rinceaux, ou autrement. On nomme ces sortes d'ouvrages *Grottesque*, à cause que l'invention en est venuë de ceux qu'on a trouvez dans les Grottes & lieux souterrains. *Jean da Udine*, & *Morto da Feltro* Peintres Italiens, ont esté les premiers, qui à l'imitation des Anciens, ont remis en usage cette sorte de travail, qui n'est qu'un pur caprice de l'esprit de l'Ouvrier.

GROUPE ; C'est un assemblage de plusieurs corps les uns auprés des autres. L'on dit *un groupe de trois ou quatre Figures*, lorsqu'elles se joignent. On dit aussi *un groupe d'animaux*; *un groupe de fruits* ; ce qui s'entend des Ouvrages de Sculpture, comme de ceux de Peinture. Car le Laocoon antique est un Groupe de trois belles Figures. Ce mot vient de l'Italien *Groppo*.

GRUAU ; Engin ou Machine dont on se sert pour élever les pierres & les pieces de charpenterie. *Voyez* page 131.

GRUE. C'est une machine dont nous nous servons aujourd'huy, & qui est la mesme chose, selon l'opinion de quelques-uns, que ce que les Anciens nommoient *Corvus*. *V. p.* 130. 144. Pl. XXI.

M. Per. dans ses Notes sur le 5. c. du 10. L. de Vitruve, fait une description tres-exacte de nostre Gruë, & d'une nouvelle Machine qu'il a inventée pour élever des fardeaux.

GRUGER. Les Sculpteurs disent *qu'ils grugent le marbre*, quand ils travaillent avec la Marteline. *Voyez* page 313.

GUERITE ; C'est un petit lieu de retraite dans les Forteresses pour mettre les sentinelles à couvert. *V.* page 96.

GUESDE. *Voyez* PASTEL.

GUETTES, Guettrons, piece de charpenterie. *Voyez* p. 120. 134. Pl. XVI.

GUEULE droite, ou Doucine. C'est un membre dont le contour est fait comme une S. *V.* CYMAISE.

GUEULE renversée. C'est le contraire de la gueule droite, car le contour est fait comme une S renversée. *Id.*

GUEUSES ; ce sont de grandes pieces de fer en forme triangulaire, qui tire son nom du moule dans lequel on les jette, qui s'appelle une *Gueuse*; qui est fait en forme d'une gouttiere. *V. p.* 194.

GUICHETS. On nomme ainsi les petites portes qui sont aux grandes portes des villes, ou des prisons.

GUIDE. Les Menuisiers nomment ainsi un morceau de bois qui s'applique contre un Rabot, ou autre outil à Fust, lorsqu'ils veulent recaler ou pousser quelque feüillure. Il y en a d'ordinaire aux Bouvets, lesquels se reculent & s'approchent du Bouvet tant & si peu qu'on veut. *V. p.* 179. 186. Pl. XXXI.

GUILLAUME. C'est un outil servant aux Menuisiers. Il y en a de diverses sortes & grandeurs, ausquels ils donnent differens noms, comme *Guillaume debout ; Guillaume à recaler*, &c. V. p. 176. 188. Pl. XXXI.

Petit GUILLAUME, servant aux Serruriers. *Voyez page* 232.

GUILLOCHIS ; On nomme ainsi certains Entrelas de *filets quarré* dont l'on fait des ornemens, à l'imitation des Anciens. V. p. 39. Planche VIII.

GURLET, ou Grelet, testu à Limosin. *Voyez page* 80. Planche X.

GYP, ce sont les pierres de plastre qui sont transparentes comme du Talc *Gypsum* en latin signifie toute sorte de plastre en general. V. page 254.

GYROUETTES. Ce sont ordinairement de petites enseignes de fer blanc, que l'on met au haut des maisons ou des clochers, & que le vent fait tourner.

H

HACHE ; Outil de fer tranchant, & qui sert aux Charpentiers, & à plusieurs autres Ouvriers, pour hacher ou fendre du bois.

HACHEREAU. *Voyez* COIGNE'ES. On dit *dégrossir une poutre avec la hache.*

HACHER. On dit *hacher avec la plume, ou le crayon,* lorsqu'on desseigne, & que les traits du crayon, ou de la plume sont croisez les uns sur les autres ; Ce qui se dit aussi de la Graveure. Tous les traits ainsi croisez se nomment *hacheures.*

HACHETTE de Couvreur. *Voyez* ASSETTE.

HACHETTE à marteau dont se servent les Charpentiers. Les Maçons se servent aussi de Hachettes. *V. p.* 128. 140. Planche XIX.

HALEBARDIERS, Gens servans dans les bastimens. *V. pag.* 72.

HALER. Les Charpentiers se servent de ce mot pour dire *ranger les cables de part & d'autre* en les tirant quand ils ne sont pas chargez ; car ils disent *bander* quand il faut tirer avec force pour élever quelque gros fardeau & le monter.

HALER veut dire aussi *chabler un morceau de bois*, c'est-à-dire l'attacher à un chable.

HALEMENT ; c'est le nœud qui se fait avec le chable à la piece qu'on veut élever. *Voyez page* 130. 142. Planche XX.

HALLES, lieu & marché public.

HAMPE, l'on nomme ainsi le manche d'un pinceau, les Ouvriers disent d'ordinaire *hante*.

HARDERIC, ou *Ferrette* d'Espagne ; Espece de Mineral qui sert à faire des couleurs pour peindre sur le verre. *V. p.* 254.

HARPES. Ce sont dans la maçonnerie les pierres que l'on laisse sortir hors du mur, pour servir de liaison lorsqu'on veut les joindre à une autre muraille. On les appelle *naissance*, lorsqu'elles sont laissées pour former une voute. Il y en a aussi qui les nomment *pierres d'attente*.

HARPE, Harpin, Harpon, Croc, ou Main de fer.

HARPON ; c'est une piece de fer qui tient les pans de bois d'un bastiment. Il y en a de droits & de croches. On s'en sert aussi dans la maçonnerie. *V. p.* 36. Planche XXXIII.

HAUBAN ; c'est le cordage qu'on attache à un Engin, afin de le tenir en estat, & empescher que le faix ne l'emporte, lorsqu'on met une pierre sur le tas, ou qu'on leve quelqu'autre fardeau ; ces cordages s'appellent *antarii funes*.

HAUBANER, c'est attacher le hauban à l'Engin & l'accommoder pour s'en servir.

HAYVE ; C'est une petite eminence de fer que les Serruriers font sur le panneton des clefs pour les portes benardes, afin d'empescher qu'elles ne passent de de part en part de la Serrure. *V. p.* 216.

HELICES. Vitruve appelle ainsi liv. 4. ch. 1. les petites Caulicoles, ou Volutes, qui se rencontrent sous les roses du tailloir du chapiteau de la Colonne Corinthienne. *Voyez* VOLUTES. CAULICOLES.

HEMICYCLES. Ce sont les deux demy-cercles qui forment les Voutes, & ce que les Ouvriers nomment *Arcs*. Pour former & construire un Arc de pierre de taille, on divise l'Hemicycle en tant de Voussoirs qu'on veut, pourveu qu'ils soient en nombre impair, afin que les joints ne se trouvent pas dans le milieu de la Voute ou Arc, mais qu'il y ait un Voussoir dans le milieu qui ferme & entretienne tous les autres ; C'est pourquoy on l'appelle *la Clef* de l'Arc ou de la Voute.

On nomme aussi HEMICYCLE le Panneau, Moule, ou Cherche de bois qui sert à bastir & conduire les Arcs.

HERCES ; l'on nomme ainsi des barrieres qu'on met devant les logis.

HERCES sarazines. *V. p.* 104.

HERISSON, c'est une roüe dentelée de plusieurs Chevilles de bois ou Alichons, qui sont fichez dans la circonference de la roüe, selon la direction de son Plan. Lorsque les Alichons sont fichez perpendiculairement sur la roüe, cela s'appelle un Roüet, & non pas un Herisson. Quand il faut remettre des Alichons, ou des dents aux Roüets ou aux Herissons, on nomme cela *rechauffer*. *V. p.* 356. Planche LIII.

HERMILES. *Voyez* ARMILES.

HERMINETTE ; outil qui sert à planir & à doler le bois, principalement le courbe. *Voyez page* 128. 140. Planche XIX.

HEURTOIRS ; Ce sont especes de marteaux qui servent à frapper aux portes. *V. p.* 214. 238. Planche XXXIV.

HIE ; C'est un billot de bois qui sert pour enfoncer des pieux en terre, lorsqu'on fait des pilotis. *V. p.* 132.

HIEMENT, terme de charpenterie. *V. p.* 124.

HISTOIRE parmy les Peintres. Il y en a qui s'occupent à representer diverses choses. Comme des Païsages, des Animaux, des Bastimens, & des Figures humaines. La plus noble de toutes ces especes est celle qui represente quelque Histoire par une composition de plusieurs Figures. Et ces sortes de peintures s'appellent *Histoire*, C'est ce que Vitr. nomme *Megalographia*, c'est-à-dire, une peinture d'importance.

HOCHE. *Voyez* OCHE.

HONGNETTE ; espece de Ciseau pointu & quarré,
servant

servant principalement aux Sculpteurs en marbre. *Voyez page* 314. 316. Planche XLVIII.

HORIZON. Dans un Tableau la ligne horizontale, est celle où est le point de veuë, auquel toutes les autres lignes des costez doivent aboutir pour mettre les corps en perspective.

HOSTEL signifioit autrefois la Maison du Prince, d'où vient qu'on dit encore, *Maistre des Requestes de l'Hostel*, & à present on appelle ainsi les Maisons des grands Seigneurs.

HOSTEL de Ville. Vitruve se sert du mot *Curia*; pour marquer le lieu où se font les assemblées publiques.

HOTTE de cheminée. On nomme ainsi la pente du dedans des cheminées. La Hotte commence de dessus la barre qui porte sur les Jambages, & va finir contre le haut du plancher. *Voyez* CHEMINE'E.

HOUE; espece de Rabot pour détremper le mortier. *Voyez page* 78. Planche IX.

HOURDER; c'est maçonner grossierement. Comme il n'y a point de mot que celuy de *Hourdage* dont se servent les Maçons. M. Perrault employe celuy de *Ruderation*, qui vient de *ruderatio*, & qui dans Vitruve a la mesme signification. Vitruve liv. 7. chap. 1. se sert encore dans le mesme sens de *statumen*, qui est la premiere couche.

HOUSSETTES, especes de Serrures qui servent pour des coffres, & qui se ferment à la chûte du couvercle.

HUILE d'aspic pour peindre. *Voyez page* 414.

Les Peintres se servent aussi d'Huiles de Noix, de Lin, & autres. *V. p.* 418. 419.

HUIS, ou porte, qui vient d'*Ostium*.

HUISSERIE, toutes les pieces de bois qui forment l'ouverture d'une porte.

HUTTE, cabanne, petite maisonnette. *Voyez* CABANNE.

HYPÆTRE; C'est un Edifice dont le dedans est à découvert, comme estoient anciennement certains Temples qui n'avoient pas de toit.

HYPERTHYRON, veut dire ce qui est au dessus de la porte. C'est une table large que l'on met aux portes Doriques, au dessus du chambranle, en forme de frise.

HYPOCAUSTUM; fourneau souterrain servant à chauffer l'eau des bains. Vitruve liv. 5. ch. 10.

HYPOTRACHELIUM Dans Vitruve L. 3. c. 2. c'est le haut de la colomne, & l'endroit le plus menu qui touche au chapiteau. On l'appelle diminution, retressissement, retraite, ceinture ὑπὸ τραχῆλου, *sub collum*. *Hypotrachelium* signifie aussi, selon Balde, l'endroit du chapiteau des Colonnes Toscanes & Doriques, qui est entre l'eschyne, & l'astragale, & que l'on nomme aussi Colier, Gorge, Gorgerin, & quelques-uns la Frise du chapiteau. *V. p.* 12. Planche I. & *p.* 16. Planche II.

I

JACQUEMART, espece de ressort. *Voyez p.* 355. 358. Planche LIV.

JALOUSIE. On nomme ainsi des fenestres qui ont

des treillis qui servent à regarder sans pouvoir estre veu.

JAMBAGES, Pieds-droits de portes. *Postes*. On dit les *Jambages d'une cheminée*. On dit aussi *les Jambages d'un arc, d'une croisée, &c*. La derniere pierre du Jambage ou Pied-droit, laquelle saille quelquefois, où l'on commence à poser les Voussoirs, & former le Ceintre, se nomme *Coussinet, ou Imposte*. V. PIEDS-DROITS.

JAMBES de force, ou Jambes sous poutres, *Orthostatæ, Prostas, Parastas*. Vitruve. Ce sont les chaisnes de pierre de taille, qui dans les murailles portent les poutres.

JAMBE estriere; c'est une maçonnerie, où structure faite de pierres de taille qui sont engagées par leurs queuës dans un mur de refend mestoyen, ensorte qu'elles font un ou deux tableaux, & paremens.

JAMBE boutice est presque la mesme chose que la jambe estriere. Ce qu'il y a de difference, c'est que les costez des pierres ne font point de tableau, mais se tiennent seulement en liaison avec le mur de face.

JAMBE, ou Cuisse. Vitruve appelle *femur* les entre-deux des graveures qui sont aux Triglyphes.

JAMBES ou Forces; Ce sont des pieces de bois qui servent à soustenir la Couverture des bastimens. V. p. 121. 134. Planche XVI.

JAMBETTES. Ce sont de petits poteaux posez sur les Blochets, & qui soutiennent les Chevrons. Il y en a aussi qui sont posez sur les *Entraits*, & qui soustiennent les Arbalestiers. *Voyez page* 121. 134. 138. Planche XVI. & 132. Planche XVII.

JARETS. Lorsqu'une Voute n'est pas égale dans sa rondeur, soit dans les Arcs, soit dans le Pendentif, on dit qu'il y a des *Jarets*; De mesme dans d'autres Ouvrages, quand il y a de l'inégalité ou quelque bosse, on dit *cela fait le Jaret*, *Voyez* VOUTE.

JASPE, espece de pierre fine. Il y en a de diverses sortes, qui empruntent leurs noms des lieux où ils se trouvent, & de la ressemblance qu'ils ont à d'autres pierres, par leurs differentes couleurs. Boot livre 2. chap. 100. & 101. *de lapid.*

JASPE' ce dit des marbres qui sont de differentes couleurs.

JATTE. *Voyez* SEBILE.

JAUGE; C'est une petite regle de bois dont se servent les Charpentiers pour tracer leurs Ouvrages & couper sur le trait. On dit *contrejauger les assemblages de Charpenterie*. *V. p.* 126. 127. 138. Planche XVIII.

JAUGER une pierre, regarder si elle est d'espaisseur égale.

JAUNE, couleur à peindre. *Voyez page* 406.

ICHNOGRAPHIE, c'est-à-dire le plan geometral d'un bastiment. *Ichnos* en grec signifie le vestige ou la marque de quelque chose qui demeure sur la terre; Ainsi *Ichnographie* veut dire le vestige d'un bastiment. *Orthographie*, l'élevation geometrale. *Sciographie*, l'élevation des dedans, que l'on appelle Profil; Et la *Scenographie*, l'élevation perspective. Il faut voir M. Perrault sur le 2. ch. du 1. liv. de Vitruve.

JERSER. *Voyez* GERSER.

JET. Les Fondeurs en bronze appellent *Jets* les tuyaux de cire qu'on fait d'une certaine grosseur, &

qu'on applique dans les moules, & contre les Ouvrages qu'on veut jetter en metail. *Voyez page* 325.

On dit aussi *un beau Jet*, pour dire une figure de bronze qui a esté bien jettée. *Voyez page* 322.

JET des moules à faire les tuyaux de plomb. *Voyez* p. 163. 168. Pl. XXVI.

JETTE'ES. *Voyez* MOLE.

ILLUMINATIONS. On appelle Illuminations, une decoration de Figures peintes sur du papier ou sur de la toile, lesquelles estant exposées la nuit avec plusieurs lumieres derriere, font un effet fort agreable. On en fait de diverses manieres & couleurs, comme on a veu plusieurs fois dans les Festes & réjoüissances, qui se sont faites à Versailles.

IMAGE. On dit l'Image d'un Saint; mais d'ordinaire on ne dit pas l'Image du Roy, ny l'Image d'un tel, on dit son Portrait; Et lorsque c'est de la Sculpture, on dit sa Figure, sa Statuë. Cependant les Anciens se servoient indifferemment du mot *Imago*. Car quand Vitruve l. 6. c. 4. fait mention des Portraits de cire dont ils ornoient les Vestibules de leurs maisons, il employe le nom d'*Images*, & non pas de Statuës; parce que c'estoit les Portraits au naturel de leurs Ancestres, qu'ils estaloient ordinairement dans ces lieux-là, & non pas d'autres Statuës indifferentes. Mais parmy nous le nom d'Image semble estre consacré aux choses saintes.

Le mot d'IMAGE signifie aussi parmy le peuple toutes sortes d'Estampes.

IMITER. Quand on dit qu'il faut imiter l'Antique, ou la maniere d'un tel Maistre; ce n'est pas copier trait pour trait ce qui est desseigné ou peint, ou ce qui est de Sculpture, mais c'est se former une Idée semblable, & suivre la mesme maniere.

IMPERIALE; c'est une espece de Dôme, ou couverture dont le haut est en pointe, & qui en s'élargissant par en bas represente la Figure de deux S. qui se joignent en haut & s'éloignent en bas; ou bien de ce qu'on nomme en Architecture *deux Talons* adossez. On appelle ainsi les couvertures des carosses, quoy qu'elles n'ayent pas tout-à-fait cette figure. A Chenonceaux Maison Royale, la pluspart des combles sont couverts en Imperiale.

IMPOSTES, *Incumba*. Vitr. l. 6. c. 11. C'est une plinte ou petite corniche qui contient un jambage, piédroit ou allette, & sur laquelle commence un arc qu'elle separe d'avec le pied droit.

IMPRIMER, ou faire l'Empreinte d'une medaille. *V.* EMPREINTE.

IMPRIMER. On dit *Imprimer une toile, ou autre chose pour peindre*, lorsqu'on couche une premiere couleur, qui sert de fond à celle qu'on doit mettre en suite, pour faire un Tableau. Les Ouvriers disent *Imprimeure*, & quelques-uns mal-à-propos *Imprimature*, pour imiter les Italiens qui disent *Imprimatura*.

INCRUSTATION. *Voyez* ENDUIT.

On dit Incrustation de marbre ou de pierre, quand une muraille en est revestuë. Les Anciens nommoient les Enduits des *Incrustations*. Serlio enseigne de quelle maniere il faut faire l'assemblage des pierres & des marbres dont l'on veut faire des Incrustations.

INDE; c'est une couleur qui sert pour peindre. Les Anciens en avoient de deux sortes selon Pline l. 35. c. 6.

& Dioscoride l. 5. c. 57. l'une qui se faisoit avec de certains roseaux qui se trouvent aux Indes ; l'autre de l'escume des chaudieres où l'on teint les draps de pourpre. L'Inde qu'on employe aujourd'huy se fait aussi de deux manieres, l'une du suc d'une herbe que les Grecs nomment *Isatis*, & les Latins *Glastum*, que nous appellons *Guesde*; Et l'autre de l'herbe appellée *Indigo*, qui croist dans la Province de *Gatimala*, & qui est de grand usage parmy les Teinturiers. *Voyez* page 417.

INVENTION, dans un Tableau, c'est ce qui est purement de l'esprit du Peintre ; comme sont l'ordonnance, la disposition du sujet, & le sujet mesme quand il est nouveau. *Bien inventé*, c'est-à-dire bien trouvé, soit que cela regarde tout le sujet, soit qu'on ait égard à la maniere de le traiter en tout, ou en partie.

JOINTS de pierre. Ce sont les intervales qui sont entre les pierres. Ces intervales sont entre les pierres posées les unes sur les autres, ou entre celles qui sont mises à costé les unes des autres ; & c'est pourquoy on dit les *Joints des lits*, & les *Joints montans*.

JOINTS QUARREZ & Joints à onglet ; c'est une maniere de joindre & assembler les pieces de bois pour la charpenterie & la menuiserie d'un bastiment. *Voyez* page 126. 136. Planche XVII.

JOINTIVE. *Voyez* LATTE.

IONIQUE. Ordre Ionique. *V. p.* 18.

JOUE'E. *Voyez* TABLEAU.

Le mot de *Jouée* se dit en plusieurs rencontres ;

& signifie souvent parmy les Ouvriers les costez. On dit *les Joüées d'une lucarne* ; *les Joüées d'une languette*.

JOUIERES. *Voyez* AMARRES.

Les JOUIERES des Ecluses sont les deux costez du canal par où l'eau passe.

JOUR. En Peinture on dit, *les jours*, pour dire les parties éclairées.

On dit qu'*un Tableau est mal placé, & mis dans un faux jour*, lorsque la lumiere qui entre par les fenestres, ne l'éclaire pas bien.

On considere aussi dans une peinture les differens Jours que le Peintre y a observez, comme *les Jours simples & naturels* ; *les Jours de reflais, ou refléchis*.

JOURS, on dit *le Jour d'une fenestre ou d'une porte*, pour dire son ouverture.

JOUR, signifie aussi l'Intervale & le vuide qu'on laisse entre les pieces de bois, de crainte qu'elles ne s'échauffent.

IRREGULIER. On appelle *un bastiment irregulier*, dont la place n'est pas reguliere, ou bien qui n'est pas basty regulierement, selon les ordres de l'Architecture. On dit aussi une *Forteresse irreguliere*.

ISOLE', c'est-à-dire qui n'a rien qui le touche de tous les costez ; *une colonne Isolée*, qui ne touche pas à la muraille ; *une maison Isolée*, qui ne tient point à d'autres, & autour de laquelle on peut aller.

JUMELLE d'un Estau. *V.* ESTAU.

JUMELLE d'une serrure. C'est une des pieces des ressorts. *V. p.* 220.

JUMELLE d'un Tire-plomb. *V. p.* 278. Pl. XLIV.

JUMELLE

Jumelle d'un Tour. *V. p.* 377. 385. Pl. LX.

Juste; Un deſſein juſte & conforme à l'original, *deſſeigner juſte*; des *contours juſtes*, marquez avec *juſteſſe*, force & netteté.

L

LAbourer, terme dont ſe ſervent les Plombiers. *Voyez page* 159.

Labyrinthe, lieu duquel on ne peut trouver l'iſſuë. Quoy que ce ſoit un nom particulier, il eſt devenu commun neanmoins à tous les lieux d'où il eſt difficile de ſortir, quand on y eſt entré.

Laceret, petite tarriere. *Voyez page* 127. 138. Planche XVIII.

Lacet. Les Serruriers nomment ainſi une petite broche de fer qu'ils appellent auſſi *Riveure. Voyez* Riveure.

Lacunette. *Voyez* Cunette.

Laitier, c'eſt une eſpece d'écume qui ſort des fourneaux à faire le fer, & qui vient des terres & des crayes que l'on met pour aider à la fonte de la mine.

Laiton ou metail compoſé de cuivre & de Calamine. *V. p.* 335.

Laitance, c'eſt de la chaux, qui eſtant détrempée fort clairement, reſſemble à du lait. On en blanchit des murailles, des Plafonds & d'autres choſes; principalement dans les lieux où il n'y a pas de plaſtre.

Lambourdes. Ce ſont des pieces de bois que l'on met ſur les planchers pour y attacher des ais, ou du parquet. *V. p.* 121. 134. Planche XVI.

On nomme auſſi Lambourdes des pieces de bois

Mmmm

qui font aux coftez des poutres, & où il y a des entailles pour pofer les folives.

LAMBOURDE, efpece de pierre tendre, comme le S. Leu, elle fe tire derriere les Chartreux.

LAMBRIS. C'eft un mot general qui fignifie toutes fortes de Plat-fonds,& les ouvrages de menuiferie dont on reveft les murailles. Car encore que le mot de Lambris fe prenne particulierement pour ce que les Latins appellent *Lacunar*, & tout ce qui eft au deffus de la tefte. Il s'entend auffi des Ouvrages de bois dont les chambres font reveftuës, tant par les coftez, que dans le Plat-fond. De forte que quand on dit qu'une Salle eft toute lambriffée ; c'eft-à-dire qu'elle eft toute reveftuë de bois par le haut & par les coftez. Il eft bon de fçavoir que quand l'on attache des Lambris contre les poutres ou folives, il faut laiffer de petits trous afin que le vent y paffe, & qu'il empefche que le bois ne s'échauffe eftant l'un contre l'autre ; car il peut arriver des accidens par les Lambris attachez aux planchers contre les folives ou poutres, que la pefanteur du bois fait affaiffer, & arrener, & mefme fe corrompre & gafter fans que l'on s'en apperçoive. Le mot de Lambris vient de *Ambrices*, qui felon Feftus fignifie les Lattes ; *Ambrices funt regulæ quæ tranfuerfa afferibus fub tegulis interponuntur.* V. p. 176.

Vitruve appelle les Lambris des planchers, *Lacunaria*; Et *Lacus* l'enfoncement qui eft dans les Lambris.

LAMME d'or, de cuivre, ou d'autre metail. Du metail mis en lamme, c'eft-à-dire large & mince, comme pour faire des jettons, ou des pieces de monnoye. Ce mot vient du grec λέμμα, *efcorce*. V. p. 352.

LAMINOIR; machine dont on se sert aux monnoyes. *V. p.* 353. 356. Pl. LIII.

LANCE ou Espatule, outil servant aux Ouvriers qui travaillent de Stuc. *V. p.* 346. Plan. LII.

LANGUE, ou Languette. C'est un mot souvent usité parmy les Menuisiers, lorsqu'ils assemblent les pieces de bois l'une dans l'autre. La *Languette* entre dans la *rénure*, & on dit alors que le bois *est joint & assemblé avec Languettes*.

LANGUETTE. On nomme aussi Languette les entredeux ou separations qui se trouvent dans un mesme tuyau de cheminée, pour separer les cheminées de differentes chambres.

LANGUETTE d'une balance. Vitruve .v. 10. chap. 8. nomme *examen*, l'anneau d'une Romaine. *Voyez* BALANCE.

LANGUE, qui se forme sur le Verre. *V. p.* 267.

LANGUE de bœuf ; Outil necessaire aux Maçons. *Voyez page* 80. Pl. X.

LANTERNE. On nomme quelquefois ainsi un petit dôme qui est au dessus d'un logis.

LANTERNE, ou pignon. *V.* PIGNON.

LA NUSURE. *Voyez* BOURSEAU.

LAPIS *lazuli*. *Voyez* OUTREMER. AZUR.

LAQUE, couleur pour peindre. *V. p.* 417.

LAQUE. Il y a une espece de gomme que les Droguistes nomment Laque ; Les Arabes, les Perses, & les Turcs l'appellent *Loc sumutri*. Cette gomme est un peu rougeastre ; l'on en fait la cire d'Espagne ; elle entre dans la composition du Vernix, & sert à plusieurs autres usages. La commune opinion est qu'elle se trouve au Pegu, où il y a une espece d'arbres, desquels certaines grandes fourmis qui ont des aisles, succent & tirent la matiere dont elles font la Laque, comme les Abeilles font le miel. Il y en a qui croyent que la Laque est la *Cancame* de Dioscoride. On peut voir ce qu'en a écrit Charles de l'Escluse dans son histoire des Drogues l. 1. c. 9. & Christophe Acosta dans un traité de Medecine l. 3. c. 3.

LARMIER; C'est le membre plat & quarré qui est à la corniche au dessous de la Cymaise, & le plus avancé, ce que Vitruve nomme quelquefois *corona*; on le nomme *Larmier*, parce que son usage est de faire écouler l'eau, & la faire tomber goutte à goutte, & comme par larmes loin du mur. Le dessous du bord du Larmier se nomme *Mouchette*. Vitruve l'appelle *Mentum*.

On appelle aussi le haut d'une muraille qui est en talus pour donner l'égoût aux eaux, *Larmier*, *Couronne*, *Couronnement*, *Chapeau*, ou *Chaperon*, Vitruve les distingue par deux noms differens; car il nomme le larmier d'une Corniche *Coronis*, & le larmier d'une muraille *Corona*. Il appelle *Corona lata*, la Corniche de la porte Dorique.

LASSERETS. *Voyez* LACERET.

LATTE à couvrir. Ce sont ces regles ou tringles de bois qui traversent les chevrons, & sur lesquelles on cloüe l'ardoise, ou bien l'on accroche la tuile. Dans Gregoire de Tours, elles sont nommées *ligaturæ*, & dans Festus *Ambrices*; quelques-uns disent *Templa*.

LATTES *jointives*; c'est lors qu'en lattant une couverture d'Ardoise, ou contre-lattant une cloison, les Lattes touchent les unes contre les autres.

Latter une couverture, la garnir de Lattes.

Laton. *Voyez* Laiton.

Latrines, retrait, privé, *forica latrina*. Vitruve.

Laver une poutre, c'est en oster une dosse avec la sie pour l'équarir, au lieu d'en oster avec la coignée.

Laver un dessein avec des couleurs à eau. *Voyez page* 424.

Lavis; Il y en a de differentes sortes. *V. p.* 403.

On dit qu'un dessein est lavé ou fait avec du Lavis, c'est-à-dire d'une ou de plusieurs couleurs détrempées avec de l'eau. Neanmoins quand on dit simplement un dessein lavé, on entend souvent qu'il n'y a qu'une seule couleur, comme d'encre de la Chine, du bistre, ou autre chose.

Lavoir, cuve, ou bassin, où l'on se baigne. Il estoit appellé par les Grecs *Loutron*. Vitruve.

Laye. Les Tailleurs de pierre ont des marteaux *bretez*, qu'ils nomment *Layes*; Ils appellent aussi des *Layes*, les rayes ou bretures qui paroissent sur les pierres taillées avec ces sortes d'outils.

Layer, c'est travailler la pierre avec une *Laye*. *Voyez* Breter.

Lescher. On dit *un Tableau lesché*, lorsque les couleurs en sont couchées avec plus de soin & de peine, que d'art & de science.

Leton. *Voyez* Laiton.

Levier; C'est une machine à lever. Quand elle est de bois elle retient le nom de Levier, & lorsqu'elle est de fer on l'appelle *Pince*. *Voyez page* 73. 86. Planche XIII.

Lezards ou Lezardes, les Maçons appellent ainsi les crevasses ou fentes qui sont dans les murs.

Liais. C'est une espece de pierre. Il y en a de differentes sortes, sçavoir le franc Liais, & le Liais ferault, ou farault. Ce Liais farault ne brusle point au feu, comme la pluspart des autres pierres, c'est pourquoy on en fait les atres & les jambages des cheminées. On s'en sert aux fours & aux fourneaux. On peut voir les Notes de M. Blondel sur le 37. chap. de l'Architecture de Savot. *Voyez p.* 66.

Liaison, espece de Maçonnerie. *V.* Maçonnerie.

Libage. *Voyez* Carreaux.

Liberté. En terme de Peinture, on dit d'un Tableau, *qu'il est peint avec une grande liberté de pinceau ; dessigné librement, franchement.* On dit aussi *liberté ou franchise de burin.* Tout cela veut dire, avec facilité.

Licences. On dit d'un Tableau, qu'il y a *de grandes licences contre la perspective, & contre les regles de l'art.*

Lit d'une pierre. Comme les pierres sont par lits dans les Carrieres ; on dit des pierres qu'elles ont deux lits, celuy de dessus & celuy de dessous. Les lits de dessous sont plus durs que ceux de dessus ; c'est pourquoy il faut renverser les pierres, & mettre le lit le plus dur dessus, lorsqu'on les employe à découvert, comme pour couvrir des terrasses, & pour faire des dales.

Lien de verre. *Voyez page* 265.

Liens. Ce que les Charpentiers nomment Liens

sont des morceaux de bois qui ont un tenon à chaque bout; & qui estant chevillez dans les mortaises, entretiennent la Charpenterie en tirant, ainsi que les Esseliers l'entretiennent en resistant. Vitruve livre 7. chapitre 3. nomme ces liens *Catena.* *Voyez page* 136. Planche XVII.

LIENS d'un Engin. *V. p.* 129. 142. Planche XX.

LIENS montant d'une Gruë. *V. p.* 130. 144. Planche XXI.

LIERNES. *Voyez page* 124. 136. Planche XVII.

LIGNE. C'est ce que les Mathematiciens definissent une longueur sans largeur, & que les Ouvriers appellent *un trait* qui va d'un point à un autre. Il y en a de plusieurs especes: les lignes doites sont les plus courtes de celles qui ont même extremitez. Les courbes sont celles qui s'écartent de leurs extremitez. Les spirales sont des lignes courbes, qui partant de leurs centres s'éloignent à proportion qu'elles tournent autour. La ligne perpendiculaire est celle qui tombe ou qui s'éleve sur une autre, faisant les angles de part & d'autre égaux entr'eux. La ligne à plomb est celle qui tombe de haut en bas sans incliner de part ny d'autre, & qui passeroit par le centre de la terre si elle estoit prolongée. Les lignes paralelles sont celles qui prolongées à l'infiny ne se rencontreroient jamais. Lignes horisontales sont toutes celles qui sont paralelles à l'horison. Et la ligne oblique est celle qui n'est ny horisontale, ny à plomb.

LIGNE ou cordeau de Charpentier, ou de Maçon, On dit *tirer une muraille à la ligne*, *aligner*, ou *marquer un bois à la ligne*, lorsqu'on tend un cordeau pour faire une muraille, ou qu'avec un cordeau frotté de blanc, ou autrement, on tringle la ligne sur une piece de bois.

LIGNES *ralongées*, *lignes de pente*; ce sont termes dont l'on se sert pour l'usage des traits & coupes des pierres, & qu'il est malaisé de comprendre que par la pratique & avec demonstration.

Les Ouvriers disent à plein cintre, ou à pleine rondeur. Les *Lignes* qu'on nomme en Geometrie *Coniques*, *Elipses*, *Paraboles*, ou *Hyperboles*; ils les appellent *anses de panier* & *surbaissées*. Et lorsqu'elles ne sont pas regulieres, *Lignes tastées*, ou *corrompuës*.

Ils disent aussi *Lignes jaugées*, pour dire paralelles entr'elles.

La LIGNE courbe du dedans d'un arc, ou voute, se nomme entr'eux *tour de l'arc en dedans*; & celle qui est en dehors, *tour de l'arc en dehors*; & quelques-uns *stradosse* pour *extrados*. Ils appellent la ligne droite qui forme le demy-cintre, *corde*, *tirant* & *soustendante de l'arc*.

LIGNES de deffenses. En termes de fortification, c'est la ligne tirée depuis l'angle de défense jusqu'à la pointe du bastion, & proprement le chemin que font les bales tirées de l'angle qui fait le flanc avec la courtine jusqu'à la pointe du bastion opposé. Elle est Rasante, si partant de l'angle elle rase paralellement la face du bastion opposé. Elle est Fichante, si la ligne de la face du bastion prolongée coupe la courtine; auquel cas cette ligne de la face du bastion prolongée s'appelle *ligne de défense rasante*.

LIGNE capitale. *Voyez page 94.*

LIGNES de circonvallation, *V. p. 102.*

LIGNES

Lignes de contrevallation. *Id.*

Limaçon, ou Limace, c'est une espece de trompe, ou voute.

Limer, travailler avec la lime.

Limes. Il y a des Limes de toutes sortes de grandeurs & grosseurs, servant à plusieurs usages, suivant lesquels on leur donne differens noms.

Limes servant aux Menuisiers. *V.* p. 180. 188. Planche XXXII.

Limes quarrées pour ouvrir des trous quarrez. *V.* p. 232. 246. Pl. XXXVIII.

Limes à dossier, servant à fendre.

Limes triangulaires ou en tiers-points pour faire des vis, tarots, & autres pieces.

Limes rondes en queuë de rat, pour croistre les trous.

Limes demy rondes pour limer les pieces en demy rond, les sies, &c.

Limes à bouter, pour dresser les Pannetons des clefs, & des sies à fendre en long.

Limes à Potence.

Limes à Carlettes.

Limes à Coutelles.

Limes Ovalles.

Limes en cœur, & autres figures. Ces petites Limes servent à vuider les anneaux des clefs; les escussons & les couronnemens.

Limes fenduës par le milieu pour limer les Embases, & pour épargner un filet sur les moulures, vases, balustres, & autres ouvrages.

Limes fenduës d'un costé seulement, pour le mesme usage.

LIMES faites en dos de carpe, pour fendre des compas & autres ouvrages.

LIMES qui ne sont point taillées sur les costez, pour fendre & dresser les rateaux des clefs.

LIMES douces qui servent à polir & à adoucir les ouvrages.

LIMES coudées, qui servent à couper & à dresser les cloux à fiches.

La différence des *Limes* & des *Rapes*, c'est que les Limes sont faites & taillées avec des outils tranchans, & les Rapes sont piquées avec des ciselets & des burins.

LIME à matir. *V. p.* 349. 360. Pl. LV.

LIME de cuivre à main. *V. p.* 446 Pl. LXIII.

LIMON, piece de bois qui sert à porter les marches d'une montée ou d'un escalier. *V.* ESCHIFFRE.

LINÇOIRS, pieces de bois. *Voyez page* 124. 136. Planche XVII.

LINEAMENS; On ne dit guere en termes de Peinture, & de Sculpture, les lineamens d'un corps ou d'un visage. On dit les traits, *former les premiers traits d'un visage, d'une figure,* &c.

LINGOTIERE ; c'est un moule dont les Vitriers se servent pour fondre le plomb qu'ils employent aux vitres. ils versent du plomb fondu dans ces sortes de moules, qu'ils retirent ensuite par petits *lingots*, lesquels ils font passer dans le Tire-plomb, où il s'alonge, & forme les verges, qui servent à enfermer les pieces de verre. Ces verges sont fenduës des deux costez ; le milieu qui demeure solide, se nomme *le cœur de la verge* ; & les costez dans lesquels entrent les pieces de verre, & qui servent à les recouvrir s'appelle *les ailes*, ou *les ailerons*. *V. p.* 276. Pl. XLIII.

Lingots d'estain. *V. p.* 165.

Linteau, dessus de porte. Vitruve le nomme *antepagmentum superius*. *V. p.* 121. 134. Pl. XVI.

Lisiere, terme de fortification.

Listel, ou Listeau. On nomme ainsi les petites bandes, ou especes de regles qui sont dans les moulures de l'Architecture. Les Menuisiers les nomment souvent *Mouchettes*.

On appelle aussi Listel l'espace plein qui est entre les cannelures des colonnes. *V.* Tenie.

Lisse; Une chose lisse, c'est à dire, polie & unie; comme une plaque d'or, ou autre chose.

Litarge. Elle se fait avec du plomb Il y en a qui a la couleur d'or, que l'on nomme *Litarge d'or*; & d'autre qui a la couleur d'argent, que l'on nomme *Litarge d'argent*.

La Litarge d'argent sert aux Vitriers pour peindre sur le verre. *V. pag.* 254.

Lits de pierre, ou Assises. *V.* Assises.

Livre, poids. La livre ordinaire de France est de seize onces; Il est vray que celle des Droguistes & Espiciers n'est que de douze onces. L'once est de huit gros. Le gros pese trois deniers, le denier vingt-quatre grains, le grain vingt-quatre carats.

Logement. Terme de fortification. *V. p.* 101.

Loges. *Logium* dans Vitruve, & qui vient de λογεῖον, signifie un pulpitre & lieu eminent propre à parler au peuple dans les Salles de comedies & dans les theatres. En Italie on nomme *Loges* des cabinets, comme font les Loges qui font dans plufieurs vignes ; & celle de Ghife, où eft cette belle Galathée de Raphael. Le mot de Loges fignifie auffi les Galleries, comme les Loges du Vatican.

LOMBIS ou Lambis, efpece de coquilles. *V. p.* 449.

LONG-PAN, c'eft dans un comble de charpenterie, le cofté qui eft le plus long. Ainfi l'on dit les *fablieres ou chevrons du long pan* ; & les *fablieres & chevrons de croupe*.

LOINTAIN, ou éloignement d'un Tableau ; c'eft ce qui paroift le plus loin de la veuë. Comme quand on dit, *on voit dans le lointain de ce Tableau plufieurs petites figures*.

LOQUET, ou Liquet d'une porte, de *Luketrus*, qui vient de λύω.

Un Loquet eft compofé de plufieurs pieces, fçavoir du *batant*, dont la queuë eft attachée contre la porte avec un clou, qui n'empefche pas qu'il n'ait du mouvement. La tefte du battant eft retenuë par un crampon proche le bord de la porte, dans lequel elle peut facilement fe hauffer & fe baiffer, pour s'ouvrir & fe fermer lorfqu'elle tombe dans ce qu'on appelle le *mantonnet* qui eft attaché à l'huifferie ou au chaffis de la porte. Ce battant fe leve par le moyen d'une autre piece de fer qui traverfe la porte, & qui eft enclavé dans un efcuffon ou plaque de fer, au deffous duquel eft une poignée. Le bout de ce morceau de fer, fur lequel on met le pouce s'appelle *ponçoir* ; & le refte qui traverfe la porte, & qui leve le battant, fe nomme *le bout de la queuë du ponçoir*. Il y a des lieux où le battant s'appelle *Clenche*, ou *Clinche*.

Il y a encore des Loquets qui au lieu de poignée & de ponçoir s'ouvrent avec des clefs ; dont les uns se nomment *Loquets à vielle* ; les autres *Loquets à cordeliere*. Voyez p. 213. 219.

LOQUETEAU ; c'est un Loquet que l'on met dans un lieu inaccessible, & qui s'ouvre avec un cordon, & se rabaisse par un ressort qui le renvoye ; l'on s'en sert pour fermer les volets & contrevents des fenestres.

LOUCHE, terme d'Esmailleur. V. p. 428.

LOUVE ; c'est un morceau de fer forgé quarrément, mais plus large en bas qu'en haut, qui sert pour lever de grosses pierres. L'on fait un trou dans la pierre de la profondeur & de la largeur de la Louve. Et comme il reste du vuide dans le trou de la pierre aux costez de la Louve, parce qu'elle va en estressissant par en haut, on y met une espece de coin de fer de chaque costé, qu'on nomme *Louveteaux*. Ils servent à resserrer la Louve qui est entre deux, & empeschent qu'elle ne puisse sortir lorsqu'on vient à la tirer avec un cable qui est attaché au bout. M. Perrault sur le 2. chap. du 10. liv. de Vitruve, remarque trois sortes de Louves. La premiere, celle dont se servoient les Anciens, qui estoit en maniere de tenailles, & que Vitruve appelle *forcipes*. La deuxiéme est celle que Philander rapporte, & dont l'on se servoit de son temps à Rome, qui est d'un meilleur usage que la premiere. Et la troisiéme, celle dont l'on se sert aujourd'huy en France, qui est plus simple & d'un meilleur usage que les deux autres. *Voyez* page 78. Planche IX.

LOUVER une pierre ; c'est faire un trou dans la pierre, & y mettre la Louve pour la lever.

LOUVETEAUX ; ce sont les coins de fer que l'on met à costé des Louves, & qui servent à les retenir. *Voyez page* 78. Planche IX.

LOUVEURS ; ce sont ceux qui accommodent les Louves dans la pierre. *V. p.* 72.

LOUVRE. C'est dans Paris le Palais & la demeure du Roy. A present quand le Roy est par la campagne on donne le nom de Louvre à tous les lieux où il habite.

LOZANGES, pieces de verre dont on fait les panneaux de vitre. *V. p.* 268. Pl. XXXIX.

LOZANGES. On dispose quelquefois le bois qui fait la charpente des maisons en Lozanges. Et quelquefois d'une maniere qu'on appelle brins de fougere.

LUCARNES. Ce sont des ouvertures qu'on met au dessus de l'entablement des maisons, pour donner jour aux chambres en galetas ou aux greniers. On en fait de diverses sortes. *Voyez p.* 152. 154. Pl. XXIII.

LUCARNES, Damoiselles. *Id.*

LUCARNES Flamandes. *Id.*

LUCARNES Faistieres. *Id.*

LUMIERE ; En terme de Peinture, on dit *sçavoir bien répandre la lumiere sur tous les corps ; en éclairer toutes les parties selon les differens degrez de lumiere.*

LUMIERE dans laquelle on met le mamelon d'un trueïl. *V.* MAMELON.

LUNETTE. C'est une petite fenestre que l'on fait dans les toits.

LUNETTES ; on dit des voutes à Lunettes. *Voyez* VOUTES.

LUNETTE, on nomme ainsi le siege d'une aisance.

LUNETTES servant aux Tourneurs. *Voyez* p. 379. 385. Planche LX.

LUTER un creuset, ou quelqu'autre vaisseau ; c'est l'enduire & boucher de terre ou d'autre matiere.

M

MACHEFER, ou escume de fer qui sort des fourneaux & des forges. *V.* p. 448.

MACHECOULIS. *V.* MARCHECOULIS.

MACHINE. C'est l'assemblage de plusieurs pieces jointes ensemble, & tellement disposées, qu'elles peuvent servir à augmenter ou à diminuer les forces mouvantes, selon les differents usages ausquels on les applique dans la guerre, dans l'Architecture & dans les autres Arts. Vitruve l. 10. c. 1. met cette difference entre Machine & Organe ou Instrument, qu'Instrument est simple & d'une seule piece, tel qu'est un marteau, un levier, un coin, un rouleau ; & que Machine est composée de plusieurs pieces, comme un Pressoir, un Moulin, &c.

Les MACHINES dont les Anciens se servoient dans la guerre pour assieger les places, estoient les Scorpions, les Catapultes, les Ballistes, les Beliers, les Tortuës, & les Tours de bois.

Entre celles dont ils se servoient pour la decoration des Theatres, il y en avoit qui en tournant, en changeoient toute la face ; & d'autres, qui en coulant faisoient le mesme effet. Vitruve nomme ces sortes de machines, l'une *Scena verfatilis*, & l'autre *Scena ductilis*.

MACHINE dont l'on se sert aux Monnoyes pour fraper le poinçon sur le carré. *V. p. 358.* Pl. LIV.

MACHOIRES d'Estau. *Voyez* ESTAU.

MAÇONNERIE. Il y en a de diverses sortes. Celle à *Echiquier*, & qu'on appelle *Maillée*, est nommée par Vitruve *Reticulatum*. Elle est faite de pierres quarrées dans leur parement, lesquelles sont posées en sorte que les joints vont obliquement, & que les diagonales sont l'une à plomb & l'autre à niveau. Dans celle qui est en *liaison*, & que Vitruve appelle *inserta*, les pierres y sont posées les unes sur les autres, & les joints y sont de niveau ; mais en sorte que le joint du second lit pose sur le milieu de la pierre du premier. Il y a celle que Vitruve dit estre particuliere aux Grecs, où aprés avoir posé deux pierres, qui chacune font parement, on en met une en boutisse qui fait les deux paremens. Celle qu'il nomme *Isodomum* est semblable à celle qu'on nomme en *liaison* ; excepté que dans celle-cy les pierres ne sont point taillées, estant mises par assiettes égales. Quant à celle qu'il nomme *Pseudisodomum*, elle est aussi de pierres non taillées & posées en liaison, mais d'espaisseurs inégales ; & l'égalité ne se trouve que dans chaque assise. Il y en a encore d'une autre sorte, qu'on nomme *Empletton*, où les pierres ne sont arrangées qu'au parement, sans estre taillées ; & le corps du mur est garny de menuës pierres jettées dans le mortier, & au hazard.

MADRE'. L'on dit *que du bois est Madré*, lors qu'estant

MA

qu'eftant mis en œuvre, on voit certaines parties plus condenfées que le refte, lefquelles paroiffent comme des taches brunes, qui eftant plus folides & dures, font comme luifantes, quand le Rabot y a paffé. Cela fe remarque particulierement dans les ouvrages de bois de heftre.

MADRIERS. Les Ingenieurs appellent ainfi les planches épaiffes, telles que font les doffes dont l'on fe fert pour foûtenir les terres lorfqu'on travaille à des mines, ou autres ouvrages.

MAIGRE. *Amaigrir, ou démaigrir un Angle*, c'eft le rendre plus aigu; & *l'engraiffer*, c'eft le rendre plus obtus. Quand on dit que la partie d'une pierre ou d'une piece de bois, qui doit entrer ou fe joindre dans une autre, *eft trop maigre*, c'eft-à-dire qu'elle ne joint pas jufte, & qu'elle laiffe du vuide, comme lorfqu'un tenon ne remplit pas la mortaife.

MAIN d'une poulie. C'eft le bois, ou le fer qui l'environne, & qui entretient la corde: on l'appelle auffi *Efcharpe* ou *Chape*, & quand il y a double Poulie, elle fe nomme *Moufle*.

MAIN de fer, Croc ou S; ce font des pieces de fer courbées en differentes manieres, qui fervent pour acrocher des louves, des chables ou autres chofes.

MAL-AISE' *à brufler*. C'eft un terme particulier dont fe fervent ceux qui peignent en Efmail. *Voyez* page 428.

MAILLE, petite boucle de fer.

MAILLE'E. *Voyez* MAÇONNERIE.

MAILLET. C'eft une efpece de marteau de bois; mais comme l'on n'appelle marteaux que ceux qui

Oooo

sont de fer, on nomme maillets ceux qui sont de bois. *Voyez* page 80. Planche X.

MAILLETS gros & mediocres servant aux Charpentiers. *Voyez* page 127. 140. Planche XIX.

MAILLETS plats par le costé, servant aux Plombiers. *Voyez* p. 166. 168. Pl. XXVI.

MAILLETS des Menuisiers. *Voyez* page 177. 184. Planche XXX.

MAISON. Vitruve livre 6. chap. 8. nomme les maisons de campagne qui n'ont rien de rustique, *Ædes Pseudo-urbanæ.*

MAISTRESSE Voute. *Voyez* VOUTE.

MALLEABLE. C'est une matiere qui souffre le marteau sans se briser, comme fait l'or, l'argent, le fer, &c.

MAMELON d'un gond ; c'est le bout du gond qui sort hors du bois ou de la pierre, & qui entre dans la penture ou reply de la barre de fer. *Voyez* page 210. 236. Planche XXXIII.

MAMELON d'un treüil ; C'est le bout du treüil & la partie qui pose, & qui tourne sur les pieces de bois qui le soûtiennent ; le trou dans lequel on le met, s'appelle *Lumiere*.

MANDRINS. Les Serruriers nomment *Mandrins* toutes sortes de poinçons gros & menus qui servent à percer à la forge, c'est-à-dire à chaud. On met sous la piece qu'on veut percer une *perçoire*, qui est un morceau de fer troüé en rond, en quarré, ou de la mesme figure que le *Mandrin*. Les *Poinçons* qui servent sur l'establie pour *estamper* & percer à froid, quoy qu'ils soient de mesme figure que les Mandrins,

M A

font toûjours nommez Poinçons; & les Poinçons & Mandrins se frappent au marteau. *Voyez page* 246. Planche XXXVIII.

MANDRINS en lozanges pour faire les grilles.

MANDRINS ronds, quarrez, en triangle & autres figures pour reserrer & former les trous, aprés qu'ils font commencez avec les Poinçons.

MANDRINS ronds, ce sont comme de grandes broches de fer qui servent pour tourner des canons, des bandes, & d'autres pieces.

MANDRINS en ovalle servant à mesme usage.

MANDRINS servant aux Tourneurs. *V. p.* 380. 385. Planche LX.

MANEQUIN; C'est une figure de bois dont les Peintres & Sculpteurs se servent pour disposer des draperies suivant les diverses attitudes des figures qu'ils veulent peindre. Ces manequins s'accommodent comme on veut, se ployant dans toutes les jointures des membres.

MANEUVRE. On appelle ainsi particulierement ceux qui travaillent sous les Maistres Maçons. *Voyez page* 72.

MANGANESE, *Maganesia*; c'est une pierre qui est ainsi nommée à cause qu'elle ressemble beaucoup à l'aimant, tant par sa couleur, que par sa pesanteur; les Verriers s'en servent pour purger leurs matieres & y donner une couleur rougeastre. L'on s'en sert dans les Emaux, & lorsqu'elle est meslée avec le Saffre, elle fait une couleur de pourpre. Cette pierre s'apporte d'Allemagne. La meilleure vient de Piedmont. Il y en a aussi du costé de Viterbe. Les Ouvriers la connoissent mieux icy sous le nom de *Perigueux*, à cause de celle qu'on apporte du Perigort. *Voyez page 254.*

MANIERE. On appelle ainsi l'habitude que les Peintres ont prise dans la pratique de toutes les parties de la Peinture, soit dans la Disposition, soit dans le Dessein, soit dans le Coloris.

L'on se fait d'ordinaire une habitude qui a rapport aux Maistres sous lesquels on a esté instruit, & qu'on a voulu imiter. Ainsi on connoist la maniere de Michel Ange, & de Raphaël dans leurs Eleves. Ce qui fait dire en voyant un Tableau de quelques-uns de leurs disciples, *qu'il est de l'Ecole de Raphaël ou de Michel-Ange*, parce que ces deux grands Maistres ont eu des maximes differentes, que ceux qui les ont imitez ont suivies. Et selon qu'un Peintre s'est formé dans une bonne habitude en travaillant sous de bons Maistres, ou par une étude particuliere qu'il a faite luy-mesme aprés les meilleurs Tableaux & les plus belles Antiques, on appelle sa maniere *bonne*, ou *mauvaise*, s'il a fait un bon, ou mauvais choix.

Comme l'on reconnoist le style d'un Auteur, ou l'écriture d'une personne dont on reçoit souvent des lettres, on reconnoist de mesme les ouvrages d'un Peintre dont on a veu souvent des Tableaux; & on appelle cela *connoistre sa maniere*. C'est pourquoy il y a plusieurs personnes, qui pour avoir veu beaucoup de Tableaux, connoissent les differentes manieres, & en nomment aussi-tost les Auteurs; mais qui pour cela n'en sont pas plus sçavans, ny plus capables de bien juger de l'art & de la science de l'Ouvrier.

MA

Manière de peindre sur le verre. *Voyez* p. 253.

Manière différente de colorier. *V*. p. 422.

Manier les couches de blanc pour dorer, c'est-à-dire les bien frotter avec la brosse. *V*. p. 297.

Manivelle d'une roüe; c'est un manche de bois ou de fer qui sert à faire tourner une roüe.

Manivelle d'un Tire-plomb. *Voyez page* 266. 278. Planche XLIV.

Manivelle d'un Estau. *V*. Estau.

Mansarde. *Voyez* Toits coupez.

Manteau de cheminée. C'est ce qui couvre la hotte; les Serruriers appellent ainsi la barre de fer qui soûtient le manteau. Ces sortes de barres portent sur les deux Jambages, & estant ployées quarrément, on les scelle dans le gros mur.

Manteaux de porte. *V*. Vantail.

Mantelet; c'est une couverture de grosses planches, & generalement tout ce dont on se sert pour les attaques des places. *V*. p. 106.

Mantonnet est une petite piece de bois ou de fer qui soûtient & arreste, telle qu'est celle qui sert à une porte pour soûtenir le battant ou clenche d'un loquet. *Voyez page* 213. 238. Planche XXXIV.

Marbre. Il y a diverses sortes de marbres.

Tous les plus beaux Marbres viennent de Grece & d'Egypte. Il s'en trouve aussi de fort beaux dans les montagnes d'Italie; & c'est de là qu'on faisoit venir d'ordinaire ceux qui s'employent icy; Mais depuis dix ou douze ans, on en fait venir quantité de tres-beaux que l'on tire des Pyrenées. Le sieur Pierre Formont Banquier, & Bourgeois de Paris, ayant travaillé avec beaucoup de soin à cette découverte sous les ordres de Monsieur Colbert Sur-Intendant des bastimens, le Roy par ses Lettres patentes données à Paris le dernier Février 1664. luy a accordé la permission de faire foüiller seul, & à l'exclusion de tous autres dans les montagnes des Pyrenées, pour en tirer les marbres pendant cinquante ans, à la charge d'en faire voiturer à Paris jusqu'au port de l'Escole, pour employer dans les bastimens de Sa Majesté. Ce qui s'execute continuellement, le sieur de Formont ayant pour cet effet envoyé sur les lieux Hubert Misson Marbrier, qui a fait tirer tous ces beaux Marbres qu'on voit aux Tuilleries & à Versailles.) *V.* page 52. &c.

MARBRE fier. *V.* p. 63.

MARC, c'est le poids de huit onces.

MARC franc. *Voyez* MARQUE.

MARCASSITE, c'est un mineral imparfait. *Voyez* page 448.

MARCHE', place publique. *Forum.*

MARCHECOULIS, ou Machicoulis, ce sont especes de galleries, d'allées, ou de passages pour aller à couvert tout autour d'un bastiment.

Ou bien ce sont certains trous au haut, & prés les creneaux des murailles, que l'on peut mieux appeller *masses-coulis*, à cause que l'on faisoit couler & tomber des masses sur ceux qui vouloient escalader les murailles.

MARGELLE, de *Margo* ; c'est la derniere pierre d'un puits, qui est ronde & ordinairement toute d'une piece ; Elle sert d'appuy, & à recouvrir les autres pierres. Les Ouvriers difent *Mardelle*.

MARQUETERIE. Ital. *Tarſia* & *Tauſia*, eſpece de Moſaïque, & d'ouvrage de rapport, qu'on fait de pluſieurs & differens bois, avec leſquels on repreſente des figures & autres ornemens. Les Anciens nommoient *Ceroſtrota* une eſpece de Marqueterie. Pline l. 11. c. 37. *V. p.* 450.

MARTEAU, c'eſt une longue maſſe de fer, au milieu de laquelle eſt un trou appellé *œil*, qui ſert à mettre le manche. Pline l. 7. c. 56. attribuë l'invention du marteau à Cyrina fille d'Agriope. Il y a de differentes ſortes de marteaux, ſçavoir:

MARTEAUX bretez ou bretélez, pour tailler la pierre. *V. p.* 80. Planche X.

MARTEAUX à panne droite, dont les Serruriers frapent le fer, & l'élargiſſent. *Voyez page* 233. 240. Planche XXXV.

MARTEAU à rabatre, & à panne *de travers* pour forger & eſtirer le fer. *Id.*

MARTEAU à devant. *Id.*

MARTEAU à main. *Id.*

MARTEAUX à main à panne de travers, & à panne droite.

MARTEAU à teſte platte, pour dreſſer & planir le fer.

MARTEAUX à teſte ronde, pour emboutir les pieces rondes & demy-rondes:

Petits MARTEAUX d'Eſtablie pour poſer & ferrer la beſongne. *V. p.* 244. Planche XXXVII.

MARTEAU dont ſe ſervent les Plombiers. *Voyez page* 168. Pl. XXVI.

MARTEAU à fendre dont se servent les Paveurs. *Voyez page* 172. Planche XXVII.

Autre MARTEAU à paver & fouïller la terre qu'ils appellent *Marteau d'assiette*. *Id.*

Petit MARTEAU qu'ils nomment *Portrait*. *Id.*

MARTEAU dont se servent les Menuisiers. *V.* p. 180. 188. Pl. XXXII.

MARTEAU des Vitriers. *V.* p. 268. 280. Plan. XLV.

MARTEAU rond dont se servent les Couvreurs. *V.* page 153. 156. Planche XXIV.

MARTELET à mesme usage. *Id.*

MARTELINE ; c'est un petit marteau qui est en pointe d'un costé, & qui de l'autre a des dents en maniere de doubles pointes, fortes & forgées quarrément pour avoir plus de force. La Marteline doit estre de bon Acier de Carme. Les Sculpteurs s'en servent à *gruger* le marbre, particulierement dans les endroits où ils ne peuvent s'aider des deux mains pour travailler avec le ciseau & la masse. *Voyez page* 313. 316. Planche XLVIII.

MASQUE. Ce sont des visages separez du reste du corps, dont on se sert dans les ornemens de Sculpture & de Peinture. Quelques-uns nomment *Mascarons*, de gros masques faits de Sculpture.

MASSE de fer pour abbatre & fendre la pierre. *Voyez* p. 80. Pl. X.

MASSE ; gros marteau avec lequel les Sculpteurs dégrossissent leurs ouvrages en frapant sur le ciseau. *V.* p. 312. 316. Pl. XLVIII.

MASSE de fer dont se servent les Fondeurs. *V. page* 338. Planche L.

MASSE dont l'on se sert pour graver en relief & en creux. *Voyez* page 349. 360. Planche LV.

MASSICOT; couleur jaune pour peindre. *Voyez* page 416.

MASSIF. En maçonnerie on dit *Massif* au lieu de solide; *un Massif de pierre de taille*, c'est-à-dire une chose pleine & solide. Vitruve se sert du mot de *Pulvinus* pour signifier un massif de Maçonnerie qui se fait dans la mer pour construire un Mole. *Pulvinus* qui signifie proprement un oreiller, se prend aussi metaphoriquement pour une platteforme ou assemblage de charpenterie, sur lequel on traisne de lourds fardeaux; ce qui a fait croire à M. Perrault sur Vitruve, que c'est de là qu'est venu le mot de *Poulain*, que nous donnons à ces sortes d'assemblages.

MASTIC; c'est une composition avec laquelle on mastique, c'est à dire, on attache un corps avec un autre.

MASTIC dont se servent les Menuisiers. *Voyez* page 176.

MASTIC avec lequel les Lapidaires font tenir leurs pierres pour travailler. *Lithocolla*, P. Cæsius l. 2. ch. 16. *de mineral*. *Maltha* estoit aussi une espece de Mastic, ou ciment des Anciens, Cardan l. 7. *de subtil.*

MASTIC à faire des moules pour les ornemens de Stuc. *V. p.* 344.

MAT, or mat. Argent mat. *V.* AMATIR.

MATIR, ou amatir. *V.* AMATIR.

MATERIAUX, c'est tout ce qui sert à bastir. On appelle particulierement Materiaux les pieces de taille & de moilon.

Pppp

MATIERES necessaires pour peindre sur le verre. Voyez p. 253.

MATOIR. Petit outil avec lequel ceux qui travaillent de damasquinerie, & d'ouvrages de rapport, amatissent l'or. Voyez pag. 461.

MATOIR dont se servent ceux qui gravent des carrez de medailles. V. p. 349. 360. Pl. LV.

MATRICES. Voyez p. 350.

MATTONS. Ital. *Mattoni*, signifie des Briques. Quelques-uns employent ce mot à la maniere des Italiens, pour dire de gros carreaux de brique qui servent à paver.

MECHE. On nomme ainsi le fer d'un villebrequin qui sert à percer; le villebrequin estant composé du manche ou poignée, & de la meche. On dit aussi la meche d'un *tarriere* & d'un *Trepan*. Voy. VILLEBREQUIN. TREPAN.

MEDAILLE, de μετάλλω, metallum. V. p. 348.

MEDAILLON, grande medaille.

MEGALOGRAPHIE. C'est un mot dont il n'y a que Vitruve l. 7. c. 5. qui se soit servy pour signifier des Peintures magnifiques, telles que sont les sujets qui traitent de l'Histoire; de mesme que *Ryparographie* veut dire des Peintures viles & des sujets bas, tels que sont des animaux, des fruits, & autres.

MELINE. Lat. *Melinum*. C'estoit une terre dont anciennement les Peintres se servoient. Les Autheurs sont de differens avis sur sa couleur. Celle de l'ochre de rut approche fort de la description que Dioscoride en fait.

MESLANGE de couleurs. *Meslanger ou mesler*.

On dit *mesler les couleurs sur la palette avec le coûteau ; les mesler avec le pinceau sur la toile, & les noyer ensemble.*

MEMBRE. On dit en terme de peinture parlant d'une Figure, que *tous les membres en sont beaux & bien proportionnez ; Toutes les parties bien articulées ; les contours corrects, & bien prononcez.*

Dans l'Architecture on appelle *Membres* toutes les parties qui composent les principales pieces, comme sont les Doucines, les Astragales, les Cymaises, &c. On nomme aussi *Membres d'une maison* les diverses pieces ou apartemens qui la composent.

Les parties d'un Edifice qui sont au dessus des chapiteaux des colonnes, comme l'Epistyle, le Zophore, la Corniche, le Fronton, les Acroteres & les autres ornemens qu'on met pour servir d'amortissemens, doivent estre penchez en devant par le haut, de la douziéme partie de leur hauteur, pour faire un plus bel effet à la veuë. Vitr. l. 3. c. 3.

MEMBRON. *Voyez* BOURSEAU.

MEMBRURES. Ce sont de grosses pieces de bois refenduës. Lat. *Asseres.*

MENAGER. En terme de peinture on dit *menager ses couleurs ; Menager ses teintes* ; c'est conserver les plus fortes & les plus claires pour les parties les plus proches, & pour les rehauts.

MENEAUX, ou Croisillons de fenestres ; ce sont les separations des Tableaux & ouvertures ; ces separations sont ordinairement de pierre, ou de bois.

MENIANE. Les Italiens nomment ainsi les petites terrasses & lieux découverts de leurs maisons, où l'on voit souvent les femmes du commun qui s'exposent au Soleil pour secher leurs cheveux aprés les avoir lavez afin de les rendre blonds. Philander dit que les *Menianes* estoient anciennement ce que nous appellons Galleries & Balcons, qui ont une saillie hors de l'Edifice, & qui sont soûtenus par des Corbeaux ou Consoles. Selon Nonius, & plusieurs autres Auteurs Latins, le mot de *Meniane* vient de *Menius* Censeur, qui le premier fit poser sur des colonnes des pieces de bois, qui faisant saillie hors de son logis, luy donnoient moyen de voir ce qui se passoit dans la place publique. Et Asconius expliquant l'origine de ce mot, rapporte que ce *Menius* ayant vendu sa maison à Caton & à Flaccus Consuls, pour y bastir une Basilique, il en reserva une colonne avec droit d'y élever seulement un petit toit de planches, où luy & ses descendans pussent avoir la liberté de voir les combats des Gladiateurs. Que cette colonne fut appellée *Meniane* : ce qui a donné lieu ensuite de nommer de la sorte toutes les avances & saillies que l'on fit à l'imitation de celle-là.

MENUISERIE. *Voyez page 174.*

MENUISIER. On appelle *Minutarius*, un Menuisier, à cause, selon quelques-uns, qu'il travaille en petit, en comparaison du Charpentier.

Les Menuisiers qui travaillent en grosse besongne sont appellez *Menuisiers d'assemblage*, à la difference de ceux qui travaillent à des cabinets, & à des tables de pieces de rapport & de marqueterie, lesquels on nomme *Menuisiers de Marqueterie ou de Placage*. *Voyez page 190.*

MÉPLAT, c'est à dire qui a plus d'espaisseur d'un costé que d'un autre, comme seroit une solive qui auroit six pouces sur trois.

MERLONS des flancs d'un bastion. *V. p.* 96.

MERREIN, Mesrein ou Marein; c'est du bois dont l'on fait des panneaux & d'autres ouvrages de menuiserie, de μεριζειν, *dividere*, parce qu'il est propre à fendre. On ne s'en sert point pour bastir.

MESQUIN, *chetif*, en terme de Peinture & de Sculpture, on dit *une maniere mesquine*, c'est-à-dire petite, pauvre, & chetive, qui n'est pas de bon goust. L'on se sert du mesme terme dans l'Architecture, lorsque les membres en sont petits & chetifs.

METAIL, de μεταλλον, *metallum. V.* MINERAL.

METAIL, dont on fait des Figures. *V. p.* 335.

METOCHE, μετοχη. Vitruve appelle ainsi l'espace qui est entre les denticules. Quelques-uns disent que c'est une faute dans le texte, & qu'il doit y avoir μεσοπη.

METOPE, μετοπη. C'est dans la frise de l'ordre Dorique, l'espace qui est entre chaque Trygliphe. Les Grecs nomment *opas*, ce que les Latins appellent *cava columbaria*, qui est l'endroit où les bouts des solives & des chevrons sont posez. De sorte que οπη signifiant un trou, ou une caverne, le mot de Metope ne veut dire autre chose, que la distance qu'il y a d'un trou à un autre, c'est-à-dire d'un Triglyphe à un autre; parce que les Triglyphes sont suposez estre des bouts de solives ou de poutrelles, qui remplissent des trous. Les Anciens ornoient cet endroit de testes de bœuf, de bassins, de vases, & d'instrumens servans aux sacrifices. Mais parce qu'il y a beaucoup de difficulté à bien disposer les Metopes & les Trygliphes, pour les mettre dans la juste symmetrie que l'Ordre Dorique demande, il y a eu des Architectes qui jugeoient à propos de ne se servir de cet ordre que pour bastir des Temples.

METTRE de champ. On dit *mettre des solives de champ*, lorsqu'on les pose sur la partie la moins large; c'est-à-dire que si elles ont six pouces d'un sens & quatre de l'autre, & qu'on les mette sur la partie de quatre, elles sont posées de champ, & ainsi de toutes autres pieces de bois équaries, qui en ce sens ont beaucoup plus de force & ne ployent pas. Car le bois a cela de propre, qu'ayant peu de largeur & beaucoup d'espaisseur, il est difficile à rompre & à casser lorsqu'il est mis de champ, comme seroit un ais de deux pouces seulement d'épaisseur. Et c'est sur ce principe que Philbert de Lorme a donné d'excellens moyens de faire de la charpenterie à peu de frais.

On dit aussi *mettre les poteaux du fond au pan de bois*; c'est-à-dire du bas en haut, ou les pieces de bout. *Voyez page 120.*

METTRE du bois sur son fort; c'est quand la piece bombe, & qu'on met le bombement dessus. *Voyez page 125.*

METTRE les pieces de bois en leur raison. *Voyez page 125.*

METTRE l'acier en couleur. *V. p. 227.*

METTRE l'or en couleur. *V. p. 352.*

METTRE en plomb; On dit *mettre des vitres en*

plomb, lorsqu'il faut regarnir les panneaux de plomb neuf.

MEULIERE, ou *Molliere*; On nomme pierre de Meuliere celles dont l'on fait les meules de moulin. Comme elle est rude & spongieuse on s'en sert avantageusement dans les grottes ; & mesme on en met au feu des morceaux pour luy donner une couleur plus rouge. *V*. p. 448.

MEURTRIR le marbre, c'est lorsqu'on le frappe à plomb avec le bout de quelque outil, comme quand on travaille avec la boucharde. *V*. BOUCHARDE.

MÉZANINES, ce mot n'est guere en usage parmy nous ; quelques-uns s'en servent à l'exemple des Italiens, qui nomment ainsi les entre-soles, où ils pratiquent de petites garderobes pour loger les valets proche la chambre du maître.

MINES de fer. Lieux où l'on tire la matiere du fer. Il y en a plusieurs en France. *V*. p. 199.

MINE, couleur pour peindre. Elle est faite de ceruse brûlée dans une fournaise. Pline la nomme *Usta*; Vitruve L. 7. c. 11. *Sandaracha*. Serapion, *Minium*: & les Droguistes, *mine de plomb*. Sa couleur est d'un rouge orangé fort vif. L'on ne s'en sert guere dans les Tableaux. *V*. p. 254. 427.

MINE ou fourneau ; terme de fortification. *Voyez* page 99.

MINERAL. Les Anciens ne distinguoient point les metaux des mineraux. Ils appelloient *metalla* tout ce qui se tire de la terre, comme l'ochre, les pierres, le sel & les autres choses, qui depuis ont esté nommées *mineralia* & *fossilia*.

MINIATURE ; c'est une maniere de peindre sur le velin avec des couleurs tres-fines, détrempées avec de l'eau de gomme. On dit *peindre en miniature* ; *un portrait de miniature* ; *un ouvrage de miniature*. Voyez page 424.

MISCHIO, espece de marbre. *V. p.* 54.

MITRAILLE dont l'on se sert à souder, elle est faite de cuivre, de fer & d'argent. *V. p.* 222.

MODELLE. Les Peintres & les Sculpteurs nomment modelle tout ce qu'ils se proposent d'imiter. C'est pourquoy dans l'Academie de Peinture, & de Sculpture, on nomme Modelle celuy qui s'expose tout nud devant les Escoliers, pour dessigner d'aprés luy.

Les Sculpteurs nomment encore *modelle* les Figures de terre ou de cire qu'ils ne font quelquefois qu'ébaucher pour leur servir de dessein & en faire de plus grandes, soit de marbre ou d'une autre matiere.

On dit aussi *modeler* lorsqu'on travaille de cire, ou de terre pour faire quelque ouvrage de Sculpture. *V.* page 303.

On dit encore le *modelle* d'un bastiment. Le *modelle* d'une forteresse. Mais on n'appelle pas modelle, le premier dessein ou esquisse d'un Tableau ; on dit le *dessein*, quoy que les Peintres disent qu'ils ayent eu pour *modelle* tels ou tels ouvrages.

MODENATURE. Ce mot vient de l'Italien *Modenatura*, dont quelques-uns se servent pour dire les membres ou moulures de l'Architecture.

MODILLONS. Ce sont de petites consoles posées sous le plat-fond des corniches, & qui servent à en soustenir la saillie. Ce mot signifie en Italien un petit module,

module, une petite mesure On voit dans la corniche Corinthienne & dans la corniche Composite, de ces modillons qui souftiennent la partie du larmier. Dans la corniche des tympans ou frontons les modillons doivent estre à plomb, comme ils estoient au fronton de Neron. *V*. Mutule.

Module. C'est une grandeur que l'on establit pour regler toutes les mesures de la distribution des Edifices. Les Architectes prennent cette mesure sur le diametre du bas de la colonne, dont ils se servent pour mesurer toutes les autres parties d'un bastiment. Ordinairement dans l'ordre Dorique le module n'est que la moitié du diametre de la colonne; Et dans les autres ordres le module est le diametre entier.

Moilon. *Voyez* Mouellon.

Moises, ce sont liens de bois. *V. p.* 130.

Moises d'un Engin. *V. p.* 142. Pl. XX.

Moises d'une Gruë. *V. p.* 144. Pl. XXI.

Mole; c'est un rampart, ou une forte muraille que l'on fait dans les ports de mer contre l'impetuosité des vagues, & qu'on appelle aussi quelquefois *Jettées*.

Molette d'esperon piece de vitre. *V. p.* 274. Pl. XLII.

Molette dont l'on se sert pour broyer les couleurs; c'est une pierre de marbre, de porphyre, d'escaille de mer, ou autre. Les Italiens l'appellent, *il macinello*. *V. p.* 419. 420. Pl. LXII.

Moliere. *Voyez* Meuliere.

Monoptere; c'est-à-dire, qui n'a qu'une aile. C'estoit une espece de Temple rond, dont la couver-

MO

ture faite en croupe n'estoit souſtenuë que ſur des colonnes. Voyez les Notes de M. Perrault ſur le 7. c. du 4. l. de Vitruve.

MONNOYE; lieu où l'on fabrique la monnoye. Ital. Zecca.

MONTANS; pieces de bois dreſſées debout. *Arrectaria.* Vitr.

MONTANS des portes où l'on attache les gonds, *Scapi cardinales.* Vitr. V. p. 175. 180. Pl. XXVIII.

MONTANS. Pieces de bois. *Voyez* POINÇONS.

MONTÉE. On appelle la *montée* d'une voute, ſon exhauſſement. On dit auſſi la montée d'une colonne, pour dire ſa hauteur, & la *montée* d'un Edifice, pour marquer ſon elevation.

MONTÉE. *Voyez* ESCALIER.

MONTESSON. Pierres de Monteſſon. *Voyez* pag. 69.

MORAILLON d'une ſerrure. V. p. 212.

MORS d'un étau. V. ESTAU.

MORDANT, ou mors d'aſne; c'eſt une maniere de couper le bois. L'on dit des tenons & blochets travez à mordant, où mors d'aſne, comme parlent les Ouvriers. V. BLOCHETS. V. p. 124. 126. Pl. XVII.

MORESQUES, & Arabeſque, ce ſont certains rinceaux d'où ſortent des feüillages qui ſont faits de caprice, & d'une maniere qui n'a rien de naturel, on s'en ſert d'ordinaire dans les ouvrages de damaſquinerie, & dans quelques ornemens de peinture, ou de broderie.

MORFIL. L'on appelle ainſi des barbes ou inegalitez d'acier, qui demeurent en taillant des outils aprés

MO

avoir esté *affutez* sur la pierre à affiler. Ceux que l'on affute d'abord sur la pierre de grez, *s'affilent* ensuite sur la pierre à *affiler* pour oster le *morfil*.

MORTAISES, ou Mortoises; ce sont des ouvertures que l'on fait dans le bois pour y assembler des tenons. On dit *des mortaises simples piquées justes en about*. Et celles où il y a des embrevemens, on dit *piquées autant justes en gorge, qu'en about*. V. p 125.

MORTIER. Ce mot a diverses significations; quelquefois il veut dire un vase de metal, de marbre ou de bois propre à broyer. Lat. *Mortarium*, *pila*.

Les maçons appellent souvent mortier la fosse où ils détrempent la chaux, ce que Vitruve nomme aussi *mortarium*: Mais d'ordinaire parmy eux, ce qu'on nomme proprement mortier, est la chaux détrempée avec le sable ou le ciment. Lorsque le mortier de chaux & de sable seche trop tost, il n'est pas durable. Il faut aussi discontinuer le travail plus ou moins de temps, selon que le mortier est plus longtemps à secher dans une saison, ou dans un pays qu'en un autre, afin que l'ouvrage ait loisir de s'affermir, & de prendre corps avant que d'estre surchargé.

Quant un enduit est fait de chaux & de sable; les Lat. appellent cela *arenatum opus*. Et si ce n'est qu'un blanc de chaux pure, ou de plastre, ou de Stuc, ils le nomment *albarium opus*.

MOSAIQUE, Musaïque. Lat. *museum*, *musivum vermiculatum*, *segmentatum opus*. C'est-à-dire un ouvrage fait de petites pieces & morceaux de differentes couleurs soit de pierre, soit de bois. *Opus musivum* vient selon l'opinion de quelques-uns de *musæ*, comme qui diroit industrieux, & où les Muses ont part, à cause de la delicatesse & beauté de ces sortes d'ouvrages. *V. p.* 437.

Mouchettes, espece de rabot. Il y en a de differentes sortes. *V. p.* 178. 186. Pl. XXXI.

Mouchettes saillantes. Les Sculpteurs & Menuisiers nomment ainsi le Plinthe ou Listel, qui est ordinairement au dessus d'un talon, ou quart de rond dans les ornemens. Les Italiens disent *mozzare, tagliare in tronco*, qui signifie tailler & separer en deux, ou en *flute*, comme nous disons.

On nomme aussi *Mouchette* la couronne, ou larmier d'une corniche, mais particulierement le petit rebord qui pend au larmier des corniches, & que Vitr. liv. 4. c. 3. appelle *mentum*. Il est fait afin que l'eau ne puisse couler en dessous.

Moueslon, ou *Moislon*, Pierre à bastir. M. de Saumaise sur Solin : *Quod veteres*, dit-il *cæmentum vel cæmentitium saxum appellarunt, hodie medullonem vocamus, quod in structura medius inserciatur inter quadratos lapides.* Le moüellon le plus propre à bastir est ferme, aspre, plat, & de bonne assiette. Le meilleur qu'on employe à Paris se tire des carrieres de saint Maur. Celuy de Vaugirard est aussi fort bon. Celuy de Charenton est moindre, & celuy de Passy, de Chaliot & d'Auteuil n'est pas encore si bon.

Mouelleux, terme dont l'on se sert en Peinture pour exprimer la tendresse qui se rencontre soit dans les carnations, soit dans les draperies, quand il n'y a rien de trop sec, & qui tranche dans le dessein, & dans les couleurs.

MO

Moufle de μοχλὸς. C'est un morceau de bois quarré qui a plusieurs mortaises, où sont enfermées les poulies, c'est à-dire les roües que Vitruve nomme *orbiculi*. *Troclea* qui signifie proprement une poulie, signifie aussi une moufle. Mais en François, le mot de *Moufle*, ne se prend que pour un assemblage de plusieurs poulies enchassées dans des mortaises, comme celles que les Grecs nomment *Pentaspaston*, qui est une moufle ou bandage contenant cinq petites poulies. Car en grec *pente* veut dire cinq, & *spastos* une poulie, de σπάω, je tire. *Polyspaston* veut dire aussi une moufle à plusieurs poulies. Vitruve se sert du mot *Artemon* pour signifier une moufle adjoustée à d'autres; & d'*Epagon* pour dire une moufle qui tire à soy. On appelle encore moufles tout ce qui est fait comme pour faire des poulies, quoy qu'il n'y en ait pas, & que ce soit des pieces de fer ou autre chose, qui se lient ensemble avec chevilles, comme des charnieres. L'on nomme aussi *Escharpe* la moufle d'une poulie. *V. p.* 75. & 86. Pl. XIII.

Moufles, dont se servent les Orfevres & les Esmailleurs. C'est un petit arc de terre qu'ils mettent au feu, & sous lequel ils font *parfondre* leurs esmaux. *V. p.* 436.

Mouelettes, especes de manches de bois. *V. p.* 267. 280. Pl. XLV.

Moule pour jetter les tables de plomb. *V. p.* 159. 166. Pl. XXV.

Moule à faire les tuyaux de plomb sans soudure. *V. p.* 162. 168. Pl. XXVI.

Moule, ou creux à jetter des Figures de bronze, de plomb, de plastre, ou autrement. *V. p.* 320. 343.

Moule appellé Lingotiere, dont se servent les Vitriers. *V.* p. 276. Pl. XLIII.

Moule à liens. *Id.*

Moule, ou Patron dont se servent les Appareilleurs & Tailleurs de pierre, & ce que l'on nomme plus ordinairement *panneau*. C'est une forme de bois, de cuivre, de fer blanc, ou de carte, suivant laquelle on trace sur les pierres, les profils des corniches, des architraves, des bases, & des autres pieces d'Architecture pour les tailler. Il faut que les pierres soient équaries & jaugées; & ensuite on les moule, (c'est-à-dire on les trace) avec une petite broche ou pointe d'acier, selon la figure & les moulures qu'on veut donner à la pierre.

Moule de plastre ou de mastic pour faire des ornemens de Stuc. *V. p.* 344.

Moule de bois pareil à ceux cy-dessus, dont les Maçons en plastre poussent leurs corniches pendant que le plastre est encore mol.

Mouler en plastre, en bronze, en cuivre, &c. c'est lors qu'on fait couler la matiere dans les creux.

Mouler une pierre, c'est tracer dessus la figure des panneaux sur quoy on doit la tailler.

Moules, coquilles; l'on s'en sert à faire des Grottes. *V. p.* 449.

Moulettes, petites coquilles. *Id.*

Moulin servant pour les lapidaires. *V. p.* 364. 368 Pl. LVI.

Moulinet de l'Establie des Plombiers. *V. p.* 163. 368. Pl. XXVI.

MO

MOULINET qui sert aux machines pour tirer les cordages, & pour élever les fardeaux. Il fait partie du *Vindas* ou *Singe*, appellé *Ergata*. Car le vindas est une machine composée d'un moulinet, dont le treüil est tout droit, & accolé par des *amarres*, dont l'une est en haut, & l'autre en bas, avec un grand empatement pour tenir ferme contre le bandage. Quand on veut s'en servir, pour monter des batteaux ou pour en tirer la marchandise, on fait tourner le treüil par le moyen des leviers qui le traversent par en haut, & les cordages tournent horisontalement tout au tour.

MOULINETS qui se mettent dans les dehors des places fortifiées. *V. p.* 105.

MOULINETS en tranchoirs; Moulinets doubles; Moulinets en tranchoirs évidez; ce sont des pieces de vitres. *V. p.* 272. Pl. XLI.

MOULURES d'Architecture, soit en pierre, soit en bois. Ce sont toutes les parties eminentes, quarrées & rondes, droites ou courbes, qui ne servent d'ordinaire que pour les ornemens. Il y en a sept especes principales; sçavoir la Doucine, le Talon, Mouchette, le quart de rond, l'Astragale, le Denticule, & le Cavet.

MOUSSE. *Voyez* RONGNE.

MOUTONS. On se sert de diverses machines pour enfoncer les pilotis; celle qui est de plus grand appareil s'appelle *Sonnette*, & le billot qui frappe sur les pilotis se nomme *Mouton*. Lors que ce billot est attaché à un engin pour le mesme usage, on l'appelle *Hie*. *V. p.* 137. 146 Pl. XXII.

MO   MU

Moyeu d'une roüe; c'est une piece de bois arondie & percée par le milieu, dans laquelle passe l'essieu; les rays ou rayons de la roüe sont emmanchez autour du moyeu.

Murs, ou murailles. Les murailles se font en differentes manieres, les unes de grosses pierres de taille, les autres de moüellon, les autres de cailloux, les autres de briques disposées en echiquier ou par angles, & ainsi de differentes façons. *V.* Maçonnerie.

Les Anciens faisoient des murs de remplage qu'ils nommoient aussi à coffre, se servant d'ais mis de champ, & dans l'intervale qu'ils jugeoient necessaire pour l'espaisseur qu'ils vouloient donner à leurs murailles; ils remplissoient cet intervale de mortier & de toutes sortes de pierres. Cette maniere de construire est propre pour faire des digues, & pour travailler dans l'eau. *V.* Vitruve l. 5. c. 12.

L'on donne des noms differens aux murs suivant leurs differens usages. Car il y a de gros murs, des murs de separation, ou de refend; des murs de face, des murs metoyens, &c.

Murer, ceindre & environner de murailles. On dit aussi *murer une porte ou une fenestre*, lors qu'on la bouche de maçonnerie.

Museau d'une clef de serrure; c'est l'endroit du panneton où les dents sont entaillées. *V.* p. 238. Plan. XXXIV.

Mutilé μιτυλος, *mutilus.* L'on dit en Architecture, *un membre mutilé*, pour dire rompu, estropié.

Mutilations, *estropiemens.* C'est un défaut dans les bastimens de voir des parties mutilées & estropiées;
comme

comme quand on interrompt des Architraves, des Corniches, ou des Frontons.

MUTULES. C'est une espece de modillons quarrez dans la corniche de l'ordre Dorique ; nous les appellons *corbeaux* en françois, & les Ital. *modiglioni*, qui est la mesme chose, quoy qu'on puisse distinguer les mutules des modillons ; les *mutules* estant seulement pour l'ordre Dorique, & les *modillons* pour les autres ordres. La mesme raison qui a fait representer des triglyphes dans la frise de l'ordre Dorique pour marquer le bout des poutres ou solives qui portent sur l'Architrave, a fait mettre des Mutules sous la corniche du mesme ordre pour figurer le bout des chevrons, ou plustost des jambes de force, qui sortent en dehors courbées par l'extremité, comme l'explique M. Perrault sur Vitruve l. 4. c. 2.

Philander observe que les Architectes posterieurs à Vitruve, non seulement se sont servis de *mutules* sous la corniche de l'ordre Dorique, mais qu'ils en ont mis aussi dans l'ordre Composite, qui tiennent quelque chose du mutule Dorique, & du modillon Corinthien, comme s'ils estoient composez de l'un & de l'autre. On peut ajouster à la remarque de Philander, que Vitruve n'a point distingué les modillons servant à l'ordre Corinthien, d'avec les mutules Doriques.

Le mot de mutule vient du verbe *mutilare*, à cause que les mutules representent les bout des chevrons ou jambes de force mutilez & coupez.

N

Nacre. *Voyez p.* 449.

Naissance. On dit le lieu où est fondé *la naissance d'un corbeau, d'une poutre, d'un pilastre, d'une voute, &c.* pour marquer l'endroit où ils sont posez, & commencent à paroistre.

Naissance. On nomme assez souvent la Naissance, ce qu'on appelle autrement Congé ou Escape.

Nancelle, ou Nasselle. De Lorme & quelques autres appellent ainsi la concavité qui est entre les deux tores de la base de la colonne, & ce qu'on nomme ordinairement *Scotie*. *V.* Scotie.

Navette de plomb c'est ce qu'on nomme aussi Saumon. *V.* Saumon.

Nef d'une Eglise ou d'un Temple ; Vitruve l'appelle *Cella*. Le mot de Nef vient de *ναύς*, sorte de vaisseau, ou bien de *ναός* ; les Grecs appellant ainsi un Temple.

Nerfs des voutes, ou des branches d'Ogives, ce sont les moulures des branches d'Ogives ou Arcs. *V.* Voutes d'Ogives.

Niche. C'est une cavité ou enfoncement que l'on pratique dans l'espaisseur des murailles pour placer des Statuës ou autre chose.

Nieller, ou Neler, c'est une maniere d'esmailler sur de l'argent. Le mot latin est *nigellum*, qui vient de *niger*. Les Italiens disent *niello*.

Niveau. C'est un instrument qui sert à poser horisontalement les pierres ou autres pieces servant à l'Architecture, & generalement à dresser & applanir tout ce qui doit estre horisontal. Il y a plusieurs especes de niveaux qui se font ou par le moyen de l'eau qui donne immediatement la ligne horisontale, ou à l'aide du plomb, dont la ligne tombe perpendiculairement sur la ligne horisontale que l'on appelle *la ligne de niveau*. Mettre *à niveau* s'entend en deux façons ; sçavoir lors qu'on dit mettre une ou plusieurs choses *de niveau suivant la ligne horisontale*, ou les mettre *à niveau suivant leur pente*, c'est-à-dire sur une mesme ligne inclinée.

Niveau à plomb plein. *V.* p. 127. 138. Pl. XVIII.

Niveau à plomb percé. *Id.*

Niveau servant aux Plombiers. *Voyez pag.* 166. 168. Pl. XXVI.

Niveau des Paveurs. *V.* p. 172. Pl. XXVII.

Niveau des Sculpteurs. *V.* p. 318. Pl. XLIX.

Le mot de *Niveau* vient de *Libella*. On disoit anciennement *Liveau*. Les Italiens *Livello*. Les Ouvriers disent *à niveau*, ou *de niveau*, ou *nivelé*, ce qu'en Geometrie on appelle *horisontal* ; Et disent *à plomb*, ce qu'on nomme *vertical*. Ils nomment les lignes tirées verticalement, *des plombs*, ou *à plombs* ; Et pour dire *incliné*, ils disent en *surplomb*, en *rempant*, en *talus*, en *glacis*.

Niveler, veut dire aussi, chercher la difference des hauteurs, pour connoistre les differentes élevations ; soit pour la conduite des eaux, soit pour d'autres besoins.

Noeuds d'une charniere, fiche, ou couplet. *Voyez* Couplet. Fiche.

Noeud qui est dans le verre. *V.* p. 265.

Noeuds qui se trouvent dans le marbre, *V.* Clous.

Rrrr ij

Noir pour peindre. *V. p.* 407.
Noir de fumée. *V. p.* 417.
Noir d'os & d'yvoire. *V. p.* 418.

Nolets, ou *Noulets*, & *Chevalets*; ce sont les deux Nouës d'une lucarne, ou les enfoncemens de deux combles qui se rencontrent. On appelle des toits *à quatre noües renfoncées*, lorsqu'ils sont faits à quatre pignons *V. p.* 152.

Noquet ; c'est une petite bande de plomb que l'on met ordinairement dans les angles enfoncez des couvertures d'ardoise, le long des joüées des lucarnes *& pignons* ; Pour empescher que les eaux ne penetrent dans les couvertures de tuile l'on met des Nouës au lieu de *Noquets*, ou solins. *V. p.* 152. 154. Pl. XXIII.

Noue, espece de tuile faite en demy canal pour égouter l'eau. Les Couvreurs se servent quelquefois de tuiles hachées, qu'ils taillent exprés à coups de marrelets, pour servir de Nouës. *V. p.* 151.

Noues ; ce sont des pieces de bois qui servent au lieu d'arrestiers, à recevoir les empanons dans les angles enfoncez des couvertures.

Noüer ; en terme de peintures, on dit, *un groupe de Figures bien noüées ensemble ; des couleurs bien noüées les unes avec les autres.*

Nouri. On dit encore, *un Tableau bien noury de couleurs* ; *bien empasté* ; c'est à dire, qui n'est pas legerement chargé de couleur.

Noyau, ou Ame d'une Figure. *Voyez page* 323.

Noyau d'une montée. *V.* Escallier.

NOYER ; on dit *noyer les couleurs les unes avec les autres*, c'est à dire meslées tendrement. *Sçavoir bien noyer les couleurs avec le pinceau & la brosse, aprés qu'elles ont esté couchées les unes auprés des autres.*

NUD ; en terme de Sculpture & de Peinture, on dit, *le nud d'une Figure*, pour parler de ce qui n'est pas couvert de draperie. On dit aussi *les nuditez d'un Tableau*, pour exprimer en gros que des Figures sont découvertes ; Mais lorsqu'en Peinture on veut marquer en particulier ce qu'il y a d'art & de beau dans le nud des Figures, on dit que *les carnations en sont belles*.

On dit aussi en Architecture, *le nud*, pour signifier une surface, à laquelle on doit avoir égard, pour déterminer des saillies. Par exemple l'on dit qu'*un Pillastre doit exceder de tant de pouces le nud d'un mur*, que *les Feüillages d'un Chapiteau doivent répondre au nud de la Colonne*.

O

OCHES, ou Coches ; ce sont des marques ou entailles, que les Tailleurs de pierre, ou Charpentiers font sur des regles de bois pour marquer des mesures.

OCHRE, du mot ὤχρα couleur pasle. Nous appellons Ochre une terre jaune dont les Peintres se servent, & les Italiens nomment *terra gialla*.

On appelle aussi OCHRE rouge la terre rouge, qui souvent est une mesme matiere que l'Ochre jaune. La rouge est ordinairement plus proche de la surface de la terre, & semble avoir pris cette couleur plus forte de la chaleur du Soleil qu'elle reçoit plus aisément que l'autre qui est dessous. Aussi en calcinant l'Ochre jaune on luy donne une couleur rouge. Les Anciens emploient le *Sil*, qui estoit aussi de couleur jaune, & une espece de limon qui se trouvoit dans les mines d'argent. Pline l. 33. c. 12. & 13. Il y a apparence que le Sil & & l'Ochre n'estoient qu'une mesme matiere, le premier estant le nom latin, & l'autre le nom grec. On peut voir Vitruve l. 7. c. 7. *V* p. 406.

OCHRE de Rut. *Id.*

OCTOSTYLE, face ornée de huit colonnes.

OD'EE, *odeum*, ᾠδεῖον ; C'est dans les Theatres le lieu destiné pour la Musique, & le plus propre à chanter, comme *l'Orchestre* est l'endroit le plus considerable, & le plus commode pour les spectateurs. Il faut voir Vitruve l. 5. c. 8. avec les Nottes de M. Perrault.

OEIL d'un Estau. *Voyez* ESTAU.

OEIL de bœuf, les Vitriers appellent ainsi le nœud qui est au milieu des plats de verre dont on fait les vitres. *V.* p. 265.

OEIL de bœuf, c'est une petite lucarne ronde que l'on fait dans la couverture des maisons pour éclairer les galetas & les greniers. *V.* p. 152.

OEIL de la Louve *V.* p. 78. Pl. IX.

OEIL du testu. *V.* p. 80. Pl. X.

OEIL du descintoir. *Id.*

OEIL de la marteline. *V.* p. 316. Pl. XLVIII.

OEIL de la volute, c'est son centre qui se taille en forme d'une petite rose. *V.* p. 20. Pl. III.

OEILLETS. Ceux qui travaillent en esmail, & qui peignent sur l'or, appellent petits *Oeillets*, les boüillons que s'élevent quelquefois sur les plaques esmaillées lorsqu'on les met au feu. *V. p.* 432.

OEUFS ou *Chastaignes*; ornement qui se taille au chapiteau de la colonne Ionique. *V.* ESCHINE.

OEQUES, d'*Oecos*, qui signifie maison. C'estoit parmy les Anciens de grandes Salles ou Salons destinez pour les festins & autres divertissemens. C'estoit aussi le lieu où d'ordinaire les femmes s'assembloient pour travailler. Ces Sales avoient differens noms, les unes s'appellent *Tetrastyles*, à cause que la voute estoit soustenuë par quatre colonnes. Les autres *Corinthiennes*, les autres *Egyptiennes*, & d'autres *Cizicenes*. Il faut voir Vitr. l. 6. c. 5. Palladio L. 2. c. 7.

OGIVES, ou AUGIVES, on appelle *croisée d'Ogives*, les arcs ou branches d'une voute qui traversent diagonalement d'un angle à un autre, & qui forment une croix entre les autres arcs qui font les costez du quarré, dont les arcs font les diagonales, ce qui se voit assez dans nos Eglises. Le milieu où les Ogives se coupent ou se croisent, s'appelle la clef, qui est quelquefois taillée en forme de rose, ou de cul de lampe. Il y a des clefs suspenduës qui soutiennent quatre courbes qui s'assemblent aux ogives. Les membres ou moulures des ogives s'appellent *nerfs*, les Arcs qui separent chaque croisée d'ogives se nomment souvent *Arcs doubleaux*, parce qu'ils sont d'ordinaire le double des autres, & ceux qui sont aux costez, comme le long des murailles, & à leur opposite *Arcs formerets* ou *fermerets*, lesquels sont en hemicycle ou en tiers-point, selon la montée, & l'exhaussement de la voute.

Le plain de la voute qui est contenu entre les Arcs doubleaux, arcs formerets, & ogives, se nomme *Pendentif*. Ordinairement on fait les Pendentifs de brique, de moüellon, ou de pierre tendre, mais il faut que les couches des lits de la maçonnerie soient toujours faits à niveau & par lignes droites, qui proviennent *du cintre* dont est tiré la montée, sans que la circonference fasse aucun *Jaret*; & qu'elles soient conduites suivant le tour du compas, après lequel auront esté tirées les branches des voutes. Il faut aussi que les joints soient les plus petits qu'il est possible, afin de n'estre pas obligé de mettre des escaille de bois pour les remplir, ny mettre beaucoup de mortier, mais seulement les abreuver de *Laitance*, qui est de la chaux fort grasse. *V.* Voutes.

Oiseau. C'est un petit ais posé sur deux morceaux de bois qui débordent, & qui font comme deux bras. Les Goujats les mettent sur leurs espaules pour porter le mortier aux Maçons. *V. p. 78. Pl. IX.*

Oiseau ou Espervier, c'est une espece de palette sur laquelle on met le mortier pour travailler de Stuc. *V. p. 346. Pl. LII.*

Ombres; en terme de Peinture on dit, *sçavoir donner les ombres; donner de grandes & fortes ombres.*

Onglet, ou Anglet. Il y a deux especes de retour dans les moulures d'Architecture; l'une est simplement appellée à *Angle*, qui est commune à toutes les moulures des corniches. L'autre est appellée à *Onglet*, qui est le retour des chambranles ou des quadres.

dres. Mais le terme à onglet eſt plus en uſage parmy les Menuiſiers, qui appellent cette maniere de couper & joindre le bois, *un aſſemblage onglet.* V. p. 174 180. Pl. XXVIII.

ONGLETTES, eſpece de burins dont les Serruriers ſe ſervent. V. p. 234.

OPTIQUE; c'eſt une ſcience qui fait partie de la Mathematique, & qui traite des choſes qui appartiennent à la veuë. Elle eſt tres neceſſaire aux Peintres & aux Sculpteurs.

OR mat, & or bruny; ce ſont deux manieres differentes dont l'on dore le bois & les metaux.

On prepare l'or en pluſieurs façons; car il y a l'or batu par feüilles; l'or moulu, ou en coquilles; l'or trait, &c.

ORCHESTRE; c'eſt aujourd'huy dans les ſales de comedies, le lieu où eſt enfermé la ſymphonie. Anciennement l'Orcheſtre eſtoit le milieu de tout le Theatre, qui eſtoit compoſé de trois parties; ſçavoir des degrez ou des ſieges de la ſcene, qui eſtoit ce que nous appellons le theatre, & de l'orcheſtre qui eſtoit ce que nous nommons parterre. Parmy les Romains c'eſtoit le lieu où ſe plaçoient les Senateurs; mais parmy les Grecs c'eſtoit la place où l'on danſoit les balets des Comedies.

ORDONNANCE. L'ordonnance dans un Tableau, c'eſt la diſpoſition des Figures & de toutes les autres choſes qui le compoſent; Et dans l'Architecture le mot d'Ordonnance, ne peut mieux eſtre entendu que par l'explication de M. Perrault ſur le 7. chap. du 1. liv. de Vitruve, où il dit que l'Ordonnance eſt

S ſſſ

ce qui détermine la grandeur des pieces, dont les appartemens sont composez. Si ce n'est qu'on veuille encore adjouster à cela que l'Ordonnance est l'arrangement & la disposition de ce qu'on appelle Ordres, c'est-à-dire des parties qui composent les cinq Ordres d'Architecture.

ORDRE. Il y a cinq ordres d'Architecture. M. Perrault dans ses Notes sur la Preface du quatriéme livre de Vitruve, definit le mot d'ordre *une regle pour la proportion des colonnes, & pour la figure de certaines parties qui leur conviennent selon les proportions differentes qu'elles ont.*

OREILLES d'un cadenats. *Voyez p.* 222. 238. Pl. XXXIV.

OREILLES. Dans les bastimens ce sont les retours qu'on fait faire par en haut aux chambranles ou bandeaux des portes & des fenestres ; les Ouvriers les appellent aussi *Grossettes*.

ORGUEIL. Quelques Ouvriers nomment ainsi l'appuy ou billot qu'ils mettent sous leurs pinces & leviers lors qu'ils veulent lever ou mouvoir quelque grosse pierre ou piece de bois. En appuyant le dos des pinces & des leviers sur ce billot, & mettant les biseaux sous le fais, ils pesent de toute leur force, sur la queuë des pinces, & levent par ce moyen tel fardeau qu'ils veulent. Et comme un si petit billot sert à faire remuer un corps considerable, ils luy donnent le nom d'orgueil. Les Grecs l'appellent ὑπομόχλιον *hypomoclium. Pressio.* Vitr. L. 10. c. 8.

ORGUES. *V. p.* 104.

ORILLON d'un bastion. *V. p.* 93.

OR   OU

ORLE, orlet, *d'orlo*. Palladio appellle ainsi le Plinte de la base des colonnes & du piedestal.

ORIGINAL. On dit d'un tableau *qu'il est original* quand ce n'est point une copie faite sur une autre. Les ignorans croyent avoir assez estimé un ouvrage quand ils ont dit qu'il est original, ne sçachant pas qu'un Peintre mal-habile peut faire de fort mauvais originaux.

ORNEMENS. Vitruve nomme ainsi l'architrave, la frise & la corniche de chaque Ordre. *V. p. 37.*

ORNEMENS & moulure. *Voyez page 38.*

ORPIN. C'est une couleur metalique & naturelle, & non pas composée. Les Latins l'appellent *auripigmentum*, à cause qu'elle est jaune comme l'or. L'on s'en sert en peinture, mais rarement; car tenant de l'arsenic & estant la mesme matiere selon quelque-uns, il est dangereux de s'en servir. Vitruve l. 7. c. 7. la nomme *arsenicon*; L'arsenic des Anciens estoit un mineral d'un jaune doré, au lieu que le nostre est artificiel, estant fait d'orpin ou arsenic naturel cuit avec du sel, & reduit en cristal. *Voyez page 417.*

ORTHOGRAPHIE. Ce mot signifie une description droite. Car *Orthos* en grec veut dire droit. C'est dans cette maniere de desseigner les elevations des bastimens, que toutes les lignes horisontales sont droites & paralelles, & non obliques comme quand on les represente en perspective. *Orthographie* est donc *l'élevation geometrale*, comme *scenographie* est l'élevation ou discription perspective.

OVE. Dans l'Architecture, c'est un ornement

taillé en forme d'œufs, sur un membre appellé *quart de rond*, qu'on ne laisse pas de nommer Ove, quoy qu'il soit quelquefois simple & sans ornemens. *V.* Eschine.

Oulices. *Voyez* Tenons.

Ourlet. *Voyez* Orlet.

Ourlet ou ceinture de plomb. *V.* Plomb.

Outils. de *Utile* parce que tous les outils sont utiles aux ouvriers qui s'en servent.

Outils servant aux Charpentiers *V. p.* 127.

Outils à fust servant aux Menuisiers. *V. p.* 177. 182. Pl. XXXI.

Outils à manche de bois, & autres. *V. p.* 189. 188. Pl. XXXII.

Outil à ondes, dont se servent les Menuisiers de placage. *V. p.* 191. 455. 458. Pl. LXV.

Outils des Serruriers. *V. p.* 228.

Outil plat servant aux Lapidaires. *V. p.* 374. Pl. LIX.

Outre-mer. Ital. *Oltra marino.* Cette couleur tres necessaire aux Peintres, est ainsi nommée parce qu'elle vient du Levant. Elle estoit fort rare & fort chere avant qu'on eust sceu en Italie & icy le moyen de broyer & bien mettre en poudre le Lapis *Lazuli* dont elle est faite. Mais la maniere de le bien faire est à present assez commune ; ce qu'il y a de fâcheux, c'est que la plus part de ceux qui travaillent à le broyer, & l'avarice des marchands le falsifient en y meslant de l'Esmail. Les Peintres pourtant ont un secret pour connoistre cela. Il y a apparence que les Anciens ne s'en servoient pas, puisque Vitruve, qui parle de la couleur bleuë dans le

11. c. de son 7. livre n'en dit rien, & qu'il enseigne la composition du bleu artificiel dont l'on se servoit en ce temps-là. *V. p.* 406.

Ouverture ou Jour d'une porte, ou d'une fenestre; c'est le vuide qui est entre les pieds droits, ou ce qui forme le chassis ou tableau.

Ouvrage à corne. *V. p.* 101. 105. Pl. XV.

Ouvrage couronné, terme de fortification. *Id.*

Ouvrage de pierres de rapport. *V. p.* 442.

P

Pailles. *Voyez* Surchauffures.

Pailles ou Escailles de fer servant aux Apresteurs sur verre. *V. p.* 249.

Paillier, ou Repos. C'est dans un escalier ou montée, les marches qui sont beaucoup plus larges que les autres, & qui servent de repos. Dans les grands perrons où il y a quelquefois des pailliers de repos dans une mesme rampe, ces pailliers doivent avoir du moins la largeur de deux marches. Ceux qui sont dans les retours des rampes des Escaliers doivent estre aussi longs que larges. Vitruve appelle *Diazomata*, pailliers des Theatres.

Paillons de fer. *V. p.* 220.

Paisages. Les tableaux qui representent la campagne, & où les figures ne sont que comme des accessoires, s'appellent *paisages*, & ceux qui s'appliquent particulierement à ce travail s'appellent *Paisagistes*. Les Peintres prononcent païsage, ne faisant qu'une sillabe des deux premieres voyelles. Vitruve L. 7. c. 5. nomme les païsages *Topia*.

PA

PALASTRE. C'est la piece de fer qui couvre toutes les garnitures d'une serrure, & contre laquelle sont montez & attachez tous les ressorts necessaires pour la fermeture. *V. p.* 219.

PALLETE. C'est une petite tablette de bois fort unie, dont les Peintres se servent pour mettre leurs couleurs lorsqu'ils travaillent. *Voyez page* 420. Pl. LXII.

PALETTE de bois servant aux Serruriers, sur laquelle il y a une petite piece d'acier trempé, & percée à demy, pour recevoir un des bouts du foret lorsqu'on fore quelque ouvrage. *Voyez p.* 244. Plan. XXXVII.

PALETTE ou tisonnier de fer, dont les Serruriers se servent. *V. p.* 242. Pl. XXXVI.

PALETTE de poil de gris servant aux doreurs. *V. p.* 291. 300. Pl. XLVI.

PALESTRE & *Xystes* estoient chez les Grecs des lieux d'exercices pour la jeunesse. Vitr. l. 5. c. 11. Il est vray que Palestre signifie proprement le lieu où les Luiteurs s'exerçoient.

PALEZ ou bien palée, ou Fils de pieux qui servent aux ponts de bois au lieu de piles de pierre, & qui sont rangez du travers du pont, pour porter les grosses poutres. On dit que les palez sont bien *liernez* & *moisez* quand ils sont garnis de liernes & de moiles.

PALISSADE; terme de fortification. *V. p.* 107.

PALME. Ce mot a plusieurs significations, quelquefois il est pris pour une branche de Palmier, quelquefois pour la partie d'en bas, & la plus platte d'un aviron qui bat & coupe l'eau & fait avancer les batteaux, & souvent pour une mesure dont on se sert encore en Italie, & contient huit pouces ou environ.

Les Anciens avoient deux sortes de palmes, sçavoir un grand & un petit, qui partageoient le pied en deux parties inegales. Le grand estoit de douze doigts, & le petit de quatre *V*. PIED.

PAL, Planches où sont des ais, ou dosses que l'on met débout, ou autrement pour faire des digues ou batardeaux.

PAN de mur. C'est une partie d'une muraille qui est coupée, ou separée d'une autre.

PANS coupez. Il y a des montées ou escaliers qu'on appelle à *pans coupez*, à cause que les angles sont coupez, & que la cerche a huit pans.

On appelle aussi *pans coupez*, toutes figures dont les angles sont coupez.

PANTURES; Ce sont des bandes de fer, qui servent à soûtenir les portes ou les fenestres sur les gonds; il y en a de plusieurs sortes. *Voyez* p. 210. 236. Pl. XXXIII.

PANTURES Flamandes. *Id.*

PARANGON. Espece de marbre fort noir. *V* p. 56.

PARAPET. *Voyez* p. 95. 113. Pl. XIV.

PARASCENIUM ou *Postscenium*; C'estoit anciennement un lieu derriere les theatres où le Comediens se retiroient pour s'habiller & pour repeter les balets & les Comedies.

PARAVENT. L'on appelle Paravens, ou Contrevents, de grands volets qui s'attachent en dehors, pour fermer les ouvertures des fenestres. On nomme aussi Paravents des chassis couverts d'estoffes ou autrement, que l'on dresse dans les chambres & au devant des portes.

PAREMENT d'une pierre, c'est le costé qui doit paroistre en dehors du mur.

PARFONDRE. Ceux qui peignent & qui travaillent en Esmail & sur le verre, appellent *parfondre* lorsqu'ils mettent leur besongne au feu. C'est à dire faire fondre l'Esmail egalement par tout. *V. p.* 421.

PARPAING, pierres parpaignes, harpes, queuës, bouts de chaines, jambes boutisses, jambes estrieres, sont toutes differentes manieres d'asseoir & poser les pierres de tailles.

On dit une *pierre boutisse & parpaing*, quand la longueur de la pierre traverse la muraille, & fait face des deux costez. Car *faire parpaing*, c'est faire face des deux costez. Et *boutisse*, c'est quand la plus grande longueur de la pierre est dans le corps du mur, & que le bout ou teste fait face.

PARQUET ; c'est un assemblage de pieces bois qui font un compartiment en carré ou d'une autre maniere, pour servir au lieu de pavé, ou de careau dans les chambres, sales & cabinets. *V. p.* 121.

PARQUETAGE ; c'est un ouvrage fait avec du Parquet.

PARVIS. On appelle ainsi certaines places proche des Eglises, comme à Paris le parvis de N. Dame.

PAS. On dit un pas de vis *V. p.* 77.

On dit aussi des outils *de toutes sortes de pas* ; c'est à dire de toutes sortes de grandeurs.

PAS. Espece d'embrevement en terme de charpenterie. *Voyez pag.* 123.

PASSAGE. Nous appellons ainsi de petits lieux qui ne servent qu'à degager une chambre d'avec une autre.

Vitruve.

Vitruve l. 6. c. 10. dit que les Grecs appelloient Thyrorion, l'endroit qui degageoit les appartemens des logis, au lieu du vestibule des Latins; & ce passage se nommoit ainsi, de *Thyra* qui signifie une porte.

PASSEPARTOUT; L'on nomme ainsi une serrure où il y a ordinairement deux clefs & deux entrées *V. p.* 220.

On appelle aussi PASSEPARTOUT une clef qui sert à ouvrir plusieurs portes. *Voyez page.* 221.

PASSEPARTOUT, espece de Sie dont on se sert dans les Forests. *V.* SIE.

PASTELS; Ce sont des crayons composez de differentes couleurs que l'on broye, & dont l'on fait une paste detrempée avec de l'eau de gomme & un peu de plastre pour donner plus de corps. On mesle les couleurs ensemble selon les diverses teintes qu'on veut faire. C'est de ces sortes de crayons dont les Peintres se servent pour travailler sur du papier, & faire des portraits ou autres choses qui semblent estre *peints*, mais qu'il faut couvrir d'un verre pour les conserver.

PATENOSTRES; Ce sont comme des grains de chapelet qui servent d'ornement aux astragales des corniches, des architraves, des chambranles, des bandeaux & autres moulures. On en trouve dans plusieurs ouvrages aux astragales du haut des colonnes Ioniques; mais cette pratique est estimée vicieuse, parce que cet astragale ne doit point estre taillé, faisant partie du fust de la colonne, & non du chapiteau. De ces grains il y en a de ronds & d'autres en forme d'olive, & quelques autres faits comme des costes de melon. C'est ce qu'on nomme aussi *Fusa-*

Tttt

rolle quand ces grains sont fort longs. *Voyez page 39.* Pl. VIII.

PATINS, ce sont pieces de bois qui se mettent dans les fondations sur les pieux, ou sur un terrain qui n'est pas solide. Les plattes formes sont posées sur les patins.

On nomme aussi PATINS des pieces de bois posées sous les Eschiffes & dans lesquels sont assemblés les noyaux des Escaliers, & encore dans la construction de plusieurs machines, où les patins servent comme de pieds.

PATTE D'OYE, les Charpentiers nomment ainsi certains traits dont ils marquent les pieces de bois. *Voyez pag.* 127.

Il y a aussi des enrayeures pour les combles qu'on appelle en patte-d'oye.

PATRON. *Voyez* MOULE.

PATRONNER en terme de peinture; c'est lorsque par le moyen d'un papier ou d'une carte découpée & à pieces emportées qu'on applique sur une toile ou sur autre chose, on imprime avec de la couleur les figures qui sont enlevées sur la carte de la mesme maniere que font les faiseurs de carte à jouer, qui ont differens patrons pour patronner les figures & y mettre les couleurs.

PAVÉ, & carrelage. *V.* p. 170.

PAVÉ de grez. *V.* p. 171.

PAVILLON. C'est un corps de logis qui accompagne la maison principalle, ou qui est au bout de quelque galerie; ou bien un corps de logis seul qui est ainsi nommé à cause de la forme de sa couverture qui ressemble à celle des pavillons ou tentes d'armées Le mot de pavillon vient de *papilio* dont les Italiens ont aussi fait celuy de *padiglione*.

Toute couverture qui a quatre arrestieres est appellée pavillon.

PAUMELLES especes de pantures. *Voyez pag.* 233. 236. Planche XXXIII.

PEINDRE à fraisque, à détrempe, à huile, sur le verre, en esmail, &c.

PEINDRE, c'est representer un objet avec des couleurs.

PEINDRE une personne, faire son portrait.

PEINTRE. *Pictor.* Vitr. L. 7. ch. 10. appelle *Tectores* tous les ouvriers qui travaillent tant à faire les enduits des murailles qu'à les peindre, comme sont ceux que nous appellons des Imprimeurs & qui font de grosse besongne.

PEINTURE. Tableau.

PEINTURE à fraisque. *Voyez page* 405.

PEINTURE à détrempe. *V. p.* 408.

PEINTURE à huile. *V. p.* 410.

PEINTURE sur le verre. *V. p.* 425.

PEINTURE sur le verre & ce qu'on appelle apprest. *V. p.* 253.

PEINTURE en esmail. *V. p.* 426.

PEINT. On dit peint & non pas peinturé, comme quelques-uns l'escrivent. Car par le mot de peinturé, l'on ne pourroit entendre qu'une chose couverte d'une seule couleur, comme quand on imprime & que l'on couche tout à plat un plancher d'une couleur jaune ou rouge. Mais le mot de peint s'estend plus loin qu'à couvrir de couleur ; il signifie l'art, la beauté du travail, & le maniment du pinceau. Ainsi l'on dit d'un portrait *qu'il est bien peint*, pour dire bien travaillé en ce qui regarde la Couleur.

PELE servant aux Maçons. *V.* p. 82. Pl. XI.

PELE servant aux Paveurs. *V.* p. 172. Pl. XXVII.

PENDENTIF ; c'est le corps d'une voute compris entre les arcs doubleaux, ogives & formerets. *Voyez* OGIVES.

PE'NE ou pêle d'une serrure, du lat. *pessulus*. C'est le morceau de fer qui ferme la porte, & que la clef fait aller & venir en tournant.

PE'NE en bord espece de serrure.

PE'NE à pignon.

PE'NE dormant, c'est-à-dire qui ne va que quand la clef le fait ouvrir & fermer.

PE'NE à ressort ou à demy tour, à cause qu'il se ferme en tirant la porte.

PENSE'E, esquisse. On dit d'un dessein qui n'est pas fini, C'*est une premiere pensée*, ou *ce n'est que la pensée d'un ouvrage*.

PENTURE. *Voyez* PANTURE.

PERÇOUERE, ou Perçoire, espece de virole de fer servant aux Serruriers ; il y en a de rondes, de quarrées, de plattes ou berlongues ; pour percer les pieces de fer ou d'acier, à chaud & à froid. Il y en a de petites à travailler sur l'Estau. *V.* p. 234. 240. Pl. XXXV.

PERDU. On dit d'une figure peinte que *les contours en sont perdus ou noyez*, lorsqu'ils sont confondus avec le fond.

PERCHE servant aux Fondeurs. *V.* p. 338. Pl. L.

PERCHE servant d'archet pour les Tourneurs. V. p. 379. 385. Pl. LX.

PERIGUEUX. V. MANGANESE.

PERIER; C'est un morceau de fer enmanché au bout d'une perche, qui sert à faire l'ouverture des fourneaux, pour faire couler le metail, lorsque les Fondeurs veulent jetter quelque ouvrage en bronze. V. p 338. Pl. L.

PERIPTERE, lieu environné de colonnes, & qui a une aile tout autour. Car πτερὸν signifie proprement l'ordre des colonnes qui est aux portiques & aux costez des temples ou autres edifices. Et les Periperes estoient des temples qui avoient des colonnes des quatre costez, & qui estoient differens du *Prostyle* & de l'*Amphiprostyle*, en ce que l'un n'en avoit que devant, & l'autre devant & derriere & point aux côtez. Il faut voir les Notes de M. Perrault sur le 1. chap. du 3. Livre de Vitruve, où l'on peut remarquer que proprement le *Periptere* est le nom d'un genre qui comprend toutes les especes de temples qui ont des portiques de colonnes tout au tour, soit que ce Temple soit Diptere, ou Pseudodiptere, ou simplement Periptere qui est une espece qui a le nom du genre, & qui en ce cas a ses colonnes distantes du mur de la largeur d'un entre-colonnement.

PERISTYLE de περὶ, *circum* & κύλος, *Columna*; C'est un lieu environné de Colonnes, comme sont les Cloistres. Le *Perystile* est different du *Periptere*; en ce que les colonnes du Peristyle sont en dedans, & celles du Periptere en dehors, comme aux temples des Anciens. De sorte que tout ce qui est entouré de colonnes n'est pas Peristyle. Car les temples appellez monopteres, dont il est parlé au 7. chap. du 4. Livre de Vitruve ; & les Peripteres tant les quarrez que les ronds, ne sont pas Peristyles bien qu'ils ayent des colonnes tout autour. Mais ce qui fait l'essence des Peristyles, est que les portiques qui les composent, ont les colonnes en dedans & les murs en dehors, comme M. Perrault l'a fort amplement remarqué sur le L ch. du 3. liv. de Vitruve.

PERPENDICULAIRE ; C'est une ligne droite qui tombant sur une autre ligne droite, fait les angles droits de part & d'autre.

PERRON, lieu élevé devant un logis où il faut monter plusieurs marches de pierre. Il y en a qui disent *Paron*, à cause qu'autrefois tous les Perrons estoient faits de marches arrondies ; pretendant que le mot de perron vient de *Pas rond*.

PERSIQUE. Ordre Persique, c'est lors que dans un ordre corinthien l'on met des figures de captifs au lieu de Colonnes. *V. p. 33.*

PERSPECTIVE ; C'est ce que Vitruve nomme *scenographia*, c'est-à-dire la face & les costez d'un edifice & de toutes sortes d'autres corps.

La Perspective pratique consiste en trois lignes principales ; la premiere est la ligne de terre ; la seconde la ligne horizontale où est toûjours le point de veüe ; la troisiéme la ligne de distance, qui est toûjours paralelle à la ligne horizontale, cette partie est tres-necessaire aux Peintres.

On appelle particulierement *Perspectives* les tableaux qui sont faits pour representer des bastimens en perspective, c'est-à-dire tracez dans toutes les regles, & conduits par lignes & diminution de couleurs. On appelle perspective lineale la diminution des lignes, & *Perspective aërienne* la diminution des teintes & des couleurs.

Pertuis d'une clef ; c'est l'ouverture qui est au panneton, laquelle se fait en rond, en cœur, ou d'autre sorte de maniere.

Peson ou Romaine. *V.* Balence *V. p.* 73.

Pesons. Il y a des Architectes qui appellent *Pesons*, les pieces qui composent le fusarole, à cause de la ressemblance qu'ils ont aux *pesons* des fuseaux à filer, qu'on nomme en latin *Verticuli*.

Petoncles espoces de coquilles. *V. p.* 449.

Petrifications. Ce sont des choses congelées & devenuës pierres, comme du bois, des coquilles & autres corps dont l'on orne les Grottes. *V. p.* 448.

Pic. Outil de fer qui n'a qu'une pointe, servant à fouïr la terre. *V. p.* 82. Pl. XI.

Picolets ou cramponnets. Les Serruriers nomment ainsi les petits crampons qui tiennent le pêle dans les serrures. *V.* Cramponnets.

Pieces quarrées dont l'on fait les panneaux de vitre. *V. p.* 268. Pl. XXXIX.

Piece de rapport & marqueterie. *V. p.* 444.

Pied de Roy. C'est une mesure de douze pouces, & chaque pouce a douze lignes. Le pied des anciens Romains estoit divisé en palmes, onces, minutes & doigts; ayant quatre palmes, douze pouces, & seize doigts. Ce n'est pas qu'il ne se trouve quelques pieds antiques un peu differens les uns des autres.

PIED. On dit un tableau reduit au petit pied, quand pour en copier un grand on en proportionne toutes les parties par quarrez, suivant ceux qu'on a marquez sur l'original ; c'est ce qu'on nomme aussi *graticuler*, ou faire *un chassis*, ou *treillis*.

PIED DE BICHE. C'est une barre de fer avec laquelle on ferme & on appuye les portes ; on l'appelle aussi *Arc-boutant*. Un des bouts de la barre doit estre attaché à la muraille, & l'autre appuyé contre la porte.

PIED de chevre. *Voyez* PINCE.

PIED de chevre est aussi une maniere d'assembler, dont les Charpentiers se servent pour allonger des pieces de bois; ils appellent cela *enter en pied de chevre*.

PIEDESTAL, de *Pes* & de *Stylos*, *id est columne pes*. C'est la partie qui soustient la colonne. Elle est composée de trois autres principales parties, sçavoir de la Corniche, du Dé, & de la Baze, *V*. STYLOBATE.

PIEDOUCHE de marbre ou d'autre matiere. L'on appelle ainsi un pied qui sert comme de petit piedestal à porter un Buste ou quelque petite Figure de ronde bosse.

PIEDROITS. *Orthostate*, *prostras*, *parastas*. Vitr.

PIEDROIT d'une porte. C'est ce qu'on appelle aussi *Iambage*. Les Piedroits ont leurs mesures suivant les ordres dont l'edifice est basty.

On appelle le haut de la porte qui pose sur les pieds droits, *sourcil*, ou *fronteau*. Serlio parlant de celle du Pantheon, appelle les Jambages & le Fronteau, *il tellaro della porta*, c'est à dire le chassis ; & ailleurs, *la pilastrata*. Les anciens faisoient autrefois le haut des portes

portes plus estroit que le bas, suivant la doctrine de Vitruve, & comme on voit dans le reste de cet ancien Temple qui est à Tivoly, afin, selon l'opinion de quelques-uns, que les piedroits servissent de boutée, & eussent plus de force à soustenir la pesanteur des sourcils ou fronteaux. Cependant il y a eu d'autres portes toutes contraires, comme celle de sainte Sabine, & celle du Pantheon, lesquelles sont plus larges en haut qu'en bas, suivant les remarques de Phil. de Lorme l. 8. c. 5.

On donne d'ordinaire à la hauteur des portes le double de leur largeur.

Pour ce qui est de l'ouverture que les portes doivent avoir, cela dépend des differens lieux & endroits où on les place; considerant toûjours ce qui convient le mieux à la necessité & à la beauté.

Les piedroits des fenestres doivent estre fort embrasez, & reseüillez de deux à trois pouces ou environ.

PIERRE à broyer les couleurs. Les meilleures & les plus dures sont de porphyre, ou d'escailles de mer, qui est une pierre tres-dure & propre à cela.

PIERRE. Toute sorte de pierre que l'on employe à bastir telle qu'elle est tirée de la terre se nomme *Cæmentum* dans Vitruve.

PIERRE de taille. Les Latins appellent *politus lapis*, une pierre taillée, c'est à dire dressée à force de petits coups & avec soin. *Lapis cæsus* est une pierre rompuë à coups de marteau.

On dit une pierre *tournée à la besongne, ou en œuvre*, lors qu'elle n'est pas encore tout à fait taillée, & preste à employer.

PIERRE veluë. Les Ouvriers appellent une *pierre ve-*

luë, pour dire qu'elle est encore brute, & telle qu'elle sort de la carriere.

Ils la nomment aussi *pierre verte*. Cela veut dire qui n'a pas encore jetté son eau, & qui n'a pas assez pris l'air.

PIERRE de differentes sortes pour bastir. *V. p.* 64.

PIERRE d'attente. *Voyez* HARPES.

PIETRA FORTE ; Espece de pierre qu'on employe en Italie. *Voyez p.* 64.

PIERRE de Tuf ; c'est une pierre tendre & grossiere.

PIERRE coquillere, ou coquilleuse ; c'est une pierre poreuse, & qui est pleine de petites coquilles, comme il s'en voit dans les pierres de Vergelé, & dans quelques-unes de saint Cloud.

PIERRE ponce, *pumex*. *V. p.* 313.

PIERRE de Sanguine servant à brunir l'or. *V. p.* 293.

PIERRE Sanguine servant à dessigner. *Voyez* SANGUINE.

PIERRE de touche, ou Parangon. *V. p.* 56.

PIERRE noire servant à dessigner. *V. p.* 403.

PIERRES de rapport. *V. p.* 442.

PIEUX. *Voyez* PILOTES.

PIEUX d'une fortification. *V. p.* 115.

Les Pieux que l'on fiche de travers, & ausquels on attache les Escharpes qui arrestent les machines, sont appellez par Vitr. *Pali resupinati*.

PIGNON de maison. C'est la partie qui va en triangle, & sur laquelle on pose l'extremité de la couverture.

PIGNON de rouë. C'est une rouë dentelée, ou une espece de rouleau qui est comme cannelé. Il y a des

Pignons qu'on nomme aussi *lanternes* ; & alors ils sont composez de plusieurs fuseaux, qui accrochent, ou sont accrochez par les dents des autres roües qu'on nomme *herissons*, ou *roüets*. *V. p* 356. Pl. LIII.

PIGNON d'un tire-plomb. *V. p.* 266. 278. Pl. XLIV.

PILASTRES. *Antes, orthostatæ.* Les pilastres sont des colonnes quarrées ausquelles on donne la mesme mesure, les mesmes chapiteaux, & les mesmes bases qu'aux autres colonnes suivant les ordres qu'on veut suivre. Quand ils ne sont pas isolez & qu'ils entrent dans le mur, on les fait d'ordinaire sortir du tiers ou du quart de leur largeur selon les differens ouvrages; car quelquefois ils ne sortent que de la sixiéme ou huitiéme partie.

Ils doivent pour l'ordinaire avoir toûjours autant de largeur en haut qu'en bas. Ce n'est pas qu'on n'en voye de nos Architectes modernes qui sont retressis & diminuez par le haut, principalement lors qu'ils sont directement mis derriere les colonnes. De Brosse qui a fait le Portail de saint Gervais, non seulement les a retressis par le haut, mais les a renflez par le milieu, & leur a donné le mesme contour qu'à la colonne. Ce que M. Mansart a aussi observé au grand Autel de saint Martin des Champs. Mais cela n'est tolerable que dans ces sortes de rencontres, c'est à dire lors qu'ils sont fort proches & au derriere des colonnes. Car autrement ils doivent estre eslevez quarrément de bas en haut. Lors qu'il s'en voit d'une autre maniere dans de beaux ouvrages, il faut les considerer comme des licences, que les sçavans hommes ont prises, pour des raisons particulieres qu'ils ont eües.

Lorsque les Pilastres doivent estre cannelez, on leur donne d'ordinaire sept cannelures. Il y en a quelques-uns à neuf & à cinq, mais les exemples en sont rares dans l'Antique.

PILE, de πιλέω, cogo, coarcto; c'est un massif de maçonnerie tels que sont ceux qui forment les arches des ponts de pierre. Lorsqu'on fait les fondemens des Piles il faut les élever en talus par recoupemens & retraites en forme de degrez jusqu'au niveau de la terre du fond de l'eau.

PILES, butes, ou culées de maçonnerie; butées. On appelle ainsi les deux massifs de pierre qui soustiennent les premieres arches. Mais il est vray que l'on nomme plus proprement Piles les massifs qui sont entre deux arches; Et que les *buttes* ou *culées* ne sont qu'aux deux extremitez d'un pont lesquelles soûtiennent la chaussée, & resistent à la poussée des arcades.

PILE à faire de la monnoye. C'est un morceau de fer bien aceré de mesme que sont les poinçons, au bout duquel est gravé l'effigie ou la devise. Le coin où est pareillement gravé ou la devise, ou l'effigie, se met dessous dans une boëte de fer; Et lors qu'on a mis le flanc sur le coin, on met la pile dessus, laquelle entre aussi dans la boëte, & à grands coups de marteau que l'on donne sur la pile on fait l'empreinte de la monnoye. Or ne travaille plus de la sorte à Paris depuis que l'on se sert de balanciers; mais en Hollande ils monnoyent encore avec des piles. Les Anciens travailloient leurs medailles avec de semblables Piles, comme l'on peut voir dans le Cabinet de

Monsieur Colbert, où il y en a deux fort anciennes, qui ont esté faites pour des medailles, l'une de l'Empereur L. Aurelius Verus, & l'autre de l'Imperatrice Faustine. Leurs effigies sont gravées dans le coin, & la devise dans la pile. Ce qui peut-estre a donné lieu de nommer un des costez de nos monnoyes *piles*, & l'autre *croix*, qui est le costé de la teste, & que l'on a peut-estre aussi nommé *coin* aussi-bien que *croix*. *V*. p. 354. Pl. LIV. * *V*. POINÇONS.

PILIER, ou pylier, de πύλυ porte, entrée. On dit les piliers des Eglises qui sont d'une maniere Gothique.

PILIERS quarrez, *Antes*, *parastate*. Vitr.

PILON de bois dont se servent les Fondeurs. *V*. p. 334. Pl. L.

PILOTIS, ou pieux, *Pali*. On dit, *un fil de pilotis*, pour dire un rang de pieux.

PILOTER, c'est lors qu'on met des pieux en terre pour soustenir & affermir les fondemens d'un Edifice quand le terrein ne se trouve pas assez ferme & assez solide. On brûle ordinairement le bout des pieux pour rendre le bois plus dur, & empescher qu'il ne pourrisse, ou bien on le ferre pour le faire percer & aller jusqu'au terrein vif & *à refus de mouton*.

PINCE ou barre de fer; C'est un levier servant à remuer des pierres & autres fardeaux. Il y en a de diverses façons. Celles qu'on appelle pieds de chevres sont courbées & refenduës par le bout. Vitruve appelle une pince, *ferreus vectis*. Il nomme *caput*, ce que nous appellons le manche; & *lingula*, ce qu'on appelle le bec ou pied de chevre. *V*. p. 84. PL. XIII.

Vuuu iij

PI

PINCEAU. Les pinceaux dont les Peintres se servent d'ordinaire, sont de poil de Gris.

Les Anciens en avoient qui estoient faits de petits morceaux d'éponge, & c'est peut-estre ce qui a fait dire d'un certain Peintre que ne pouvant bien representer l'escume d'un chien, il y reussit en jettant l'éponge contre son tableau.

PINCEAUX dont se servent les Doreurs. *Voyez page* 287.296. Pl. XLVI.

PINCEAUX pour peindre. *Voyez page* 414. Planche LXII.

PINCELIER, godet, ou autre chose dans quoy on nettoye les pinceaux. *V. p.* 297. 420. Pl. LXII.

PINCER, terme de monnoye. *V. p.* 355.

PINCETTE. *Voyez page* 446. Pl. LXIII.

PIOCHE. Outil servant à remuer la terre. Il y en a de quarrées & d'autres pointuës qu'on nomme *feüille de sauge*. *V. p.* 80. Pl. X.

PIOCHON, c'est une espece de petite besaigue servant aux Charpentiers pour fraper dans des grandes mortaises : elle n'a que quinze pouces de long ou environ, elle a un manche de bois dans le milieu ; un des bouts de cet outil est en bec d'asne, & l'autre en planche ou plane.

PIPERNO, & *Preperigno* espece de pierre dont l'on bastit en Italie. *V. p.* 65.

PIQUER le bois. *V. p.* 125.

PIQUEURS, gens preposez dans les bastimens sur les autres Ouvriers. *Voyez page* 72.

PITON ; c'est un clou dont la teste est percée en anneau. *Fibula*.

PI   PL   711

PISTON. On appelle ainsi la partie des pompes qui entre dans le tuyau, ou corps de pompe; & qui estant levée ou poussée aspire, ou pousse l'eau ou l'air. Vitruve l. 10. c. 13. les nomme *funduli ambulatiles*, *Emboli*.

PIVOT. C'est un morceau de fer, ou d'autre metal dont le bout est arrondy en pointe pour tourner facilement dans une crapaudine, ou dans une virole. *Voyez* p. 211. 236. Pl. XXXIII.

PLACAGE, espece de menuiserie. *V.* p. 190.

PLACART, πλάξ, πλακὶς, *tabula*, d'où vient aussi plaque. *V.* PORTE.

PLACE publique, *forum*.

PLACE fortifiée. *V.* p. 91.

PLACE reguliere. *Id.*

PLACE irreguliere. *Id.*

PLACE haute, moyenne, & basse. *V.* p. 95.

PLACE d'armes. *V.* p. 113. Pl. XIV.

PLAFOND, ou Sofite. Lat. *lacunar*. La difference des sofites & plafonds, d'avec les voutes, est que ceux-là sont plats, & celles-cy sont cintrées. Les enfoncemens ou cavitez qui se rencontrent dans les plafonds sont appellez par Vitruve l. 6. c. 4. *Arca*. Il nomme aussi quelquefois *Planitia* les plafonds des planchers, ou de la saillie des corniches. Car on dit le *plafond ou sofite d'une corniche*. Il y a certains espaces au plafond de la corniche Dorique, entre les modillons, & les gouttes qui sont au dessus des triglyphes, que Vitruve nomme *chemins*, l. 4. c. 3.

PLAINES, ou Planes pour dresser le bois. C'est un outil de fer qui a deux manches. On dit *planir le bois*, lors qu'on le dreſſe avec ces ſortes d'outils. Les Tourneurs s'en ſervent beaucoup.

Plan d'un baſtiment ; C'eſt la ſituation reduite dans un deſſein fait & proportionné avec la regle & le compas, ſelon la grandeur de la place où l'on veut baſtir, avec toutes les meſures des lieux & des appartemens qu'on doit faire. Les Grecs nomment cela ἰχνογραφία, ideſt veſtigii deſcriptio.

Plan incliné. V. p. 76.

Planche, qui vient de πλάξ, πλακός, tabula. Voyez Ais.

Planche de cuivre ; Ce ſont des feüilles de cuivre fort unies, ſur leſquelles on grave pour tirer enſuite des eſtampes. Cette feüille s'appelle auſſi Planche lorſqu'elle eſt gravée ; ce que l'on imprime avec cette planche ſe nomme Eſtampe.

Plancher. Ce mot ſelon l'uſage de noſtre langue a deux ſignifications, & veut dire le plancher ſur lequel on marche, que les Latins appellent tabulatum, ou pavimentum ; & auſſi le plancher d'enhaut nommé lacunar, laquear. Vitruve dit aſſare, plancheyer d'ais.

Planchers en forme de voute ſurbaiſſée, delumbata lacunaria. Vitr. V. Lambris.

Plancheyer, faire un plafond, laqueare.

Plane pour dreſſer le bois. Voyez Plaine.

Plane de cuivre dont ſe ſervent les Plombiers. V. p. 159. 168. Pl. XXVI.

Planer le plomb, c'eſt l'accommoder avec la plane. Id.

Plaquesain ; c'eſt une piece de plomb un peu creuſe,

PL

creusé, où les Vitriers mettent & détrempent le blanc dont ils se servent pour *signer* leur verre. *Voyez* p. 267. 276. 280. Pl. XLV.

PLASTRE ; C'est une espece de pierre fort connuë, & d'un grand usage à Paris, la meilleure qu'on y employe se tire des carrieres de Montmartre. Le mot de plastre vient de πλάσις, *fictor*, πλαστός, *fictilis*, propre à estre formé. Car il n'y a rien de si propre à prendre une forme, ou figure que le plastre.

PLASTRE, transparent. *V.* GYP.

PLASTROUER dont se servent les Serruriers pour pousser la brique, le tuileau ou la pierre avec le plastre, lors qu'ils seellent quelque ouvrage. *V.* p. 234.

PLAT de verre. *V.* p. 265.

PLATTE-BANDE qui termine l'architrave de l'ordre Dorique ; c'est la Fasce qui passe immediatement sous les Triglyphes ; & qui est à cet Ordre ce que la Cymaise est aux autres. Les Grecs l'appellent *Tænia*. Quelques Architectes donnent ce mesme nom à la partie qui est au dessus des triglyphes & que Vitruve nomme leur chapiteau.

PLATTE-BANDE ou Fasce des chambranles. Vitruve l'appelle *Corsa*, l. 4. c. 6.

Le mot de PLATTE-BANDE se donne aussi à plusieurs autres membres d'Architecture qui n'ont qu'une largeur sans ornemens ny beaucoup de saillie. *Voyez* p. 175. 180. Pl. XXVIII.

PLATTES-FORMES. On appelle ainsi les pieces de bois qui soûtiennent la charpente d'une couverture, & qui se posent sur le haut de la muraille où doit estre l'entablement.

Xxxx

PLATTES-FORMES qui servent pour les fondemens sur pilotis. *V.* p. 47.

PLATTE FORME, terme de fortification. Il est à remarquer que dans les flancs bas, & dans les fausses-brayes, l'espace plein qui est entre l'escarpe de la place & le parapet du flanc bas, s'appelle *platte-forme*, dans laquelle on ne laisse pas de faire d'autres plattes-formes de bois pour mettre le canon. *Voyez page* 115. Planche XV.

PLATINES. *Voyez* ESCUSSONS.

PLATINES de verroüils. *V.* p. 236. Pl. XXXIII.

PLINTHE. C'est un membre quarré & plat, tel que celuy qui est aux bases des colonnes. *Plinthos* en grec signifie une brique quarrée. On appelle Plinthe une espaisseur de muraille où l'on voit deux ou trois rangs de briques avancées en forme de platte-bande. Les uns disent le Plinthe, & d'autres avec les Ouvriers disent *la Plinthe*. La partie superieure du chapiteau Toscan qui est son tailloir est aussi appelée *Plinthe* au 7. c. du 4. l. de Vitruve, parce qu'elle est de la forme d'un quatreau de brique, n'ayant point la Cymaise qui est au chapiteau Dorique & à l'Ionique. Palladio nomme *Orlo*, le Plinthe ; c'est ce qui a donné lieu à quelques Architectes de nommer aussi ce membre-là *Orle* & *Ourles*.

PLOMB. C'est un metail d'un grand usage pour les couvertures. Il faut faire en sorte qu'il ne soit pas soudé, parce que la soudure se fend & se casse aux gelées & aux grandes chaleurs. Mais il doit estre reployé l'un dans l'autre & *coudé*, ou avec *couture en ourlet*, ainsi que parlent les Plombiers. *V.* p. 153.

PL   PO

PLOMB servant aux vitres. *V.* LINGOTIERE.

PLOMB, dont les Charpentiers & les Maçons se servent pour niveler & prendre les aplombs. Le plomb des Charpentiers est fort plat & percé à jour, pour donner passage à la veuë, afin de pouvoir mieux addresser à l'endroit où ils veulent *piquer le bois*, c'est-à-dire le marquer. Celuy des Maçons est un plomb plein, quarré ou rond, au dessus duquel est une plaque de cuivre de la grandeur du plomb, laquelle monte & descend le long du cordeau, qui tient le plomb, & sert pour appuyer contre la muraille. C'est ce qu'ils appellent un *chas*, & ces sortes de plombs s'appellent *plombs à chas*. *V.* p. 78. Pl. IX.

PLOMB à regle. *Id.*

PLOMB à talus dont les Ingenieurs se servent, c'est ordinairement un triangle de bois dont l'on met la base en haut.

PLOMB *à la main*; terme des Graveurs en medaille. *V.* p. 350.

PLOMBER *& devenir louche*; terme des Esmailleurs. *V.* p. 428.

POELE dont se servent les Vitriers pour recuire leur besogne. *V.* p. 260.

POELE dont se servent les Plombiers. *V.* p. 159. 166. Pl. XXV. & 168. Pl. XXVI.

POELE à recuire des flancs. *V.* p. 358. Pl. LIV.

POINÇON; *Columen*. On nomme ainsi une piece de bois qui est toute droite sous le faiste d'un bastiment, & qui sert pour l'assemblage des fermes, faistes, ou sousfaistes. Ou bien encore quand elle aide à suspendre un tirant ou une poutre qui a trop grande porrée ; En ce cas on attache au poinçon une soupente de fer, un boulon, ou un estrier. Dans la fabrique des ponts de bois on se sert aussi de *Poinçons* qu'on nomme quelquefois *poteaux montans*, ou *supports*. *V*. p. 122.

Poinçon d'un engin. *V*. p. 129.

Poinçon pour les monnoyes ou medailles. Quand on fait des medailles au marteau & sans machines, on appelle *Piles*, *Coins*, & *Trousseaux*, les poinçons avec quoy on les marque. *V*. p. 348. 356.

Poinçon à lettres. *V*. p. 360. Pl. LV.

Autre Poinçon pour la bordure des medailles. *Id*.

Poinçon, ou pointe dont se servent les Tailleurs de pierre.

Poinçon, ou espece de cizeau propre aux Graveurs & Sculpteurs.

Poinçons ronds, quarrez, plats & ovales dont les Serruriers se servent pour percer leurs ouvrages. *Voyez* page 246. Pl. XXXVIII.

Poinçons biérlongs dont ils se servent pour percer les trous des pieds des ressorts, cocques & autres sortes de pieces.

Autres Poinçons plats propres à piquer les roüets des serrures, & autres pieces limées en demy-rond.

Poinçons à emboutir, & relever rosettes en travaillant sur le plomb, & à faire d'autres ouvrages.

Il faut remarquer que tous les ferremens dont les Serruriers se servent pour percer sur l'establie & à froid, se nomment *Poinçons*; & ceux qui servent à la forge pour percer à chaud, s'appellent *mandrins*, comme il est déja dit en parlant des Mandrins.

PO

POINTAL, piece de bois. *V. p.* 133.

POINTE à tracer pour portraire & deſſeigner ſur le fer & ſur l'acier, & dont les Serruriers ſe ſervent pour tracer toutes ſortes de pieces. *V. p.* 234.

POINTE à tracer ſur le bois. *V. p.* 456. Pl. LXV.

Pointe; c'eſt un outil de fer bien aceré, dont les Sculpteurs de marbre ſe ſervent pour ébaucher leurs ouvrages, aprés que le bloc de marbre a eſté degroſſi, ce qu'ils appellent *approcher à la pointe*. Quand ils ont travaillé avec cet outil, ils en prennent un autre qui a une double pointe, pour oſter moins de matiere. Et enſuite ils ſe ſervent du ciſeau lors que l'ouvrage s'avance davantage, ce qu'ils nomment auſſi *approcher au ciſeau*. *V. p.* 312. 316. Pl. XLVIII.

POINTE en dos *de dé*. Les Serruriers nomment ainſi les pointes courtes & preſque rondes, comme l'on en fait pour tourner dans des crapaudines ou coüettes pour avoir plus de force.

POINTE d'acier ſervant aux Vitriers. *V. p.* 268. 280. Planche XLV.

POINTE de fer ſervant aux Lapidaires. *V. p.* 367. 374. Pl. LIX.

POINTE de la poupée d'un tour. *Voyez p.* 378. 385. Pl. LX.

POINTS. Les Ouvriers diſent faire *un cercle ſur trois points perdus*, au lieu que les Geometres diſent, *circonſcrire un cercle à un triangle*.

Pois jaunes, Pois noirs Eſpeces de coquilles. *Voyez page* 449.

POITRAIL ou Sabliere. C'eſt dans l'Architecture ce que l'on appelle *Architrave*, c'eſt à dire une groſſe piece de bois portée sur des colonnes, des pilastres, ou de gros murs.

POLASTRE; espece de poële servant aux Plombiers. *V. p.* 164. 166. Pl. XXV.

POLIMENT. On dit que *le poliment* d'un diament ou d'une autre pierre se fait sur une roüe d'estain ou de cuivre, pour dire qu'on les polit.

On dit aussi que les ouvrages d'Esmail ont pris un beau *poliment* dans le feu pour dire qu'ils ont pris un beau lustre. *V. p.* 436.

POLISSOIR de jonc. *V. p.* 456. Pl. LXV.

POMPE, *pompa*, πομπή, de πέμπω, *mitto*, *veho*. C'est une machine pour élever de l'eau.

PONCER, PONCIS. *Voyez* CALQUER.

PONDERATION. *Voyez* EQUILIBRE.

PONT. Tous les ponts sont de bois ou de pierre. Ceux de bois sont faits de poutres & de solives. Palladio fait la description de quelques-uns qu'il a faits, lesquels se soustiennent par le moyen des poinçons ou montans qui servent aussi de gardefous, & qui sont assemblez aux grosses poutres avec des clefs ou harpons de fer, ou bien qui se tiennent par le moyen des liens ou des contrefiches qui arboutent. Les poinçons doivent estre garnis de bossage en haut & en bas, & au bout des contrefiches & liens, qui sont des pieces de bois qu'on appelle aussi *bras & contrevents*, qui servent à arbalester toute la charpente; en sorte qu'en se *contreboutant* tout l'assemblage se maintient avec force & fermeté. On peut voir dans la charpente de la Salle des Comedies qui est aux Tuilleries, faite par M. Vigarani, un bel exemple de cette maniere d'assembler le bois pour faire de grandes décharges.

Ponts de pierre. *V. p.* 42.

Ponts-levis & ponts dormans des forteresses. *Voyez p.* 104.

Ponts à bascules. *Id.*

Ponts à fleches. *Id.*

Pontons, ce sont de petits Ponts.

Porche. *Voyez* Temple.

Porphire. *Voyez p.* 48.

Portail; C'est une grande porte comme celles des Eglises. On dit le portail de S. Gervais, mais on n'appelle pas portail une porte de ville.

Porte e servant dans les moules des Plombiers. *V. p.* 163. 168. Pl. XXVI.

Porte. Il y en a de deux sortes, sçavoir de rondes & de quarrées. Les unes & les autres sont toûjours grandes, moyennes ou petites. Scamozzi dit que les Anciens n'ont donné une figure ronde qu'aux grandes portes, & qu'ils n'ont fait des portes rondes qu'aux Arcs de triomphe & aux grands passages publics; & jamais à aucuns bastimens particuliers, ny mesme aux Temples.

Les portes des Temples anciens estoient de trois sortes, la Dorique, l'Ionique, & l'Attique. Faut voir Vitr. l. 4. c. 6.

Les portes, de mesme que les fenestres doivent toûjours se rencontrer les unes sur les autres, afin que le vuide soit sur le vuide. Si l'on continuë d'eslever une muraille sur les portes & sur les fenestres; alors de crainte qu'elles ne soient trop chargées, on fait une décharge au dessus par le moyen d'un cintre.

PORTE-BIAISE que les Ouvriers nomment *biais-passé*. Il y a de ces sortes de portes dont la moitié de l'ouverture de chaque costé est biaise, & l'autre moitié ouverte quarrément, soit pour la commodité du passage, soit pour recevoir du jour. Car c'est pour cela qu'on est souvent contraint de dégauchir les piedroits, & les voutes ou les cintres des portes & des fenestres des Eglises, & d'autres lieux ; & les rendre biaises & obliques sur une muraille qui est droite.

Il y a des PORTES que les Ouvriers nomment *biais par teste*, lors qu'elles ne sont biaises que par en haut.

PORTE de derriere. *Posticum*. Vitr.

LA PORTE de derriere d'un Temple, *Opisthodomos*. *Voyez* TEMPLE.

Vitruve appelle le Passage d'une porte à une autre, *Thyrorion*.

PORTE de menuiserie, lat. *Foris*. Les bonnes portes doivent avoir un pouce & demy d'épaisseur, estre emboistées en haut & en bas ; assemblées à clefs & à languettes, & collées.

Lors qu'elles sont d'assemblage, on appelle le panneau du milieu, *Tympan*. Et les pieces des costez, *Montans*. Celles du haut, du bas & du milieu, *Traverses*. C'est ce que les Latins nomment, *Impages*. Et la feüillure, *Replum*. V. p. 176. 180. Pl. XXVIII.

PORTES en Placart. *Idem*.

PORTES à deux battans, *Bifores portæ*.

PORTES

PORTES brisées, *Fores-plicatiles.*

PORTE coupée en quatre, *Quadriforis.* Ces Portes estoient anciennement appellées *diclides*, c'est-à-dire, à deux clefs, parce que les deux batans ou volets d'en haut estoient fermez par une serrure, & les deux batans d'en bas par une autre.

Anciennement c'estoit une marque d'honneur, & un privilege particulier de ceux qui avoient triomphé de pouvoir faire ouvrir les portes de leur maison en dehors & sur la ruë; ce qui fut accordé à L. Valerius Publicola & à son frere, aprés avoir vaincu les Sabins. Pline l. 36. c. 15.

PORTES-FENESTRES, c'est-à-dire des fenestres qui s'ouvrent jusques en bas sur le plancher. Vitr. *Valvatæ fenestræ.*

PORTE-CRAYON pour desseigner. *Voyez page* 420. Planche LXII.

PORTIQUE, est un lieu long & couvert, soit par une voute, soit par un plancher soûtenu par des Colonnes. Le Plafond se nommoit *Lacunar* par les Anciens.

PORTORO, espece de Marbre noir qui a des veines jaunes. *V.* p. 59.

PORTRAIRE. Le mot de Portraire est un mot general, qui s'estend à tout ce qu'on fait lors qu'on veut tirer la ressemblance de quelque chose; neanmoins on ne l'employe pas indifferemment à toutes sortes de sujets. On dit le *Portrait d'un homme* ou *d'une femme*; mais on ne dit pas *le portrait d'un cheval, d'une maison* ou *d'un arbre.* On dit *la figure d'un cheval, la representation d'une maison, la figure*

Yyyy

d'un arbre. Ce n'est pas mesme un terme bien receu parmy les sçavans Peintres de dire *qu'on va se fare portraire*, & moins encore celuy de *se faire tirer*, que la pluspart des gens qui ne sont pas de l'art disent ordinairement. On dit plûtost *un tel se fait peindre par un tel*, ou bien, *fait faire son portrait*. On ne dit guere aussi *faire un portrait de Sculpture*, on dit *faire la Statuë d'un tel*; *se faire representer en marbre ou en bronze*. On ne nomme jamais un Tableau d'histoire, & qui est composé de plusieurs Figures, *un Portrait*.

Les Paveurs se servent d'un petit marteau qu'ils nomment PORTRAIT. *V.* p. 169. Pl. XXVII.

POSER un modelle, c'est à dire placer une personne afin de desseigner d'aprés, comme l'on fait dans l'Academie de Peinture. On dit aussi une Figure bien posée.

POSEURS; dans les grands atteliers ce sont ceux qui posent les pierres. *V.* p. 72.

POSTES. *Voyez* page 39.

POSTURE, ce mot ne se dit guere parmy les Peintres sçavans. On dit *l'attitude*, *l'action*, *la disposition*.

POTEAUX. Dans les bastimens de bois il y a les gros poteaux ou poteaux corniers; les poteaux qui se mettent de fond au pan de bois; les poteaux des croisées; les poteaux d'huisseries; les poteaux de remplages; les petits poteaux; les petits potelets. *V.* p. 120. 121. 194. Pl. XVI.

POTÉE; c'est de l'estain calciné & reduit en poudre tres fine.

P O

POTENCE à un ou deux liens; Celle à deux liens est un poteau qui a deux liens des deux costez lesquels soustiennent le chapeau.

POTERNE ou fausse porte. *V. p.* 98.

POTIN. *Voyez* ARCOT.

POUF; terme dont ceux qui travaillent en marbre en expriment la qualité. *V. p.* 60.

On dit aussi du Grez qui est *pouf* lorsqu'il s'égraine, & qu'il s'en va en poudre, ou par morceaux quand on le travaille.

POIULLEUX bois gasté. *V. p.* 119.

POULAILLIER. *Gallinarium*. Lieu à mettre la volaille.

POULAIN. C'est un assemblage de bois sur lequel on traisne de gros fardeaux.

POULIE τροχαλὸς lat. *Troclea, Orbiculus*. Dans Vitruve *Rechamus* signifie la mesme chose que *Troclea*. *V.* MOUFLE. & *page* 75. & 86. Pl. XIII.

POUPE'E. *Voyez page* 377. 385. Planche LX.

POURCELAINE espece de coquille. *V. p.* 449.

POURCELAINE espece de terre dont on fait des vases & de la vaisselle, elle vient de la Chine & du Japon.

POURPRE *ostrum*. Vitruve liv. 7. c. 13. parle de la pourpre des Anciens.

POURPRE couleur en esmail. *V. p.* 418.

POURTOUR. Les Ouvriers disent le *pourtour*, au lieu de *tour*.

POUSSE'E. On appelle la poussée d'une voute, l'effort qu'elle peut faire par sa pesanteur contre les murs qui la soûtiennent. *Faire le trait des poussées des vou-*

tes ; C'eſt chercher & marquer les eſpaiſſeurs que doivent avoir les murs & les pilliers boutans, qui ſont des corps ſaillans, leſquels portent & appuyent les voutes, c'eſt-à-dire qu'on fortifie par des murs plus ou moins eſpais, ſelon qu'elles ſont plus ou moins ſur-baiſſées dans leur cherche ou cintre.

POUSSOLANE. *Voyez* SABLE. *V.* p. 404.

POUTRE ; C'eſt une groſſe piece de bois qui porte les ſolives, lat. *trabs. V.* p. 119.

POUTRELLE, petite poutre.

PRESLE ; eſpece d'herbe, dont les Doreurs ſe ſervent pour adoucir le blanc qu'ils couchent ſous l'or, on l'appelle en latin *equiſetum*, c'eſt-à-dire queuë de cheval. *V.* p. 287.

PRESSE des Menuiſiers pour ſerrer le bois. *V.* p. 173. 184. Pl. XXX.

PRESSE à reſendre le bois pour les ouvrages de Marqueterie. *V.* p. 447. 450. Pl. LXIV.

PRESSE dont l'on ſe ſert pour la monnoye. *Voyez* page 352.

PRISONS des Anciens. *V.* p. 42.

PRIVÉ ou aiſance. *Latrina*. Vitr.

PROFIL ; C'eſt le contour de quelque figure.

On dit *profiler*, pour dire deſſeigner ſeulement les contours de quelque choſe que ce ſoit.

On dit, *le profil d'un viſage ou d'une teſte*, lorſqu'on n'en voit que la moitié & un des coſtez. Quoyque le mot de profil ſoit general pour exprimer tous les contours d'un corps, neanmoins en peinture l'on ne s'en ſert pas d'ordinaire, on dit *deſſigner ou contourner* ; & lorſqu'on parle d'un profil, on entend ordinairement un visage qui ne se voit qu'à moitié.

Profil d'un bastiment c'est l'élevation geometrique & orthographique, qui fait voir les dedans du bastiment. Quelques-uns croyent que le profil est ce que Vitruve appelle *scenographia* ou *sciographia*. Voyez les notes de M. Perrault sur le ch. 2. du 1. liv. de Vitruve.

Profil d'une forteresse. *Voyez page* 102. 113. Planche XIV.

Projecture, saillie, avance. *V*. Saillie.

Prononcer, en terme de peinture ; C'est marquer & spécifier les parties de toutes sortes de corps avec autant de force & de netteté qu'il est necessaire pour les rendre plus ou moins distinctes. Ainsi les Peintres, en parlant d'un tableau, disent que certaines parties en sont bien *prononcées*; qui est une maniere metaphorique de s'énoncer. Comme lorsqu'on dit d'un homme qui parle bien, qu'il a une belle prononciation ; ce que M. de Pile a fort bien remarqué dans ses notes sur le Poëme du sieur du Fresnoy.

Proportion ; Rapport d'une chose à une autre avec une convenance du tout aux parties. On dit *une Figure bien proportionnée, un Edifice où toutes les proportions sont bien gardées*. *Voyez* Symmetrie.

Proscenium, est ce qui est devant la Scene; c'estoit le lieu où les Comediens joüoient, c'est-à-dire le theatre ou l'échaffaut.

Pseudodiptere veut dire *faux diptere* ; C'estoit une espece de Temple qui avoit des portiques tout autour, dont chacun eſtoit auſſi large que le double portique qui eſtoit au *diptere*.

PULPITRE. *Pulpitum*. C'eſtoit la meſme choſe que le *proſcenium*, & l'endroit du theatre ſur lequel les Acteurs venoient reciter.

On dit auſſi un PULPITRE, ou un Lutrin, dont on ſe ſert plus ordinairement dans les Egliſes, & où l'on met des Livres.

PUREAU. Les Couvreurs appellent *pureau* la diſtance qu'il y a du bord d'une tuile ou d'une ardoiſe à celles qui ſont au deſſus & au deſſous ; ainſi le pureau d'une tuile ſur la couverture eſt la partie qui eſt à découvert, & qui n'eſt pas cachée par les autres ; Quand on dit qu'il ne faut donner que trois ou quatre pouces de *pureau*, c'eſt-à-dire que le reſte doit eſtre couvert ; moins les tuiles ont de pureau, plus elles ſont preſſées, & par conſequent la couverture en eſt meilleure ; la pluye & la neige ne pouvant y entrer. *Voyez page* 152. 154. Planche XXIII.

PYCNOSTYLE, C'eſt un Edifice où les colonnes ſont ſi preſſées, que les entre-colonnemens n'ont qu'un diametre & demy de la colonne.

Q

QUADRAN. Les Lapidaires ont un inſtrument de bois qu'ils nomment *Quadran* ; ils s'en ſervent pour tenir les pierres fines ſur la rouë lors qu'ils les taillent. *V. p.* 365. 370. Pl. LVII.

QUADRE. On appelle ainſi toutes les bordures quarrées qui enferment quelque ouvrage ſoit de ſculpture, ſoit de peinture, ou autres choſes, de quelques matieres qu'ils puissent estre; Ce n'est pas qu'à l'égard des bordures rondes, ovales ou d'autres figures, on n'employe aussi ce mot abusivement. Car on nomme indifferemment *Quadre* la bordure ou la corniche qui environne un tableau. Outre que les Quadres servent d'ornement aux tableaux; ils contribuent encore à les faire paroistre davantage. Aussi les marchands & les curieux affectent de ne montrer jamais leurs tableaux, s'ils ne sont dans des bordures, afin qu'ils fassent un plus bel effet; C'est pourquoy les Italiens disent qu'une belle bordure, qu'ils nomment *corniche*, est *il Rusiano del quadro*; car parmy eux le mot *de quadro* est pris pour tableau. *Voyez page* 176. 180. Planche XXVIII.

QUARRE' ou membre quarré; C'est ce qui paroist dans l'Architecture, comme une petite regle ou listel, & qui en termine souvent quelque partie.

On dit parmy les Ouvriers, *faire le trait quarré*, pour dire en terme de geometrie *eslever une ligne perpendiculaire sur une autre ligne*.

QUARRE' ou creux dans lequel on frappe les medailles. *Voyez* CARRE'.

QUARREAUX. V. CARREAUX.

QUART de rond; c'est un membre saillant fait de la quatriesme partie d'un cercle. V. p. 180. Pl. XXVIII.

QUENOUILLETTE; C'est une verge de fer, dont un bout est de forme ronde & de la grosseur necessaire pour boucher l'ouverture des *Godets*, par où les Fondeurs font couler le metal dans leurs moules, lors qu'ils jettent quelque ouvrage en bronze. *Voyez page* 337. 338. Planche L.

QUEUE ou Cul de lampe. Les Charpentiers nomment ainsi les extremitez des pieces de bois qui servent comme de clef au haut des voutes, des domes & de quelques autres lieux, où ils sont suspendus en forme de roses, comme sont les roses ou rosaces qui ornent les lambris. On nomme aussi quelquefois *culs de lampe*, les roses qui sont aux clefs des voutes de pierre.

QUEUE d'aironde, d'aronde, ou d'irondelle; c'est une maniere de tailler le bois, ou de limer le fer en l'élargissant par le bout, pour l'emboëter, joindre ou l'appliquer en œuvre, & en faire des assemblages. *V. p.* 175. 180. Pl. XXVIII.

On dit ordinairement à Paris assembler en QUEUE d'aronde.

Les clefs de bois ou tenons qui ont cette figure, se nomment *securicle* dans Vitruve, à cause qu'elles ressemblent aussi à de petites coignées. *Voyez* TENONS.

QUEUE perduë, Queuë percée. *V. p.* 180. Planche XXVIII.

QUEUX. Pierre à aiguiser.

QUILBOQUET; c'est un instrument servant aux Menuisiers. *V. p.* 179. 188. Pl. XXXII.

Q

RABLE. C'est une piece de bois dont les Plombiers se servent pour faire couler & estendre le plomb sur les moules. *V. p.* 160. 166. Pl. XXV.

RABOT; C'est un outil de fer en forme de cizeau qui a un fust de bois au lieu de manche; Il sert pour

raboter

rabotter le bois, c'est-à-dire en oster avec cet outil. Il y en a de plusieurs sortes : Les Charpentiers ont de gros *Rabots* qu'ils appellent *Galleres*, & qu'en quelques lieux on nomme aussi *Planes* qui servent à dresser & à planir les poutres, les soliveaux & les autres grosses pieces ; ils ont aussi des RABOTS ronds. *V.* p. 128. 140. Pl. XIX.

RABOTS des Menuisiers, de differentes sortes. *Voyez* p. 178. 180. Pl. XXXI.

La pluspart des Outils à fust, dont les Menuisiers se servent, ont esté faits d'aprés les Rabots, c'est pourquoy le mot de *rabot* est le plus en usage, quoy qu'on employe d'autres outils qui n'ayent pas ce nom-là, comme les varlopes, les mouchettes & autres. On commence à travailler le bois soit avec les varlopes ou demy-varlopes, ou rabots ; & on appelle cela *esbaucher* ou *degrossir* ; Le travail qui se fait ensuite avec de pareils outils s'appelle *recaler*, & c'est pourquoy il y a des varlopes à *esbaucher* & des varlopes à *recaler* ; la difference qu'il y a entre ces deux sortes de varlopes, est que celle à esbaucher a plus de fer, c'est-à-dire que le fer sort davantage du fust & est plus droite, pour enlever plus de bois, & celle à recaler au contraire.

Il y a des Rabots d'une maniere particuliere dont se servent les Menuisiers de placage ou Ebenistes. *V.* p. 190.

RABOTS de fer dont on se sert pour les ouvrages de marqueterie. *V.* p. 455. 458. Pl. LXV.

Les Serruriers ont aussi des rabots pour planir le fer, & pour pousser des filets & des moulures. *Voyez page* 235.

Zzzz

RABOT ; On appelle encore *Rabot* un morceau de bois emmanché au bout d'un long baston, dont les Maçons se servent pour détremper la chaux. *Voyez* p. 78. Pl. IX.

RABOT dont se servent les Fondeurs pour escumer le metail. *V.* p. 338. Pl. L.

RABOT ; espece de pierre de liais dont on fait du pavé. *V.* p. 171.

RACHETER ; Ce mot en terme d'Architecture, signifie regagner, retrouver. On dit *qu'une dessente biaise de cave rachete un berceau*, quand elle regagne & se joint au berceau.

RACINAUX ; Ce sont de grosses pieces de bois servant aux fondemens des ponts, & à d'autres Edifices. *Voyez page* 47.

On nomme aussi *Racinaux* les petits poteaux ou pieces de bois, dans lesquelles sont assemblées les auges ou mangeoires des escuries ; Ces racinaux sont debout & enfoncez deux pieds dans terre.

RACLOIRS ; Outils dont se servent ceux qui travaillent de placage & de marqueterie. *Voyez page* 191. 456. 458. Pl. LXV.

RAIS-DE-COEUR ; C'est un petit ornement qui se taille sur les sortes de moulures qu'on appelle *talons*. *Voyez* p. 39. Pl. VIII.

RAIONS ou *semidiametres*. *V.* p. 91.

RAINURE. *Voyez* RENURE.

RAISON, quand on dispose les pieces de bois qui doivent servir à un bastiment, & qu'estant mises en chantier, on met chaque morceau en sa place ; on appelle cela mettre les *pieces en leur raison*.

RAMEAUX, en terme de fortification, sont des lignes ou chemins sous terre, qui vont d'un puits à un autre, & qu'on nomme aussi *Contremines*.

RAMENDER terme des Doreurs. *V. p.* 292.

RAMENERET. On dit en terme de charpenterie, *tirer un trait rameneret avec le cordeau*, c'est pour prendre la longueur des arrestiers.

RAMPE d'un escalier ; C'est la suite des marches depuis un paillier jusques à un autre paillier faisant retour.

RANCHE ou chevilles. *V. p.* 129. 142. Pl. XX.

RANCHER ; c'est une maniere d'échelle qui sert pour monter au haut des Engins & des Gruës. *Id.*

Il y en a qui ne se servent du mot de Rancher que pour les Engins, & qui nomment Gruau ou Eschelier, ce qui sert aux Gruës.

RAPE, Outil d'acier & espece de lime, dont les Sculpteurs en marbre se servent lors qu'ils n'employent plus le cizeau, & qu'ils travaillent à finir l'ouvrage. Il y a des rapes droites, de coudées & de piquées de differentes grosseurs.

Les Sculpteurs en pierre & en bois s'en servent aussi, ils en ont de grosses & de petites qui sont quarrées, plattes, rondes, & demy rondes. *Voyez* LIMES.

RAPE des Plombiers. *V. p.* 168. Pl. XXVI.

RAPE des Menuisiers. *Voyez p*age 180. 188. Planche XXXII.

RAPES dont les Serruriers se servent pour oster du bois, il y en a de diverses façons. *Voyez p.* 235. 248. Planche XXXVIII.

Zzzz ij

RAPORT. Il y a des ouvrages de raport qui se font sur le metal, sur les pierres & sur le bois, comme ce qu'on appelle *Damasquinure*, *Mosaïque*, *& Marqueterie*. V. p. 438. 442. 450.

RATEAUX ; Ce sont des garnitures de serrures au travers desquelles passe la clef. V. p. 218.

RATELIERS, où les Serruriers & autres Artisans mettent leurs outils. V. p. 240. Pl. XXXV.

RAVALEMENT d'un mur ; on dit *ravaler un mur*, lors qu'on le finit avec le crespi ou l'enduit ; Quand c'est un mur de pierre de taille, on appelle *le ravaler*, lors qu'on le nettoye avec la ripe, ou autres sortes de fers.

RAVELIN, piece d'une fortification. *Voyez* p. 113. Planche XIV.

RAYEURE ou Enrayeure ; C'est un assemblage de pieces de bois dans un comble de charpenterie, au droit des croupes ou des noües. V. p. 136. Pl. XVII.

RECALER, c'est oster du bois avec une varlope ou autre outil à fust. V. RABOT.

RECHAMPIR, terme de Peinture. V. p. 295.

RECHERCHER *toutes les parties d'une figure, la bien finir* ; c'est une maniere de parler parmy les Peintres & les Sculpteurs, qui signifie le soin & l'estude que l'on apporte pour perfectionner un ouvrage.

RECHAUSSER. *Voyez* HERISSON.

RECOUPES de pierres ; C'est ce qui s'abbat des pierres lorsqu'on les taille pour les mettre en œuvre. On s'en sert pour faire du mortier, en les meslant avec moitié de bon sable & de la chaux.

RECOUPEMENT. V. ARCADES.

RECOUVERT. Panneaux recouverts en terme de menuiserie. *V. p. 175.*

On fait aussi dans la maçonnerie des joints recouverts avec des pierres de taille, principalement aux terrasses, comme à celle de saint Germain en Laye.

RECOUVREMENT. *V.* FEUILLEURES.

RECUIRE, c'est faire perdre l'aigreur & la trop grande dureté que les metaux peuvent avoir acquis par l'écroüissement ou par la trempe, en les mettant au feu.

RECUIRE des flancs, carreaux & pieces de metail pour les medailles ou monnoyes. On fait aussi recuire le verre. *V. p. 353.*

RECUIT. Quand on met un morceau de fer au feu pour le travailler, on dit *qu'il s'endurcit au recuit ou qu'il devient revesche.*

RECUITE. On dit *que la recuite s'avance*, lorsque l'on voit dans les fourneaux des Vitriers que les pieces de verre peints qu'ils y ont mis, *se parfondent*, & que l'ouvrage s'avance. *V. p. 263.*

REDENTS. *Voyez page 101.*

REDOUTE, terme de fortification.

REDUIT. *V. p. 91.*

RE'EMUR. *V.* REZMUR.

REFAIT, on dit *du bois refait & remis à l'équaire. Voyez page 126.*

REFECTOIRE, *Cænaculum*, lieu où l'on mange; ce mot n'est en usage que dans les Monasteres & dans les Communautez d'Ecclesiastiques, car dans les maisons particulieres on dit *une Sale à manger.*

REFENDS ; Ce font les entre-deux ou feparations des pierres de tailles qui font aux encoigneures ou chaînes des murailles & autres endroits d'un baftiment.

On appelle *murs de refends* ceux qui font les feparations des pieces du dedans des Baftimens, pour les diftinguer des gros murs qui font la cage.

REFENDRE, en terme de Menuiferie, c'eft fcier du bois fur fa longueur.

REFICHER. On dit *reficher & rejoinctoier les vieilles affifes*, lorfque dans une muraille on en remaçonne les joints.

REFUS de mouton. *V.* PILOTIS.

REGARD ou refervoir pour les eaux de fontaine; Vitruve *caftellum*; Ces lieux font faits principalement pour obferver la conduite des eaux, & voir s'il ne manque rien aux tuyaux, ou aqueducs.

REGLE ou petit reglet, liftel, filet. *V.* LISTEL.

REGLES de bois ou d'autre matiere, fervant à toutes fortes d'Ouvriers.

REGLE à mouchette. *V. p.* 78. Pl. IX.

Grande & petite REGLE de Charpentier. *V. p.* 127. 138. Pl. XVIII.

REGLES de fer des Serruriers. *Voyez page* 235.

REGLES à main fervant aux Vitriers. *Voyez p.* 276. Pl. XLIII.

REGLETS plats, & Reglets à pied fervans aux Menuifiers. *V. p.* 179. 188. Pl. XXXII.

REGRATTER un vieux baftiment de pierre ; C'eft lorfqu'on le nettoye avec des ripes, des fers à retondre ou autres fortes d'outils.

REHAUSSER *un bas relief avec de l'or* ; C'est lorsque sur la couleur, on applique encore de l'or sur les endroits les plus clairs. On dit les *rehauts* ; C'est-à-dire les endroits les plus éclairez.

REJOINCTOYER. *V.* REFICHER.

REINS. Les parties d'une voute qui posent sur les impostes, sont vulgairement appellée *les reins*. Le mot de *delumbatum* qui est dans Vitruve livre 6. chapitre 5. qui signifie *éreiné* ou *éreinté* a esté traduit par M. Perrault *en voute surbaissée*, à cause que les reins en sont affoiblis.

RELAIS. *Voyez* BERME.

RELIEF, terme de peinture. *V.* p. 401.

REMENE'E ; C'est ce qu'on nomme *arriere-voulsure*. *Voyez* ARRIERE-VOULSURE.

REMPART, terme de fortification. *V.* p. 94.

REMPLISSAGE ou Remplage d'une muraille ; C'est lorsqu'ayant fait les paremens de grosse pierre, on remplit le milieu avec du blocage, ce que l'on appelle aussi *garni*.

RENARD ; C'est une pierre attachée au bout d'une ficelle qui sert aux Maçons & aux Limosins à eslever les murs droits ; Car lors qu'ils construisent une muraille, ils attachent aux deux extremitez du mur un cordeau ou une ficelle pour les conduire; Un des bouts de cette ficelle est arresté à une des extremitez de la muraille, & l'autre bout passe seulement sur un morceau de bois qui est mis en travers sur l'autre extremité du mur. Il y a une escoche ou hoche sur le bois pour empescher que le cordeau ne change de place; Et parce que s'ils attachoient le cordeau ou ficelle à ce morceau de bois, il pourroit se lascher oû bander par les changemens des temps, ils le laissent passer par dessus l'escoche ou hoche, y attachant seulement au bout une pierre assez pesante pour le tenir toûjours en mesme estat, & c'est ce qu'ils appellent un *Renard*.

RENARD, signal. *Voyez page* 132.

RENFLEMENT. Le renflement dans les colonnes est appellé par Vitruve *adjectio, quæ adjicitur in medii columnis, & entasis* en grec. Il se fait toûjours au tiers vers le bout d'en bas du fust de la colonne; & le milieu dont Vitruve parle, ne doit estre entendu à la lettre, mais en general de ce qui est seulement entre les extremitez. Tous les Auteurs n'approuvent pas le renflement des Colonnes. Il faut lire sur cela M. Perrault sur le 2. chap. du 3. livre de Vitruve.

RENFLE'. *V.* CREUX.

RENFORMIS. Les Maçons nomment ainsi les rétablissemens qu'ils font aux murs crevassez ou rompus, c'est-à-dire, lors qu'il y a quelque chose de plus qu'un simple enduit à y faire.

RENFORTS. *V. p.* 122, & 124.

RENGRAINER; C'est un terme de monnoye. On dit *rengrainer une medaille* lors qu'elle n'a pas encore bien receu toute l'emprainte, & qu'on la presse entre les deux carrez, ce qui se reïtere plusieurs fois. *V. page* 352.

RE'NURE, Raineure ou Ruinure, c'est un canal dans du bois; les Menuisiers disent *Rainure*, & les Charpentiers disent *Ruiné. V. p.* 175.

REPARER une figure de bronze, de plastre &c.
c'est

c'est en oster les barbes & ce qui se trouve de trop fort dans les joints & les jets du moule. On dit une *statuë bien nettoyée & reparée*; Et dans plusieurs autres ouvrages, on se sert de ce mot, pour dire qu'on y met la derniere main.

Repere en general signifie toutes sortes de points marquez & fixez pour conserver des mesures trouvées & données. C'est la marque que les Menuisiers font aux pieces de bois qu'ils assemblent, afin de les reconnoistre pour les rassembler; ce qui se fait par des chiffres ou marques dont les Ouvriers se servent. Lorsque ces pieces sont ainsi marquées, elles s'appellent *reperées*, ce mot vient de *reperire*; car ce sont des signes qui font retrouver les veritables joints & la place de chaque chose. Les Ouvriers disent *faire un repere en une ligne*, au lieu qu'en Geometrie on dit *faire un point*.

Repos ou Paillé d'un Escalier. *V.* Escalier.

Repous; C'est une matiere faite de vieille maçonnerie qu'on employe au lieu de sable ou ciment; on la mesle avec de la chaux, quelques-uns disent *Reboures*.

Repoussoirs servant aux Tailleurs de pierre; ce sont de longs cizeaux de fer de seize à dix-huit pouces de long servant à pousser des moulures.

Repoussoirs, especes de chevilles de fer dont se servent les Charpentiers & les Menuisiers, pour faire sortir les chevilles d'assemblages. *Voyez pages* 129. 136. & 140. Pl. XIX.

Repoussoirs des Serruriers. *Voyez p.* 235.

Repoussoirs dont se servent les Graveurs en cuivre. Ce sont de petits carrez d'acier de deux pouces

Aaaaa

de long & de la grosseur des gros burins. Ils servent à repousser les planches de cuivre dans les endroits que l'on a esté quelquefois obligé de grater avec le gratoir, ou d'effacer avec le brunissoir. On pose le repoussoir sur le derriere de la planche, & avec un marteau on frappe dessus. Il y en a de plusieurs figures, comme carrez, ronds, & ovale, &c.

RESSAUTS, en terme d'Architecture, c'est quand les corniches ou quelques autres membres, au lieu de continuer uniment, se rejettent en dehors, & font saillie.

On dit aussi d'un Escalier, *qu'il fait Ressaut*, quand l'appuy n'est pas continué sur une mesme ligne suivant la rampe.

RESERVOIRS ; Ce sont de grands bassins où l'on amasse l'eau pour les fontaines. *Castella*. Vitruve liv. 8. chap. 7.

RESSORTS de serrure. *Voyez pag.* 218. 220. 238. Planche XXXIV.

RESSORT double, ou à pied. *Id.*

RESSORT à boudin, espece de ressort pour les Serrures. *V. p.* 220.

RESSORT de chien. *Id.*

RESSORT à boudin qui sert à faire que les portes se puissent fermer toutes seules. *Voyez p.* 214.

RESTAURER une Figure de bronze ou de marbre, c'est la reparer dans ce qu'il y a de gasté.

RETENUE ; on dit qu'une piece de bois a sa retenuë sur une muraille ou ailleurs, lorsqu'elle est entaillée de telle sorte qu'elle ne peut reculer ou avancer de part ny d'autre.

RETOMBE'E signifie pente, telle qu'est celle des reins d'une voute. Quelques-uns disent aussi que le profil des feüilles d'un chapiteau a peu ou beaucoup de *retombée*, pour dire *pente*, & ce qu'ordinairement on appelle plus ou moins *galbées*. *V.* ABATUE & AR-RACHEMENT.

RETONDRE, c'est un terme des Tailleurs de pierre, qui signifie en general abatre, recouper quelque chose qui excede, comme une partie de l'épaisseur d'un mur. Ils appellent aussi *retondre*, lorsqu'ils repassent dans les moulures avec un fer à retondre pour les finir; ces fers sont ou bretez, ou sans bretures.

RETOUCHER, on dit *retoucher un Tableau qui a esté gasté*, ou bien encore on dit qu'*un Tableau n'est que retouché d'un tel maistre* qui l'aura fait peindre sur ses desseins par son Eleve; ou bien c'est une *copie retouchée* par celuy qui a fait l'original, ou par un bon maistre.

RETOURNER une pierre, c'est luy faire un second lit ou parement, tellement opposé au premier qu'ils soient paralelles entre eux. Ce que les Ouvriers disent *jaugement*; ce n'est pas qu'ils n'en jaugent dont les lits ne sont pas égaux.

RETOUR; Faire retour en terme d'Architecture, c'est un membre qui a deux faces, comme une corniche qui est posée sur deux faces differentes.

RETRAITE en terme d'Architecture, c'est quand un membre est retiré sur le corps du mur, au lieu de faire saillie, comme s'il y avoit retrecissement, diminution d'épaisseur, ou reculement de parties; *Faire une retraite à une grosse muraille*, c'est-à-dire la diminuer d'épaisseur.

RETRANCHEMENT. *Voyez* EPAULEMENT.

REVESCHE. *Voyez* RECUIT.

REVESTEMENT, en terme de fortification. *Voyez page* 98.

REVESTIR, on dit *reveſtir* pour environner; comme *reveſtir un modelle de cire* avec de la terre ou autre choſe.

On dit auſſi, en terme de Peinture & de Sculpture, *reveſtir ou veſtir une figure*.

Les Charpentiers diſent auſſi *reveſtir un pan de bois*, pour dire aſſembler les tenons dans les mortaiſes de toutes les pieces qui compoſent un ouvrage de charpenterie.

REUSSITE Les Peintres diſent d'un tableau bien executé, qu'il y a *une heureuſe reüſſite*.

REZMUR. Ce mot ſignifie les ſurfaces de deux murs, & ce qui ſe nomme le *dedans œuvre*, à l'égard d'un baſtiment. Ainſi les Charpentiers diſent *depuis le Rezmur juſques à une telle diſtance*, lorſqu'ils meſurent les longueurs d'une poutre, d'une muraille à l'autre en dedans.

RIDEAU, en terme de fortification, c'eſt un foſſé dont la terre eſt élevée ſur le bord qui met les ſoldats à couvert.

RIFFLARD breté ou bretelé pour travailler en pierre. *Voyez* p. 80. Pl. X.

RIFFLART outil de Menuiſier ſervant à dégroſſir la beſongne. *V.* p. 178. 186. Pl. XXXI.

RIFFLOIRS, eſpeces de limes taillées douces par le bout, dont les Sculpteurs, les Graveurs & les Serruriers ſe ſervent pour *dreſſer*, pour *atteindre* & pour *nettoyer* les figures de relief ou en creux, & autres pieces. *Voyez* page 234.

RIGOLE petit canal, ou petit fossé pour faire couler des eaux. On dit aussi *faire une rigole ou tranchée* pour faire les fondemens d'un bastiment.

RINCEAUX & Fleurons. *V. p.* 39. Pl. VIII.

RIPE, outil de Maçon de quinze ou seize pouces de long. *V. p.* 80. Pl. X.

RIPE des Sculpteurs. *V. p.* 318. Pl. XLIX.

RIVER, c'est rabatre les testes des clouds ou autres pieces de metal pour les affermir & les faire tenir ensemble.

RIVETS d'une serrure. *Voyez page* 221. 238. Planc. XXXIV.

RIVEURE. Les Serruriers nomment ainsi le morceau de fer rond, & en forme de broche, qui traverse & entretient les charnieres des couplets & des fiches.

ROBINET, c'est la Piece de cuivre que l'on tourne & dont l'on se sert aux tuyaux de fontaine, pour lascher ou retenir l'eau.

ROCAILLE; on appelle ouvrage de Rocaille ce qui est fait de plusieurs sortes de pierres brutes & coquillages, comme ceux que l'on fait dans les grottes. *V.* page 448.

On nomme aussi *Rocaille* de petites patenostres de verre, dont l'on se sert à faire les couleurs pour peindre sur le verre. *V. p.* 254.

ROCHOUER ou Rochoir, c'est une boëte où les Serruriers & autres Ouvriers mettent du borax. *Voyez* pag. 235.

Aaaaa iij

ROINETTE, petit outil avec lequel les Charpentiers marquent leur bois. Voyez page 128. 140. Planche XIX.

ROMAINE ou peson. Voyez BALANCE. V. p. 74. & 86.

RONDELLE, c'est une espece de virolle.

RONDELLES de cuivre servant pour les moules des Plombiers. Voyez page 163. 168. Pl. XXVI.

RONDELLE, outil fait en forme de cizeau arrondi dont les Sculpteurs en marbre se servent. V. p. 80. 316. Pl. XLVIII.

RONDINS ou Rouleaux de bois pour faire les tuyaux de plomb. V. p. 164. 166. Pl. XXV.

RONGNE ou Mousse qui vient sur le bois. Voyez pag. 119.

ROSASSES, on nomme ainsi certains ornemens en forme de roses.

ROSE. On appelle Rose une fleur qui est au milieu de l'Abaque du chapiteau Corinthien. Vitruve luy donne la largeur de l'Abaque. Les modernes la font descendre jusques sur la volute du milieu.

Il y a aussi des Roses qui ornent le dessous des corniches, & qui sont mises entre les modillons.

ROSETTE. L'on nomme ainsi le cuivre rouge lorsqu'il est fondu la premiere fois, soit à cause qu'on le tire par grandes pieces rondes, ou bien à cause de sa couleur rouge. Voyez page 335.

ROSSIGNOL, c'est un coin de bois que l'on met dans les mortaises qui sont trop longues, lorsqu'on veut serrer quelque piece de bois, comme jambes de force & autres.

Rossignol. Les Serruriers nomment ainsi un cro‑
chet de fer qui sert pour crocheter des serrures.

Roue servant à fendre le plomb. *Voyez page* 266.
278. Pl. XLIV.

Roue servant aux gruës & autres machines propres
à élever des fardeaux. *Amphireucis, Peritrochon*. Vitr. *V.*
p. 74. 86. 131. & 144. Pl. XXI.

Rouet. *Voyez* Hérisson.

Rouets & ressorts pour garnir les serrures. *Voyez*
page 215. 216. 238. Pl. XXXIV.

Rouge brun ; couleur pour peindre. *V.* p. 406.

Rouge violet. *Id.*

Rouge pour esmailler. *V.* p. 428.

Rougir *en colorissant* ; c'est un terme de ceux qui
peignent en esmail. *V.* p. 429.

Rougir le fer en couleur de cerise. *V.* p. 208.

Roulé, bois *roulé*. *V.* p. 119. & 125.

Rouleaux ; on appelle ainsi les volutes des conso‑
les, nommées *ancones* par Vitruve.

Rouleau dont se servent les Charpentiers & autres
ouvriers pour mener de grosses pieces de bois. *V.* p. 75.
86. 133. & 146. Pl. XXII.

Rouleaux sans fin ou Tours‑terrieres ; ce sont des
Rouleaux de bois assemblez avec entre‑toises. Ils ser‑
vent à conduire de grands fardeaux, & à mener de
grosses pieces d'un lieu à un autre. *Voyez page* 133. 146.
Planche XXII.

Rouleaux de bois dont se servent les Plombiers
pour former les tuyaux de plomb. *V.* Rondins.

Roulons ; Ce sont de petits morceaux de bois rond
qui servent aux rasteliers & aux eschelles.

ROUVERIN ; On appelle du *fer rouverin*, qui se casse à chaud & qu'on a de la peine à forger. *Voyez* page 195.

RUBANS tortillez sans baguettes & avec baguettes; especes d'ornemens. *V. p.* 59. Pl. VIII.

RUDENTE', c'est quand le bas des canelures d'une Colonne est plein & remply en forme de bastons ronds, car alors on dit que les colonnes sont *canelées & rudentées*; Quelques Ouvriers disent *redentées*, mais il faut dire rudentées qui signifie remplies d'une corde.

RUDERATION. *Voyez* HOURDER.

RUILLE'E, c'est l'enduit de plastre ou mortier qui se met sur les tuilles pour joindre la couverture & la tuile à la muraille.

RUILLER ou CUILLIR, c'est aussi faire des repaires pour dresser toutes sortes de plans & surfaces.

RUINE' & *tamponné*, Lorsque l'on fait un plancher, l'on entaille & l'on hache les costez des solives, on y met des chevilles de bois qu'on appelle *tampons* pour tenir les plastras & la maçonnerie dont on remplit ensuite l'entredeux des solives, & cela se nomme *ruiné & tamponné*.

RUINURE renure ou rainure. *V.* RENURE.

RUSTIQUE', ouvrage rustiqué ou ordre rustique en terme d'Architecture, c'est quand les pierres sont taillées rustiquement, & que l'on n'observe pas exactement les parties des cinq ordres ordinaires de l'Architecture.

On dit aussi *rustiqué* quand le travail est piqué au lieu d'estre travaillé poliment & uniment.

S de

S A

S

S De la Louve ; espece de crochet. *Voyez page* 78. Planche IX.

SABLE, Sablon. *Voyez page* 45.

Il y a plusieurs especes de Sable. Celuy que l'on nomme de cave, & que les Italiens appellent *Rena di cava*, se tire du milieu d'un champ. Le meilleur de tous les Sables pour faire de bon mortier, est celuy de riviere.

SABLIERES, ce sont des pieces de charpenterie qui se mettent dans les cloisons & pans de bois ; elles ne doivent avoir de grosseur au plus que la moitié des poutres. Vitruve appelle des sablieres jointes par des tenons, *Trabes intercardinatæ*. *Voyez* p. 120. 134. Planche XVI.

SABLON blanc qui sert pour la peinture sur le verre. *V.* p. 253.

SAC-A-TERRE. *Voyez page* 115. Pl. XV.

SACOME, quelques-uns se servent de ce mot en terme d'Architecture pour dire moulure en saillie, il vient de l'Italien *Sacoma*.

SAFFRE ou Zaffre *Zaffera* ; selon Cardan livre cinq *de subtilitate*, c'est une terre minerale de couleur grise qui teint le verre, & qui luy donne une couleur bleuë propre pour les Emaux. Cesalpinus & plusieurs autres la mettent au rang des pierres minerales ; elle est nommée SAFFRE à *Saphiro* à cause qu'elle donne la couleur du saphir. *V.* p. 254.

SAILLIE, Avance, Projecture du lat. *projectura*.

On dit un membre saillant lorsqu'il avance en

dehors. Vitruve liv. 3. chap. 3. donne pour une regle generale dans les bastimens que tous les membres saillans doivent avoir leur saillie égale à leur hauteur. Ce qui ne se doit pas entendre neanmoins des fasces des architraves & des tailloirs des chapiteaux des ordres du Toscan & du Dorique.

SALIGNI, espece de marbre. *V. p. 58.*

SALLE, lat. *aula*. Vitruve liv. 6. ch. 5. appelle *triclinia* les Salles à manger, à cause des lits sur lesquels on se mettoit. Les Anciens nommoient aussi *Oecos* une grande salle à faire des festins. *Voyez* OEQUE.

SALON, grande salle ou antisalle.

SALPETRE dont l'on se sert pour peindre sur le verre. *V. p. 154.*

SANDARAQUE. *V.* MINE.

SANDARAX, c'est la gomme du genevrier dont l'on fait un vernix qui sert à donner du lustre aux tableaux.

SANG-DE-DRAGON; c'est une liqueur qui sort en larmes du fruit & du bois d'un arbre qui croist dans l'Amerique, dont l'écorce est deliée & fort aisée à couper, on nomme cet arbre *Sang de Dragon*, à cause que son fruit est fait de telle maniere que quand on en leve la peau, on voit paroistre dessous la figure d'un petit animal, aussi bien travaillé que s'il estoit fait de la main de quelque Sculpteur. C'est la liqueur qui sort de ce fruit, & celle qui degoute de l'arbre lorsqu'on y fait quelque incision, que l'on vent ou en larmes ou en pain : car dans le pays ils en forment des masses ou pains de mesme que l'on fait de la resine. Cette liqueur qui ressemble à une espece de gomme, est rouge ; l'on s'en sert en certains ouvrages de vernix, & les Doreurs s'en servent aussi pour donner du vif à l'or. Monard medecin Espagnol traite de cet arbre dans son histoire des medicamens apportez de l'Amerique, liv. 5. ch. 24. Pline liv. 33. c. 7. l'appelle *Cinabre*, & dit que ce n'est autre chose qu'une matiere de sang que rendent & vomissent les Dragons, lorsqu'aprés s'estre remplis du sang des Elehpans, ils se trouvent écrasez par la pesanteur de ces animaux qui tombent sur eux. Il y a plusieurs Auteurs qui en ont écrit, & qui croyent qu'il y a de deux especes de sang de Dragon. On peut voir le P. *Cesius* dans son livre des mineraux.

SANGUINE, c'est une pierre rouge dont l'on fait des crayons pour desseigner. C'est la pierre ematite dont Pline parle au 20. chap. de son 36. livre, & dit qu'il y en a de cinq especes.

Il y a aussi une pierre de ce nom qui sert à polir. *Voyez* PIERRE.

SAPE. *Voyez page* 99.

SAPER une muraille.

SARAZINES. *V.* HERSES.

SARPE. *Voyez* SERPE.

SAUMONS de plomb. *V.* p. 158.

SAUTERELLE ; c'est un instrument fait ordinairement du bois & presque semblable au *buveau*, car elle est toute droite & comme une équiaire ployante, qui s'ouvre & qui se ferme de mesme qu'un compas, pour former & pour tracer des angles, & aussi pour prendre des mesures sur le trait & sur l'ouvrage. Elle sert pour couper une pierre par le bout ou autrement, avant que de la mettre en œuvre quand il doit y avoir du biais. Les deux branches de la Sauterelle doivent estre d'une égale largeur par tout, ce qui n'est pas au buveau. *V. p.* 78. Pl. IX. 127. 138. Pl. XVIII.

SAUVETERRE. Les Marbriers nomment ainsi une espece de marbre qui se tire sur le terroir & proche du village de Sauve-terre, à trois lieuës de S. Beat, le fond en est noir avec des taches & veines blanches meslé aussi de veines jaunes; c'est le mesme que les Ouvriers de Paris appellent *Bresche*. *V. p.* 61.

SCAPE. *V.* ESCAPE.

SCENE. Il y en avoit de trois sortes selon Vitruve livre 5. chap. 8. c'est-à-dire pour les decorations de Theatre, mais la Scene ordinairement estoit dans le theatre des Anciens une grande face de bastimens ornée de colonnes & de statuës qui avoient trois grandes ouvertures, dans lesquelles estoient representées des Bastimens en perspective. Il y a plusieurs choses remarquables, pour ce qui regarde la Scene des Anciens, dont Monsieur Perrault a traité dans ses Notes sur le 6. chapitre du 5. livre de Vitruve. *Voyez* MACHINE.

SCENOGRAPHIE, c'est la maniere de desseigner un Edifice, lorsqu'il est representé en perspective. Ce mot veut dire aussi une representation de relief que l'on appelle Modelle. *V.* ICNOGRAPHIE.

SCIE. *Voyez* SIE.

SCIOGRAPHIE ou Profil des dedans d'un Bastiment. *Voyez* ICNOGRAPHIE.

SCORPIONS. C'estoient de grandes Arbalestes, dont

les Anciens se servoient pour attaquer & défendre les murailles. On peut voir les Notes de Monsieur Perrault sur le 10. livre de Vitruve.

SCOTIE *Scotos* en grec signifie tenebre, obscurité. La Scotie est une goutiere ronde terminée par deux filets ou quarrez. L'on appelle ainsi la concavité ou partie creuse en forme de demy canal, qui est entre les Tores ou les Astragales dans la base des colonnes. C'est ce que les Grecs nomment aussi σκοπελὸς, qui veut dire *Poulie*, parce que la Scotie en a la Figure ; on la nomme Naceile en françois, à cause de sa cavité. Les Ouvriers confondent la Scotie & le Cavet, & souvent se servent indifferemment de ces deux noms. Cependant le Cavet n'est que la moitié d'une Scotie, & comme la quatriesme partie d'un Canal. *Voyez page* 24. Pl. IV.

SCULPTEUR. *Voyez page 72.*

SCULPTURE en general. *Voyez page 302.*

SCULPTURE en bois. *Voyez page 310.*

SCULPTURE en marbre, & autres pierres. *Voyez page 312.*

SEBILE, Gale ou Jatte servant aux Sculpteurs. *V. p. 316. Pl. XLVIII.*

SEC, on dit d'un ouvrage de Peinture ou de Sculpture qu'il est sec. *V.* MOILLEUX.

SELLE ou CHEVALET servant aux Sculpteurs pour modeler. *V. p. 307. 308.* Planche XLVII.

SELETTE d'un Engin. *Voyez page 129. 142.* Planche XX.

SERANCOLIN. On nomme ainsi une sorte de Marbre qui vient des Pyrenées. L'on a esté long-temps que l'on ne pouvoit avoir de ce Marbre que par morceaux, à cause qu'il est difficile à avoir des montagnes. Mais le Sieur Misson ayant trouvé le secret de sier les Marbres dans le roc avec de grandes sies, qui tournent comme l'on veut, a par cette industrie trouvé le moyen d'avoir ceux de Serancolin par grandes pieces comme les autres ; Ce Marbre se trouve dans la valée d'Or proche Serancolin dans l'Evesché de saint Bertrand. Il est Isabelle & rouge, & couleur d'Agathe. *Voyez page 61.*

SERGENT. Ce que les Menuisiers & quelques autres Ouvriers appellent Sergent, est une Barre de fer quarrée, ayant un crochet en bas, & un autre qui monte & descend le long de la barre, lequel s'appelle *Main*. Les Menuisiers s'en servent pour joindre & pour tenir les pieces de bois, lorsqu'on les veut coler, & pour faire *revenir la besougne*, c'est-à-dire approcher & presser le bois l'un contre l'autre. Les Tonneliers qui se servent beaucoup de cet outil le nomment *Crochet* & *Chien*, parce qu'il serre & mort fortement le bois ; & c'est pourquoy ils ont encore une autre sorte de Crochet, qui tire & pousse en mesme temps, qu'ils appellent une *Chienne*, & en quelques lieux une *Tratoire*, une *Tire*.

SERPE, ou Sarpe pour couper du bois : C'est un outil de fer aceré, & tranchant d'un costé qui a une poignée de bois. Il y a des serpes qui sont droites, & d'autres qui sont courbées par le bout.

SERPE & SERPETTE, dont les Plombiers se servent. *V. p. 168. Pl. XXVI.*

SERPENTIN, Pierre dure que les Grecs nomment *Ophis. Voyez page 52.*

SERRURES. Il y en a de differentes sortes. *Voyez* p. 214. 238. Pl. XXXIV.

SERRURE à Bosse. *Voyez* p. 216.

SERRURE Benarde, c'est quand elle ouvre des deux costez. *V. p.* 217.

SERRURE à Houssette. *Id.*

SERRURE qu'on nomme *un Pêne en bord. Id.*

SERRURE à Pêne-dormant. *V. p.* 218.

SERRURE Trefiere, qui est quarrée, & qui sert pour les portes. *Voyez* p. 216.

SERRURERIE. *Voyez page* 192.

SERTI, Terme dont les Lapidaires se servent, pour dire Enchassé. *V. p.* 367.

SEVERONDES. *Voyez* SUBGRONDES.

SEÜIL de porte, c'est la partie d'embas du Quadre ou Chassis de la porte. Les Anciens observoient de le faire élevé, & l'appelloient *Limen inferum* ; de mesme que le haut qui s'appelle parmi nous *Linteau*, se nommoit *Limen superum*.

SEÜILLES ou Chevet, c'est l'endroit, où tombe & pose le bout d'un pont-levis.

SGRAFFIT Ital. *Sgraffitto* maniere de peindre contre les murailles. *Voyez page* 422.

SIAGE. On dit du *bois de siage*, lorsque le bois est debité avec la Sie ; bois de brin, lorsqu'il n'est point refendu, & qu'il n'est qu'équari avec la coignée ; & bois merrin, lorsqu'il est fendu avec un instrument de fer, en forme d'équaire, & qui taille en dessous.

SIER, c'est couper du bois ou autre chose avec une Sie.

SIE. Il y a de differentes sortes de Sies pour sier le marbre, la pierre, & le bois; le sieur Misson qui est employé par le sieur Formon à tirer les marbres des Pyrenées, a trouvé le moyen d'en faire qui tournent & sient les marbres dans le roc.

SIE dentelée pour la pierre tendre. *Voyez pag.* 84. Planche XII.

SIE sans dents. *Idem.*

SIES à sier de long. Ces sies ont un affutage à chaque bout, ce que les Ouvriers appellent main.

On se sert pour sier de gros arbres dans les forests, de sies qu'on appelle *passe-par-tout*, qui n'ont qu'un manche à chaque bout de la feüille, comme les sies à sier la pierre tendre, hormis que les dents des sies de pierres ne sont pas détournées, & que celles à bois sont détournées de part & d'autre avec un Tourne-à-gauche.

SIE des Charpentiers. *V. p.* 127. 138. Pl. XVIII.

SIE à refendre, dont se servent les Menuisiers. *Voyez page* 177. 182. Planche XXIX.

SIE à debiter. *Idem.*

SIE à tenon. *Idem.*

SIE à tourner. *Idem.*

SIE à arraser. *Idem.*

SIE à main, ou Egohine. *Idem.*

SIE à cheville. *Idem.*

SIE à guichet, dont les Serruriers se servent pour faire les entrées des Serrures. *Voyez page* 246. Planche XXXVIII.

SIES de differentes façons, dont se servent les Sculpteurs. *V. p.* 316. Pl. XLVIII. *p.* 318. Pl. XLIX.

SIE

SIE servant aux Lapidaires. *Voy. p.* 366. 374. Planche LIX.

SIE de Marqueterie. *V. p.* 456. Pl. LXIV.

SIEURE de bois, *Scobs*; c'est le bois qui tombe en poudre lorsqu'on le sie.

SIGNER de *signare*. Les Vitriers disent *signer le verre*, pour dire *marquer*. Ce qu'ils font avec une espece de pinceau, qu'ils nomment *Drague*. *Voyez page* 267.

SIL. Espece d'Ochre. *V.* OCHRE.

SIMAISE, ou Sime de *Sima*, Camuse. C'est le dernier & le plus haut membre des grandes Corniches. On l'appelle autrement *grande Doucine* ou *Gueule droite*. Les Grecs nomment ces membres-là Epitithides ἐπιτιθίδας. Dans les Edifices anciens la Simaise qui est au haut de la corniche Dorique, est presque toûjours en forme de cavet ou de demie scotie, comme il se voit au Theatre de Marcellus; ce que plusieurs Architectes modernes ont imité. Mais dans l'Ordre Ionique, la Simaise du haut de la Corniche, est toûjours une Doucine. *V.* CYMAISE.

SIMBLEAU. Quand les Charpentiers veulent tracer un cercle, ils se servent d'un Cordeau, dont ils mettent un bout au point ou centre; & de l'autre, ils marquent & tracent telle portion de cercle qu'ils veulent; Ils appellent ce Cordeau ou Ficelle, un *Simbleau*.

SINGE, c'est un Engin, avec lequel on descharge les marchandises qui sont dans les bateaux, & dont on se sert dans les bastimens. *Voyez page* 132. 146. Planche XXII.

Ccccc

SMILLE espece de Marteau, qui a deux pointes propres à piquer le grez.

SMILLER, ou Esmiller, c'est piquer du grez ou du Moüelon. On dit du Moüelon ou du Grez *smillé*, pour dire piqué. Plusieurs Ouvriers disent par corruption *eschenillé*.

SOCLE. *Voyez* Zocle.

SOFFITE, c'est-à-dire le dessous de ce qui est suspendu ; L'on dit le *Soffite d'une Architrave*, c'est-à-dire la Face de dessous : On dit aussi quelquefois le *Soffite de la Couronne ou Larmier*, que les Anciens appellent ordinairement *Lacunar*, qui est ce que nous appellons Plafond, & qui est orné par compartimens de roses, & dans l'Ordre Dorique de 18. goutes faites en forme de clochettes disposées en trois rangs de six à chacun, & mises au droit des goutes, qui sont au bas des Trigliphes.

On dit aussi le Soffite, pour dire le dessous d'un plancher : ce mot vient de l'Italien *Soffito*, qui est le *Lacunar* des Latins.

SOLE ou solive. *Voyez* SOLIVES. *V. p.* 146. Planche XXII.

SOLIDE, une chose solide, c'est-à-dire ferme & bien assurée.

SOLIDE, Massif ; c'est en Architecture un corps plein.

On dit aussi lorsqu'on fait les fondemens d'un Edifice, *qu'on a trouvé le solide*, c'est-à-dire le bon fonds ; *fouiller dans le solide, mettre le solide de niveau*.

SOLINS ; l'on nomme ainsi les espaces qui sont entre les solives au dessus des poutres.

C'est aussi dans les couvertures de tuile l'arreste de plastre ou de mortier que l'on fait tout le long des extremitez du pignon du haut en bas, pour enclaver & retenir les premieres tuiles.

Solives; ce sont les pieces de bois qui servent à soûtenir les planchers. Sur la longueur de six pieds, elles doivent avoir du moins quatre pouces de large & six d'épaisseur; Et à proportion de leur grosseur toûjours plus hautes que larges, à l'imitation des Triglyphes qui representent la hanteur, la largeur & la disposition des solives ou pourrelles: car elles doivent estre mises de *champ* & non pas de *plat*, si on veut qu'elles ayent plus de force. *Voyez page* 121. 134. Planche XVI.

Soliveau, petite solive.

Somme ou panier de verre. *Voyez* p. 265.

Sommier, piece de bois plus grosse qu'une solive, & moins grosse qu'une poutre. Il y a des endroits où l'on nomme les poutres, *Sommiers*.

Sommier d'un outil à onde. *Voyez page* 458. Planche LXV.

Sommier; on nomme ainsi la premiere pierre qui porte sur les colonnes ou pilastres, quand on forme un arc ou quelque ouverture quarrée, à la difference des autres pierres qui sont posées dessus, qu'on nomme *voussoirs*, quand c'est une arcade, ou porte, ou fenestre ronde; & *claveaux* quand l'ouverture est quarrée.

On nomme aussi Sommiers les pieces qui reçoivent les bascules des ponts levis.

Sonnette; c'est une machine pour enfoncer des

pilotis. *Fistuca* dans Vitruve signifie toutes sortes de machines propres à enfoncer des pieux, comme *moutons*, *biés*, *demoiselles*, *&c.* Il y a différence entre la *Sonnette* & ce qu'on nomme un *Declicq*. Les Sonnettes qui sont composées d'un gros belier ou mouton de bois ou de fonte, de fer ou de cuivre, s'eslevent entre deux coulisses ou moutons de bois, avec un cordage que l'on tire & qu'on laisse aller. Et ce qu'on appelle *Declicq* est une autre belier d'une pesanteur extraordinaire que l'on esleve avec un tour entre deux ou quatre pieces de bois de vingt-cinq ou trente pieds de long ; & lorsqu'il est monté au haut, on tire une petite corde qui détache un *declicq* & fait que le mouton tombe sur la teste du pieu.

SOUBASSEMENT. *Voyez* STYLOBATE.

SOUCHET. On appelle ainsi la pierre qui se tire dans les Carrieres, & qui est au dessous du dernier banc ; c'est la moindre des pierres. Quelquefois elle n'est que comme de la terre & du gravois. On appelle *souchever* ; lorsqu'on la tire pour faire tomber les autres bancs de dessus. V. les Notes de M. Blondel, sur le 31. ch. de Savot.

SOUCHEVEURS. Ce sont les Carriers, qui travaillent particulierement à oster le Souchet, afin de separer & de faire tomber les pierres.

SOUDER. Parmy les Serruriers, *souder deux morceaux de fer*, c'est les mettre chauffer dans le feu jusques à ce qu'ils soient tout blancs, & comme dégoutans ; puis on les joint l'un contre l'autre ; & avec le marteau on *soude*, & des deux l'on n'en fait qu'un.

L'on soude le plomb avec de la Soudure faite de

plomb & d'eſtain; le Cuivre ſe ſoude auſſi avec de l'Eſtain, & quelquefois avec un meſlange de cuivre & d'argent ſelon la delicateſſe de l'ouvrage.

Soufflet, dont ſe ſervent les Serruriers, & autres Artiſans. En Latin *Mantica* du Grec μασδάκη, qui veut dire une peau ou du cuir, dont les ſouflets ſont faits.

Soufflets des Serruriers doubles & ſimples. *V.* p. 240. Planche XXXV.

Souillard. C'eſt une piece de bois aſſemblée ſur des pieux, & poſée au devant des glacis, qui ſont entre les piles des Ponts de pierres. L'on en met auſſi aux Ponts de bois.

Soupape qui ſert dans les pompes pour arreſter l'eau. Il y en a de differentes ſortes. Celle qui eſt toute platte comme un ais ſe nomme *Clapet*. Il y en a d'autres rondes & convexes, qui ſont à preſent le plus en uſage; & d'autres qui ſont rondes & en pointe comme un cone, ou un fauſſet.

Soupentes; On appelle ainſi les barres de fer qui ſervent à ſoûtenir le faux manteau d'une cheminée.

Soupentes, ou pieces de bois ſervant aux Gruës. *V.* p. 131. 144. Pl. XXI.

Il y a auſſi des eſpeces d'entreſoles qu'on nomme Soupentes.

Soupirail. Il y a dans un baſtiment trois principales ſortes d'ouvertures pour recevoir du jour; ſçavoir les ſoupiraux, les croiſées & les lucarnes.

Sourcil. *Voyez* Astragale.

Sousfaiste. *V.* Faiste.

Spirale; Une *ligne Spirale*, c'eſt une ligne cir-

Ccccc iij

culaire, qui à mesure qu'elle tourne, s'esloigne toûjours de son centre, comme aux volutes & aux vis, où ces lignes tournent comme autour d'un Cylindre.

SPIRE. *Astragale*, *Bosel*, *Tore*, sont souvent employez indifferemment par plusieurs Ouvriers & Architectes, neanmoins il doit y avoir quelque difference. Car proprement Spire signifie la Base entiere de la Colonne, à laquelle on a donné ce nom, à cause de la ressemblance qu'elle a à ce que signifie *Spire*, qui veut dire les replis d'un serpent, quand il est couché en rond, ou ceux d'un chable.

STADE ; mesure de chemin de 125. pas, de *stadres*. Tous les Autheurs Grecs disent que leur Stade avoit 600. pieds; mais les Autheurs Latins leur en donnent 625. à cause de la difference du pied Grec au pied Romain.

STADE ; Parmi les anciens Architectes le mot de *Stade* signifie aussi un Edifice en maniere de Theatre fort long & courbé à chaque bout, composé de plusieurs degrez, où se plaçoient ceux qui estoient Spectateurs de la course des Athletes. Vitruve L. 5. c. 11.

STAMPE. *Voyez* ESTAMPE.

STATUE de marbre ou de bronze &c ; c'est à dire une Figure de ronde bosse.

STENTÉ. Les Peintres disent un *Tableau stenté*, qui est fait avec peine & difficulté, du mot Italien *Stentato*.

STEREOBATE. *Voyez* STYLOBATE.

STIL de Grun ou Grain ; c'est une couleur pour peindre. Ce mot vient peut-estre du Flamant *Schytgel*, qui signifie une couleur jaune : ou bien de l'Anglois *Grain*, qui signifie vert. Car la graine, dont on fait cette couleur, qu'on appelle vulgairement *graine d'A-vignon*, fait du vert & du jaune.

STOMPER. *Voyez* ESTOMPER.

STORE Ital. *Stoia* & *Stora*. C'est une piece de nate couverte de toile, ou une grosse toile en double, que l'on met devant les fenestres, pour se deffendre de l'ardeur du Soleil : Et en latin le mot de *pretexta* ou *pretenuura* peut signifier cela, de la maniere que Vitruve s'en sert l. 6. ch. 7. selon les Notes de M. Perrault.

STRIEURE se prend pour les concavitez des colonnes canelées, & aussi pour l'espace plat ou Listel qui est entre chaque canelure. Car Vitruve appelle *Strix* la concavité des Canelures; & *Strix* le plain qui est entre les concavitez; Et c'est ce qu'Apulée semble vouloir dire, lorsqu'il met *frons striata* pour *rugosa*. Lib. 10. Asin. Aur.

Dans l'Ordre Dorique les Canelures sont differentes de celles des autres Ordres. Car elles ne sont pas si profondes, & d'ordinaire il n'y a point d'espace plat ou listel entre elles, & il y a moins de Canelures. Vitruve n'en met que 20. l. 4. chap. 3.

STUC. Le Stuc est fait avec du marbre blanc bien broyé & passé, & de la chaux. Ital. *Stuoco*, qui vient de l'Allemant *Stuck* qui signifie fragment ou morceau; Vitr. l. 7. ch. 6. enseigne à faire le Stuc. *Albarium opus* est un ouvrage fait de Stuc selon l'opinion de quelques-uns, & que Pline appelle aussi *marmoratum*. V. p. 344.

STUCATEUR. Ouvrier qui travaille en Stuc.

STYLE d'un Cadran au Soleil ; c'est l'Eguille qui marque les heures, & les hauteurs des Signes, c'est ce que les Anciens appellent *Gnomon*.

STYLOBATE de στυλοβάτης, *Fundamentum. fulcimentum columnæ*, ce sont les Piedestaux des Colonnes ; Et στερεοβάτης, *solidi fulcimentum*, c'est-à-dire la Base de tout l'Edifice. Ainsi l'on peut appeller *Stereobate*, & non pas *Stylobate*, la partie de la base ou fondement qui n'est pas sous une Colonne. Vitruve se sert de *Scamilli*, qui signifie des *Escabeaux* ou des *Bancs*, pour signifier des Piedestaux, comme lorsqu'il parle des *Scamilli impares* : L'obscurité de ce passage a exercé plusieurs sçavans hommes.

SUAGE. C'est un outil qui sert aux Serruriers pour forger & enlever les barbes des Pênes ; & pour forger aussi les pieces en demy rond, triangulaires, &c.

SUBGRONDE ou severonde. Lat. *subgrunda*. Ital. *gronda*; c'est le bas de la couverture d'une maison qui avance pour jetter les eaux au de la du mur, & ce qu'on appelle communément *Chanlate*.

SUEIL de porte. *Voyez* SEUIL.

SVELTE de l'Ital. *svelto* ; les Peintres se servent de ce mot pour exprimer dans les Figures ce qu'on appelle d'ordinaire dans les hommes & dans les femmes, une taille denoüée, degagée, aisée, égayée.

SUPORTS pieces de bois servant à un tour. *Voyez page* 379-385. Pl. LX.

SURCHAUFFURES ou pailles, ce sont des deffauts dans l'acier. *Voyez page* 194.

SYMMETRIE. M. Perrault dans ses Notes sur le 2. chap.

chap. du 1. liv. de Vitruve, & sur le 1. chap. du 3. livre a parfaitement bien observé que le mot de *Symmetrie*, de la maniere que nous en usons d'ordinaire en françois, ne signifie point ce que *Symmetria* signifie en Grec & en Latin; ny ce que Vitruve veut dire dans ce Chapitre, qui est le rapport que la grandeur d'un tout a avec ses parties, lorsque ce rapport est pareil dans un autre tout, à l'égard aussi de ses parties où la grandeur est differente. Car par exemple, si deux Statuës se rencontrent, dont l'une ait huit pieds de haut, & l'autre huit pouces; Et que celle qui n'a que huit pouces, ait la teste d'un pouce de haut; comme celle qui a huit pieds, a la teste d'un pied; On dit que ces deux Statuës sont de *mesme Proportion*, & non pas de *mesme Symmetrie*. Parce que Symmetrie en françois a un autre signification, & veut dire le rapport que les parties droites ont avec les gauches, & celuy que les hautes ont avec les basses, & celles de devant avec celles de derriere, &c.

T

TABLE de Verre. *Voyez page* 264.

TABLE d'attente, ou compartiment quarré; c'est ce qui se pose d'ordinaire sur des portes ou dans des frises pour mettre des Inscriptions, Armes, Devises, &c. Vitruve appelle *Abacus* une Table d'attente livre 7. chap. 4.

TABLE de bois tracée en compartiment, dont se servent les Vitriers, pour tailler leurs pieces de verre, & les mettre en plomb, pour composer leurs Panneaux de vitres. *V. p.* 276. Pl. XLIII.

Ddddd

TABLEAU. *Voyez* PEINTURE.

TABLEAUX des portes. *Voyez pag.* 176.

TABLEAUX des fenestres ou croisées ; cela se prend pour le quarré & ouverture d'une fenestre, qui est proprement l'épaisseur de la muraille non compris l'embrazure. Les Ouvriers appellent les costez tant de l'Embrazure ou Escoinçon, que du Tableau les *Joüées*. Il y a apparence que ce mot est corrompu, & vient de *Jours*, car on appelle ainsi les ouvertures des fenestres, & des portes. Vitruve liv. 4 ch. 6. dit *lumen hypothyri*, pour dire *l'ouverture de la porte*; ce que les Italiens nomment aussi *il lume*.

TABLETTE. *V.* BANQUETTE.

TAILLER la pierre. On dit *tailler, traverser, & polir au grez*, lorsque c'est une pierre dure que l'on veut rendre parfaitement taillée.

TAILLEURS de pierre. *V. p.* 72.

TAILLOIR. C'estoit anciennement une Assiette de bois quarrée. En Architecture c'est la partie la plus haute du Chapiteau des Colonnes, & ce que les Architectes anciens nommoient *Abacus* qui sert de couvercle au vase ou tambour qui fait le corps & la principale partie du Chapiteau. M. Perrault dans ses Notes sur le 3. chapitre du 3. livre de Vitruve, a remarqué que ce couvercle est parfaitement quarré au Chapiteau Toscan, au Dorique, & à l'Ionique antique. Mais au Corinthien, au Composite & à l'Ionique moderne, mis en œuvre par Scamozzi, qui a imité ceux du Temple de la Concorde, il est creusé & recoupé en dedans. Ce qui fait qu'il n'est appellé *Abaque*, que parce qu'il est à la place où les autres Ordres ont un veritable Abaque.

Le Tailloir ou Abaque dans l'Ordre Toscan est appellé Plinthe au ch. 5. du 4.l. de Vitr. parce que n'ayant point de Cymaise comme les autres, il est quarré comme les Plinthes des Bases.

TALON, en terme d'Architecture, c'est un petit membre composé d'un filet quarré & d'une *symaise* droite. *Voyez* ASTRAGALE. *V*. p. 180. Pl. XXVIII.

TALON d'un pêne. *V*. p. 221.

TALON; espece d'Esbauchoir. *Voyez page* 3, 5. Planche LII.

TALUS. Les Ouvriers appellent *talus* quand une muraille diminuë de son épaisseur à mesure qu'elle s'éleve.

TALUS d'un bastion ou d'un rempart. *Voyez page* 94.

TAMIS. *Voyez* ESTAMIS.

TAMPON de feutres, dont se servent les Graveurs en cuivre, pour frotter leurs planches. *V*. p. 391. 394. Planche LXI.

TAMPONS ou Chévilles de bois, dont l'on garnit les solives d'un plancher & les poteaux des cloisons. *V*. RUINE' & TAMPONNE'.

TAPER, Terme dont se servent les Doreurs. *Voyez page* 286.

TARAUX. Ce sont des Rouleaux d'acier en forme de cone taillez spiralement en vis, pour faire des Ecroux. Il y a des Taraux pour faire des Ecroux de fer, & d'autres pour des Ecrous de bois ; de mesme qu'il y a de differentes Filieres pour faire des Vis. *Voyez* p. 236. 284. 286. Pl. LX.

Ddddd ij

TARAUDER. C'est faire un Ecrou, ou un trou en façon d'Ecrou.

TARIERE, Outil de fer servant aux Charpentiers & aux Menuisiers. Il y en a de plusieurs sortes & grosseurs. Ce mot vient du grec τέρετρον, terebrum, τερέω, terebro. V. p. 127. 138. Pl. XVIII.

Quand le Tariere est gros, les Ouvriers disent un gros *Tariere* ; Et quand il est petit, ils disent *une petite Tariere*.

TARIERE pointu. V. p. 456. 458. Pl. LXV.

TARGETTES ; Ce sont des Plaques avec verouïls servant à fermer les fenestres, il s'en fait de différentes façons. *Voyez page* 225. 23*. Pl. XXXIV.

TAS de charge. Ce sont les premieres pierres qu'on voit sur les angles ou dans le plain d'un mur, & qui montrent le commencement & la naissance d'une voute, ou des branches des Ogives, Tiercerons, Formerets, & Arcs doubleaux.

On dit, tailler, ou finir un ouvrage de pierre sur le tas, lorsqu'elle est preste à poser.

TASSEAUX ; Ce sont comme de petites Enclumes propres pour percer, couper, river & dresser le fer, & qui se posent d'ordinaire sur l'establie. Il y en a de quarrez, d'autres qui ont une petite *Bigorne*. *Voyez page* 242. Pl. XXXVI.

TASSEAUX ; pieces de bois servant à la Charpente d'un logis ; pour porter les panes. *Voyez page* 122. 134. Planche XVI.

On appelle aussi *Tasseaux* deux tringles de bois, qui soustiennent un ais par les bouts.

TEINTES, DEMY-TEINTES ; ce sont termes de Peinture, pour exprimer les diverses couleurs, selon qu'elles sont plus claires ou plus brunes, ou plus vives ou plus tuées.

TEMPLE. Les Temples des Anciens avoient d'ordinaire quatre parties ; sçavoir ce qu'ils nommoient *Pteromata* qui estoit les ailes en forme de gallerie ou portique ; le *Pronaos* ou Porche appellé aussi *Prodomos* & *Propylea* & mesme *Vestibulum* ; le *Posticum* ou *Opistodomos*, qui estoit opposé au *Pronaos* ; & *Cella* ou *Secus* qui estoit au milieu des trois autres parties. Vitruve.

TESMOING ; quand on oste des terres, soit pour bastir ou autrement, les Entrepreneurs laissent quelquefois des butes d'espace en espace, afin de mesurer par leur hauteur la quantité que l'on a ostée : ces butes se nomment *Tesmoins*.

TENAILLES *forcipes*. Vitr. liv. 10. ch. 2. appelle ainsi un instrument que nos Ouvriers nomment *louve*, avec lequel on accrochoit de son temps les pierres pour les enlever avec les gruës ou engins.

TENAILLES des Menuisiers. *Voyez* page 180. 188. Pl. XXXII.

TENAILLES des Vitriers. *Voyez* page 268. 280. Planche XLV.

TENAILLES des Fondeurs. *V.* p. 338. Pl. L. & p. 340. Planche LI.

TENAILLES des Lapidaires. *Voyez* page 364. 368. Planche LVII.

Grandes TENAILLES des Serruriers servant pour la forge. *Voyez* p. 242. Pl. XXXVI.

Grandes TENAILLES à crochet & à chauffer, &

Ddddd iij

TE

Autres TENAILLES à faire boutons.

TENAILLES pour faire des vases à chaud. V. p. 244. Planche XXXVII.

TENAILLES pour emboutir les vases. *Idem.*

TENAILLES à chamfraindre. *Id.*

TENAILLES à liens. *Id.*

TENAILLES à fer à roües. *Idem.*

TENAILLES à vis, ou estau à main. *Id.*

TENAILLES ordinaires. *Id.*

TENAILLES de bois pour mettre dans l'Estau servant à polir les grosses pieces. V. p. 235.

TENAILLES pour monnoyer les medailles & pour emboister les quarrez. V. p. 351. 358. Pl. LIV.

TENAILLES, en terme de fortification, ce sont de grands ouvrages qui couvrent les courtines des places fortifiées. V. p. 101.

TENDRE; c'est en terme de Peinture & de Sculpture le contraire de dur & de sec. On dit cela est peint, ou travaillé tendrement.

TENDRESSE, il y a beaucoup de tendresse dans ces plis; tout est peint avec beaucoup de tendresse & de douceur.

TENIE de ταινία, qui signifie une Bande ou Bandelette que les Latins nomment *Vitta, Fascia, Zona, Corona.* C'est une partie de l'Epistyle Dorique, laquelle ressemble à une regle, & tient lieu de symaise. Elle est comme attachée à l'epistyle au dessous des triglyphes, ausquelles elle sert en quelque sorte, de base. Barbaro l'appelle Listel, Mais Palladio luy conserve son nom ancien de Tenie. Philander dit qu'il y en a de deux sortes; sçavoir celle dont je viens de parler, qu'il nomme *Inferieure*; & l'autre *Superieure*, qui sert comme de Chapiteau aux triglyphes. Leon Baptiste Albert L. 7. c. 9. nomme les Tenies *Regule*, *Fasciola*.

TENON. C'est le bout d'une piece de bois qui entre dans une mortaise. *V. p.* 136. Pl. XVII.

TENONS à tournices ou oulices; ce sont ceux qui sont coupez tout quarrément, & en *about* auprés le parement du bois, pour revestir aprés coup & quand l'ouvrage est fait. *V. p.* 126. 136. Pl. XVII.

TENONS à *mors d'asne*, ou *mordans*, *& renforts*. *V.* p. 126. 134. Pl. XVII.

Il y a aussi les Tenons que les Menuisiers nomment *clefs*, qui sont de deux manieres; les uns simples qui s'enferment dans deux mortaises, & qui sont arrestez avec deux chevilles. Vitruve les nomme *subscudes*; les autres que l'on met en dehors & taillez en *queuë d'aironde*, que Vitruve appelle aussi *securicule*, à cause qu'ils ressemblent à de petites coignées.

Les Sculpteurs nomment aussi TENONS les pieces de marbre qu'ils laissent en certains endroits de leurs figures pour en soûtenir quelques parties qui sont en l'air, jusques à ce qu'elles soient toutes finies, comme à des bras, à des mains, à des doigts, &c.

TERME, borne, limite, de τέρμα.

Quand ce mot signifie des figures d'hommes ou de femmes sans bras & sans jambes, il vient de *Terminus*, le Dieu Terme; ou de Ἑρμῆς, qui signifie Mercure, selon H. Estienne.

TERNI; on dit *un Tableau terni*, dont les couleurs sont passées.

TERRASSE signifie un lieu élevé, soit qu'il soit de terre solide, soit qu'il soit sur une voute ; mais cette derniere maniere s'appelle plus proprement *plate forme* comme celles qui sont couvertes de plomb, ou pavées de pierres. &c. V. p. 166.

TERRASSE ou balcon. *Voyez* BALCON.

TERRASSE. On appelle ainsi, en terme de peinture le devant des païsages.

TERRE-VERTE *creta viridis*, selon Philander sur le 7. ch. du 7. livre de Vitruve. V. p. 406.

TERRE d'ombre & de Cologne. V. p. 407.

TERRE-PLAIN. *Voyez* page 94.

TESTES de Lions que l'on taille dans les symaises. *Voyez* GARGOUILLES.

TESTES de Bœuf, les Architectes en mettoient anciennement dans les Metopes des Temples, à cause des sacrifices. On s'en sert encore aujourd'huy pour servir seulement d'ornement.

TESTU à démolir, outil de Maçon. *Voyez* page 80. Planche X.

TESTU à arrester, *idem*.

TETRASTYLE, c'est un bastiment qui a quatre colonnes à la face de devant.

THEATRE de Neron.

Petit THEATRE *Odeum*. Le devant de la scene du theatre *Proscenium*. Le derriere du theatre *Parascenium*, *Postscenium*. Pour voir tout ce qui dépendoit de la composition & fabrique des Theatres anciens, tant des Grecs que des Latins, il faut lire Vitruve livre 5. ch. 6. avec les Notes de M. Perrault.

THEORIE *θεωρία*, Contemplation, Consideration.
L'on

L'on dit qu'une personne n'a que la Theorie d'un art, lorsqu'il n'en a pas la pratique, & qu'il n'est pas Ouvrier.

THERMES de *Thermæ*. Ce sont des lieux pour les bains. Ce qui reste dans Rome de ceux de Diocletien, est encore fameux.

THOLE de fer. *V.* TOLE.

THOLUS; C'est la clef & piece du milieu, où s'assemblent toutes les courbes d'une voute, quand elle est de charpente, & où anciennement l'on suspendoit dans les Temples les presens faits aux Dieux. Quelquefois aussi ce mot est pris pour la coupe d'un Temple, ou bien pour ce que nous appellons la lanterne que l'on met au dessus, selon Philander & Barbaro. Vitruve nomme *Tholus* une Coupe ou Dome; & *Flos* l'Ornement ou Fleuron qui est au dessus.

THRONE de θρόνος; lieu élevé, ou siege Royal.

TIERCERONS ou TIERCERETS. *Voyez* VOUTE d'Ogives.

TIGE; l'on dit la tige d'une colonne, pour dire son fust ou le vif. Vitruve *Scapus*.

On dit aussi la Tige d'une Clef. *V.* CLEF.

TIGE du trepan. *V.* FUST.

TIGETTE; ou petite caulicaule. *V.* CAULICAULE.

TIRANT; c'est une poutre ou piece de bois qui traverse d'une muraille à une autre, & sur laquelle sont posées les Forces, qu'elles empeschent de s'écarter. La piece de bois qui pose toute droite au milieu & au dessus du tirant, se nomme *Poinçon*; l'on nomme aussi quelquefois Tirant, les Entraits. *Voyez* page 121. 134. Pl. XVI.

TIRE. *Voyez* SERGENT.

TIREBOUCLERS ; il y a des lieux où les Charpentiers appellent ainsi certains outils qui leur servent pour dégauchir le dedans des mortaises.

TIRECLOU ; c'est un outil de fer, plat & dentelé des deux costez, en forme d'une double cremaillée, & dont le manche est coudé quarrément en dessus ; les Couvreurs s'en servent lorsqu'ils travaillent à des toits couverts d'ardoises pour arracher les clous : car passant cet outil entre deux ardoises, ses dents prennent & acrochent les clous, & en frappant du marteau sur le manche du Tireclou, les Couvreurs attirent les clous à eux. *Voyez page* 156. Pl. XXIV.

TIREFOND ; c'est un outil de fer en forme de vis. *V. p.* 456. 458. Pl. LXV.

TIREPLOMB, c'est un roüet dont les Vitriers se servent pour filer le plomb qu'ils employent aux vitres. *Voyez page* 266. 278. Pl. XLIV.

TIRER ; *faire tirer les Tenons* en terme de charpenterie, c'est percer le trou de biais contre l'épaulement d'un tenon, pour le faire serrer en about. *Voyez page* 125.

TISONNIER ; c'est un crochet ou espece de palette de fer servant aux Serruriers & autres, pour couvrir le feu, & pour sablonner le fer. *Voyez* PALETTE.

TISONNIER coudé. *V. p.* 242. Pl. XXXVI.

TOILE graticulée ou craticulée pour reduire un tableau au petit-pié. *V. p.* 420. Pl. LXII.

TOLE, c'est du fer en feüilles. *V. p.* 195.

TOISE; mesure de six pieds; *toiser*, mesurer avec la toise. *V. p.* 127.

TOIT, *tectum*. Il y a de deux sortes de toits; l'un est appellé des Latins *displuviatum*, lorsque le faistage va d'un pignon à l'autre, & jette l'eau des deux costez; L'autre qu'ils nomment *testudinatum*, est ce que nous appellons en croupe ou en pavillon, par le moyen duquel l'eau tombe des quatre costez. Vitruve liv. 6. ch. 3. appelle *stilicidia* les avances des toits, qui servent à égouter l'eau. Il faut lire les Notes de M. Perrault sur le 1. chap. du 2. liv. de cet Auteur.

TOITS-COUPEZ ou Combles que l'on nomme à la Mansarde. *V. p.* 150. 154. Pl. XXIII.

TOMBEREAU; c'est une espece de charette à deux rouës dont le fond & les costez sont de planches de bois. On s'en sert particulierement dans les bastimens pour mener du sable, de la terre & des decombres.

Il y a des lieux où cela se nomme *Banneau*.

TONDIN, c'est une petite baguette. *Voyez* ASTRAGALE.

TONNE espece de coquille. *V. p.* 443.

TONNEAU. On vend la pierre de saint Leu & de Vergelé au tonneau, comme la pierre de taille ordinaire se vend à la voye, & autrefois au chariot. *Voyez page* 68.

TORCHE-PINCEAU; c'est un petit linge qui sert aux Peintres à essuyer leurs pinceaux & leur palette.

TORCHERES, ce sont de grands Chandeliers qui servent à mettre de gros flambeaux de cire.

TORCHIS; c'est une composition de terre grasse meslée & pestrie avec du foin ou paille, dont l'on se sert en plusieurs endroits pour faire des cloisonnages & des planchers : On tortille cette matiere autour de certains bastons en forme de torches, à cause dequoy on les appelle *torchis*.

Torchons ou torches de paille qu'on met sous les pierres, de crainte qu'elles ne s'écornent lorsqu'on les taille, qu'on les porte en besogne, ou qu'on les pose sur le lit avec les gruës, gruaux ou engins. Les Anciens pour empescher que le parement des pierres ne se gastast, les tailloient grossierement en rond ; & lorsqu'elles estoient sur le tas, ils *avaloient* & abbatoient cette rondeur.

Tore veut dire un lit ou bourlet, c'est pourquoy dans l'Architecture les gros anneaux des bases des colonnes sont appellez *Tores*, à cause de la ressemblance qu'ils ont avec le bord d'un lit ou matelats, ou d'un bourlet, à la difference des petits anneaux qui dans la base Ionique sont nommez Astragales. Les Italiens appellent le Tore, *Baston* ; nos Ouvriers, *rond*, ou *bosel*. Les bases des colonnes Toscanes & Doriques, & mesme selon Vitruve les Ioniques n'ont qu'un Tore. Les bases Attiques ou Atticurges en ont deux, l'un superieur, & l'autre inferieur ; celuy-cy a plus de grosseur que celuy de dessus. On appelle *Scotie* la partie creuse qui est entre les deux Tores.

Torse ; une colonne torse est celle dont le fust est en ligne spirale. *V. p.* 30. 31. Pl. VI.

Torse où Tronc d'une Figure de l'Italien *torso*, qui signifie tronqué ; c'est un corps sans teste, sans bras & sans jambes, tel qu'est ce beau torse de marbre qui est au Vatican, que quelques-uns croyent estre le reste d'une figure d'Hercule, & un des plus sçavans ouvrages de l'Antiquité.

Tortues ; c'estoient de grandes tours de bois que l'on faisoit rouler sur plusieurs roües ; elles estoient couvertes de peaux de bœufs nouvellement escorchez, & servoient à mettre à couvert ceux qui approchoient des murailles, pour les miner, & pour les battre avec les belliers. On les appelloit tortuës à cause de la force de leur toit, dont les Ouvriers estoient couverts comme la tortuë l'est de son escaille. Vitruve liv. 10. chap. 20.

Toscan. Ordre Toscan, c'est un des cinq ordres d'Architecture, & le plus simple de tous. *V. p. 9.*

Tour de τύρω ; c'est un bastiment eslevé ordinairement plus haut que les bastimens ordinaires, il y en avoit anciennement à l'entour des murailles des villes, pour les deffendre au lieu de bastions. Il y a aussi des Tours dans le milieu des places pour servir de Beffroy ou de Donjon. On nomme encore Tours les edifices qui servent de clochers, comme à Paris les Tours de Nostre-Dame. Il y a des Tours rondes & des Tours quarrées & d'autres figures.

Les Anciens se servoient de Tours de bois pour eslever ceux qui assiegeoient des places jusques à la hauteur des murailles, afin de combattre les assiégez à coups de fleches & de pierres, & pouvoir entrer dans les villes sur des ponts qui s'abbatoient : Car ces Tours avoient quelquefois jusques à trente toises de haut, ayant plusieurs estages qui servoient d'autant de logemens à quantité de soldats. *Voyez* Vitruve.

Tour, *Tornus* de τόρνος, machine à travailler. *V.* page 376. 385. Pl. LX.

Tour, Touret; instrument ou machine dont se servent les Lapidaires pour tailler leurs pierres. *Voyez* page 365. 366. 372. Pl. LVIII.

Tourillon, c'est une espece de pivot sur quoy tournent les fleches des bascules des ponts levis & autres choses.

Tourmenter; on dit *du bois qui se tourmente*, & qui se dejette lorsqu'il n'est pas employé sec dans les ouvrages.

Tourmenter *les couleurs*; c'est lorsqu'en peignant on les manie trop avec le pinceau ou la brosse.

Tourne-a-gauche. C'est un outil de fer, qui sert comme de clef pour tourner d'autres outils. Plusieurs Ouvriers s'en servent, comme Charpentiers, Mennisiers, & autres. *Voyez page* 180. 188. Pl. XXXII.

Tourne-a-gauche, servant aux Serruriers pour tourner les vis, tarauts, & pour démonter les serrures, & quelquefois pour redresser les rouëts. *Voyez* p. 244. Pl. XXXVII.

Tourne-vis. *Voyez page* 458. Pl. LXV.

Tournices. *Voyez* Tenons.

Tours-terrieres. *V.* Rouleaux sans fin. *V.* p. 133. 146. Pl. XXII.

Tracer, marquer, ébaucher, faire le dessein de quelque chose.

Tracer en Cherche; c'est lorsqu'on veut tracer & décrire un arc qui ne se peut faire que par des points trouvez; Et pour rapporter ensemble toute la Cherche sur l'ouvrage, on se sert de la ligne ou du cordeau, qui est estendu d'un bout de la Cherche à l'autre. On passe de petits morceaux de bois dans le cordeau, qui sont dressez à plomb, & dont une des extremitez aboutit à la courbe de la Cherche : En transportant ensuite le cordeau sur la piece de bois ou autre chose qu'on veut tailler, les extrémitez de ces petits morceaux de bois donnent les pointes de la Cherche.

TRACERETS ; petits outils de fer dont se servent les Charpentiers pour piquer le bois. *Voyez page* 128. 140. Pl. XIX.

TRAÇOIR ; espece de petit poinçon d'acier dont les Graveurs en medailles se servent. *V. p.* 349.

TRAISNEAU ; on appelle ainsi une espece de vehicule ou assemblage de bois propre à porter des fardeaux, à qui ce nom a esté donné à cause qu'il n'a point de rouës, mais qu'on le traisne.

TRAIT d'équiaire, c'est une ligne perpendiculaire, tirée sur une ligne droite.

TRAIT quarré. *Voyez* QUARRE'.

Sçavoir le TRAIT & coupe des pierres ; c'est sçavoir l'art de tracer les pierres pour estre taillées & coupées hors leurs angles quarrez, quand il est besoin de faire des voutes, des arcs, des arceaux, des portes & des fenestres.

TRAIT, on dit aussi le trait d'une figure ou d'un portrait. *N'avoir marqué sur une toile que les premiers traits d'un visage, ou d'une main,* c'est à dire n'en avoir representé ou marqué que les contours.

TRAITTER *noblement un sujet dans un Tableau,* c'est-à-dire le representer avec grandeur, & dans toutes les circonstances de l'histoire qu'on veut peindre.

TRAMONTAINS. Les Italiens appellent Peintres *Tramontains* les Peintres estrangers, particulierement ceux d'Allemagne & de Flandre, à cause qu'ils habitent au delà de leurs montagnes.

TRANCHANT ; C'est la partie d'un outil qui est faite pour couper.

TRANCHE'ES. Terme de Fortification. *V. p.* 101.

TRANCHE'ES, pour dire la foüille des fondemens ou fondations. On nomme aussi en termes de Bastimens, *Tranchées* des murs qui se croisent pour faire des murs de refend, ou pour faire liaison avec des murs de face ou autres.

TRANCHE ; Coin ou Ciseau pour fendre à chaud les barres de fer. *Voyez page* 240. Pl. XXXV.

TRANCHE à fendre à chaud avec son manche. *Id.*

TRANCHET pour couper de petites pieces de fer à chaud.

TRANCHOIR. *Voyez* ABAQUE.

TRANCHOIR. Tranchoir en lozange, Tranchoir pointu, à Tringlettes doubles ; ce sont pieces de verre qui composent des Panneaux de vitres. *Voyez page* 270. Planche XL.

TRAVAILLER par espaulées ; c'est faire un ouvrage pied à pied & par reprises, qui ne se peut faire tout à la fois ; comme pour reprendre peu à peu une muraille qui est en peril, ou pour soustenir des terres mouvantes.

TRAVAIL. L'on dit en Peinture, *voila un beau travail*, pour exprimer la beauté de l'execution.

TRAVE'E. On appelle une *Travée* l'espace d'une Chambre

chambre ou d'un plancher qui est entre deux poutres. *Voyez* ESPACES.

On appelle aussi TRAVE'ES les espaces qui sont entre les *Palées* des pieux, qui soûtiennent les ponts de bois, & qui tiennent la place des arches des ponts de pierre.

Et par rapport à ces espaces, les toisez qui se font des gros ouvrages de peinture, s'appellent *Travées*, que l'on estime ordinairement de quatre thoises & demy chaque travée aux us & coustumes de Paris.

TRAVERSES de portes, qui enferment les panneaux de Menuiserie. Vitruve les nomme *media impages*. *V.* p. 175. 180. Pl. XXVIII.

TRAVERSES en terme de Fortification. Ce sont toutes sortes de retranchemens que l'on fait pour couper chemin aux ennemis.

TREILLIS ; ce sont des barreaux de fer ou de bois, qui se croisent.

TREMPE ou detrempe, Ital. *Tempera* maniere de peindre. Les Italiens nomment particulierement *peindre à trempe*, lorsqu'ils se servent seulement de jus de figuier & de blanc d'œuf, au lieu de cole. *Voyez* page 408.

TREMPE. Il y a diverses manieres de tremper l'acier & le fer. *V.* page 203.

TREPAN. Outil dont les Maçons & les Sculpteurs se servent. *Voyez* page 314. 316. Pl. XLVIII.

TREPAN en Villebrequin. *Idem.*

TREPAN à Archet. *Id.*

TRETEAU. C'est une espece de banc, qui sert à soûtenir quelque chose, comme sont les Treteaux

Fffff

des Sieurs de long, & ceux dont l'on se sert dans les fortifications pour soustenir les ponts & les galleries, &c.

TRETEAU pour porter la poële où les Plombiers mettent le plomb fondu, pour le jetter dans le moule. *Voyez page* 166. Pl. XXV.

TREVERTIN. Ital. *Trevertino* ou *Tiburtino*, c'est une espece de pierre que les Italiens nomment ainsi, à cause que les meilleures & les plus solides, se tirent sur les bords du Teveron proche de Tivoli.

TREUIL. C'est le rouleau ou cilindre de bois, autour duquel la corde s'entortille, lorsqu'on tourne un moulinet. *Voyez page* 129. 142. Pl. XX.

TRIANGLE. C'est une figure qui a trois costez.

TRIANGLE quarré. C'est un instrument de bois servant aux Menuisiers. *Voyez page* 179. 188. Planche XXXXII.

TRIANGLE anglé. *Idem.*

TRIBUNE. C'étoit anciennement un lieu élevé pour haranguer, & pour voir plus commodément les Spectacles. Philander dans les Notes sur le 7. chap. du 4. livre de Vitruve, dit que les Italiens appellent *Tribuna*, ce que nous nommons Lanterne, qui est sur le haut des Domes.

TRIGLYPHE τρίγλυφος, c'est-à-dire qui a trois gravures.

Les Triglyphes sont des ornemens dont la Frise de l'Ordre Dorique est enrichie. Entre les Triglyphes sont les Metopes. Il doit toûjours y avoir un Triglyphe, qui réponde sur le milieu des colonnes, & qui ait de largeur le demy diametre de la colonne, prise par le pied. Les Triglyphes sont composez dans le milieu, de deux cannelures ou coches en triangle, & de deux demy cannelures sur les côtez. Chaque espace qui est entre les cannelures se nomme par les Grecs μηρός, & par les Latins, *Femur*, en François *coste* ou *listel*.

TRINGLE. C'est une petite regle de bois longue & estroite. Quelques-uns nomment aussi TRINGLE le petit membre quarré ou fasce qui est au droit de chaque Triglyphe sous la plattebande de l'Architrave, & d'où pendent les goutes, dans l'Ordre Dorique.

TRINGLER. C'est lorsque voulant marquer une ligne droite, fort longue & où une regle de bois ne peut atteindre, on se sert d'un cordeau blanchi, noirci, ou autrement, que l'on fait bander aux deux extrémitez de la ligne; En l'élevant par le milieu, il fait ressort, & marque par sa percussion la couleur, dont il a esté frotté.

TRINGLETTES; outils en forme de couteaux servant aux Vitriers à ouvrir le plomb pour enchasser le verre. *V.* p. 268. 280. Pl. XLV.

TRINGLETTES doubles; Tringlettes en tranchoirs, ce sont des pieces de verre dont on compose des panneaux de vitres. *Voyez* page 272. Pl. XLI.

TRIQUETS, Traquets ou Chevalets dont les Couvreurs se servent pour eschaffauder. *Voyez* page 153. 156. Planche XXIV.

TROCHILE, signifie Poulie; c'est ce que l'on nomme aussi Scotie, ou Nacelle. *V.* ASTRAGALE.

TROMPE; c'est une espece de voute qui va en s'élargissant vers le haut, dont les principales sont mises dans les angles saillans ou rentrants, pour soûtenir

Fffff ij

des bastimens en saillie, comme celle que Philbert de Lorme a faite au Chasteau d'Anet.

TROMPILLON, c'est une petite trompe.

TRONC du piedestal ; c'est le corps solide du milieu qui est entre la base & la corniche : Quelques-uns l'appellent le *Dé*, d'autres *le Fust*, de mesme qu'on dit *le Fust de la colonne*, tout ce qui est entre sa base & son chapiteau. Quelques-uns disent aussi *le Tronc* de la colonne, pour dire *le fust* ou *le vif*.

TROPHE'E; c'est un amas d'armes & d'armures dont l'on compose souvent des ornemens d'Architecture, & aussi en Peinture.

TROUER, c'est percer avec des tarieres ou des villebrequins.

TROUSSEAUX à faire des medailles. *V.* POINÇONS. & *page* 351.

TROUSSES ; ce sont des cordages de moyenne grosseur, qui servent aux Charpentiers à lever de petites pieces de bois. *Voyez page* 130.

TRUELLE ; outil de Maçon, qui sert à employer le plastre & le mortier. La petite Truelle est appellée *rutrum* par Vitruve *ab eruendo*. *Voyez page* 342. Planche LII.

Il y a des Truelles bretées & d'autres non bretées.

TRUMEAU, c'est le massif, ou espace d'un mur qui se trouve entre deux fenestres.

TRUSQUIN d'assemblage ; c'est un outil servant aux Menuisiers pour marquer les tenons & les mortaises aux lieux où il doit y en avoir. *Voyez page* 175. 184. Planche XXXII.

TRUSQUIN à longue pointe. *Id.*

Tuf sorte de pierre tendre & grossiere.

Tuile; *tegula hamata* dans Vitruve signifie une tuile qui a un crochet, comme sont celles dont l'on se sert ordinairement à Paris. Laët dans son Dictionaire dit avoir vû *animata tegula*, au lieu de *hamata*. Il y a des tuiles en demy canal, que nous appellons à la maniere de Guienne; Il s'en fait encore de plusieurs autres sortes, comme sont les tuiles Flamandes, les tuiles faistieres, les tuiles hachées, les tuiles gyronnées. *Voyez pag.* 146. 150. Pl. XXIII.

Tuyau; l'on nomme ainsi toute sorte de conduite qui sert pour faire sortir ou entrer l'air ou l'eau en quelque lieu, & mesme la fumée; car on nomme le *tuyau de cheminée*, l'endroit par où la fumée monte & sort. *fi male*. Pollux.

On nomme encore Tuyaux, tous les canaux de plomb, qui servent pour conduire des eaux.

Il y a des Tuyaux de plomb qui sont sans soudure. *V. p.* 158. 164. Pl. XXVI.

Il y a aussi des Tuyaux de poterie, & d'autres de bois d'aulne pour le mesme usage.

Tuyere d'une forge, c'est le conduit par où passe le vent des soufflets. *V. p.* 231.

Tympan, *tympanum*, signifie un tambour, une cloche. On appelle d'ordinaire Tympan, le fond & la partie d'un Fronton qui est enfermée entre les corniches, & qui répond au nud de la Frise.

On appelle aussi Tympan, les panneaux des portes de menniserie, & le Dé du piedestal des colonnes. Ce mot signifie encore une Roüe dont l'on se sert aux gruës, & où l'on fait marcher des hommes.

En horologerie, Tympan veut dire auſſi une rouë dentelée; & en hydraulique une rouë creuſe. *Voyez* FRONTONS.

V

VAISSEAU, pour mettre de l'Emeril, pour ſier les pierres dures. *V.* p. 400. Pl. LXIII.

VALETS ou Varlets. Ce ſont des crochets de fer ſervant aux Menuiſiers, pour tenir le bois ſur l'eſtablie. *Voyez page* 173. 180. Pl. XXX.

VALETS ſervant à fermer des portes. *V.* p. 209.

VANNER. On dit Vanner de doſſes quelque endroit pour arreſter l'eau, ou faire des baſtardeaux, & l'on appelle *Vannes* les Ouvrages de bois qui retiennent l'eau des moulins & des eſcluſes.

VANTAIL. On nomme Vantaux ou Manteaux les deux pieces d'une porte qui s'ouvre des deux coſtez; de meſme que les Volets des feneſtres, lorſqu'ils vont du haut en bas.

VANTILLER, c'eſt mettre des doſſes ou bonnes planches de deux pouces d'épais pour retenir l'eau.

VARLET des Serruriers, pour blanchir des Targettes. *Voyez* CHEVALET.

VARLOPE. Outil ſervant aux Menuiſiers. Il y en a de pluſieurs façons: car il y a la grande Varlope, la demy Varlope. &c. *V.* p. 178. 185. Pl. XXXI.

VASES ou POTS. L'on orne ſouvent le comble & le haut des pavillons, de Vaſes & de Pots de plomb ou d'autre matiere, pour ſervir d'amortiſſement. On en met auſſi ſur les Corniches, & ſur les Frontons.

VEINE ; on dit les veines d'une pierre, ou d'une piece de marbre.

VENTOUSE ou Soupirail, *spiramentum*. Vitr. liv. 8. ch. 7. se sert du mot de *columnaria*.

VENTOUSE des fourneaux des Plombiers. *Voyez* page 162.

VERBOQUET. Quand les Charpentiers ont une piece de bois fort longue à monter, ils l'attachent avec un petit cordage au gros chable, à deux toises ou environ du *halement*, pour empescher le *biement* ou ébranlement de la pierre. Cette maniere d'attacher avec un petit cordage se nomme *Verboquet*.

On s'en sert aussi lorsqu'on monte des colonnes de pierre ou de marbre, ou d'autres grandes pierres. *Voyez page* 130.

VERD, couleur. Il y a diverses sortes de verds dont l'on se sert en peinture selon la maniere du travail; car il y en a qui sont propres à huile, qui ne sont pas bons à fraisque ou à détrempe. L'on en compose avec des sucs d'herbes pour peindre en miniature. Celuy que l'on fait avec de la fleur de flambe ou iris est fort beau. Les Italiens le nomment *verdigiglio*. *Voyez page* 418. 424.

VERGES de plomb servant aux vitres. *Voyez* LINGOTIERE.

VERGES de fer que l'on met pour maintenir les panneaux des vitres. Elles se clouënt par les deux bouts aux chassis de bois, & dans le milieu elles s'attachent aux panneaux avec des liens ou attaches de plomb.

VERGE de fer servant à couper le verre. *Voyez* page 267.

VÉRINS, ce sont deux pieces de bois, qui ont un bossage dans le milieu, & deux escrous à la piece de dessus, dans laquelle il y a deux vis qui entrent. Cette machine sert pour l'ordinaire à charger de grosses pieces dans des charettes, ou à relever quelque logis avec un *pointal*, (c'est-à-dire une piece de bois que l'on met debout entre les deux vis.) Les Verins levent un grand poids, pourveu que les pieces soient fortes, & les filets des vis prés à prés. *Voyez page* 133. 146. Pl. XXII.

VERMEIL, couleur que l'on donne à l'or. *Voyez page* 294.

VERMICULÉ. Il y a certaines pieces que l'on met principalement dans des ouvrages rustiques, lesquelles sont travaillées avec certains entrelas gravez avec la pointe, en sorte que cela represente comme des chemins faits par des vers, ainsi qu'il s'en voit dans quelques pierres & dans les carrieres ; ce que les Sculpteurs pretendent imiter dans certains ordres, & ils appellent ce travail *vermiculé*.

VERMILLON ou Cinabre. Le Cinabre mineral appellé *minium*, dont les Peintres se servoient anciennement, estoit une couleur en forme de pierre rouge, qui se tiroit des mines de vif argent, Vitruve liv. 7. chap. 8. Le Vermillon que nous employons aujourd'huy, & qu'on nomme Cinabre artificiel, tient lieu aux Peintres de l'ancien *Minium*, qu'on estime n'estre pas si beau que celuy d'apresent que l'on fait avec le souffre & le vif argent. Il y a encore une autre couleur rouge que Serapion appelle *Minium* ; & les Droguistes Mine de plomb. Elle se fait avec de la ceruse

ruſe bruſlée, Pline l'appelle *uſta*, qui eſt auſſi le nom de l'ocre brûlé. *V.* MINE & *p.* 417.

VERMOULU ; bois piqué des vers.

VERNIS, il s'en fait de pluſieurs ſortes, pour vernir les tableaux, les principales drogues qu'on y employe ſont la therebentine & le ſandarax. *Voyez page* 419.

VERNIS propres à graver ſur le cuivre. *V. p.* 393.

VERNIS dont ſe ſervent les Serruriers. *V. p.* 228.

VERRE pour les vitres ; il y en a de differentes ſortes. *Voyez page* 264.

VERRE en table & en pieces rondes. *V. p.* 265.

VERRE de couleur. *Idem.*

VERROUIL de porte, il y en a de plats & de ronds. Les plats ſont ordinairement attachez ſur une platine avec deux crampons entre leſquels ils vont & viennent, ayant un bouton au milieu pour fermer la porte. Ils entrent dans un crampon à double pate qui ſert de gaſche, & qui eſt attaché au poteau, quelquefois avec des gonds rivez. Les verroüils ſont retenus par deux eſpeces d'anneaux qu'on nomme *Vertevelles.* Au lieu de crampons, ces Vertevelles ont une double fiche ou pointe, qui entre dans le bois par un ſeul trou, & qui ſe rabat par dehors de part & d'autre. Au lieu de bouton pour les faire ouvrir & fermer, ils ont d'ordinaire une queuë. *V. p.* 238. Pl. XXXIII.

VERT. *V.* VERD.

VERTEVELLE *V.* VERROUIL.

VESTIBULE, *Veſtibulum.* Nous appellons ainſi un lieu couvert qui ſert de paſſage à pluſieurs appartemens d'un logis; ou plûtoſt le premier endroit de la maiſon, où l'on peut se reposer, avant que d'entrer plus avant. Les Anciens se sont beaucoup servis de ce mot, & quelquefois pour signifier ce qu'ils nommoient *Atrium*, qui se peut prendre pour la mesme chose que le Vestibule. Comme tous les Sçavans ont eu differentes opinions sur les mots de *Vestibulum* & d'*Atrium*, on peut voir ce que M. Perrault en a remarqué sur le 3. & 4. chap. du 6. liv. de Vitr. Les Grecs appelloient *Prothyra* les Vestibules qui estoient dans les portes des maisons.

VEUE de Faistiere ; c'est lorsque dans les combles & les couvertures on laisse entre deux chevrons, une petite ouverture pour donner jour, laquelle est couverte seulement d'une Faistiere renversée.

VEUE d'Hirondelle, ou Veuë d'Oiseau. L'on dit, *faire le plan & l'élevation de quelque bastiment à veuë d'Hirondelle*, lorsque le point de veuë est si haut que l'élevation des corps de logis de devant n'empesche point qu'on ne voye ceux de derriere.

VIGNE. *Voyez* VITIS.

VIF ou Fust de la colonne, c'est la partie qui est entre le chapiteau & la baze & qui diminuë de grosseur & de longueur selon les ordres. *Voyez page 12. Planche I.*

VIGNETTES. On nomme ainsi les ornemens ou figures que l'on met au commencement des livres, & au haut des pages ; c'est un diminutif de vigne, à cause qu'anciennement on embellissoit les marges des livres avec des branches de vignes.

VIGNOTS. Especes de coquilles. *V.* p. 643.

VILLEBREQUIN, ou *Vitebrequin*. Il y en a de plusieurs grosseurs, dont se servent la pluspart des Ouvriers.

Villebrequin des Mennisiers avec leurs Meches Voyez p. 175. 184. Pl. XXXII.

Villebrequin des Serruriers. V. p. 242. Planche XXXVIII.

Vindas. Machine à tirer des pierres ou autres fardeaux. C'est ce que Vitruve appelle Ergata. V. p. 129. 142. Planche XXII.

Vintaine. Les Maçons appellent ainsi un petit cordage, qui sert à conduire les quartiers de pierre qu'ils élevent pour mettre sur le tas: il est attaché à la pierre; & lorsqu'on tire le gros chable, il y a un homme en bas qui tient le bout de la *Vintaine*, pour empescher que la pierre ne donne contre les murs, & ne s'écorne.

Virole ou Rondelle. C'est une piece de fer forgée en rond comme un anneau.

Virole de cadenats. V. p. 228.

Vis; n'est autre chose qu'un coin qui tourne en forme de ligne spirale à l'entour d'un cylindre. La distance qu'il y a entre les filets ou arestes de la vis s'appellent un pas de vis. Voyez page 75. & 84. Planche XIII.

Vis, ou Noyau d'une montée; c'est la piece de bois du milieu, dans laquelle toutes les marches sont emmortaisées, & tournent autour en ligne spirale; quand les marches sont de pierres, la vis en est aussi, & chaque bout de marche en fait partie.

Vis, s'entend aussi de tout l'escalier quand il est rond.

Vis à jour ; c'est lorsque le noyau d'une montée, rampe & tourne, laissant un vuide au milieu, en sorte que ceux qui sont au haut de la vis peuvent voir jusques à la premiere marche d'en bas.

Vis saint Gilles ; ce sont des sortes de vis qui sont rampantes & voutées par le dessous des marches ; Elles sont ainsi nommées à cause de celle qui est au Prieuré de saint Gilles en Languedoc, qui est peut-estre la premiere faite de cette sorte. V. Escalier.

Il y a des Vis de cette nature à Paris au Jubé de saint Estienne du Mont, où les marches de l'escalier sont portées en l'air, & soûtenuës seulement par le noyau, sans qu'il y ait de cage qui les appuye.

Vitié, on dit du bois vitié, pour dire gasté. Voyez page 516.

Vitrerie. Voyez page 244.

Vitre ; l'on nomme Vitre un assemblage de plusieurs pieces de verre. Celle du Chasteau d'Anet sont des premieres qui ayent esté faites en France d'esmail blanc, selon Phil. de Lorme.

On donne aux panneaux de vitres differens noms selon la figure des pieces qui les composent. Voyez page 259.

Vitraux. Quelques-uns appellent ainsi les fenêtres des Eglises. De Lorme dit pourtant fenestres d'Eglises.

Vitres peintes. V. p. 249.

Vive-arreste ; on appelle à vive arreste, ce qui forme un angle, comme le coin d'une muraille, ou une moulure poussée quarrément.

Union de couleurs. On dit qu'un tableau est peint

avec une belle union de couleurs, quand elles s'accordent bien toutes ensemble, & à la lumiere qui les éclaire; qu'il n'y en a point de trop fortes qui détruisent les autres, & que toutes les parties sont si bien traitées, que chaque chose fait son effet.

VOLANS, ou Ailes d'un moulin à vent. Ces Volans sont croisez vers un des bouts de ce qu'on appelle l'Arbre tournant. *Voyez* AILES.

VOLETS d'une rouë. *Voyez* AILERON.

VOLETS des fenestres; c'est ce qui sert de fermetures aux ouvertures des fenestres, comme les portes de menuiserie aux ouvertures des portes. Il y a des Volets brisez, & d'autres non brisez.

VOLIERE, *aviarium*, lieu à mettre des oiseaux.

VOLUTE; ce mot veut dire tortillé, ou tourné, du verbe *volvo*. C'est une partie des chapiteaux des Ordres Ionique, Corinthien, & Composite, qui representent, à ce qu'on pretend, des escorces d'arbres tortillées & tournées en lignes spirales. Elles sont differentes dans ces trois Ordres; car ce que Vitruve nomme *volutes* dans l'Ordre Corinthien, qui sont au dessus des caulicoles, sont au nombre de seize dans chaque chapiteau, au lieu qu'il n'y en a que huit dans le Composite, & quatre dans l'Ionique. Mais la volute est principalement considerable dans le chapiteau de la colonne Ionique; Elle represente une espece d'oreiller ou coussin, posé entre l'Abaque & l'Echine, comme si l'on avoit peur que l'échine fust rompuë, ou gâtée par la pesanteur de l'Abaque & de l'entablement qui est au dessus. C'est pourquoy elle est appellée *Pulvinus* par Vitruve chap. 3. liv. 3. qui dit dans son livre 4.

chap. x. qu'elles representent la coiffure des femmes, & les boucles des cheveux, qui pendent des deux côtez de leur visage. Leon Baptiste Albert les appelle coquilles à cause de la ressemblance qu'elles ont à la coquille d'un limaçon, ce qui fait que quelques Ouvriers les nomment limaces. Elles sont toutes sans cette partie qu'on appelle balustre, excepté l'Ionique antique, qui n'a des volutes qu'à deux faces.

Les petites volutes qui sont au milieu de chaque face du chapiteau Corinthien, se nomment dans Vitruve helices.

Il y a encore des volutes aux Consoles, aux Modillons & à d'autres sortes d'ornemens.

Voussoirs ou Vousseaux, ce sont les pierres d'assemblage, qui forment le cintre d'une arcade ou d'une voute. Chaque Voussoir a six costez, lorsqu'il est taillé; Le costé qui est creux, & qui doit servir à former le cintre de la voute se nomme doüelle ou doüele interieure du voussoir; & quelquefois intrados, & le costé qui luy est opposé, & qui fait le dessus de la voute, doüelle exterieure ou extrados. Les Costez qui sont cachez dans le corps du mur ou de la voute se nomment les lits de la pierre; & les autres faces qui sont les bouts du voussoir, s'appellent les testes de la pierre. On trace les Voussoirs par panneaux & par equarissement.

Voussure ou Voussure, on dit donner quatre ou cinq pieds de voussure, ou de montée sur les impostes; c'est à dire de courbure ou d'élevation, à une voute ou arcade. On nomme Arriere-voussure les ouvertures des portes ou fenestres qui se forment en arc; Et comme d'ordinaire leur plan est l'embrasure & se largissant pour la plus grande commodité des portes, & pour faire que la lumiere entre davantage par les fenestres, il arrive que ces Arrieres-voussures se haussent plus ou moins vers leurs extremitez selon la necessité ; ce qui fait qu'alors on les nomme *arrieres-voussures bombées* ; & si leur plan se trouve placé de biais, & obliquement, elles s'appellent *bombées & biaisées*.

Quand les dessus des portes & fenestres ont du creux & sont courbées, ils se construisent de voussoirs ; & quand ils sont droits & en plafond on les fait de Claveaux.

VOUTE, *camera*. Saumaise sur Solin remarque qu'il y a trois especes de voutes. La premiere *fornix*, qui est en berceau ; la seconde *testudo* qui est en œil de four, & la troisiéme *concha*, qui est en trompe. Mais nos Ouvriers subdivisent encore ces trois especes de voutes, & leur donnent differens noms, selon leurs differentes figures, & les lieux où elles sont en usage. La plus commune est celle qu'ils nomment *berceau de cave*, qui est ou droite, ou rampante, ou tournante. Outre celle-là, il y a les Voutes d'escalier, les Voutes d'Eglises, qui sont ou Voutes d'arestes, ou en arc de cloîtres, ou à ogives ; les Voutes reglées ou presque droites ; les Voutes ou Trompes suspendues ; ces dernieres s'appellent Trompes, à cause de la ressemblance qu'elles ont à une trompette, qui estant estroite d'un bout, va en s'élargissant.

La porte ou entrée d'une Voute ou Berceau est composée de pieds droits, d'impostes ou coussinets, & de l'arc qui est au dessus dont toutes les pieces sont distinctes.

Chaque pierre qui compose les piedroits se nomme quartier ou *carreau* du piedroit. Le quartier qui est le plus haut de tous, sur lequel la voute prend naissance, s'appelle *coussinet* ou *imposte*. Chaque pierre qui forme la voute ou arc se nomme *voussoir*.

Les lignes qui forment les coins des piedroits, se nomment *arestes du pied droit*. On appelle aussi *costé*, *flanc*, *ou tableau du piedroit*, la partie qui n'est pas de face, mais qui est sous l'arc ou voute.

Lorsqu'une voute forme un demy cercle entier, on l'appelle *Hemicycle*, *Voute en berceau*, ou simplement *Berceau* : si elle est plus basse, c'est un arc surbaissé en ance de panier, que l'on nomme aussi *berceau surbaissé*. Et quand la concavité de la voute passe en hauteur, & excede la longueur ou le diametre du demy cercle, on appelle cela *un berceau surhaussé*.

On appelle Voutes ou Berceaux rampans, ceux qui ne sont pas paralleles à l'horison, comme sont les Voutes & les descentes de caves.

Si les Voutes ou Berceaux tombent sur un plan biais, & qu'ils fassent des angles obliques & inégaux, on les nomme *voutes ou berceaux biaisans*; Et s'ils biaisent & rampent tout ensemble, on les nomme *voutes ou berceaux biais & rampans*.

On dit aussi des *voutes ou berceaux à lunettes*, lorsque sur les costez ou dans les flancs, on y fait des ouvertures en arc, pour y pratiquer des jours, ou d'autres ouvertures, lesquelles ne vont pas jusques au haut de la voute.

Voute en arc de cloistre ; c'est lorsque deux voutes en berceau s'assemblent pour retourner en équaire ; ce

qui

qui fait que l'arc qui va d'une encoigneure à l'autre, est moitié creux & moitié à arreste.

Les Voutes d'arrestes tiennent encore quelque chose des berceaux, qui sont faits avec lunettes, faisant à la rencontre des quatre quartiers qui les composent, deux arrestes pleines, qui naissent des angles de leur plan, & suivant la courbeure des plans des voutes, se croisent à la clef des mesmes voutes, & figurent une croix parfaite lorsque le plan est quarré; ou bien s'il est barlong, une croix de saint André.

Les Voutes d'ogives, autrement à la Gothique, ou moderne se forment en toutes les manieres dont je viens de parler ayant des nerfs qui ont une saillie au dessous du nud de la voute.

Les Nerfs d'ogives sont des corps saillans, ornez de diverses moulures qui portent & soûtiennent les pendentifs. Les Nerfs ont divers noms selon les lieux où ils sont placez, la figure qu'ils composent, & qu'il plaist à l'Architecte & aux Ouvriers de les nommer.

Les Pendentifs sont les quartiers des Voutes compris entre les nerfs ou branches d'Ogives; on les fait quelquefois avec des voussoirs faits avec coupe, d'autrefois avec des briques, du mouëllon ou de petits pendants de pierre de taille coupez à l'équiaire.

Comme on appelle Ogives ou diagonales, les deux lignes ou arcs qui forment, comme j'ay dit, une croix de saint André; on nomme aussi *Tiercerons* les lignes qui prennent de l'extremité des deux lignes diagonales, & qui viennent se joindre dans le pendentif entre la clef du milieu & le Formeret ou Arc

Hhhh

doubleau. On appelle *Liernes* les autres lignes ou nerfs qui forment une autre croix, dont la clef est le centre, & qui traversant de part & d'autre, terminent leurs branches aux quatre branches des *Tiercerons*.

Les Arcs doubleaux, ou Formerets sont ceux qui prenant aux extremitez des diagonales, forment les quatre costez, & sont comme quatre linteres. La pratique ordinaire dans ces sortes de voutes, veut que, tant les arcs doubleaux, branches, & nerfs d'ogives, que les pendentifs, soient dans leurs douëlles, conduits & façonnez au trait du compas, les Figures elliptiques, ou en anse de panier, surmontées ou surbaissées, n'estant pas communément en usage pour cela. Il faut aussi pour une plus grande beauté de l'ouvrage, que tous les lits en joints des pendants, & de tous les arcs, nerfs, & branches d'ogives, & autres ornemens, soient conditiés en sorte qu'ils puissent estre bornoyez à la regle, & ne fassent aucun jarret en leur cintre; & que ces sortes de voutes, aussi bien que les autres ayant beaucoup de poussée, ayent de bons arcs boutans pour contrebouter & maintenir l'ouvrage en estat.

La plus grande difficulté qui se trouve en la conduite de ces Voutes, consiste au developement des Nerfs, lorsqu'ils naissent, ou d'un mesme point, ou d'un si petit espace qu'ils sont, comme les uns dans les autres. Car lorsqu'on vient à les élever, les uns prennent leur contour d'un costé, & les autres d'un autre.

Il est encore à propos que les Liernes & les Ogives

se fassent de mesme grosseur & de mesme moule, afin que se rencontrant dans la clef qui leur est commune, ils fassent un plus bel effet.

Ce que les Ouvriers appellent CULS DE FOUR, sont des Voutes spheriques, dont la concavité est de la moitié d'un cercle quand elles ont leur plein Cintre. Car quelquefois elles sont surbaissées, & quelquefois surhaussées. Il y en a qui sont tout à fait rondes, d'autres en ovales, & d'autres à pans, comme l'on en peut voir de parfaitement belles au bastiment de l'Observatoire.

Il y a encore une difference entre les Voutes spheriques simples, & les Voutes spheriques en pendentif, & cette difference consiste dans les assises des Voussoirs.

Les COQUILLES qui servent de couverture aux niches, sont d'ordinaire des parties des voutes spheriques.

Les TROMPES forment comme la moitié d'un cone ou cornet. Il s'en fait quelquefois qui sont plates ou droites sur le devant, d'autres rondes, ou en ovale, quarrées, à pans, & d'autres figures regulieres ou irregulieres.

Il est bon de remarquer que les Maistres de l'art appellent d'ordinaire *maistresses Voutes*, les grandes Voutes, auxquelles sont subordonnées celles qui ne servent que de portes, fenestres, descentes ou passages. Les traits de celles-cy se font ordinairement par *panneaux*; & les maistresses Voutes par equarrissement, si ce n'est pour l'execution de quelques traits particuliers. Ces grandes Voutes sont les Voutes *d'arrestes*.

Palladio l. 1. c. 24. reconnoist six differentes sortes de Voutes. 1. A croisettes ou branches d'ogives. 2. A bandes. 3. A la remenée (on appelle ainsi les Voutes qui sont de portion de cercle, lesquelles n'arrivent pas tout à fait à un demy cercle.) 4. De rondes, ou cul de four. 5. A Lunettes. 6. A Coquilles. Ces deux dernieres sont d'une invention moderne, mais les quatre autres estoient en usage chez les Anciens.

V O Y E de pierre, ce qu'elle contient. V. p. 87.

Autrefois on vendoit la pierre au Chariot, ainsi que Savot l'a remarqué, mais à present c'est à la Voye.

V R I L L E, c'est un outil de fer emmanché comme le Tariere dont se servent les Charpentiers & les Tonneliers. Les Charpentiers le nomment *Amorçoir*. *Voyez pag.* 138. Pl. XVIII.

X

X Y S T E, *Xystos* signifie raclé, poly.. Chez les Grecs c'estoit un portique large & spacieux où les Athletes s'exerçoient. C'est pourquoy quelques-uns ont crû qu'il avoit esté ainsi nommé à cause que les Athletes se faisoient nettoyer & racler la peau de tout le corps pour le rendre plus uny & glissant, afin que les mains des Luiteurs eussent moins de prise.

X Y S T U S chez les Romains estoit une allée d'arbres pour se promener à couvert.

Y

YEUX de Perdrix, c'est dans l'estain une marque qui en fait connoistre la bonté. *V.* p. 164.

Z

SAFFRE. *Voyez* SAFFRE.

ZAIN ou ZIN est une sorte de pierre metalique qui vient d'Egypte, & qui donne au cuivre rouge une teinture jaune encore plus belle que ne fait la Calamine. Il en vient aussi d'Allemagne, elle ressemble à du Regule d'antimoine ; c'est pourquoy il y en a qui le prennent pour de l'Estain de glace. *Voyez page 335.*

ZOCLE. C'est un membre quarré sur lequel on pose quelque corps, & qui luy sert comme de Plinthe, de Base ou de Piedestal ; c'est pourquoy Vitruve l. 3. ch. 3. le nomme *quadra*. Le mot de Zocle est Italien, il vient du mot latin *soccus*, qui signifie une sandale. Aussi dans l'Architecture cette partie sert à élever le pied des Bastimens, comme sur des patins ou sandales.

ZOPHORE. *Voyez* FRISE.

FIN.

www.ingramcontent.com/pod-product-compliance
Lightning Source LLC
Chambersburg PA
CBHW071427300426
44114CB00013B/1340